Michael A. Köhler, Allianzen und Verträge

STUDIEN ZUR
SPRACHE, GESCHICHTE UND KULTUR
DES ISLAMISCHEN ORIENTS

Beihefte zur Zeitschrift „Der Islam“

Herausgegeben von

Albrecht Noth

Neue Folge

Band 12

Walter de Gruyter · Berlin · New York
1991

Michael A. Köhler

Allianzen und Verträge zwischen fränkischen und islamischen Herrschern im Vorderen Orient

Eine Studie über das zwischenstaatliche Zusammenleben vom 12. bis ins 13. Jahrhundert

W DE G

Walter de Gruyter · Berlin · New York
1991

♾ Gedruckt auf säurefreiem Papier,
das die US-ANSI-Norm über Haltbarkeit erfüllt.

Die Deutsche Bibliothek – CIP-Einheitsaufnahme

Köhler, Michael A.:
Allianzen und Verträge zwischen fränkischen und islamischen Herrschern im Vorderen Orient : eine Studie über das zwischenstaatliche Zusammenleben vom 12. bis ins 13. Jahrhundert / Michael A. Köhler. – Berlin ; New York : de Gruyter, 1991
(Studien zur Sprache, Geschichte und Kultur des islamischen Orients ; N.F., Bd. 12)
Zugl.: Hamburg, Univ., Diss., 1987
ISBN 3-11-011959-5
NE: GT

Printed in Germany
Satz: Intersatz, Aachen
Druck: Werner Hildebrand, Berlin
Buchbinderische Verarbeitung: Lüderitz & Bauer GmbH, Berlin

Vorwort

1982 war es, als ich mich, nach Studienjahren in Bonn und Tübingen inzwischen in Hamburg immatrikuliert, unter Anleitung meines verehrten Lehrers Ludwig Buisson mit der Lektüre altfranzösischer Texte zum Leben Ludwigs des Heiligen von Frankreich beschäftigte. Dabei stieß ich erstmals auf jene eigentümlichen Formulierungen, mit denen westliche Quellen des späten 13. Jahrhunderts die Prozeduren der Unterhandlungen und Vertragsabschlüsse zwischen Kreuzfahrern, Franken, und muslimischen Mächten in den Jahren 1249 bis 1254 darstellen und die mich unmittelbar fesselten. Ich begann, die frühe mamlukische Chronistik zu konsultieren, um ein möglichst umfassendes Bild von der Vertragstechnik und der politischen Einordnung der Vertragspolitik auf fränkischer wie auch muslimischer Seite zu gewinnen. Daraus erwuchs die vorliegende Arbeit, die ich schließlich 1987 dem Fachbereich Geschichtswissenschaft der Universität Hamburg als Dissertation zur Erlangung der Würde des Doktors der Philosophie vorlegen konnte.

Es ist mehr als der Wunsch, der Konvention Genüge zu tun, wenn ich an dieser Stelle denjenigen meinen tiefempfundenen Dank ausspreche, die mich während des Promotionsvorhabens begleitet und unterstützt haben. Prof. Dr. Dr. h.c. Ludwig Buisson und Prof. Dr. Albrecht Noth in Hamburg waren als Doktorväter nicht allein hervorragende Ratgeber in allen methodologischen Fragen, sondern haben mir vor allem auch durch ihre herzliche Art und ihre unentwegte Gesprächsbereitschaft zur Seite gestanden. Herrn Prof. Dres. B. Spuler (†), Frau Prof. Dr. A. Hartmann (Hamburg/Würzburg), Herrn Prof. Dr. A. Spitaler (München) sowie den Herren Dr. H. Möhring (Bayreuth/Tübingen) und Dr. P. Thorau (Tübingen) bin ich für ihre Hilfe bei der schwierigen Beschaffung orientalischen Quellenmaterials verpflichtet. Herr Prof. Dr. R. Hiestand (Düsseldorf) und Herr Prof. Dr. H.E. Mayer (Kiel) als Mediävisten halfen mir mit wichtigen Auskünften ebenso wie die Islamwissenschaftler Prof. Dr. P.M. Holt (Oxford), Prof. Dr. W. Ende (Hamburg/Freiburg), Prof. Dr. B. Johansen (Berlin) und Prof. Dr. A. Falaturi (Köln); ich bin ihnen dafür sehr verbunden. Eine besondere Dankesschuld gilt es bei den Freunden abzutragen, ohne deren Disponibilität die Fertigstellung des Dissertationsmanuskriptes noch weit längere Zeit beansprucht hätte: Frau Brigitte Tolkemitt, Frau Christel Ingber, Herr Stefan Wirth M.A., Herr Dipl.-Betriebswirt Heiko Ortmann, Herr Vasudeva Godbole und Herr Dr. Lothar Dittmer.

Die Studienstiftung des Deutschen Volkes unterstützte das Entstehen der Arbeit seit 1983 mit einem Promotionsstipendium sowie Zuschüssen für die Quellenbeschaffung und einen Forschungsaufenthalt in Paris. 1984 und 1985 gewährte mir die Claussen-Stiftung (im Stifterverband für die Deutsche Wissenschaft) ein Stipendium und übernahm darüber hinaus in großherziger Weise einen Teil der Druckkosten. Wichtige Hilfe wurde mir zudem von seiten der Islamischen Wissenschaftlichen Akademie (Köln) zuteil. Die Finanzierung vervollständigte schließlich eine Subvention, die schnell und unbürokratisch von der Hamburgischen Wissenschaftlichen Stiftung zur Verfügung gestellt wurde. Sie auch zeichnete den Verfasser u.a. für die vorliegende Arbeit mit dem Kurt-Hartwig-Siemers-Preis 1989 aus. Allen Gebern gilt mein herzlicher Dank. Er richtet sich ebenfalls an Prof. Dres. B. Spuler (†) und Prof. Dr. Albrecht Noth als Herausgeber sowie Prof. Dr. H. Wenzel vom Verlag Walter de Gruyter für die Aufnahme des Buches in die Reihe der „Studien zur Sprache, Geschichte und Kultur des islamischen Orients" und schließt auch die Fa. Intersatz, Aachen, für die Herstellung der Druckvorlage ein.

Materielle und technische Unterstützung, so wichtig sie sind, sind eines, aber geradezu unentbehrlich waren doch die Hilfe und der stete Zuspruch meiner Frau Ina und meiner lieben Eltern, für die das Wort „danke" zu kurz greift.

Abschließend seien die Fachkollegen noch dafür um Verständnis gebeten, daß Editionen und Publikationen, die erst ab 1987 verfügbar waren, wegen der aus meiner Auslandstätigkeit resultierenden bibliographischen Probleme nur wenig oder gar nicht mehr benutzt werden konnten. Dies gilt insbesondere für die von R.B.C. Huygens besorgte neue Wilhelm von Tyrus-Edition, aber auch die Baibars-Biographie von P. Thorau und die Studie über die Kreuzfahrerherrschaft Montréal aus der Feder H.E. Mayers.

Carthage/Tunesien
im Herbst 1990

Michael A. Köhler

Inhalt

Einführung:
Forschungsstand, Fragestellung, Quellen

„Immer stärker hat also die Institutionsgeschichte die Ereignisgeschichte in der Kreuzzugsforschung abgelöst. Sie ist heute die dominierende Richtung.“ [1]

Mit diesen Worten ist in einem 1980 erschienenen Festschriftenbeitrag über die Geschichte der Kreuzzugshistoriographie die seit den dreissiger Jahren des 20. Jahrhunderts und verstärkt seit Ende des zweiten Weltkrieges vorherrschende Entwicklung in der Forschung treffend charakterisiert worden. Am Anfang moderner Beschäftigung mit dem Zeitalter der Kreuzzüge hatten im 19. Jahrhundert erste kritische Quelleneditionen und quellenkundliche Untersuchungen gestanden. Was die frühen D a r s t e l l u n g e n der Kreuzzugszeit betrifft, die ganz und gar vom Geist des historischen Positivismus durchdrungen waren, so konzentrierten sich die Historiker vor allem auf die Ereignisgeschichte, insbesondere die der einzelnen Expeditionen in den Orient, und daneben in weit geringerem Maße auf die sogenannte „Kulturgeschichte“. Seit den dreißiger Jahren unseres Jahrhunderts ist dagegen zunehmend die Erforschung der „Kreuzfahrerstaaten“ — und innerhalb dieser vor allem von Mediävisten betriebenen Richtung die Untersuchung der rechtlichen, sozial- und siedlungsgeschichtlichen Strukturen der fränkischen Staatengründungen im Vorderen Orient — in den Vordergrund getreten. Außerdem richtete sich das Interesse mehr und mehr auf Fragen der Wirtschafts-, Kriegs-, Kirchen- und Kunstgeschichte [2].

---

[1] H.E. Mayer, Aspekte der Kreuzzugsforschung, in: Geschichte und Gegenwart. Festschrift für Karl Dietrich Erdmann, hrsg. v. H. Boockmann, K. Jürgensen, G. Stoltenberg, Neumünster 1980, S. 75-94, hier S. 84. Mayer bietet auf knappem Raum den vielleicht präzisesten Überblick über die Entstehung der Kreuzzugsforschung und ihre Entwicklung seit der Aufklärung.

[2] Vgl. ders., ebda., S. 82-85, und F. Cardini, Gli Studi sulle Crociate dal 1945 ad oggi, in: RSI 80 (1968), S. 79-106.
Die Literatur zur Kreuzzugsgeschichte ist am besten dokumentiert bei: A.S. Atiya, The Crusade, Historiography and Bibliography, Bloomington-London 1962; H.E. Mayer, Bibliographie zur Geschichte der Kreuzzüge, Hannover 1960 (Redaktionsschluß 1958); ders., Literaturbericht über die Geschichte der Kreuzzüge. Veröffentlichungen 1958-1967, in: HZ Sonderband 3 (1967), S. 641-736. Eine Fortsetzung für die Jahre 1967-1987 hat der Orientalist P. van Windekens von der Universität Leuven angekündigt. Seit 1981 erscheint ein jährliches Bulletin der „Society for the Study of the Crusades and the Latin East“, dessen Hauptaufgabe die bibliographische Sammlung neuer themenrelevanter Publikationen ist.

So sehr diese Neuorientierung des Erkenntnisinteresses einerseits dazu beigetragen hat, unseren Wissensstand über die politischen, juristischen, administrativen, sozialen und wirtschaftlichen Verhältnisse in den im Zuge der Kreuzzugsbewegung entstandenen fränkischen Staaten ganz erheblich zu erweitern, so schwer wiegt es auf der anderen Seite, daß die Forschung über zwischenstaatliche fränkisch-islamische Beziehungen mit der Abkehr von der Ereignisgeschichte für große Teile des 12. und 13. Jahrhunderts weitgehend zum Stillstand gekommen ist. Dies gilt sowohl für die politische wie auch für die Rechtgeschichte des Verhältnisses der fränkischen Staaten zu ihren islamischen Nachbarn. Eine der maßgeblichen Ursachen dafür liegt darin, daß die arabischen Quellen des 12.-15. Jahrhunderts den westlichen Historikern in der Regel nur in Form von Übersetzungen zugänglich waren — und zugänglich sind. Es ist kein Zufall, daß der angesprochene Forschungsstillstand seit der Mitte unseres Jahrhunderts zeitlich mit dem Ende der Rezeption der Hauptinhalte der beiden Teilübersetzungen der Chronik des damaszenischen Lokalhistorikers Ibn al-Qalānisī (465-555 a.h/1073-1160)[3] zusammenfällt. Danach ist keine größere Übertragung bedeutender orientalischer Quellen aus und zum Zeitalter der Kreuzzüge mehr publiziert worden. Die wichtigsten die Forschung vorantreibenden Beiträge zu den Beziehungen fränkischer und islamischer Staaten im Vorderen Orient seither stammen aus der Feder von Orientalisten oder derjenigen einiger weniger arabistisch vorgebildeter Mediävisten[4]. Thematisch konzentrieren sie sich auf das Zeitalter Saladins (1169-1193)[5], die Herrschaftsperioden seiner aiyūbidischen Nachfolger (1193-1260)[6] und der ersten Mamlukensultane

---

3 H.A.R. Gibb, The Damascus Chronicle of the Crusades, London 1932; R. Le Tourneau, Damas de 1075 à 1154. Traduction annotée d 'un fragment de l 'histoire de Damas d'Ibn al-Qalānisī, Damas 1952.

4 An erster Stelle ist Cl. Cahen mit seinem epochalen La Syrie du Nord à l 'époque des croisades et la principauté franque d 'Antioche, Paris 1940 (Institut Français de Damas, Bibliothèque orientale, 1), zu nennen, dem Cahen bis heute zahlreiche Einzelstudien hat folgen lassen.

5 Besonders A. S. Ehrenkreutz, Saladin, Albany, N.Y. 1972; H. Möhring, Saladin und der dritte Kreuzzug. Aiyubidische Strategie und Diplomatie im Vergleich vornehmlich der arabischen mit den lateinischen Quellen, Wiesbaden 1980 (Frankfurter Historische Abhandlungen, 21); ders., Heiliger Krieg und politische Pragmatik: Salahadinus Tyrannus, in: DA 39 (1983), S. 417-466; M.C. Lyons/D.E.P. Jackson, Saladin. The Politics of Holy War, Cambridge 1982 (Univ. of Cambridge Oriental Publications, 30).

6 H.L. Gottschalk, Die Friedensangebote al-Kāmils an die Kreuzfahrer, in: WZKM 51 (1948/52), S. 64-82; ders., Der Untergang der Hohenstaufen, in: WZKM 53 (1957), S. 267-282; ders., Al-Malik al-Kāmil von Egypten und seine Zeit. Eine Studie zur Geschichte Vorderasiens und Egyptens in der ersten Hälfte des 7./13. Jahrhunderts, Wiesbaden 1958; F.J. Dahlmanns, al-Malik al-'Ādil, Ägypten und der Vordere Orient in den

(1250-1291)[7]. Bei diesen Arbeiten handelt es sich aber entweder um Analysen einzelner fränkisch-islamischer Verträge oder um Biographien, Teilbiographien bzw. als Dynastiengeschichten konzipierter Werke, in denen das Verhältnis der jeweiligen Herrscher zu den Franken a u c h Erwähnung findet, aber nicht ins Zentrum der Darstellung rückt. So hilfreich diese Studien für einzelne Aspekte der Vertragspolitik und Vertragstechnik sind, sie bieten keine durchgängige Darstellung und Interpretation des Verhältnisses zwischen den fränkischen und islamischen Staaten vom ersten Kreuzzug an. Die einzigen Versuche, die bisher in dieser Richtung unternommen worden sind, sind äußerst kurz gefaßt, und sie leiden — da von Mediävisten unternommen — wiederum einer unzureichenden Auswertung der arabischen Quellen[8]. Eine Monographie, die die fränkisch-islamischen Beziehungen besonders während des 12. Jahrhunderts in ihrer Entwicklung und im Kontext der politischen und Rechtsgeschichte des Vorderen Orients insgesamt systematisch untersucht, ist ein bislang unerfülltes Desiderat geblieben.

Auch wenn seit den bahnbrechenden siedlungsgeschichtlichen Studien J. Prawers und den verwaltungsgeschichtlichen Arbeiten von J. Riley-Smith[9] kein Zweifel mehr daran bestehen kann, daß die Kreuzfahrer bei ihren Staatengründungen eine ganze Reihe vorgefundener administrativer Institutionen übernahmen, so dominiert dennoch in der ge-

---

Jahren 589/1193 bis 615/1218. Ein Beitrag zur aiyūbidischen Geschichte, Gießen 1975; R. St. Humphreys, From Saladin to the Mongols. The Ayyūbids of Damascus, 1193-1260, Albany, N.Y. 1977.

7 J. Richard, Un partage de seigneurie entre Francs et Mamelouks: Les „Casaux de Sur“, in: Syria 30 (1953), S. 72-82; P.M. Holt, Qalāwūn's Treaty with Acre in 1283, in: EHR 91 (1976), S. 802-812; ders., Qalāwūn's Treaty with Genua in 1290, in: Der Islam 57 (1980), S. 101-108; ders., The Treaties of the Early Mamluk Sultans with the Frankish States, in: BSOAS 43 (1980), S. 67-76; ders., Baybars's Treaty with the Lady of Beirut in 667/1269, in: Crusade and Settlement, ed. P.W. Edbury, Cardiff 1985, S. 242-245. Die Tübinger Dissertation von P. Thorau („Sultan Baibars I. von Ägypten. Eine politische Biographie als ein Beitrag zur Geschichte des Vorderen Orients im 13. Jahrhundert“), die zeitgleich mit der vorliegenden Arbeit entstanden ist, wurde inzwischen veröffentlicht: P. Thorau, Sultan Baibars I. von Ägypten. Ein Beitrag zur Geschichte des Vorderen Orients im 13. Jahrhundert, Wiesbaden 1987 (Beihefte zum Tübinger Atlas des Vorderen Orients, Reihe B (Geisteswissenschaften), 63).

8 J.S.C. Riley-Smith, Peace never Established. The Case of the Kingdom of Jerusalem, in: Transactions of the Royal Historical Society, 5th ser., vol. 28 (1978), S. 87-102; R. Hiestand, Kreuzzug und Friedensidee, in: Kultur und Erkenntnis. Schriften der Philosophischen Fakultät der Universität Düsseldorf, hrsg. v. R. Hiestand u.a., Bd. 1, Düsseldorf 1985, S. 46-57.

9 Vgl. Literaturliste sub Prawer und Riley-Smith.

schichtswissenschaftlichen Forschung, was die Beziehungen der fränkischen Staaten zu ihrer Umwelt betrifft, nach wie vor eine Sicht der Dinge, die die fränkischen Staaten — vor allem im 12. Jahrhundert — als Außenposten der Respublica christiana und mehr oder weniger als Fremdkörper in der vorwiegend islamisch geprägten Welt des Vorderen Orients begreift. Dazu hat beigetragen, daß die Mehrzahl der westlichen, lateinischen oder altfranzösischen Quellen, die zumeist in Europa oder von Chronisten abgefaßt worden sind, die Syrien und Palästina zuvor selber als „bewaffnete Pilger" besucht hatten, vom „Kreuzzugsgedanken" durchdrungen sind; und sie zeichnen deshalb, was für das Werk Wilhelms von Tyrus (um 1130-1186) allerdings nur teilweise gilt, durchgängig ein Bild christlich-islamischer Konfrontation. Diese Quellen aber bildeten und bilden für die neuzeitliche Kreuzzugshistoriographie den Ansatzpunkt ihrer Arbeit. Arabisches Quellenmaterial, soweit es übersetzt war, wurde zu den westlichen Quellen lediglich hinzugezogen. Wie problematisch die Auswertung auch nur der wenigen zugänglichen arabischen Quellen dabei blieb, zeigt die „Wirkungsgeschichte" der Autobiographie *(Kitāb al-iʿtibār)* des Emirs Usāma b. Munqiḏ (488-584 a.h./1095-1188): Für die ältere Forschung lieferte dieses Werk geradezu die Paradebeispiele für den im 12. Jahrhundert erreichten fränkisch-islamischen Modus vivendi, für einen Geist der Toleranz und den Akkulturationsprozeß der Franken im Vorderen Orient [10]. Erst jüngst ist Usāma dagegen wieder zu einem der Hauptzeugen für die kulturelle Diskrepanz zwischen beiden Lagern und den „Geist der Gegenkreuzzüge", der sich auf islamischer Seite als Reaktion auf den Kreuzzugsgedanken entfaltet haben soll, gemacht worden [11]. Die Auswertung des Niederschlags der *ǧihād*-Propaganda muslimischer Herrscher in der arabischen Chronistik und Lyrik des 12. und 13. Jahrhunderts vor allem durch E. Sivan hat ein übriges dazu beigetragen, das Zusammenleben der fränkisch und islamisch regierten Staaten im Vorderen Orient unter dem Vorzeichen der Konfrontation zweier Blöcke, Christentum und Islam, zu verstehen [12]. Es sei an dieser Stelle nur angemerkt, daß diese Konzeption auch von der modernen arabischen

[10] Vgl. D.C. Munro, Christian and Infidel in the Holy Land, in: International Monthly 4 (1903), S. 690-704 und S. 726-741 passim; F. Duncalf, Some Influences of Oriental Environment in the Kingdom of Jerusalem, in: Annual Report of the American Historical Association for the Year 1914, 1, Washington 1916,, S. 135-145 passim.

[11] W. Haddad, The Crusaders through Muslim Eyes, in: MW 73 (1983), S. 234-252.

[12] Vgl. dazu unter S. 73-77.

Geschichtswissenschaft übernommen worden ist, die den *ǧihād* der Muslime gegen die Kreuzfahrer als frühes Modell für eine erfolgreiche Reaktion auf den europäischen Imperialismus und die zionistische Staatengründung in Palästina in die tagespolitische Diskussion eingebracht hat [13]. War die Geschichte fränkisch-islamischer Beziehungen im Vorderen Orient aber wirklich eine Geschichte der Konfrontation, die aus dem Aufeinanderprallen von Christentum und Islam, Kreuzzugsgedanken und „Geist der Gegenkreuzzüge", resultierte, wie es die Mehrzahl der westlichen Quellen suggeriert und wie es von Teilen der modernen Historiographie vertreten wird? Wenn dem so gewesen sein sollte, sind dann die Fälle fränkisch-islamischer Zusammenarbeit, die der modernen Historiographie nicht fremd geblieben sind, als kasuell zu bewerten und mit Begriffen wie „Toleranz" oder „Modus vivendi-Politik" treffend zu erklären [14]?

Vor dem Hintergrund dieser Fragen werden in der vorliegenden Arbeit die vertrags- und bündnispolitischen Beziehungen der in den Jahren 1098 bis 1109 gegründeten fränkischen Staaten im Vorderen Orient zu ihren islamischen Nachbarstaaten analysiert. Ziel der Untersuchung ist es nicht nur, Fälle von Kooperation aus den fränkischen, arabischen, griechischen und christlich-orientalischen Quellen zu sammeln, sondern

---

[13] Dazu E. Sivan, The Crusaders as described by modern Arab Historiography, in: Asian and African Studies 8 (1972), S. 104-149; W. Ende, Wer ist ein Glaubensheld, wer ist ein Ketzer? Konkurrierende Geschichtsbilder in der modernen Literatur islamischer Länder, in: Die Welt des Islams N.S. 23 (1984), S. 70-94; S.J. Altoma, The Treatment of the Palestinian Conflict in Modern Arabic Literature, 1917-1970, in: Middle East Forum 48 (1972), S. 7-26.; vgl. auch W.L. Ochsenwald, The Crusader Kingdom of Jerusalem and Israel: A Historical Comparison, in: Middle East Journal 30 (1976), S. 221-226.

[14] Es soll gar nicht in Abrede gestellt werden, daß die Begegnung mit Muslimen gelegentlich Toleranz auf Seiten der Christen gefördert hat, wie das V. Rittner, Kulturkontakte und soziales Lernen im Mittelalter. Kreuzzüge im Licht einer mittelalterlichen Biographie, Diss. phil. Hamburg 1973 (Kollektive Einstellung und sozialer Wandel im Mittelalter, 1), am Beispiel Jean de Joinvilles zu zeigen versucht hat. Inwieweit Toleranz aber zur Erklärung politischen Handelns gegenüber muslimischen Staaten und Herrschaften ausreicht, ist im Einzelfall zu überprüfen. Die Diskussion über die Arbeit von R. Ch. Schwinges, Kreuzzugsideologie und Toleranz. Studien zu Wilhelm von Tyrus, Stuttgart 1977 (Monographien zur Geschichte des Mittelalters, 15), hat die Fraglichkeit des Toleranzbegriffs für die Politik klar offengelegt, vgl. H. Möhring, Salahadinus Tyrannus, S. 417-466. Besonders das Beispiel des Erzbischofs von Accon/'Akkā, Jakob von Vitry, am Anfang des 13. Jahrhunderts belegt, daß die Begegnung mit Muslimen keineswegs immer zu einer toleranten Einstellung führte: Jakob v. Vitry, Historia orientalis, LXXII, S. 1088-1089.

die Allianzen und Verträge, an denen die fränkischen Staaten beteiligt waren, auf ihre Begründung, ihre Befürworter und Gegner hin zu interpretieren — und zwar auf b e i d e n Seiten. Kann man von einer fränkischen oder islamischen Bündnispolitik sprechen, welche bündnispolitischen Konzeptionen gab es und welche Entwicklungen lassen sich konstatieren? Wie groß ist die Relevanz, die dem „Kreuzzugsgedanken" christlicher- und der „*ǧihād*-Theorie" muslimischerseits für die fränkisch-islamischen Beziehungen de facto beizumessen ist? Ein weiteres Hauptanliegen der Arbeit ist es, die rechtlichen Formen darzustellen und zu untersuchen, in denen fränkische und muslimische Herrscher miteinander verkehrten. Ist auch bei Vertragsinhalten und Vertragsinstrumentarien eine Entwicklung feststellbar?

Aus den vorangegangenen Bemerkungen zur Forschungs- und Quellenlage ergibt sich, daß eine solche Untersuchung über eine Reinterpretation bereits ausgewerteten Quellenmaterials hinausgehen muß. Es ist ein wesentlicher Bestandteil der in dieser Arbeit verfolgten Methode, arabische Quellen nicht a d d i t i v zu den Quellen westlicher Herkunft hinzuzuziehen, sondern gleichrangig und im Verbund mit den fränkischen Quellen auszuwerten. Für bestimmte Fragen zu Vertragstechnik und Kooperation sind sie den lateinisch oder altfranzösisch abgefaßten Chroniken und Berichten sogar vorzuziehen. Denn während der größte Teil des Materials fränkischer und europäischer Provenienz im Zusammenhang mit einzelnen Kreuzzügen oder Pilgerfahrten entstanden ist oder — wie die *Historia* Wilhelms von Tyrus (um 1130-1186) — offiziöse Reichsgeschichtsschreibung darstellt, haben die arabischen Quellen keine spezielle Konzeption von „Kreuzzugs-" und in der Regel auch nicht von „*ǧihād*-Geschichte". Sie bieten daher mehr als nur die islamische Sichtweise derselben Ereignisse und Phänomene, die auch aus westlichen Quellen bekannt sind. An Zahl und Material wesentlich größer als die fränkischen Quellen, liegt ihr Hauptvorteil darin, über die Franken im Kontext der allgemeinen Geschichte des Vorderen Orients zu berichten [15].

Gerade dieses Plus fällt allerdings leider in den meisten der vorliegenden Übersetzungen fort, weil sie in der Regel nur die die Franken betreffenden Passagen wiedergeben. Deshalb werden die arabischen Quellen — wie es im übrigen auch für terminologische Untersuchungen un-

[15] Vgl. bes. F. Gabrieli, The Arab Historiography of the Crusades, in: Historians of the Middle East, ed. B. Lewis und P.M. Holt, London 1962, S. 98-107 (auch zur Verwertung arabischer Quellen in der bisherigen Historographie).

erläßlich ist — im Original herangezogen. Was das Quellenmaterial orientalischer Herkunft (in Arabisch, Syrisch und Armenisch) außerdem besonders ergiebig macht, ist die Mannigfaltigkeit der Genres und, jedenfalls in der Chronistik, ihre annalistisch-kompilatorische Ausrichtung [16]. Auch wenn ein Autor nicht in jedem Fall *sine ira et studio* schreibt, so sammelt er, wenn es sich nicht gerade um Auftragswerke mit panegyrischem Hintergrund handelt, nach orientalischer Historiographentradition doch häufig alle ihm verfügbaren Nachrichten, ohne sie seinem persönlichen Interesse entsprechend zu überarbeiten oder zu kommentieren. Dies gilt insbesondere für Weltchroniken wie den *Kāmil* des Ibn al-Aṯīr (555-630 a.h./1160-1233) oder den *Mir'āt az-zamān* des Sibṭ b. al-Ǧauzī (581-654 a.h./1185-1262), aber auch für die Lokalgeschichtsschreibung, etwa die des Ibn al-Qalānisī (465-555 a.h/1073-1160) für Damaskus oder die des Ibn al-'Adīm (588-660 a.h./1193-1262) für Aleppo — ein Genre, das auf fränkischer Seite keine Entsprechung hat. Es gibt daneben Biographien, z.B. die des Bahā' ad-Dīn b. Šaddād (539-632 a.h/1145-1234) über Saladin, die des Ibn 'abd aẓ-Ẓāhir (620-692 a.h./1223-1293) über die Mamlukensultane Baibars und Qalāwūn, Dynastiengeschichtsschreibung, wie das *Kitāb ar-rauḍatain* des Abū Šāma (599-665 a.h./1203-1268), Autobiographien — etwa die des bereits erwähnten Usāma b. Munqiḏ (488-584 a.h./1095-1188) und die *Nukat* des fāṭimidischen Hofpoeten 'Umāra al-Yamanī (gest. 569/1174) — und Werke der historischen Geographie aus der Feder eines Yāqūt ar-Rūmī (575-626 a.h./1179-1229), 'Izz ad-Dīn b. Šaddād (613-684 a.h./1217-1285) oder al-Idrīsī (493-560 a.h./1100-1165). Von besonderem Wert sind darüber hinaus das in Handschriften erhaltene oder in die erzählenden Quellen inserierte epistolographische Material, besonders die Briefe des Kanzleichefs Saladins, al-Qāḍī al-Fāḍil (526-596 a.h./1131-1200), und Gedichtanthologien, aus denen wichtige mentalitätsgeschichtliche Informationen und gelegentlich auch die Hintergründe einzelner fränkisch-islamischer Bündnisse zu entnehmen sind. Hervorragende Beispiele dafür sind die *Ḫarīdat al-qaṣr* des al-Kātib al-Iṣfahānī (519-597 a.h./1125-1201) und der *Dīwān* des ägyptischen Wesirs Ṭalā'i' b. Ruzzīk (495-556 a.h./1101-1161). Besondere Bedeutung für vertragstechnische Aspekte schließlich haben die Quellen aus dem mamlukischen Staatskanzleiwesen, namentlich der *Ṣubḥ* des al-Qalqašandī (756-821 a.h./

---

[16] Einführend: F. Rosenthal, A History of Muslim Historiography, 2. Auflage Leiden 1968.

1355-1418)[17]. Werke dieser Herkunft überliefen als einzige vollständige fränkisch-islamische Vertragstexte und Eidesformeln; sie stammen allerdings erst aus der zweiten Hälfte des 13. Jahrhunderts.

Unter Rückgriff auf das arabische Quellenmaterial ist es also nicht nur möglich, zusätzliche Nachrichten über Fälle fränkisch-islamischer Kooperation und die islamische Sicht der Kreuzzüge zu gewinnen und Näheres über den islamisch-fränkischen „Alltag“ zu erfahren, sondern die Existenz fränkischer Staaten im Orient als Teil *syrischer* Geschichte — *syrisch* im Sinne des historisch-geographischen Begriffs „Syrien“ (aš-Ša'm), also des Gebietes zwischen Sinai, kilikischer Pforte und Euphrat, verstanden — zu untersuchen. Dieser methodische Ansatz erleichtert es, die Kämpfe fränkischer Herrscher mit muslimischen Fürsten nicht sofort als Konfrontation zwischen Christentum und Islam zu betrachten, wie es die vom „Kreuzzugsgedanken“ geprägten Quellen oft genug nahelegen. Aus diesem Grund auch beginnt die Untersuchung nicht mit dem ersten Kreuzzug, sondern schon drei Jahrzehnte davor, da sich ab etwa 1070 im Vorderen Orient d i e Bündnis- und Kräftekonstellationen

[17] Eine eingehende Charakterisierung des gesamten Quellenmaterials würde hier zu weit gehen. Zu den Quellengattungen vor allem für das 12. Jahrhundert vgl. bes. M. Hilmy M. Ahmad, Some Notes on Arabic Historiography during the Zengid and Ayyubid Periods (521/1127-648/1250), in: Historians (wie Anm. 15), S. 79-97.
Die wichtigste quellenkundliche Einführung zu den westlichen und orientalischen Quellen des 12. und 13. Jahrhunderts ist immer noch Cl. Cahen, Syrie, S. 1-104; vgl. auch ders., Some New Editions of Oriental Sources for the Crusader Period: A Survey, in: Outremer, ed. B.Z. Kedar, H.E. Mayer, R.C. Smail, Jerusalem 1982, S. 323-331. Daneben vgl. bes. N. Elisséeff, Nūr ad-Dīn. Un grand prince musulman de Syrie au temps des croisades (511-569 H./1118-1174), Bd. 1-3, Damas 1967, Bd. 1, S. 1-85; H. Gottschalk, Al-Malik al-Kāmil, S. 2-19 (dort findet sich eine nützliche Einteilung und Aufzählung der Quellen zur Geschichte der ersten Hälfte des 13. Jahrhunderts) sowie A. Hartmann, an-Nāṣir li-Dīn Allāh (1180-1225). Politik, Religion, Kultur in der später 'Abbāsidenzeit, Berlin-New York 1975 (Studien zur Sprache, Geschichte und Kultur des Islamischen Orients. Beihefte zur Zeitschrift „Der Islam“, N.F. 8), bes. S. 12-60.
Für die frühe Mamlukenzeit (1250-1291): G. Schregle, Die Sultanin von Ägypten, Wiesbaden 1961, bes. S. 9-27, und D.P. Little, An Introduction to Mamlūk Historiography. An Analysis of Arabic Annalistic and Biographical Sources for the Reign of al-Malik an-Nāṣir Muḥammad ibn Qalāwūn, Wiesbaden 1970.
Zu den westlichen Quellen vgl. H.E. Mayer, Bibliographie, S. 44-61, und zusätzlich bes. P. Knoch, Studien zu Albert von Aachen. Der erste Kreuzzug in der deutschen Chronistik, Stuttgart 1966 (Stuttgarter Beiträge zur Geschichte und Politik, 1); M. Morgan, The Chronicle of Ernoul and the Continuations of William of Tyre, Oxfort 1973; dies., The Rothelin Continuation of William of Tyre, in: Outremer, a.a.O., S. 244-257. Die Diskussion um die Jerusalemer Rechtsquellen befindet sich in vollem Gang. Dazu zuletzt: M. Greilsammer, Structure and Aims of the Livre au Roi, in: Outremer, a.a.O., S. 218-226 (mit der wesentlichen relevanten Literatur).

herausbildeten, mit denen es die Franken zunächst zu tun hatten. Der Schwerpunkt der Arbeit liegt auf der Untersuchung der Allianz- und Vertragspolitik im 12. Jahrhundert. Für die Analyse der vertragstechnischen Aspekte der fränkisch-islamischen Beziehungen, die sich daran anschließt, ist es indes unabdingbar, auch das 13. Jahrhundert miteinzubeziehen. Das Instrumentarium rechtlicher Möglichkeiten zur Beilegung von Konflikten, das im 12. Jahrhundert entstand, fand auch in 13. Jahrhundert Anwendung und wurde in einzelnen Bestandteilen fortentwickelt. Für die Frage nach bündnispolitischen Konzeptionen ist das 13. Jahrhundert dagegen weniger interessant, denn nach dem Ende des dritten Kreuzzuges (1192) waren die fränkischen Staaten ohne die Unterstützung europäischer Kreuzfahrer über weite Zeiträume zu schwach, um im Vorderen Orient als echter Machtfaktor noch eine Rolle spielen zu können. Als Allianzpartner für muslimische Staaten fielen die Franken deswegen über weite Teile des 13. Jahrhunderts aus; nur die Anlehnung von Antiochia an Aleppo bis etwa 1216 und die Bündnisse zwischen dem sogenannten zweiten Königreich Jerusalem und den aiyūbidischen Herrschern Syriens zwischen 1240 und 1244 waren noch von einigem Gewicht.

I. Die Entwicklung des Systems syrischer Staatswesen im letzten Drittel des 11. Jahrhunderts und der erste Kreuzzug (ca. 1070-1099)

I.1. Vorbemerkung

Die fränkische Landnahme während des ersten Kreuzzuges und der darauffolgenden Jahre bezeichnet unbestreitbar eine wichtige Zäsur in der Geschichte des Vorderen Orients. Die Kreuzfahrer verpflanzten rechtlich-administrative, ethische und kulturelle Ordnungsmodelle und Prinzipien in eine fremde Umgebung, die bis dahin in vielerlei Hinsicht von andersgearteten Strukturelementen und Mentalitäten geprägt worden war. Dennoch veränderte die Staatenbildung der Kreuzfahrer die Strukturen Syriens und Nordmesopotamiens (al-Ǧazīra) nicht in umstürzender Weise. Dafür gibt es zwei Gründe:

— Die Welle fränkischer Herrschafts- und Staatengründungen erfolgte nicht in einem rechtlich, ethnisch, religiös und in seinen Herrschaftsformen einheitlichen, sondern im Gegenteil äußerst vielfältig gestalteten Raum. Ganz besondere Bedeutung für die Geschichte der späteren fränkischen Staaten hatte die Machtübernahme türkischstämmiger Anführer in den Metropolen Syriens und Nordmesopotamiens (al-Ǧazīra) im Verlauf der drei Jahrzehnte vor dem ersten Kreuzzug. Keiner dieser türkischen Kleinherrscher vermochte auf Dauer eine Vormachtrolle zu übernehmen, wie sie Byzanz und Ägypten bis dahin zugefallen war. Es entwickelte sich statt dessen ein „System syrischer Staatswesen“ oder „Partikularherrschaften“, das geprägt wurde vom Machterhaltungsinteresse der einzelnen Herrscher und in dem bestimmte, oft schon traditionelle Rivalitäts- und Bündnisstrukturen wirkten, die auch nach 1098/1099 fortlebten.

— Die fränkische Herrschaftsbildung ähnelte der türkischen darin, daß sie nicht von einer breiten Kolonisation begleitet war. Beide veränderten die Siedlungs- und Organisationsstrukturen auf dem Land so gut wie gar nicht und die in den Städten von Fall zu Fall in unterschiedlichem Maße.

Die Etablierung der Franken im Vorderen Orient organisierte daher den Raum nicht *ab ovo* von neu auf, sondern vollzog sich ähnlich der türkischen großenteils als Machtübernahme in bestehenden Strukturen. Für die zwischenstaatlichen Beziehungen, die sich nach 1098/1099 entwickelten, waren die Merkmale des von den Franken vorgefundenen „Systems syrischer Staatswesen“ bis weit ins 12. Jahrhundert hinein besonders wichtig. Daher beginnt die vorliegende Untersuchung nicht mit den Jahren 1098, 1099 oder 1100, sondern bezieht die drei letzten Jahrzehnte des 11. Jahrhunderts mit ein. In den folgenden zwei Abschnitten sollen die Entwicklung des „Systems syrischer Staatswesen" mit seinen speziellen Kennzeichen sowie die Vertrags- und Bündnispolitik der Kreuzfahrer bis 1099 unter Berücksichtigung ihrer Motive herausgearbeitet werden. Die dabei zu Tage tretenden Ergebnisse werden für das Verständnis der fränkisch-islamischen Beziehungen in Syrien nach der Landnahme der Kreuzfahrer von grundlegender Bedeutung sein.

I.2. Entwicklung und Merkmale des Systems syrischer Staatswesen vor dem ersten Kreuzzug (ca. 1070-1099)

In der Einleitung zu seiner Übersetzung der Chronik des Ibn al-Qalānisī (465-555 a.h./1075-1160) differenziert H.A.R. Gibb die sechs verschiedenen Kräfte, die unmittelbar vor der Ankunft des ersten Kreuzzugs um Herrschaft und Herrschaften in Syrien rivalisierten [1]. Er unterscheidet

— Herrschaftsträger „alter Art", namentlich:
  a. Ägypten unter der seit 969 regierenden šī'itischen Fāṭimidendynastie,
  b. lokal gebundene Emire, Kadis und Stammesscheichs arabischer Herkunft,

— neu nach Syrien vorgedrungene Mächte und Gruppen, so:
  c. Seldschukenfürsten, die von Mesopotamien aus, das sich seit 1055 unter ihrer Kontrolle befand, nach Syrien übergriffen,
  d. Turkmenenemire, die als Stammesführer oder seldschukische Gouverneure nach Syrien gekommen waren und sie bemühten, möglichst unabhängige Herrschaftsbereiche zu begründen und auszudehnen,
  e. Turkmenenstämme, die im Zuge der türkischen Westwanderung unabhängig von den Seldschuken im letzten Drittel des 11. Jahrhunderts nach Syrien eingedrungen waren [2],

— sowie schließlich:
  f. die politisch mehr oder weniger handlungsfähige rurale, urbane und

[1] H.A.R. Gibb, The Damascus Chronicle of the Crusades, London 1932, S. 14-32.
[2] Vgl. Cl. Cahen, La première pénétration turque en Asie-Mineure (Seconde moitié du XIe siècle), in: Byzantion 18 (1948), S. 5-67.

beduinische Bevölkerung Syriens selber, in der Stadt organisiert in den an der neu erwachenden urbanen Autonomiebewegung beteiligten Korporationen, Milizen (*aḥdāṯ*) und Magistraten [3], auf dem Lande in den Stämmen und geschlossen siedelnden Konfessionsgemeinschaften.

Die von Gibb beschriebene Vielfalt antagonistischer politischer Machtfaktoren steht am Ende eines durch Regionalisierung und Partikularisierung der Herrschaftsverhältnisse im Vorderen Orient gekennzeichneten Prozesses, der die letzten drei Jahrzehnte des 11. Jahrhunderts umfaßt hatte, sich aber bis weit ins erste Drittel des 12. Jahrhunderts fortsetzen sollte.

Seit den sechziger Jahren des 11. Jahrhunderts hatte die traditionelle Aufteilung Syriens in eine ägyptische und eine byzantinische Hegemonialsphäre in Folge der internen Machtkämpfe in Ägypten und der durch den Siegeszug der Seldschuken bedingten Schwäche des byzantinischen Reiches ein Ende genommen [4]. In Syrien war damit die Grundlage für ein Wiederaufleben der alten städtischen Autonomiebewegungen gegeben. In fast allen großen Metropolen wurden die von fremden Herren eingesetzten Gouverneure zunehmend in Machtkämpfe verwickelt und vereinzelt, wie in Tyrus/Ṣūr und Tripolis sogar von lokalen Kadi-Dynastien abgelöst [5]. Daneben strebten einzelne Gouverneure und Emire danach, sich selbstständig zu machen. Von besonderer Bedeutung ist allerdings, daß der neu erwachte Partikularismus und das Fehlen starker Gewalten einzelnen s e l d s c h u k i s c h e n Machthabern und Turkmenengruppen, die in deren Heeren oder auf eigene Initiative in

---

[3] Vgl. E. Ashtor-Strauss, L'administration urbaine en Syrie médiévale, in: RSO 31 (1956), S. 73-128, und Cl. Cahen, Mouvements populaires et autonomisme urbain dans l'Asie musulmane du Moyen Age, in: Arabica 5 (1958), S. 225-250, und 6 (1959), S. 25-56, 233-265. Zu beiden zuletzt kritisch A. Havemann, Ri'āsa und qaḍā'. Institutionen als Ausdruck wechselnder Kräfteverhältnisse in syrischen Städten vom 10. bis zum 12. Jahrhundert, Freiburg i.B. 1975 (Islamkundliche Untersuchungen, 34).

[4] Zu Ägypten: G. Wiet, L'Egypte arabe de la conquête arabe à la conquête ottomane 642-1517, Paris 1946 (Histoire de la Nation Egyptienne, 4), S. 239-245; F. Wüstenfeld, Geschichte der Fatimiden- Chalifen, Göttingen 1881, S. 254ff; A. Māğid, Ẓuhūr ḫilāfat al-fāṭimīyīn wa-suqūṭuhā fī Miṣr, al-Iskandarīya 1968, S. 369-391.
Zu Byzanz: Cl. Cahen, Pénétration, S. 30-34, und G. Vismara, Bisanzio e l'Islam per la Storia dei Trattati tra la Christianità orientale e le Potenze Mussulmane, Milano 1950, S. 46-47.
Für die Zeit vor 1071: A. Hamdani, Byzantine-Fatimid Relations before the Battle of Manzikert, in: Byzantine Studies 1 (1974), S. 169-179. In Syrien: S. Zakkar, The Emirate of Aleppo. 1004-1094, Beirut 1971, S. 129-183; K.S. Salibi, Syria under Islam, Delmare, N.Y. 1977, S. 84-121.

[5] Bes. A. Havemann, Ri'āsa und qaḍā', S. 78-91, 92-104, 107-112.

Syrien eindrangen, Möglichkeiten zur Herrschaftsbildung gaben. Damit trat ein neuer, externer Machtfaktor in Syrien auf den Plan.

Das politische Szenarium Syriens gegen Ende des 11. Jahrhunderts wurde durch das hochsensible Beziehungsgeflecht gestaltet, das sich aus wechselnden Koalitionen, den an der jeweiligen Opportunität orientierten Loyalitäten der Lokaldynastien und Konfessionsgemeinschaften und den Ambitionen der Führer von Stämmen und seldschukischen Heeresabteilungen auf eigene Herrschaftskomplexe ergab. Im Verlauf des ersten Kreuzzugs trafen daher nicht der Westen auf den Osten, Glaube auf Unglaube, zwei Blöcke aufeinander, wie es den fränkischen Chronisten subjektiv erschien. Das Eindringen der Kreuzfahrer vermehrte lediglich das Spiel der antagonistischen politischen Kräfte in Syrien um einen weiteren Machtfaktor. In den Augen der orientalischen Zeitgenossen besaß der Kreuzzug in der Tat weder politisch noch militärisch neue Qualität[6]. Für die Türken stellte sich die Frage nach der Integration ihrer Kräfte und Ideen in die vorgefundenen Strukturen, die Frage nach Konfrontation und Koexistenz, genauso wie für die Franken — nur etwa zwei bis drei Jahrzehnte früher. Um die Beziehungen der fränkischen Staaten in Syrien gegenüber der islamischen Welt analysieren zu können, ist es daher zuerst nötig, sich ein Bild vom Werden der Kräftekonstellation zu machen, die die Kreuzfahrer 1097/1098 vorfanden. Im folgenden geht es darum, die wesentlichen Merkmale dieser Konstellation herauszustellen.

A. Der Beginn des fāṭimidisch-türkischen Antagonismus (1070-1079):

Begünstigt durch die anarchischen Zustände in Ägypten und Südsyrien und den Verfall der fāṭimidischen Herrschaft in Palästina und Südsyrien, der in der Entstehung lokaler Herrschaften in Tyrus/Ṣūr und Tripolis deutlich wurde, war es Anfang der siebziger Jahre des Jahrhunderts dem Turkmenenführer Atsız b. Uvaq (Ūq) gelungen, sich in Palästina festzusetzen[7]. Bis 1074 vermochte es Atsız, ganz Palästina bis auf Ascalon/ʻAsqalān zu unterwerfen, und 1076 gelang ihm nach fünfjährigen Razzien sogar der Einzug in Damaskus, das bislang unter fāṭimidischer Oberhoheit gestanden hatte[8]. Nachdem er sich durch Verträge

[6] So auch E. Sivan, L'Islam et la croisade. Idéologie et propagande dans les réactions musulmanes aux croisades, Paris 1968, S. 26.

[7] Cl. Cahen, Atsız b. Uvaq, in: EI 2, Bd. 1, S. 750-751.

[8] b. Ẓāfir, S. 76 (falsch ad 467 a.h.); b. Muyassar, S. 42-43; b. al-Qalānisī, S. 95-96 und 108-109; b. al-Aṯīr, Kāmil, Bd. 10, S. 99-100; al-Maqrīzī, Ittiʻāẓ, Bd. 2, S. 315. Die Übergabe der Stadt an Atsız erfolgte per Vertrag (*amān*).

mit Tyrus/Ṣūr und Tripolis Zugang zu den Märkten dieser beiden Hafenstädte verschafft hatte, fühlte er sich Ende 1076 stark genug, Ägypten selber anzugreifen [9].

Aus zwei Gründen sind dieses Unternehmen und seine Folgen für die Geschichte der Kreuzfahrerstaaten von Interesse:

1. Der fāṭimidische Abwehrkampf gegen die Truppen des Atsız wurde offensichtlich von religiöser Propaganda begleitet. Mit dem Argument ,,Diesen Feind zurückzuschlagen ist verdienstvoller als die Pilgerfahrt *(daf' hāḏā 'l-'adūw afḍal min al-ḥaǧǧ)*" gewann der ägyptische Wesir 3000 Mekkapilger als Kämpfer, die sich zur Zeit der Invasion in Ägypten auf der Durchreise in den Ḥiǧāz befanden. Während der Kämpfe versammelten sich Flüchtlinge gemäß dem Befehl des Fāṭimidenkalifen ,,Nehmt Eure Zuflucht zu Allāh dem Erhabenen und fleht zu ihm, haltet Euch in den Freitagsmoscheen und Moscheen auf, fastet, betet und enthaltet Euch der Alkoholica und der verbotenen Dinge *(al-munkarāt)* " zu Trauergesten, Supplikationen und Koranrezitationen in den Moscheen. Mit anderen Worten, die Verteidigung gegen die muslimischen, wenn auch nicht šī'itischen Eindringlinge wurde glaubhaft nicht nur als ismā'īlitischer *ǧihād* (Heiliger Kampf), sondern sogar als verdienstvoller als eine der fünf vom Koran gebotenen islamischen Pflichten propagiert [10].

2. Nach der Niederlage des Atsız in Ägypten fiel Palästina sofort von ihm ab. Von besonderer Tragweite war die Rebellion Jerusalems, da die Turkmenen dort ihre Familien und ihre mobile Habe deponiert hatten. Die Jerusalemer verteilten die Frauen der Türken untereinander und verkauften deren volljährigen Söhne in die Sklaverei. Atsız marschierte darauf mit seinem letzten Aufgebot vor die Stadt und hielt ein grausames Strafgericht: Tausende von Menschen fielen dem Massaker der Sieger zum Opfer. Gegen ein hohes Lösegeld wurde nur der verschont, der seine Zuflucht zu den Heiligen Stätten des Islams genommen hatte [11]. Wenig später wurde auch die gesamte Be-

---

9 G. Wiet, L'Egypte, S. 252; Cl. Cahen, Pénétration, S. 36. Die gehaltvollsten Quellen für den Ägyptenfeldzug des Atsız sind b. Muyassar, S. 44; Sibṭ b. al-Ǧauzī, ed. Sevim, S. 182-186, und al-Maqrīzī, Itti'āẓ, Bd. 2, S. 317-318. Vgl. auch daneben: b. al-Qalānisī, S. 109-112; b. al-Aṯīr, Kāmil, Bd. 10, S. 103-104, und G. Wiet, L'Egypte, S. 252-254.

10 Zitate nach Sibṭ b. al-Ǧauzī, ed. Sevim, S. 182.

11 Vgl. Anm. 9 und Cl. Cahen, An Introduction to the First Crusade, in: Past and Present 6 (1959), S. 6-29, hier S. 12.

völkerung von Gaza/Ġazza niedergemacht.

Die Parallele zum Verhältnis der Kreuzfahrerstaaten zu ihren islamischen Nachbarherrschaften wenig später ist augenfällig. Der Konflikt zwischen Atsız und den Fāṭimiden macht deutlich, daß bereits die Abwehrkämpfe der eingesessenen, besonders šīʿitischen Dynastien gegen die Turkmenen unter religiösen Vorzeichen geführt wurden und von Ausschreitungen begleitet waren, die denen bei Ankunft der Kreuzfahrer in nichts nachstanden. Das Auftreten der Franken brachte also zwar einen neuen Machtfaktor ins Spiel, aber keine andere Qualität.

B. Der Antagonismus zwischen Nord- und Südsyrien und Beginn des Herrschaftspartikularismus in Zentralsyrien (1079-1085):

Nach der Reduzierung des ägyptischen Einflusses in Südsyrien, einer ersten Welle der Entstehung von Stadtstaaten an der Küste und der Etablierung turkmenischer Herrschaftskomplexe ab 1070 bildeten sich in den Jahren 1079 bis 1085 zwei weitere Komponenten heraus, die die politische Geschichte Syriens für Jahrzehnte prägen sollten:

— der Antagonismus zwischen einem starken Damaskus und den Metropolen Nordsyriens: Aleppo mit seinem Einzugsgebiet in Nordmesopotamien (al-Ǧazīra) und Antiochia/Anṭākiya mit seinem kilikischen Hinterland, sowie

— die Regionalisierung politischer Herrschaft in Zentralsyrien.

Die Neubelebung der Rivalität zwischen Damaskus einerseits und Aleppo und Antiochia/Anṭākiya andererseits verbindet sich mit der Herrschaftsbildung des Tutuš in Syrien. Tutuš war von seinem Bruder, dem Seldschukensultan Malikšāh (1072-1092), auf einen Hilferuf einer der in Aleppo um die Macht kämpfenden Parteien nach Syrien entsandt worden [12]. Aleppo konnte Tutuš 1079 zwar nicht erobern. Es erreichte ihn aber ein dringender Appell des Atsız, ihn im Süden gegen die Fāṭimiden zu unterstützen. Tutuš eilte nach Damaskus, ließ Atsız hinrichten und befand sich seit Ende 1079 im sicheren Besitz der Stadt [13]. Wichtigstes Ziel des Tutuš war in der Folgezeit, nun auch Aleppo, das zweite

---

[12] b. al-ʿAdīm, Buġya, S. 46-47, und Cl. Cahen, Pénétration, S. 37-38. Zu Tutuš: M. Th. Houtsma, Tutush, in: EI 1, Bd. 4, S. 1064, und b. Ḫallikān, Wafayāt, Bd. 1, S. 264-266.

[13] b. ʿAsākir, Wulāt, S. 18-19; b. al-Qalānisī, S. 112; b. al-Aṯīr, Kāmil, Bd. 10, S. 111 ad 471 a.h. (1078-1079); b. Muyassar, S. 46, und al-ʿAẓīmī, S. 362 ad 472 a.h. (1079-1080). Das genaue Datum läßt sich nicht eruieren, da die Quellen einander zu sehr widersprechen.

große Zentrum Syriens und Sprungbrett zu den seldschukischen Kernländern in Mesopotamien, in die Hand zu bekommen [14]. Als er direkt nach seinem Erfolg im Süden die südwestlich von Aleppo gelegenen Gebiete verwüstete und die Stadt sogar kurz belagerte, wandten sich die Aleppiner an den arabischstämmigen Gouverneur von Mossul, Muslim b. Quraiš. Muslim setzte sich daraufhin im Juni 1080 in den Besitz von Aleppo. Federführend bei der Auslieferung von Aleppo waren die aleppinischen Stadtmilizen (*aḥdāṯ*) unter ihrem Anführer Ibn al-Ḥutaitī gewesen [15].

Der nun ausbrechende Konflikt zwischen Muslim b. Quraiš und Tutuš, der an dieser Stelle nicht weiter beschrieben zu werden braucht, ist für die Geschichte der späteren Kreuzfahrerstaaten deshalb von Belang, weil er verschiedenen Kleinherrschaften, die nach der Einverleibung Aleppos in den Herrschaftskomplex des Muslim b. Quraiš am Orontes und um Aleppo entstanden, in wechselnder Anlehnung an einen der beiden Kontrahenten das Überleben erlaubte. Von herausragender Bedeutung sind die Emirate Šaizar und Ḥimṣ:

— 1081 gelang es ʿAlī b. Muqallid b. Munqiḏ, einem der einflußreichsten Männer im bis 1080 unabhängigen Aleppo, die Festung Šaizar nach mehrmonatiger Belagerung dem griechisch-orthodoxen Bischof von Albara/al-Bāra abzukaufen und damit ein neues Machtzentrum am mittleren Orontes zu gründen [16].

— Etwa zur selben Zeit vermochte sich auch der Turkmene Ḫalaf b. Mulāʿib in Ḥimṣ in Zentralsyrien festzusetzen [17].

Anders als im Fall verschiedener kleinerer turkmenischer oder arabischer Emirate und Burgherrschaften gelang es Muslim b. Quraiš nicht, diese beiden neu entstandenen Herrschaften unter seine Botmäßigkeit zu bringen. Seine Kämpfe mit Tutuš zwangen ihn im Gegenteil, im Juli 1082 den Ausgleich mit ihnen zu suchen. 1083 trat er Ḫalaf b. Mulāʿib in ei-

---

14 K.S. Salibi, Syria, S. 133-146, mit dem besten Überblick über die zeitgenössische syrische Geschichte. Daneben vgl. Cl. Cahen, Pénétration, S. 38-48 und S. Zakkar, Emirate, S. 199-218.

15 Besonders b. al-ʿAdīm, Zubda, Bd. 2, S. 67-70, 73-75. Vgl. S. Zakkar, Emirate, S. 200-204.

16 b. al-ʿAdīm, Zubda, Bd. 2, S. 77-78. Vgl. S. Zakkar, Emirate, S. 204-206, und K.S. Salibi, Syria, S. 141-142.

17 b. al-ʿAdīm, Zubda, Bd. 2, S. 79.

nem Friedensvertrag *(ṣulḥ)* sogar noch Raphania/Rafanīya und Salamīya ab, damit Ḫalaf ihm bei seinen Unternehmungen im Norden den Rücken gegen Tutuš freihalten konnte [18].

Neben der Existenz verschiedener Kleinherrschaften in Zentralsyrien bildete sich in der Herrschaftszeit des Muslim b. Quraiš noch ein zweites, auf Jahrzehnte hinaus weiter wirkendes Merkmal der Machtkonstellation in Syrien heraus: die politische Isolierung Aleppos, die eine Folge der Bestrebungen verschiedener seldschukischer und türkischer Machthaber in Damaskus, Anatolien oder Mesopotamien war, in Aleppo die Macht zu übernehmen. Ein Alliierter bot sich für den jeweiligen Herrn von Aleppo nur in Ägypten. Zwei Beispiele für aleppinisch-ägyptische Kontakte finden sich bereits unter Muslim b. Quraiš: 1083 scheiterte ein Plan des Muslim zur Eroberung von Damaskus am Ausbleiben der versprochenen ägyptischen Hilfstruppen [19]. 1083/1084 bot er, als er von Sultan Malikšāh in Āmid belagert wurde, den Fāṭimiden sogar die Anerkennung der ägyptischen Oberhoheit an, falls sie ihm gegen den Sultan beistehen würden. Dieser Schritt blieb nur deswegen ohne Folgen, weil sich der Sultan einer Revolte im ostiranischen Ḫurāsān wegen mit seinem Gegner aussöhnen mußte [20]. Die starke Reserve muslimischer Herrscher und Gouverneure *(wulāt)* in Nordsyrien gegenüber allen seldschukischen Unternehmungen und ihre gelegentlichen Annäherungen an Ägypten blieben über Muslim b. Quraiš hinaus wesentliche Faktoren für die Beziehungen der einzelnen Herrschaften in Syrien zueinander. Nach der Etablierung der Kreuzfahrerstaaten sollte die Furcht des Herren von Aleppo vor einer Bedrohung seiner Unabhängigkeit von Seiten des Sultans von ausschlaggebender Bedeutung für das Fehlen einer vereinigten islamischen Gegenwehr gegen die Franken werden.

---

18 Sibṭ b. al-Ǧauzī, ed. Sevim, S. 209. Zum gesamten Feldzug am besten H. Derenbourg, 'Ousâma ibn Mounḳidh, 1ière partie (Vie d'Ousâma), Paris 1889 (Publ. de l'Ecole des Langues Orientales Vivantes, II. sér., vol. 13, 1ière partie), S. 24-25. 'Alī b. Munqiḏ hatte geschworen, seine Festung eher den Byzantinern als an Muslim auszuliefern. Vgl. Hilāl aṣ-Ṣābī bei Sibṭ b. al-Ǧauzī in b. al-Qalānisī, ed. Amedroz, S. 114, Anm. 1.

19 Ausführlich S. Zakkar, Emirate, S. 206-212.

20 Sibṭ b. al-Ǧauzī, ed. Sevim, S. 236; b. al-'Adīm, Zubda, Bd. 2, S. 84-86. 1083 war es auch zu einer Annäherung zwischen Tutuš und den Fāṭimiden gekommen, die mit einer Eheverbindung besiegelt werden sollte: b. Taġrībirdī, Bd. 5, S. 116 ad 476 a.h. (1083/1084) nach Sibṭ b. al-Ǧauzī. Dieser Plan des Tutuš soll vom Kadi von Tripolis kritisiert (und verhindert ?) worden sein.

C. Die Auflösung der großen Herrschaften in Nordsyrien durch Sultan Malikšāh und fāṭimidische Rekuperationen im Süden (1085-1092):

Obwohl die Jahreszahlen 1085-1092 eine Periode eingrenzen, deren Kennzeichen neben dem Wiedererstehen des ägyptischen Einflusses an der Küste und in Zentralsyrien die Auseinandersetzung starker Machtkomplexe um Nordsyrien war, führte sie letzten Endes dazu, daß in Syrien die Bildung von Großherrschaften mit Vormachtcharakter verhindert wurde und Herrschern außerhalb Syriens das Übergreifen nach Syrien verwehrt wurde. Ursache dafür war, daß Sultan Malikšāh (1072-1092), der mit seinem Feldzug im Jahr 1096 den Kampf um die Macht in Aleppo für sich entschied, und sein Wesir Niẓām al-Mulk in Syrien eine Politik der Herrschaftsdezentralisierung verfolgten, deren Ziel in der Errichtung eines Kräftegleichgewichtes zwischen Euphrat und Sinai bestand. Ein Äquilibrium zwischen etwa gleichstarken, Malikšāh untergeordneten Herrschaften sollte dafür sorgen, die Oberherrschaft des Sultans über Syrien zu wahren, und den Expansionsgelüsten seines Bruders Tutuš in Damaskus Grenzen setzen.

Den Hintergrund für das Eingreifen des Sultans in Nordsyrien bot der Konflikt, der in der ersten Jahreshälfte 1085 zwischen Muslim b. Quraiš von Aleppo und dem anatolischen Seldschukenfürsten Sulaimān b. Quṭulmıš (Quṭulmuš) ausgetragen wurde:

Sulaimān hatte im Dezember 1084 das bis dahin dem Byzantiner Philaretes unterstehende Antiochia/Anṭākiya besetzt [21]. Im Juni 1085 besiegte er Muslim b. Quraiš, der auf der Flucht den Tod fand [22]. Trotz seines Erfolges war Sulaimān nicht in der Lage, sich in den Besitz Aleppos zu setzen. Der Führer der Stadtmilizen, Ibn al-Ḥutaitī, verweigerte ihm den Einlaß und rief Sultan Malikšāh zu Hilfe, und als sich dessen Kommen verspätete, auch Tutuš von Damaskus [23]. Noch im Juni 1086 trafen Sulaimān und Tutuš südlich von Aleppo aufeinander. Sulaimān verlor die Schlacht und überlebte den Kampf nicht [24]. Tutuš gelang es aller-

---

[21] Nach al-ʿAẓīmī, S. 365, eroberte Sulaimān die Zitadelle erst im Januar 1085. Die Vorgeschichte differiert bei den einzelnen Chronisten deutlich. Vgl. Cl. Cahen, Pénétration, S. 42-46. Zu dem gebürtigen Armenier Philaretes vgl. die Kurzbiographie bei Michael Syrus, S. 173-174, und Matthäus v. Edessa, S. 173-196 passim.

[22] b. b. al-ʿAdīm, Zubda, Bd. 2, S. 88-92; b. al-Aṯīr, Kāmil, Bd. 10, S. 139-141. Vgl. S. Zakkar, Emirate, S. 214-215.

[23] S. Zakkar, Emirate, S. 215-216, mit Belegen. Ibn al-Ḥutaitī hatte sich eine eigene zweite Zitadelle in Aleppo bauen lassen.

[24] b. al-Aṯīr, Kāmil, Bd. 10, S. 134; b. al-ʿAdīm, Zubda, Bd. 2, S. 97. Vgl. K.S. Salibi, Syria, S. 144-145.

dings ebensowenig wie seinem gefallenen Kontrahenten, Aleppo vollständig in die Hand zu bekommen. Der Kommandant der Zitadelle wollte nämlich — selbst nachdem Tutuš durch einen Handstreich Zugang zur Stadt gefunden und die Milizen zur Aufgabe bewegt hatte — seinem Eid gemäß die Festung nur dem Sultan selber übergeben[25]. In der ersten Augusthälfte mußte sich Tutuš daher vor den Vorhuten der Armee seines Bruders, des Sultans, nach Damaskus zurückziehen.

Nach dem Feldzug des Seldschukensultans, der Aleppo am 3.12.1086 betrat und vor seiner Rückkehr in den ʿIrāq noch selber in Antiochia/Anṭākiya einzog, bot sich die Kräftekonstellation zwischen Euphrat und Mittelmeer völlig verändert dar:

Am Euphrat hatte Malikšāh dem Sohn des Muslim b. Quraiš die Gebiete von Sorogia/Sarūǧ und Ḥarrān im Norden bis zum Fluß Ḫābūr im Osten überantwortet[26]. Die Herrschaft des Byzantiners Philaretes, der sich unterworfen hatte und zum Islam übergetreten war, hatte der Sultan auf Mariscum/Marʿaš reduziert[27]. In Antiochia/Anṭākiya, Aleppo und Edessa/ar-Ruhā waren treu ergebene Gouverneure eingesetzt worden. Das Emirat der Banū Munqiḏ von Šaizar am Orontes hatte der Sultan erheblich verkleinert, aber bestehen lassen[28]. Dem Zitadellenkommandanten von Aleppo schließlich, Sālim b. Mālik, waren im Gegenzug für die Auslieferung seiner Festung weite Gebiete am Euphrat um Qalʿat Ǧaʿbar übergeben worden[29].

Die neue dezentrale Kräfteverteilung im Norden verhinderte zu Lebzeiten des Sultans ein Übergreifen des Tutuš nach Mesopotamien und blieb über den ersten Kreuzzug hinaus das wichtigste Merkmal der Landkarte Nordsyriens. Aber auch im Süden ergaben sich Entwicklungen, die für die Geschichte der fränkischen Staaten im Anschluß an den ersten Kreuzzug von Bedeutung waren:

---

25 al-ʿAẓīmī, S. 366; b. al-Aṯīr, Kāmil, Bd. 10, S. 147-148; b. al-ʿAdīm, Zubda, Bd. 2, S.98-99.

26 b. al-Aṯīr, Kāmil, Bd. 10, S. 148; b. al-ʿAdīm, Zubda, Bd. 2, S. 100-101. Vgl. S. Zakkar, Emirate, S. 218-219, mit zahlreichen Belegen.

27 Barhebräus, S. 231.

28 b. al-Aṯīr, Kāmil, Bd. 10, S. 149-150; ders., Bāhir, S. 8.

29 Vgl. Anm. 28; Barhebräus, S. 231; b. al-ʿAdīm, Zubda, Bd. 2, S. 101 und ders. Buġya, S. 200-203. Sālim war der Cousin des Muslim b. Quraiš. Zum Ende der Herrschaft der Familie des Sālim b. Mālik im Jahr 564 a.h. (1168/1169) vgl. b. al-Aṯīr, Kāmil, Bd. 11, S. 334-335, und b. al-ʿAdīm, Zubda, Bd. 2, S. 325.

Von der früheren fāṭimidischen Herrschaft über Südsyrien war zu dieser Zeit nicht mehr als die Herrschaft über den Küstenstreifen mit vermutlich Caesarea/Qaisārīya als nördlichstem Punkt übriggeblieben[30]. Die Kadis von Tyrus/Ṣūr und Tripolis waren seit Anfang der 1070er Jahre autonom. Ob sie wenigstens de jure noch eine ägyptische Oberhoheit anerkannten, ist nicht zu klären. Alle restlichen Gebiete waren nach und nach unter die Herrschaft des Tutuš gekommen, darunter auch das palästinensische Bergland mit Jerusalem, das Tutuš als Steuerpachtbezirk *(iqṭāʿ)* an den Turkmenenemir Artuq verliehen hatte[31]. Ab 1087 waren die Verhältnisse in Ägypten aber wieder so weit konsolidiert, daß der Wesir Badr al-Ǧamālī neue Offensiven in Syrien ins Auge fassen konnte. Fāṭimidische Armeen eroberten die palästinensische Küste und belagerten Damaskus, so daß Tutuš sogar in Aleppo und Edessa/ar-Ruhā um Unterstützung nachsuchen mußte[32]. Noch brisanter wurde die Lage für ihn, als ein ägyptisches Heer 1089 nicht nur Accon/ʿAkkā, Sidon/Ṣaidā und Byblus/Ǧubail einnahm, sondern auch das seit etwa zwei Jahrzehnten unabhängige Tyrus/Ṣūr zurückgewann. Darauf unterstellte sich auch Ḫalaf b. Mulāʿib von Ḥimṣ und Apamea/Fāmiya fāṭimidischer Oberhoheit. Wieder mußte Tutuš um die Hilfe der nord-

---

30 Nachrichten über Palästina zwischen 1074 und 1089 finden sich in den Quellen kaum. Die Angaben der arabischen Geographen, besonders des ʿIzz ad-Dīn b. Šaddād, Aʿlāq (Lubnān)..., S. 174 und 250-263, über die Küstenstädte sind lückenhaft und spekulativ. Da die Quellen zu 1089 nur die Eroberung der Küste nördlich von Caesarea/Qaisārīya melden, kann man ex silentio auf eine fāṭimidische Herrschaft schon davor schließen. Diese bestand möglicherweise nicht länger als zwei Jahre, seit der ägyptischen Kampagne von 1087.

31 Vgl. ʿIzz ad-Dīn b. Šaddād, Aʿlāq (Lubnān...) S. 98-99 und 102. Beirut und Sidon/Ṣaidā scheinen schon seit 471 a.h. (1078/1079) im Besitz des Tutuš gewesen zu sein. Kurzzeitig eroberten die Ägypter 472 a.h. (1079/1080) Sidon/Ṣaidā zurück. Baʿlabakk nahm Tutuš im Sommer 476 a.h. (1083) nach dem Abzug des Muslim b. Quraiš von Damaskus ein. Es stand unter fāṭimidischer Oberhoheit. Vgl. die nicht völlig übereinstimmenden Berichte bei ʿIzz ad-Dīn b. Šaddād, Aʿlāq (Lubnān...), S. 44-45; Sibṭ b. al-Ǧauzī, ed. Sevim, S. 200; b. Taġrībirdī, Bd.5, S. 115-116.
Zur Frage, ob Tutuš 1081/1082 oder 1084 auch Tortosa/Anṭarṭūs eroberte, vgl. b. al-Aṯīr, Kāmil, Bd. 10, S. 121 und Sibṭ b. al-Ǧauzī, ed. Sevim, S. 221 und 226.

32 Nach b. al-Aṯīr, Kāmil, Bd. 10, S. 145 soll bereits im Sommer (Rabīʿ I.) 478 a.h. (1085) eine ägyptische Armee Damaskus kurz eingeschlossen haben. Diese Nachricht steht allein. Zum Feldzug von 1087: Sibṭ b. al-Ǧauzī, ed. Sevim, S. 244.

syrischen Gouverneure bitten [33]. Als Tutuš 1090 aber auf Befehl seines Bruders, des Sultans, zusammen mit den nordsyrischen Gouverneuren der Herrschaft des Ḫalaf in Ḥimṣ und Apamea/Fāmiya ein Ende setzte, weil dessen Kontakte zu den Fāṭimiden und seine Razzien gegen die Herrschaften in Zentralsyrien zu bedrohlich geworden waren, erwies sich die von Malikšāh im Norden geschaffene Herrschaftsstruktur als wirksames Mittel gegen die Machtausdehnungsbestrebungen des Tutuš:

Aqsunqur von Aleppo lieferte das eroberte Ḥimṣ erst auf ausdrückliche Weisung des Sultans an Tutuš aus, Apamea/Fāmiya aber übergab er dem Emir von Šaizar und das, obwohl er mit diesem noch im Vorjahr im Krieg gelegen hatte [34]. Ein Jahr darauf vereitelten die Gouverneure von Aleppo und Edessa/ar-Ruhā die schon fast sichere Eroberung von Tripolis durch Tutuš. Sie verließen das Belagerungsheer, nachdem der Stadtherr Kadi Ǧalāl al-Mulk sie bestochen hatte und die vorgelegten (und wohl falschen) Einsetzungsdiplome des Sultans für Tripolis von ihnen als echt anerkannt worden waren. Mit dem Argument, ein Angriff auf die Stadt sei gleichbedeutend mit einer Rebellion gegen den Sultan, ließen die beiden Gouverneure Tutuš allein, und dieser mußte sein Vorhaben aufgeben [35].

D. Aleppo und Damaskus unter rivalisierenden Seldschukenfürsten: Die Herausbildung der Bündniskoalitionen zum Zeitpunkt der Ankunft des ersten Kreuzzugs in Syrien (1092-1098):

Der Konflikt der verschiedenen Prätendenten um die Nachfolge des 1092 verstorbenen Seldschukensultans Malikšāh, dem nach Aqsunqur von Aleppo und Būzān von Edessa/ar-Ruhā im Jahre 1095 schließlich auch Tutuš zum Opfer fiel, und der Streit seiner Söhne um das väterliche Erbe prägte die vierte und letzte Phase der Entstehung der Kräfte-

---

33 al-ʿAẓīmī, S. 367-368; b.- al-Qalānisī, S. 120; b. Muyassar, S. 50; b. al-Aṯīr, Kāmil, Bd. 10, S. 176 und 202-203 (hier fälschlich auf 485 a.h. datiert); b. al-ʿAdīm, Zubda, Bd. 2, S. 105-106; al-Maqrīzī, Ittiʿāẓ , Bd. 2, S.326; b. Taġrībirdī, Bd. 5, S. 128; ʿIzz ad-Dīn b. Šaddād, Aʿlāq (Lubnān...), S. 165-166 (zu Tyrus/Ṣūr).
Offensichtlich hatte Tutuš die Küstenstädte zuvor unter seine Kontrolle gebracht. al-ʿAẓīmī nennt auch Beirut als 1089 erobert. Zu einer Rebellion des Gouverneurs von Accon/ʿAkkā vgl. ʿIzz ad-Dīn b. Šaddād, Aʿlāq (Lubnān...), S. 174.

34 b. al-ʿAdīm, Zubda, Bd. 2, S. 105-106; b. al-Aṯīr, Kāmil, Bd. 10, S. 408. Vgl. H. Derenbourg, Ousâma, S. 28.

35 b. al-Aṯīr, Kāmil, Bd. 10, S. 203; ʿIzz ad-Dīn b. Šaddād, Aʿlāq (Lubnān...), S. 84; b. Taġrībirdī, Bd. 5, S. 132-133 (hier eindeutig ad 484 a.h./Februar 1091 bis Februar 1092 datiert).

konstellation von 1098. Sie bietet ein verwirrendes Oszillogramm von stetig variierenden Koalitions- und Neutralitätsverhältnissen und ist gekennzeichnet durch die Verstärkung des Herrschaftpartikularismus, der sich in der Weiterexistenz alter und der Gründung neuer autonomer Kleinherrschaften manifestierte. Da die Struktur des Systems syrischer Staatswesen in dieser Phase ihre bis in die erste Dekade des 12. Jahrhunderts gültige Form annahm, soll die Entwicklung zwischen 1092 bis 1098 in etwas größerer Breite dargestellt werden:

Nach dem Tod von Malikšāh 1092 war Tutuš, seinem verstorbenen Bruder als Sultan nachgefolgt. In Begleitung der nordsyrischen Gouverneure, die ihm nolens volens Folge leisteten, da die Söhne des Malikšāh noch nicht volljährig waren, ließ er sich im Februar 1093 in ar-Raḥba am Euphrat auf halbem Weg nach Bagdad zum Sultan ausrufen. Als seine Gefolgsleute Aqsunqur und Būzān jedoch in Persien mit ihren Truppen zu Berkyāruq (Barkyāruq), einem Sohn des Malikšāh, auf dessen Nachfolge sich die iranischen Seldschuken geeinigt hatten, überliefen, mußte Tutuš alle seine Eroberungen aufgeben und nach Damaskus flüchten [36]. Seine Rache ließ nicht lange auf sich warten: Im Monat Ǧumādā I. 487 a.h. (Mai/Juni 1094) schlug Tutuš, verstärkt nur durch Beduinen und den Gouverneur (*wālī*) Yāġī Sıyān (Yāġī Siyān) von Antiochia/Anṭākiya, der ihm als einziger die Treue gehalten hatte, vor Aleppo die Parteigänger seines Rivalen Berkyāruq [37]. Aqsunqur und Būzān mußten ihren Verrat mit dem Tode büßen. Schon ein dreiviertel Jahr später aber, am 26. Februar 1095, traf Tutuš in der Nähe des heutigen Teheran auf das Heer des Berkyāruq, unterlag und fiel [38].

Für ein halbes Jahrhundert, bis 1154, sollte in Syrien danach kein Herrschaftskomplex von vergleichbarer Machtfülle mehr entstehen. Die Gebiete, die Tutuš von 1092 bis 1095 in seine Hand gebracht hatte, zerfielen nach seinem Tod erneut in die unabhängigen, rivalisierenden Herrschaftszentren, die bereits vor 1094/1095, vor 1086 und zum Teil auch schon vor der türkischen Invasion bestanden hatten. Entscheidend dafür waren die Auseinandersetzungen zwischen den Söhnen des Tutuš:

Als erster nach dem Tod seines Vaters war Riḍwān b. Tutuš nach Syrien zurückgekehrt und hatte Aleppo in seinen Besitz gebracht. Kurz

---

36 b. al-Aṯīr, Kāmil, Bd. 10, S. 220-222; b. al-Qalānisī, S. 122-124.

37 al-'Aẓīmī, S. 370; b. al-Qalānisī, S. 126-127; b. al-Aṯīr, Kāmil, Bd. 10, S. 232-235; ders., Bāhir, S. 15; b. al-'Adīm, Zubda, Bd. 2, S. 110-113.

38 Bes. b. al-Qalānisī, S. 129-130; b. al-Aṯīr, Kāmil, Bd. 10, S. 244-245, und b. al-'Adīm, Zubda, Bd. 2, S. 119.

darauf trafen sein Atābeg [39] Ǧanāḥ ad-Daula und sein jüngerer Bruder Duqāq in Aleppo ein. Duqāq nahm allerdings rasch eine Einladung des Gouverneurs seines Vaters in Damaskus an und machte sich dort selbständig. Ein Jahr benötigten die Söhne des Tutuš, um ihre Macht zu konsolidieren. Riḍwān in Aleppo ließ zwei jüngere Brüder und potentielle Konkurrenten ermorden, Duqāq in Damaskus entledigte sich auf dieselbe Weise des Gouverneurs, der ihm durch seine Einladung den Herrschaftsantritt erst ermöglicht hatte. Verstärkt wurde Duqāq durch die Ankunft seines Atābeg Ṭuġtegīn (Ṭuġtakīn), eines schon unter Tutuš bewährten Mannes [40]. Da der danach entbrennende Bruderkampf zwischen Riḍwān und Duqāq das politische Leben in Syrien zum Zeitpunkt der Ankunft der ersten Kreuzfahrer beherrschte, soll er in seinem Ablauf an dieser Stelle kurz umrissen werden: [41]

Die erste Phase der Auseinandersetzungen sah bis auf Yāġī Sıyān von Antiochia/Anṭākiya alle nordsyrischen Kleinherrscher und einige arabische Stammeschefs auf der Seite des Riḍwān. Es gelang Riḍwān und seinem Gefolgsmann Sukmān b. Artuq, dem Riḍwān 1095 nach anfänglichem Streit Sororgia/Sarūǧ übergeben hatte, ihre Besitzungen auszubauen. Namentlich Turbessel/Tall Bāšir, Manbiǧ, Buzā'a und Marra/ Ma'arrat an-Nu'mān fielen in ihre Hand [42]. Keine der weiteren Unternehmungen führte allerdings zu einer wirklichen Lösung des Konfliktes zwischen den Söhnen des Tutuš — weder die erfolglose Belagerung von Damaskus durch Riḍwān noch seine darauffolgende Einschließung in Jerusalem durch die Damaszener, das seinem Parteigänger Sukmān b. Artuq unterstand, und auch nicht der Sieg der nordsyrischen Alliierten über Duqāq und Yāġī Sıyān bei Qinnasrīn südlich von Aleppo im Jahre 1097 [43].

---

[39] Zu Atābeg vgl. Cl. Cahen, Atābeg, in: EI 2, Bd. 1, S. 731-732. Atābeg ist der Titel eines türkischen Offiziers, dem als Tutor die Erziehung eines Prinzen anvertraut wurde und der in der Regel dessen Mutter heiratete. Dies konnte auch zu Lebzeiten des fürstlichen Vaters geschehen. Ǧanāḥ ad-Daula war Stiefvater und Atābeg des Riḍwān, Ṭuġtegīn der des Duqāq. Vgl. H.A.R. Gibb, Chronicle, S. 24-25.

[40] Zu Riḍwān: K.V. Zettersteen, Riḍwān, in: EI 1, Bd. 3, S. 1246-1248. Zu Ṭuġtegīn: ders., Ṭughtegīn, in: EI 1, Bd. 4, S. 898-899. Vgl. b. al-Qalānisī, S. 130-131; b. al-Aṯīr, Kāmil, Bd. 10, S. 246-248, und b. al-'Adīm, Zubda, Bd. 2, S. 119-122.

[41] H.A.R. Gibb, Chronicle, S. 129-132, und K.S. Salibi, Syria, S. 153-160. Neben den dort angeführten Belegen vgl. vor allem b. al-'Adīm, Buġya, S. 138-141.

[42] Hauptquellen, auch für das Folgende, sind b. al-Qalānisī, S. 131-133, und b. al-'Adīm, Zubda, Bd. 2, S. 123-127.

[43] Zu den Quellen vgl. Anm. 41-42.

Die Zäsur zur zweiten Phase des Konflikts bezeichnet das „Renversement des alliances" von 1097:

Im Sommer des Jahres kam es zwischen Riḍwān und seinem Atābeg Ǧanāḥ ad-Daula zu einer solch tiefgreifenden Entfremdung, daß der Atābeg aus Furcht um sein Leben mit seiner Frau, der Mutter des Riḍwān, nach Ḥimṣ flüchtete und sich dort von Aleppo unabhängig machte[44]. Damit war für Yāġī Sıyān von Antiochia/Anṭākiya der Augenblick gekommen, die Front zu wechseln und zu Riḍwān überzugehen, wo er nun die Position des geflohenen Ǧanāḥ ad-Daula einnahm. Riḍwān räumte ihm eine Atābeg-ähnliche Position ein und bekräftigte das Bündnis noch durch seine Hochzeit mit der Tochter des Yāġī Sıyān[45].

Um Duqāq in Damaskus zu isolieren, unternahm Riḍwān einen sogar noch gewagteren Schachzug: Er suchte wie vor ihm schon Muslim b. Quraiš und Ḫalāf b. Mulā'ib die Annäherung an Ägypten. Am 28. August 1097 wurden in Aleppo erstmals in der Freitagspredigt (*ḫuṭba*) die Namen des šī'itischen Fāṭimidenkalifen al-Musta'lī (1094-1101) und seines Wesirs al-Afḍal vor dem des Riḍwān genannt. Die sich in dieser Zeremonie artikulierende Unterstellung des Sunniten Riḍwān unter die Oberhoheit des ismā'īlitisch-šī'itischen Kalifen, von der er sich neben reichen Geschenken (freilich vergeblich) Waffenhilfe gegen Damaskus versprach, mußte allerdings schon nach einem Monat unter dem Druck der empörten Alliierten des Riḍwān, Sukmān und Yāġī Sıyān, zurückgenommen werden[46]. Als die nordsyrischen Verbündeten wenig später vor Šaizar ihre Armeen zu einem Unternehmen gegen Ḥimṣ musterten, erreichte sie die Nachricht vom Erscheinen der ersten Kreuzfahrertrupps. Riḍwān, Sukmān und Yāġī Sıyān konnten sich nicht auf ein gemeinsames Vorgehen einigen und zogen sich eilig in ihre jeweiligen Gebiete zurück[47].

* * * * *

---

44 b. al-Qalānisī, S. 133; b. al-Aṯīr, Kāmil, Bd. 10, S. 255, und b. al-'Adīm, Zubda, Bd. 2, S. 127.

45 al-'Aẓīmī, S. 372; b. al-'Adīm, Zubda, ebda.. Zur Rolle des Yāġī Sıyān: b. al-Qalānisī, S. 133.

46 Die 'abbāsidische *ḫuṭba* war erst seit 1070 in Aleppo die Regel. Zu 1097 bes. al-'Aẓīmī, S. 372; b. al-Qalānisī, S. 133, und b. al-'Adīm, Zubda, Bd. 2, S. 127-129. Auch in Šaizar wurde 1097 die fāṭmidische *ḫuṭba* eingeführt. Nur b. Muyassar, S. 64, glaubte, der Vorschlag sei von Riḍwān ausgegangen. Wahrscheinlich kam, wie die meisten anderen Quellen andeuten, dem Seldschuken eine ägyptische Delegation, die ihn zur Anerkennung der Oberhoheit des seit 1095 amtierenden Fāṭimidenkalifen al-Musta'lī aufrief, gerade recht.

47 b. al-Qalānisī, S. 133, b. al-'Adīm, Zubda, Bd. 2, S. 129. Von einer Belagerung von Šaizar, wie K.S. Salibi, Syria, S. 159, meint, kann keine Rede sein.

Die Analyse der Entwicklungsphasen und besonderen Merkmale des Systems syrischer Staatswesen und Bündniskonstellationen zwischen etwa 1070 und 1098 erlaubt es nun, folgende drei Punkte festzuhalten:

— Die vorübergehenden Schwächeperioden des byzantinischen und des fāṭimidischen Reiches hatten in Syrien und Nordmesopotamien eine phasenweise zunehmende Regionalisierung und Partikularisierung der Herrschaftsverhältnisse zur Folge. Ein gemeinsames islamisches Bewußtsein läßt sich angesichts der Vielfalt widerstrebender ägyptischer, arabischer, turkmenischer und seldschukischer Machtansprüche nicht erkennen. Im Gegenteil: Die fāṭimidische Verteidigung Ägyptens gegen die Turkmenen wurde sogar als *ǧihād* (Heiliger Kampf) propagiert.

— Keine der rivalisierenden Kräfte vermochte es, die früher von Byzanz und Ägypten ausgefüllte Hegemonialrolle zu übernehmen. Dies hatte zwei Konsequenzen:

Zunächst sorgten die Auseinandersetzungen um die Vorherrschaft im Norden und die 1086 vom Sultan Malikšāh durchgesetzte „divide et impera-Politik" dafür, daß die seit 1070 entstandenen Kleinherrschaften überleben konnten. Und zweitens gab es spätestens seit 1095 niemanden mehr, der die ursprünglich als Gouverneure (*wulāt*) eingesetzten türkischen Emire hätte kontrollieren können. Das ermöglichte es ihnen, sich zwar nicht de jure, aber de facto zu unabhängigen Stadtherren zu entwickeln.

— Das beherrschende Thema der innersyrischen Konflikte war der Antagonismus zwischen Damaskus und Aleppo, der seit 1095 in der Gestalt eines seldschukischen Erbfolgekampfes ausgefochten wurde. Alle türkischen Emire und Gouverneure, die seit 1076 die wichtigsten Metropolen in ihre Hand gebracht hatten, ergriffen dabei Partei. In allen Auseinandersetzungen weitgehend neutral verhielten sich dagegen die arabischen Kleinherrscher in Zentralsyrien, an der Küste, am Euphrat und auch das fāṭimidische Ägypten, das trotz einiger Bündnisprojekte nie direkt in die türkischen Rivalitäten eingriff.

Fassen wir abschließend die wichtigsten Herrschaften Syriens und ihre bündnispolitische Position von 1097 zusammen:

Die mächtigsten türkischen Stadtherrscher Nordsyriens, Riḍwān von Aleppo und Yāġī Sıyān von Antiochia/Anṭākiya, gehörten 1097 zusammen mit Sukmān b. Artuq von Sororgia/Sarūǧ und Jerusalem einem Bündnis gegen Duqāq von Damaskus und Ǧanāḥ ad-Daula von Ḥimṣ an. Während der Norden mehrheitlich von Šīʿiten und, in Antiochia/Anṭākiya, von Christen besiedelt war, dominierten im Süden die Sunniten.

Die zentralsyrischen Emirate und Herrschaften wurden von Arabern regiert. Außer Šaizar und Tripolis, die freundschaftliche Beziehungen zueinander pflegten, existierten 1097 noch zwei weitere Herrschaften: die des Ḫalaf b. Mulā'ib, der 1096 nach dem Tod des Tutuš ägyptischer Gouverneur von Apamea/Fāmiya geworden war und sich sofort selbständig gemacht hatte [48], und Gabula/Ǧabala, das unmittelbar vor der Ankunft der Kreuzfahrer unter dem *ra'īs* (Bürgervorsteher) Ibn Ṣulaiḥa die Unabhänigkeit von Tripolis durchgesetzt hatte. Alle Versuche, Gabula/Ǧabala wieder unter tripolitanische Oberhoheit zu bringen, schlugen fehl [49]. Die zentralsyrischen Kleinherrscher verhielten sich in den türkischen und seldschukischen Auseinandersetzungen nach Möglichkeit neutral. Gleiches gilt für das arabische Emirat Qal'at Ǧa'bar am Euphrat und den Armenier Ṭoros, der nach dem Tod des Tutuš in Edessa/ar-Ruhā die Macht übernommen hatte [50].

Die Küstenlinie südlich von Byblus/Ǧubail [51] unterstand ägyptischer Oberhoheit. Die fāṭimidische Herrschaft in den ehemals unabhängigen Hafenstädten war allerdings wenig gefestigt. Besonders Tyrus/Ṣūr, das erst im Juli 1093 wieder einem rebellierenden Gouverneur gewaltsam entrissen worden war [52], blieb unsicher. Schon im Februar/März 1097 mußte es erneut von einem fāṭimidischen Heer erstürmt werden, da sich auch der neue Gouverneur von Kairo unabhängig gemacht hatte [53]. Nach einer 1094 durch den Tod von Wesir und Kalif ausgebrochenen Periode innerer Wirren nahm Ägypten mit dieser Aktion wieder eine aktivere Syrienpolitik auf und versuchte, die innerseldschukischen Streitigkeiten zum Ausbau der fāṭimidischen Position in Syrien zu nutzen. De facto scheinen die fāṭimidischen Gouverneure in Syrien weitgehend nach eigenem Ermessen Verträge abgeschlossen zu haben, sowohl mit den Türken vor 1099 als auch seit dem ersten Kreuzzug mit den Franken. Über Ausdehnung und Position der zweiten größeren Herrschaft in Palästina, Jerusalem, läßt sich wenig Konkretes erfahren. Jerusalem befand sich seit den Tagen des Tutuš als Damaskus untergeordneter Steuerpachtbezirk (*iqṭā'*) in der Hand türkischer Emire aus der Familie der

48 b. Muyassar, S. 63; b. al-Aṯīr, Kāmil, Bd. 10, S. 408, und b. al-'Adīm, Zubda, Bd. 2, S. 122.

49 Bes. b. al-Qalānisī, S. 139, und b. al-Aṯīr, Kāmil, Bd. 10, S. 310-312.

50 Vgl. Cl. Cahen, Le Diyār-Bakr au temps des premiers Urtuḳides, in: JA 226 (1935), S. 219-276, bes. S. 227-228.

51 Wilhelm v. Tyrus, VII, XXI, S. 310, erwähnt den Ort als tripolitanisch, obwohl er 1089 von den Ägyptern erobert worden war.

52 Bes. b. al-Qalānisī, S. 124-125, und b. Muyassar, S. 51.

53 Bes. b. al-Qalānisī, S. 133-134, und b. Muyassar, S. 64.

Artuqiden. Da Sukmān b. Artuq 1097 aber mit Riḍwān von Aleppo im Bunde stand, war Jerusalem in Wirklichkeit wohl unabhängig.

Das eben umrissene Bild umfaßt lediglich die politisch überregional wirksamen Herrschaftszentren. Inwieweit die den Städten zugeordneten ruralen Bezirke de facto beherrscht wurden, wie stark die Stellung der fremdstämmigen türkischen Machthaber gegenüber der autochthonen Stadtbevölkerung wirklich war, hing ganz von der schwankenden Kraft der Stadtherrn und der Zugänglichkeit der betreffenden Gebiete ab. Besonders für Aleppo und Damaskus gilt es zu beachten, daß die Stadtherren — auch was die „äußeren Beziehungen" anbelangt — mit der Opposition der Magistrate und Stadtmilizen (*aḥdāṯ*), in Aleppo vor allem auch der Konfessionsgruppen zu rechnen hatten. Die Widersprüchlichkeit und Ungenauigkeit des chronistischen und geographischen Quellenmaterials läßt definitive Aussagen selbst über wichtige regionale Zentren wie Ḥamāh oder Tiberias/Ṭabarīya nicht zu[54]. Aus Lokalchroniken, der Autobiographie des Usāma b. Munqiḏ (488-584 a.h./1095-1188) und westlichen Quellen sind weitere Kleinherrscher wenigstens dem Namen nach bekannt, zum Beispiel die Emirfamilien Marda und Buḥtur aus dem libanesischen Ġarb, die Banū Muḥriz von Qadmūs und 'Amrūn von Kahf, der von den Franken „grossus rusticus" genannte Emir in Nordpalästina und dem Ostjordanland oder die Burgherren, auf die die Franken in Zentralsyrien trafen[55]. Neben beduinischen Gruppen waren für die Franken vor allem geschlossen siedelnde religiöse Minderheiten als Vertragspartner oder Gegner von Bedeutung: Drusen im Ǧabal Summāq und im südlichen Libanon[56], šī'itische Nuṣairier im Ǧabal Bahrā[57] und christliche Minoritäten wie die Maroniten im nördlichen Libanon[58]. Die Regionalisierung politischer Herrschaft seit den

---

[54] Zur Quellenlage am besten Cl. Cahen, Syrie, S. 38-89. Selbst Lokalchroniken wie die des b. al-Qalānisī (465-555 a.h./1073-1160) aus Damaskus bieten wenig Hilfe, da sie stark auf den Herkunftsort des Autors konzentriert und meist erst Jahrzehnte nach den berichteten Ereignissen entstanden sind.

[55] Usāma b. Munqiḏ, I'tibār, S. 87, und Albert v. Aachen, VII, XVII-XVIII, S. 518-519. Vgl. H. Hagenmeyer, Chronologie, Bd. 7, S. 436-438; H. Derenbourg, Ousâma, S. 17, und Cl. Cahen, Syrie, S. 180.

[56] Vgl. Ph. K. Hitti, The Origins of the Druze People and Religion, New York 1928 (Columbia Oriental Studies, 28), S. 5-6.

[57] Einführend zu den Nuṣairiern vgl. L. Massignon, Nuṣairī, in: EI 1, Bd. 3, S. 1041-1045, und R. Dussaud, Histoire et religion des Noṣairīs, Paris 1900, S. 17-40. Zu Ihrem Verhältnis zum Kreuzzug: Barhebräus, S. 235.

[58] A.D. van der Brincken, Die „Nationes Christianorum Orientales" im Verständnis der lateinischen Historiographen, Köln-Wien 1973, S. 181-210 (Armenier), 164-177 (Ma-

türkischen Invasionen erlaubte es diesen Gruppierungen, in ihren Siedlungsgebieten mehr oder weniger unabhängige Kleinherrschaften zu bilden. Nicht immer gelang es ihnen, sich völlig von den Herren der lokalen Metropolen zu lösen, ihr permanenter Drang zur Autonomie jedoch ist eine Konstante im Bild der Beziehungen der Staatswesen Syriens.

Die bedeutendste dieser Gruppen, die Assassinen/Bāṭinīya, die dem 1094 von der fāṭimidisch-ägyptischen Richtung abgespaltenen nizāritisch-ismā'īlitischen Islam angehörte, versuchte zur selben Zeit wie die Kreuzfahrer, in Syrien Fuß zu fassen. Obwohl es ihr erst in den dreißiger Jahren des 12. Jahrhunderts gelang, einen dauerhaften Herrschaftskomplex zu begründen, konnten ihre unter dem Schutz des Riḍwān von einem Missions- und Propagandastützpunkt in Aleppo aus operierenden Agenten bereits im ersten Jahrzehnt des 12. Jahrhunderts Teile der šī'itischen Bevölkerung Nordsyriens gewinnen [59]. Eines ihrer ersten Zentren war Sarmenia/Sarmīn, wo bis ins letzte Drittel des 13. Jahrhunderts ein solcher Stützpunkt bestand [60]. Die zeitweilige Herrschaft der Franken über Sarmenia/Sarmīn, das in der Zeit des Riḍwān mehrfach den Besitzer wechselte, scheint die Assassinen/Bāṭinīya nicht auf Dauer gestört zu haben.

Der vorangegangene Abschnitt hat gezeigt, wie differenziert die politische Lage in Syrien 1098 war und welche Entwicklungstendenzen bestanden. Die Franken trafen in Syrien nicht auf einen islamischen Block, sondern eine Fülle rivalisierender Herrschaften unter Emiren und Herrschern verschiedenster ethnischer und religiöser Zugehörigkeit. Es ist nun zu fragen, wer die Kreuzfahrer eigentlich waren, welche Ziele sie verfolgten und wie sich die Beziehungen der Kreuzfahrer zu den muslimischen Herrschaften Syriens gestalteten.

---

roniten). Zum Kontakt mit den Provenzalen während des ersten Kreuzzuges: Raim. Aguil., S. 130-131. Maroniten rieten 1099 den Franken, die Küstenroute nach Jerusalem einzuschlagen. Über die innere Organisation der Maroniten zu dieser Zeit ist nichts bekannt. Für das 12. und 13. Jahrhundert vgl. K.S. Salibi, The Buḫturids of the Ġarb. Medieval Lords of Beirut and of Southern Lebanon, in: Arabica 8 (1961), S. 74-97, und ders., The Maronites of Lebanon under Frankish and Mamluk Rule (1099-1516), in: Arabica 4 (1957), S. 288-303, für die Zeit um 1099 bes. S. 290-291.

59 Vgl. B. Lewis, The Assassins. A Radical Sect in Islam, London 1967, S. 100-104; M.G.S. Hodgson, The Order of the Assassins, s'Gravenhage 1955, S. 89-95, und P. Filippani-Ronconi, Ismailiti ed „Assassini“, Milano 1973, S. 160-163.

60 b. Šihna, ad-Durr al-muntaḫab, S. 164, und b. al-'Adīm, Zubda, Bd. 2, S. 151.

I.3. Fränkisch-islamische Verträge und Allianzen während des ersten Kreuzzuges (1097-1099)

Obwohl der erste Kreuzzug durch Quellen ungewöhnlich gut dokumentiert und seine Vorgeschichte mittlerweile eingehend diskutiert worden ist, bereitet es Schwierigkeiten, das eigentliche Ziel des Kreuzzuges zu definieren [61]. Dies hat seinen Grund nicht allein in der Tatsache, daß die zahlreichen Quellen, die uns über die Konzile von Piacenza und Clermont 1095, die Kreuzzugspredigt des Jahres 1096 und die verschiedenen Einzelzüge nach Kleinasien unterrichten, sämtlich erst zum Teil erheblich nach den Ereignissen verfaßt worden sind, über die sie berichten. Man hat es also in jedem Fall mit Interpretationen ex eventu zu tun. Ebensowichtig ist es auch, daß der erste Kreuzzug von ganz verschiedenen Gruppen getragen wurde.

Der Kreuzzug war nicht ein organisierter Feldzug unter unwidersprochener militärischer oder kirchlicher Leitung, sondern eine Bewegung. Sie wurde getragen von Anhängern, deren Motivation, das Kreuz zu nehmen, ebenso unterschiedlich war wie ihre ethnische und soziale Zugehörigkeit. Der Einfluß der einzelnen am Kreuzzug beteiligten Gruppen auf seine praktische Gestaltung, damit auch die Formulierung des Kriegszieles und des dazu einzuschlagenden Weges, die Antwort auf die Frage nach der Qualität der Beziehung zum islamischen Gegner und seiner Einschätzung überhaupt, unterschied sich in den aufeinanderfolgenden Phasen der Bewegung zwischen 1095 und 1099 in hohem Maße. Denn das Heer, dessen Fürsten am 11. September 1098 nach den Schlachten in Kleinasien, der Eroberung von Antiochia/Anṭākiya, dem Sieg über die türkische Entsatzarmee unter Kırbōġā (Karbūqā) und nicht zuletzt dem Tod des päpstlichen Legaten Adhemar von le Puy (am 1.8. 1098) aus Nordsyrien an den Papst schrieben, war anders strukturiert und motiviert als die Menge auf dem Konzil von Clermont drei Jahre zuvor. Es war auch nur noch in Teilen identisch mit den Scharen des Volkskreuzzuges, der

[61] Zum Kreuzzugsgedanken: C. Erdmann, Die Entstehung des Kreuzzugsgedankens, Stuttgart 1935 (Forschungen zur Kirchen- und Geistesgeschichte, 6). M. Villey, La croisade. Essai sur la formation d'une théorie juridique, Paris 1942 (ND 1980); P. Rousset, Les origines et les caractères de la première croisade, Neuchâtel 1945, bes. S. 13-22; A. Noth, Heiliger Krieg und Heiliger Kampf in Islam und Christentum, Bonn 1966 (Bonner Historische Forschungen, 28), bes. S. 120-139; H. E. Mayer, Geschichte der Kreuzzüge, 4. Auflage Stuttgart u.a. 1976, hier S. 17 ff.
Zu den Zielen des Kreuzzugs: M. W. Baldwin, Some Recent Interpretations of Pope Urban II's Eastern Policy, in: CHR 25 (1940), S. 459-466; zuletzt: W. Goez, Wandlungen des Kreuzzugsgedankens in Hoch- und Spätmittelalter, in: Das Heilige Land im Mittelalter, hrsg. v. W. Fischer und J. Schneider, Neustadt a.d. Aisch 1982, S. 33-37, und dagegen G. Wirth, Der Kreuzzug. Anfänge und Vorformen, in: ebda. S. 1-3.

durch die Rūmseldschuken schon im Oktober 1096 bei Civetot am Marmarameer aufgerieben worden war [62]. Es ist daher zu fragen, welche Ziele die Kreuzfahrer zu dem Zeitpunkt hatten, als sie die Grenze jenes Gebietes erreichten, innerhalb dessen alle von ihnen unternommenen Eroberungen entsprechend den Abmachungen mit Alexios Komnenos dem byzantinischen Reich zu restituieren waren [63], und welche Kenntnisse sie von den religiösen und politischen Verhältnissen in Syrien hatten. Nach welchen Kriterien läßt sich die amorphe Masse „Kreuzfahrer" strukturieren? Ist es möglich, für die einzelnen Teilnehmerschichten voneinander differierende Interessen und Vorgehensweisen zu eruieren, und hatte das Bedeutung für den eventuellen Abschluß von Verträgen mit muslimischen Herrschern?

* * * * *

Es ist in der Vergangenheit versucht worden, das Profil des „echten" Kreuzfahrers herauszuschälen, der als bewaffneter Pilger im Dienst der geistlichen Gewalt und ohne eigene Herrschaftsambitionen als selbstloser *athleta Christi* den *iter Hierosolymitanum* zur Befreiung des Grabes Christi antrat. Wer diesem Schema nicht entsprach, konnte leicht als Deviator oder falscher Pilger gelten. Einer solchen Interpretation, wie sie bereits in denjenigen Quellen anklingt, die von einem starken religiösen Impetus getragen sind, ist entgegenzuhalten, daß die Motivation, den Kreuzzug zu predigen, zu unterstützen oder selbst den Weg nach Syrien auf sich zu nehmen, nicht bei allen Zeitgenossen in einem ähnlichen religiösen Enthusiasmus begründet war wie etwa bei dem Chro-

---

[62] Der Brief bei H. Hagenmeyer, Epistulae, S. 161-165. Die Reste des Volkskreuzzuges schlossen sich unter Peter dem Eremiten den ritterlichen Heeren an: H. Hagenmeyer, Chronologie, Bd. 6, S. 255.

[63] Vgl. A. C. Krey, A Neglected Passage in the Gesta and its Bearing on the Literature of the First Crusade, in: The Crusades and other Historical Essays presented to Dana C. Munro, ed. L.J. Paetow, New York 1928, hier S. 57-66; J.H. und L.L. Hill, The Conventions of Alexius Comnenus and Raimund of Saint-Gilles, in: AHR 58 (1952-53), S. 322-327; F.L. Ganshof, Recherche sur le lien juridique qui unissait les chefs de la première croisade à l'empereur byzantin, in: Mélanges offerts à M. Paul-E. Martin, Genève 1961, S. 49-63; J. Ferluga, La ligesse dans l'empire byzantin, in: Zbornik radova... 7 (1961), S. 97-125.
Zu den Rechtsverhältnissen zwischen dem byzantischen Basileus und den Anführern des Kreuzzugs sowie den konkurrierenden Ansprüchen auf Antochia/Anṭākiya zuletzt: R.-J. Lilie, Byzanz und die Kreuzfahrerstaaten. Studien zur Politik des byzantinischen Reiches gegenüber den Staaten der Kreuzfahrer in Syrien und Palästina bis zum vierten Kreuzzug (1096-1204), München 1981 (Poikila Byzantina, 1), S. 1-54, und L. Buisson, Erobererrecht, Vasallität und byzantinisches Staatsrecht auf dem ersten Kreuzzug, Hamburg 1985 (Berichte aus den Sitzungen der Joachim-Jungius-Gesellschaft der Wissenschaften e.V., Hamburg, Jg. 2, 1984, Heft 7).

nisten Raimund von Aguilers[64]. Die notwendige Prämisse für eine scharfe Differenzierung von wahren und falschen Kreuzfahrern läge in der Existenz eines klaren, allseits akzeptierten Programms für den Kreuzzug. Ein derartiges Programm, die Kreuzfahrt als bewaffnete Pilgerfahrt zur Befreiung der Heiligen Stätten, scheint den Kreuzfahrern aber nicht von Anfang an vorgegeben gewesen zu sein. Was für die Normannen um Bohemund kaum mehr als eine weitere, wenn auch von religiösem Sentiment getragene Eroberungsbewegung war, wurde bei einem klerikalen Kreuzzugsteilnehmer wie Raimund von Aguilers oder den späteren, in Europa lebenden Bearbeitern der *Gesta Francorum* zu einem biblisch präfigurierten *opus Dei* heilsgeschichtlicher Dimension hochstilisiert[65]. Welche Interessengruppen und Konzeptionen beeinflußten nun den Verlauf des ersten Kreuzzuges?

Für den Initiator des ersten Kreuzzuges, Papst Urban II. (1088-1099), stand — wenn nicht alles täuscht — nicht die Eroberung der Heiligen Stätten im Vordergrund. Sein Aufruf zur Kreuzesnahme ist im weiteren Rahmen der pontifikalen Unionsbestrebungen für die seit 1054 durch das Schisma getrennte römische und östliche Kirche zu sehen[66]. Urbans historische Leistung liegt darin, die Theorie des Heiligen Krieges mit dem populären Gedanken der Bußwallfahrt zur Erlangung religiösen Verdienstes oder des Ablasses der kirchlichen Bußstrafe verknüpft zu haben. Der Kreuzzug, die Synthese beider Elemente, wurde vom Papst zur Erfüllung der 1095/1096 von byzantinischer Seite ihm gegenüber vorgebrachten Hilfsbitten herangezogen. Für Urban ging es in erster Linie um Hilfe für die Glaubensbrüder im Osten, im weiteren um die Kirchenunion

---

[64] So schon Raim. Aguil., S. 137: Für ihn sind die Mehrheit der Kreuzfahrer, die kurz vor der Einschließung Jerusalems eigenen Territorialinteressen folgen, Verächter des göttlichen Willens. Auf der anderen Seite stehen *pauci ... quibus mandatum Dei carius erat ... nudis pedibus incedentes pro contemptu divini verbi graviter suspirabant*. Vgl. P. Rousset, Origines, S. 138-139.
Ganz weltliche Gründe für die Kreuzfahrt nennt der 1101 für sechs Wochen im Königreich Jerusalem reisende Ekkehard von Aura: Hunger und wirtschaftliche Not in Frankreich nach Mißernten, Abenteuerlust, Not infolge der dauernden Fehden. Vgl. J. Riley-Smith, The Motives of the Earliest Crusaders and the Settlement of Latin Palestine, in: EHR 98 (1983), S. 721-736, bes. S. 722-723. In seinem Brief an die Bologneser versprach der Papst allerdings nur denen die *remissio peccatorum*, die nicht aus Gewinnsucht, sondern aus lauterer Devotion das Kreuz nähmen: H. Hagenmeyer, Epistulae, S. 137.

[65] P. Rousset, Origines, S. 134-151.

[66] C. Erdmann, Kreuzzugsgedanke, S. 300-301. Vgl. B. Leib, Rome, Kiev et Byzance à la fin du XIe siècle (1088-99), Paris 1924, bes. S. 14-26, 179-181, und W. Holtzmann, Die Unionsverhandlungen zwischen Kaiser Alexios I. und Papst Urban II. im Jahre 1089, in: Byzantinische Zeitschrift 28 (1928), S. 38-67.

und die Unterstützung der Treuga Dei-Bewegung[67]. Eine kirchliche Expedition zur Befreiung Jerusalems war in Clermont vermutlich nur eines seiner Ziele. Vieles spricht dafür, daß die Idee der Befreiung Jerusalems erst durch die ungeahnte Eigendynamik der von Urban eingeleiteten Kreuzzugspropaganda in den Vordergrund gespielt wurde.

Obwohl Jerusalem als Marschziel also in der Konzeption des Papstes dem eigentlichen Sinn des Kreuzzuges, der Hilfeleistung für Byzanz, vermutlich untergeordnet war — implicite war der Jerusalemgedanke angesichts der Organisation des Unternehmens als bewaffnete Pilgerfahrt in der Kreuzzugsplanung bereits enthalten[68]. In dem Maße, in dem die Kreuzzugsidee in den Jahren 1095/1096 nun von einer kurialen Initiative zu einer von Massenbegeisterung getragenen Idee wurde und in der Propaganda die Grenze zwischen dem päpstlich versprochenen Ablaß der kirchlichen Bußpoenitenz zum Erlaß der zeitlichen Sündenstrafen im Jenseits (*remissio peccatorum*) verwischte[69], verwandelte sich der ursprüngliche Plan zur Revindikation verlorengegangener kleinasiatischer Provinzen zum Rachefeldzug gegen die Heiden. Am Ende dieser Entwicklung stand für viele Kreuzfahrer die Idee eines gerechten Krieges zur Vertreibung der *inimici Dei* aus den durch das Leben des Heilandes selbst geweihten *propriae sedes* der Christenheit[70]. Es wird später zu fragen sein, was das für das Verhalten der Kreuzfahrer gegenüber den besiegten Muslimen in Syrien bedeutete.

---

67 C. Erdmann, Kreuzzugsgedanke, S. 301-320 und 365-366; H.E. Meyer, Geschichte der Kreuzzüge, 4. Auflage Stuttgart u.a. 1976, S. 17, 21-42. Alexios hatte durch Gesandte auf dem Konzil von Piacenza 1095 um Waffenhilfe gebeten; vgl. F. Dölger, Regesten, Bd. 2, Nr. 1164, S. 40. Urbans Clermonter Rede orientierte sich am Wortlaut des Hilfsgesuchs des byzantinischen Basileus an Graf Robert von Flandern (zwischen 1088 und 1091), vgl. D.C. Munro, The Speech of Pope Urban II. at Clermont, 1095, in AHR 11 (1906), S. 231-241, hier S. 234-235.
Das Motto „Gerechter Krieg statt ungerechte Fehde" tauchte schon in Urbans Clermonter Rede auf: Fulcher Carnot., I, III, 7, S. 136, und Guibert von Nogent, II, IV, S. 138. Vgl. D.C. Munro, Speech, S. 239. Das Konzil von Clermont war auch mit der Treuga-Dei-Frage befaßt.

68 Vgl. C. Erdmann, Kreuzzugsgedanke, S. 366-377. F. Duncalf, The Pope's Plan for the First Crusade, in: The Crusades (Munro), S. 55, geht davon aus, daß der Papst dem Kreuzzug — wie dann auch geschehen — die Restituierung Kleinasiens an Byzanz, die Errichtung einer lateinischen Herrschaft aber über das Heilige Land aufgetragen hätte. Seine Argumente stammen zu sehr ex silentio, um zu überzeugen.

69 M. Villey, Croisade, S. 142-145. H.E. Mayer, Kreuzzüge, S. 31-46.

70 P. Rousset, Origines, S. 72-87. E.-D. Hehl, Kirche und Krieg im 12. Jahrhundert ..., Stuttgart 1980 (Monographien zur Geschichte des Mittelalters, 19), S. 82-89. In dieser Prägung wurde der Heidenkriegsgedanke mit Gratians Concordantia (um 1140) kanonistische Communis opinio. Vgl. F.H. Russel, The Just War in the Middle Ages, Cambridge 1975.

Mit den Intentionen Urbans hatte diese Konzeption nur noch bedingt etwas gemein. Überhaupt keine Gemeinsamkeit aber wies sie mit der des byzantinischen Basileus auf. Am Hof des Alexios Komnenos stand man der Mentalität der ab 1096 in Konstantinopel eintreffenden Kreuzfahrergruppen verständnislos gegenüber. Seit seiner Thronbesteigung 1081 hatte es Alexios verstanden, durch zahlreiche Bündnisse mit den türkischen Emiren Kleinasiens und dem seldschukischen Oberherrn Sultan Malikšāh, den Bestand des Reiches in Anatolien zu sichern[71]. Seine Allianz mit Qılıč (Qiliğ) Arslān von Iconium/Qunya überdauerte sogar den Kreuzzug und half ihm 1106/1107, die Invasion des Normannen Bohemund von Antiochia auf dem Balkan abzuwehren[72]. Pragmatisches Vorgehen, nicht eine Heidenkampfmentalität ähnlich der der aus Europa aufbrechenden Pilgermassen, prägte die Politik des Basileus. Seine Bitte an den Papst um westliche Truppenhilfe auf dem Konzil von Piacenza bedeutete daher nicht mehr als das Anknüpfen des Kaisers an die byzantinische Tradition, Zahl und Effektivität der Reichstruppen durch fremde Söldnerkontingente zu erweitern[73].

---

71 Cl. Cahen, Pre-Ottoman Turkey, London 1968, S. 72-86, und Sp. Vryonis, The Decline of Medieval Hellenism in Asia Minor and the Process of Islamization from the Eleventh through the Fifteenth Century, London 1971, S. 103-117. Vgl. N. Zbinden, Abendländische Ritter, Griechen und Türken im ersten Kreuzzug. Zur Problematik ihrer Begegnung, Athen 1975 (Texte und Forschungen zur Byzantinisch-Neugriechischen Philologie. Zwanglose Beihefte der „Byzantinisch-Neugriechischen Jahrbücher", 48), S. 95-98, und Cl. Cahen, Pénétration, S. 51-52. Nach b. al-Aṯīr, Kāmil, Bd. 10, S. 482-483, suchte Alexios im Jahr 504 a.h. (1110/1111) eine Offensivallianz mit Sultan Muḥammad im 'Irāq gegen die Franken (F. Dölger, Regesten, Bd. 2, Nr. 1251, S. 53).

72 b. al-Aṯīr, Kāmil, Bd. 10, S. 425, 429. F. Dölger, Regesten, Bd. 2, Nr. 1235, S. 50. Vgl. M. Beck, Alexios Kommenos zwischen Normannen und Türken, in: Akten des XI. Internationalen Byzantinistenkongresses München 1958, hrsg. v.F. Dölger und H.-G. Beck, München 1960, S. 46-47: Becks Theorie von einer Doppelvasallität der anatolischen Türken gegenüber Basileus und Sultan stellt zumindest terminologisch eine illegitime Übertragung abendländischer Verhältnisse in den Orient dar.

73 Vgl. P. Charanis, Aims of the Medieval Crusaders and how they were viewed by Byzantium, in: Church History 21 (1952), S. 123-131. Zu europäischen Söldnern in byzantinischen und armenischen Diensten, vgl. M. de la Force, Les Conseilleurs Latins du Basileus Alexis Comnène, in: Byzantion 11 (1936), S. 153-165, und G. Schlumberger, Deux chefs normands des armées byzantines au XIe siècle, in: RH 16 (1881), S. 289-303. Näheres zur byzantinischen Hilfsbitte in Piacenza vgl. bei A. Fliche, Urbain II et la croisade, in: Revue de l'Histoire de l'Eglise de France 13 (année 18), ND 1970, hier S. 289-294; P. Charanis, A Greek Source on the Origin of the First Crusade, in: Speculum 24 (1949), S. 93-94, und ders., Byzantium, the West and the Origin of the First Crusade, in: Byzantion 19 (1949), S. 17-36.

Papst Urban hatte seinerseits aber auf dem Konzil von Clermont 1095 auch die „Armen“, nicht nur die ritterliche Nobilität, zum Zug in den Orient aufgefordert — wohl um den Wallfahrtscharakter des Kreuzzugs zu unterstreichen. Allerdings hatte er vorausgesetzt, daß diejenigen, die sich nicht entsprechend ausrüsten könnten, von wohlhabenden Kreuzfahrern mit Waffen versehen werden sollten [74]. Dieser Appell an die Armen trug neben der nicht vorauszuberechnenden Resonanz der Kreuzzugspredigt nach 1095 dazu bei, daß die in Konstantinopel eingetroffenen Kreuzfahrer sich erheblich von den Söldnern unterschieden, die Alexios erwartet hatte. Daß die Kreuzzugsbewegung eine Richtung nahm, die Rom und Byzanz weder gewollt noch erwartet hatten, heißt aber noch nicht ohne weiteres, daß Papst und Basileus die Unternehmung nicht mehr hätten gestalten können. Es gilt daher zu fragen, über welche Möglichkeiten Urban II. und Alexios Komnenos zur Beeinflussung des Kreuzzugs verfügten, nachdem die Kreuzfahrer im Juni 1097 das derzeit von Byzanz beherrschte Gebiet verlassen hatten.

Für die byzantinische Seite fällt darauf eine Antwort nicht schwer. Im Winter 1096/1097 und den darauf folgenden Frühlingsmonaten hatte der byzantinische Basileus durchsetzen können, daß ihm die meisten der in Konstantinopel eintreffenden fränkischen Anführer Mannschaft *(hominium)* und Treueid *(fidelitas)* leisteten. Alexios ordnete sich auf diese Weise die Fürsten im Kreuzheer in einem Vasallenverband unter. Bei der Belagerung von Nicaea/Nikaia, die zusammen von Byzantinern und Kreuzfahrern durchgeführt wurde, fiel dem Basileus dementsprechend eindeutig die Rolle des Befehlshabers zu. Nach ihrem erfolgreichen Abschluß war die Position des Alexios so stark, daß er diesmal alle Kreuzfahrerchefs (bis auf den Bohemund untergeordneten Tankred) zu *hominium* und *fidelitas* bewegen konnte. In der Zeit danach, bis zur Belagerung von Antiochia/Anṭākiya, befand sich außerdem eine byzantinische Streitmacht unter Tatikios im Heer der Kreuzfahrer, die den Fortgang der Unternehmung beeinflussen und auf die Einhaltung der zwischen Alexios und den Kreuzfahrerfürsten konstituierten Rechtsbeziehungen achtgeben konnte. Seit dem Abzug des byzantinischen Truppenkontingents unter Tatikios Anfang Februar 1098 aber und seit der Rückkehr des im Anmarsch auf Antiochia/Anṭākiya befindlichen Basileus selber, der im Juni 1098 durch fränkische Flüchtlinge von der vermeintlichen Vernichtung des Kreuzheeres durch die türkische

[74] W. Porges, The Clergy, the Poor, and the Non-Combattants on the First Crusade, in: Speculum 21 (1946), S. 1-24, hier S. 2.

Entsatzarmee unter Kırbōǧā von Mossul in Philomelion unterrichtet worden war [75], hatte die byzantinische Position bei den Kreuzfahrern keinen Vertreter mehr. Lediglich Raimund von Toulouse hielt noch in unzweideutiger Weise an seinem Alexios geleisteten Eid fest — eventuell mehr in Folge seiner Feindschaft zu Bohemund als aus einem Gefühl persönlicher Verpflichtung gegenüber dem Basileus. Alexios gelang es danach nicht mehr, den Verlauf des Feldzuges mitzugestalten und ihn begleitet von diplomatischen Initiativen der byzantinischen Außenpolitik nutzbar zu machen. Weder mit dem Versprechen eines neuen Hilfsheeres, das kaiserliche Gesandte im April 1099 den vor Archis/ʻArqa stehenden Kreuzfahrern (gekoppelt an die Forderung, die Ankunft dieser Armee abzuwarten [76]) vortrugen, noch durch die Fürsprache Raimunds von Toulouse konnte Alexios unter den Kreuzfahrern wieder an Einfluß gewinnen [77]: Der Entschluß, die Belagerung von Archis/ʻArqa abzubrechen und ohne Rücksicht auf die Auxiliarien des Basileus „unter Gottes Führung" unmittelbar nach Jerusalem weiterzuziehen, fiel, wie Raimund von Aguilers als Augenzeuge glaubhaft macht, gegen den Rat des Grafen. Raimund, beeinflußt von byzantinischen Geschenken und in Sorge um seine Nachschubverbindungen, konnte sich nicht gegen die Communis opinio durchsetzen, die Alexios fortgesetzten Betrug vorwarf [78].

Mit dem Zerwürfnis zwischen Franken und Byzantinern hatte sich der Kreuzzug endgültig in eine andere Richtung entwickelt, als Urban II. und Alexios Komnenos geplant hatten. Die Umformung des päpstlichen Kreuzzugsprojekts wurde jedoch nicht zuletzt auch dadurch verursacht, daß die Position der Träger der papalen Konzeption im Heer alles andere als dominant war, allerdings aus unterschiedlichen Gründen:

Der Papst hatte allem Anschein nach die Gesamtleitung des Kreuzzugs Bischof Adhemar von le Puy als seinem Vikar und die militärische

---

75 H. Hagenmeyer, Chronologie, Bd. 6, S. 532 und Bd. 7, S. 305-306. Zur Frage der Beziehungen zwischen Alexios und den Führern des Kreuzzugs vgl. zuletzt L. Buisson, Erobererrecht, S. 27-40.

76 Raim. Aguil., S. 125-126. Vgl. H. Hagenmeyer, Chronolgie, Bd. 7, S. 446-447.

77 Zu Raimunds Verhältnis zu Alexios vgl. J.H. Hill, Raymond of Saint Gilles in Urban's Plan of Greek and Latin Friendship, in: Speculum 26 (1951), S. 265-276.
Zu einer provenzalisch-byzantinischen Entente kam es wahrscheinlich erst nach der Eroberung von Antiochia/Anṭākiya: J. France, The Departure of Tatikios from the Crusader Army, in: Bulletin of the Institute of Historical Research 44 (1971), S. 137-147.

78 Raim. Aguil., S. 125-126.

Führung Raimund von Toulouse anvertraut. Adhemar spielte tatsächlich auch eine bedeutende Rolle als Vermittler, Propagandist und Mentor der nichtritterlichen und -kämpfenden Pilger (als militärischer Führer trat er nicht besonders hervor), starb aber bereits am 1. August 1098 in Antiochia/Anṭākiya [79]. Damit hatte das Heer seinen päpstlich bestellten Führer verloren. Die anderen Legaten Urbans II. im Kreuzheer, Arnulf von Chocques und Alexander, hatten keine so herausgehobene Position inne wie Adhemar. Sie waren als Kaplane eindeutig den Häusern ihrer Herrn, Roberts von der Normandie und Stephans von Blois, zugeordnet und hatten keine Autorität über die Gesamtheit der Kreuzfahrer [80]. Rom besaß bis zum Eintreffen des neuen Legaten, des Erzbischofs Daimbert von Pisa, im Herbst 1099 unter den Kreuzfahrern keinen Vertreter seiner Konzeption für den Verlauf des Kreuzzuges mehr, denn Urban konnte der in ihrem Brief vom 11. September 1098 geäußerten Bitte der Kreuzfahrerfürsten, sich persönlich an die Spitze des Zuges nach Jerusalem zu stellen, nicht mehr nachkommen [81]. Am 29. Juli 1099 starb der Papst. Noch im April hatte er beabsichtigt, sich persönlich in den Orient zu begeben. Wenn es nach Adhemars Tod überhaupt noch jemanden gab, der den Kreuzzug im Sinne Urbans hätte beeinflussen können, dann der 1095 vom Papst für die militärische Führung vorgesehene Graf von Toulouse. Raimund von Toulouse war allerdings zu keinem Augenblick imstande, eine oberbefehlshaberartige Rolle im Heer einzunehmen. Schon auf dem Marsch durch Anatolien 1097, als die Ambitionen der unteritalienischen Normannen auf die Errichtung eines eigenen Fürstentums Antiochia/Anṭākiya und Kilikien deutlich wurden, war nicht Raimund, sondern Gottfried von Bouillon der Protagonist der antinormannischen Partei. Selbst nach dem Abzug bedeutender Fürsten wie Hugos von Vermandois, der auf dem Anmarsch durch Italien eine päpstliche Petersfahne erhalten hatte, die im Sinne einer speziellen Designation durch Urban hätte interpretiert werden können, und des zum *dominus* und *gubernator* gewählten Stephan von Blois, hatte Raimund keine allesüber-

---

79 Bes. H. Hagenmeyer, Epistulae, S. 136-137, 141, 164, und Gesta Francorum, XXX, 10, S. 389. Vgl. W. Porges, Clergy, S. 5-9, und Raim. Aguil., S. 84: *Quantum utilis Dei exercitui (sc. Adhemarus)... fuerat, post mortem eius manifestum fuit.*

80 H.E. Mayer, Zur Beurteilung Adhémars von Le Puy, in: DA 16 (1960), S. 547-552; J. Richard, La papauté et la direction de la première croisade, in: Journal des Savants 1960, S. 49-59, J. Riley-Smith, The First Crusade and St. Peter, in: Outremer, ed. B.Z. Kedar, H.E. Mayer, R.C. Smail, Jerusalem 1982, S. 41-63, hier S. 43-44.

81 H. Hagenmeyer, Epistulae, S. 164.

ragende Position inne[82]. Zwar stellte er sich Ende Dezember 1098 in Marra/Ma'arrat an-Nu'mān als *dux et dominus* an die Spitze der *pauperes*, die während der Diskussionen der Fürsten um die Besitzrechte an Antiochia/Anṭākiya auf den Weitermarsch nach Jerusalem drängten[83]. Auch versuchte Raimund, die anderen Fürsten mit Ausnahme von Bohemund durch Soldzahlungen zum Vorrücken zu bewegen[84]. Dennoch konnte sich der Graf von Toulouse auch weiterhin weder gegenüber der Masse der Kreuzfahrer noch gegen die anderen Fürsten durchsetzen.

Für die Durchführung des Kreuzzuges hatten, wie dieser Überblick ergibt, die Konzeptionen von Papst und Basileus also spätestens seit Sommer 1098 keine Bedeutung mehr. Entscheidend für den weiteren Verlauf der Unternehmung und auch für das Verhältnis zu den Muslimen war seither stattdessen die Dialektik der Interessen der beiden restlichen Trägergruppen, der Masse der einfachen Pilger und der nicht durch einen einheitlichen Oberbefehl geeinten Schicht der ritterlichen Nobilität. Während die Nichtkombattanten, deren Anzahl Fulcher von Chartres als Augenzeuge bereits während der Belagerung von Nicaea/Nikaia 1097 auf fünf Sechstel der kampffähigen Kreuzfahrer schätzte, meist in der Tradition der Jerusalemwallfahrt standen, waren für die Ritter und insbesondere die Fürsten im Heer materielle Interessen zumindest ebenso maßgebend[85]. Mehrmals kam es daher nach der Eroberung Kilikiens

---

82 Für die Zeit ab 1099 bes. J. France, The Crisis of the First Crusade: From the Defeat of Kerbogah to the Departure from 'Arqa, in: Byzantion 40 (1970), S. 276-308, hier S. 302-308.
Zu Gottfried: J.C. Andressohn, The Ancestry and Life of Godfrey of Bouillon, Bloomington 1947 (ND 1972) S. 71-72.
Zu Hugo: Anna Komnena, ed. Leib, Bd. 2, X, 7, 3, S. 213-214.
Zu Stephan: H. Hagenmeyer, Epistulae, S. 149; Gesta Francorum, XXVII, 1, S. 353; Raim. Aguil., S. 77. Vgl. H. Hagenmeyer, Chronologie, Bd. 7, S. 283-284. Er verließ das Heer am 2.6.1098 vor Antiochia/Anṭākiya. Zum Charakter seiner Funktion, eher Chef der Logistik als Oberbefehlshaber, vgl. J.A. Brundage, An Errant Crusader: Stephen of Blois, in: Traditio 16 (1960), S. 380-394, hier S. 386-390, und P. Rousset, Etienne de Blois, croisé fuyard et martyr, in: Genava, nouv. sér. 11 (1963), S. 183-195, hier S. 186, Anm. 21.

83 Raim. Aguil., S. 99. Vgl. ebda. S. 75 die Vision des Finders der Heiligen Lanze: *Ecce Deus donavit comiti quod nulli umquam donare voluit, et constituit illum vexilliferum istius exercitus*. Diese Aussage ist provenzalisches Sondergut. Vgl. J. France, Crisis, S. 286-289.

84 Raim. Aguil., S. 100.

85 Fulcher Carnot., I, X, 4, S. 183. Vgl. B. Kugler, Komnenen und Kreuzfahrer, in: HZ 14 (1865), S. 295-318, der zu Unrecht die Masse der Pilger durch die materiell interessierten Führer vollkommen gesteuert glaubt.

zum offenen Konflikt zwischen den Heerführern, die konkurrierende Eigeninteressen verfolgten, und den *pauperes* oder *peregrini*, wie der Anonymus der *Gesta* die Masse der Kreuzfahrer im Gegensatz zu den Fürsten nennt [86]:

Nachdem der nach dem Sieg über die türkische Entsatzarmee vor Antiochia/Anṭākiya im Juli 1098 angesetzte Termin für den Weitermarsch nach Süden, der 1. November, verstrichen war, ohne daß die mit der Eroberung von Territorien beschäftigten Fürsten Anstalten zum Aufbruch machten, setzte die Masse einfacher Pilger unter dem neu eingesetzten Bischof von Albara/al-Bāra Raimund von Toulouse unter Druck: er solle sich zum Führer des Zugs nach Jerusalem machen oder das Volk würde ihm die in Antiochia/Anṭākiya gefundene Heilige Lanze abfordern, um unter Gottes Führung nach Süden zu ziehen [87]. Schon in der ersten Novemberhälfte 1098, als ein fürstliches Schiedsgericht versuchte, den Zank zwischen Raimund und Bohemund um Antiochia/Anṭākiya zu schlichten, waren Stimmen im Heer lautgeworden, man solle das Streitobjekt einfach schleifen, um den Abmarsch zu ermöglichen [88]. Als sich die Fürsten schließlich in Rugia noch immer nicht über Antiochia/Anṭākiya und den weiteren Vormarsch einigen konnten und Raimund nun auch noch das mittlerweile eroberte Marra/Maʿarrat an-Nuʿmān mit einer Garnison besetzen wollte, rissen die *pauperes* den Ort einfach nieder und erzwangen so den Abzug nach Süden [89]. Auch vor Archis/ʿArqa und Tripolis konnte sich der Graf von Toulouse nicht gegen die Majorität der Kreuzfahrer durchsetzen, die nicht gewillt war, um der Eroberung der beiden Orte willen den Marsch auf Jerusalem zu verschieben [90].

Diese Ereignisse machen den Interessenkonflikt zwischen den „armen Pilgern" und der ritterlichen Fürstenschaft hinlänglich deutlich. Besonders Raimund von Aguilers, dessen *Historia Francorum* den Standpunkt der einfachen Pilger und des Klerus am klarsten widergibt, beklagt, daß die Ritter immer wieder ihr privates Eroberungsinteresse

86 Z.B. Gesta Francorum, XXXIV, 2, S. 412.

87 Raim. Aguil., S. 99.

88 Gesta Francorum, XXXI, 1-5, S. 393-397, und Raim. Aguil., S. 93-94.

89 Raim. Aguil., S. 100. Der Druck der *pauperes* erklärt sich teilweise aus der katastrophalen Versorgungslage.

90 Raim. Aguil., S. 126-127, 131. Nach Albert v. Aachen, V, XL, S. 458, dessen lothringische Vorlage allein von einem Gefecht vor Sidon/Ṣaidā am 21./22. Mai 1099 berichtet, habe die Sehnsucht nach Jerusalem zu ziehen, eine Belagerung von Sidon/Ṣaidā verhindert.

über das Gemeinwohl stellten[91]. Der Vorwurf des Chronisten trifft nicht nur die Fürsten, sondern die ritterliche Oberschicht ganz allgemein. Bereits während der von Ende Oktober 1097 bis Juni 1098 dauernden Einschließung von Antiochia/Anṭākiya hatten sich die Führer der Einzelkontingente Einflußsphären im Umland geschaffen. Alle Fürsten hatten ganz erhebliche Aufwendungen zur Equipierung ihrer Leute gemacht und deckten entsprechend dem Wort des Papstes in Clermont, auch weltlicher Lohn würde sie erwarten, die Kosten aus ihren Eroberungen[92]. Zu ihnen gehörten die Grafen der Normandie, Flanderns und Blois, wohlhabende regierende Fürsten, die durch ihre Frömmigkeit oder eine schwierige politische Situation in ihren Stammlanden zur Kreuzesnahme veranlaßt worden waren[93]. Eine besondere Gruppe allerdings bildeten die Herren, die entschlossen waren, den Kreuzzug zu eigener Herrschaftsbildung zu nutzen, sei es, daß sie aufgrund ihrer Geburt nur den Rang nichtregierender Fürsten oder Vasallen besaßen wie Bohemund, Tankred und Balduin, sei es, daß Alter und Religiosität — etwa Raimund — oder Aufgabe ihrer Besitzungen in Europa zum Zweck der Kreuzfahrt — sie wie Gottfried zwangen, neue materielle Quellen im Osten zu erschließen[94]. Wenn der erste Kreuzzug auch kein Kolonisierungsunternehmen darstellte, wie die geringe Anzahl der Europäer beweist, die nach 1099 tatsächlich im Orient blieb[95], so nutzten doch gerade die

---

[91] Raim. Aguil., S. 48-49: *Volebat enim quisque privatam rem maximam facere. De publica vero, nil cogitabat.* Ähnlich S. 112 und S. 137.

[92] Baldrich v. Dol, I, IV, S. 15: *Facultates ... inimicorum vestrae erunt: quoniam et illorum thesauros expoliabitis ... perenne bravium adipiscemini.* Vgl. D.C. Munro, Speech, S. 239, und Stephan von Blois im zweiten Brief an seine Frau: H. Hagenmeyer, Epistulae, S. 149.

[93] Bes. Robert v.d. Normandie. Vgl. C.W. David, Robert Curthose, Duke of Normandie, Cambridge, Mass. 1920 (Harvard Historical Studies, 25), S. 89-91, 118-119.

[94] Vgl. R.B. Yewdale, Bohemond I, Prince of Antioch, Princeton 1924 (ND 1970), S. 23-24; R.L. Nicholson, Tancred. A Study of his Career ..., Chicago 1940 (ND 1978), S. 16 (Tankred war 1096 Anfang zwanzig!); J.H. und L.L. Hill, Raymond IV, Count of Toulouse, Syracuse 1962, S. 36-37. Raimund galt seit 1079 als Förderer der Kirchenreform, aus der auch Urban II. hervorging, obwohl der Graf zuvor von Gregor VII. zweimal wegen illegitimer Ehe und Simonie exkommuniziert worden war. Vgl. ebda. S. 3-21. Auch Gottfried von Bouillon ist bei den Klosterchronisten seiner Heimat trotz zahlreicher Schenkungen wegen einiger Eingriffe in Kirchengut eher schlecht beleumundet. Vgl. K. Breysig, Gottfried von Bouillon vor dem Kreuzzuge, in: Westdeutsche Zeitschrift für Geschichte und Kunst 17 (1898), S. 169-201, hier S. 195-198.

[95] Gegen C.D. Munro, Christian and Infidel in the Holy Land, in: International Monthly 4 (1903), S. 690-704 und 726-741, hier S. 692-693. Vgl. J. Riley-Smith, Motives, S. 723-730.

Nach Fulcher Carnot., II, VI, 7-10, S. 388-390, bewachten 1100 nicht mehr als 300

wichtigsten Führer des Kreuzheeres die Gelegenheit zu Herrschaftsbildung und sozialem Aufstieg. Dabei kam es dazu, daß für einzelne dieser Adligen das primäre Ziel der einfachen Wallfahrer, nach Jerusalem zu ziehen, um das Pilgergelübde zu erfüllen, zu einer Art Luxus wurde, demgegenüber die Sicherung der eigenen neuerworbenen Herrschaft gegen türkische, griechische oder konkurrierende fränkische Ansprüche Priorität genoß. Dies gilt für Bohemund, den ersten Fürsten von Antiochia, und Graf Balduin I. von Edessa, die die Heiligen Stätten erst ein halbes Jahr nach ihrer Einnahme besuchten, genauso wie für Raimund, der nur unter dem Druck der einfachen Pilger in Marra/Ma'arrat an-Nu'mān, Archis/'Arqa und Tripolis auf die Gründung einer eigenen Herrschaft verzichtete [96].

Von den als bewaffnete Pilger nach Jerusalem ziehenden Herren, den Grafen der Normandie, Flanderns, des Vermandois und von Blois, hoben sich drei Parteien ab, die schon vor Juli 1099 in gegenseitiger Rivalität bemüht waren, dauernde Herrschaften zu errichten:

— Herzog Gottfried von Niederlothringen und sein Bruder Balduin,
— Bohemund von Tarent und sein Neffe Tankred sowie
— Graf Raimund von Toulouse und sein Gefolgsmann Raimund Pilet.

Während der normannisch-lothringische Antagonismus, der Ende Oktober 1097 bei Mamistra/al-Maṣṣīṣa nach anhaltenden Streitigkeiten um die kilikischen Städte sogar zum Ausbruch offener Feindseligkeiten zwischen den Soldaten Tankreds und Balduins geführt hatte, vorläufig durch die Etablierung des Lothringers in Edessa/ar-Ruhā gelöst wurde [97], blieb der Gegensatz zwischen Normannen und Provenzalen über die Jahrhundertwende hinaus bestehen. Raimund verlor im Januar 1099 seine antiochenischen Stellungen an Bohemund [98]. Im Juli 1099 mußte er,

Ritter die Städte Jerusalem, Jaffa/Yāfā, Rames/ar-Ramla und Haifa. Dazu kämen noch die nichtritterlichen Franken, der Klerus und die Kontingente in Galiläa und Nordsyrien. Vgl. W.B. Stevenson, The Crusaders in the East, Cambridge-New York 1907 (ND Beirut 1968), S. 39.

96 H. Hagenmeyer, Chronologie, Bd. 7, S. 497-499.

97 Die Quellen werden diskutiert von H.v. Sybel, Geschichte des ersten Kreuzzuges, 2. Aufl. Leipzig 1881, S. 305-312; B. Kugler, Albert von Aachen, Stuttgart 1885, S. 49-54 und 63-64; P. Gindler, Graf Balduin I. von Edessa, Diss. phil. Halle 1901, S.17-24, und R.L. Nicholson, Tankred, S. 46-54.

98 Nach Raim. Aguil., S. 83, hatte Bohemund bereits im Juli 1098 die Lothringer, Flamen und Provenzalen aus der antiochenischen Zitadelle vertrieben.

nachdem der Widerstand von *peregrini* und Fürsten seine Pläne bereits mehrmals durchkreuzt hatte, die Zitadelle von Jerusalem an Gottfried ausliefern, und wenig später, Mitte August, scheiterte er am Einspruch Gottfrieds bei seinem Versuch, nach dem fränkischen Sieg über die Ägypter die Stadt Ascalon/ʻAsqalān für sich zu gewinnen [99]. 1101 wurde Raimund von Tankred gefangengenommen und mußte eidlich versprechen, keine Herrschaftsbildung in Nordsyrien zu unternehmen. In noch stärkerem Maße als seine Konkurrenten stand Raimund unter dem Druck der *peregrini*, deren Führung er übernommen hatte [100].

* * * * *

Es kann nunmehr festgehalten werden, daß der Kreuzzug spätestens seit dem Tod des päpstlichen Legaten Adhemar von le Puy und dem Abzug des byzantinischen Kontingents nur noch von zwei Gruppen gestaltet wurde. Um die Beziehungen der Kreuzfahrer zu den Muslimen in den folgenden Monaten bis zur Eroberung von Jerusalem verstehen zu können, gilt es jetzt zu fragen, ob die aufgezeigte Interessendualität zwischen *peregrini* und der zur Herrschaftsbildung bereiten Nobilität in dem Bild wiederzufinden ist, das sich die Kreuzfahrer vom Islam und den Muslimen machten.

Die Kreuzzugspropaganda in den zeitgenössischen Quellen gleich welcher Provenienz und die Selbstzeugnisse der ersten Kreuzfahrer sind geprägt von einem scharfen Antagonismus zwischen der Welt des *populus Dei* und der des Heidentums. In der Interpretation der westlichen Christenheit galt der Kreuzzug als welthistorisches, wenn nicht sogar eschatologisches Ringen zwischen Glaube und Unglaube: „Es erhob sich nämlich der Okzident gegen den Orient, ein Völkchen (*popellus*) gegen die zahlreiche Völkerschaft (*gens multa*), Europa gegen Asien, ja sogar Afrika, der Glaube indessen gegen den Unglauben (bzw. das Heidentum: *perfidia*). Wir wurden durch den Glauben beschützt, jene durch den Irrtum umhüllt“, heißt es in einer Predigt anläßlich eines Anniversariums der Eroberung Jerusalems, die Fulcher von Chartres zugeschrieben wird [101]. Lateinische Kreuzzugschronistik und volkssprachliche Ritterepik der frü-

---

[99] H. Hagenmeyer, Chronologie, Bd. 7, S. 432, 492.
Zu den widersprüchlichen Quellenangaben über das Schicksal von Ascalon/ʻAsqalān 1099 vgl. W.B. Stevenson, Crusaders, S. 35, und R. Fazy, La chronique de Damas et les sources chrétiennes de la première croisade, in: JA 228 (1936), S. 281-298, hier S. 296-297.

[100] Am besten Cl. Cahen, Syrie, S. 232-233. Auch Gottfried mußte sich zeitweise der Volksmeinung beugen, konnte aber dennoch viel freier disponieren: Vgl. Wilhelm v. Tyrus, VII, XVI, S. 300-301.

[101] Un sermon commémoratif de la prise de Jérusalem par les croisés attribué à Foucher

hen Kreuzzugszeit, aufgezeichnete Papstreden, alle vermitteln einheitlich das Bild eines scharfen Kontrastes zwischen den *milites*, *fideles*, *coadjutores Christi*, der *gens sancta* [102], und ihren muslimischen Kontrahenten, die bestenfalls als *pagani*, *infideles*, *gentiles*, oft genug aber auch als *excommunicata generatio*, *gens barbara*, *nefaria*, *nefanda*, *perfida* oder *gentes immundae* bezeichnet werden. Besonders feindselig eingestellte Autoren wie Fulcher von Chartres und Galter Cancellarius stigmatisierten die Muslime sogar als *gens ... spreta*, *degener et daemonum ancilla*, als *satellites daemonum, erroris cariae imbuti* [103]. Der uniforme Gleichklang der Quellen läßt die Vermutung zu, daß dieses Schwarz-Weiß-Muster der Communis opinio im Kreuzfahrerheer entsprach. In Chronistik und Epik gleichermaßen dominierte Anfang des 12. Jahrhunderts eindeutig das Motiv des wilden Heiden, wie es die lateinische Chronistik seit der Karolingerzeit ausgeprägt hatte [104].

Eine Wurzel für diese zumindest propagandistische Dämonisierung des *Heidentums* waren die geringen Kenntnisse, die in Europa und unter den Kreuzfahrern über den Islam verbreitet waren. Selbst in der vorwiegend klerikalen Schicht höher Gebildeter war der Kenntnisstand über den Islam rudimentär und wurde mehr aus Legenden und Berichten über sarazenische Grausamkeiten gespeist als durch das Studium der christlich-orientalischen, byzantinischen oder spanischen Apologetik. Diese Literaturen waren weitgehend unbekannt [105]. Das allgemein niedrige Infor-

---

de Chartres, ed. Ch. Kohler, in: ROL 8 (1900-1901), ND 1964, S. 158-164, hier S. 162.

[102] Zahlreiche Belege bei P. Rousset, Origines, S. 71, Fulcher Carnot., S. 901 ad *perfidi*, und J. Riley-Smith, First Crusade, S. 59-61.

[103] Gesta Francorum, VIII, 2, S. 179, und IX, 7, S. 202, IX, 9, S. 203-204; Robert Monach., I, I, S. 728; Fulcher Carnot., I, III, 6, S. 135; Galter Canc., I, VI, 4, S. 75, und II, XVI, 7, S. 113. Die Beispiele ließen sich beliebig vermehren.

Vgl. P. Rousset, Origines, S. 104-105; R.Sh. Darbishire, The Christian Idea of Islam in the Middle Ages, according to the „Chanson d'Antioche", in: MW 28 (1938), S. 114-124, hier S. 116. R.W. Schwartz, Das Bild von Islam und Muslimen bei den lateinischen Christen in der Zeit der beiden ersten Kreuzzüge, Masch. Magisterarb. Bonn 1975, S. 43-44, 83-84, 88-90, und R.Ch. Schwinges, Kreuzzugsideologie und Toleranz. Studien zu Wilhelm v. Tyrus, Stuttgart 1977 (Monographien zur Geschichte des Mittelalters, 15), S. 105, Anm. 1-2.

[104] Vgl. H. Naumann, Der wilde und der edle Heide, in: Vom Werden des deutschen Geistes. Festgabe Gustav Ehrismann, Berlin-Leipzig 1925, S. 80-101, hier S. 82-83; M. Plocher, Studien zum Kreuzzugsgedanken im 12. und 13. Jahrhundert, Masch. Diss. phil. Freiburg 1950, S. 11-12. Eine ausführliche Bibliographie zum Heidenbild der Dichtung findet sich bei R.Ch. Schwinges, Kreuzzugsideologie, S. 13-14, Anm. 36.

[105] Dazu vor allem R.W. Schwartz, Bild, passim. Vgl. auch R. Hill, The Christian View of the Muslims at the Time of the First Crusade, in: The Eastern Mediterranean Lands

mationsniveau des nichtiberischen Europas reflektieren auch die Berichte der Kreuzzugsteilnehmer. Sie bieten ein Gemisch aus kargen Informationen, Legendärem und Folkloristischem. Keiner der Kreuzzugshistoriographen, die das Heilige Land in eigener Person aufsuchten, gibt eine differenzierte Darstellung des Islams oder der politischen Verhältnisse in Syrien. Am ehesten interessiert waren zwei Geistliche, die nicht Augenzeugen des Kreuzzuges waren: Ekkehard von Aura, der Jerusalempilger von 1101, und Guibert von Nogent. In seiner im ersten Jahrzehnt des 12. Jahrhunderts verfaßten *Historia quae dicitur Gesta Dei per Francos,* einer Überarbeitung der anonymen *Gesta Francorum,* stellt Guibert den Islam als christliche Häresie dar. Er folgt bei seiner Darstellung der Entstehung des Islams zwar einer der geläufigen Legenden, ist aber recht unterrichtet über das Prophetentum Muḥammads, der nicht der Gott der Sarazenen sei, den strengen Monotheismus des Islams und seine Ablehnung der orthodoxen Christologie und Trinitologie [106].

Unter den Teilnehmern des Kreuzzugs galten die Muslime dagegen eindeutig nicht als Häretiker, sondern vielmehr als Heiden. Die in ihren Reihen entstandenen Quellen verwenden eine undifferenzierte Terminologie (*pagani, gentiles, increduli, perfidi* ...), die der Isidor'schen Unterscheidung von *gentiles* als Noch-nicht-Bekehrten und *pagani,* Anhängern eines bewußt antichristlichen Religionssystems, keineswegs Rechnung trägt. Ein beredtes Beispiel bietet der von den Führern des Kreuzzugs aus Antiochia/Anṭākiya an Papst Urban II. gerichtete Brief vom 11. September 1098, der explizit *Turcos et paganos,* die zu bekriegen seien, von *haereticos ..., Graecos et Armenos, Syros Jacobitasque* scheidet, denen man nicht schaden wolle [107].

Allgemeingut aller Quellen ist die ethnische Differenzierung des Gegners in *Turci, Persi, Arabes* oder *Sarraceni, Aethiopes* und andere *gentes* [108]. Bekannt war den Franken auch die politische Zersplitterung des

---

in the Period of the Crusades, ed. P.M. Holt, Warminster 1977, S. 1-8. Siehe auch die Bibliographie bei R.Ch. Schwinges, Kreuzzugsideologie, S. 105-107, Anm. 4-11. Zur Apologetik vgl. R.W. Schwartz, Bild, S. 20-38, und R.Ch. Schwinges, Kreuzzugsideologie, S. 68-97. Ein wichtiger Grund für die Ignoranz vieler westlicher Chronisten ist das Nicht-Wissen-Wollen gerade bei Autoren, die alle Informationsmöglichkeiten gehabt hätten: Sigebert von Gembloux (gest. 1112) und Guibert von Nogent (gest. nach 1128), die nie im Orient waren, bringen reicheres Material über den Islam als Fulcher von Chartres oder Galter Cancellarius, die Jahre im Osten zubrachten. Vgl. R.W. Schwartz, Bild, S. 49-51, 195-201.

106 Guibert von Nogent, I, IV, S. 127-130.

107 H. Hagenmeyer, Epistulae, S. 164. Zu Isidor von Sevilla, Etymologiarum sive Orig. Libri XX, ed. W.M. Lindsay, Bd. 1, Oxford 1911, VIII, 10, 2.

108 Vgl. R.W. Schwartz, Bild, S. 163.

Islams in autonome Herrschaftsgebiete, der türkisch-fāṭimidische Antagonismus und, damit verbunden, die konfessionelle Scheidung von Sunna und Šī'a, die allerdings nicht theologisch oder historisch durchdrungen wurde [109]. Das Islambild in der „Chanson d'Antioche" des Kreuzfahrers Richard in der Ende des 12. Jahrhunderts entstandenen Fassung Graindors von Douai, das R. Sh. Darbishire untersucht hat, ist mit dem Erkenntnishorizont der zeitgenössischen Chronistik und Reiseliteratur identisch: Der Islam wurde als religiöses Gemeinwesen begriffen, seine Strukturen allerdings nicht hinterfragt. Nebulös blieb auch die Vorstellung der Kreuzfahrer von der Kräftekonstellation und der „staatsrechtlichen" Zuordnung der einzelnen Gebiete und Herrscher in Syrien. Kalif und Sultan werden erwähnt, topographische Termini (*Baudas, Rohais, Caliptum, Coroscane*) oder Herrschernamen (*Sansodine, Malquidant, Corboran, Aoxianus, Lavedelius*), soweit die Kreuzfahrer direkt mit ihnen in Berührung kamen, phonetisch mehr oder weniger korrekt reproduziert. Mekka als Ziel der islamischen Pilgerfahrt war bekannt. Im ganzen handelt es sich jedoch um ein gelegentliches, konstatierendes Wissen, das festhält, auf was es stößt, dem aber kein analytisches, systematisch fragendes Erkenntnisinteresse zugrunde liegt. Entsprechend wurden häufig Phänomene notiert, die sich dem Abendländer als Kuriositäten darstellten [110]. Geographische und historische Kenntnisse, die nicht biblischer oder antiker und patristischer Tradition entstammten, waren aber rar. Lediglich die Werke Raimunds von Aguilers und Ekkehards von Aura verraten eine gewisse Kenntnis der politischen Situation im Vorderen Orient seit der türkischen Invasion [111].

Neben diesem gleichermaßen niedrigen Interessen- und Wissensniveau, das nicht geeignet war, einer vorausschauenden politisch-diplomatischen Einbettung des Unternehmens, wohl aber der Betonung der Distanz zum Gegner und daher seiner Dämonisierung Vorschub zu leisten, standen zwei Korrektiva, die insbesondere der Ritterschaft den Brückenschlag zum Andersgläubigen erleichtern konnten: die Identifikation von Islam und antikem Heidentum — oder doch zumindest das Heranrücken des Islams an den Pantheon der antiken Religionen in der Gedankenwelt des mittelalterlichen Westens — und die vermutete Ana-

---

[109] R. Hill, View, S. 3; R.W. Schwartz, Bild, S. 85-86, 133-156.

[110] R.Sh. Darbishire, Idea, S. 115-122, 143-144; R. Hill, View, S. 6; R.W. Schwartz, Bild, S. 144. Dort, S. 126-185, findet sich eine an Vollständigkeit grenzende Untersuchung des Kenntnisstandes über Syrien bei allen Levantenkundigen vom ersten Kreuzzug bis zu Otto von Freising.

[111] Raim. Aguil., S. 64, 109-110, 129; Ekkehard von Aura, II, 1, S. 54 bis V, 1, S. 80.

logie abend- und morgenländischer Herrschafts- und Religionsstrukturen. Beide Elemente prägten vor allem die von laikalen Autoren für ein adliges Publikum geschaffene höfische Epik des 12. Jahrhunderts:

Die Tendenz der Zeit, die gesamte Religionswelt außerhalb des christlich-jüdischen Orbis einem undifferenzierten Heidenbegriff zu subsumieren, die Muslime pauschal in eine Kategorie „Heiden" einzuordnen, ohne sie von anderen geläufigen Formen des Heidentums zu unterscheiden, ebnete den Weg zur Gleichstellung des Islam mit den klassisch-antiken und alttestamentlichen Kulten, deren Inhalte und Formenvielfalt dem Okzident tradiert worden waren. Diese Vermischung antiker polytheistischer Religionen und des monotheistischen Islams in der Vorstellungswelt des Westens führte zwar einerseits dazu, daß dem Islam die Verehrung des gesamten antiken Pantheons einschließlich eines zum Gott erhobenen Muḥammad unterstellt wurde [112]. Andererseits erlaubte sie es aber auch, das hohe kulturelle Niveau des Islams und, im Anschluß an berühmte Heiden der klassischen Antike, einzelne hervorragende islamische Persönlichkeiten positiv zu würdigen [113].

Den Islam in der Tradition der heidnischen Antike zu sehen, suggerierte den Christen des beginnenden 12. Jahrhunderts also eine gewisse Kenntnis des Islams als Religion. Noch bedeutsamer aber für das westliche Verständnis vom Islam als institutionellem und politischem System war es, daß die Kultur des Gegners nicht als Phänomen *sui generis* begriffen, sondern als Parallele zur Ordnung der Respublica christiana gedacht wurde. Dafür liefert die auffällige Symmetrie in der Darstellung, wenn in den Quellen christliche und islamische Feldzeichen, Schlachtrufe, Ritterschaft oder heilige Schriften gegenübergestellt werden, Beweise genug [114]. Je geringer die tatsächliche Kenntnis eines fränkischen Historiographen über den Islam war, desto mehr tendierte er dazu, das ihm Bekanntgewordene analogisierend abendländischen Institutionen zuzuordnen. Am deutlichsten wird dies in den Quellen, die in der Tradition

---

[112] Für die Kreuzzugsepik: R.Sh. Darbishire, Idea, S. 120-123. Die Beispiele aus der Chronistik sind Legion. Vgl. Gesta Francorum, XXI, 9, S. 322, XXII, 1, S. 323, XXXIX, 17, S. 497-498. Tudebod, S. 80: *crede Malphumet et nostris aliis diis;* Fulcher Carnot., I, XV, 7, S. 220.

[113] Diese Tendenz kam erst im Verlauf des 12. Jahrhunderts voll zum Tragen: R.W. Schwartz, Bild, S. 38-39, und H. Naumann, Heide, S. 83. Daraus erwuchs das Motiv des edlen Heiden, das explizit aber erst zur Wende zum 13. Jahrhundert und noch nicht zur Zeit des ersten Kreuzzugs auftaucht.

[114] M. Plocher, Studien, S. 16-20. Vgl. Anselm von Ribemont in seinem Brief an Ebf. Manasse von Reims: *altis vocibus Baphomet invocaverunt et nos Deum nostrum ... deprecantes* (H. Hagenmeyer, Epistulae, S. 159).

der *Gesta Francorum* stehen: Danach soll Kırbōġā von Mossul 1098 einen fiktiven Brief folgendermaßen begonnen haben: An den Kalifen, „unseren Papst (*apostolico*), und unseren Herrn König, den Sultan, den allerstärksten Ritter (*miles*), und die überaus erfahrenen Ritter von Ḫurāsān (*prudentissimus militibus Corrozanae*) [115]. Der *papa Turcorum* [116] spornt in den Berichten der westlichen Zeitgenossen zusammen mit heidnischen Priestern zum Kampf gegen die Christen an. Er verspricht dafür Vergebung der Sünden und erteilt die „Erlaubnis, die Christen zu töten" [117]. Neben ihm steht der Sultan, der als Kaiser Persiens (*sultanus, scilicet imperator Persidis*) [118] seinen Generalissimus (*princeps militiae soldani Persiae*) [119] gegen die Kreuzfahrer entsendet. Dem Kalifen und Sultan untergeordnete Fürsten werden als *reges,* wenn sie subalterne Funktionen innehaben, meist als Emire bezeichnet [120], doch die Terminologie der einzelnen Chronisten ist individuell verschieden.

Der Islam wurde offenbar nicht als autochthon, sondern als der Respublica christiana analoge Anti-respublica verstanden. Folgerichtig gab in den Augen der Kreuzfahrer auch das europäische Lehnswesen die Struktur für die Rechtsbeziehungen islamischer Fürsten untereinander ab. So berichten die *Gesta Francorum,* daß der Sohn des türkischen Herrn von Antiochia/Anṭākiya dem Kırbōġā von Mossul 1098 Mannschaft (*hominium*) leisten mußte und Aḥmad b. Marwān ein Treueid abverlangt wurde, bevor Kırbōġā ihn zum Kastellan der antiochenischen

---

[115] Gesta Francorum, XXI, 7-9, S. 323-325. Ähnlich Guibert von Nogent, V, X, S. 191, der den Kalifen *papa beatissimus* nennt, und Baldrich v. Dol, III, III, S. 62.

[116] Raim. Aguil., S. 110. Vgl. Guibert von Nogent, V, VIII, S. 189: *habent enim et papam, ad instar nostri.*

[117] Guibert von Nogent, V, VIII, und X, S. 189, 191; Gesta Francorum, XXI, 1, S. 313. M. Plocher, Studien, S. 20.

[118] Fulcher Carnot., I, XV, 7, S. 220.

[119] Gesta Francorum, ebda.. Vgl. H. Hagenmeyer, Epistulae, S. 159 (Anselm von Ribemont an Abf. Manasse).
Guibert von Nogent (V, VIII, S. 189) parallelisiert ebenfalls Islam und Antike: *Curbaran... regis Persarum, quem Sogdianum veteri nomine ut Romani Caesares vocare solent, major domus.* Es gibt zahlreiche weitere Beispiele aus der gesamten zeitgenössischen Literatur.

[120] *Reges* sind meist Herrscher großer Einzelherrschaften. Vgl. Gesta Francorum, XXI, 1, S. 313-315; XXXIV, 4, S. 415; XXXIV, 10, S. 422-424. Der Titel Emir bezeichnet oft eine untergeordnete Funktion (ebda. XX, 1, S. 293; XXI, 5, S. 318), ist aber nicht streng festgelegt: *ammirabilis Babyloniae rex* (Albert v. Aachen, III, LIX, S. 379), *admiraldus, id est princeps et dominus* (Stephan v. Blois in H. Hagenmeyer, Epistulae, S. 150), ... *Hierosolimorum praefectus (quos barbarica illi lingua admiravisos vocant):* Guibert v. Nogent, V, X, S. 191. Daneben erscheinen *principes, praesides, duces* und *domini castelli.*

Zitadelle bestimmte [121].

Das hier deutlich werdende ambivalente Muslimbild, hier Diener des Satans, da ritterlich ebenbürtiger Heide, läßt sich mit einiger Vorsicht den schon eruierten Interessengruppen im Heer der Kreuzfahrer zuordnen. Klerus und *peregrini* mögen ganz vom klassischen Heidenbild bestimmt worden sein, Ritter und Fürsten aber vermuteten oder erkannten d a n e b e n bei den muslimischen Kriegern und Herrschern, insbesondere den Türken, verwandte Wert- und Rechtsvorstellungen. So übertrafen nach Guibert die Türken die Ägypter an Qualitäten wie Kriegstüchtigkeit, Ritterlichkeit und charakterlicher Tugend [122]. Den *Gesta* zufolge stammten die ehemals christlichen Türken sogar von den Franken ab. Das Rittertum, heißt es an gleicher Stelle, sei *naturaliter* allein Türken und Franken vorbehalten. Hätten jene nur den rechten Glauben, es gäbe keine Kriegstüchtigeren als sie auf der Welt [123]. Die Hypothese einer genealogischen Verwandtschaft zwischen Türken und Franken fand im Abendland im Anschluß an den Kreuzzug weite Verbreitung und taucht sogar im 13. Jahrhundert noch in der französischen Gestenliteratur auf [124].

Daß das Bild ritterlicher Ebenbürtigkeit nicht allein ein literarischer Topos, sondern Communis opinio unter den Führern des in Antiochia/Anṭākiya belagerten Kreuzzuges war, beweist, daß Peter der Eremit und sein Dolmetscher Herluin am 27. Juni 1098 als Gesandte der Kreuzfahrerfürsten dem Befehlshaber der türkischen Entsatzarmee, Kırbōġā, antrugen, durch ritterliche Zweikämpfe über den zukünftigen Besitzer der Stadt zu entscheiden. Zuvor hatte der Türke das Angebot zu

---

121 Gesta Francorum, XXI, 3, S. 316, und XXI, 5, S. 318: *volo, ut intras in fidelitatem meam custodire hoc castrum.* Ähnlich Albert v. Aachen, IV, XLIV, S. 420: Christiani *tibi sicut domino et principi servire parati sunt.*

122 Guibert v. Nogent, I, V, S. 131: *Parthorum regnum, quos Turcos corrupto nomine vocitamus* (sic!), *in re militari et equestri elegantia, animi etiam virtute praepollet.*

123 Z.B. Gesta Francorum, IX, 11, S. 207-208: *dicunt se esse de Francorum generatione, et quia nullus homo naturaliter debet esse miles nisi Franci et illi* (sc. eine Selbstbehauptung der Türken) ... *ipsis potentiores vel fortiores vel bellorum ingeniosissimos nullus invenire potuisset.*

Vgl. Baldrich v. Dol, II, III, S. 35-36: ... *indubitanter viri sunt ingeniosi, callidi et belliciosi; sed, proh dolor, a Deo alienati* und Albert v. Aachen, II, XXVII, S. 319. Die Bewunderung der türkischen Kriegstüchtigkeit taucht in den Quellen durch das ganze 12. Jahrhundert immer wieder auf. So heißt es bei Ambroise, V. 5067-5070, Sp. 135, über die muslimischen Verteidiger von Accon/'Akkā 1191: *Fierre iert la gent e orgoillose/ en la citié e merveillose:/se ço ne fust gent mescreue,/onques mieldre ne fud veue...* .

124 Rigord, 38, S. 55-56.

konvertieren abgelehnt [125]. Nach Albert von Aachen, der den entsprechenden Teil seiner Chronik in Europa um 1102 auf der Grundlage lothringischer Augenzeugenberichte abfaßte, sollten die an ein Gottesurteil erinnernden Duelle durch gegenseitige Eidesleistung und Geiselstellung abgesichert werden. War dieser Vorschlag auch aus der Not einer vermeintlich aussichtslosen militärischen Position geboren, so begegnet uns hier doch ein anderes Muslimbild: Der Heide Kırbōġā galt nach dem Ius gentium als Verhandlungs- und potentieller Vertragspartner [126] ! Schon bei Isidor von Sevilla, dessen Ius gentium-Definition als mittelalterlicher Locus classicus in das Decretum Gratiani und damit in die kanonistische Tradition Eingang finden sollte, wurden zwischenstaatliche Vereinbarungen nicht vom *status confessionis* der Vertragspartner abhängig gemacht. Friedensverträge (*foedera pacis*), Waffenstillstände (*indutiae*) und Gesandtenimmunität gehörten gerade deshalb zum Ius gentium, weil diese Rechtsinstitute bei fast allen Völkern ungeachtet der Religionszugehörigkeit bekannt seien [127].

Es stellt sich nach dieser Untersuchung also die Frage, ob und auf welche Weise die Interessengruppen im Kreuzheer tatsächlich bereit waren, zugunsten der Realisierung ihrer unterschiedlichen Ziele Vertragsbeziehungen zu Muslimen einzugehen oder ob das Motiv der Dämonisierung und Vertilgung der Heiden und die figurale Deutung der israelitischen Landnahme in Kanaan als Präfiguration des Kreuzzuges, wie es aus der Rede Urbans in Clermont spricht und von den einfachen *peregrini*

---

[125] Das Duellangebot nennen Raim. Aguil., S. 79, 81 (je fünf oder zehn Kämpfer. Kırbōġā habe später angesichts seiner drohenden Niederlage vergebens ebenfalls Zweikämpfe vorgeschlagen); Fulcher Carnot., I, XXI, 1, S. 248 (je fünf, zehn, zwanzig oder hundert auf jeder Seite); Albert v. Aachen, IV, XLV, S. 420-421 (je zwanzig); Radulf v. Caen, LXXXI, S. 663-664 (*de vestris deni vel sex denique terni*); Caffaro, Liberatio, I, S. 54 (je fünf), und Wilhelm v. Tyrus, VI, XV, S. 259 ohne Zahlen, ein Fürstenzweikampf wird angeboten.
Zum Gottesurteilscharakter solcher Duelle vgl. K.-G. Cram, Iudicium Belli ..., Münster-Köln 1955, hier S. 8-16.
Zum missionarischen Aspekt der Unterhandlungen anfechtbar A. Cutler, The First Crusade and the Idea of Conversion, in: MW 58 (1968), S. 57-76 und 155-164, hier S. 65-71. Kritisch dazu J. Waltz, Historical Perspectives on "Early Missions" to Muslims. A Response to Allan Cutler, in: MW 61 (1971), S. 170-186.

[126] Albert v. Aachen, ebda.: *datis utrimque obsidibus, et facto juramento utrimque tu* (sc. Kırbōġā) *in Deo tuo, ipsi* (sc. Christiani) *in Deo suo, singulari certamine in medio confligant.*

[127] Isidor v. Sevilla, ed. W.M. Lindsay, Bd. 1, V, 6; vgl. auch V, 7, (*quid sit ius militare*), zitiert bei Gratian, Concordantia, c. 9, D. 1: *Et inde ius gentium, quia eo iure omnes fere gentes utuntur.*

vertreten wurde [128], es allen Kreuzfahrern gleichermaßen verbot, sich mit muslimischen Fürsten zu arrangieren — obschon man deren standesgemäße Ebenbürtigkeit anerkannte.

* * * * *

Daß der erste Kreuzzug, anders als es später die im ausgehenden 13. Jahrhundert verfaßten Kreuzzugsmemoranden etwa eines Raimundus Lullus, Marino Sanudo oder Pierre Dubois konzipierten, von seinen Teilnehmern nicht als Missionsunternehmung verstanden wurde, ist oft beobachtet worden [129]. Dennoch scheinen einige Bemerkungen in den Quellen daraufhinzuweisen, daß die Kreuzfahrer die Konversion muslimischer Vertragspartner zur Conditio sine qua non gemacht hätten: So berichtet die nach 1131 entstandene *Historia belli sacri* von einer fränkischen Gesandtschaft, die schon vor der Eroberung von Nicaea/Nikaia im Mai oder Juni 1097 nach Ägypten abreiste, um den fāṭimidischen Wesir al-Afḍal vor die Wahl Konversion und Freundschaft oder Krieg zu stellen [130]. Auf dem Marsch von Antiochia/Anṭākiya nach Süden Anfang Februar 1099 verweigerte Raimund von Toulouse nach einem anderen Bericht dem Kadi von Tripolis den gewünschten Vertrag angeblich deswegen, weil sich der Kadi erst bekehren müsse [131]. Bei der Eroberung von Antiochia/Anṭākiya kam es gleich zweimal zum Übertritt von islamischen Befehlshabern zum christlichen Glauben: Zuerst konvertierte der Turmkommandant Fīrūz, dessen Verrat den Franken am 3. Juni 1098 die Einnahme der Stadt ermöglicht hatte [132], und schon wenig später, am 28. Juni, nach dem Sieg über die türkische Entsatzarmee, kam es

---

[128] Baldrich v. Dol. I, IV, S. 15: *In Saracenos gladium vibrare singulare bonum est.* Daß Urban die israelitische Landnahme als Praefiguration des Kreuzzugs interpretierte (vgl. ebda.), hätte eigentlich vertragliche Verbindungen zwischen Franken und Muslimen erschweren müssen.
Bekanntlich hatten die Israeliten an fast allen Eroberungen den Bann zu vollstrecken. Dies beinhaltete expressis verbis das Verbot von Konnubium und Vertragsabschlüssen (Deut. 7, 2-5; Jos. 6, 17, und 10, 28).

[129] Zuletzt A. Cutler, Conversion, S. 57. Er betont die wenigen Bekehrungen zwischen 1097 und 1099 allerdings unverhältsmäßig stark. Vgl. R.W. Schwartz, Bild, S. 95-98.

[130] Hist. bell. sacri, XX, S. 181: *Videat ergo qualiter erga nos agere vult, aut Christianitatem recipere, et esse una nobiscum ut frater adque amicus, aut si paganorum vult amicitiam habere, et obviam nobis ad bellum exire.* Noch fast zwei Jahrzehnte später galt dem Galter Canc., I, IV, 5, S. 70, die Allianz mit Muslimen als *societas Belial.* Vgl. 2. Cor. 6, 15.

[131] Quellen bei H. Hagenmeyer, Chronologie, Bd. 7, S. 439.

[132] Gesta Francorum, XX, 1, S. 293-295. Vgl. H. Hagenmeyer, Chronologie, Bd. 7, S. 284-285, und A. Cutler, Conversion, S. 63-64.

zu einer analogen Szene: Angesichts des fränkischen Sieges lieferte der von Kırbōġā eingesetzte Kommandant, Aḥmad b. Marwān, den Normannen Bohemunds die Zitadelle aus, ließ sich mit dem Großteil seiner Mannschaft taufen und erreichte für diejenigen, die Muslime bleiben wollten, freies Geleit nach Aleppo [133].

Bei näherem Hinsehen ergibt sich allerdings, daß in all diesen Fällen die Konversion nicht als konstitutiv für den Abschluß eines Vertrags galt. Raimunds Weigerung, mit dem islamischen Herrscher von Tripolis Frieden zu schließen, erklärt sich, wie noch zu zeigen sein wird, nicht aus religiösen Ressentiments, sondern aus dem Interesse des Grafen von Toulouse, in der Einflußsphäre des Kadis eine eigene Herrschaft zu begründen. In den Fällen Fīrūz und Ibn Marwān trat nach dem Tenor der Quellen die Konversion zum Vertrag lediglich additiv hinzu, war aber nicht seine Bedingung. Beiden Konvertiten mochte der Religionswechsel allerdings opportun erscheinen: Fīrūz hätte selbst unter Bohemunds Schutz als früherer Christ und Apostat armenischen Ursprungs von dem religiösen Fanatismus der *peregrini* nichts Gutes für sich und seine umfangreichen Besitztümer zu erwarten gehabt, wenn er Muslim geblieben wäre [134]. Für Ibn Marwān ging es vermutlich darum, in seiner aussichtslosen Lage von den Franken bessere Konditionen zu erhalten — falls man nicht mit A. Cutler annehmen will, daß der nach dem Fund der Heiligen Lanze von enormem religiösen Enthusiasmus getragene Sieg der Christen über Kırbōġā für ihn die Überlegenheit des christlichen Gottes erwiesen habe [135]. Daß die Übergabe einer Zitadelle gegen freien Abzug auch ganz pragmatisch und ohne Bedingungen religiöser Art vollzogen werden konnte, zeigte ein Jahr darauf das Beispiel Jerusalem: Am

---

133 Ausführlich A. Cutler, Conversion, S. 155-158. b. al-ʿAdīm, Zubda, Bd. 2, S. 137-138, bestätigt die bei H. Hagenmeyer, Chronologie, Bd. 7, S. 310-311, angegebenen westlichen Quellen, spricht aber nicht von einem Religionswechsel des Ibn Marwān. Nach der Kapitulation (*amān*) am 5.7.1098 habe dieser in Antochia/Anṭākiya ein Haus bewohnt, die nach Aleppo abziehende Garnison aber sei auf dem Wege von Armenien fast gänzlich vernichtet worden.

134 Nach b. al-Aṯīr, Kāmil, Bd. 10, S. 274, habe Fīrūz von Bohemund einen Steuerpachtbezirk *(iqṭāʿ)* erhalten. Wurde er demnach in westlichen Formen belehnt? Über sein weiteres Schicksal ist nichts bekannt. Falls sein Taufname, so Albert v. Aachen, IV, XV, S. 399, wirklich Bohemund gewesen sein sollte, ist er vielleicht mit dem von Raim. Aguil., S. 158-159, als Dolmetscher und Agenten der Provenzalen genannten Konvertiten Bohemund identisch.

135 A. Cutler, Conversion, S. 157-158; immerhin hatte Ibn Marwān laut b. al-Qalānisī, S. 135, neben der Garnison für über dreitausend Menschen Sorge zu tragen, die sich nach der Eroberung in die Zitadelle geflüchtet hatten.

13. Juli 1099 nahm Raimund von Toulouse nach der Eroberung der Stadt auch den Davidsturm in Besitz und ließ die ägyptische Garnison seinem Eid gemäß sicher nach Ascalon/ʻAsqalān geleiten [136]. Die Aufrufe zum Glaubenswechsel gegenüber al-Afḍal und Kırbōġā schließlich und das entsprechende Gegenangebot des Kırbōġā an Peter den Eremiten hatten angesichts der gegebenen Umstände deutlich deklamatorischen Charakter und machten mit Sicherheit nicht die eigentlichen Inhalte der Unterhandlungen aus [137].

Die angeführten Belege deuten bereits an, daß es auf dem ersten Kreuzzug Kontakte zu gegnerischen Mächten gegeben hat. Welche Rolle spielte die Diplomatie im Kreuzheer, und wie korrelierten die diplomatischen Verbindungen zu vorderasiatischen Staaten und Herrschaften mit den Interessengruppen unter den Kreuzfahrern?

Nach der Eroberung Antiochias/Anṭākiyas am 3. Juni 1098 und dem Sieg über die Entsatzarmee hatte der Fürstenrat der Kreuzfahrer Anfang Juli den Weitermarsch nach Jerusalem für Anfang November terminiert [138]. Die Frist bis dahin nutzten die an Territorienbildung interessierten Lothringer, die Normannen Bohemunds und die Provenzalen zu Ausbau und Konsolidierung der bereits in Besitz genommene Gebiete:

Bohemund, der bei seinen Unternehmungen in Kilikien durch eine Krankheit gehemmt wurde, und Raimund, der, ebenfalls krank, vorerst in Antiochia/Anṭākiya geblieben war und die provenzalischen Razzien nach Südosten durch seine Gefolgsleute ausführen ließ, operierten in Gegenden, in denen nach dem Tod Yāġī Sıyāns ein Machtvakuum herrschte und die großenteils von christlichen Bevölkerungen bewohnt wurden. Dagegen lagen die neugewonnenen Stellungen der Lothringer in Edessa/ar-Ruhā, Turbessel/Tall Bāšir und Ravendel/ar-Rāwandān gegenüber islamischen Herrschaften außerordentlich exponiert [139]: Balduin, der

---

[136] Raim. Aguil., S. 151: *poposcerunt a comite Raimundo securitatis dexteram, et dederunt ei arcem.* Vgl. Gesta Francorum, XXXIX, 2, S. 477.

[137] Eine Aufforderung zur Konversion vor dem Kampf mit Nichtmuslimen (*daʻwa*) kennt auch die islamische *šarīʻa*, deren ḥanafitischer Rechtsschule, der Kırbōġā als Türke wohl angehörte, die *daʻwa* geradezu zur Pflicht machte. Vgl. M. Khaddouri, War and Peace in the Law of Islam, Richmond-London 1955, S. 95 ff. Zum Toposcharakter der *daʻwa* in den Quellen zur islamischen Eroberungsbewegung vgl. A. Noth, Quellenkritische Studien zu Themen, Formen und Tendenzen frühislamischer Geschichtsüberlieferung. Teil 1, Bonn 1973, S. 131-149. Bei al-Maqrīzī, Sulūk, I, Bd. 2, S. 334-335, findet sich ein überaus ähnlicher (fingierter?) Briefwechsel zwischen Ludwig IX. und Sultan aṣ-Ṣāliḥ Naǧm ad-Dīn Aiyūb, der vor der Landung des 6. Kreuzzuges 1249 in Ägypten ausgetauscht worden sein soll. Vgl. deutsch in: Die Kreuzzüge in islamischer Sicht, übers. v. F. Gabrieli, 2. Aufl. München 1976, S. 360-361.

[138] H. Hagenmeyer, Chronologie, Bd. 7, S. 314.

[139] Zur Herrschaftsbildung in Nordsyrien und Kilikien vgl. Raim. Aguil., S. 84; b. al-ʻAdīm, Zubda, Bd. 2, S. 131-133, und R.B. Yewdale, Bohemond I., S. 74-79.

Bruder Gottfrieds von Bouillon, hatte, seit Februar 1098 in Edessa/ar-Ruhā und nach der Märzrevolte der Bevölkerung gegen seinen Adoptivvater Ṭoros alleiniger Herrscher, seine Position wahrscheinlich bereits vor dem Anmarsch der Entsatzarmee des Kırbōġā erfolgreich ausbauen können [140]. Infolge der geringen militärischen Möglichkeiten Balduins bedurfte es dazu allerdings diplomatischer Mittel:

Direkt nach seiner Ankunft in Edessa/ar-Ruhā marschierte der lothringische Graf zusammen mit einem armenischen Kontingent unter Konstantin von Gargar, der Ṭoros untergeordnet war, gegen das nördlich gelegene Samosata/Sumaisāṭ, von wo aus Balduin schon auf seinem Weg nach Edessa/ar-Ruhā attackiert worden sein soll. Das Unternehmen endete unglücklich. Immerhin aber gelang es, den Großteil der schwerbewaffneten Lothringer in eine nahegelegene Burg „St. Johannes" zu legen, die ihrem Gegner, dem Emir Balduq (Balduch) von Samosata/Sumaisāṭ, in der Folge durch Kleinkrieg schwer zu schaffen machten [141]. Albert von Aachen schildert den weiteren Verlauf der Dinge folgendermaßen: Nach der Ermordung des Ṭoros habe der Emir eingesehen, dem stetigen Machtzuwachs Balduins nichts mehr entgegensetzen zu können und diesem für 10000 Bezants den Verkauf von Samosata/Sumaisāṭ vorgeschlagen. Ferner habe er angeboten, dem Grafen treu als Söldner zu dienen. Balduin zeigte sich zunächst unbeeindruckt von dieser Offerte, da Balduq das zu Edessa/ar-Ruhā gehörige Samosata/Sumaisāṭ zu Unrecht erst kürzlich besetzt habe. Balduin entschied sich auf den Rat der Seinen erst zum Vertragsabschluß, als die Frist eines von Balduq gestellten Ultimatums langsam abzulaufen drohte. Nach deren Verstreichen, so habe Balduq gedroht, wolle er nicht allein keinen Frieden mehr geben, sondern auch seine Festung niederbrennen und die Geiseln, die er zur Sicherung eines edessenischen Jahrestributes genommen hatte, ent-

---

[140] Zur Einladung des Ṭoros an Balduin (November 1097): Comte Riant, Inventaire, S. 161-162. Zu Balduins Rolle in Edessa/ar-Ruhā bis Herbst 1098 zuletzt ausführlicher J. Laurent, Des Grecs au croisés, in: Byzantion 1 (1924), S. 367-449, hier, S. 416-435. Vgl. A.A. Beaumont, Albert of Aachen and the County of Edessa, in: The Crusades, (Munro), S. 105-114.

[141] Albert v. Aachen, III, XXI, S. 353-354, und Matthäus v. Edessa, S. 218-219. Das anonyme Chronicon ad A.C. 1234 pertinens, trad. A. Abouna, Bd. 2, S. 44, spricht von einem Türken „Ġāzī von den Baldoqāye". Eventuell handelt es sich um einen Sohn des Ibn Dānišmand von Sīwās. Die Historizität dieser Unternehmung bezweifelt H. Hagenmeyer in seiner Fulcher-Edition, S. 213-214, Anmerk. 37. Seine Argumentation ist jedoch nicht zwingend. Vgl. P. Gindler, Balduin, S. 53-56.

haupten lassen. Daraufhin kam der Handel tatsächlich zustande. Der Graf installierte einen seiner Ritter in Samosata/Sumaisāṭ, Balduq ging als *condomesticus* und *familiaris* nach Edessa/ar-Ruhā und versprach (ohne es zu erfüllen) einer Bitte Balduins entsprechend, wegen des Mißtrauens und *pro stabilitate fidei*, seine Frau und seine Söhne als Geiseln zu stellen [142].
Wenig später brachten die Franken auch die südwestliche Nachbarstadt von Edessa/ar-Ruhā, Sororgia/Sarūǧ, in ihre Gewalt. Sie befand sich zu dieser Zeit in der Hand des Artuqiden Belek (Balak), eines Neffen des Emirs Sukmān von Jerusalem [143]. Nach der Version des *Chronicon ad A.C. 1234 pertinens* habe eine Abordnung des Belek, als Sororgia/Sarūǧ wegen der permanenten fränkischen und armenischen Streifzüge nicht mehr haltbar erschien, Graf Balduin die Auslieferung für gewisse Versprechungen angeboten, die beschworen und (in geschriebener Form?) ausgetauscht wurden [144]. Albert von Aachen stellt die Ereignisse differenzierter dar: Belek soll danach mit dem Grafen ein Bündnis gegen Sororgia/Sarūǧ, das gegen den Türken rebelliert hatte, abgeschlossen haben [145]. Die Bevölkerung der bedrohten Stadt habe zwar zuerst noch versucht, türkische Söldner zur Verteidigung zu verpflichten — unter anderem auch Balduins *condomesticus* Balduq —, dann aber angesichts des fränkischen Anmarsches einen friedlichen Ausgleich gesucht. Balduin seien Geschenke übersandt und Tributzahlungen versprochen worden. Nach Albert legte Balduin einen Tag für den offiziellen Vertragsabschluß fest und übergab Stadt und Zitadelle dem Ritter Fulcher von Chartres [146].

Der Tenor beider Quellen ist gleich: Nach beiden Berichten kam es zum Abschluß eines eidlich firmierten Friedensvertrages zwischen Franken und Türken, der (finanzielle?) Versprechungen implizierte. Als noch

---

142 Albert v. Aachen, III, XXIV, S. 355-356.. Zur Sekundärliteratur vgl. Anm. 140. Nach Albert wollte Balduq *pro solidorum conventione fideliter* kämpfen. Als Ausgleich für Samosata/Sumaisāṭ erhielt er neben Gold und Silber auch Gewänder (*ostra pretiosa cum purpura*). Damit scheint Balduin den islamischen Usus aufgegriffen zu haben, in Dienst genommene Personen mit Ehrengewändern (*ḫila'*) einzukleiden.

143 Vgl. Cl. Cahen, Balak, in: EI 2, Bd. 1, S. 983.

144 trad. A. Abouna, Bd. 2, S. 47.

145 Albert v. Aachen, III, XXV, S. 356: *Baldewinus, promissis illius credens, foedere adinvicem percusso, cum omni apparatu suo urbem obsidere et expugnare disposuit.*

146 Albert v. Aachen, ebda.: *diem statuit qua omnia haec cum pace et fide rata et credula componerentur.* Ob damit neben der Eidleistung eine schriftliche Abmachung gemeint ist? Balduin ließ Balduq später enthaupten: Albert v. Aachen, V, XX, S. 445-446. Der unmittelbare Anlaß dazu ist nicht völlig klar.

bemerkenswerter und als besonderes Skandalon sowohl für islamische als auch christliche Homines religiosi darf gelten, daß Sororgia/Sarūǧ, eine muslimisch besiedelte Stadt, an Christen ausgeliefert wurde, die zwar Tribut (*ǧizya?*) erhoben, aber keinerlei Konversionszwang ausübten oder andere religiöse Forderungen aufstellten! An der Historizität dieser Ereignisse ist trotz des Schweigens so gut unterrichteter Chronisten wie Fulcher von Chartres und Matthäus von Edessa nicht zu zweifeln, da Ekkehard von Aura, drei Jahre später im Heiligen Land, offensichtlich ebenfalls davon gehört hat [147].

Besser belegt ist der ohne Zweifel spektakulärste Fall lothringisch-türkischer Kooperation während des ersten Kreuzzuges:

Ende August/Anfang September 1098 erreichte Gottfried, dessen damaliger Aufenthaltsort nicht ganz klar ist, und Balduin in Edessa/ar-Ruhā der Hilferuf des Gouverneurs (*wālī*) von Hasor/ʿAzāz, ʿUmar. ʿUmar hatte gegen Riḍwān von Aleppo rebelliert und benötigte nun Beistand gegen die drohende Strafexpedition aus Aleppo [148]. Für Gottfried bot sich damit die Gelegenheit, diesen strategisch bedeutsamen Ort für die Verbindungen der Lothringer untereinander, etwa 40 km nördlich von Aleppo und fast halben Weges zwischen Antiochia/Anṭākiya und Edessa/ar-Ruhā, zu neutralisieren. Bereinigt man Albert von Aachen von allen Gottfried-Panegyriken, so ergeben die drei maßgeblichen Quellen ein fast einheitliches Bild der Ereignisse [149]:

Bedroht oder schon von Riḍwān belagert, bat ʿUmar durch einen syrischen Christen um Frieden und Unterstützung, worauf Gottfried aus Mißtrauen gegenüber den Türken zunächst noch zurückhaltend reagiert haben soll. Als der von seinen Botschaftern über das Zögern des Lothringers informierte ʿUmar aber im Rahmen einer zweiten Gesandtschaft seinen Sohn Muḥammad als Geisel übersandt habe, sei Gottfried seiner Sache sicher gewesen und habe einen Friedens- und Bündnisvertrag abgeschlossen. Dessen schriftliche Fassung sei aus Gründen der Sicherheit und der Geschwindigkeit durch Brieftauben

---

[147] Ekkehard von Aura, XXI, 3, S. 211-213; harmonisierend nach derselben Vorlage Wilhelm v. Tyrus, IV, IV-VI, S. 157-160. Albert und der syrischen Chronik, die beide von einem Vertrag zwischen beiden Seiten sprechen, gebührt der Vorzug. Zum späteren Bruch zwischen Balduin und Belek vgl. Cl. Cahen, Syrie, S. 219.

[148] Albert v. Aachen, V, VI-VII, S. 436-437. Albert erklärt reichlich legendär, warum ʿUmar sich gerade an Gottfried wandte. Die Lothringer waren die stärkste militärische Potenz im Euphratgebiet und daher für ʿUmar der beste Ansprechpartner.

[149] Albert v. Aachen, V, VI-X, S. 426-439; Raim. Aguil., S. 88-89; b. al-ʿAdīm, Zubda, Bd. 2, S. 141. Vgl. R. Röhricht, Geschichte des ersten Kreuzzuges, Innsbruck 1901, S. 156-157; B. Kugler, Albert, S. 116-118, mit einigen Unrichtigkeiten.

nach Hasor/ʻAzāz transferiert worden [150]. Mitte September wurde die durch weitere Türken verstärkte, belagerte Ortschaft von Gottfried und Balduin entsetzt. Ihnen hatten sich auf Drängen des Herzogs nach anfänglicher Reserve auch Raimund von Toulouse und Bohemund angeschlossen. Nach dem Sieg der Verbündeten über die Belagerer wurde die fränkisch-türkische Allianz vor der Festung durch ein eidliches Treuversprechen, aber offensichtlich keinen Lehnseid, des ʻUmar erneuert, der dafür von Gottfried in einer symbolträchtigen Zeremonie einen kostbaren Helm und eine Lanze überreicht bekam. Während Muḥammad als Geisel in Antiochia/Anṭākiya unter lothringische Obhut verblieb, zog Gottfried darauf nach Edessa/ar-Ruhā [151].

Es ist für unsere Untersuchung des Koalitionsverhaltens während des ersten Kreuzzuges höchst aufschlußreich, wie der Chronist Raimund von Aguilers die nur zögernde Hilfeleistung des Grafen von Toulouse erklärt: Nachdem die Garnison von Hasor/ʻAzāz Gottfried als Belohnung für seine Unterstützung die Übergabe der Festung versprochen habe, sei dieser nach Antiochia/Anṭākiya geeilt, um dort die anderen Kreuzfahrer zu mobilisieren. Der eben genesene Raimund von Toulouse sei allerdings erst nach Hasor/ʻAzāz aufgebrochen, als Herzog Gottfried religiöse Argumente ins Spiel gebracht habe: Raimund solle doch um Gottes, des Ruhmes der Franken und um Gottfrieds willen den heidnischen Türken beistehen, zumal diese den gegen sie aufgestellten Belagerungsmaschinen Kreuze entgegenhielten. Sollte also, wie es schon im Fall Tripolis schien, der Provenzale Raimund anders als Gottfried die Konversion eines potentiellen Vertragspartners zur Conditio foederis gemacht haben?

Doch die zudem äußerst geraffte Darstellung des Raimund von Aguilers überzeugt nicht völlig. Schon das angebliche Angebot des Gouverneurs ʻUmar, seine Festung ausliefern zu wollen, ist suspekt, da trotz der erfolgreichen Abwicklung des Bündnisses selbst bei Raimund später nichts mehr davon zu hören ist. Sollte ʻUmar wirklich mit der Perspektive rebelliert haben, seine Festung innerhalb von Monatsfrist an

---

[150] Albert v. Aachen, V, VIII-IX, S. 437-438: ʻUmars Bitte habe gelautet: *pacem et concordantiam inter nos componere, fidem et amicitiam statuere, atque ad omnem bellicam necessitatem arma nostra esse communia.* Nach der Ankunft seines Sohnes zur Absicherung von *pax* und *foedus*, heißt es: *Dux, filio illius obside accepto, fidem et amicitiam cum illo pepigit; et se ad omnia adversantia sibi auxilari et nunquam deficere stabili jure promisit.*

[151] Nach Albert v. Aachen, V, XII, S. 440, versprach ʻUmar vor allen Anwesenden unverbrüchliche Freundschaft (*amicitia*) und, sich nie von der Gemeinschaft (*societas*), Vertrautheit (*familiaritas*) und Liebe (*dilectio*) des Herzogs zu entfremden. Nach V, XV, S. 441 zwang Balduin die türkischen Herren der Nachbarschaft zum Vertragsabschluß!

einen anderen Herrn zu verlieren? Albert von Aachen dagegen, der nichts von einem solchen Angebot weiß, stellt die Rechtsbeziehung zwischen Gottfried und 'Umar als Militärallianz zwischen gleichberechtigten, aber nicht gleichrangigen Partnern dar: als *foedus aequum* in römischrechtlicher Terminologie, für das der schwächere Teil Geiseln zu stellen hatte. Dies entspricht offensichtlich dem Verlauf der Dinge: Es handelt sich um die Etablierung einer lothringischen Oberherrschaft über Hasor/'Azāz [152].

Ebensowenig überzeugt das von Raimund vorgebrachte Konversionsargument: Weder Albert noch der Lokalhistoriker Aleppos, Ibn al-'Adīm (588-660 a.h./ 1193-1262) wissen von Kreuzen oder Bekehrungsangeboten. Auch Raimund erwähnt nicht, daß die Provenzalen später auf die Taufe der von ihren Belagerern befreiten Garnison gepocht hätten. Mag man dem Grafen von Toulouse solch eine religiöse Forderung noch zutrauen, so gewiß doch nicht dem Normannen Bohemund, der ebenfalls lange mit dem Marsch nach Hasor/'Azāz gezögert hatte. Der wahre Grund dafür, daß Gottfried nach seiner Hilfsbitte von den anderen Fürsten zunächst hingehalten wurde, dürfte wohl darin gelegen haben, daß sie kein Bedürfnis verspürt haben mögen, den Herzog angesichts konkurrierender Eigeninteressen beim Aufbau einer Territiorialherrschaft relativ nahe bei Antiochia/Anṭākiya zu unterstützen. Dafür spricht einerseits, daß erst massivster Druck des Lothringers auf Bohemund und Raimund, das heißt Androhung von Feindschaft und Verweigerung jeder weiteren Hilfe, eine gemeinsame Operation zuwege brachte. Andererseits weist die Bemerkung Raimunds von Aguilers, der Graf von Toulouse habe zur selben

---

[152] Zu *amicita, foedus aequum*, Geiseln und Geschenken: G. Tellenbach, Vom Zusammenleben der abendländischen Völker im Mittelalter, in: Festschrift G. Ritter, Tübingen 1950, S. 1-60, hier S. 2, 7-8; M. Wielers, Zwischenstaatliche Beziehungsformen im frühen Mittelalter ..., Diss. phil. Münster 1959, S. 27, 81-98. Albert ebda., bezeichnet 'Umar auch nicht als Vasallen, sondern als *vir sibi* (sc. *duci*) *confoederatus*. Die Szene der Rekonfirmierung des Vertrages macht die Rangordnung klar: Anders als Gottfried schwört 'Umar und bekommt als Antwort Geschenke. Daß 'Umars Position trotzdem recht stark war, zeigt, daß er außer der üblichen Geiselstellung weder Tributzahlungen noch eine fränkische Garnison in Kauf nehmen mußte. Es handelt sich auch nicht, wie es bei Wilhelm v. Tyrus, VII, IV, S. 285, scheint, um ein Vasallitätsverhältnis abendländischen Musters (so falsch R. Grousset, Histoire des croisades et du royaume franc de Jérusalem, 3 Bde., Paris 1934-1936, Bd. 1, S. 119, und St. Runciman, A History of the Crusades, 3 Bde., Cambridge 1951-1954, Bd. 1, S. 257).
Nach Albert v. Aachen, V, XXIV, S. 447 und XXXII, S. 452 (vgl. b. al-'Adīm, Zubda, Bd. 2, S. 141) änderte auch der Tod der Geisel nichts an dem Treueverhältnis.

Zeit einen Streifzug auf eigene Rechnung in den Süden geplant, in dieselbe Richtung [153].

Die Fälle Samosata/Sumaisāṭ, Sororgia/Sarūǧ und Hasor/'Azāz unterstreichen, daß sowohl Gottfried als auch Balduin ihre Politik pragmatisch orientierten und zur Kooperation mit islamischen Fürsten bereit waren, wenn es ihnen profitabel erschien [154]. Da Bohemunds Aktionen während des ersten Kreuzzuges für die Kooperationsfrage fast gänzlich irrelevant sind, bleibt nun noch, die Vertrags- und Eroberungspolitik Raimunds von Toulouse zu untersuchen:

Bereits unmittelbar nach dem Sieg über Kırbōġā waren die Provenzalen bemüht gewesen, südöstlich von Antiochia/Anṭākiya im Grenzgebiet der Herrschaften Aleppo und Šaizar Fuß zu fassen. Mitte Juli 1098 hatte die christliche Bevölkerung von Talaminia/Tall Mannas einer Streifschar unter Raimund Pilet die Tore geöffnet, und schon am 25. desselben Monats kam es auf Initiative syrischer Christen in Kooperation mit den Franken zur Erstürmung einer benachbarten, von Muslimen besiedelten Festung. Den *Gesta Francorum* zufolge, die als einzige zeitgenössische Quelle darüber berichten, ereignete sich anläßlich dessen eine bislang einzigartige Szene: Pilet ließ alle Muslime, die zu konvertieren ablehnten, niedermachen. Zwar erlitten die Franken, als sie zwei Tage später gegen Marra/Ma'arrat an-Nu'mān vorgingen, durch eine türkische Abteilung aus Aleppo eine schmerzhafte Niederlage [155]. Dennoch nahm Raimund von Toulouse nach dem Entsatz von Hasor/'Azāz seine Strategie mit der Eroberung des ganz in der Nähe gelegenen Albara/al-Bāra wieder auf. Er ließ dort Peter von Narbonne als Bischof einsetzen und stattete diesen mit der Hälfte der Stadt und des Umlandes aus [156].

---

[153] Albert v. Aachen, V, XI, S. 439; Raim. Aguil., S. 88-89. Wahrscheinlich konstruiert Raim. Aguil. die Passage nur so, um seinen europäischen Lesern ein Hilfsunternehmen für islamische Türken plausibel zu machen. Nach b. al-'Adīm, Zubda, Bd. 2, S. 141, wurde 'Umar später von Riḍwān gezwungen, Hasor/'Azāz einzutauschen und darauf in Aleppo getötet. Leider ist diese Nachricht nicht datiert. Nach dem Fortgang des Kreuzzuges war die Allianz wohl obsolet.

[154] Wenn Albert v. Aachen, V, XX, S. 445, und meint, Balduin sei nach seinen ersten Erfahrungen mit türkischen Alliierten *auxilium et consilium* der Türken gründlich abgeneigt gewesen, so verhinderte das doch nicht zahlreiche Verträge mit Muslimen, die er später als König von Jerusalem schloß. Daß Fulcher Carnot. von allen diesen Begebenheiten nicht berichtet, wirft kein gutes Licht auf seine Glaubwürdigkeit.

[155] Gesta Francorum, XXX, 5-9, S. 386-389; b. al-'Adīm, Zubda, Bd. 2, S. 138. Vgl. A. Cutler, Conversion, S. 159.

[156] Raim. Aguil., S. 91-92 (detaillierter als Gesta Francorum, XXXI, 1, S. 392-393): wer sich vor der Einnahme der Stadt ergab, bekam freien Abzug, alle anderen aber wurden getötet oder in die Sklaverei verkauft. b. al-'Adīm, Zubda, Bd. 2, S. 141, und Fulcher Carnot., ed. Hagenmeyer, XXV, 2, S. 266, werfen diese Expedition mit dem Angriff auf Marra/Ma'arrat an-Nu'mān im November zusammen.

Nach Verstreichen des im Juli 1098 vereinbarten Novembertermins für den Marsch nach Jerusalem wurde der Druck der *peregrini* auf die Fürsten jedoch zusehends stärker. Wie bereits gezeigt worden ist, blieb Raimund, um seinen Einfluß nicht einzubüßen, nichts anderes übrig, als sich an die Spitze der Pilgerbewegung zu stellen. Damit war allerdings ein Interessenkonflikt vorgezeichnet, denn die Führerschaft über die *peregrini* bedeutete für Raimund nicht automatisch die Aufgabe seiner Territorialambitionen, in deren Dienst auch der Graf von Toulouse — allerdings nicht so extensiv wie die Lothringer — diplomatische Kontakte stellte [157]. Drei Etappen seines Vormarsches nach Süden verdeutlichen dies:

1. Am 27. November 1098 begann nach dem Abschluß des labilen Vergleichs zwischen Bohemund und Raimund zugunsten des Aufbruchs nach Jerusalem die Belagerung von Marra/Ma'arrat an-Nu'mān. An ihr beteiligt waren provenzalische und flämische Truppen, später auch die Armee Bohemunds. Die bekannten Umstände der Belagerung, die mit einem der schlimmsten Massaker der Kreuzzugszeit endete, brauchen hier nicht näher erläutert zu werden [158]. In allen Quellen wird erwähnt, daß Bohemund unter Bruch einer von ihm gewährten Sicherheitsgarantie *(amān)* zahlreiche in einem festen Haus versammelte Einwohner getötet, versklavt und ausgeplündert habe [159]. Nicht reflektiert wird in den anderen Quellen allerdings eine höchst aufschlußreiche Notiz des damaszenischen Zeitgenossen Ibn al-Qalānisī (465-555 a.h./1073-1160). Danach hätten die Christen vor der Eroberung des Ortes des öfteren durch Gesandte den Abschluß einer Vereinbarung angeboten, die für die Auslieferung von Marra/Ma'arrat an-Nu'mān Schonung von Leib und Gut und lediglich die Stationierung einer Garnison stipuliert hätte. Da aber die Belagerten uneinig gewesen seien, ob sie akzeptieren sollten — wahrscheinlich erwartete man erneut Entsatz durch Riḍwān von Aleppo —, sei es nicht zu

[157] Darstellungen des Verlaufs der Operationen bis zum Sommer 1099 bieten alle Kreuzzugsgeschichten. Vgl. bes. J. France, Crisis, S. 302-308, und H. Glaesener, D'Antioche à Tortose ..., in: Revue belge de Philologie et d'Histoire 22 (1943), S. 35-58.

[158] Westliche Quellen bei H. Hagenmeyer, Chronologie, Bd. 7, S. 331-336. E. Sivan, L'Islam, S. 24, gibt Auszüge über die Eroberung aus Klageversen lokaler Dichter wieder.

[159] Gesta Francorum, XXXIII, 7, S. 407-408; bes. auch bei b. al-'Adīm, Zubda, Bd. 2, S. 142-143: Marra/Ma'arrat an-Nu'mān hatte vergeblich in Aleppo und Ḥimṣ um Hilfe gebeten.

einem Vertragsschluß gekommen [160]. Leider steht die Nachricht dieses zuverlässigen Chronisten allein und findet keine weitere Bestätigung von fränkischer Seite. Aber vorausgesetzt, sie träfe zu, so ergäben sich daraus zwei Schlußfolgerungen: Erstens, daß Raimund für Marra/Ma'arrat an-Nu'mān einen Rechtsstatus nach dem Modell Sororgia/Sarūǧ, also ohne Ausrottung und Vertreibung der islamischen Bevölkerung, im Sinn hatte, und zweitens, daß er möglicherweise diplomatische Mittel anwandte, um noch vor der Ankunft Bohemunds in den alleinigen Besitz der Stadt zu kommen [161]. Auf sichererem Boden stehen wir bei den Ereignissen der folgenden Wochen:
2. Nachdem Raimund durch das erneute Zerwürfnis mit Bohemund und den Druck der *peregrini* daran gehindert worden war, sich in Marra/Ma'arrat an-Nu'mān festzusetzen, rückte er ab Mitte Januar 1099 nach einer Fourageaktion gegen aleppinische Gebiete weiter nach Süden vor. In Begleitung des Grafen der Normandie und des in Sold genommenen Tankred marschierten Raimund und die Kreuzfahrer unter seiner Führung über Capharda/Kafarṭāb, das genommen wurde, nach Šaizar und Maṣyāf. Ḥiṣn al-akrād, der spätere Crac des Chevaliers, wurde erstürmt, und einen Monat nach dem Aufbruch begann die langwierige Belagerung von Archis/'Arqa [162]. Während dieser Wochen kam es zu einer Reihe von Verträgen mit islamischen Herrschern: Bereits kurz nach dem Aufbruch, wahrscheinlich in Capharda/Kafarṭāb, schloßen die Kreuzfahrer Frieden (*pax*) mit Abū 'l-'Asākir Sulṭān von Šaizar. Außer zu einer Geldleistung verpflichtete sich der Emir von Šaizar dazu, die Franken innerhalb seiner Herrschaft nicht zu belästigen und ihnen Pferde und Lebensmittel zu verkaufen. Zwar verliefen die Beziehungen zu Šaizar nicht unproblematisch — der Emir ließ das Land von Menschen und Tieren evakuieren und drohte mit einem Marktverbot, wenn die Kreuzfahrer sich nicht weiter von der Vorstadt seiner Festung zurückzögen. Dennoch konnten die Franken, von zwei Führern aus Šaizar über den Orontes geleitet, unbehelligt weiterziehen. Dabei kam es zu zwei weiteren Nichtangriffspakten mit islamischen Kleinherrschern oder Gou-

[160] b. al-Qalānisī, S. 136: *taraddadat rusul al-Farang fī 'ltimās at-taqrīr wa-'t-taslīm wa-i'ṭā' al-amān 'alā nufūsihim wa-anwālihim wa-duḫūl aš-šiḥna ilaihim fa-mana'a min ḏālika 'l-ḫulf baina ahlihā.*

[161] Der Chronist erwähnt das Anerbieten erst für die Endphase der Belagerung, die Verbalform *taraddadat* („hin- und hergehen", „häufig kommen") spricht aber für häufigere Verhandlungen.

[162] H. Hagenmeyer, Chronologie, Bd. 7, S. 433-440.

verneuren, mit denen gegen Leistungen in Gestalt von Pferden, Gold und gegen den Eid, keine Pilger zu attackieren, Frieden geschlossen wurde [163].

3. Die folgenden zweieinhalb Monate bis zum Abmarsch von Tripolis Mitte Mai 1099 können mit Fug und Recht als die Glanzzeit diplomatischer Kontakte während des Ersten Kreuzzugs bezeichnet werden:
Bereits während der Erstürmung von Ḥiṣn al-akrād hatten sich Gesandte aus Ḥimṣ und Tripolis — offensichtlich zu Vertragssondierungen — im fränkischen Lager aufgehalten. Beeindruckt von der schnellen Eroberung, waren sie mit Erlaubnis Raimunds zu ihren Herren zurückgekehrt, um als Gegenleistung für zu erwartende Vertragsabschlüsse umfangreichere Geschenke heranzuführen. Mit Ǧanāḥ ad-Daula von Ḥimṣ, der bislang mit Kırbōġā, Duqāq und Riḍwān zu den entschiedensten Gegnern des Kreuzzuges gehört hatte, wurde man offenbar problemlos zu denselben Konditionen wie mit Šaizar einig [164]. Anders reagierte Raimund von Toulouse allerdings auf das Vertragsangebot des Kadis Ǧalāl al-Mulk von Tripolis, der sich bereit

[163] Gesta Francorum, XXXIV, 4-7, S. 415-419; Raim. Aguil., S. 102-106. Sämtliche Verträge kamen auf islamische Initiative zustande, beinhalteten Leistungen der schwächeren Seite und waren dem Wesen nach Nichtangriffs- und Neutralitätspakte. Über eine Befristung ist nichts bekannt. Wie sie islamrechtlich qualifiziert wurden, ist unbekannt. b. al-Aṯīr, Kāmil, Bd. 10, S. 278, zufolge (*ṣālaḥahum*) muß es sich um einen zeitlich befristeten Friedensvertrag (*ṣulḥ*) gehandelt haben. Es mag sein, daß im Fall der beiden kleinen Emire, einer davon der Herr von Maṣyāf, eine christliche Oberherrschaft errichtet wurde (Gesta: *castrum reddidit se comiti*), der Ereignisverlauf macht dies aber nicht für alle Verträge wahrscheinlich. Im jedem Fall handelt es sich wie bei Hasor/'Azāz um Verträge zwischen nominell ranggleichen Partnern. So versteht es auch der Zeitgenosse und Gestakopist Ordericus Vitalis, IX, XIV, S. 144 (zu Maṣyāf: *Castelle dominus ... pacem fecit quae utrique parti placuit*).

[164] b. al-Aṯīr, Kāmil, Bd. 10, S. 278, nennt Šaizar und Ḥimṣ in einem Atemzug. Raim. Aguil., S. 105-107, berichtet daneben, zahlreiche Orte der Umgegend hätten gegen Geschenke um Raimunds Fahnen und Siegel gebeten, um durch diese Hoheitszeichen, solange er selber abwesend wäre, vor anderen Kreuzfahrern geschützt zu sein. Hier handelt es sich um echte Auslieferungen. Anders bei Ḥimṣ: *Rex (sc. Camelae) mandavit comiti equos, aurum, et pactus est cum eo quod christianos nullomodo officeret, sed eos diligeret et honoraret* (Gesta Francorum, XXXIV, 10, S. 422-424).
Wenn Raim. Aguil., S. 103, recht hat, ist der Vertrag nur der Schlußpunkt einer bereits früher begonnenen Entwicklung. Danach hätten die Kreuzfahrer in Šaizar und Ḥimṣ über 1000 Pferde bester Qualität erstanden, es hätte also Handel mit kriegswichtigen Waren gegeben!

erklärte, *fideliter pactum* einzugehen und *amicitia* herzustellen [165]: Raimund von Aguilers zufolge habe der Graf von Toulouse auf die Initiative des Kadis hin eine provenzalische Gegengesandtschaft nach Tripolis geschickt. Sie soll von den Reichtümern der Stadt derart beeindruckt gewesen sein, daß sie ihren Grafen erfolgreich dazu gedrängt habe, durch die Belagerung von Archis/ʻArqa einen höheren Tribut zu erpressen. Der anonyme Verfasser der *Gesta* berichtet dagegen sogar, Raimund habe die Konversion des Ǧalāl al-Mulk zur Voraussetzung für eine vertragliche Einigung gemacht [166]! In Anbetracht der hohen Authentizität der *Gesta* ist diese Notiz durchaus glaubwürdig, obwohl sie bei Raimund von Aguilers nicht erscheint und die Argumentation nach den vorausgegangenen Vertragsabschlüssen erstaunen muß. Eventuell wollte der provenzalische Chronist Raimund, der als Hofkaplan der engsten Umgebung des Grafen zuzurechnen ist, mit seinem Schweigen seinen Herrn vor dem Vorwurf schützen, nachher die Konversionsforderung fallen gelassen und ohne den zuerst ausbedungenen Religionswechsel in einen Vertrag eingewilligt zu haben. Eine andere Erklärungsmöglichkeit ist noch weit plausibler: Geben die *Gesta* vielleicht die im Kreuzheer kursierende, möglicherweise von der Führung ausgestreute Fama über die Ursache der Vertragsverweigerung wieder? Wenn man die auf kein strategisches und politisches Kalkül Rücksicht nehmende irrationale Jerusalem-Sehnsucht der *peregrini*, wie sie Raimund schon in Antiochia/Anṭākiya, Marra/Maʻarrat an-Nuʻmān und später wieder nach der Belagerung von Archis/ʻArqa zu schaffen machte, in Rechnung stellt, so ist folgendes vorstellbar: Man versuchte in der Umgebung des Grafen für die durch die Belagerung von Archis/ʻArqa bedingte Verzögerung des Weitermarsches nach Jerusalem eine religiöse Legitimation zu finden.

---

165 Gesta Francorum, ebda.; Raim. Aguil., S. 107: die Gesandtschaft überbrachte wohl provenzalische Hoheitszeichen, um die Ǧalāl al-Mulk gebeten hatte.

166 Die Gesta Francorum, XXXVI, 1, S. 438, sind auch der einzige Augenzeugenbericht, der beim Vertragsabschluß mit Tripolis auf die Konversionsklausel zurückkommt: Der Herr von Tripolis habe versprochen, im Fall eines christlichen Sieges über die Ägypter und der Eroberung von Jerusalem zu konvertieren und seine Herrschaft unter christliche Suzeränität zu stellen (*terram ... ab eis recognosceret*). Der Kaplan Raimund von Aguilers aus der Umgebung des Grafen von Toulouse hat als Quelle in Fragen der Diplomatie Vorrang vor dem anonymen Verfasser der *Gesta*, einem kleinen Ritter, der um des Zuges zu den Heiligen Stätten willen in Antochia/Anṭākiya von Bohemund zu Raimund übergegangen war. Beide Autoren waren Augenzeugen.

Welche der beiden Quellen letzten Endes auch Recht haben sollte — die eigentlichen Motive Raimunds von Toulouse zur Ablehnung des Vertragsangebotes von Tripolis lagen tiefer begründet als in religiösen Skrupeln: Raimund wollte seine Besitzungen südlich von Antiochia/Anṭākiya arrondieren. Die weitere Entwicklung macht diese Konzeption deutlich. Während nämlich die Belagerung von Archis/'Arqa wochenlang keine Fortschritte machte, entfalteten die aus Zypern gut versorgten Provenzalen bei der Eroberung neuer Territorien rege Aktivität. Dazu gehören die Besetzung von Tortosa/Anṭarṭūs, die Unterstellung des Herren von Maraclea/Maraqīya unter fränkische Oberhoheit und das Lancieren provenzalischer Razzien gegen die Herrschaft der tripolitanischen Kadi-Familie 'Ammār ungeachtet verlockender Friedensangebote aus Tripolis [167].

Das Desinteresse Raimunds an einem Vertrag und sein Optieren für weitere, zeitaufwendige Kriegshandlungen war auch nicht etwa dadurch motiviert, daß er sich im Gegensatz zu der Majorität der Kreuzfahrer im Sinne der vor Archis/'Arqa erscheinenden byzantinischen Gesandten dafür aussprach, die Ankunft einer Armee unter Kaiser Alexios abzuwarten [168]. Dies zeigt nicht allein der vergebliche Versuch des Grafen, sogar noch nach der Aufhebung der Belagerung von Archis/'Arqa die anderen Fürsten zum Sturm auf Tripolis zu bewegen. Immerhin waren die Fürsten ja von Archis/'Arqa fortgezogen, um einen Vertrag zu den von Ǧalāl al-Mulk von Tripolis vorgelegten Konditionen abzuschließen. Er sollte ihnen den Marsch nach Jerusalem ermöglichen [169]. Geradezu verräterisch ist die Vision des Priesters Petrus Desiderius, von der Raimund von Aguilers berichtet: Der heilige Andreas habe Raimund ge-

---

167 So auch die Interpretation von Robert. Monach., VIII, XI, S. 853. Vgl. Gesta Francorum, XXXIV, 13-14, S. 426-428, und Raim. Aguil., S. 111-112, mit drastischen Worten zur Eroberungspolitik vieler Franken minderen Ranges. Ihm zufolge bot Tripolis für Frieden und Abzug von Archis/'Arqa 15000 Dīnāre, Pferde, Maultiere, Textilien, die Freilassung von Gefangenen und für die Zukunft noch höhere Jahrestribute. Um den 18. April 1099 forderten die Fürsten diesen Tribut ein, Ǧalāl al-Mulk lehnte aber in Überschätzung der Zwistigkeiten im christlichen Heer ab und wurde von den Franken mit einem Streifzug bestraft. Vgl. H. Hagenmeyer, Chronologie, Bd. 7, S. 450.

168 Siehe oben. S. 26; vgl. R.-J. Lilie, Byzanz, S. 13 et passim.

169 Substantiell ähnelte der Vertrag mit Tripolis dem mit Šaizar, nur waren nach den langen Kämpfen die Klauseln härter. Für den Frieden ließ Tripolis mehr als 300 Gefangene frei, zahlte 15000 Dīnāre, 15 wertvolle Pferde und erlaubte den Verkauf von Eseln und Gütern. Albert v. Aachen, V, XXXVII-XXXVIII, S. 456-457, definiert den Vertrag wieder als *foedus* und *amicitia*. Tripolis habe auch Führer gestellt. Anscheinend mußte Tripolis auch Geiseln stellen. Bei der späteren Belagerung von Jerusalem befand sich jedenfalls eine tripolitanische Geisel im Kreuzfahrerheer, vgl. J. France, An Unknown Account of the Capture of Jerusalem, in: EHR 87 (1972), S. 771-783, hier S. 779.

mahnt, er solle sich um Archis/'Arqa und andere Orte keine Gedanken machen. Gott würde ihm Jerusalem, Alexandria, Kairo und anderes mehr zufallen lassen, wenn er nur treu zu den Heiligen Stätten zöge [170]. Der Wortlaut dieser für den Grafen trotz allem wenig tröstlichen himmlischen Botschaft unterstreicht am klarsten, wie sehr Raimund von Toulouse auf die Etablierung einer Herrschaft an der Küste Südsyriens fixiert war, und erklärt seine Vertragsmoral gegenüber Tripolis.

* * * * *

Nach der vorangegangenen Analyse fränkischer Vertrags- und Bündnispolitik auf regionaler Basis bleibt zu fragen übrig, ob die Kreuzfahrer auch eine überregional, gegenüber Staaten und Herrschaften, denen nicht das unmittelbare Eroberungsinteresse der Franken galt, wirkende Diplomatie in den Dienst ihrer Ziele stellten. In Betracht kommen dafür alle der Route des Kreuzzuges benachbarten Staatswesen: die armenischen Fürstentümer, Ägypten, Aleppo und Damaskus.

Bereits während der „byzantinischen" Phase des Kreuzzugs, also noch vor der Einnahme von Nicaea/Nikaia, hatten die Kreuzfahrer erste Fühlung zu den armenischen Fürsten Kilikiens und Nordmesopotamiens (al-Ǧazīra) aufgenommen. Dies hatte zur Konsequenz, daß die Operationen der verschiedenen Teilheere und besonders das Vorgehen Balduins ein halbes Jahr darauf in engstem Zusammenwirken mit den armenischen Fürsten durchgeführt wurden [171]. Von Nicaea/Nikaia aus soll, der *Historia belli sacri* (um 1140) zufolge, auf Anraten des byzantinischen Basileus aber auch eine Gesandtschaft nach Ägypten geschickt worden sein. Es handelte sich um drei fränkische Gesandte — Ugo de Bellafayre, Bertrannus de Scabrica und Petrus de Picca. Ihr Auftrag habe darin bestanden, dem fāṭimidischen Wesir al-Afḍal Briefe zu überbringen, die die Absicht der Kreuzfahrer, den Pilgerweg nach Jerusalem aus den Händen der Muslime zu befreien, kundtaten. Al-Afḍal wurde vor die Wahl gestellt, zu konvertieren und den Christen *frater adque amicus* oder, falls er die Freundschaft der Heiden vorzöge, ihnen zum Gegner zu werden [172]. Die Passage der *Historia* steht leider allein. Allen Quellen ist

---

170 Raim. Aguil., S. 131. Das frühe Abfassungsdatum der Quelle macht es unmöglich, daß die Verheißung der späteren Eroberungen ein Reflex ex eventu auf die Aktivitäten des Grafen nach 1100 ist.

171 Matthäus v. Edessa, S. 216; Comte Riant, Inventaire, S. 147.

172 Hist. bell. sacri, XXII, S. 181; vgl. oben S. 40. Die Botschafter sind sonst unbekannt. Eine solche Gesandschaft scheint auch Albert v. Aachen, III, LIX, S. 379-380, anzudeuten. Zur Frage des Verhältnisses zwischen Ägypten und den Kreuzfahren vgl. ein-

aber bekannt, daß das Kreuzheer vor Antiochia/Anṭākiya von einer ägyptischen Gesandtschaft aufgesucht wurde, deren Ansinnen gewesen sei, die Christen bei ihrem Kampf gegen die Türken zu ermutigen und für einen Nichtangriffspakt ägyptische Hilfe beim Erwerb Jerusalems in Aussicht zu stellen [173]. Wenn auch die anderen Quellen nichts von einer von Nicaea/Nikaia aus abgegangenen Gesandtschaft wissen, so wird der Bericht der *Historia* doch indirekt dadurch bestätigt, daß die fāṭimidische Gegengesandtschaft offensichtlich versuchte, die religiöse Kluft zwischen beiden Partnern zu kaschieren. Die Ägypter rühmten Christus für den Sieg über die türkische Entsatzarmee unter Riḍwān und Sukmān b. Artuq, dessen Zeuge sie geworden waren [174], und betonten die Freundlichkeiten des fāṭimidischen Regimes gegenüber einheimischen Christen und fränkischen Pilgern [175]. Nach Abschluß der Beratungen zogen die Botschafter am 5. März 1098 in Begleitung einer höherrangigen fränkischen Gesandtschaft nach Laodicaea/al-Lāḏiqīya und schifften sich nach Ägypten ein [176]. Das Ziel der fränkischen Delegation, deren Sicherheit die Ägypter eidlich garantiert hatten, war offensichtlich, in Kairo zu einem offiziellen Vertragsabschluß zu kommen [177].

---

führend M. A. Köhler, Al-Afḍal und Jerusalem — was versprach sich Ägypten vom ersten Kreuzzug?, in: Saeculum 37 (1986), S. 228-239.

[173] Comte Riant, Inventaire, S. 162-164, hält die Hist.bell.sacri für sehr glaubwürdig. Vgl. H. Hagenmeyer, Chronologie, Bd. 6, S. 542-543. Vgl. bes. Stephan v. Blois im zweiten Brief an seine Frau (H. Hagenmeyer, Epistulae, S. 151): *imperator de Babylonia* ... (sc. *per suos nuntios*) *firmavit pactum et dilectionem nobiscum*. Und Anselm im zweiten Brief an Ebf. Manasses (ebda., S. 160: *rex Babiloniae ... dixit se oboedire nostrae voluntati*). Beide Briefe sind spätestens ein Vierteljahr nach den Unterhandlungen geschrieben worden.

[174] Zum Überblick vgl. R. Röhricht, Geschichte, S. 118-122. Vgl. bes. b. al-ʿAdīm, Zubda, Bd. 2, S. 132.

[175] So Raim. Aguil., S. 58. Der Durchhalteappell, den die Gesandten an die Kreuzfahrer gerichtet haben sollen, ist am deutlichsten bei Albert v. Aachen, III, LIX, S. 379-380. Danach erklärte sich al-Afḍal bereit zur Auslieferung von Jerusalem, zum Abschluß von *foedus et amicitia* und zu einem Religionsgespräch, von dessen Ergebnis allerdings die Gültigkeit des Bündnisses unabhängig bleiben sollte.

[176] Gesta Francorum, XVII, 4-7, S. 270-274, ähnlich XVIII, 10, S. 287. Zur Zusammensetzung der islamischen Gesandtschaft, mit der nach Hist.bell.sacri, XLVI, S. 189-190, auch die fränkischen Nicaea-Diplomaten zurückgekehrt seien, vgl. neben Raim. Aguil. auch Albert v. Aachen, III, LIX, S. 379-380.
Caffaro, Liberatio, IX, S. 56-57, nennt als christlichen Botschafter nach Ägypten einen Kämmerer Johannes. Bei Ekkedard v. Aura, XVI, 2 S. 169-171, heißt es zur fränkischen Gegengesandtschaft: *non pauci lectissimorum militum Babyloniam diriguntur*

[177] Raim. Aguil., S. 58: *remissi sunt cum illis legati nostri qui fędus amiciciamique cum rege inirent*. Zur Leistung von Sicherheitseiden für die Gesandten vgl. Ekkehard v. Aura, XVI, 2, S. 169-171.

Nach der Abreise der Botschafter verging über ein Jahr. Erst als sie im Frühjahr 1099 in Begleitung ägyptischer Gesandter zu den mittlerweile vor Archis/ʿArqa stehenden Kreuzfahrern zurückkehrten, kam neue Bewegung in die Unterhandlungen. Sie berichteten, al-Afḍal habe ihnen eine frühere Heimkehr verwehrt. Jetzt, nach dem Sieg der Kreuzfahrer über die türkische Entsatzarmee vor Antiochia/Anṭākiya, der Eroberung Jerusalems durch den Fāṭimidenwesir im Spätsommer 1098 und dem fränkischen Vormarsch, hatte sich die Atmosphäre zwischen beiden Seiten allerdings entschieden verschärft: Ägypten zeigte sich zwar im Ton freundlich und ließ den Fürsten äußerst wertvolle Präsente überreichen, blieb aber in der Sache hart. Von einer Auslieferung Jerusalems war keine Rede mehr. Al-Afḍal wollte lediglich unbewaffneten Gruppen von 200 bis 300 Franken den Zutritt zu den Heiligen Stätten gestatten. Im Gegenzug drohten die empörten Kreuzfahrer mit dem Marsch gegen Ägypten, falls Jerusalem nicht abgetreten würde[178]. Diese vorerst letzte Verhandlungsrunde zwischen Franken und Fāṭimiden führte zu keinem Ergebnis mehr: Im Juli und August 1099 eroberten die Kreuzfahrer Jerusalem und errangen ihren Sieg bei al-Biṣṣa in der Nähe von Ascalon/ʿAsqalān über al-Afḍal. Soweit der reine Faktenablauf.

Der Gesandtenaustausch mit Ägypten ist in der Sekundärliteratur in der Regel wenig eingehend und ohne Rücksicht auf die islamischen Quellen behandelt worden, wohl weil er letzten Endes zu nichts führte und nicht in das Konzept des Kreuzzugs als gegen den Islam gerichteten Krieg zur Eroberung Palästinas paßte[179]. Dabei wäre eine quellenkritische

---

[178] Raim. Aguil., S. 110. Zum Datum: H. Hagenmeyer, Chronologie, Bd. 7, S. 452-453, der nicht unanfechtbar den Maianfang angibt. Eine authentisch erscheinende Auflistung der Präsente findet sich (offenbar nach Augenzeugenberichten) in der Hist.bell.sacri, XCIX, S. 212. Wieder gehörten Textilien (*pallia*), vergleichbar den islamischen Ehrenkleidern (*ḫilaʿ*), und Teppiche sowie ein Pferd dazu. Besonders reich wurde der allerdings abwesende Bohemund bedacht.

[179] H.v. Sybel, Geschichte, S. 352, 403-404, und R. Röhricht, Geschichte, S. 122-123, 177-179, schreiben lediglich die Quellen aus. Sehr knapp ist St. Runciman, History, Bd. 1, S. 229, 273; ders., The First Crusade: From Antioch to Ascalon, in: K.M. Setton (Hrsg.), A History of the Crusades, Bd. 1, hrsg. v. M.W. Baldwin, Philadelphia 1955, S. 308-341, hier S. 315-316, 329. H.A.R. Gibb, The Caliphate and the Arab States, in: ebda., S. 81-98, hier S. 95, lehnt die Idee einer Entente überhaupt ab. Ausführlich, aber genau ist: R. Grousset, Histoire, Bd. 1, S. 82-85, 143-149. Gut, aber kurz behandelt F. Chalandon, Les Comnène, Etudes sur l'empire Byzantin aux XIe et XIIe siècles, 2 Bde., Paris 1900-1912, hier Bd. 1, Essai sur le règne d'Alexis Ier Comnène (1081-1118), S. 206-207. W.J. Hamblin, The Fāṭimid Army during the Early Crusades, Masch. schriftl. Ph.D. thesis University of Michigan 1985, bes. S. 214-220, hat als einziger die islamischen Quellen konsequent ausgewertet und auch auf einige lateinische Berichte zurück-

Analyse von besonderem Wert, da sich an dieser Stelle schon während des ersten Kreuzzugs Möglichkeiten und Grenzen fränkischer Kooperationspolitik in Palästina manifestierten.

Der traditionellen Interpretation zufolge habe al-Afḍal das Kreuzheer fälschlich als in byzantinischem Auftrag operierend angesehen und eine Entente vorgeschlagen, deren Ziel die Beendigung der seldschukischen Herrschaft in Syrien und die Rekonstituierung der alten Teilung Syriens in eine nördliche byzantinische und eine südliche fāṭimidische Hegemonialsphäre gewesen wäre. Diese Konzeption einer Wiedererrichtung des Status quo ante 1070 sei jedoch an der Absicht der Kreuzfahrer gescheitert, Jerusalem, also auch Südsyrien, in Besitz zu nehmen[180]. Diese im Ansatz sicher nicht ganz fehlgehende Interpretation beantwortet allerdings eine Reihe von Fragen nur unbefriedigend:

— Wieso kam es im März 1098 trotz so konkurrierender Interessenlagen überhaupt zu einer fränkisch-fāṭimidischen Vereinbarung?
— Warum hielten sich fränkische Delegierte über ein Jahr lang bei den Fāṭimiden auf?
— Warum schließlich eroberte al-Afḍal Jerusalem im Spätsommer 1098, verteidigte Palästina und Jerusalem aber anschließend so wenig effektiv gegen den weiteren Vormarsch der Kreuzfahrer?

Interpretiert man neben den bekannten fränkischen Quellen auch die arabische Chronistik, so erscheint es möglich, diese Fragen zu beantworten. Die Hauptquelle für den Inhalt der fränkisch-fāṭimidischen Verhandlungen ist der Bericht des provenzalischen Priesters Raimund von Aguilers. In der Passage über die Rückkehr der fränkischen Gesandten zum Kreuzheer bei Archis/ʻArqa beschreibt der Chronist die Kernpunkte der Verhandlungen mit Ägypten folgendermaßen:

> „Er (der Herr Ägyptens, d.h. wahrscheinlich der Wesir) hatte nämlich gezweifelt, ob er mit uns oder den Türken Freundschaft (*amicitiam*) schließen sollte. Wir wollten nämlich über folgendes mit ihm übereinkommen: Wenn er uns bei Jerusalem Hilfe leistete oder uns Jerusalem mit den dazu gehörigen Gebieten (*pertinenciis*) auslieferte, würden wir ihm alle seine Städte, die ihm die Türken entrissen hatten, restituieren, wenn wir sie eroberten. Die anderen Städte der

---

gegriffen. Zur Frage, warum al-Afḍal Jerusalem eroberte, äußert sich Hamblin aber nicht. Er verfolgt die fränkisch-fāṭimidischen Kontakte weder durchgängig von Anfang an, noch stellt er die Angaben lateinischer und islamischer Quellen konsequent gegenüber. Insbesondere wird die Politik des ägyptischen Wesirs nicht historisch eingeordnet.

[180] Vgl. St. Runciman und R. Grousset, (wie Anm. 179).

Türken aber, die nicht seinem Reich zugehörten, würden wir, wenn wir sie mit seiner Hilfe eroberten, unter uns aufteilen (*inter nos partiremur*). Die Türken aber, wie uns berichtet worden ist, wollten ...ihm dieses leisten: Wenn er mit ihnen gegen uns in den Kampf zöge, würden sie ʿAlī verehren, der aus dem Geschlecht des Muḥammad stammt, ihm einen gewissen Tribut einräumen und ihm viele andere Dinge mehr zugestehen, was uns nicht genügend bekannt ist". [181]

Mit anderen Worten: Franken und Fāṭimiden verhandelten über gemeinsame militärische Operationen gegen die seit etwa drei Jahrzehnten nach Syrien eingedrungenen Türken. Die — oder einzelne — türkischen Stadtherren Syriens waren im Gegenzug für eine Allianz mit Ägypten bereit, sich der in der fāṭimidischen *ḫuṭba*, der Nennung des Fāṭimidenkalifen in der islamischen Freitagspredigt, artikulierten ägyptischen Oberherrschaft zu unterwerfen. Letzteres erscheint durchaus als glaubwürdig. Erst ein Jahr zuvor hatte nämlich Riḍwān b. Tutuš von Aleppo, obwohl selber ein Sunnit, die fāṭimidische *ḫuṭba* in Nord- und Zentralsyrien einzuführen versucht, um sich ägyptischer Hilfe gegen seinen Bruder Duqāq, den seldschukischen Herrscher über Damaskus, zu versichern. Die genaue Schilderung der verschiedenen Verhandlungspositionen beweist die hohe Vertrauenswürdigkeit der Angaben von Raimund von Aguilers, der die fränkischen Gesandten selber gesprochen haben mag. Leider läßt sich das fränkische Angebot nicht genauer datieren. Anscheinend reagierte al-Afḍal auf die von dem lateinischen Chronisten geschilderten seldschukischen Allianzofferten nicht. Dies bekräftigt die Ernsthaftigkeit der ägyptischen Verhandlungen mit den Franken, die dem Wesir offensichtlich profitabler erschienen als ein Zusammengehen mit den Türken.

Den Ausschlag g e g e n die fränkische Offerte sollen nach Raimund dann Briefe des byzantinischen Basileus an den ägyptischen Hof gegeben haben. Sie hätten von der Schwäche des Kreuzheeres und dem Haß des Alexios Komnenos auf die Franken berichtet. Diese Briefe habe man bei der Plünderung des ägyptischen Feldlagers nach der Schlacht

---

[181] Raim. Aguil., S.109-110. Die Version der Hist.bell.sacri, XCIX, S. 212, bestätigt Raimund indirekt: Der Herr von Ägypten habe aus Angst, die Franken könnten auch ihn angreifen, eilends und betrügerisch versprochen, Bundesgenosse und Bruder der Franken (*socius immo frater*) zu werden und sie in allem zu unterstützen. Die Ländereien in seinem Besitz wolle er entweder mit ihnen gemeinsam besitzen oder sie zukünftig als von den Franken gehaltene Lehen betrachten. Während von Ägypten diese Gesandtschaft nur dazu benutzt worden sei, das Kreuzheer anzuspionieren, hätten die Kreuzfahrerfürsten allen Vorschlägen nichtsahnend zugestimmt.

von al-Biṣṣa bei Ascalon/ʻAsqalān am 12. August 1099 erbeutet [182]. An der Kernaussage Raimunds ist nicht zu zweifeln, zumal er nicht allein Augenzeuge, sondern Kaplan des Grafen von Toulouse und wahrscheinlich auch mit Kanzleiangelegenheiten befaßt war [183]. Sie wirkt auch inhaltlich plausibel:

Es ist verschiedentlich festgestellt worden, daß die Ägypter, obwohl ihnen die ethnische Differenzierung zwischen Franken und Griechen bewußt war, den Kreuzzug als byzantinisches Unternehmen alten Stiles auffaßten [184]. Nicht allein der Verlauf der Kampfhandlungen bis zum Sommer 1098 mußte al-Afḍal zu diesem Schluß führen: Vor Antiochia/Anṭākiya fanden seine Gesandten im Kreuzheer auch byzantinische Truppen vor. Die Franken wurden aus dem byzantinischen Zypern durch großenteils byzantinische Schiffe versorgt. Der Basileus selber führte Operationen in Kleinasien durch und befand sich im Juli 1098 auf dem Marsch nach Antiochia/Anṭākiya. Da die fränkische Gesandtschaft von Nicaea/Nikaia aus auf Anraten des Alexios und auf dem Seeweg nach Ägypten gereist war, wozu man allein schon ein griechisches Schiff be-

---

182 Raim. Aguil., ebda..

183 Zumindest verfaßte er wohl den Fürstenbrief von 1099 (bei H. Hagenmeyer, Epistulae, S. 167-174). Vgl. H. Hagenmeyer, Der Brief der Kreuzfahrer an den Papst im Jahre 1099 nach der Schlacht bei Askalon, in: FzDG 13 (1873), S. 400-412, und B. Kugler, Über den Brief der Kreuzfahrer von 1099, in: FzDG 15 (1875), S. 157-158. Daher ist Raim. Aguil. der Hist.bell.sacri, die über 30 Jahre später entstand, vorzuziehen. Ihre Abweichungen von Raim. Aguil. erklären sich im wesentlichen daraus, daß sie ex eventu interpretiert. Die angegebenen fāṭimidischen Motive sind glaubwürdig dargestellt, der Lehnrechtsgedanke (oben Anm. 181) paßt natürlich nicht in einen ägyptischen Vorschlag. Daß dieser betrügerisch (*dolose*) war, überzeugt nicht. Um die Christen abzuwehren, wäre eine Allianz mit den Seldschuken, wie sie laut Raim. Aguil., S. 109-110, auch möglich gewesen wäre, effektiver gewesen, als sie erst nach Süden dringen zu lassen. Der Spionagevorwurf gehört zu den Topoi mittelalterlicher westlicher, aber auch islamischer Chronistik, vgl. M. Khadduri, War, S. 239 ff.. Natürlich waren die Gesandten an einem Eindruck über das Kreuzheer interessiert, und auch die Franken waren bemüht, sie von ihrer Kampfkraft zu beeindrucken. Vgl. Gesta Francorum (wie Anm. 176): Zweimal hatten die Franken der Legation ganze Maultierfrachten von Köpfen erschlagener Feinde präsentiert.

184 H.A.R. Gibb, Notes on the Arabic Materials for the History of the Early Crusades, in: BSOAS 7 (1933-1935), S. 739-754, hier S. 740-741; E. Sivan, L'Islam, S. 25-26; F. Gabrieli, Introduction aux historiens arabes des croisades, in: Cahiers de la civilisation médiévale 13 (1970), S. 224-225. Das „Frankentum" der Kreuzfahrer war im Orient bereits um 1100 bekannt: S.D. Goitein, Contemporary Letters on the Capture of Jerusalem by the Crusaders, in: JJS 3 (1952), S. 162-177.

nötigte, ist es gut möglich, daß sich die Emissäre der Kreuzfahrer nur einer byzantinischen Gesandtschaft anschlossen. Jedenfalls müssen sie von griechischen Seeleuten und Dolmetschern begleitet gewesen sein und deshalb wie eine byzantinische Gesandtschaft gewirkt haben. Wahrscheinlich hatte Alexios die Fāṭimiden sogar vorher über seine Unternehmungen gegen die gemeinsamen türkischen Feinde informiert [185].

Al-Afḍal betrachtete also wahrscheinlich die Franken als in byzantinischem Dienst stehend und folglich als seriöse Vertragspartner. Daher schickte er eine Gegengesandtschaft zu Sondierungen in das fränkische Lager vor Antiochia/Anṭākiya. Dort wurde offensichtlich eine Art Vorvertrag ausgehandelt, der den Kreuzfahrern Hilfe versprach und in der Jerusalem-Frage Entgegenkommen zu erkennen gab [186]. Daß al-Afḍal, um aus der neuen Situation den größtmöglichen Gewinn zu schlagen, auch in Verbindung zu islamischen Nachbarstaaten stand, wie der provenzalische Chronist zu berichten weiß, ist nur natürlich. Interessant ist aber in erster Linie, daß sich Kreuzfahrer wie Ägypter offenbar auf ernsthafte Verhandlungen einließen [187]. In das Schema christlich-islamischer Konfrontation auf dem ersten Kreuzzug läßt sich diese Bündnispolitik nicht mehr pressen.

---

185 Vgl. oben Anm. 172-173.

186 Zu diesen Präliminarien vgl. oben Anm. 173. Stephan v. Blois hat als Zeuge allerersten Rang.
Die Hilfe sollte hauptsächlich logistischer Art sein: Caffaro, Liberatio, IX, S. 56-57. Franken als byzantinische Söldner waren bekannt, vgl. oben Anm. 73. Alexios hatte al-Afḍal sicher von seinem Rechtsverhältnis zu den Kreuzfahrer-Fürsten unterrichtet (siehe oben S. 40 mit Anm. 130).

187 Die genaue Schilderung auch des türkischen Angebotes an Ägypten beweist die hohe Authentizität und das gute Informationsniveau der Angaben bei Raim. Aguil., S. 109-110. Raimund hat vermutlich wohl die christlichen Gesandten selber gesprochen. Seiner Darstellung entsprechend sollen die Türken für Hilfeleistung, in islamische Termini übersetzt, den Fāṭimiden *ḫuṭba* und *sikka* versprochen haben, also Nennung des Fāṭimidenkalifen in der Freitagspredigt und auf den Münzen. Beides sind — neben Tributzahlungen — Signa der Unterstellung unter fremde Suzeränität im Islam. Leider läßt sich dieses Angebot nicht genauer datieren und analysieren. Es entspricht bemerkenswerterweise genau in der anfangs dergestellten Tradition der Anlehnung nordsyrischer Herrscher an Ägypten (seit 1083/1084), die sich ebenfalls im *ḫuṭba*-Wechsel ausdrückte. Zuletzt hatte Riḍwān von Aleppo 1097 Ägypten ein solches Angebot gemacht (vgl. oben Anm. 46). Vielleicht hat er 1098 seine Offerte wiederholt, vielleicht stammt sie auch aus Damaskus. Beide Herrschaften standen nach der Niederlage des Kırbōġā vor Antiochia/Anṭākiya im Juli 1098 isoliert da und mußten dringend an ägyptischer Unterstützung interessiert sein. Daß al-Afḍal darauf anscheinend nicht reagierte, bekräftigt die Ernsthaftigkeit seiner Verhandlungen mit den Franken, die mehr einzubringen schienen.

Welchen Verlauf nahmen die fränkisch-fāṭimidischen Kontakte in den Monaten danach? Gemeinsam reisten ägyptische und fränkische Botschafter am 5. März 1098 nach Ägypten ab, wo sie wenige Wochen später eingetroffen sein müssen. Die weitere Entwicklung ist höchst aufschlußreich: Im Monat Šaʿbān 491 a.h. (4.7.-1.8. 1098), also ganz sicher nach dem Eintreffen der christlichen Botschafter, verließ al-Afḍal mit einem starken Heer Kairo, belagerte Jerusalem, gewährte nach etwa vierzig Tagen den Stadtherren Sukmān und Īlġāzī großzügigste Kapitulationsbedingungen und kehrte nach einem kurzen Aufenthalt in Ascalon/ʿAsqalān wieder heim[188]. Diese Expedition ist mit der Feststellung, Ägypten habe aus der durch den Frankeneinfall verursachten Schwäche der Türken zu profitieren versucht, zwar zutreffend, aber unzureichend erklärt[189]. Merkwürdigerweise fällt sie nämlich völlig aus dem bisherigen Rahmen fāṭimidischer Syrienpolitik. Diese hatte, wie bereits dargestellt, in den letzten eineinhalb Dekaden drei Stoßrichtungen gekannt:

— die direkte Beherrschung der Küstenzone,
— das Werben um Anerkennung des ismāʿīlitischen Kalifats in Nord- und Zentralsyrien, und
— die Expansion in das Innere Südsyriens, nie aber mit dem Ziel Jerusalem, sondern D a m a s k u s[190].

Für eine Streitmacht wie die des al-Afḍal mußte eigentlich auch 1098 ein Angriff auf Damaskus durchaus erfolgsverheißend scheinen. Duqāq von Damaskus war nach zwei schweren Schlachten gegen die Kreuzfahrer — Silvester 1097 zusammen mit Ǧanāḥ ad-Daula bei Albara/al-Bāra und am 28.6.1098 mit Kırbōġā vor Antiochia/Anṭākiya — für die Ägypter mit Sicherheit kein stärkerer Gegner, als es die Artuqidenemire von Jerusalem sein konnten. Obwohl Damaskus überdies für die Fāṭimiden von ganz anderem Reiz als das wirtschaftlich und politisch unbedeutende Jerusalem gewesen sein muß, gab al-Afḍal 1098 anders als in den Vorjahren der schwierigen Belagerung des in ariden Bergzonen ge-

---

[188] b. Muyassar, S. 65-66. Ein genaues Eroberungsdatum nennen nur b. Ẓāfir, S. 82, und b. Ḫallikān, Wafayāt, Bd. 1, S. 162: Freitag, den 27.8.. Vgl. b. al-Qalānisī, S. 135, und b. al-Aṯīr, Kāmil, Bd. 10, S. 283 (Monat Šaʿbān) sowie b. Ḫallikān, ebda., S. 171: Šawwāl (i.e. September 1098). Sehr gut unterrichtet sind Raim. Aguil., S. 110, und Albert v. Aachen, VI, XXXII, S. 485, der nur falsch datiert.

[189] So Albert v.Aachen, VI, XXXI, S. 484, und b. al-Aṯīr, Kāmil, Bd. 10, S. 283. Für die Sekundarliteratur vgl. exemplarisch St. Runciman, History, Bd. 1, S. 265.

[190] Vgl. oben S. 11 und 15-17 mit Anmerkungen.

legenen Jerusalem die Priorität vor einem Angriff auf Damaskus [191]. Selbst wenn al-Afḍal an der Eroberung des palästinensischen Berglandes zur Sicherung der in ägyptischem Besitz befindlichen Küste interessiert gewesen sein sollte, wäre eine Aktion gegen das geschwächte Damaskus sinnvoller gewesen. Denn nach seiner Eroberung wäre Jerusalem völlig isoliert gewesen und hätte sich nicht länger halten können [192]. Was, ist die Frage, machte die Eroberung von Jerusalem für al-Afḍal reizvoll, wenn ihm doch klar sein mußte, daß er dadurch in eine Auseinandersetzung mit den Kreuzfahrern gezogen werden würde? Denn daß Jerusalem das Ziel der Franken war, wußte der Wesir spätestens seit seinen Unterredungen mit den von Nicaea/Nikaia abgesandten Emissären. Als Glacis, um die Kreuzfahrer an einem Angriff auf Ägypten zu hindern, taugte Jerusalem nicht. Überhaupt läßt es aufmerken, daß sich den Franken trotz der augenblicklichen Stärke Ägyptens beim Einmarsch in fāṭimidisches Hoheitsgebiet keine adäquate Verteidigungsstreitmacht entgegenstellte.

Interessanterweise heißt es in einem Strang der islamischen Geschichtstradition, al-Afḍal habe 1098 nicht Jerusalem, sondern Damaskus erobern lassen! Diese Meldung ist zwar offensichtlich falsch. Sie spricht aber dafür, daß sich auch ein Teil der Chronisten die ägyptische Politik von 1098 nur als in den gewohnten Bahnen der letzten Jahrzehnte verlaufend, also gegen Damaskus gerichtet, vorstellen konnte [193].

---

[191] Das administrative und ökonomische Zentrum des palästinensischen Binnenlandes war nicht das abgelegene Jerusalem, sondern Rames/ar-Ramla (wahrscheinlich fāṭimidisch), weiter im Norden war Tiberias/Ṭabarīya von Bedeutung. Vgl.: G. LeStrange, Palestine under the Moslems ..., London 1890, S. 303-308, 334-341, u. E. Honigmann, Ramla, in: EI 1, Bd. 3, S. 1204-1206.
Jerusalem hatte in islamischer Zeit nur religiöse Bedeutung, und auch diese sollte vor der Mitte des 12. Jahrhunderts nicht allzu hoch angesetzt werden. Vgl. E. Sivan, Le caractère sacré de Jérusalem dans l'Islam aux XIIe — XIIIe siècle, in: SI 27 (1967), hier S. 179-182.

[192] Jerusalem zu belagern war schon technisch schwierig, wie auch die Kreuzfahrer erleben mußten, da Öde und Wasserarmut Belagerer vor logistische Probleme stellten. Daher versuchte al-Afḍal von Anfang an, die Artuqiden durch großzügige Bedingungen (Geschenke, freien Abzug) zum Aufgeben zu bewegen.

[193] Ältester Beleg: ʻImād ad-Dīn al-Qāḍī al-Iṣfahānī, al-Bustān al-Ǧāmiʻ, S. 115 (geschrieben in Aleppo um 592/3 a.h./1196-1197). Nach Cl. Cahen, Syrie, S. 54, kann er nicht nur als gutinformiert gelten, sondern hat auch mit den šīʻitischen Chronisten Aleppos gemeinsame Vorlagen. Seine Informationen haben jedenfalls ein beträchtliches Alter. Vgl. weiter: b. abī 'd-Dam, Ms. Bodleian Marsh 60, fol. 138v-139r, und b. Dawādārī, Bd. 6, S. 450.

Sowohl Ekkehard von Aura, der den Ort des Geschehens zwei Jahre später als Pilger besuchte, als auch die *Historia belli sacri* (um 1140) berichten nun, daß die Mitglieder der im März 1098 nach Ägypten gereisten fränkischen Gesandtschaft während ihrer Abwesenheit vom Kreuzheer Jerusalem besucht haben sollen. Ekkehard spricht davon, daß die Botschafter im Sommer 1098 in al-Afḍals Belagerungsheer anwesend seien und daß der Wesir den artuqidischen Stadtherrn unter Anspielung auf seine fränkischen Alliierten gedroht habe, wenn sie ihm die Stadt nicht auslieferten, würden die Kreuzfahrer über sie herfallen. Die *Historia* dagegen erzählt, al-Afḍal und eine fränkische Delegation hätten gemeinsam an Ostern 1099 (10. April) das Feuerwunder in der Grabeskirche erlebt. Die Gesandten hätten geglaubt, der Zweck der Eroberung von Jerusalem und ihrer Anwesenheit dabei wäre die Auslieferung Jerusalems an die Kreuzfahrer gewesen. Der Wesir habe Jerusalem aber lediglich in den Verteidigungszustand gesetzt und sie danach zusammen mit eigenen Botschaftern nach Archis/'Arqa entlassen [194]. Es läßt sich nicht genau nachweisen, was es mit diesen Berichten auf sich hat, zumal die *Historia* nicht völlig unabhängig von Ekkehard sein dürfte. Aber auch anderen Quellen ist bekannt, daß al-Afḍal nach Inbesitznahme der Stadt den Heiligen Stätten und den autochthonen Christen besondere Referenz erwiesen hat [195]. All dies deutet darauf hin, daß Ägypten ganz ernsthaft das von Raimund von Aguilers überlieferte Angebot der Kreuzfahrer geprüft hat. Mit der Eroberung Jerusalems verhielt sich al-Afḍal völlig konform zum Inhalt der Gespräche vor Antiochia/Anṭākiya und den Vorschlägen der fränkischen Legaten in Kairo: Er griff die artuqidischen Herren von Jerusalem an, die sich der Gegend von Edessa/ar-Ruhā und als Alliierte des Kırbōġā als scharfe Gegner der Kreuzfahrer erwiesen hatten, und besaß als neuer Herr über Jerusalem die Möglichkeit, sich mit Konzessionen in Richtung auf die fränkischen Vorstellungen die Unterstützung der Kreuzfahrer für seine Revindikationspläne gegenüber den Türken zu erkaufen. Ob al-Afḍal dabei bis zu einer Auslieferung der

---

[194] Ekkehard v. Aura, XVI, 3-4, S. 171-172, und Hist.bell.sacri, CII-CIII, S. 214-215. Daß Jerusalem kurz vor der Ankunft der Kreuzfahrer neu befestigt wurde, sagt auch Wilhelm v. Tyrus, VII, XXIII, S. 313-315, und VIII, VIII, S. 335-336.

[195] Raim. Aguil., S.110: *obtulit candelas et incensa ad sepulchrum Domini et in calvario monte*. Albert v. Aachen, VI, XXXII, S. 485: *nullum Christianorum a fide et ordine sui ritus avertens*. Vor dem Angriff der Kreuzfahrer soll es dann aber Christendiskriminierungen gegeben haben, da man ihre Kollaboration mit den Franken fürchtete: Wilhelm v. Tyrus, VII, XXIII, S. 314-315.

Stadt gegangen wäre, den Christen einen besonderen Rechtsstatus für die Heiligen Stätten zugebilligt oder nur freien Zugang für Pilger und keinerlei Diskriminierungen für die Christen geboten hätte, läßt sich nicht entscheiden. Selbst im ersten Fall hätte der Gewinn aus einer Allianz mit den Kreuzfahrern für die Fāṭimiden den Verlust Jerusalems bei weitem überwogen. Daß al-Afḍal Jerusalem möglicherweise deshalb eroberte, um gegenüber den Kreuzfahrern in einer besseren Verhandlungsposition zu sein, scheint plausibel, wenn man zwei Prämissen in Rechnung stellt:

— Schon während des 11. Jahrhunderts hatten Jerusalem und die Grabeskirche eine wichtige Rolle in den byzantinischen-fāṭimidischen Verhandlungen gespielt [196].

— Da al-Afḍal den Kreuzzug als b y z a n t i n i s c h e s Unternehmen verstand, brauchte er nicht die Etablierung eines „Königreichs Jerusalem", also einer neuen politische Potenz in Palästina, zu fürchten:

Bei den Franken war bis in den Sommer 1099 immer nur von der Befreiung der Heiligen Stätten die Rede. Der Terminus *terra sancta* dagegen, der einen christlichen Besitzanspruch auf ganz Palästina und die nordsyrischen Küstenregionen impliziert, erscheint in den Augenzeugenberichten des ersten Kreuzzuges noch überhaupt nicht. Entsprechend lautete, Raimund von Aguilers zufolge, die Forderung der Franken an al-Afḍal auch auf die Abtretung von Jerusalem *cum pertinenciis suis*, womit nach der zeitgenössischen Verwaltungsstruktur nicht ganz Palästina, sondern allenfalls das (nichtägyptische) palästinensische Bergland, also die Herrschaft der Artuqiden, gemeint sein konnte [197]. Der schnelle Vormarsch des Kreuzheeres auf Jerusalem ohne planmäßige Eroberung ganz Palästinas, die Tatsache, daß bis unmittelbar vor der Einnahme keine staatsrechtlichen Konzeptionen über das spätere Schicksal der Stadt bestanden und nur wenige Franken nach der Einnahme in Jerusalem blieben, die Realisierung von Territorialambitionen einzelner fränkischer Fürsten schon vorher in Nordsyrien — alles spricht dafür, daß über die Jerusalemfrage unter

---

[196] G. Vismara, Bisanzio e l'Islam per la Storia dei Trattati tra la Christianità Orientale e le Potenze Mussulmane, Milano 1950, S. 22-25; M. Canard, La destruction de l'église de la Résurrection par le calife Ḥākim et l'histoire de la descente du feu sacré, in: Byzantion 35 (1965), S. 16-43; H. Möhring, Byzanz zwischen Sarazenen und Kreuzfahrern, in: Das Heilige Land im Mittelalter, S. 45-75, hier S. 54-55.

[197] C. Erdmann, Kreuzzugsgedanke, S. 279-280, 308 et passim. Vgl. P. Rousset, Origines, S. 78-81. Die von Rousset zitierten Glorifizierungen des Hl. Landes stammen sämtlich aus späteren Quellen. Die Augenzeugen kennen nur Hl. S t ä t t e n .

den Kreuzfahrern keine klaren Vorstellungen herrschten und man möglicherweise mit der Abtretung derselben Gebiete nahe bei Jerusalem zufrieden gewesen wäre, die Kaiser Friedrich II. 1229 in seinem Vertrag mit dem Aiyūbidensultan al-Malik al-Kāmil erreichen sollte [198].

Es ist in diesem Zusammenhang aufschlußreich, daß auch islamische Chronisten, angefangen mit Ibn Ẓāfir (565-613 a.h./1170-1216), einem der frühesten und besten Berichterstatter über diese Epoche, an ein ägyptisches Interesse am Zusammenwirken mit den Kreuzfahrern glaubten. Der Wesir al-Afḍal habe, heißt es, nach der Staatenbildung der Franken in Jerusalem bereut, mit seiner Operation von 1098 die Sache der Muslime geschwächt zu haben. Diese Reue sei aber durchaus fehl am Platze gewesen, meint Ibn Ẓāfir, denn al-Afḍal selbst habe dem Eindringen der Franken nach Palästina (as-sāḥil) mit Sympathie gegenübergestanden, weil er sie als Puffer gegen neue türkische Angriffe auf das Nilland habe einsetzen wollen. Al-Afḍal wollte die Kreuzfahrer demnach zwar nicht auf Nordsyrien beschränken, war andererseits aber auch nicht an einem starken fränkischen Staatswesen, das Ägypten nicht minder als die Türken bedrohen würde, interessiert [199].

Diese Position erscheint nicht mehr so inkonsequent, wie sie auf den ersten Blick wirkt, wenn man die bisherigen Untersuchungsergebnisse in Erinnerung ruft: daß die fränkisch-fāṭimidischen Verhandlungen al-Afḍal die Möglichkeit einer Neuetablierung der ägyptischen Herrschaft in Syrien zu ermöglichen schienen, daß die Franken noch gar nicht an die Gründung eines starken Staates in Palästina dachten, sondern es ihnen allein um Jerusalem als Heilige Stadt ging, und daß es schließlich für fāṭimidisch-byzantinische Verhandlungen über den Status der Heiligen Stätten in den Jahrzehnten zuvor Präzedenzfälle gegeben hatte. Wie erwähnt, hatte der Wesir allen Grund, den Kreuzzug mit Byzanz in Verbindung zu bringen.

Dennoch führten die fränkisch-fāṭimidischen Verhandlungen zu nichts. Die fränkische Gesandtschaft wurde in Ägypten festgehalten. Raimund von Aguilers schreibt dies Briefen des byzantinischen Kaisers an al-Afḍal zu. R.-J. Lilie hat jüngst die Existenz dieser Korrespondenz ebenso wie den ganzen Raimund'schen Bericht bezweifelt und ihn der antigriechi-

---

[198] Aus den christlichen Quellen spricht die Enttäuschung darüber, daß al-Afḍal Jerusalem nicht freiwillig herausgab: Raim. Aguil., S.110; Ekkehard v. Aura, XVI, 4, S. 171.; Albert v. Aachen, VI, XXXIII, S. 485.

[199] b. Ẓāfir, S. 82. Sinngemäß ähnlich b. al-Aṯīr, Kāmil, Bd. 10, S. 273, und dessen Benutzer.

schen Tendenz des Chronisten zugeschrieben. Seine Argumente lauten: Keine andere Quelle bestätige Raimund. Außerdem sei sein Bericht unlogisch, erstens weil Byzanz keinen Grund gehabt habe, Ägypten gegen die Kreuzfahrer aufzuhetzen und die Fāṭimiden nie in einen Vorschlag, wie den von Raimund beschriebenen, eingewilligt hätten, da ihre Hemisphäre verletzt worden wäre; zweitens weil kein Grund dafür bestände, daß al-Afḍal die Schreiben des Kaisers bei Ascalon/'Asqalān, wo sie erbeutet sein sollen, habe mitführen sollen[200]. Diese Argumente gegen Raimund überzeugen nicht recht:

— Es ist bereits gezeigt worden, daß Ägypten aus dem Angebot der Kreuzfahrer großen Nutzen hätte ziehen können und sich auch die byzantinische Diplomatie vor dem Kreuzzug der Frage der Heiligen Stätten angenommen hatte. Die Eroberung Jerusalems durch al-Afḍal ist nur vor dem Hintergrund der fränkischen Angebote zu verstehen.

— Raimund von Aguilers besaß ferner in seiner Position alle Voraussetzungen, um gut informiert zu sein. Würde seine Nachricht über die Erbeutung der byzantinischen Briefe auf freier Erfindung beruhen, so wäre eine derart dreiste Unwahrheit unter den zahlreichen Augenzeugen in seiner Leserschaft sicher nicht unwidersprochen geblieben. Daß andere Quellen nicht ebenfalls von den Briefen berichten, beweist nicht viel. Dagegen glauben auch orientalische Quellen, daß Alexios verschiedentlich, wenn auch bei anderen Gelegenheiten, gegen die Kreuzfahrer konspirierte[201].

— Seit Juli 1098 hatten die Byzantiner keine Kontrolle mehr über den Kreuzzug. Die byzantinischen Truppen im Heer waren vor der Ankunft des Kırbōġā abgezogen. Wie Lilie selbst konstatiert, war Alexios Komnenos seitdem bemüht, die Bildung autonomer fränkischer Herrschaften zu verhindern. Er forderte die Auslieferung von Antio-

---

200 R.-J. Lilie, Byzanz, S. 51-52.

201 b. al-Aṯīr, Kāmil, Bd. 10, S. 273; Chronicon ad A.C. 1234 pertinens, trad. A. Abouna, Bd. 2, S. 40.
Die Gesta Francorum sind in allen Dingen der „hohen Politik" wenig informiert und verschweigen auch die byzantinischen und fāṭimidischen Gesandtschaften vor Archis/'Arqa. Daß Wilhelm v. Tyrus nicht Raimunds Bericht übernimmt, kann daran liegen, daß die Briefe in seiner Zeit als Kanzler nicht in Jerusalem zu finden waren (weil die Provenzalen sie an sich genommen hatten?) und er der Meldung daher nicht glaubte. Dagegen berichtet Ekkehard v. Aura, XXXIII, S. 283-289, von ähnlichen byzantinischen Schreiben, die 1105 erbeutet worden seien. Lilie, Byzanz, S. 368, hat wohl recht, daß Ekkehard hier 1105 und 1099 verwechselt. Aber daß Ekkehard einfach Raim. Aguil. kopiert, wie Lilie glaubt, ist unsicher. Er hatte sich in Jerusalem unter Augenzeugen genau informieren können.

chia/Anṭākiya, ohne es zum offenen Bruch kommen zu lassen, und bemühte sich, den Fortgang des Kreuzzuges zu retardieren[202]. Es ist nur natürlich, daß Alexios daher seit 1098 auch daran interessiert war, eine eventuelle Allianz zwischen Kreuzfahrern und Ägyptern zu behindern.

— Daß al-Afḍal schließlich die byzantinische Korrespondenz bei Ascalon/'Asqalān mit sich führte, ist eher wahrscheinlich als unwahrscheinlich. Obwohl nach der Ablehnung seines Vorschlages vor Archis/'Arqa durch die Kreuzfahrer, unbewaffneten Pilgern freien Zugang nach Jerusalem zu eröffnen, die Entwicklung auf einen fränkisch-fāṭimidischen Konflikt zulief, scheinen die Fāṭimiden die Hoffnung auf eine diplomatische Lösung nämlich nicht aufgegeben zu haben: Ibn al-Aṯīr (555-630 a.h./1160-1233) und Ibn Muyassar (gest. 677 a.h./1278), die zu den bestinformierten Chronisten für die zeitgenössische ägyptische Geschichte gehören, berichten, daß noch unmittelbar vor der Schlacht von al-Biṣṣa bei Ascalon/'Asqalān ein Gesandter zu den Franken geschickt worden sein soll, der sie wegen der Eroberung Jerusalems tadelte[203]. Trotz der Verhärtung der ägyptischen Position während der Unterredungen bei Archis/'Arqa haben die Fāṭimiden vermutlich bis in den Sommer 1099 hinein noch an eine Verhandlungslösung geglaubt. Sie wurden von der fränkischen Belagerung von Jerusalem augenscheinlich überrascht. Es ist daher plausibel, wenn al-Afḍal den die Franken betreffenden „Vorgang" aus seiner Kanzlei mitgeführt haben sollte.

In Anbetracht der Quellenlage bleiben alle Überlegungen über überregionale Beziehungen während des ersten Kreuzzuges auf Indizienbeweise angewiesen. Es spricht allerdings viel für den von Raimund von Aguilers beschriebenen Verlauf der Verhandlungen. Solange Ägypten den Kreuzzug als byzantinisches Rekuperationsunternehmen einschätzte, war al-Afḍal bereit, die bis ins zweite Drittel des 11. Jahrhunderts wirksame Entente mit Byzanz wieder aufzugreifen und in Bezug auf Jerusalem einige Konzessionen zu machen, die in Anbetracht der zu erwartenden Vorteile kaum schmerzvoll gewesen wäre. Durch das auf Spätsommer oder Frühherbst 1098 zu datierende Schreiben des Basileus wur-

[202] R.-J, Lilie, Byzanz, S. 42-43.

[203] b. al-Aṯīr, Kāmil, Bd. 10, S. 286; b. Muyassar, S. 67; übernommen von al-Maqrīzī, Itti'āẓ, Bd. 3, S. 23-24. Sonst wird diese Gesandtschaft nicht bestätigt. Da aber beide islamische Quellen die Vorgänge um die Eroberung ansonsten völlig konform mit christlichen Quellen darstellen, ist der Nachricht ein gewisser Wert beizumessen.

den die Fāṭimiden dann aber über den mittlerweile erfolgten Bruch zwischen Byzanz und den Kreuzfahrern aufgeklärt. Aus ägyptischer Perspektive waren die Franken jetzt eine autonom agierende Macht, die nicht mehr die volle byzantinische Unterstützung hatte. Da Ägypten aber ebensowenig wie Byzanz an der Gründung fränkischer Staaten interessiert sein konnte, die wie die türkischen Herrschaftsbildungen zwei Jahrzehnte zuvor Ägypten direkt bedrohen mußten, ließ al-Afḍal seine Allianzpläne fallen. Mit dem Brief aus Byzanz verloren die fränkischen Gesandten in al-Afḍals Augen ihre Akkreditierung und wurden nach islamischem Usus, der die Aufhebung der Immunität nicht beglaubigter Gesandter verlangte, in Haft genommen [204]. Erst als die Kreuzfahrer bei Archis/'Arqa in die fāṭimidische Hemisphäre einzudringen begannen, versuchte al-Afḍal sowohl durch Rüstungen in Palästina als auch durch Geschenke, die Freilassung der Gesandten und das Angebot freier Pilgerfahrt für die Kreuzfahrer, die von den Franken ausgehende Gefahr zu neutralisieren. Jerusalem ausliefern konnte er allerdings nun nicht mehr, da die Ägypter damit zu rechnen hatten, daß sich eine a u t o n o m e fränkische Staatsgründung im Süden von vornherein nicht mit der Stadt Jerusalem begnügen würde. Die Kreuzfahrer reagierten scharf auf das nach allen früheren Versprechungen sehr zurückhaltende Angebot des Wesirs. Sie wähnten sich betrogen und drohten nicht nur, sondern berieten auch noch Anfang Juni 1099 in Rames/ar-Ramla ganz ernsthaft über einen Angriff auf Ägypten. Dieser Vorschlag scheiterte an der Schwäche der zur Verfügung stehenden Kräfte und an dem Druck der *peregrini*, endlich nach Jerusalem zu ziehen. Deswegen hatten die Franken auch die fāṭimidischen Küstenstädte südlich von Tripolis unbelästigt gelassen [205].

An Angriffen auf diese Orte waren die Kreuzfahrer uninteressiert. Nur vor Sidon/Ṣaidā kam es zu kleineren Gefechten. Verträge wurden in den zwei Wochen, die die Franken für den Weg von Archis/'Arqa nach Rames/ar-Ramla brauchten, nur mit Beirut und Accon/'Akkā geschlossen. Beide Male wurden die Kreuzfahrer verproviantiert, als sie

---

[204] M. Canard, Les relations politiques et sociales entre Byzance et les arabes, in: DOP 18 (1964), S. 33-56, hier S. 36: ein solcher unbeglaubigter Gesandter wurde *fai'* (Staatsbesitz).

[205] Zu Rames/ar-Ramla: Raim. Aguil., S. 136-137. Nach dems., S. 110, hatte al-Afḍal schon vor Archis/'Arqa kritisieren lassen *terram suam ingressi, villas et agros, et universa vastaremus*. Mit Archis/'Arqa und Tortosa/Anṭarṭūs hatten die Kreuzfahrer die ersten Gebiete erreicht, in denen die fāṭimidische *ḫuṭba* anerkannt wurde.

versprachen, die Plantagen nicht zu zerstören. Sie bekamen die eidliche Zusicherung, daß die betreffenden Orte im Fall eines Sieges der Kreuzfahrer über die Fāṭimiden ausgeliefert oder zumindest fränkischer Oberhoheit unterstellt werden würden[206]. Nichts demonstriert deutlicher, daß der Zug nach Jerusalem unter dem Druck der *peregrini* Vorrang hatte. Die Fürsten mußten seit dem Vertrag mit Tripolis ihre Herrschaftsbildungsbestrebungen zurückstellen und sich mit unsicheren Versprechungen über spätere Auslieferungen begnügen.

* * * * *

Fassen wir die Ergebnisse der Untersuchung über die Vertrags- und Bündnisvorhaben der Kreuzfahrer zwischen 1097 und 1099 noch einmal zusammen:

Zum Zeitpunkt der Ankunft des ersten Kreuzzuges in Nordsyrien hatten Papst Urban II. und der byzantinische Basileus Alexios Komnenos keinen direkten Einfluß mehr darauf, wie die Unternehmung durchgeführt wurde. Im Zuge der Kreuzzugspredigt seit 1095 war an Stelle des ursprünglichen Plans, Byzanz gegen die türkischen Angriffe zu Hilfe zu kommen, die Idee der Befreiung Jerusalems getreten. Die von der Kreuzzugspropaganda aufgewühlten religiösen Emotionen hatten neben der schlechten wirtschaftlichen Lage in Frankreich gegen Ende des 11. Jahrhunderts und dem von der Treuga Dei-Bewegung nur unzureichend eingedämmten Fehdewesen zur Folge, daß die Kreuzzugsbewegung auch große Mengen unbewaffneter Jerusalempilger, *pauperes* oder *peregrini*, erfaßte. Seit Sommer 1097, seit der Eroberung von Nicaea/Nikaia, bildeten die Reste dieser Scharen zusammen mit den Ritterkontingenten der verschiedenen Fürsten das Kreuzheer, wobei ihre Anzahl der der Ritter mehrfach überlegen war. Die Kreuzfahrer ritterlicher und fürstlicher Herkunft lassen sich differenzieren in eine Gruppe, die den Kreuzzug vor allem als bewaffnete Pilgerfahrt verstand, und eine zweite, deren primäres Anliegen Landnahme und Herrschaftsgründung war. Zu letzterer gehörten die Lothringer Gottfried und Balduin, der Normanne Bohemund und der Provenzale Raimund. Es wurde deutlich, daß die Fortführung

---

[206] Vgl. oben Anm. 90, und Caffaro, Liberatio, IX, S. 56. Zu Beirut: Albert v. Aachen, V, XXXIX, S. 458; zu Accon/'Akkā: Raim. Aguil., S. 135. Die Unterwerfungsklauseln waren wohl rein taktisch motiviert; die Franken kamen später nicht mehr darauf zurück. Im Fall von Beirut wurde anscheinend nur die Errichtung einer fränkischen Oberherrschaft versprochen.
Zum feindlichen Verhalten der Küstenstädte nach dem Abzug der Franken nach Jerusalem vgl. Raim. Aguil., S. 135-136, und b. al-Qalānisī, S. 137.

des Kreuzzuges spätestens seit der Belagerung von Antiochia/Anṭākiya im Winter 1097/1098 von der Interessendivergenz zwischen diesen Gruppierungen geprägt wurde. Raimund von Toulouse befand sich als Anführer der *peregrini* in einer besonders prekären Lage. Der Druck der „Pilger", den Vormarsch nach Jerusalem zu forcieren, machte ihm eine Herrschaftsbildung im Norden unmöglich.

Was bedeutete dies für die Beziehungen der Kreuzfahrer zur autochthonen Bevölkerung und den Emiren und Herrschern der islamischen Staatswesen im Vorderen Orient? Offensichtlich begriffen die Kreuzfahrer die Muslime zwar als Heiden, und der Gedanke der Heidentötung drang bei der Behandlung der besiegten Muslime besonders unter den *pauperes peregrini* und den Provenzalen voll durch. Flexibler war das fränkische Verhalten nur, wenn es wie in Sororgia/Sarūǧ um Herrschaftsgründung ging und kein Druck von seiten der einfachen Pilger bestand. Andererseits aber wurden dem islamischen Orbis der Respublica christiana verwandte Strukturen zugeschrieben. Nicht zuletzt, weil man eine genealogische Verwandtschaft zwischen Franken und Türken annahm und von den militärischen Leistungen der Türken beeindruckt war, fiel es der fränkischen Ritterschaft nicht schwer, ihre Gegner als ebenbürtig anzuerkennen. Dieses Bewußtsein „ritterlicher" Ebenbürtigkeit machte es vermutlich einfacher, trotz der unter den Kreuzfahrern verbreiteten Heidentötungsmentalität in Vertragsbeziehungen zu einzelnen muslimischen Herrschern zu treten. Dafür gab es zwei Motive:

— Fränkisch-muslimische Verträge dienten der Herrschaftsbildung. In beiden Fällen, in denen sich die Landnahme in der Nachbarschaft islamischer Herrschaften vollzog, wurde dies durch Verträge und Allianzen begleitet, die heraus aus einer Position fränkischer Stärke und auf islamische Initiative hin zustandekamen. Die Verträge wurden durch Eide und Geiselstellung abgesichert und beinhalteten meist islamische Tributzahlungen. Nur im Fall Tripolis wurde eventuell eine Konversion des muslimischen Vertragspartners zur Voraussetzung für einen Vertragsabschluß gemacht — doch es spricht viel dafür, daß dies allein taktischen Zwecken diente und nicht durch religiöse Skrupel begründet war. Später wurde die Forderung fallengelassen.

— Mehrere Verträge sicherten den unbehinderten Vormarsch der Franken nach Jerusalem ab, auf den die *peregrini* drängten. Einige Male kam es dabei zu einer Unterstellung islamischer Herrschaften unter fränkische Oberhoheit, ganz sicher im Fall von Maraclea/Maraqīya, eventuell auch von Tripolis und Beirut. Sie manifestierte sich in Tributzahlungen und dem Aufpflanzen fränkischer Fahnen auf den Stadtmauern. Es ist schwer zu entscheiden, wo es sich um reine

Neutralitäts- und Friedensverträge, wo um die Errichtung von Oberherrschaften handelte und ob die betreffenden (nur in lateinischen Quellen überlieferten) Verträge von den muslimischen Vertragspartnern auch als Unterstellung unter fränkische Oberhoheit verstanden wurden. Die Kreuzfahrer selber jedenfalls betrachteten alle Vertragspartner als ihre Tributäre und rechtfertigten vor dem Papst die geschlossenen Abkommen mit ihrer geringen Truppenzahl [207]. Auch diese Verträge gingen auf islamische Initiative zurück.

Auf islamischer Seite läßt sich ebenfalls kein Zögern bei Vertragsabschlüssen mit den Kreuzfahrern feststellen. Kleinere Emirate setzten dem Kreuzzug kaum Widerstand entgegen, stellten Führer und Geiseln und verkauften sogar kriegswichtige Waren. Sie setzten damit ihre Neutralitätspolitik fort, die sie in den drei Jahrzehnten zuvor auch während der innerseldschukischen und türkisch-fāṭimidischen Konflikte betrieben hatten. Keine Abkommen schlossen Aleppo und Damaskus mit den Franken [208]. Die Kreuzfahrerfürsten waren aber, wenn die Quellenbelege nicht trügen, auch zu überregionalen diplomatischen Kontakten bereit, um den Erfolg ihres Unternehmens abzusichern. Sehr wahrscheinlich ging der erste Impuls dazu von Byzanz aus. Sollte der angestellte Indizienbeweis der faktischen Entwicklung nahekommen, so waren Franken und Ägypter zu einem weitgehenden Bündnis gegen die Türken bereit. Sogar Formen von Herrschaftsteilung und gemeinsamem Besitz eroberter Städte wurden diskutiert. Ägypten integrierte den Kreuzzug in seine Konzeption der Rückgewinnung seiner an die Türken verlorenen syrischen Besitzungen. Die Eroberung Jerusalems durch den Wesir al-Afḍal im Sommer 1098 läßt sich plausibel nur als Auswirkung eines fränkisch-fāṭimidischen Bündnisses erklären. Die Gründe für das Scheitern dieser Kontakte sind darin zu suchen, daß die Ägypter von dem Zerwürfnis zwischen Byzanz und den Kreuzfahrern informiert wurden und nun die Gründung einer Kreuzfahrerherrschaft in Palästina zu befürchten hatten. Die Masse einfacher Pilger und nicht Herrschaftsbildung anstrebender Fürsten war es, die den Marsch nach Jerusalem vorantrieb und damit eine Einigung mit Ägypten verhinderte.

Es zeigt sich also, daß es bereits während des ersten Kreuzzuges auf Grund der Interessenvielfalt der an der Unternehmung beteiligten Gruppen

---

[207] H. Hagenmeyer, Epistulae, S. 170.

[208] Vgl. b. al-Aṯīr, Kāmil, Bd. 10, S. 275: Von Antiochia/Anṭākiya aus hätten die Franken danach Aleppo und Damaskus mitgeteilt, nur ehemals byzantinische Gebiete erobern zu wollen. Weiter Bestätigungen dafür gibt es nicht.

und erleichtert durch die Vorstellung ritterlicher Ebenbürtigkeit zwischen Franken und Türken zur Konstituierung eine Fülle von Vertrags-, Bündnis- und eventuell sogar Oberherrschaftsbeziehungen kam. Begünstigt wurde die Vertragspolitik einzelner fränkischer Führer durch den Charakter des „Systems syrischer Staatswesen" von 1098/1099. Die Rivalität zwischen den großen Metropolen und das Fehlen einer Vormacht trugen dazu bei, daß sich den Kreuzfahrern kein einheitliches islamisches Syrien entgegenstellte. Die traditionelle Neutralitätspolitik der zentralsyrischen arabischen Kleinherrschaften und der fāṭimidisch-türkische Antagonismus — beide wurden als spezifische Merkmale dieses „Systems" herausgearbeitet — kamen dem fränkischen Interesse an Verträgen entgegen. Die Kreuzfahrer wurden als neues Element in die Bündnis- und Konfliktstruktur des Vorderen Orients integriert — und ließen sich scheinbar problemlos integrieren!

Die Faktoren, die die Vertragspolitik während des ersten Kreuzzugs begünstigten oder behinderten — wie das Bestreben, Herrschaften zu erweitern, abzusichern oder die Interessendifferenz zwischen „Herrschaftsgründern" und „Pilgern" — sind Gesichtspunkte, die auch bei der Untersuchung des fränkisch-muslimischen Verhältnisses im 12. Jahrhundert im Blick bleiben müssen. In den Jahren 1097 bis 1099 leuchtete erstmals auf, was im 12. Jahrhundert an fränkisch-islamischen Beziehungen möglich war und welche Rahmenbedingungen dafür bestanden.

II. Die Beziehungen der fränkischen, türkischen und arabischen Staatswesen im Zeitalter der syrischen Partikularherrschaften (1098-1158)

II.1. Vorbemerkung

Die Geschichte des ersten lateinischen Königreichs Jerusalem ist in der westlichen Geschichtsschreibung verschiedenartig gegliedert und dargestellt worden. Autoren, denen es auf eine Geschichte der K r e u z z ü g e ankam, sahen einen Einschnitt in der Regel in den Jahren 1144 bis 1148, also der Eroberung von Edessa/ar-Ruhā durch die Türken und dem zweiten Kreuzzug. Das gilt etwa für St. Runciman, K.M. Setton oder H.E. Mayer [1]. In Werken, deren Anliegen dagegen eine Geschichte der fränkischen, zumeist bewußt als „Kreuzfahrerstaaten" bezeichneten Herrschaften in Syrien war, wurde dieses Schema durch zusätzliche Periodengrenzen modifiziert. Die Konzeption von „Kreuzfahrerstaatengeschichte" als monarchischer Geschichte in der älteren Literatur — besonders bei R. Röhricht und R. Grousset [2] — führte zur Akzentuierung der Jahre 1118 und 1174 als weitere Zäsuren, den Todesdaten starker Herrschergestalten wie Balduin I., Amalrich I. und Nūr ad-Dīn. Die jüngere Forschung hat diese Periodisierung weitgehend übernommen, zum Teil aber auch anders legitimiert: Um 1118 war nach St. Runciman und K.M. Setton die Etablierung der „Kreuzfahrerstaaten" abgeschlossen, nach E. Sivan [3] endete in dieser Zeit das „erste Umhertasten (premiers tatonnements)" islamischen Widerstandes, und es zeichnete sich als Novum der „Szenenauftritt der Souveräne" ab [4].

Unverkennbar wurden fast alle nicht rein chronologischen Konzeptionen von dem Bemühen geprägt, „leitende Ideen" festzuhalten. R.

---

1 St. Runciman, History, hier bes. Bd. 2; K.M. Setton (Hrsg.), History, Bd. 1; H.E. Mayer, Kreuzzüge.
Im folgenden wird die Konzeption der amerikanischen „History of the Crusades" K.M. Setton als „editor-in-chief" persönlich zugeschrieben.

2 R. Röhricht, Geschichte des Königreichs Jerusalem (1100-1291), Innsbruck 1898; R. Grousset, Histoire, Bd. 1.

3 E. Sivan, L'Islam, et le croisade. Idéologie et propaganda dans les réactions musulmanes aux croisades, Paris 1968, passim.

4 Eine bemerkenswerte Ausnahme stellt die Darstellung der fränkisch-islamischen Beziehungen bei J. Richard, Le royaume latin de Jérusalem, Paris 1953, dar. Er gliedert:
I. La première croisade et la naissance du royaume latin,
II. Rois de Babylone, d'Asie ou rois de Jérusalem (1099-1154),
III. La question d'Egypte et l'alliance byzantine (1153-1185).

Grousset meinte, solche Ideen in einer Dialektik von Monarchie und Anarchie auf islamischer und fränkischer Seite ausmachen zu können. Für J. Prawer folgte auf die Gründung der fränkischen Staaten ein Erwachen der islamischen Welt, das schließlich ein „Gleichgewicht der Kräfte" zur Folge gehabt habe [5]. Nur zu leicht konnte auf der Suche nach politischen Tendenzen in den fränkisch-islamischen Beziehungen ein qualitatives Moment in die Darstellung eindringen. Am deutlichsten geschah dies bei E. Sivan, der die Entwicklung islamischen Widerstandes gegen die Franken vom „ersten Umhertasten" bis zum „Gipfel: Saladin" beobachten zu können glaubte. In dieselbe Richtung zielt die These von A. Ben-Ami, nach der eine „wechselseitige Verstärkung des Geistes Heiliger Kriege" auf der islamischen wie der fränkischen Seite zur Kräftigung des monarchischen Zentralismus und zum Aufkommen charismatischer Bewegungen, der Ritterorden etwa, geführt habe. Sie sollen die „konventionellen Eliten" Syriens von der Führung verdrängt haben [6].

Häufig findet in diesem Zusammenhang eine qualitative Terminologie Verwendung, gekennzeichnet durch Begriffe wie „Erwachen" oder „Entflammen". Zumeist ist von der Weiter- und Höherentwicklung bestimmter Ideen die Rede. Der Gedanke liegt nahe, daß Modellen dieser Art eine teleologische, vom Ende des ersten lateinischen Königreichs Jerusalem nach der Schlacht von Ḥaṭṭīn am 3. bis 4. Juli 1187 aus rückblickende Konzeption fränkischer und islamischer Geschichte in Syrien zugrunde liegt. Mehr oder minder deutlich werden dabei die Verhältnisse im Syrien des 12. Jahrhunderts als Konfrontation von Blöcken, nämlich Islam und Christentum, vorgestellt, in deren Verlauf es zu einer V e r e i n i g u n g des islamischen Potentials und damit in den Augen mancher Autoren fast zwangsläufig zum Sieg über die Christen gekommen sei [7]. Nur angemerkt sei an dieser Stelle, daß durchaus zu überlegen wäre, ob Ereignisse wie die Schlacht von Ḥaṭṭīn und die nachfolgenden aiyūbidischen Eroberungen oder der dritte Kreuzzug sinnvolle Zäsuren für die Geschichte der fränkischen Staatswesen im Vorderen Orient abgeben. Von beiden waren die fränkischen Herrschaften nur partiell

---

5 J. Prawer, Histoire du royaume latin de Jérusalem, 2 Bde., Paris 1969-1970, hier Bd. 1, S. 395.

6 A. Ben-Ami, Social Change in a Hostile Environment. The Crusaders' Kingdom of Jerusalem, Princeton 1969, S. 121 und 158.

7 Vgl. N. Elisséeff, Nūr ad-Dīn. Un grand prince musulman de Syrie au temps des croisades (511-569 H/1118-1174), 3 Bde., Damas 1967, hier Bd. 2, 1967, S. 290: „Le réveil sera l'oeuvre de Nūr ad-Dīn." S. 291: „La reconquête de la Cité Sainte sera l'objectif principal de la politique musulmane dominée par un profond sentiment religieux."

betroffen, und die Strukturen ihrer Beziehungen zu islamischen Nachbarstaaten veränderten sich dadurch überhaupt nicht. Für letzteres sind die Zäsuren 1174, 1183 oder 1192/93 von größerer Bedeutung.

Für die angesprochene teleologische Geschichtskonzeption finden sich sowohl in der lateinischen als auch in der arabischen Chronistik Anknüpfungspunkte:

> Anläßlich der Schilderung der Inthronisierung Balduins IV. 1174 in Jerusalem reflektierte Wilhelm von Tyrus (um 1130-1186) die Gründe, infolge derer die Franken von den Muslimen in die Defensive gedrängt worden seien: Schuld daran sei nach der Sündhaftigkeit der jetzigen Generation und der kriegerischen Überlegenheit der Väter über die durch langen Frieden verweichlichten Muslime vor allem das Ende der Zersplitterung der islamischen Herrschaften. Früher hätten die einzelnen islamischen Städte unabhängige und oft genug rivalisierende Herren gehabt. Gegen sie zu kämpfen sei vergleichsweise ungefährlich gewesen. Denn der einzelne Stadtherr habe vor seinen islamischen Konkurrenten nicht geringere Furcht als vor den Franken empfunden. Durch diesen Umstand seien Allianzen gegen die Christen verhindert worden. Erst als ʻImād ad-Dīn Zengī (Zankī) Edessa/ar-Ruhā und Nūr ad-Dīn Damaskus genommen und immer mehr ehemals autonome Herrschaften in ihrer Hand vereinigt hätten, habe sich eine neue Situation ergeben [8].

In ähnlichen Kategorien, Blöcken und Vereinigung dachten auch arabophone islamische Historiker, darunter der damaszenische Biograph von Zengī, Nūr ad-Dīn und Saladin, Abū Šāma (599-665 a.h./1203-1268). Seine Konzeption wird an der Art deutlich, in der er unter Rückgriff auf eine Passage der prozengīdischen Geschichte der Atābegs von Mossul des Ibn al-Aṯīr (555-630 a.h./1160-1233) die Lage des islamischen Syriens am Ende des ersten Drittels des 12. Jahrhunderts in einem düsteren Szenarium beschrieb:

> „Die Länder der Franken hatten sich ausgebreitet, ihre Soldaten zugenommen, ihr Schrecken war gewaltig geworden, ihre Tyrannei gewachsen, ihre Hände nach den Ländern der Muslime ausgestreckt. Deren Einwohner waren zu schwach geworden, ihre Angriffe abzuhalten, und ihre Razzien folgten aufeinander." Das Reich (*mamlaka*) der Franken, führt Abū Šāma des weiteren aus, habe von Mārdīn im Osten bis nach Ägypten gereicht. Die Verbindungswege von Mesopotamien nach Damaskus seien fast sämtlich abgeschnitten

---

[8] Wilhelm von Tyrus, XXI, VII, S. 1015-1016.

gewesen und den Muslimen Steuern, Schutzgelder, Kondominien (*munāṣafāt*) und die Freilassung christlicher Sklaven abgetrotzt worden. Dann aber habe Gott das Land der Muslime gnädig angesehen und ʻImād ad-Dīn Zengī als Herrscher eingesetzt. Der habe Razzien ins Herz der fränkischen Länder durchgeführt, Festungen und Burgen befreit und Blutrache für die Bekenner der Einheit Gottes (muwaḥḥidūn) genommen. Mit Zengī sei die Wende eingetreten [9].

Im Hintergrund dieser Konzeption mag bei Abū Šāma die von as-Sulamī (gest. 499 a.h./1106) und ein Jahrhundert später von Ibn al-Aṯīr in der Weltchronik *al-Kāmil fī 't-tawārīḫ* (Summe der Geschichtsereignisse)" vertretene Theorie eines konzentrierten fränkischen Angriffs auf die Welt des Islams stehen, der nach Spanien und Sizilien mit dem ersten Kreuzzug auch den Orient erfaßt habe [10]. In seinem unmittelbar nach der Wende zum 12. Jahrhundert verfaßten *ǧihād*-Traktat versuchte der damaszenische Rechtsgelehrte as-Sulamī, ein Programm der islamischen Reaktion auf die Neuentstehung der fränkischen Staaten auszuarbeiten. Neben der „moralischen Aufrüstung" des einzelnen Muslims und militärischen ad hoc-Maßnahmen wie einer ägyptisch-damaszenischen Allianz und Unterstützungsaktionen für die eingeschlossenen islamischen Küstenstädte sah as-Sulamī in der Vereinigung aller islamischen Partikularherrschaften langfristig das Mittel, die Franken zu vertreiben. Am Ende seines Argumentationsganges leuchtet das Ideal des kalifalen islamischen Einheitsstaates auf. [11].

Acht Jahrzehnte später befanden sich tatsächlich sämtliche islamischen Gebiete von Ägypten bis zum Tigris mittelbar oder unmittelbar in einer Hand, nämlich der Saladins. Durch ʻImād ad-Dīn Zengī und seinen Sohn Nūr ad-Dīn waren den Franken zuvor, von 1128 bis 1174, in Nordsyrien weite Landstriche wieder entrissen worden. Waren die Auseinandersetzung von lateinischem Christentum und Islam und die Unifizierung der islamischen Welt gemäß as-Sulamī also, mit Ranke gesprochen, die „lei-

---

9 Abū Šāma, Rauḍatain, I, Bd. 1, S. 76-77. Die Passage stammte ursprünglich von b. al-Aṯīr, Bāhir, S. 32-34, und wurde von Abū Šāma teilexzerpiert. Ihre geschichtstheoretische Verwendung ist das Werk des Abū Šāma. N. Elisséeff, Nūr ad-Dīn, Bd. 2, S. 332-5, hat die Ansicht des Ibn al-Aṯīr in Paraphrase übernommen, obwohl bereits W.B. Stevenson, Crusaders, S. 124, auf die panegyrische Tendenz des Ibn al-Aṯīr bei der Beschreibung der *ǧihād*-Unternehmungen der Zengīden hingewiesen hat. Vgl. E. Sivan, L'Islam, S. 45, und J. Prawer, Histoire, Bd. 1, S. 314.

10 as-Sulamī, hrsg. und übersetzt in: E. Sivan, La génèse de la contre-croisade: Un traité damasquin du début du XIIe siècle, in: JA 254 (1966), S. 197-224; b. al-Aṯīr, Kāmil, Bd. 10, S. 182-183.

11 E. Sivan, Genèse, S. 199-204, und as-Sulamī, fol. 174v und 188v, ebda., S. 215-216, 220-222.

tenden Ideen" des 12. Jahrhunderts in Syrien, und folgte die islamische Geschichte Syriens einem vorgefaßten Programm [12]? Die aiyūbidische Propaganda versuchte seit etwa 1174, diesen Eindruck zu erwecken, indem sie den *ǧihād* (Heiligen Kampf) Saladins zur Legitimierung eigener und zur Diffamierung konkurrierender Herrschaftsansprüche instrumentalisierte [13].

Es ist das Ziel der folgenden Untersuchung, dieses Geschichtsbild zu hinterfragen. Mit einem Akzent auf der Betrachtung der wechselseitigen Vertrags- und Bündnisverhältnisse sollen die Beziehungen insbesondere zwischen den Partikularherrschaften Syriens analysiert werden. Wichen sie von früheren Modellen ab? Lassen sich Doktrinen der Bündnis-, Vertrags- und Konfrontationspolitik eruieren? Von wem wurden sie propagiert oder bekämpft, und wie waren sie motiviert? Es ist zu klären, ob der „fränkische Expansionismus" die während des ersten Kreuzzugs bereits angedeutete Entstehung eines fränkisch-islamischen Staatensystems in Syrien verhinderte und wie die fränkischen Fürstentümer auf die sogenannte Unifizierung des Islams reagierten. Blieb die vielfältige fränkisch-islamische Bündnispolitik während des ersten Kreuzzugs Episode? Schließlich: Läßt sich die Politik fränkischer Staatswesen als „christlich", die türkischer und arabischer als „islamisch" im Sinne der traditionellen Konzeptionen vom Heiligen Krieg auf der einen und *ǧihād* (Heiligen Kampf) auf der anderen Seite beschreiben [14]? Diesen Fragen soll im folgenden zunächst für den Zeitraum von der Gründung der fränkischen Staatswesen bis zur Vereinigung fast des gesamten islamisch beherrschten Syriens in der Hand des Nūr ad-Dīn (1157/1158) nachgegangen werden. Man könnte ihn als „Zeitalter der syrischen Partikularherrschaften" bezeichnen.

---

[12] L. v. Ranke, Über die Epochen der Neueren Geschichte. Vorträge dem Könige Maximilian II. von Bayern gehalten, Darmstadt 1959, S. 9: „Ich kann also unter leitenden Ideen nichts anderes verstehen, als daß sie die herrschenden Tendenzen in jedem Jahrhundert sind. Diese Tendenzen können indessen nur beschrieben, nicht aber in letzter Instanz in einem Begriff summiert werden."

[13] M.C. Lyons/D.E.P. Jackson, Saladin. The Politics of Holy War, Cambridge 1982, S. 162-164, 238-239; H. Möhring, Heiliger Krieg und politische Pragmatik: Salahadinus Tyrannus, in: DA 39 (1983), S. 417-466, hier S. 432-439.

[14] Vgl. A. Noth, Heiliger Krieg, S. 87-92 und 147-148.

II.2. Die territoriale Expansion der fränkischen Herrschaften und ihre Integration in das System syrischer Staatswesen (1098-1112/13)

Mit der Untersuchung der Verträge und Allianzen, die die Kreuzfahrer von 1097 bis 1099 mit islamischen Herrschern in Nord- und Zentralsyrien geschlossen hatten, ist bereits deutlich geworden, welche Interessenlagen und welche wirtschaftlichen oder machtpolitischen Motive sowohl auf fränkischer als auch islamischer Seite zur Übereinkunft über Waffenstillstände und sogar zu Bündnissen führen konnten. Im vorliegenden Abschnitt soll danach gefragt werden, ob oder inwieweit die fränkische Landnahme den Antagonismus regionaler Herrschaftszentren, dessen Grundmuster am Anfang dieser Arbeit skizziert worden sind, veränderte. Kann man von einer Integration der fränkischen Staatswesen in die vorgefundene Kräftekonstellation sprechen? Oder waren — den Theorien des Heiligen Krieges und des *ǧihād* gemäß — christlich-islamische Konflikte nach 1099 die Hauptmerkmale der machtpolitischen Auseinandersetzungen in Syrien? So scheint es jedenfalls ein Großteil der seit dem Ende des 12. Jahrhunderts entstandenen, insbesondere arabischen Chronistik aufgefaßt zu haben. Waren „innerfränkische" und „innerislamische" Auseinandersetzungen nach der Gründung der fränkischen Herrschaften von grundsätzlich anderer Qualität als die zwischen Franken und Muslimen?

Die nachfolgende Untersuchung umfaßt den Zeitraum von 1098 bis 1112/1113, also die Phase bis zur festen Etablierung der fränkischen Herrschaft in Edessa, Antiochia, Jerusalem und Tripolis. Die beiden Jahre 1112/1113 bezeichnen außerdem ungefähr die Zäsur zu der Periode, in der die Feldzüge türkischer Armeen von außerhalb Syriens zu neuen Entwicklungen der Vertrags- und Bündnispolitik führten. Da sich die Herrschaftsgründungen und die fränkisch-islamischen Kontakte in Nord- und Zentralsyrien zeitlich unabhängig voneinander und unter unterschiedlichen strukturellen Bedingungen abspielten, sollen beide Räume zunächst getrennt behandelt werden.

* * * * *

Die politische Geschichte Nordsyriens in der Phase der Etablierung der fränkischen Herrschaften und der Konsolidierung ihres territorialen Kernbestandes nach dem ersten Kreuzzug ist in der Literatur ausführlich dargestellt worden und braucht an dieser Stelle kein weiteres Mal nachgezeichnet zu werden [15]. Allein zwei Probleme sollen uns hier interessieren:

— Welche Veränderungen brachte die fränkische Landnahme für die Beziehungen der überregional bedeutsamen Zentren Antiochia/Anṭākiya, Edessa/ar-Ruhā, Aleppo, Ḥimṣ sowie der Fürstentümer im Einzugsgebiet des Orontes untereinander mit sich.

Und:

— Wie lassen sich die vertraglichen und diplomatischen Mittel charakterisieren, unter deren Zuhilfenahme sich die Beziehungen des normannischen Staatswesens in Antiochia/Anṭākiya und des lothringischen weiter nordöstlich zu ihren islamischen Nachbarn entwickelten, und wie waren sie motiviert?

Um diese beiden Fragen zu beantworten, sollen im weiteren exemplarisch die Beziehungen zwischen den Herrschaften Antiochia und Aleppo beleuchtet werden:

Seit dem Scheitern der Verhandlungen von Rugia zwischen den fränkischen Fürsten um die Machtverteilung in Nordsyrien und dem Abmarsch der Hauptmasse der Kreuzfahrer nach Süden um die Jahreswende 1098/1099 befand sich Antiochia/Anṭākiya im Besitz Bohemunds I. und seiner normannischen Gefolgschaft. Damit standen sich in den beiden bedeutendsten Städten Nordsyriens, Aleppo und Antiochia/Anṭākiya, eine türkisch-islamische und eine fränkische, genauer: normannische Herrschaft gegenüber. Ihre strukturelle Gemeinsamkeit bestand darin, daß beide von ritterlichen Eliten getragen wurden, die sich in ethnischer, sprachlicher und z.T. auch konfessioneller Hinsicht von ihren städtischen, ruralen und beduinischen Untertanenschaften unterschieden. Wenn man das antiochisch-aleppinische Verhältnis bis in die Zeit der ersten oft als „Gegenkreuzzüge“ bezeichneten türkischen Feldzüge aus dem Osten nach Syrien und bis zum Lebensende der beiden herausragenden Fürsten Tankred von Antiochia und Riḍwān b. Tutuš von Aleppo (1112/1113) verfolgt, heben sich fünf verschiedene Phasen deutlich voneinander ab:

a) Von 1098 bis 1100 expandierten die Normannen von Antiochia/Anṭākiya aus nach Südosten in die Gebiete um Sarmenia/Sarmīn, Sardona/Zardanā und Marra/Ma'arrat an-Nu'mān. Mit der Niederlage, die sie im Juli 1100 den aleppinischen Streitkräften des Riḍwān bei Kallā beibrachten, konnten sie ihre Vormacht in dieser Landschaft vorerst festi-

[15] Vgl. R.B. Yewdale, Bohemond I, S. 87-102; R.L. Nicholson, Tancred, S. 127-224; Cl. Cahen, Syrie, S. 227-266.

gen. Ibn al-ʻAdīm (588-660 a.h./ 1193-1262) zufolge lancierte Fürst Bohemund I. darauf nicht nur weitere Razzien, er soll sogar Vorbereitungen zur Belagerung von Aleppo getroffen haben [16].

b) In den folgenden drei Jahren von 1100 bis 1103, die exakt dem Zeitraum entsprechen, als Bohemund I. Gefangener des türkischen Emirs Ibn Dānišmand war, mußten zahlreiche normannische Erwerbungen wieder aufgegeben werden. Sie gingen allerdings nicht an Riḍwān, sondern dessen alten Konkurrenten Ǧanāḥ ad-Daula von Ḥimṣ verloren. Tankred, der seit dem Frühjahr 1101 in Antiochia die Regentschaft führte, suchte bis zur Freilassung seines Onkels lediglich den Kampf mit den Byzantinern (in Kilikien und Laodicaea/al-Lāḏiqīya), nicht aber mit islamischen Herrschaften.

Zu einem regelrechten Abkommen zwischen Antiochia und Aleppo kam es erst nach der Rückkehr Bohemunds I. nach Antiochia/Anṭākiya (1103): Lothringische und normannische Truppen beantworteten eine Razzia des aleppinischen Gouverneurs (*wālī*) von Hasor/ʻAzāz mit der Eroberung von al-Muslimīya (15 km nördlich von Aleppo) und erhoben Tribute (*qaṭā'iʻ*) von den umliegenden Gebieten. Schließlich traten sie in Verhandlungen mit Riḍwān, die in ein Abkommen mündeten: Für 7000 Dīnāre und 10 Pferde ließen die Franken ihre Gefangenen, die Emire ausgenommen, frei. Verschiedene Quellen deuten daraufhin, daß in al-Muslimīya eine umfangreichere Friedensregelung erreicht wurde, als expressis verbis bekannt ist, denn offensichtlich hat Bohemund I. auch weiterhin die Landstriche nord- und südwestlich von Aleppo (al-ʻAwāṣim, Qinnasrīn) besteuert [17].

Unser Wissen über diesen ersten antiochenisch-aleppinischen Vertrag erhält eine viel weitere Dimension, wenn man den auf den Angaben des šīʻitischen Historikers Ibn abī Ṭaiyi' (575- ca.630 a.h./1180-ca.1233) fußenden Bericht des Geographen Ibn Šaddād (613-684 a.h./1217-1285) heranzieht. Beide stammten aus Aleppo. Danach hätten die Klauseln des Friedensvertrages (*muṣālaḥa*) den Aleppinern neben einem in Geld und Pferden zu zahlenden Jahrestribut (*qaṭīʻa*) auch die Installation einer Glocke in der Moschee der Zitadelle und die Errichtung eines Kreuzes auf dem Minarett der Moschee aufgenötigt! Die

---

16 b. al-ʻAdīm, Zubda, Bd. 2, S. 143-144; Cl. Cahen, Syrie, S. 227-228.

17 b. al-ʻAdīm, Zubda, Bd. 2, S. 145-146; b. al-Aṯīr, Kāmil, Bd. 10, S. 345.

Glocke soll tatsächlich jahrelang zur Dämmerung, Mitternacht und zu Tagesbeginn geläutet haben. Das Kreuz dagegen sei auf Intervention des *ra'īs* (Bürgervorstehers) Kadi Ibn al-Ḫaššāb, nach Rücksprache mit den Franken auf die Helenenkirche verlegt worden, wo es bis 581 a.h./1124 zu sehen gewesen sei [18].

Bohemund I. schloß 1103 demgemäß einen Vertrag, der Riḍwān auf nicht näher festzustellende Zeit zum Tributär Antiochias machen sollte, und drängte darauf, die Abhängigkeit Aleppos durch die ostentative Präsenz christlicher Symbole in der Residenz seines Vertragspartners zu unterstreichen. Die Frage, ob Kreuz und Glocke als Herrschaftsinsignien dienen und eine normannische Oberherrschaft kenntlich machen sollten, wird uns später noch interessieren.

c) Zwischen 1104 und 1106 brachen die Kämpfe zwischen Aleppo und Antiochia nach dem Debakel des lothringisch-normannischen Kriegszuges gegen Ḥarrān, der mit der vernichtenden Niederlage der Franken am Bālīḫ (7. Mai 1104) gegen die Emire Čökürmiš (Ǧikirmiš) von Mossul und Sukmān b. Artuq endete, erneut aus. Tankred, seit der Abreise Bohemunds I. nach Europa wieder Regent und infolge der Gefangenschaft Balduins II. von Edessa seit der Schlacht am Bālīḫ zeitweilig auch Herr über dessen Grafschaft, machte jedoch nach seinem Sieg bei Artasia/Artāḥ über Riḍwān (April 1105) alle türkischen Rekuperationen rückgängig. Spätestens als sich Riḍwān im Mai 1106 gegen Čökürmiš von Mossul wandte, existierte wieder ein Waffenstillstandsvertrag (*hudna*) zwischen beiden Seiten. Es ist zu vermuten, daß 1106 nur das Abkommen von al-Muslimīya (1103) fortgeschrieben wurde [19]. Einen Vertrag (*ṣulḥ*) soll Tankred übrigens schon kurz vor der Schlacht bei Artasia/Artāḥ angeboten haben [20].

d) Vom Sommer 1106 bis Ende 1110 herrschte Frieden zwischen Tankred und Riḍwān. Dieser Zustand wurde nur kurz gestört durch die gescheiterte Rebellion des Gouverneurs Ḫuṭluġ (503 a.h./1109-1110), der bereit war, den Normannen Hasor/'Azāz gegen ein Tauschobjekt zu übergeben. Die Operationen Tankreds richteten sich in dieser Zeit, nach der

---

[18] 'Izz ad-Dīn b. Šaddād, A'lāq (Aleppo), S. 40-41. Vgl. E. Sivan, L'Islam, S. 32-33.

[19] b. al-Qalānisī, S. 157; b. al-Aṯīr, Kāmil, Bd. 10, S. 405-406. Zur Schlacht am Bālīḫ vgl. R. L. Nicholson, Tancred, S. 138-147; Cl. Cahen, Syrie, S. 237-238; R.L. Nicholson, Joscelyn I, Prince of Edessa, Urbana 1954 (Illinois Studies in the Social Sciences, XXXIV, 4), S. 6-11; A.A. Beaumont, Albert, S. 126-128.

[20] b. al-Aṯīr, Kāmil, Bd. 10, S. 393; b. al-'Adīm, Zubda, Bd. 2, S. 150-151, weiß nichts davon.

Erwerbung von Apamea/Fāmiya am Orontes, gegen die Byzantiner (1106/1107, 1109/1110), die Emire von Šaizar (1108,1110) und die Herrschaft der Kadifamilie 'Ammār an der Küste (1109,1110), nicht aber gegen Aleppo. Im Gegenteil: Die Jahre 1108 bis 1110 bezeichneten eine Periode intensiver militärischer Kooperation zwischen Normannen und Aleppinern. Sie resultierte zum einen aus der Absicht Tankreds, Edessa dem aus islamischer Haft freigelassenen Grafen Balduin II. nur gegen einen Lehnseid zurückzugeben. Ihr zweiter Hauptgrund bestand in der Rivalität zwischen Riḍwān und Čāvlī Saqāveh (Ǧāwali Saqāwa) von Mossul um die Vorherrschaft am Euphrat:

Der normannisch-lothringische Konflikt des Jahres 1108 war weit mehr als nur eine „innerfränkische" Auseinandersetzung lehnrechtlicher Natur und unterstreicht nachdrücklich die Eingebundenheit der fränkischen Vertrags- und Allianzpolitik in die Geschichte des gesamten nordsyrischen und nordmesopotamischen Raumes. Balduins II. unmittelbares Ziel, die Herausgabe seiner Grafschaft Edessa durch Tankred, wurde nach wiederholten Razzien der Lothringer und des ihnen verbundenen Kogh Vasil gegen antiochenisches Gebiet durch einen Schiedsspruch des Patriarchen von Antiochia im September 1108 zwar erfüllt. Damit war der Status quo ante wiederhergestellt. Dies bewirkte aber noch längst kein Ende der Konfrontation zwischen Normannen und Lothringern. Denn Balduin II. hatte seine Freilassung durch Čāvlī der Tatsache zu verdanken, daß der Türke dringend auf Parteigänger für seinen Kampf gegen den Emir Maudūd, den Sultan Muḥammad (1105-1118) gegen ihn entsandt hatte, angewiesen war. Ein Hilfsversprechen Balduins zugunsten von Čāvlī war die wichtigste Freilassungsbedingung gewesen. Mit dieser Allianz wurde Čāvlī unmittelbar in den edessenisch-antiochenischen Konflikt involviert. Andererseits verwickelte sein eigener Angriff auf Riḍwān von Aleppo aber auch Graf Balduin II. und Joscelin I. von Courtenay, den Herrn von Turbessel/Tall Bāšir, in die türkischen Machtkämpfe am Euphrat und damit in eine neue Auseinandersetzung mit Tankred.

Der Verlauf dieser für Tankred und Riḍwān siegreichen Kämpfe ist an dieser Stelle nicht so sehr von Interesse wie die Argumentation des Riḍwān, mit der er Tankred überzeugte, ihn gegen Čāvlī zu unterstützen: Riḍwān soll geargwöhnt haben, daß Čāvlī nach der Eroberung von Aleppo trachtete. Gelänge sein Ansinnen, soll er Tankred klargemacht haben, so „bleibt für die Franken zusammen mit ihm kein Platz (*lā maqām*) mehr in Syrien ... . Richtig wäre, daß wir, Du und ich, gegen ihn eins werden, um ihn aus diesen Gebieten zu vertreiben" [21]. In der Argumentation des Fürsten von Aleppo findet sich einer der ersten Belege für eine Art gemeinsamen strategischen Denkens der syrischen Partikularstaatswesen, wie es drei Jahrzehnte später auch hinter der Entente zwischen den Būrīden von Damaskus und dem Königreich Jerusalem gegen die zengīdische Expansionspolitik stand.

e) Die Grenzen dieses Denkens macht die Phase von 1110 bis 1112/1113 deutlich. Die aleppinisch-antiochenische Allianz dauerte genauso lange wie die Bestrebungen des Čāvlī, mit Hilfe seiner lothringischen Verbündeten in Syrien Fuß zu fassen. Als die Türken im Jahre 1110 unter Maudūd, der Čāvlī zwei Jahre zuvor aus Mossul verdrängt hatte, den vereinigten Franken am Euphrat eine empfindliche Niederlage beibrachten, war dies das Signal für Riḍwān, die Normannen aus den Gebieten südwestlich von Aleppo zu vertreiben. Was folgte, ähnelt stark dem Geschehen der Jahre 1104 bis 1105: Tankred gelang rasch die Wiedereroberung aller eben verlorenen Orte, einschließlich der Burgen von Cerepum/al-Aṯārib und Sardona/Zardanā, und schloß dann einen Vertrag (*ṣulḥ, muwāda'a*), über dessen Klauseln die Berichte der Quellen divergieren. Sehr wahrscheinlich verpflichtete er Aleppo wiederum zur Freilassung von Gefangenen und einem in Geld, Pferden und Stoffen zu leistenden Jahrestribut [22]. Zur Erntezeit 1111 mußte Tankred nochmals nach Cerepum/al-Aṯārib ziehen, um die Einhaltung der Vertragsbedingungen durchzusetzen [23].

Sobald den fränkischen und islamischen Herrschaften Syriens jedoch neue Gefahr aus dem Osten drohte, wurde das aleppinisch-antiochenische Verhältnis wieder enger: Riḍwān verweigerte im Sommer 1111 einer türkischen Koalitionsarmee unter Maudūd mit dem Hinweis auf den mit Antiochia geschlossenen Vertrag die Unterstützung. Die Türken räch-

---

[21] b. a. Ṭaiyi' bei b. al-Furāt, Bd. 1 (ed. Shamy), S. 86-87/arab. S. 53. Ähnlich bei b. al-Aṯīr, Kāmil, Bd. 10, S. 464-465. Beide Quellen geben verschiedene Darstellungen der Vorgeschichte.
Allgemein vgl. R.L. Nicholson, Tancred, S. 171-178; Cl. Cahen, Syrie, S. 249-251; R.L. Nicholson, Joscelyn I, S. 14-20.

[22] b. al-Qalānisī, S. 170-171; b. al-Aṯīr, Kāmil, Bd. 10, S. 482; b. al-'Adīm, Zubda, Bd. 2, S. 155-156. Zur Diskussion der Vertragsbedingungen vgl. R.L. Nicholson, Tancred, S. 206-207 und H.A.R. Gibb, Notes, S. 749-750.

[23] b. al-'Adīm, Zubda, Bd. 2, S. 157: Tankred erreichte die Zahlung der vereinbarten Summe, Freilassung armenischer Gefangener und die Rückkehr der Frauen der Bauern von Cerepum/al-Aṯārib, die während der Kämpfe in Aleppo Schutz gesucht hatten.

ten sich darauf mit schrecklichen Verwüstungen in den Ländern des Riḍwān und töteten, wie jedenfalls Albert von Aachen überliefert, seinen Sohn als Geisel [24]. Das Verhalten des Riḍwān erscheint um so aufschlußreicher, wenn man zweierlei berücksichtigt:

— Erstens wurde der Vormarsch des Maudūd durch die Krawalle einer aus Händlern und religiösen Persönlichkeiten zusammengesetzten aleppinischen Deputation in Bagdad mitbedingt. Sie hatte vor allem die angebliche Übermacht der Franken beklagt, wie sie in der Eroberung von Tripolis und den Verträgen von 1110/1111 zum Ausdruck gekommen sei [25].

— Zweitens setzte Riḍwān seine Neutralität gegenüber den eigenen Untertanen durch, indem er den Bürgern seiner Stadt Geiseln abforderte, ihnen den Zugang zu den Mauern verwehrte und sich bei der Verteidigung ganz auf ihm treu ergebene Assassinen/Bāṭinīya-Milizen und, nach Ansicht der Chronisten, kriminelle Elemente (ḥarāmīya) stützte [26].

Nach dem Abzug der türkischen Koalitionsarmee flammten die Spannungen zwischen Aleppo und Antiochia bis zum Tode Tankreds 1112 wieder auf. Die Normannen eroberten Hasor/ʿAzāz und lehnten einen Waffenstillstandsvertrag ab. Riḍwān reagierte darauf, indem er eine Allianz mit Ṭuġtegīn von Damaskus schloß [27].

Nach dieser Übersicht lassen sich die fränkisch-türkischen Beziehungen in den ersten anderthalb Dekaden nach der Ankunft des ersten Kreuzzugs in Nordsyrien näher charakterisieren: Die kriegerischen Handlungen zwischen Antiochia und Aleppo waren fast sämtlich typische Beutezüge (Razzien), die die Burgen und Gebiete südlich und nördlich beider Städte zum Ziel hatten. Sie unterschieden sich in nichts von den Kriegszügen der türkischen Herren beider Herrschaften v o r 1098. Umstritten waren vor und nach 1098 die natürlichen Einzugsgebiete beider Metropolen. Der Besitz dieser Landschaften war von strategischem Interesse, vor allem aber deswegen bedeutsam, weil ihre Erträge den jeweiligen Fürsten beider Herrschaften den Unterhalt größerer Truppenkontingen-

---

[24] Albert v. Aachen, XI, XXXIX, S. 682; b. al-Aṯīr, Kāmil, Bd. 10, S. 486.

[25] b. al-Qalānisī, S. 173; b. al-ʿAdīm, Zubda, Bd. 2, S. 157; b. al-Aṯīr, Kāmil, Bd. 10, S. 483.

[26] b. al-Qalānisī, S. 175; b. al-ʿAdīm, Zubda, Bd. 2, S. 159-160.

[27] b. al-ʿAdīm, Zubda, Bd. 2, S. 163; Albert v. Aachen, XI, XLIII, S. 684. In der Nennung des Herrschers in der Freitagspredigt (*ḫuṭba, daʿwa*) und der Münze (*sikka*) drückt sich nach islamischen Usus die Unterstellung unter einen Oberherrn aus.

te ermöglichten[28]. Direkte Angriffe auf Antiochia/Anṭākiya oder Aleppo fanden nach der normannischen Landnahme erst einmal nicht statt. Es herrschte im Gegenteil während eines Großteils der Zeit von 1098 bis 1112 eine durch — nach islamischem Usus offensichtlich befristete — Verträge (lat.: *amicitia*; arab.: *ṣulḥ, muwāda'a, hudna*) abgesicherte Waffenruhe, für die den Aleppinern Tribute oder Geiseln für noch ausstehende Summen auferlegt wurden. Nicht der Konflikt zwischen Antiochia und Aleppo, sondern die Auseinandersetzungen der Normannen mit den Byzantinern im Norden, den Provenzalen im Süden[29] und der Kampf verschiedener türkischer Fürsten um die Macht von Mossul und am Euphrat bestimmten die Geschichte Nordsyriens. Es zeigt sich weiter, daß die Verträge den Fürsten über ihre wirtschaftliche Bedeutung für die Versorgung der Städte und Finanzierung der Truppen hinaus dazu dienten, Kämpfe gegen mehrere Gegner zugleich zu vermeiden. Die Waffenstillstände konnten sogar in fränkisch-türkische Bündnisse einmünden, denn angesichts einer gemeinsamen Bedrohung ihrer Position schreckten Tankred und Riḍwān wie 1108 und etwas undeutlicher 1111 nicht vor gemeinsamem Handeln zurück. Solche Bereitschaft zu einer pragmatischen Koexistenzpolitik, wie sie hier exemplarisch für die Beziehungen zwischen Antiochia und Aleppo gezeigt wurde, war kein Einzelfall:

1103 wurde Bohemund I. von Ibn Dānišmand aus der Gefangenschaft entlassen. Vorausgegangen war ein umfangreiches diplomatisches Tauziehen zwischen dem byzantinischen Basileus, dem türkischen Sultan von Iconium/Qunya, dem fränkischen Grafen von Edessa und dem armenischen Fürsten Kogh Vasil. Sie alle versuchten entweder, am Lösegeld zu partizipieren oder durch möglichst hohe Geldangebote Bohemund I. in die jeweils eigene Hand zu bekommen. Ibn Dānišmand gab dann den von Bohemund selber vorgeschlagenen Vertragsbedingungen vor einer finanziell attraktiveren Offerte aus Konstantinopel die Präferenz. Denn der Normanne verpflichtete sich eidlich nicht nur zur Zahlung von 100000 Bezants, sondern ebenfalls zu einer A l l i a n z mit dem Türken gegen Byzanz und Iconium/Qunya. Albert von Aachen, dessen Quellen unbekannt sind, gebraucht bei der Schilderung dieses Abkommens Wendungen, die keinen Zweifel an der mit militärischer Dienstpflicht verbundenen vasallenähnlichen Position lassen, zu der sich Bohemund

---

[28] Radulph v. Caen, CLIV, S. 714; B. Kugler, Boemund und Tankred. Fürsten von Antiochia, Tübingen 1862, S. 35; R.L. Nicholson, Tancred, S. 227.

[29] Vgl. J. H. und L.L. Hill, Raymond, S. 142-157.

1103 gegenüber den Türken bereiterklärte[30]. Ein weiteres Beispiel:

Am 14. September 1106 gelang Tankred die Erwerbung von Apamea/Fāmiya am Orontes. Zuvor war der Stadtherr Ḫalaf b. Mulā'ib durch Anhänger der Assassinen/Bāṭinīya umgebracht worden, die unter dem Befehl des aus Sarmenia/Sarmīn stammenden Kadi Abū 'l-Fatḥ (oder Abū 'l-Qiniǧ) und mit Aleppo im Bunde standen[31]. Die Auslieferung der Stadt ist unter mehreren Aspekten interessant:

— Bei der Belagerung befanden sich im Gefolge Tankreds zwei Söhne des ermordeten Stadtherrn: Muṣbiḥ, der vor den Attentätern Zuflucht in Šaizar gesucht hatte, und sein Bruder, der aus damaszenischen Diensten nach Norden geeilt war, um den Vater zu rächen. Beide stachelten Tankred, der schon im Frühjahr 1106 kurz vor Apamea/Fāmiya gestanden hatte, gegen die Assassinen/Bāṭinīya auf, schlossen mit ihm ein Bündnis und wurden für ihren Kriegsdienst entlohnt[32].

— Tankred eroberte Apamea/Fāmiya nicht gewaltsam. Er schloß statt dessen einen Übergabevertrag mit Sicherheitsgarantie (*amān*) mit dem aus Aleppo gekommenen Bāṭinīya-Führer Abū Ṭāhir, der den Normannen die Einkünfte des Ortes sicherte, Abū Ṭāhir aber Schutz für Leib und Leben und den Einwohnern sicheres Verbleiben garantierte. Tankred setzte die Erfüllung dieses Abkommens gegen die Rachegelüste der Söhne des Ibn Mulā'ib durch, legte eine Garnison in den Ort und kehrte nach der Hinrichtung des Hauptverschwörers Abū 'l-Fatḥ/Abū 'l-Qiniǧ nach Antiochia/Anṭākiya zurück. Albert von Aachen läßt Tankred seine Vertragstreue folgendermaßen begründen: Es sei nicht Sitte der Christen, gegebene Treue zu brechen, selbst wenn man es hier mit einem perversen und meineidigen Vertragspartner zu tun habe[33].

---

[30] Albert v. Aachen, IX, XXXV, S. 612: *Si ... ad servitutem et amicitiam meorum animadverteris ... certus sis amicitiae cunctorum confratrum meorum, et militare obsequium eorum ... tibi in omni fide et subjectione paratum.*
Vgl. ähnlich das Scriptum Galeranni episcopi de miraculo Boimundi, in: AASS 6, Nov. III, S. 160-168. Die anderen in Frage kommenden Quellen berichten nichts von der Allianz. Vgl. R. B. Yewdale, Bohemond I, S. 96-98, und N. Zbinden, Ritter, S. 128-129.

[31] Alle arabischen Berichte beruhen auf b. Zuraiq (bei al-'Ulaimī) bei b. al-'Adīm, Buġya, S. 129-130; Usāma b. Munqiḏ bei b. al-'Adīm, Buġya, S. 131, und b. al-Aṯīr, Kāmil, Bd. 10, S. 208-210.

[32] Vgl. Anm. 30 und Albert v. Aachen, X, XXI, S. 641. Zu den Belegen arab. Chroniken vgl. Anm. 31 und 33.

[33] Albert v. Aachen, X, XXIII, S. 642; b. al-Aṯīr, Kāmil, Bd. 10, S. 210; b. al-Qalānisī, S. 189. Ders., S. 150, wertet die Gefangennahme des Abū Ṭāhir und das Ende des Abū 'l-Fatḥ/Abū 'l-Qiniǧ fälschlich als Vertragsbruch.

— Die Söhne des Ibn Mulā'ib blieben im Dienst der Normannen und bekamen von Tankred verschiedene Dörfer zugewiesen! Albert von Aachens Formulierung *filios ... occisi principis in regione civitatis Femiae plurimis praefecit locis* läßt allerdings offen, ob die Landvergabe Tankreds eine vollgültige B e l e h n u n g der beiden Türken darstellte [34].

Im Bund mit einem arabischen oder türkischen Emir stand Tankred auch im Frühjahr 1111 bei der Belagerung und Eroberung der Festung Bikisrā'īl, ca. 20 km östlich von Gabula/Ǧabala [35]. Handelte es sich hier jedoch um eine regelrechte K o a l i t i o n wie schon 1108 mit Riḍwān von Aleppo, so wurden 1106 im Fall von Apamea/Fāmiya türkische Truppen von Tankred in D i e n s t genommen. Falls die Besoldung ihrer Führer in Form von Belehnungen erfolgte, so wäre dies der erste Fall einer Einbeziehung von Nichtchristen in den fränkischen Lehnsnexus, der für den Orient bekannt ist. Die Quellen sind allerdings zu wenig aussagekräftig, um dies mit Sicherheit behaupten zu können.

Daß es am normannischen Hof in Antiochia/Anṭākiya türkische Truppen gab, bestätigt auch Ibn al-Qalānisī (465-555 a.h./1073-1160) [36]. Ein anderer arabischer Zeitgenosse, Usāma b. Munqiḏ (488-584 a.h./1095-1188) berichtet von dem Sklaven eines Ibn abī 'r-Raidā' namens 'Alī, der nach dem Tode des Ḫalaf b. Mulā'ib seine Razzien gegen die Muslime im Dienst des fränkischen Herrn von Capharda/Kafarṭāb durchführte [37]. Nichts illustriert die Politik Tankreds gegenüber den Türken jedoch besser als der Fall des Seldschukenprinzen Ibn Tekš (Tikiš):

Ibn Tekš, ein Enkel des Sultan Alp Arslān (1063-1072), mußte im Jahre 506 a.h. (1112/1113) vor seinem Cousin, dem regierenden Sultan Muḥammad (1105-1118), aus dem 'Irāq flüchten. Er ging nach Syrien, wurde in Ḥamāh und Ḥimṣ abgewiesen und fand nach einer Zwischenstation in Aleppo erst in Antiochia/Anṭākiya auf Dauer Gastrecht (*iǧāra*). Hochgeehrt diente er dort bei den türkischen Truppen der Normannen und zog erst nach Tankreds Tod über Sidon/Ṣaidā nach Ägypten weiter. Möglicherweise hat Tankred auch ihm Ländereien oder, wie es wenigstens im Königreich Jerusalem anfangs üblich war, ein Rentenle-

---

[34] Albert v. Aachen, X, XXIV, S. 642. Radulph v. Caen, CLVI, S. 715, berichtet nur über die Razzia Tankreds im Frühjahr 1106.

[35] Albert v. Aachen, XI, XLV, S. 685; al-'Aẓīmī, S. 380.

[36] b. al-Qalānisī, S. 183. Vgl. N. Zbinden, Ritter, S. 37-39.

[37] Usāma b. Munqiḏ, I'tibār, S. 94-95.

hen (*fief en bezants*) zugewiesen [38].

Die Kooperation von Türken und Normannen, die Tatsache, daß ein Mitglied des seldschukischen Herrscherhauses in Antiochia/Anṭākiya um Asyl nachsuchen konnte, die Einhaltung abgeschlossener Verträge mit Apamea/Fāmiya und Šaizar [39], die in der Festnahme Raimunds von Toulouse 1102 durch Tankred zum Ausdruck kommende Rivalität mit den Provenzalen und der Dauerkonflikt zwischen Antiochia und Edessa seit 1104 — all dies beweist deutlich, daß das Vorgehen der Normannen und der Türken nach 1098 nicht als „christlich", „islamisch" oder den Theorien des Heiligen Krieges oder Kampfes gemäß bezeichnet werden kann. Es handelt sich vielmehr um die Fortsetzung der Machtpolitik rivalisierender Herrschaftszentren aus der Zeit vor 1098. Dieses Verhaltensmuster soll mit Cl. Cahen im folgenden „syrisch" genannt werden [40]. Ein wesentliches Charakteristikum dieses syrischen Denkens der fränkischen und türkischen Herrschaftseliten war es, daß die einzelnen Staatswesen aller Rivalitäten zum Trotz im Falle einer Bedrohung von außerhalb Syriens auch gegen den Widerstand der nichtfränkischen oder -türkischen Bevölkerung (wie 1108 und 1111) zusammenstanden. Das läßt sich im nordsyrischen Raum nicht nur für Antiochia, sondern auch für Edessa/ar-Ruhā, Aleppo und Ḥimṣ konstatieren:

Im Jahre 1108 zögerten Balduin II. von Edessa und Joscelin I. von Turbessel/Tall Bāšir — genauso wie Bohemund I. 1103 — nicht, ihre Freilassung aus türkischer Haft mit einer Allianz zu erkaufen. Sie verpflichteten sich gegenüber Čāvlī von Mossul, diesem gegen seine Feinde — Riḍwān von Aleppo und den vom Sultan gegen ihn gesandten Maudūd — beizustehen. Die ganze religiöse Indifferenz der lothringischen Politik macht ein Vorfall deutlich, der sich 502 a.h. (1108/1109) im isla-

[38] Ders., S. 183 und 189. Zur Belehnung mit Geld oder Ländereien vgl. J. Prawer, Les premiers temps de la féodalité du royaume latin de Jérusalem — une reconsidération, in: Tijdschrift voor Rechtsgeschiedenis/Revue historique de droit 22 (1954), S. 401-424, und ders., La noblesse et le régime féodal du royaume latin de Jérusalem, in: Le Moyen Age 65 (1959), S. 41-74, bes. S. 43-44, 59-61.

[39] Vgl. Usāma b. Munqiḏ, I'tibār, S. 48-50 und 52.

[40] Cl. Cahen, Syrie, S. 241: „Tancrède sera ... habile aussi à contracter alliance avec tous les éléments indigènes; bref, ce sera un Syrien." Cahen scheint damit die Mentalität Tankreds von der Bohemunds unterscheiden zu wollen. Die Politik Bohemunds divergiert aber nicht grundsätzlich von der seines Nachfolgers. Wenn Bohemund wirklich von der Errichtung einer Großmacht von Ägypten bis nach Melitene/Malaṭya träumte, wie B. Kugler, Boemund, S. 17 und 27, spekulierte, so war dies keine „christliche", sondern normannische Politik. Sie richtete sich gegen alle Rivalen, Christen ebenso wie Muslime.

misch besiedelten, aber zur Grafschaft Edessa gehörigen Sororgia/Sarūǧ abspielte:

Der *ra'īs* (Bürgervorsteher), ein zum Christentum übergetretener islamischer Apostat, kränkte die türkischen Alliierten Balduins durch Schmähreden gegen den Islam. Als die Muslime ihn deswegen schlugen und daraufhin Streit zwischen Franken und Türken auszubrechen drohte, ließ der Graf den *ra'īs* mit dem Argument, dies nütze weder ihnen noch den Muslimen, hinrichten und rettete so die Allianz mit Čāvlī [41]. Deren gemeinsamer Feind war zu diesem Zeitpunkt die Koalition zwischen Aleppo und Antiochia, also wiederum eine muslimische zusammen mit einer fränkischen Macht.

Nicht weniger exemplarisch ist das Verhältnis von Riḍwān in Aleppo zu Ǧanāḥ ad-Daula in Ḥimṣ während der Etablierung der fränkischen Staaten in Nordsyrien:

Beide Fürsten waren seit dem Sommer 1097, also noch vor dem Eintreffen des ersten Kreuzzuges, miteinander verfeindet. Weder die Herrschaftsgründung der Normannen in Antiochia/Anṭākiya noch die der Lothringer in Edessa/ar-Ruhā vermochte es, die rivalisierenden türkischen Fürsten miteinander zu versöhnen. 495 a.h. (1101/1102) eroberte Ǧanāḥ ad-Daula alle Gebiete im Südwesten Aleppos, die Riḍwān hatte halten oder den Normannen wiederabgewinnen können. Seine Kriegszüge richteten sich ebenso gegen Antiochia wie gegen Aleppo. Nur zu einem einzigen Zeitpunkt, im Frühjahr 1103, kam es zu einer Annäherung zwischen Ḥimṣ und Aleppo, als nämlich Duqāq von Damaskus am Euphrat ar-Raḥba durch Tausch erwarb und damit seine bereits 493 a.h. (1099/1100) in Nordmesopotamien (al-Ǧazīra) gewonnene Stellung [42] zur Bedrohung für die verfeindeten nordsyrischen Partikularherrschaften wurde [43].

Es ist symptomatisch zu sehen, daß nicht die Franken, sondern eine Gefahr von islamischer Seite die Fürsten von Aleppo und Ḥimṣ zusammenführte. Doch nicht für lange: 1103 fiel Ǧanāḥ ad-Daula einem Mordanschlag der von Riḍwān protegierten Assassinen/Bāṭinīya zum Opfer [44].

---

[41] b. al-Aṯīr, Kāmil, Bd. 10, S. 462.

[42] b. al-Qalānisī, S. 137.

[43] b. al-'Adīm, Zubda, Bd. 2, S. 145-147; b. al-Aṯīr, Kāmil, Bd. 10, S. 363.

[44] Die ältesten Quellen, darunter Exzerpte von Usāma b. Munqiḏ, Abū 'l-Muġīṯ Munqiḏ und al-'Aẓīmī, finden sich zusammengefaßt bei b. al-'Adīm, Buġya, S. 121-123.

Islamische Solidarität war auch kein Kriterium für die Politik der Emire von Šaizar und Apamea/Fāmiya am Orontes. Usāma b. Munqiḏ (488-584 a.h./1095-1188) berichtet, wie die Truppen beider Herrschaften am 25. Juli 1104 zu einem gemeinsamen Angriff gegen das fränkische Asfūnā (bei Capharda/Kafarṭāb) zusammentrafen. Was sich auf den ersten Blick als Allianz von Glaubenskämpfern zum *ǧihād* (Heiligen Kampf) ausnahm, erwies sich sehr bald als eine von Ḫalaf b. Mulā'ib von Apamea/Fāmiya erdachte Falle für seine Konkurrenten aus Šaizar. Statt die Franken anzugreifen, ließ Ḫalaf seine Leute plötzlich auf die Alliierten einhauen, die sich nur mit Mühe retten konnten [45]. Hier wird besonders deutlich, wie tribale und dynastische Rivalitäten die islamische Verpflichtung zum *ǧihād* überlagerten.

Die Frage, ob die fränkischen Staatengründungen eine gemeinsame islamische Reaktion provozierten, wird später noch zu beantworten sein. Vorerst kann aber bereits festgehalten werden, daß der erste Kreuzzug die seit 1097 bestehenden Bündnisverhältnisse in Nord- und Zentralsyrien nicht nachhaltig durcheinanderbrachte. Dadurch, daß in Antiochia/Anṭākiya und Edessa/ar-Ruhā türkische und armenische Herrscher durch normannische und lothringische Fürsten ersetzt wurden, veränderten sich die Interessen der verschiedenen Staatswesen, ihre Rivalitäten und deswegen auch die Bündnisverhältnisse n i c h t. Der Herrschaftspartikularismus beherrschte weiterhin die Politik. Aleppo blieb mit Damaskus und Ḥimṣ verfeindet, die kleinen Emirate am Euphrat und am Orontes, sofern sie überlebten, verhielten sich nach Möglichkeit neutral.

* * * * *

Gegenüber der von der Existenz einer Vielfalt rivalisierender Herrschaften gekennzeichneten Lage Nordsyriens, die den Abschluß fränkisch-islamischer Verträge und Allianzen während des ersten Kreuzzugs und in seiner unmittelbaren Folge begünstigte, wies die Situation Südsyriens wesentliche Unterschiede auf. Die Gründung der beiden fränkischen Staaten im Norden vollzog sich in bereits historisch gewachsenen Herrschaftszentren und stellte in dem seit Jahrzehnten andauernden Herrschaftspartikularismus qualitativ kein Novum dar. Vom ersten Augenblick an wurde die Politik der Normannen und Lothringer in eben demselben Maß wie die der türkischen Fürsten von Mossul, Aleppo oder Ḥimṣ von den innerseldschukischen Konflikten im 'Irāq und dem Machtverfall der arabischen Stämme betroffen.

---

[45] Usāma b. Munqiḏ, I'tibār, S. 38 und 71.

Von diesen Faktoren blieb der Süden allein schon wegen der größeren geographischen Entfernung zu den Zentren seldschukischer Macht wenig berührt. Anstelle der Vielfalt regionaler Herrschaften im Norden gab es hier nur zwei Machtzentren von mehr als lokaler Bedeutung: das fāṭimīdische Ägypten und das türkische, seit 1079 seldschukische Damaskus. Die Rivalität zwischen diesen beiden um die Vorherrschaft an der Küste, in Palästina und Zentralsyrien war seit drei Jahrzehnten das bestimmende Moment der Machtpolitik im Süden gewesen. Die Herrschaftsstrukturen innerhalb dieser beiden dominierenden Machtkomplexe dürfen allerdings nicht als denen des modernen Flächen- und Territorialstaates analog verstanden werden. Die Gouverneure (*wulāt*) der größeren Städte, besonders im ägyptischen Machtbereich, konnten autonom genug operieren, um mit den Franken in eigene Vertragsbeziehungen zu treten. Damaskus übte über die von ihm abhängigen Unterzentren — vor allem Ba'labakk und Buṣrā, die dem im Entstehen begriffenen Königreich Jerusalem benachbart lagen — eine striktere Kontrolle als Ägypten über die seinen aus. Erst ab 1104 ergab sich für die Franken die Chance zur Aufnahme direkter Kontakte zu den Gouverneuren (*wulāt*) dieser Gebiete, als sich dort während der damaszenischen Thronfolgekrise nach dem Tod des Duqāq der Widerstand gegen den Atābeg Ṭuġtegīn konzentrierte.

Auch was den Charakter der fränkischen Staatsgründung angeht, lagen die Dinge in Palästina anders als in Antiochia oder Edessa. Jerusalem war vor dem Kreuzzug nicht Zentrum einer traditionell unabhängigen Herrschaft, sondern unter den Artuqiden wie Ba'labakk und Buṣrā der Herrschaft Damaskus, seit 1098 unter einem Gouverneur (*wālī*) dem Fāṭimidenreich zugeordnet gewesen. Es ist nicht mehr feststellbar, welche Länder unter den Artuqiden zum Steuerpachtbezirk (*iqṭā'*) Jerusalem gehörten. Es ist jedoch zu bezweifeln, daß Galiläa, und auszuschließen, daß die Küstenebene — also die landwirtschaftlich ergiebigen Regionen Palästinas — dazuzurechnen waren. Ein selbständiger Staat Jerusalem, wie er sich zwischen Damaskus und Ägypten 1099 konstituierte, veränderte folglich als strategischer Faktor und Vertragspartner den bestehenden Status quo und mußte erst integriert werden.

Ein zweites für den Süden spezielles Problem lag darin, daß es unter den Kreuzfahrern keine unangefochtene staatsrechtliche Konzeption für die Herrschaftsbildung in Jerusalem gab [46]. Der religiöse Charakter der

[46] Vgl. S. 64-65.

Heiligen Stätten und der Charakter des Kreuzzuges als kirchliches Unternehmen erschwerten eine rein weltliche, lehnrechtlich ausgerichtete Organisation der Eroberungen ähnlich der im Norden zunächst ganz erheblich[47]:

Gottfried von Bouillon, der erste lateinische Herrscher über Jerusalem, und seine größtenteils aus Lothringen rekrutierte Ritterschaft[48] standen seit dem Sommer 1099 mit ihrem Herrschaftsanspruch in Konkurrenz zu zwei weiteren weltlichen Fürsten, Raimund von Toulouse und Tankred. In Jerusalem selbst war Gottfried zwar anfangs unangefochten, das galt aber nicht für die Herrschaft über die Küstenebene und Galiläa. Es ist bekannt, daß sich Raimund von Toulouse nach der Schlacht von al-Biṣṣa bei Ascalon/ʿAsqalān am 12. August 1099 gegen fāṭimidische Truppen nicht mit seiner Absicht durchsetzen konnte, ein selbständiges, von Jerusalem höchstens lehnsrühriges Fürstentum Ascalon zu gründen[49]. Der Normanne Tankred, der seine galiläischen Eroberungen, ohne seine Autonomie damit aufzugeben, von Gottfried zu Lehen nahm[50], wurde erst ein knappes Jahr später, nach Gottfrieds Tod, zum Rivalen für die Lothringer: Er erhob Anspruch auf dessen Nachfolge als *advocatus Sancti Sepulchri*[51]. Endgültig entschärft wurde dieser Konflikt erst dadurch, daß Tankred im Frühjahr 1101 seine palästinensischen Besitzungen abgab, um in Antiochia die Regentschaft für den gefangenen Bohemund anzutreten.

Den spezifischen Unterschied zur Entwicklung der beiden nördlichen Staatswesen machten jedoch die Pläne des päpstlichen Legaten Daimbert von Pisa aus, die auf die Errichtung einer patriarchalen Herrschaft in Jerusalem und Jaffa/Yāfā abzielten. Obwohl Daimbert seine Konzeption gegen Gottfrieds Nachfolger Balduin I. nicht durchzusetzen vermochte, beeinflußte sie, indem sie die Etablierung eines weltlichen Königreichs verzögerte, auch die Beziehungen Jerusalems zu den ägyptischen Küstenstädten und Damaskus:

Am 25. Dezember 1099 erhielt Daimbert in Jerusalem die Patriarchenweihe als Nachfolger des unkanonisch in sein Amt erhobenen Arnulf von Chocques. Am selben Tag investierte er Bohemund I. mit Antiochia und

---

[47] Zuletzt dazu sehr ausführlich H.E. Mayer, Bistümer, Klöster und Stifte im Königreich Jerusalem, Stuttgart 1977 (Schriften der MGH, 26), S. 1-33.

[48] J. Riley-Smith, Motives, S. 724-730.

[49] R. Röhricht, Geschichte, S. 203. Zu den Staatsgründungsbestrebungen Raimunds vgl. oben S. 29 ff.

[50] S. Paoli, Codice, Bd. 1, S. 200, Nr. CLVI (RRH Nr.36).

[51] R.L. Nicholson, Tancred, S. 106-121.

Gottfried mit Jerusalem. Gottfried machte dem Patriarchen im Gegenzug eine Schenkung, deren bedeutendster Teil aus dem Besitz des griechischen Patriarchen in Jerusalem bestand [52]. Mit der Errichtung einer patriarchalen Immunität allein gab sich Daimbert noch keineswegs zufrieden. Schon am 2. Februar 1100 mußte Gottfried seiner Forderung nach der Abtretung von Jerusalem und Jaffa/Yāfā teilweise nachgeben; er konzedierte dem Heiligen Grab den vierten Teil der Stadt und des Hafens Jaffa/Yāfā [53]. Zwei Monate später, am Ostertag (1. April) des Jahres 1100, war Gottfried gezwungen, dem Drängen Daimberts noch weiter stattzugeben, wurde Lehnsmann des Heiligen Grabes und trat dem Patriarchen ganz Jerusalem mit seiner Zitadelle und dazu Jaffa/Yāfā ab. Gottfried behielt sich nach dem Bericht von Wilhelm von Tyrus (um 1130-1186) allerdings ein Nießbrauchrecht vor und gedachte die Donation de facto erst dann zu realisieren, wenn er Kairo (*Babylonia*) oder andere Städte erobert haben würde. Schließlich wurde bestimmt, daß im Falle seines Ablebens ohne männliche Erben seine Besitzungen in toto der Kirche zufallen sollten [54].

Die verfassungs- und kirchenhistorisch äußerst interessante Kontroverse zwischen Gottfried und Daimbert, die die Wissenschaft wiederholt und gerade in den letzten Jahren wieder beschäftigt hat, war für die Geschichte Jerusalems nur kurzfristig von erstrangiger Bedeutung [55]. Denn Daimbert konnte sich letzten Endes nicht durchsetzen, da die Standhaftigkeit der lothringischen Ritterschaft nach dem Tode Gottfrieds am 18. Juli 1100 die Thronfolge Balduins I. von Edessa sicherte. Daimbert mußte in diesem entscheidenden Moment auf die pisanische Flotte verzichten, die ihm vorher den nötigen Rückhalt gegeben hatte. Sie war bei

---

52 Wilhelm v. Tyrus, IX, XV, S. 387. Zur Interpretation der Investitur Gottfrieds als kirchlicher Weihe vgl. R. Hiestand, Die päpstlichen Legaten auf den Kreuzzügen und in den Kreuzfahrerstaaten vom Konzil von Clermont (1095) bis zum vierten Kreuzzug, Masch. schriftl. Habil.schrift Kiel 1972, S. 93-94.

53 Wilhelm v. Tyrus, IX, XVI, S. 388; X, IV, S. 405. Vgl. bes. E. Hampel, Untersuchungen über das lateinische Patriarchat von Jerusalem von der Eroberung der heiligen Stadt bis zum Tode des Patriarchen Arnulf (1099-1118), Diss. phil. Erlangen 1898, Breslau 1899, S. 23-33; J. Hansen, Das Problem eines Kirchenstaates in Jerusalem, Diss. phil. Freiburg/Schweiz, Luxemburg 1928, S. 41-49.

54 Brief Daimberts an Bohemund von Antiochia bei Wilhelm v. Tyrus, X, IV, S. 405, vgl. danach IX, XVI, S. 388. Andere Quellen berichten nichts davon. Vgl. J. Hansen, Kirchenstaat, S. 41-54.

55 Vgl. Anm. 52-53. Daneben F. Kühn, Geschichte der ersten lateinischen Patriarchen von Jerusalem, Diss. phil. Leipzig 1886, S. 24-29; J. Prawer, Histoire, Bd. 1, S. 261-264, und H.E. Mayer, Bistümer, S. 1-43.

Rhodos durch ein venezianisches Kontingent geschlagen worden[56]. Damit waren die Weichen für eine weltliche Herrschaft in Jerusalem gestellt.

Der Verfassungsstreit zwischen weltlicher und spiritueller Gewalt war aber deswegen für die Ausgestaltung der fränkisch-muslimischen Beziehungen in Palästina so wichtig, weil er neben der Diskontinuität in der Machtverteilung Südsyriens, die die fränkische Staatengründung darstellte, die Definition der territorialen Ausdehnung und damit des Titels der herrscherlichen Macht anfangs erschwerte. Gottfried wurde durch den Machtanspruch des Patriarchen zu einer expansiven Haltung gegenüber den islamischen Küstenstädten gedrängt, da er seine (potentiellen) Verluste an die Kirche irgendwo zu kompensieren gezwungen war. Er konnte sich zwar *advocatus Sancti Sepulchri*, durfte sich aber nicht „König" nennen. De iure mußte er in der wichtigsten Stadt seines Machtbereichs und dessen einzigem Hafen alle allodialen Rechte aufgeben. Wie ein Schreiben des Erzbischof Manasses von Reims an Bischof Lambert von Arras andeutet, hatte Gottfried schon bald nach der Eroberung Jerusalems versucht, den Königstitel anzunehmen. Nach dem Eintreffen Daimberts in Palästina war davon aber keine Rede mehr[57]. Gottfrieds Nachfolger gelang es immerhin, sich am Weihnachtstag 1100 zum König krönen zu lassen — bezeichnenderweise in Bethlehem und nicht der Hauptstadt Jerusalem[58] — doch daß Balduin auch den Titel eines *rex Jerosolimitanus* führte, läßt sich sicher erst für das Jahr 1106 belegen[59]. Die Titulatur ist in früheren Urkunden vage gefaßt und verrät andererseits den expansiven Charakter des königlichen Machtanspruchs:

Im Jahre 1100 bezeichnete Tankred den Herrschaftsbereich Gottfrieds als *regnum Asye*[60]. 1102/1103 ließ Patriarch Ebremar im Protokoll

[56] Translatio s. Nicolai, VI, S. 257-258; Anna Komnena, ed. Leib, Bd. 3, XI, X, 1-10, S. 41-46, spricht von einem byzantinischen Sieg über die Pisaner.

[57] H. Hagenmeyer, Epistulae, S. 176; Riant, Inventaire, S. 138. Zu den Krönungen der ersten lateinischen Könige von Jerusalem vgl. H.E. Mayer, Das Pontifikale von Tyrus und die Krönung der lateinischen Könige von Jerusalem ..., in: DOP 21 (1967), S. 141-232, hier S. 150-152.

[58] Fulcher Carnot., II, VI, 1, S. 384; Albert v. Aachen, VII, XLIII, S. 536-537. Caffaro, Liberatio, XII, S. 60, verlegt den Ort interessanterweise nach Jerusalem.

[59] S. Paoli, Codice, Bd. 1, S. 1, Nr.I (RRH Nr. 51). F. Kühn, Geschichte, S. 68-70, datiert diese Urkunde Balduins auf den Zeitraum zwischen dem 25.3. und 31.8.1106. Die auf 1104 datierte Urkunde Balduins für Genua (Liber iurium, S. 15-16, Nr. VIII), in der er den Titel eines *rex iudee et iherusalem* trägt, ist wahrscheinlich eine auf echter Vorlage beruhende Fälschung. Vgl. H.E. Mayer/M.L. Favreau, Das Diplom Balduins I. für Genua und Genuas Goldene Inschrift in der Grabeskirche, in: QFIAB 55/56 (1975/76), S. 22-95, hier S. 74. Die Titulatur dürfte von den genueser Fälschern ex eventu interpoliert sein.

[60] S. Paoli, Codice, Bd. 1, S. 200-201, Nr. CLVI (RRH Nr. 36).

einer Urkunde an die Jahres- und Indikationsangabe den Hinweis *Balduino vero rege inclito et christianissimo regnum Babylonie* (d.i. Kairo) *disponente* anfügen[61]. Und vermutlich 1104 wurden von Balduin die Rechte der Republik Genua beurkundet, die ihr in den mit ihrer Unterstützung zu erobernden Küstenstädten, Kairo selber eingeschlossen, konzediert werden sollten[62].

Dieser im Konflikt mit der Kirche und der ursprünglichen staatsrechtlichen Konzeptionslosigkeit mitbegründete Universalitätsanspruch mußte g r u n d s ä t z l i c h eine Status quo-Politik ausschließen. Es wird aber zu fragen sein, ob es nicht dennoch Motive gab, die den Abschluß fränkisch-islamischer Verträge in Südsyrien begünstigen konnten.

Gar nicht zu unterschätzen als Ursache für die Aporie in den nord- und südsyrischen Bündnisverhältnissen ist darüberhinaus für das gesamte 12. und 13. Jahrhundert die Abhängigkeit Jerusalems vom Zuzug bewaffneter Pilger aus Europa. Nach der Heimkehr der nicht zur Landnahme entschlossenen Kreuzfahrer zählte die Gottfried zur Verfügung stehende Ritterschaft nach wenigen Hunderten[63]. Keine bedeutendere militärische Aktion in der Geschichte des Königreichs kam ohne die Anwerbung europäischer Pilger und Söldner aus. Bei maritimen Operationen waren die fränkischen Könige fast ausschließlich auf fremde, meist italienische oder byzantinische Flottenhilfe angewiesen, und in kritischer Lage wurden wie 1119/1123, 1169 oder 1183 ausdrückliche Hilferufe ins Abendland geschickt[64]. Die Abhängigkeit der Vertragspolitik Jeru-

---

61 E. de Rozière, Cartulaire, S. 71-72, Nr. XXXVI (RRH Nr. 40).

62 Vgl. Anm. 59. Vgl. die Epitaphe der Grabmäler Gottfrieds von Bouillon (*Egypti terror Arabum fuga Perridis horror*) und Balduins I. (*quem formidabant cui dona tributa ferebant Cedar, Egyptus et Dan ac homicida Damascus*): Sabino de Sandoli, Corpus Inscriptionum Crucesignatorum Terrae Sanctae, 1099-1291, Jerusalem 1974 (Pubbl. dello Studium Biblicum Franciscanum, 21), S. 54 und 57.

63 Siehe oben S. 30, Anm. 95.

64 1119/1123 (nach dem Tode des Roger von Antiochia auf dem Ager sanguinis/al-Balāṭ): RRH Nr. 102; Andrea Dandolo, S. 269-273. Vgl. bes. den Brief Patriarch Warmunds und der Kanoniker des heiligen Grabes an Ebf. Diego Gelmirez von Santiago de Compostella, in: Historia compostellana, XXVIII, S. 309-312. J. Richard, Quelques textes sur les premiers temps de l'église latine de Jérusalem, in: Recueil des travaux offert à M. Clovis Brunel, Bd. 2, Paris 1955 (Mémoires et documents publ. par la Société de l'Ecole des Chartes, 12), S. 420-430, hier S. 426-430, äußert sich nicht zur Funktion und Berechtigung des Appells aus dem Königreich. Zu den italienischen Quellen vgl. R. Röhricht, Jerusalem, S. 162-163.
1169: Wilhelm von Tyrus, XX, XII, S. 960; Ernoul, III, S. 24-25. Vgl. die Empfehlungsschreiben König Amalrichs I. und Papst Alexanders III. in RRH Nr. 464 und Jaffé-Löwenfeld, Bd. 2, Nr. 11637-11638, S. 224-225. Vgl. auch RRH Nr. 497-498 ad 1173.

salems vom Eintreffen insbesondere italienischer Schiffsverbände machte sich besonders in den frühen Jahren des Königreichs bemerkbar, als die eigenen Kräfte noch sehr gering waren und die Hauptexpansionsrichtung gegen die fāṭimidischen Küstenstädte wies. Zwischen den Interessen der Genuesen, Pisaner und Venezianer und denen des orientfränkischen Königtums lag jedoch ein Zwiespalt, der in etwa dem Zielkonflikt zwischen den später nach Europa zurückkehrenden „Kreuzfahrern" und den sich in Syrien ansiedelnden Franken des ersten Kreuzzugs entsprach. Dieser Zwiespalt hatte die Einstellung zur Bündnispolitik, wie gezeigt worden ist, während des Kreuzzugs mitbestimmt. Beutelust sowie das Streben nach Handelsprivilegien und Besitzrechten, gepaart mit dem Gedanken der Verdienstlichkeit des Heidenkampfes, standen im ersten Jahrzehnt des Königreichs Jerusalem in einem besonders heiklen Spannungsverhältnis zu einer bewußten Vertrags- und Bündnispolitik des Monarchen, da der König nicht auf die europäische Hilfe verzichten konnte.

* * * * *

Man kann die Jahre bis zur Ankunft der Armee des Atābegs Maudūd von Mossul in Südsyrien (1113) mit Rücksicht auf Expansion und Vertragspolitik des jungen lateinischen Staates dreifach gliedern:

— Eine „artuqidische" Phase (1099-1101). In ihr geboten Gottfried und Balduin in etwa über dieselben Gebiete wie bis 1098 die Emire Sukmān und Īlġāzī b. Artuq.

— Eine Phase der Expansion gegen die Küste (1101-1112). In ihrer ersten Hälfte (bis 1106) gelang die Eroberung der Küste von Jaffa/Yāfā bis Accon/ʿAkkā und die Behauptung der Franken gegen die fāṭimidischen Rekuperationsversuche. In der zweiten Hälfte (1108-1112) richtete sich die fränkische Expansion gegen die libanesischen Hafenstädte von Tyrus/Ṣūr bis Tripolis. Beide Perioden sind nicht nur durch die Zäsur zwischen 1105 bis 1108 voneinander abgegrenzt, sondern auch dadurch, daß in der zweiten neben Ägypten auch Damaskus als Gegner der Franken auftrat.

— Eine Phase der Expansion ins Ostjordanland (1105-1111/1113). Sie beinhaltete den direkten Konflikt mit Damaskus und erste vertragliche Regelungen, die einen regional begrenzten Ausgleich mit dem seldschukischen Gegner zum Ziel hatten.

1183: Wilhelm von Tyrus, XXIII, I, S. 1133.
Zu den fränkischen Hilferufen in den Westen nach dem zweiten Kreuzzug vgl. R.C. Smail, Latin Syria and the West, 1149-1187, in: Transactions of the Royal Historical Society, 5th ser., vol. 19 (1969), S. 1-20.

Welche Art von Verträgen wurde in diesen Phasen geschlossen, und wie waren die Abkommen von fränkischer und islamischer Seite her motiviert?

Hauptquelle für den Zeitraum der „artuqidischen" Phase (1099-1100) ist Albert von Aachen, dessen Informanten für die ersten Jahre des Königreichs Jerusalem unbekannt sind[65]. Leider stehen seine Angaben meist allein, islamische Chroniken vermelden nichts über die ersten fränkisch-fāṭimidischen Verträge. Albert berichtet von einem Abkommen zwischen Gottfried und dem fāṭimidischen Küstenort Arsur/Arsūf im Herbst 1099 wie folgt:

Gottfried hatte die von Raimund von Toulouse zum Widerstand aufgemunterte Stadt vergeblich blockiert. Als Arsur/Arsūf durch die Versöhnung zwischen Gottfried und Raimund und dessen Abzug nach Norden in Isolation geraten sei, habe es einen Friedensvertrag (*de ... pace foedus*) mit dem Lothringer abgeschlossen, in dem Tributzahlungen der Muslime und (*pro stabilitate fidei et pacis*) ein Geiselaustausch vorgesehen worden seien[66]. Vermutlich handelte es sich um einen befristeten Vertrag. Etwa im Spätherbst seien die islamischen Geiseln aus lothringischem Gewahrsam entkommen, und Arsur/Arsūf habe darauf die Tribute verweigert, ohne seinerseits die fränkischen Geiseln freizulassen. Gottfried soll deshalb Arsur/Arsūf bis in den Dezember hinein belagert und anschließend eine starke Besatzung nach Rames/ar-Ramla gelegt haben, die Arsur/Arsūf mit Razzien beunruhigte und im Frühjahr die Feldarbeit unmöglich machte[67]. Da aus Ägypten keine Hilfe zu erwarten war, mußten die Muslime — so Albert — den Franken erneut Tribute zugestehen. Gottfried erhielt als Sicherheit die Schlüssel der Tore und Türme der Stadt. Es handelte sich diesmal also nicht um einen Vertrag unter Gleichen.

Nachdem die Franken mit der Neubefestigung von Jaffa/Yāfā ihre Position am Meer gestärkt hatten und neue Pilger zu Ostern (1. April) in Palästina eingetroffen waren, erbat — nach den Angaben des Chronisten — eine gemeinsame Gesandtschaft aus Ascalon/ʿAsqalān, Caesarea/Qaisārīya und Accon/ʿAkkā bei Gottfried Frieden (*pax et foedus*). Zusätzlich zu den Pferden und Maultieren, die als Geschenk mitgeführt worden waren, versprachen die Küstenstädte einen monatlichen Tribut

---

[65] P. Knoch, Studien, S. 72.

[66] Albert v. Aachen, VI, LI-LIII, S. 498.

[67] Ders., VII, I-III und VI, IX-XII, S. 507-509 und 511, 512-515; Fulcher Carnot., II, VIII, 5, S. 398.

von 5000 Bezants. Die Waffenruhe sollte nur für das Festland gelten und ließ den Seekrieg unberührt [68]. Unter Gottfried sollen auch eine Anzahl von Abkommen mit arabischen Stammesscheichs zustandegekommen sein, die den Arabern Frieden und Handelsfreiheit in Jerusalem und Jaffa/Yāfā einbrachten. Von einer fränkischen Gegenleistung ist nichts bekannt [69].

Ein analoges Vertragswerk wie das vom Frühjahr 1100 vereinbarten die Gouverneure von Ascalon/'Asqalān, Caesarea/Qaisārīya, Accon/'Akkā und Tyrus/Ṣūr im März 1101 mit Gottfrieds Nachfolger Balduin. Für Geldzahlungen konzedierte der fränkische König den Städten Waffenruhe und Verkehrsfreiheit für die „Zeit der Landwirtschaft", d.h. bis Pfingsten (9. Juni) [70]. Arsur/Arsūf war ausdrücklich von diesem Vertrag ausgenommen und wurde nach Ostern (21. April) von Balduin und einer genuesisch-pisanischen Flotte angegriffen [71].

Gemeinsam ist allen diesen Abkommen, daß sie auf Initiative der fāṭimidischen Seite zustandekamen und die Küstenstädte aus ihrer unterlegenen Position heraus Tributzahlungen, zumeist in Form von Bargeld, an Jerusalem zu richten hatten. Ob ein Geiselaustausch wie im ersten Vertrag mit Arsur/Arsūf auch sonst die Regel war, muß offen bleiben. Die Verträge waren allem Anschein nach befristet, wie es Albert für März 1101 expressis verbis berichtet. Wäre das Abkommen vom Frühjahr 1100 zeitlich unlimitiert gewesen, so hätte es genau ein Jahr später nicht nochmals zu einem ganz ähnlichen Pakt zwischen Balduin und den Küstenstädten zu kommen brauchen — es sei denn, man vermutet, daß durch den Tod Gottfrieds im Sommer 1100 das gesamte Abkommen obsolet geworden sei, da es sich um keinen überpersonalen Vertrag gehandelt habe. Dann hätten ihn die Küstenstädte allerdings wohl schon früher erneuert. So kam es aber im November 1100 zu einer Razzia Balduins I. gegen Ascalon/'Asqalān. Über die Technik des Vertragsabschlusses ist nichts Näheres bekannt [72].

Die Motive der vertragschließenden Parteien treten in den Quellen klar zu Tage. Die wirtschaftliche Lage der fränkischen Eroberungen war infolge der Kriegsschäden und der Flucht großer Bevölkerungsteile vor

---

[68] Albert v. Aachen, VII, XIII-XIV, S. 515-516; Ekkehard v. Aura, XIX, 2, S. 195-196.

[69] Albert v. Aachen, VII, XIV, S. 516. Sagenhaft ausgestaltet bei Wilhelm von Tyrus, IX, XX, S. 397-399.

[70] Albert v. Aachen, VII, LI, S. 541.

[71] Ders., VII, LIV, S. 542-543; Fulcher Carnot., II, VIII, 1-7, S. 393-400; Caffaro, Liberatio, XI-XV, S. 59-63.

[72] Vgl. allg. Fulcher Carnot., II, IV, 1, S. 370-372.

den Kreuzfahrern desolat, die Pilgerstraße nach Jerusalem unsicher [73]. Gottfried und Balduin I. hatten Mühe, ihre Truppen zu besolden und die Versorgung mit Lebensmitteln und Kriegsmaterial sicherzustellen. Albert von Aachen betont, daß Balduin sowohl dem Vertrag von 1101 als auch der Freilassung von 45 damaszenischen Gefangenen für 50000 Bezants (*pecunia inaudita*) aus Geldnot zugestimmt habe [74]. Auch Tankred in Galiläa schloß, wenn Albert recht hat, Verträge *sub ratione solidorum* ab [75]. Und daß bereits Gottfried in Geldnöten war, beweist sein Verzicht auf die Rechte an den Tributen aus Arsur/Arsūf, die er für eine Pauschale an Robert von Apulien abtrat [76].

Die Verträge bewirkten darüberhinaus das Einsetzen eines regen Handelsaustauschs besonders zwischen Ascalon/'Asqalān und Jerusalem. Bei den Abkommen mit den arabischen Scheichs machte das *commercium* sogar den eigentlichen Vertragsinhalt aus: Außer mit Lebensmitteln wurden die Franken auch mit Pferden und Kleidung beliefert [77]. Wie schwierig die Versorgung des entvölkerten Jerusalem noch für Jahrzehnte blieb, zeigen die ordnungs- und zollpolitischen Maßnahmen, die unter Gottfried mit der *Assise d'an et jour* begannen und noch 1120 die Reichsversammlung von Neapolis/Nāblus beschäftigten [78]. Die neue Verkehrssicherheit, auf die im Vertrag von März 1101 ausdrücklich rekurriert wird, diente nicht nur dem Handel, sondern verringerte auch die Gefahren für die nach Jerusalem ziehenden Pilger. Sie waren selbst während des Waffenstillstandes durch Räuberbanden, wie sie Balduin in der zweiten

---

[73] Vgl. bes. Saewulf, Relatio de pelegrinatione Saewulfi ..., S. 836-839, 847-850; Wilhelm v. Tyrus, IX, XIX, S. 393, vermutet sogar, die islamische Landbevölkerung habe den Franken bewußt schaden wollen, indem sie ihr Land nicht bebaute.

[74] Albert v. Aachen, VII, LI, S. 541: *multis indigebat thesauris in conventione solidorum militum suorum ...*; vgl. cap. LIII, S. 542.

[75] Ders., VII, XVII, S. 518, und XVIII, S. 519.

[76] Vgl. Anm. 67. Um das Besoldungsproblem ging es auch bei dem Streit zwischen Balduin und Patriarch Daimbert (1101), der zu Daimberts Absetzung führte: Albert v. Aachen, VII, LVIII-LXIV, S. 545-549.

[77] Ders., VII, XIII-XIV, S. 515-516; Ekkehard v. Aura, XIX, 2, S. 195-196.

[78] Vgl. Wilhelm von Tyrus, IX, XIX, S. 393-394. Zu Jerusalem: J. Prawer, The Settlement of the Latins in Jerusalem, in: Speculum 27 (1952), S. 490-503, ND in: ders., Crusader Institutions, Oxford 1980, S. 85-101.
Zur Assise d'an et jour: vgl. M. Grandclaude, Liste d'assises remontant au premier royaume de Jérusalem, in: Mélanges P. Fournier, Paris 1929, S. 329-345, hier S. 338. Früheste Quelle für sie ist Wilhelm von Tyrus (s.o.), die Belege aus den Rechtswerken des Königreichs finden sich bei M. Grandclaude.
Zu Neapolis/Nāblus: vgl. RRH Nr. 91 und H.E. Mayer, The Concordat of Nāblus, in: Journal of Ecclesiastical History 33 (1982), S. 531-543.

Jahreshälfte 1100 attackierte, und Beduinen genug bedroht[79]. Die Verträge vom Frühjahr 1100 und 1101 wurden bezeichnenderweise genau zu Beginn der jährlichen österlichen Pilgerfahrtsaison abgeschlossen.

In Geldmangel und der Notwendigkeit, Versorgung und Pilgerfahrt zu sichern, lagen also die fränkischen Vertragsmotive.

Die Klauseln des Abkommens vom Frühjahr 1101 in der Redaktion Alberts von Aachen spiegeln andererseits die fāṭimidischen Interessen wieder: Ruhe für die Landwirtschaft und den Verkehr[80]. Da keine militärische Hilfe aus Ägypten zu erwarten war, konnten diese Ziele nur auf dem Vertragsweg erreicht werden. Es ist jedoch zu fragen, ob sich die Politik der Küstenstädte bereits darin erschöpfte und ob der später entstandene Eindruck korrekt ist, daß die Abkommen für die islamische Seite tatsächlich nur eine Interimslösung bis zur nächsten ägyptischen Offensive darstellten. Selbst wenn man Albert von Aachens und Wilhelm von Tyrus' Berichte über das herzliche Verhältnis zwischen Gottfried und den Gouverneuren (*wulāt*) der fāṭimidischen Küstenstädte ihrer unklaren Herkunft, legendenhaften Sprache und panegyrischen Absicht wegen skeptisch betrachtet, bleiben noch genügend Indizien für eine zeitweilig gütliche fränkisch-fāṭimidische Koexistenz[81]:

Die nach Norden abziehenden Normannen, Flamen und Provenzalen des ersten Kreuzzugs hatten sich, wie Albert von Aachen erwähnt, auf den Märkten von Accon/ʿAkkā, Tyrus/Ṣūr, Sidon/Ṣaidā, Beirut und Tripolis versorgen dürfen[82]. Ganz ähnlich erhielten die Truppen Bohemunds I. und Balduins I. nicht nur in Valenium/Bāniyās, sondern auch in Tripolis und Caesarea/Qaisārīya kurz vor Weihnachten 1099 die Möglichkeit zur Verproviantierung[83]. Als Balduin im Sommer darauf zum zweiten Mal nach Jerusalem zog, um die Nachfolge seines Bruders Gottfried anzutreten, wurde er aus allen bedeutenden Orten von Tripolis bis Accon/ʿAkkā mit Lebensmitteln beliefert. Kadi Faḫr al-Mulk b. ʿAmmār von Tripolis warnte die Fran-

---

79 Fulcher Carnot., II, IV, 2-4, S. 372-375; Albert v. Aachen, VII, XXXIX-XL, S. 533-535. Der seit Mai 1101 ausbrechende Kleinkrieg machte Handel und Pilgerfahrt wieder fast unmöglich: Ekkehard v. Aura, XXVII, 1, S. 254.

80 Albert v. Aachen, VII, LI, S. 541: ... *quatenus sine respectu periculi et metus in negotia sua secure terram perambularent, agros et vineas sine formidine excolerent.*

81 Ders., VII, XIII, S. 515; XV, S. 516, und XVIII, S. 519. Vgl. Wilhelm v. Tyrus, IX, XXII, S. 397-399.

82 Albert v. Aachen, VI, LIV, S. 499: *concessa est emendi et vendendi vitae necessaria licentia.*

83 Fulcher Carnot., I, XXXIII, 7, S. 326-327, und 14, S. 331.

ken sogar vor einem Hinterhalt , den Truppen aus Damaskus und Ḥimṣ am Kalb-Fluß gelegt hatten [84].

Warum diese Kooperationsbereitschaft?

Der Chronist Albert hat sicher recht, wenn er diese Versorgungsleistungen *plus causa timoris quam amoris* begründet sieht. Andererseits hatten die Küstenstädte von vorüberziehenden schwachen fränkischen Truppenverbänden nicht allzuviel zu befürchten, zumal im Winter nach Einholung der Ernte. Nicht alle Orte pflegten einen freundlichen Umgang mit den Franken. Dennoch hebt sich das Verhalten der meisten Küstenstädte, besonders das seit dem Tributvertrag mit den Kreuzfahrern von 1099 wiederholte Entgegenkommen von Tripolis, deutlich von der aggressiveren Haltung der türkischen Staatswesen Syriens ab. Dafür ist folgende Erklärung denkbar: Für Ägypten und Tripolis war zu diesem frühen Zeitpunkt noch nicht deutlich, daß sich die Franken später gegen die Küstenstädte wenden würden. Im Jahr 1100 erschien folglich keine fāṭimidische Armee in Palästina. Es ist durchaus wahrscheinlich, daß die fränkische Herrschaft in Jerusalem zunächst als ebenso lokal begrenzt wie die der Artuqiden, die dort vor dem Kreuzzug geherrscht hatten, angesehen wurde und die Unabhängigkeit der genuesischen Operationen zur See und der Tankreds in Nordpalästina von denen der Lothringer in Jerusalem den Fāṭimiden bekannt war. Ein Status fränkisch-fāṭimidischer Koexistenz, der Handel zwischen der Küste und dem Bergland, vielleicht sogar fränkischen Zutritt zu den Märkten der Hafenstädte, wie ihn schon der Turkmene Atsız gehabt hatte, nach sich gezogen hätte, wäre Ägypten und Tripolis nur nützlich gewesen. Schließlich hatte das ägyptische Interesse an einem fränkischen „Puffer" gegen die Seldschuken, wie schon gezeigt wurde, den Erfolg des ersten Kreuzzugs begünstigt [85]. Die Universalität des fränkischen Herrschaftsanspruchs und die Abhängigkeit vom Zuzug neuer Pilger verhinderten allerdings das Einspielen eines dauerhaften Status quo. Aus fränkischer Sicht unterbrachen die Verträge nur die Expansion Jerusalems. Sie ersetzten sie nicht.

In der zweiten Phase, vor allem den Jahren von 1101 bis 1110, gelang den Franken die Eroberung der palästinensischen und libanesischen Küste, Ascalon/ʿAsqalān und Tyrus/Ṣūr ausgenommen. Die Abkommen dieser Periode, mit der das Königreich Jerusalem seine „artuqidische" Begrenzt-

---

[84] Ders., II, I, 5, S. 355-357; III, 8-9, S. 365-367. Vgl. Albert v. Aachen, VII, XXXIII-XXXIV, S. 528-531.

[85] Vgl. bes. S. 64-65.

heit ablegte und der Konflikt mit Ägypten erneut aufbrach, geben weiteren Aufschluß über die Motive der Träger einer fränkischen Vertragspolitik. Wie sahen die Konditionen für die kapitulierenden islamischen Stadtbewohner aus?

J. Prawer hat die Auffassung vertreten, daß die Einnahme von Sidon/Ṣaidā (1110) für den Modus, nach dem die Franken mit unterworfenen Stadtbevölkerungen verfuhren, eine Zäsur markiert habe. Vorher seien Ausrottung oder Vertreibung, nachher die Verschonung der Muslime die Regel gewesen [86]. Prawer kann bei dieser Aussage nur das Königreich Jerusalem und Tripolis im Blick gehabt haben. Denn in den nördlichen fränkischen Staatswesen gab es von Anfang an islamisch besiedelte Städte unter normannischer oder lothringischer Herrschaft, darunter auch bedeutende Orte wie Sororgia/Sarūǧ und Apamea/Fāmiya. Eine Untersuchung der fränkischen Eroberungen in Palästina und an der libanesischen Küste differenziert Prawers These allerdings auch für Südsyrien:

Die Ausrottung, Versklavung und Vertreibung der muslimischen Bevölkerung war wie in Jerusalem 1099 regelmäßig die Konsequenz einer Eroberung im Sturmangriff, so in St. Abraham/al-Ḫalīl (1099), Haifa (1100), Caesarea/Qaisārīya (1101), Tortosa/Anṭarṭūs (1102) und Beirut (1110) [87]. Zumeist wurde der nicht kombattante Bevölkerungsteil nicht getötet, sondern versklavt. Städtische Notabeln wie der Kadi (*sacerdos civitatis*) von Caesarea/Qaisārīya konnten sich freikaufen lassen. Die Eliminierung der muslimischen Einwohnerschaft scheint aber eher Folge der Kriegshandlungen als Programm der Eroberer gewesen zu sein. Darauf deuten jedenfalls die später abschlägig beschiedenen Kapitulationsbedingungen hin, die die Franken vor Haifa (1100) und Caisarea/Qaisārīya (1101) stellten: Die Bewohner von Haifa wurden von dem venezianischen Bischof im Belagererheer vor die Wahl zwischen Konversion und der Zahlung von Jahrgeldern oder, falls sie das ablehnten, freiem Abzug ohne ihre Habe bzw. einem Leben in Dienstbarkeit gelas-

---

[86] J. Prawer, Settlement, S. 85-86. Prawer schränkt seine These zugleich wieder ein, indem er auf Tyrus/Ṣūr 1124 und Ascalon/ʿAsqalān 1153 verweist.

[87] St. Abraham/al-Ḫalīl: Albert v. Aachen, VII, XXVI, S. 523-524. Haifa: bes. ders., VII, XXV, S. 523, und Translatio s. Nicolai, XLII, S. 277; b. al-Qalānisī, S. 139.
Caesarea/Qaisārīya: Albert v. Aachen, VII, LVI, S. 544; Caffaro, Liberatio, XVII-XVIII, S. 64-65; b. al-Qalānisī, S. 139.
Tortosa/Anṭarṭūs: bes. b. al-Aṯīr, Kāmil, Bd. 10, S. 344. Vgl. Albert v. Aachen, VIII, XLIV, S. 582-583; Fulcher Carnot., II, XVII, 1, S. 433-434; Caffaro, Liberatio, XXIII, S. 69.
Beirut: bes. b. al-Qalānisī, S. 168; Fulcher Carnot., II, XLII, 1-2, S. 534-536.

sen[88]. Den Muslimen von Caesarea/Qaisārīya bot Patriarch Daimbert nach dem Bericht des Augenzeugen Caffaro freien Abzug mit allen Mobilien an. Erst die Ablehnung dieser Bedingungen führte zu den Massakern. Wenige Wochen vor der Einnahme von Caesarea/Qaisārīya hatten die Bewohner von Arsur/Arsūf am 9. Mai 1101 von König Balduin und den Genuesen gegen freien Abzug mit allem, was sie tragen konnten, kapituliert und freies Geleit bis nach Ascalon/'Asqalān erhalten[89].

Ein grundsätzlicher Unterschied zwischen den Haifa 1100 gebotenen Bedingungen und dem Abkommen mit Sidon/Ṣaidā, das Prawer für epochemachend hält, ist nicht zu erkennen. Etwa 500 Sidonier, darunter die Notablen und die Garnison, zogen 1110 mit aller tragbaren Habe nach Damaskus und Ascalon/'Asqalān ab. Der Rest, die landwirtschaftlich tätige Bevölkerung, unterwarf sich der fränkischen Herrschaft[90]. Doch schon im Frühjahr 1104, als sich die Bewohner von Byblus/Ǧubail dem Grafen Raimund von Toulouse und einer genuesischen Flotte ergaben, hatte die muslimische Bevölkerung — wenn auch unter Bruch des Sicherheitsvertrages (*amān*) ausgeplündert — bleiben können[91]. Dasselbe gilt für die 1109 von Tankred eroberten Städte Gabula/Ǧabala und Valenium/Bāniyās[92]. Sidon/Ṣaidā stellte mithin keinen Präzedenzfall dar.

Besonders interessant für die fränkische Vertragspolitik sind die Vorkommnisse bei der Einnahme von Accon/'Akkā (26. Mai 1104) und Tripolis (12. Juli 1109). Die islamische Chronistik berichtet für beide unisono von einer gewaltsamen Eroberung (*qahran, 'anwatan, bi's-saif*)[93]. An-

---

88 Translatio s. Nicolai, XLI, S. 276: ... *in sua lege viventes ... Christianis servirerent.*

89 Caffaro, Liberatio, XV, S. 63 (entspr. Annales Januenses, S. 9-11). Arsur/Arsūf: Albert v. Aachen, VII, LIV, S. 542-543; Fulcher Carnot., II, VIII, 3-4, S. 397-398.

90 Albert v. Aachen, XI, XXXIV, S. 679; Fulcher Carnot., II, XLIV, 6-7, S. 548; b. al-Qalānisī, S. 171. Für die Muslime hatten die Verhandlungen der Kadi und eine Abordnung der Scheichs geführt. Der Vertrag wurde beschworen und schriftlich aufgesetzt.

91 b. al-Qalānisī, S. 143; al-'Aẓīmī, S. 377; b. Ẓāfir, S. 87; Caffaro, Liberatio, XXVI, S. 71-72; Albert v. Aachen, IX, XXVI, S. 605-606: *cum civibus suis in manu... Raimundi tradita et subjugata est.* Die Kontribution von 20000 Dīnāren, die Balduin nach b. al-Qalānisī, S. 171, den Muslimen von Sidons/Ṣaidā bald nach ihrer Kapitulation auferlegte, war dagegen kein Vertragsbruch. Die hohe Summe, die zur Verarmung der Muslime geführt haben soll, stellte wahrscheinlich die jährliche Zahlung der Nichtlateiner, das fränkische Pendant zur islamischen *ǧizya* (lat.: *capitatio*), an den königlichen Fiskus dar.

92 Bes. b. al-Qalānisī, S. 163-164 (vgl. Usāma b. Munqiḏ, I'tibār, S. 71: es handelt sich um Gabula/Ǧabala, nicht Byblus/Ǧubail!); al-'Aẓīmī, S. 380; Wilhelm v. Tyrus, XI, IX, S. 467.

93 Bes. b. al-Qalānisī, S. 144, 163; al-'Aẓīmī, S. 377, 379, b. Ẓāfir, S. 87; b. al-Aṯīr, Kāmil, Bd. 10, S. 373, 476. b. al-Qalānisī berichtet aber, daß der Gouverneur (*wālī*)

ders Fulcher von Chartres und Albert von Aachen, ersterer ein Augenzeuge, die beide differenzieren: Danach seien den Bewohnern beider Städte in Auslieferungsverträgen freier Abzug mit aller tragbaren Habe an einen selbst zu wählenden Ort zugestanden worden. Beide Male aber wurden diese Verträge von Balduins Alliierten — 1104 Genuesen, 1109 Genuesen und Pisanern — gebrochen und die kapitulationsbereite islamische Bevölkerung niedergemacht oder versklavt [94]. Albert von Aachen stigmatisiert die Gewalttaten gegenüber den Einwohnern Accons/'Akkās ausdrücklich als Verbrechen (*scelus*). Er erzählt, König Balduin I. habe in seiner Empörung gewaltsam Rache an den Italienern nehmen wollen, und es sei Patriarch Ebremar nur mit Mühe gelungen, beide Seiten wieder zu versöhnen.

Die Tatsache, daß die Vertragsbrüche von den landesfremden Italienern ausgingen, Balduin I., der bereits als Graf von Edessa Muslime unter seiner Herrschaft gehabt hatte, aber als Protagonist für die Schonung der Besiegten auftrat, offenbart einen innerfränkischen Interessenkonflikt. Während es den *minores Januenses* um Beute und Plünderung ging, war es der orientfränkischen Führungsschicht darum zu tun, nicht nur eigene Verluste zu vermeiden, sondern auch die eroberten Städte möglichst unbeschadet in die Hände zu bekommen. Es ist zu vermuten, daß in Accon/'Akkā und Tripolis nur die politische und religiöse, vielleicht auch kommerziell tätige Oberschicht abgezogen wäre — ähnlich wie in Byblus/Ǧubail, Valenium/Bāniyās, Gabula/Ǧabala und Sidon/Ṣaidā. Die Masse der muslimischen Einwohner hätte vermutlich als Grundstock für die weitere Besiedlung zur Verfügung gestanden. Daran mußte Balduin in Anbetracht des chronischen Arbeitskräftemangels in Palästina, der andererseits bewirkte, daß der muslimischen Bauernschaft vergleichsweise gute Lebensbedingungen geboten wurden, unbedingt gelegen sein. Der aleppinische Historiker Ibn abī Ṭaiyi' (575- ca.630 a.h./1180- ca.1233) berichtet z.B., daß gerade dieses wirtschaftliche Argument dazu geführt habe, daß das Morden bei der Eroberung von Tripolis 1109 eingestellt wurde. Die Muslime sollten als Kopfsteuer-(*ǧizya*-)pflichtige Bewohner bleiben dürfen [95]. Nicht Toleranz oder Hu-

---

von Tripolis und eine Gruppe Garnisonssoldaten nach Erhalt eines Pardon (*amān*) unbehelligt nach Damaskus abziehen durften.

94 Accon/'Akkā: Fulcher Carnot., II, XXV, 1, S. 463; Albert v. Aachen, IX, XXVIII-XXIX, S. 606-607.
Tripolis: Fulcher Carnot., II, XLI, 3-4, S. 532-533, nennt die *minores Januensium* als Täter. Legendenhaft: Albert v. Aachen, X, XIII-XIV, S. 668-669.

95 b. a. Ṭaiyi' bei b. al-Furāt, Cod. Vindob. A.F. 117, fol. 38v-39r. Zum Arbeitskräfte-

manität, sondern finanzielle und wirtschaftliche Motive beeinflußten hier wie bei den Abkommen der „artuqidischen" Phase (1099-1101) die fränkische Vertragspolitik.

Die finanzielle Orientierung der Politik Balduins und der Interessenkonflikt zwischen den Befürwortern und Gegnern von Verträgen wird an einem Beispiel aus dem Jahr 1106 noch klarer. Als sich die Franken verstärkt durch englische, flämische und dänische Pilger zur Belagerung von Sidon/Ṣaidā rüsteten, boten die muslimischen Einwohner Balduin I. in Geheimverhandlungen eine „gewaltige" Geldsumme und für die Zukunft bedeutende Jahrestribute. Der wegen ausstehender Soldzahlungen in Geldnöten befindliche König war versucht, dieses Angebot zu akzeptieren, wagte das aber aus Furcht vor seinen kampfeslustigen europäischen Verbündeten zunächst nicht. Als jedoch kurz danach sein Lehnsmann Hugo von Tiberias bei einem Beutezug im Ostjordanland (Sueth/as-Sawād) umkam, nutzte Balduin dies als Vorwand, um seine Vorbereitungen abzubrechen. Er erklärte den Führern der Pilger in Accon/ʿAkkā, ohne Hugo und seinen Tage später verstorbenen Bruder sei an eine Belagerung nicht zu denken. Die Pilger kehrten verärgert nach Hause zurück, und Balduin kassierte die von Sidon/Ṣaidā versprochene Summe von 15000 Bezants kurz darauf ein[96].

Deutlicher lassen sich der Interessengegensatz zwischen Orientfranken und Pilgern und seine Auswirkung auf die Vertragspolitik nicht illustrieren. Finanziell bedingt waren auch die Aufhebung der Blockade von Sidon/Ṣaidā (Sommer 1108) und das Scheitern der darauf verhängten Belagerung über Tyrus/Ṣūr[97]. Das Problem des Zielkonfliktes zwischen Franken und Europäern, zwischen Vertrags- und Konfliktkonzeptionen begleitete die gesamte Geschichte fränkischer Staaten im Orient und ließ sich wie 1106 verschiedentlich, z.B. während des zweiten Kreuzzugs, nur durch Intrigen lösen.

Die Beziehungen des Königreichs Jerusalem zum seldschukischen Damaskus unterlagen der für das Verhältnis zu den Küstenstädten darge-

---

mangel vgl. J. Prawer, Colonization Activities in the Latin Kingdom of Jerusalem, in: Revue belge de Philologie et d'histoire 29 (1951), S. 1063-1118, hier S. 1082-1084, ND in: ders., Crusader Institutions, S. 102-142, hier S. 116-118.

96 Albert v. Aachen, X, III-VIII, S. 632-635. Zu Hugos Tod vgl. bes. b. al-Qalānisī, S. 151; Fulcher Carnot., I, XXXVI, 1-2, S. 509-511.

97 Tyrus/Ṣūr kaufte sich für 7000 Dīnāre los: bes. b. al-Qalānisī, S. 159; b. Muyassar, S. 78; al-Maqrīzī, Ittiʿāẓ, Bd. 3, S. 37-38. In Sidon/Ṣaidā wurde ein vom Einsturz bedrohter Turm nicht mehr angegriffen, da sein Wiederaufbau zuviel gekostet hätte: Albert v. Aachen, X, XLVIII-XLIX, S. 653-655; b. al-Qalānisī, S. 162.

stellten Determiniertheit durch Finanznot, Versorgungsprobleme und Ziele europäischer Pilgergruppen anfangs in nicht so intensivem Maß. Bei den Kriegshandlungen zwischen beiden Staatswesen handelte es sich nicht um Belagerungen, sondern Razzien (arab.: *ġazwa*, d.h. Beutezug). Sie wurden von den Franken mit eigenen Kräften bestritten und zielten auf die Unterbrechung des Karawanenweges nach Ägypten und darauf ab, die landwirtschaftlich ergiebigen Gebiete des Ostjordanlandes in die Hand zu bekommen. Nach der Gründung des Fürstentums Galiläa durch Tankred (1099/1100) und dem vergeblichen Versuch der Verbündeten Duqāq von Damaskus und Ǧanāḥ ad-Daula von Ḥimṣ im November oder Dezember 1100, den nach Jerusalem ziehenden Balduin am Kalb-Fluß nördlich von Beirut abzufangen, hatte es bis 1105 keine direkte Konfrontation zwischen Damaskus und Jerusalem mehr gegeben [98]. Bis zu diesem Datum weigerten sich die Damaszener auch, Ägypten gegen die Franken zu unterstützen und trieben dafür ihre Expansion am Euphrat voran [99]. Im Verlauf des dann ausbrechenden Konflikts kam es zu einer Reihe von Bündnissen und Verträgen:

Am 8. Juni 1104 starb Duqāq b. Tutuš, der Herr von Damaskus [100]. Als Regent für seinen minderjährigen Sohn hatte Duqāq kurz vor seinem Tod den Atābeg Ṭuġtegīn eingesetzt. Ṭuġtegīn und seine Frau, die Fürstenmutter Ṣafwat al-Mulk, inthronisierten statt des Sohnes jedoch den bislang in Ba'labakk internierten Bruder des Duqāq, Ertāš/Irtāš, in Damaskus. Schon wenige Wochen später, im Monat Ṣafar (23.10.-20.11. 1104), flüchtete Ertāš aus Angst vor Ṭuġtegīn und seiner Mutter zurück nach Ba'labakk, ging eine Allianz mit den Gouverneuren (*wulāt*) Gümüštegīn (Kumuštakīn) von Ba'labakk und Aitegīn (Aitakīn) von Buṣrā ein, sammelte Truppen und überzog die fruchtbaren Gebiete des Ḥaurān mit Razzien. Auf der Suche nach Verbündeten wandten sich Ertāš und die Gouverneure dann an König Balduin von Jerusalem. Die Antwort fiel positiv aus, und die Türken zogen an den fränkischen Hof, um gemeinsame Aktionen gegen Damaskus zu planen.

Diese Fakten teilen nicht nur die islamischen Chronisten, sondern auch Albert von Aachen mit, der von einem regelrechten Vertragsabschluß zwischen Balduin und Ertāš (*foedus percussit*) berichtet. Es wurde festgelegt, daß Ertāš im Gegenzug für seinen Kriegsdienst in den Reihen der

---

98 Albert v. Aachen, VII, XVI-XVIII, S. 517-519 (Galiläa); ders., VII, XXXII-XXXIV, S. 528-530; Fulcher Carnot., II, II-III, S. 357-365; b. al-Qalānisī, S. 138-139.

99 Vgl. S. 89.

100 b. al-Qalānisī, S. 144; b. 'Asākir, Wulāt, S. 20.

fränkischen Ritter Hilfe im Kampf gegen Damaskus erhalten sollte. Tatsächlich stand sein seldschukisches Détachement den Franken am 27. August 1105 bei ihrem Sieg über die ihrerseits durch ein damaszenisches Kontingent verstärkten Ägypter bei. Balduin erfüllte seine Seite des Vertrages aus unbekannten Gründen jedoch nicht, so daß Ertāš noch im selben Jahr unverrichteter Dinge nach ar-Raḥba am Euphrat ins Exil zog [101]. Ṭuġtegīn konnte sich noch vor der Schlacht mit Gümüštegīn von Ba'labakk versöhnen und kurz nach ihr Buṣrā nach einer längeren Belagerung von seinem Gouverneur (*wālī*) Aitegīn zurückerwerben [102]. Dennoch blieb es nicht bei diesem einen Fall von Zusammenarbeit zwischen Jerusalem und diesen zwei traditionell nach Eigenständigkeit strebenden Zentren im damaszenischen Herrschaftsgebiet. Mit Buṣrā und Ṣarḫad ergab sich eine neue Allianz zwar erst im Sommer 1147 auf Initiative des Gouverneurs (*wālī*) Altıntāš (Altūntāš) [103]. Gümüštegīn von Ba'labakk dagegen versuchte, sich schon 503 a.h.(1109/1110) bei seiner Rebellion gegen Atābeg Ṭuġtegīn wieder der Hilfe Balduins zu bedienen. Er rief die Franken zu Razzien gegen damaszenisches Gebiet auf [104].

Parallel zu diesen türkisch-fränkischen Koalitionen sind die Abmachungen zwischen Jerusalem und dem fāṭimidischen Gouverneur (*wālī*, *'āmil*) von Ascalon/'Asqalān (504 a.h./1111) zu sehen, über die die islamische Chronistik genauer als die fränkische berichtet:

> Nach den Ibn al-Qalānisī (465-555 a.h./1073-1160) folgenden arabischen Quellen habe der Gouverneur Šams al-Ḫilāfa nach einer Razzia Balduins für Tributzahlungen einen Waffenstillstand (*hudna*) erkauft und auch Tyrus/Ṣūr für ein Jahr und drei Monate zur Zahlung von 7000 Dīnāren veranlaßt. Damit unzufrieden, soll der ägyptische Wesir al-Afḍal im Monat Šawwāl (April/Mai) ein Heer nach Ascalon/'Asqalān geschickt haben, um den Gouverneur wegen seiner Vertragspolitik abzulösen. Šams al-Ḫilāfa rebellierte daraufhin anscheinend

---

101 Bes. b. al-Qalānisī, S. 145; b. Muyassar, S. 75; b. al-Aṯīr, Kāmil, Bd. 10, S. 376; Albert v. Aachen, IX, XLVIII, S. 621-622.
Zu Gümüštegīn vgl.: 'Imād ad-Dīn al-Qāḏī al-Iṣfahānī, al-Bustān al-Ǧāmi', S. 115, und S. Ory, De quelques personnages portant le nom de Kumuštakın à l'époque salǧūqide, in: REI 35 (1967), S. 119-134, hier S. 124-126.

102 b. al-Qalānisī, S. 148-149.

103 S. Ory, Personnages, S. 126-129; M. Canard, Fātimides et Būrides a l'époque du calife al-Hāfiz li-Dīn-illāh, in: REI 35 (1967), S. 103-117; vgl. unten S. 196-198.

104 b. al-Qalānisī, S. 166-167; al-'Aẓīmī, S. 380.

offen und trat in Verbindung mit Balduin. Beide schlossen ein Übereinkommen, das vorsah, daß der Gouverneur von den Franken Nachschub an Männern und Getreide erhalten sollte (Albert von Aachen spricht von 300 Rittern) und für den Eventualfall die Auslieferung der Stadt gegen ein Äquivalent (*'iwaḍ*) vorsah. Die ägyptische Garnison wurde aus der Stadt verbannt, da der Gouverneur sie auf der Seite der Fāṭimiden vermutete. Um die Auslieferung der wichtigen Grenzfestung zu vermeiden, suchte der Wesir al-Afḍal den Gouverneur, der sich inzwischen auf angeworbene armenische Söldner stützte, zu beruhigen. Unter anderem erhielt jener Ascalon/'Asqalān als Steuerpachtbezirk (*iqṭā'*). Im Sommer 1111 wurde Šams al-Ḫilāfa dann aber von in der Stadt lebenden Kutāma-Berbern ermordet, und Ascalon/'Asqalān kam wieder unter fāṭimidische Kontrolle [105].

Welche Schlüsse auf die fränkisch-islamische Vertrags- und Bündnispolitik lassen die Allianzen von 1104, 1109/1110 und 1111 nun zu?

In allen Fällen ging die Initiative von islamischer Seite aus. Sie war motiviert durch die Suche revoltierender islamischer Fürsten und Gouverneure nach militärischem Rückhalt. Ertāš, Gümüštegīn, Aitegīn und Šams al-Ḫilāfa im Süden erschien die Kooperation mit den Franken offenbar ebenso unproblematisch wie Ibn Tekš, Čāvlī oder Riḍwān in Nordsyrien. Es gibt aber Indizien dafür, daß hinter den Bündnisbeziehungen, die Muslime und Franken aufnahmen, mehr steckte als nur das machtpolitische Kalkül von Prätendenten oder Aufrührern. Ibn al-Qalānisī (465-555 a.h./1073-1160) und Guibert von Nogent (gest. nach 1121) deuten darauf hin, daß zumindest im Fall Ascalon/'Asqalān das Interesse an ungestörtem Handelsaustausch ein wesentliches Motiv für die Vertragsbereitschaft gewesen ist. Obwohl die arabischen Quellen betonen, daß Šams al-Ḫilāfa 1111 gegen den Widerstand der Bürger seiner Stadt handelte, gibt die Tatsache, daß seine Mörder nach der Tat zu Plünderungen schritten, die auch die städtischen Notabeln (*šuhūd*) betrafen, Anlaß zu der Frage, ob die Vertragspolitik nicht von Teilen der kommerziell aktiven städtischen Oberschicht mitgetragen wurde [106]. Die Rebellion

---

[105] b. al-Qalānisī, S. 172; ihm folgend b. al-Aṯīr, Kāmil, Bd. 10, S. 480-481; al-Maqrīzī, Itti'āẓ, Bd. 3, S. 46-47. Albert v. Aachen, XI, XXXV, S. 679-680, nennt die geplante Übergabe (*traditio*) als Kern der Verhandlungen mit Balduin. Der einzige sonstige fränkische Bericht bei Guibert v. Nogent, VIII, I, S. 261-263 (ad 1112), ist legendhaft verschwommen.

[106] Guibert v. Nogent, ebda.; b. al-Qalānisī, S. 172: „Šams al-Ḫilāfa zog den Handel dem Kämpfen vor ...".

ähnelte den Autonomiebestrebungen der Küstenorte aus den letzten Jahrzehnten des 11. Jahrhunderts. Auch Buṣrā und Ba'labakk waren Zentren fruchtbarer Regionen und direkte Nachbarn des Königreichs Jerusalem. Die Kontaktaufnahme des Gümüštegīn von Ba'labakk 1111 folgte unmittelbar auf einen Kondominats- (*munāṣafa*-) Vertrag zwischen Balduin und Ṭuġtegīn von Damaskus, der Teile des von Ba'labakk beherrschten Biqā'-Tales befrieden und beiden Seiten fiskalisch nutzbar machen sollte [107].

Auf fränkischer Seite läßt sich kein Zögern bei der Frage, ob man mit Muslimen ein Bündnis eingehen könne, feststellen. Nach Guibert von Nogent war es Geldmangel, der Balduin dem Vertrag mit Ascalon/'Asqalān zustimmen ließ. Wieder werden neben militärischen Vorteilen Finanznot und Handelsinteressen als fränkische Vertragsmotive erkennbar. Bezeichnenderweise existierte in den Anfangsjahren des Königsreichs keine durchkonzipierte Bündnispolitik. Die fränkische Rolle in den verschiedenen Allianzen blieb passiv, und es kam daher nicht zu längerfristigen positiven Folgen für Jerusalem. Immerhin relativiert das Vorgehen Balduins I. die Feststellung Alberts von Aachen, daß Balduin nach schlechten Erfahrungen in der Grafschaft Edessa (1098/99) nicht mehr der Sinn nach einer Kooperation mit den Türken gestanden habe [108].

Die Phase von 1105 bis 1112 ist über diese Allianzen hinaus für die Vertragspolitik als Entstehungszeit der ersten fränkisch-islamischen Kondominien (*munāṣafāt*) von Bedeutung [109]:

Die Kriegshandlungen der Jahre von 1105 bis 1112 zwischen Damaskus und Jerusalem resultierten zum einen aus den Versuchen des Königs und der Fürsten von Galiläa, östlich des Jordans Fuß zu fassen, sowie zum anderen aus den Entlastungsaktionen des Ṭuġtegīn für belagerte libanesische Küstenstädte. Sie brauchen an dieser Stelle nicht nochmals dargestellt zu werden [110]. Seit 499 a.h. (1105/1106) gingen von Jerusa-

---

[107] b. al-Qalānisī, S. 171. Vgl. S. 110-111.

[108] Guibert v. Nogent, ebda.; Albert v. Aachen, V, XXI, S. 445: *Ab eo die Turcos eorumque consilium et auxilium et frequentationes vehementi odio habere coepit.*

[109] Dazu einführend M.A. Köhler, Munāṣafāt: Gebietsteilungen zwischen Kreuzfahrern und islamischen Herrschern im 12. und 13. Jahrhundert, in: ZDMG Suppl. VI (1985), S. 155-165.

[110] Den umfassendsten Überblick gibt noch immer R. Röhricht, Jerusalem, S. 54-100. Er kannte allerdings mit b. al-Qalānisī (bes. S. 146-187) die wichtigste arabische Quelle nicht, zitiert aber die Exzerpte des Sibṭ b. al-Ǧauzī, Mir'āt az-zamān.
Vgl. auch R. Grousset, Histoire, Bd. 1, S. 245-264.

lem und Tiberias/Ṭabarīya ständig Razzien in die ostjordanischen Landschaften Sueth/as-Sawād, Ḥaurān, Ǧabal ʻAuf und Balqāʼ aus. Damaskus antwortete mit Angriffen auf das fränkische Galiläa, ohne daß es einer Seite gelungen wäre, die umstrittenen Gebiete unter Kontrolle zu bringen [111]: 499 a.h. (1105/1106) eroberte und zerstörte Ṭuġtegīn die in islamischen Quellen Qaṣr Bardawīl genannte fränkische Festung bei ʻAlʻāl im Höhenzug des Ǧaulān, im Jahre 500 a.h. (1106/1107) eine andere Burg in derselben Gegend. 1107 schleiften die Franken eine damaszenische Befestigung im Wādī Mūsā südlich des Toten Meeres. Der Versuch des Ṭuġtegīn, dort eine Art Grenzmark unter dem aus Nordsyrien zu ihm geflohenen Iṣfahbaḏ Ṣabāwa zu schaffen, schlug angesichts der fränkischen Angriffe fehl [112]. Anfang 1112 eroberte Ṭuġtegīn schließlich bei einer Entlastungsoperation für Tyrus/Ṣūr die Festung Cave de Sueth/Ḥabīs Ǧaldak am Yarmuk [113].

Im Frühjahr 1108 fiel der Herr von Tiberias, Gervasius von Bazoches, bei einer Razzia in die Hände des Ṭuġtegīn. Gervasius lehnte die angebotene Konversion ab, ein Freikauf wurde ihm abgeschlagen, und als König Balduin ablehnte, ihn für Accon/ʻAkkā, Haifa und Tiberias/Ṭabarīya auszulösen, richteten die Türken Gervasius hin. Dennoch schloß Balduin mit Ṭuġtegīn darauf einen Frieden (*iṣṭilāḥ, hudna*) auf vier Jahre [114]. Entweder damit identisch oder ein Anschlußabkommen ist ein Vertrag, von dem Ibn al-Qālanisī (465-555 a.h./1073-1160) berichtet: Er sah eine Aufteilung der Ernteerträge der ostjordanischen Gebiete Sueth/as-Sawād und Ǧabal ʻAuf vor. Je ein Drittel sollte Türken und Franken zufallen, das letzte Drittel den Bauern belassen bleiben [115]. Vermutlich 504 a.h. (1111) wurde nach einem Vertragsbruch, den der Chronist Balduin zuschreibt, das Abkommen neu gefaßt: Die Franken sollten zusätzlich die Hälfte der Erträge von Sueth/as-Sawād, Ǧabal ʻAuf, al-Ǧabanīya und den benachbarten Gebieten des Stammes Āl Ǧarrāḥ erhalten [116].

Der Anstoß zu diesen Verträgen scheint jedesmal von den Franken ausgegangen zu sein. Am deutlichsten wird dies bei der Initiative Balduins von 1113, mit der er vergeblich in letzter Minute einen gemeinsa-

---

111 Bes. b. al-Qalānisī, S. 149, 151, 158-159, 161-162. Vgl. auch Anm. 110.

112 Albert v. Aachen, X, XXVIII-XXX, S. 644-645; b. al-Qalānisī, S. 158-159.

113 b. al-Qalānisī, S. 178; b. al-Aṯīr, Kāmil, Bd. 10, S. 490.

114 b. al-Qalānisī, S. 161-162; b. al-Aṯīr, Kāmil, Bd. 10, S. 467; Albert v. Aachen, X, LIV-LVII, S. 656-658; Fulcher Carnot., II, XXXVI, 1-2, S. 509-511.

115 b. al-Qalānisī, S. 164.

116 Ders., S. 174.

men Angriff von Ṭuġtegīn und Atābeg Maudūd von Mossul auf das Königreich verhindern wollte: Der König veranlaßte den Herrn von Tiberias, Joscelin von Courtenay, Damaskus einen Friedens- und Freundschaftsvertrag anzubieten. Die Festung Ṯamānīn und den Ǧabal ʿAuf wollten die Franken abtreten und dafür Ḥabīs Ǧaldak und die Hälfte der Erträge des Sueth/as-Sawād eintauschen[117]. Sowohl Balduin I. als auch Joscelin hatten ihre ersten Verträge und Allianzen mit Muslimen übrigens Jahre zuvor in der Grafschaft Edessa geschlossen, wo, wie zu sehen war, fränkisch-islamische Bündnisbeziehungen bereits seit 1098 gang und gäbe waren.

Ibn al-Qalānisī und die von ihm abhängigen Quellen wissen noch von zwei anderen Kondominien (*munāṣafāt*) aus dem Jahr 503 a.h. (1109/1110), in denen Jerusalem von den Muslimen nach dem Muster der schon vorher geschlossenen Verträge ein Drittel der Erträge des (südlichen?) Biqāʿ-Tales und Graf Bertrand von Tripolis wohl etwas später dasselbe (für den nördlichen Abschnitt des Tales?) zugestanden wurde. Bertrand erhielt zusätzlich die Festungen Monaître/al-Munaiṭira und Ibn ʿAkkār am Nordende des Tales sowie Tribute aus den in den Waffenstillstand inbegriffenen Gebieten um Maṣyāf, Tūfān und Ḥiṣn al-akrād, dem späteren Crac des Chevaliers[118].

Die Ertragsteilungen zwischen Jerusalem und Damaskus bestanden de jure nicht lange, da sie im Rahmen befristeter Waffenstillstände zustandekamen. Neue Kriegshandlungen und Vertragsbrüche machten sie de facto dennoch nicht obsolet, weil sie offensichtlich mehrfach verlängert oder neu konstituiert wurden. Mit Hilfe dieser Rechtsform war es möglich, trotz der gleichzeitig stattfindenden Kämpfe um die libanesischen Seestädte wichtige lokal begrenzte Regionen landwirtschaftlich und fiskalisch zu nutzen. Seit dem Ende des ersten Jahrzehnts des Königreichs Jerusalem bestanden für das gesamte Grenzgebiet vom Toten Meer bis nach Ḥimṣ Kondominats- (*munāṣafa-*) Regelungen. Sie indizieren, daß sich allen Razzien zum Trotz zwischen Franken und Türken ein Modus vivendi stabilisiert hatte und Jerusalem in Damaskus als Vertragspartner anerkannt war. Nichts anderes bedeutet die Anekdote bei Ibn al-Aṯīr

---

[117] Ders., S. 184: *yabḏilu ʾl-muṣāfāh wa-ʾl-mawadda wa-yuraġġibuhū fiʾl-muwādaʿa wa-ʾl-musālama.*

[118] b. al-Qalānisī, S. 156 und 171. Es wäre denkbar, daß der Chronist denselben Vertrag zweimal erwähnt. Er schildert aber die Umstände des Zustandeskommens der Abkommen unterschiedlich. Er selbst hat sie offensichtlich für voneinander unabhängig gehalten. Genau datiert (Ṣafar/30.8.-27.9.1109) ist nur der Vertrag mit Balduin. Lateinische Quellen berichten darüber nicht.

(555-630 a.h./1160-1233), gemäß der Balduin I. nach dem Sieg Graf Wilhelms von Tripolis im März 1108 über die Türken an Ṭuġtegīn geschrieben habe: „Glaube nicht, ich bräche den Waffenstillstand (*hudna*) Deiner Niederlage wegen. Denn den Königen ist schon Schlimmeres als Dir geschehen, (doch) dann fanden ihre Angelegenheiten zu Ordnung und Korrektheit zurück“ [119].

* * * * *

Es ist in diesem Abschnitt gezeigt worden, daß es in den verschiedenen Phasen der Etablierung des Königreichs Jerusalem eine Fülle von vertraglichen Bindungen und Allianzen mit islamischen Nachbarn gab. Sie waren fiskalisch, wirtschafts- und machtpolitisch bedingt. Dies wurde bei der Analyse der Vertragsmotive und der Kondominien (*munāṣafāt*) besonders sichtbar. Schon in diesem frühen Stadium führten vertragliche Beziehungen zu Konflikten mit europäischen Pilgern. Eine Fülle von Allianzen wie im Norden konnte es im Süden aufgrund des weniger vorangeschrittenen Herrschaftspartikularismus und der spezifisch anderen Entstehungsbedingungen des Königreichs Jerusalem nicht geben. Dennoch lassen sich die fränkisch-fāṭimidisch-damaszenischen Konflikte ebensowenig wie die im Norden unter dem Signum christlich-islamischer Auseinandersetzungen fassen:

Die Untersuchung hat deutlich gemacht, daß die fāṭimidischen Küstenstädte und das unabhängige Tripolis anfangs bemüht waren, mit den Franken zu einem Ausgleich zu kommen. Ihre Politik unterschied sich nicht von der gegenüber den muslimischen Artuqiden, Tutuš oder Atsız. Kadi Faḫr al-Mulk b. ʿAmmār von Tripolis z.B. appellierte erst seit der Einschließung der Stadt durch die Provenzalen an die islamische Solidarität und pflegte vorher ein gutes Verhältnis zu den Franken [120].

Es ist fraglich, ob die fāṭimidischen Heere, die bis 1106 fast jährlich von Süden das Königreich angriffen, nicht vermutlich allein das Ziel hatten, die Küste wiederzuerobern. Von größeren Operationen gegen Jerusalem oder das Bergland ist jedenfalls nichts bekannt. Ein weiteres Indiz dafür ist, daß Ägypten erst im September 1101, nach Beginn der fränki-

---

[119] b. al-Aṯīr, Kāmil, Bd. 10, S. 469. Nördlich des Yarmuk-Flusses blieben die Kondominen (*munāṣafāt*) vermutlich bis 1187 erhalten, während das Gebiet südlich davon mehr und mehr unter direkte fränkische Herrschaft kam. Vgl. J. Prawer, Crusader Security and the Red Sea, in: ders., Crusader Institutions, Oxford 1980, S. 471-483, hier S. 475-478.

[120] Vgl. S. 100 ff. Noch 1105 hatte Tripolis einen Waffenstillstand mit Raimund von Toulouse geschlossen, der den Zugang zur Stadt und die Lebensmittelversorgung sicherte und die Außenbezirke (*ẓāhir*) von Tripolis den Provenzalen in die Hand gab: b. al-Qalānisī, S. 147.

schen Expansion, den Kampf erneut suchte. Zuvor hatte es eine fast zweijährige Ruhephase mit reger Vertragspraxis gegeben. Kurz: Solange die fränkische Herrschaft nicht die ägyptischen Positionen an der Küste gefährdete, waren die Fāṭimiden bereit, sich mit den Franken zu arrangieren. Eine konsequente Rückeroberungspolitik war für den Wesir al-Afḍal nicht opportun. Sie hätte nicht nur zu wirtschaftlichen Schwierigkeiten geführt, sondern die für Ägypten potentiell bedrohlichen türkischen Herrschaften Syriens erneut zu direkten Nachbarn des Fāṭimidenstaates gemacht. Der permanente Kriegszustand zwischen Ascalon/'Asqalān und Jerusalem bis 1111 erklärt sich aus der Politik der Franken, die gesamte Küste in ihre Hand zu bringen, und nicht aus einer mangelnden ägyptischen Vertragsbereitschaft [121].

Die türkischen Machthaber Syriens ihrerseits unterstützten bis 1105 keinen der ägyptischen Angriffe auf die Franken. Noch 496 a.h. (1102/1103) lehnte Duqāq von Damaskus ein Hilfsgesuch des ägyptischen Wesirs ab, und sein Nachfolger stand den Fāṭimiden 1105 nur mit einem kleinen Kontingent bei, da er es vorzog, Buṣrā zu belagern [122]. Weitere gemeinsame militärische Operationen kamen nicht zustande. Damaskus war offensichtlich ebenso wie Ägypten an einem fränkischen Puffer zwischen beiden Staaten interessiert [123]. Auch die damaszenischen Entlastungsangriffe für belagerte fāṭimidische Küstenstädte erklären sich nicht aus islamischer Solidarität. Abgesehen davon, daß die Türken kein Interesse an einer fränkischen Machterweiterung haben konnten, ließen sie sich ihr Eingreifen zugunsten von Sidon/Ṣaidā und Tyrus/Ṣūr bezahlen. Albert von Aachen gibt an, daß Ṭuġtegīn Sidon/Ṣaidā 1108 nicht nur angegriffen, sondern auch gedroht haben soll, die abgezogenen Franken zurückzurufen, als die Stadt den für sein Eingreifen versprochenen Betrag nicht zu zahlen imstande war [124]. Den Tyrenern half er im April 1112 auf ein ähnliches Angebot hin. Erst als sie die Zahlung später verweigerten, beteuerte er, er haben den Entsatz nur um Gotteslohn herangeführt [125]. Einige Monate später unterstellte sich der Gouverneur

---

[121] So Albert v. Aachen, IX, LI, S. 624, zu einem Vertragsangebot aus Ascalon/'Asqalān (1106).
Zu den wirtschaftlichen Problemen, die eine Wiedereroberung Palästinas Ägypten gebracht hätte, vgl. W.J. Hamblin, Fāṭimid Army, S. 212.

[122] Bes. b. Muyassar, S. 74-75; al-Maqrīzī, Itti'āẓ, Bd. 3, S. 32 und 35. Vgl. Anm. 101.

[123] H.A.R. Gibb, Notes, S. 743-745.

[124] Albert v. Aachen, X, LIII, S. 656.

[125] Ders., XII, VII, S. 692-693; b. al-Qalānisī, S. 178-181: Danach habe der Gouverneur (*wālī*) sogar die Auslieferung der Stadt an Damaskus versprochen. Die in die Stadt von Ṭuġtegīn entsandten türkischen Verstärkungen wurden vom Gouverneur ordentlich besoldet.

(*wālī*) ʿIzz al-Mulk Anūštegīn (Anūštakīn) von Tyrus/Ṣūr dem Ṭuġtegīn freiwillig.

Fāṭimiden und Türken empfanden, wie sich daraus ergibt, offenbar den ersten Kreuzzug, der nur im Fall Jerusalem die geopolitische Landschaft wirklich veränderte, nicht als einschneidende Geschichtszäsur und integrierten die fränkischen Staatswesen in ihre Politik. In Nordsyrien konnte dies noch intensiver geschehen als im Süden, da sich dort die Entstehungsbedingungen und Strukturen türkischer und fränkischer Herrschaft ähnelten. Die Grundlinien der ägyptischen und türkischen Machtpolitik der letzten Jahrzehnte vor dem ersten Kreuzzug — der unter religiösen Vorzeichen ausgetragene ägyptisch-türkische Konflikt, die Rivalität unter den türkisch beherrschten urbanen Zentren Syriens und das Bemühen arabischer Stammesdynastien um Selbstbehauptung gegen die Türken — blieben durch die fränkische Landnahme bis 1112 nahezu unberührt.

Es wäre folglich unzutreffend, die Geschichte des islamischen Syriens am Anfang des 12. Jahrhunderts als (durch den peiorativ oft als Zersplitterung beschriebenen Herrschaftspartikularismus bedingte) kollektive Ohnmacht gegenüber dem Eindringen der Franken darzustellen. Statt dessen konnte gezeigt werden, daß auf ägyptischer und türkischer Seite anstelle eines passiven Hinnehmens der Kreuzzugsbewegung aktive Konzeptionen entwickelt wurden, um den fränkischen Machtfaktor trotz der von ihm ausgehenden Bedrohung den jeweils eigenen Interessen dienstbar zu machen. Die Franken gingen auf islamische Kooperations- und Vertragsofferten ein, wenn auch nicht aus grundsätzlichen, sondern konkret wirtschaftlichen oder machtpolitischen Motiven. Für das Ende der Konsolidierungsphase der auf dem Erobererrecht begründeten fränkischen Herrschaften wurde jedoch in ersten Ansätzen erkennbar, daß die Vertragspolitik darüber hinaus vom Gedanken der Erhaltung eines syrischen Status quo geprägt war. Die Fülle von Verträgen und Bündnissen ungeachtet der Expansionsbestrebungen fränkischer wie türkischer Herrschaften gestattet es, von einer Integration der „Kreuzfahrerstaaten“ in das System syrischer Staatswesen zu sprechen.

II.3. Die Theorie der „Gegenkreuzzüge": Die Stabilisierung des Systems syrischer Staatswesen angesichts des Vordringens türkischer Koalitionsarmeen aus dem Osten (1098-1128) und ihre Grenzen

Die Jahre 1109/1110 stellen aus zwei Gründen eine Wegmarke in der Geschichte der fränkischen Herrschaften in Syrien dar:

Zum einen fand mit der Eroberung der Hafenstädte Tripolis, Gabula/Ǧabala, Valenium/Bāniyās, Beirut und Sidon/Ṣaidā die territoriale Ausdehnung der beiden südlichen Herrschaften einen vorläufigen Abschluß. An der Küste waren nur Ascalon/ʻAsqalān und Tyrus/Ṣūr noch nicht in fränkischen Besitz geraten. Nach dem Scheitern der Belagerung von Tyrus/Ṣūr im Winter 1111/1112 trat die Expansion des Königreichs Jerusalem in eine Pause ein, zumal die Ermordung des Gouverneurs (*wālī*) Šams al-Ḫilāfa das fränkische Protektorat über Ascalon/ʻAsqalān und so auch alle Hoffnungen auf den Erwerb der letzten fāṭimidischen Besitzung in Palästina zunichte gemacht hatte. Bald nach dem gemeinsamen Angriff von Maudūd von Mossul und Ṭuġtegīn von Damaskus auf Tiberias/Ṭabarīya im Jahr 507 a.h. (1113/1114) bot König Balduin dem neuen Gouverneur (*wālī*) des Ṭuġtegīn in Tyrus/Ṣūr, Masʻūd, einen Waffenstillstandsvertrag (*muhādana, muwādaʻa, musālama*) an, über dessen Inhalte und Konditionen nichts weiter bekannt ist, als daß er den Muslimen für eine Geldzahlung Verkehrssicherheit für Kaufleute und Reisende einbrachte [126]. Ein knappes Jahrzehnt lang herrschte nach dieser Übereinkunft Frieden an der libanesischen Küste!

Die Kondominats- (*munāṣafa-*) Verträge, mittels derer sich die Herrschaften Jerusalem und Tripolis einerseits und Damaskus andererseits die Erträge ihrer Grenzzonen teilten, waren Ausdruck des um 1109/1110 eingependelten Kräftegleichgewichts im Süden. Im Norden hatten die beiden fränkischen Staatswesen den Kern ihres Gebietsbestandes arrondiert. Sie waren mit ihrer Razzien und Allianzen gleichermaßen beinhaltenden Politik vollständig in die politische Landschaft der türkischen, arabischen und armenischen Herrschaften Nordsyriens und -mesopotamiens eingegliedert. Die Herrscherwechsel nach dem Tod von Tankred (1112) und Riḍwān (1113) brachten keine Änderung für die Substanz der antiochenisch-aleppinischen Beziehungen mit sich. Der Historiker Ibn al-Aṯīr (555-630 a.h./1160-1233) trug der Konsolidierung der fränkischen Staatswesen um 1109/1110 in der Konzeption seiner Chronik Rechnung: Er faßte die in Wirklichkeit zu ganz verschiedenen Zeitpunkten

[126] b. al-Qalānisī, S. 188-189.

abgeschlossenen Waffenstillstände zwischen „den" Franken und den islamischen Herrschaften Aleppo, Tyrus/Ṣūr, Šaizar und Ḥamāh zusammen und referierte sie en bloc im Anschluß an seinen Bericht über die Eroberung von Sidon/Ṣaidā [127]. Nach seinen Worten hätten sich die islamischen Fürsten durch die fränkischen Erfolge an der Küste und in Nordsyrien zu diesen Vertragsangeboten veranlaßt gesehen. Die fränkisch-islamischen Abkommen signalisieren das Zustandekommen eines — vorläufigen und fragilen — Modus vivendi.

Zum anderen setzte um dieselbe Zeit eine Serie von Feldzügen türkischer Armeen nach Syrien ein, von denen zu hören ist, daß ihnen vom seldschukischen Sultan der Befehl zum *ǧihād* (Heiligen Kampf) gegen die Franken erteilt worden sein soll [128]. In der Literatur zur Kreuzzugsgeschichte werden diese Feldzüge häufig unter dem Titel „Gegenkreuzzüge (contre-croisades, counter-crusades)" subsumiert und in eine Theorie der „Gegenkreuzzüge" eingebettet. Diese Theorie hat eine zweifache Ausprägung gefunden:

In älteren Werken wurde die Auffassung vertreten, daß nach einer ersten Dekade fränkischer Herrschaft in Syrien ohne konzentrierte Gegenwehr eine Periode von Mesopotamien ausgehender islamischer Reaktion eingesetzt habe. Kalif und Sultan hätten ihre Verantwortung, so W.B. Stevenson, für die Wohlfahrt der islamischen Welt erkannt und seit 1110 die von Kadi Ibn ʿAmmār und Ṭuġtegīn von Damaskus schon lange erbetenen „Gegenkreuzzüge" organisiert [129]. R. Gousset bezeichnete in diesem Sinne die Feldzüge des Maudūd von 1110 bis 1113 und des Borsuq b. Borsuq (Bursuq b. Bursuq) 1115 als „contre-croisades" [130]. Noch J. Prawer hat es zwar für übertrieben gehalten, den türkischen Angriff von 1111 als panislamischen *ǧihād* zu bezeichnen, nichtsdestoweniger aber festgestellt, daß er Ausdruck der sich in Syrien und dem ʿIrāq verbreitenden Ideen des Heiligen Kampfes gewesen sei [131].

Über den Zeitpunkt des Einsetzens dieser „Gegenkreuzzüge", nämlich 1110, herrscht ein weitgehender Konsens, auch wenn A. Ben-Ami die Meinung vertreten hat, daß es die Franken bereits von Anfang

[127] b. al-Aṯīr, Kāmil, Bd. 10, S. 482. Möglicherweise hat der Chronist diese Passage nicht selbst abgefaßt, sondern geschlossen aus einer ihm vorliegenden Quelle übernommen, da sich bei Michael Syrus (gest. 1199), S. 216, davon unabhängig ein ganz analoger Passus findet. Beide scheinen dieselbe Vorlage benutzt zu haben, vgl. Cl. Cahen, Syrie, S. 97.

[128] H.E. Mayer, Geschichte, S. 81, nennt als Auftrag des Sultans Muḥammad an Maudūd von Mossul und dessen Alliierte, „Asien von den Franken zu säubern."

[129] W.E. Stevenson, Crusaders, S. 87 und 96.

[130] R. Grousset, Histoire, Bd. 1, S. 449, 460-463, 487, 495 f.

[131] J. Prawer, Histoire, Bd. 1, S. 290, 294.

an mit islamischen „counter-crusades“ zu tun gehabt hätten [132]. Die Parallelisierung der Kreuzzüge mit im Arabischen einfach als *ǧihād* (Heiliger Kampf) bezeichneten, gegen die Franken gerichteten militärischen Unternehmungen islamischer Fürsten ergab sich für die Vertreter der „Gegenkreuzzugstheorie“ daraus, daß es sich in beiden Fällen formal um Kriegszüge gegen Andersgläubige gehandelt habe, die von den der Theorie nach zentralen Institutionen der jeweiligen Religion, Kalifat und Papsttum, initiiert worden seien. Die inhaltlichen Ziele der „Gegenkreuzzüge“ wurden allerdings nicht näher untersucht. Auslöser der panarabischen Reaktion auf die Konsolidierung der fränkischen Herrschaft in Syrien sollen die 1108 Kalif und Sultan persönlich vorgetragenen Hilfsbitten des Herrschers von Tripolis, Kadi Faḫr al-Mulk b. ʿAmmār, und die Aktivitäten der bereits erwähnten aleppinischen Delegation 1111 in Bagdad gewesen sein [133].
Ausgehend von ihren Untersuchungen der syrischen *ǧihād*-Propaganda des 12. und 13. Jahrhunderts und weitgehend unabhängig von einer Analyse der Machtpolitik haben vor allem A. S. Atiya und E. Sivan die Theorie der „Gegenkreuzzüge“ dagegen weiter gefaßt. Der Begriff „Gegenkreuzzug“ bezeichnet für beide einen über zumindest eineinhalb Jahrhunderte andauernden Prozeß, der darauf abgezielt habe, Jerusalem und das Heilige Land von den Christen zu befreien. Dieser Prozeß soll sich in zwei Phasen abgespielt haben: 1. der Intensivierung der *ǧihād*-Propaganda und 2. materiellen Rückeroberungen [134]. Erste Anzeichen für ein Aufgreifen der in frommen islamischen Kreisen — dem milieu piétiste — propagierten *ǧihād*-Idee durch die türkischen oder fāṭimidischen Machthaber meinte E. Sivan, im Jahr 1110 entdecken zu können. Ab 1118 sollen die islamischen Staaten die Kämpfe gegen die Franken in der Absicht, den Rückhalt in der eigenen Bevölkerung zu vertiefen, durch intensive *ǧihād*-Propaganda begleitet haben, ohne aber ihre Politik konsequent den Inhalten der *ǧihād*-Theorie des islamischen Rechts unterzuordnen oder bereits die Existenz syrisch-fränkischer Staatswesen selbst in Frage zu stellen. Das Endziel der vollständigen Wiedereroberung der fränkischen Gebiete sei erst gegen Mitte des 12. Jahrhunderts aufgekommen [135].

---

[132] A. Ben-Ami, Social Change, S. 119.

[133] b. al-Qalānisī, S. 160-161, und 165-166; b. al-Aṯīr, Kāmil, Bd. 10, S. 452-453; b. al-Furāt, Bd. 1 (ed. el-Shamy), S. 5-16/arab. 4-12. Zu 1111 vgl. oben S. 84.

[134] A.S. Atiya, The Idea of Counter-Crusade, in: Actes du XXIe Congrès International des Orientalistes, Paris 23-31. juillet 1948, Paris 1949, S. 356-357.

[135] E. Sivan, L'Islam, S. 39-40. In der Tradition von Sivan stehen auch die Artikel von H. Dajani-Shakeel, Jihād in Twelfth Century Arabic Poetry: A Moral Force to Counter

Bereits H.A.R. Gibb hat die These von der Existenz islamischer „Gegenkreuzzüge" in der von W.B. Stevenson und R. Grousset vertretenen Form scharf abgelehnt, obwohl seine eigene Bewertung der historischen Rolle Saladins als *muǧāhid* (Glaubenskämpfer) gegen die Franken und Einiger der islamischen Welt — zeitlich um sechs Jahrzehnte versetzt — der „Gegenkreuzzugsthese" nicht unähnliche Züge aufwies. Gibb betonte, daß in der ersten Hälfte des 12. Jahrhunderts auf islamischer Seite kein den von Massenbegeisterung getragenen Kreuzzügen vergleichbares Phänomen zu finden gewesen sei und es sich bei den Vorstößen türkischer Armeen nach Syrien — abgesehen von 1115 — nicht um seldschukische Unternehmungen, sondern Operationen der Atābegs von Mossul gehandelt habe [136].

Unzweifelhaft wurden diese Feldzüge jedoch als *ǧihād*-Unternehmungen gegen die Franken und als Unterstützungsaktionen für die bedrängten Muslime Syriens dargestellt. Außerdem kam es nach der festen Etablierung des Königreichs Jerusalem auch zwischen Damaskus und Ägypten zu einer engeren Zusammenarbeit gegen die Franken, deren erster Ausdruck die Übergabe der unter fāṭimidischer Herrschaft stehenden Stadt Tyrus/Ṣūr an Damaskus war (506 a.h./1112-1113). Tyrus/Ṣūr verblieb daraufhin unter fāṭimidischer Hoheit, wurde aber von einem damaszenischen Gouverneur (*wālī*) regiert [137]. Spiegelten das Eingreifen türkischer Kontingente aus dem Osten und die neue damaszenisch-ägyptische Entente die Reaktion einer sich einigenden islamischen Welt auf der Gründung der fränkischen Staatswesen wider, wie die Theorie der „Gegenkreuzzüge" behauptet? Um darüber Aufschluß zu gewinnen, sollen im folgenden die als *ǧihād* proklamierten Feldzüge türkischer Fürsten aus Mossul bis 1128 und das Verhalten der islamischen Herrschaften Syriens ihnen gegenüber untersucht werden. Für das Jahr 1128 als Zäsur spricht, daß sich 1128 nach den gescheiterten fränkischen Angriffen auf Aleppo (1125/1126) und Damaskus (Januar 1126) das Kräfteverhältnis in Syrien in Folge der Inbesitznahme Aleppos durch ʿImād ad-Dīn Zengī von Mossul und des Todes des Ṭuġtegīn von Damaskus am 12. Februar 1128 entscheidend änderte. Hinzu kommt, daß im Herbst 1126 mit der Regierungsübernahme Bohemunds II. die Regentschaft von König Balduin II. in Antiochia und damit, wenn auch nur für wenige

the Crusades, in: MW 66 (1976), S. 96-113, und: Al-Quds: Jerusalem in the Consciousness of the Counter-Crusader, in: The Meeting of Two Worlds, hrsg. V.P. Goss, Kalamazoo 1986, S. 201-222 (Studies in Medieval Culture, 21).

136 H.A.R. Gibb, Notes, S. 741-743. Vgl. P.M. Holt, Saladin and his Admirers: A Biographical Reassessment, in: BSOAS 46 (1983), S. 235-239.

137 b. al-Qalānisī, S. 182; b. al-Aṯīr, Kāmil, Bd. 10, S. 620.

Jahre, die enge Verknüpfung der Politik des Königreichs Jerusalem mit den Verhältnissen Nordsyriens ein Ende fand.

* * * * *

Das erste islamische Gemeinschaftsunternehmen größeren Stils gegen die Franken war der Feldzug des Kırbōġā von Mossul im Frühling und Sommer 1098, dem ein Hilferuf des türkischen Herrn von Antiochia/Anṭākiya, Yāġī Sıyān, vorausgegangen war. Es gibt keinen Beweis dafür, daß Kırbōġā bei seinem Versuch, Antiochia/Anṭākiya zu entsetzen, auf Befehl des seldschukischen Sultans Berkyāruq (1094-1105) handelte, wie es Cl. Cahen angedeutet hat [138]. In seinem Heer befanden sich ausschließlich Kontingente seiner unmittelbaren Gefolgsleute, Fürsten wie Arslāntāš von Sinǧār, verstärkt durch Aufgebote aus Damaskus und Ḥimṣ, nicht aber Aleppo. Dennoch war die Zusammensetzung dieser Armee noch heterogen genug, um zum Hauptgrund ihrer Niederlage gegen die Kreuzfahrer am 27. Juni 1098 zu werden: Hatten bereits vor der Schlacht Rivalitäten zwischen Arabern und Türken im Heer und die Intrigen des Riḍwān von Aleppo zum Abrücken einzelner Gruppen geführt, so sah sich Kırbōġā während der Schlacht plötzlich von seinen syrischen Alliierten, die durch sein undiplomatisches Verhalten verärgert worden waren, allein gelassen. Die tiefere Ursache der Illoyalität der Syrer dürfte darin gelegen haben, daß sie sich — ebenso wie Riḍwān von Aleppo — durch die mit der möglichen Einnahme von Antiochia/Anṭākiya verbundene Machterweiterung für den Fürsten von Mossul, der bereits die Zitadelle der Stadt in seine Hand gebracht hatte, in ihrer Eigenständigkeit eher gefährdet sahen als durch die fränkische Landnahme [139]. Als „Gegenkreuzzug“ kann die Kampagne des Kırbōġā trotz der Anwesenheit einer Gruppe von *muǧāhidūn* (Glaubenskämpfern) in seinem Heer nicht beschrieben werden.

An dieser Stelle klingt bereits die grundsätzliche Interessendivergenz zwischen den Fürsten und den Glaubenskämpfer-Gruppen aus dem Volk an. Den politischen Stellenwert der *ǧihād*-Propaganda für die Herrscher Nordsyriens verdeutlicht eine Episode aus dem Jahr 1106:

> Als sich Riḍwān von Aleppo mit verschiedenen Emiren, darunter dem Artuqiden Īlġāzī, zum Kampf gegen Antiochia verbünden wollte, überredeten diese ihn, zuerst Čökürmiš von Mossul anzugreifen und sich mit dessen Soldaten und Besitztümern zu verstärken. Während die

---

[138] Cl. Cahen, Syrie, S. 215. Nur Michael Syrus, S. 184, deutet dergleichen an, den islamischen Quellen aber ist ein sultanaler Auftrag an Kırbōġā unbekannt.

[139] b. al-Aṯīr, Kāmil, Bd. 10, S. 276-277; b. al-ʿAdīm, Zubda, Bd. 2, S. 136.

Alliierten daraufhin Naṣībīn in Nordmesopotamien belagerten, konspirierte Čökürmiš mit Riḍwān und bot ihm seine Hilfe beim *ǧihād* an, wenn letzterer dafür seinen Verbündeten Īlġāzī, einen der mächtigsten Rivalen des Čökürmiš, gefangensetzte. Als Īlġāzī eine Versöhnung mit Čökürmiš verweigerte und ablehnte, gegen die Franken zu kämpfen, ohne daß ihm zuerst Naṣībīn zugefallen sei, wurde er tatsächlich von Riḍwān festgesetzt. Čökürmiš dachte allerdings gar nicht daran, sein *ǧihād*-Versprechen gegenüber Riḍwān zu erfüllen [140].

In dieser Passage wird der deklamatorische Charakter der *ǧihād*-Idee und des Rufs nach der Wiedervereinigung der Muslime (*iǧtimāʿ šaml al-muslimīn*), die den nordsyrischen Emiren zur Legitimation ihrer Fehden untereinander dienten, vollends deutlich. Selbst für Riḍwān, der 1106 als einziger den Kampf gegen die Franken wirklich wollte, ging es um nicht mehr, als unter der Parole des *ǧihād* Verbündete für seine territorialen Auseinandersetzungen mit Tankred von Antiochia zu werben. Wie es um die *ǧihād*-Moral des Herrschers von Aleppo bestellt war, wenn es nicht um seine eigenen Interessen ging, zeigt die Tatsache, daß er sich allen gegen die Franken gerichteten Koalitionsunternehmen islamischer Fürsten, wie den Feldzügen des Kırbōġā 1098 und des Maudūd 1111, verweigerte [141]. Der Gefahr, durch Nichtbeteiligung am *ǧihād* seiner Legitimation als islamischer Fürst verlustig zu gehen, versuchte Riḍwān durch geschicktes Finassieren zu begegnen: Als sich 1108 z. B. das belagerte Sidon/Ṣaidā an Aleppo um Hilfe wandte, eröffnete der christliche Schreiber des Riḍwān seinem Fürsten eine nüchterne Kosten-Nutzen-Rechnung: Wenn er zugunsten von Sidon/Ṣaidā intervenierte, würde er sein Geld verlieren, wenn er aber untätig bliebe, käme sein guter Ruf abhanden. Riḍwān entschied sich für letzteres. Wenig später erfuhr er, daß die fränkische Belagerung an Intensität nachlasse. Erst jetzt, bei vermindertem Risiko, war Riḍwān bereit, ein Hilfskontingent nach Sidon/Ṣaidā zu schicken — in der vagen Hoffnung, ein Stück seines Renommees zu retten [142]. Als ihn Ṭuġtegīn von Damaskus 1110 um Beistand gegen die fränkischen Angriffe bat, beteuerte Riḍwān zwar enthusiastisch seine Bereitschaft zum *ǧihād*, hielt den damaszenischen Gesandten aber solange hin, bis dieser Aleppo schließlich wieder verließ [143].

---

140 b. al-Aṯīr, Kāmil, Bd. 10, S. 405-406.

141 Vgl. S. 84 und 119 ff.

142 b. al-Furāt, Cod. Vindob. A.F. 117, fol. 36v.

143 Ebda. fol. 47v. Vgl. E. Sivan, L'Islam, S. 33. Andere Beistandsbitten verhallten in Aleppo

Bei dem Feldzug von 1106 handelte es sich allerdings nicht um ein von Kalif oder Sultan ausgerufenes Unternehmen im Sinne der „Gegenkreuzzugstheorie". Wie war es um den „Geist des *ǧihād*" bei den vom Sultan selbst befohlenen Unternehmungen bestellt?

Ein auch nur verbales Engagement der zentralen islamischen und seldschukischen Institutionen für den Kampf gegen die Franken ist vor dem Jahr 1106 nicht zu erkennen. Ibn al-Aṯīr (555-630 a.h./1160-1233) berichtet, daß Sultan Muḥammad (1105-1118) erst im Monat Muḥarram 500 (2.9.-1.10.1106) nach mehreren dringenden Bittschreiben aus Tripolis dem Emir Čāvlī Saqāveh die Stadt Mossul mit der Auflage, gegen die Franken zu kämpfen, als Steuerpachtbezirk (*iqṭā'*) verliehen habe. Die Einsetzung des Čāvlī ist aber dennoch keineswegs als Indiz für ein erwachendes Interesse des Sultans am *ǧihād* zu bewerten: Für den Sultan bedeutete die Zuweisung Mossuls an Čāvlī nichts anderes als die Gelegenheit, einen Gefolgsmann, der ihm in Südpersien zu mächtig geworden war, an die Peripherie seines Machtbereichs zu versetzen und durch die Beschäftigung mit den expandierenden fränkischen Herrschaften Nordsyriens und dem kleinasiatischen Reich des Sultans Qılıč Arslān als Konkurrenten zu neutralisieren [144]. Zudem entledigte sich der Sultan gleichzeitig eines Rebellen, nämlich des Čökürmiš, des bisherigen Herrn von Mossul, dem Čāvlī die Stadt erst noch abzunehmen hatte. Bezeichnenderweise hatte Sultan Muḥammad 1106 zunächst und ohne Erfolg neben Čāvlī auch seinen beiden Hauptrivalen in Mesopotamien, Čökürmiš von Mossul und dem Mazyaditenemir Ṣadaqa, den *ǧihād* befohlen [145]. Es wird deutlich, daß der Auftrag zum Frankenkampf für den Sultan ein willkommenes Mittel war, sich potentieller Konkurrenten und unbequem gewordenen „Vasallen" zu entledigen. Von Čāvlī ist im übrigen nicht bekannt, daß er ernsthaft zum *ǧihād* entschlossen gewesen wäre. Er verbündete sich 1108 im Gegenteil mit Graf Balduin II. von Edessa und Joscelin von Turbessel/Tall Bāšir, als er wegen seiner Weigerung, den Sultan in seinem Kampf gegen den Mazyaditenemir Ṣadaqa zu unterstützen, als Herr von Mossul abgesetzt und von Maudūd b. Altıntegīn im Auftrag des Sultans angegriffen wurde [146]. Ein Friedensangebot des

---

genauso ungehört wie sonstwo in der islamischen Welt, z.B. 1109 ein Brief aus Tripolis (b. al-Furāt, Cod. Vindob. A.F. 117, fol. 37v) und 1110 eine Gesandtschaft aus Šaizar (b. a. Ṭaiyi' bei b. al-Furāt, ebda. fol. 39v-40r).

144 b. al-Aṯīr, Kāmil, Bd. 10, S. 422; b. al-Qalānisī, S. 156.

145 b. al-Qalānisī, S. 156. Der Befehl war eine Reaktion auf Briefe des Herrschers von Tripolis.

146 Vgl. S. 88 f.; Cl. Cahen, Syrie, S. 248-251, und R. Grousset, Histoire, Bd. 1, S. 429-435.

Sultans an Čāvlī (1108) unter der Bedingung, Mossul auszuliefern und Kadi Faḫr al-Mulk b. ʿAmmār von Tripolis gegen die Franken zu helfen, blieb ohne Ergebnis [147].

Die vier zwischen 1110 und 1113 von Mossul ausgehenden türkischen Feldzüge nach Syrien verbinden sich mit dem Namen des Atābeg Maudūd b. Altıntegīn. Ihm wurde in der „Gegenkreuzzugstheorie" die Rolle eines Protagonisten des Frankenkampfes und Vorläufers Saladins zugewiesen [148]. Enthielten die Unternehmungen des Maudūd also etwa substantiell neue Elemente?

Im Frühjahr 1110 sammelte sich auf Befehl des Sultans nach einer weiteren Bittreise des früheren Herrschers von Tripolis, Kadi Faḫr al-Mulk, eine türkische Armee zum Kampf gegen die Franken. Sie setzte sich zusammen aus den Truppen des Maudūd, des Sukmān al-Quṭbī von Tabrīz und Maiyāfāriqīn und den Turkmenen des Īlġāzī b. Artuq von Mārdīn. Vom 3. bis 12. Mai belagerte sie ohne Erfolg Edessa/ar-Ruhā. Auch zu einem Treffen mit der fränkisch-armenischen Gegenstreitmacht unter König Balduin I. kam es nicht, und der einzige Erfolg, der Maudūd beschieden war, bestand im Ausplündern der Region und dem Abschlachten unbewaffneter armenischer Flüchtlinge. Maudūd scheiterte wie 1098 schon Kırbōġā nicht so sehr an den Franken als vielmehr an der Heterogenität seiner Streitkräfte: Seine Alliierten, die beiden alten Rivalen Īlġāzī und Sukmān al-Quṭbī, zerstritten sich und verließen Maudūd mit ihren Kontingenten [149].

Nicht anders erging es Maudūd 1111 bei seinem zweiten „Gegenkreuzzug" im Auftrag des Sultans. Während der Belagerung von Turbessel/Tall Bāšir stellte der fränkische Stadtherr Joscelin so gute Beziehungen zu einem der Verbündeten des Maudūd, Aḥmad-Īl von Marāġa, her, daß dieser das türkische Heer zum Abzug bewog [150]. Īlġāzī hatte sich gar nicht erst am Feldzug beteiligt, sondern nur seinen Sohn Ayāz geschickt. Zwei weitere Verbündete, Borsuq b. Borsuq von Hamaḏān und Sukmān al-Quṭbī, waren untereinander zerstritten. Beide waren im Verein mit Aḥmad-Īl mehr an der Eroberung Aleppos interes-

---

[147] b. al-Aṯīr, Kāmil, Bd. 10, S. 463, und spätere Kompilatoren.

[148] H.S. Fink, Mawdūd I., Precursor of Saladin, in: MW 43 (1953), S. 18-27; W.B. Stevenson, Crusaders, S. 87-96. Nach R. Grousset, Histoire, Bd. 1, S. 276-277, scheiterten die „Gegenkreuzzüge" mit dem Tod des Maudūd.

[149] Bes. b. al-Qalānisī, S. 169-170; Matthäus v. Edessa, S. 270-273; b. al-ʿAdīm, Buġya, S. 160-161. Vgl. Cl. Cahen, Syrie, S. 256-258 (mit allen lateinischen Quellen).

[150] b. al-Qalānisī, S. 175; Matthäus v. Edessa, S. 275. Vgl. R.L. Nicholson, Joscelyn I, S. 36-37.

siert als am Marsch gegen das im Vorjahr von den Franken eroberte Tripolis und ließen sich nicht einmal durch die reichen Geschenke des Ṭuġtegīn von Damaskus umstimmen. Das türkische Heer zerfiel so rasch, wie es zusammengefunden hatte: Borsuq erkrankte und brach den Feldzug ab, Sukmān starb, und Aḥmad-Īl eilte zurück, um dessen Nachfolge anzutreten [151]. Einzig Maudūd blieb noch bis zum Winter 1111 in Syrien und lieferte den Franken zusammen mit Ṭuġtegīn auf Bitten des von Tankred belagerten Emirs Sulṭān von Šaizar einen ergebnislosen Stellungskrieg [152].

1112 unternahm Maudūd auf eigene Faust einen Feldzug gegen Edessa/ar-Ruhā und Sororgia/Sarūǧ [153]. Sein letztes Unternehmen richtete sich ein Jahr später, nachdem es mit einer Razzia auf die Grafschaft Edessa begonnen hatte, gegen das Königreich Jerusalem. Zusammen mit seinem Gefolgsmann Tamīrak von Sinǧār und Ayāz b. Īlġāzī und verstärkt durch Ṭuġtegīn von Damaskus, der ihn zu Hilfe gerufen hatte, gelang ihm am 30. Juni 1113 am See Genezareth ein Sieg über König Balduin I., Tankred und Pons von Tripolis. Maudūd ließ darauf das fränkische Gebiet bis nach Accon/'Akkā ausplündern. Wenige Wochen später wurde er angeblich durch die Assassinen/Bāṭinīya in der Umaiyadenmoschee von Damaskus ermordet (Oktober 1113) [154]. Damit war der Feldzug vorüber.

Die „Gegenkreuzzüge" unter Maudūd zeichneten sich, wie dieser Überblick ergibt, durch folgende Charakteristika aus: Nur zwei der vier Feldzüge, die Unternehmungen von 1110 und 1111, können überhaupt als echte Koalitionsunternehmen bezeichnet werden, da lediglich an diesen beiden Feldzügen Fürsten teilnahmen, die nicht zu den unmittelbaren Gefolgsleuten des Herrschers über Mossul gehörten. In der heterogenen Zusammensetzung dieser beiden Armeen lag auch der Grund ihres Scheiterns, da sich das Engagement der untereinander verfeindeten Emire

---

[151] Bes. b. al-'Adīm, Zubda, Bd. 2, S. 159-161; b. al-Aṯīr, Kāmil, Bd. 10, S. 486-487; b. al-Qalānisī, S. 176-177, und b. al-Furāt, Cod. Vindob. A.F. 117, fol. 54r. Īlġāzī schreckte in seiner Beutegier nicht einmal davor zurück, einen — aber erfolglosen — Überfall auf den Leichenzug des Sukmān al-Quṭbī zu versuchen.

[152] Fulcher Carnot., II, XLV, 1-9, S. 549-557; Albert v. Aachen, XI, XL-XLII, S. 682-684; Usāma b. Munqiḏ, I'tibār, S. 50-51. Zur Sekundärliteratur vgl. bes. R.L. Nicholson (wie Anm. 150) und H. Derenbourg, Ousâma, S. 88-94.

[153] Cl. Cahen, Syrie, S. 264; H.S. Fink, Mawdūd, S. 22-23.

[154] Matthäus v. Edessa, S. 282-284, und b. al-Qalānisī, S. 184-187. Den umfassendsten Quellenüberblick gibt R. Röhricht, Jerusalem, S. 100-103. Die genaue Datierung der Ermordung ist in den Quellen strittig.

für den *ǧihād* in dem Maße erschöpfte, in dem ihre Beutelust befriedigt wurde oder der Feldzug einem von ihnen einseitig zum Vorteil zu werden drohte. So entsprach Maudūd 1110 und 1112 mit seinen Angriffen auf Edessa/ar-Ruhā zwar dem Befehl des Sultans, substantiell waren diese Feldzüge aber nichts anderes als Unternehmungen gegen einen der bedrohlichsten Konkurrenten Mossuls in Nordmesopotamien (al-Ǧazīra), lagen also im Eigeninteresse des Maudūd als Herr von Mossul. Es verwundert darum nicht, daß er 1110 von seinen Alliierten im Stich gelassen wurde und 1112 allein kämpfen mußte. Der Charakter des Feldzugs von 1110 als „Gegenkreuzzug" wird zusätzlich fraglich, wenn man in Rechnung stellt, daß christliche Quellen berichten, das Unternehmen sei durch fränkisches Anstiften — ob aus Edessa oder Antiochia — mitinitiiert worden, um dem jeweiligen normannischen oder lothringischen Gegner zu schaden. Wenn dies der Wahrheit entspricht, reduziert sich die Kampagne von 1110 auf eine normale, unter der Parole des *ǧihād* geführte nordsyrisch-nordmesopotamische Territorialauseinandersetzung im Stil der Kriege von 1106 und 1108 [155]. Allein 1113, bei dem Angriff auf Galiläa, ging es für Maudūd nicht um unmittelbare Machterweiterung. Uneigennützig war sein Feldzug dennoch nicht, denn wie Ibn al-Qalānisī (465-555 a.h./1073-1160) berichtet, war kurz zuvor am Hof des Sultans der Verdacht aufgekommen, Maudūd wolle eine Rebellion anzetteln. Mit seinem Engagement für den *ǧihād* scheint Maudūd deswegen beabsichtigt zu haben, sich entsprechend den Versicherungen seiner Frau und seines Sohnes vor dem Sultan als loyaler Gefolgsmann und Kämpfer gegen die Ungläubigen gemäß dem Befehl seines seldschukischen Herrn zu legitimieren [156].

Das Fazit der Untersuchung der „Gegenkreuzzugsprojekte" von Čāvlī bis Maudūd ist, daß die Erklärung für die türkischen Feldzüge gegen die Franken nicht in einer Einigung der islamischen Welt gegen die Kreuzfahrer, sondern den Machtkämpfen im ʿIrāq und den Territorialinteressen der wechselnden Fürsten von Mossul zu finden ist. Weder wurde

---

[155] Albert v. Aachen, XI, XVI, S. 670, und XXI-XXII, S. 673-674, geht davon aus, daß Tankred die Türken gegen Edessa gerufen habe. Matthäus v. Edessa, S. 270, berichtet andersherum von einer Initiative Balduins II. von Edessa und Joscelins von Turbessel/Tall Bāšir gegen Tankred. Obwohl sich die beiden Berichte nicht verifizieren lassen, würde ein solcher Hilferuf eines der nördlichen fränkischen Staaten gut in das Bild des antiochenisch-edessenischen Konfliktes (seit 1108) passen. Vgl. A. Lüders, Die Kreuzzüge im Urteil syrischer und armenischer Quellen, Berlin 1964 (Berliner Byzantinistische Arbeiten, 29), S. 46.

[156] b. al-Qalānisī, S. 184.

erkennbar, daß sich Kalif oder Sultan um 1110 dem *ǧihād* neu zugewandt hätten, wie W.B. Stevenson meinte [157], noch deutlich, was über das Beutemachen und den von Mossul aus forcierten Kampf gegen Edessa hinaus eigentlich das Ziel der „Gegenkreuzzüge" gewesen sein soll. Während keiner der Unternehmungen kam es zu dem Versuch, eine der fränkischen Hauptstädte — erst recht nicht, was 1113 vielleicht möglich gewesen wäre, Jerusalem — zu belagern und so etwa „Asien von den Franken zu säubern" [158]. Auch der Plan, 1111 das 1109 von den Franken eingenommene Tripolis zurückzuerobern, fand keine Anhänger. Es spricht eine deutliche Sprache, daß sich Sultan Muḥammad (1105-1118) nicht ein einziges Mal selbst an einem Zug gegen die Franken beteiligte, obwohl er 1110 nach dem Fall von Tripolis und 1111 nach den Krawallen der aleppinischen Delegation in Bagdad in Briefen nach Aleppo entsprechende Ankündigungen gemacht hatte [159]. Die einzige Konzession des Sultans an sein Renommee als Protagonist des *ǧihād* und die öffentliche Meinung in Bagdad, die ihn zum Eingreifen zwang, bestand darin, dem Maudūd 1111 seinen minderjährigen Sohn Mas'ūd an die Seite zu geben. Mas'ūd, der in Mossul erzogen wurde, begleitete 1114 auch Aqsunqur al-Borsuqī (Bursuqī) auf seinem „Gegenkreuzzug". Wie gering der Stellenwert des *ǧihād* war, wenn es dabei nicht um die Erweiterung der sultanalen Macht ging, zeigt, daß Sultan Maḥmūd (1118-1131) den Aqsunqur al-Borsuqī, als er ihn 1123 auf Drängen des Kalifen als Garnisonchef (*šiḥna*) von Bagdad ablösen mußte, mit dem *ǧihād* beauftragte und nach Mossul schickte. Wie für Čāvlī 1106 handelte es sich für Aqsunqur um eine Strafversetzung [160]!

Der Verlauf der letzten beiden Koalitionsunternehmungen im Auftrag des Sultans, 1114 und 1115, unterstreicht noch offensichtlicher, daß die „Gegenkreuzzüge", einmal ihrer propagandistischen Ummäntelung entkleidet, lediglich Funktionen der Machtinteressen der Fürsten von Mossul und des Sultans waren:

---

[157] Vgl. S. 116 ff.

[158] Vgl. Anm. 128. Jerusalem als heilige Stätte des Islams spielte weder in der Propaganda noch in der Politik eine Rolle, vgl. E. Sivan, Le caractère sacré, S. 149-182. Schon deswegen ist es falsch, dem Kreuzzug einen „Gegenkreuzzug" gegenüberzustellen, da für die Türken das Moment der Befreiung Jerusalems ohne Bedeutung war.

[159] b. a. Ṭaiyi' bei b. al-Furāt, Cod. Vindob. A.F. 117, fol. 39v (zu 1110); b. al-Furāt, ebda., fol. 47r-v (zu 1111). 1111 hatte der Sultan sogar eine kleine Vorausabteilung nach Aleppo gesandt.

[160] b. al-Aṯīr, Kāmil, Bd. 10, S. 622.

Das Projekt eines konzertierten Angriffs auf die Franken, das der unmittelbare Nachfolger des 1113 in Damaskus ermordeten Atābeg Maudūd von Mossul, Aqsunqur al-Borsuqī, 1114 verfolgte, scheiterte schon im Ansatz kläglich. Denn Īlġāzī b. Artuq von Mārdīn, der sich bereits den Feldzügen des Maudūd so weit wie möglich entzogen hatte, lehnte es ab, Aqsunqur auf dessen Unternehmungen zu unterstützen. Īlġāzī war weder bereit, mit seiner Teilnahme die Rolle eines Gefolgsmanns von Mossul zu spielen, noch daran interessiert, Aqsunqur bei seiner Expedition im Gewand des *ǧihād* beizustehen. Der „Gegenkreuzzug" von 1114 endete daher nach einigem Beutemachen in der Grafschaft Edessa mit einer empfindlichen Niederlage des Aqsunqur in einer rein islamischen Schlacht gegen eine artuqidische Streitmacht unter Īlġāzī [161].

Für das letzte große Beispiel eines „Gegenkreuzzugs", die von Borsuq b. Borsuq von Hamaḏān und dem neuen Herrn von Mossul, Atābeg Ǧuyūšbeg, angeführte nordmesopotamische Armee, die Sultan Muḥammad 1115 nach Syrien schickte, war der Kampf gegen die Franken gar nur zweitrangig. Der Befehl des Sultans lautete, die Armee habe zuerst die seit 1113 unbotmäßigen Emire Īlġāzī und Ṭuġtegīn, dem eine Beteiligung an der Ermordung des Maudūd angelastet wurde, zur Raison zu bringen. Erst danach sollten die Franken angegriffen werden. Der Feldzug war folglich nichts anderes als ein Versuch des Sultans, die großseldschukische Macht nach Westen auszudehnen und Syrien in seinem Sinne politisch neu zu ordnen. Diese Intention wurde in Syrien auch so verstanden: Unterstützung fanden Borsuq und Ǧuyūšbeg nur bei der von Antiochia und Aleppo gleichermaßen bedrängten Wesirsfamilie Munqiḏ von Šaizar und bei Qırḫān b. Qarāǧa von Ḥimṣ, einem illoyalen Gefolgsmann des Ṭuġtegīn. Ihm sollten nach dem Willen des Sultans die Eroberungen der Koalitionsarmee übergeben werden, was im übrigen den Eifer der auf eigene Machterweiterung bedachten Emire des türkischen Heeres nicht wenig lähmte [162].

Die türkischen Feldzüge dienten objektiv also nicht in erster Linie dem Zweck, die Franken zu vertreiben. Unzweifelhaft haben aber verschiedene Interventionen aus Syrien und ihre Resonanz in Bagdader Moscheen und am Kalifenhof dazu beigetragen, sie ins Leben zu rufen: so

---

[161] b. al-Aṯīr, ebda. S. 501-502; Matthäus v. Edessa, S. 287; Michael Syrus, S. 216-217. Vgl. bes. Cl. Cahen, Syrie, S. 270-271.

[162] Zum Auftrag des Sultans vgl. bes. b. al-Aṯīr, Kāmil, Bd. 10, S. 509-510; b. al-Furāt, Cod. Vindob. A.F., fol. 83r-84v. Zum Verlauf des Feldzugs vgl. bes. R. Röhricht, Jerusalem, S. 107-112, und Cl. Cahen, Syrie, S. 271-275.

die Bittreisen des Kadi Faḫr al-Mulk b. ʿAmmār 1108 und 1110, wiederholte Briefe aus Damaskus, die aleppinische Gesandtschaft des Kadi Ibn al-Ḫaššāb 1111 nach Bagdad und 1115 das Angebot des Regenten des Nachfolgers des Riḍwān, Lu'lu' al-Yāyā, Aleppo einem Heer des Sultans auszuliefern [163]. Lag also den islamischen Herrschern Syriens angesichts der Expansion der fränkischen Staatswesen der Gedanke einer aus dem Bewußtsein islamischer Einheit geborenen Solidarität näher als denen des ʿIrāq, und ist es wenigstens in diesem Sinn legitim, von „Gegenkreuzzügen" zu sprechen? Welche Position nahm Damaskus gegenüber den „Gegenkreuzzügen" ein?

Symptomatisch für die damaszenische Politik gegenüber türkischen Alliierten ist eine Begebenheit aus dem Herbst 1104. Schwer erkrankt, rief der Stadtherr Ṭuġtegīn den Turkmenenemir Sukmān b. Artuq, der gerade im Begriff war, zusammen mit Čökürmiš von Mossul gegen die Franken zu ziehen, nach Damaskus, um der Stadt einen Verteidiger zu geben. Die Umgebung des Ṭuġtegīn reagierte entsetzt: „Wenn Du dem Emir Sukmān b. Artuq Damaskus übergibst..., was wird dann aus Dir und uns? Oder war Dir das Schicksal des Atsız nicht bekannt, als er den Sultan Tāǧ ad-Daula b. Alp Arslān (sc. Tutuš) rief, wie er (sc. Tutuš) sich beeilte, ihn umzubringen, ohne ihm und seinen Leuten Aufschub zu gewähren?" Ṭuġtegīn bereute daraufhin seine unüberlegte Hilfsbitte und war heilfroh zu erfahren, daß Sukmān auf dem Weg nach Damaskus gestorben sei [164].

Dieser durch den damaszenischen Lokalhistoriker Ibn al-Qalānisī (465-555 a.h./1073-1160) tradierte Vorfall kann als Locus classicus für die Grundlage der Politik islamischer Herrschaften in Syrien gegenüber Verstärkungen aus dem Osten gelten. Wie für Ägypten barg auch für Damaskus die Geschichte der Herrschaft des Turkmenenchefs Atsız in Damaskus (1076-1079) ein Trauma, das die Bündnispolitik nachhaltig beeinflußte. Jede Intervention türkischer Armeen aus dem Osten konfrontierte Damaskus, Aleppo und die kleineren Emirate mit dem Dilemma, zwischen den möglichen Vorteilen der Kooperation mit einem „Gegenkreuzzug" gegen die Franken und der Gefahr, die ein erfolgreiches Koalitionsunternehmen für die Autonomie der eigenen Herrschaft bedeuten konnte, abzuwägen. Dies drückte sich nicht allein 1098 in den Spannungen zwischen Kırbōġā und den syrischen Emiren aus:

---

[163] b. al-ʿAdīm, Zubda, Bd. 2, S. 174.
[164] b. al-Qalānisī, S. 146.

Als Ṭuġtegīn im Jahr 503 a.h.(1110) den Kadi Faḫr al-Mulk b. ʿAmmār auf dessen zweiter Bittreise nach Bagdad begleiten wollte, erfuhr er auf dem Marsch von Gerüchten, nach denen der Sultan die syrischen Steuerpachtbezirke (*iqṭāʿāt*), also auch Damaskus, an Emire aus seiner Umgebung verteilt habe. Ṭuġtegīn kehrte darauf sofort um, zumal er wußte, daß sein eigener Gouverneur (*wālī*) in Baʿlabakk dabei war, ihn beim Sultan zu kompromittieren [165].
Im Jahre 1110 verstärkte Ṭuġtegīn die vor Edessa/ar-Ruhā stehenden Truppen des Maudūd und seiner Alliierten zwar durch ein Détachement, blieb aber persönlich in Syrien. Erst 1111 ließ er sich darauf ein, selber bei Maudūd in Nordsyrien zu erscheinen. Ṭuġtegīn mußte allerdings erkennen, daß die verbündeten Türken nicht nur kein Interesse daran hatten, Tripolis zurückzuerobern, sondern ihm gegenüber auch „schlechte Absichten“ hegten, die bis zu einem Mordkomplott eines der Emire im Heer und des Riḍwān von Aleppo gegen ihn reichten. Deswegen trat der Herr von Damaskus noch während des Unternehmens in Geheimverhandlungen mit den Franken ein und unterstützte Maudūd erst, als dieser, von seinen Alliierten in Nordsyrien alleingelassen, keine Gefahr mehr für die Unabhängigkeit von Damaskus darstellte [166]. Ṭuġtegīn hätte auch 1113 nicht die Hilfe des Maudūd in Anspruch genommen, wenn König Balduin I. nicht kurz zuvor mit seinen Beutezügen in die damaszenischen Provinzen Ḥaurān und Baṯanīya südlich von Damaskus den in den Kondominats- (*munāṣafa-*) Verträgen geregelten Status quo zwischen Damaskus und Jerusalem in Frage gestellt hätte, wie die islamischen Quellen berichten [167]. Als Maudūd aber nach dem erfolgreichen Feldzug 1113/1114 in Damaskus überwintern wollte, wurde die Allianz mit dem Atābeg für Ṭuġtegīn zur akuten Gefahr. Alles deutet darauf hin, daß Ṭuġtegīn zumindest eine Mitschuld an der Ermordung seines Verbündeten in der Umaiyadenmoschee trifft. Bei Franken und auch Muslimen galt Ṭuġtegīn als Auftraggeber der Attentäter [168]. Matthäus von Edessa

[165] Ders., S. 166; b. a. Ṭaiyiʾ bei b. al-Furāt, Cod. Vindob. A.F. 117, fol. 48v.

[166] Ders., fol. 54v-55r; b. al-Qalānisī, S. 177; b. al-Aṯīr, Kāmil, Bd. 10, S. 487, und ders., Bāhir, S. 18.

[167] b. al-Qalānisī, S. 183-184, und Sibṭ b. al-Ǧauzī, ed. Ḥaidarābād, Bd. VIII, 1, S. 42.

[168] Vgl. den Quellenüberblick bei H.S. Fink, Mawdūd, S. 25-26; bes. b. al-Aṯīr, Kāmil, Bd. 10, S. 497; ders., Bāhir, S. 19 (tradiert einen Bericht seines Vaters). Fränkische Quellen nennen Ṭuġtegīn offen als Anstifter des Mordes: Fulcher Carnot., II, LI, 4, S. 577; Albert v. Aachen, XII, XVIII, S. 700 (scheint sehr gut unterrichtet zu sein); Wilhelm v. Tyrus, XI, XX, S. 487: *suspectam enim ejus dicebatur habere potentiam, ne eum regno privaret (!).*

stellte den Anschlag sogar als Präventivmaßnahme dar, zu der Ṭuġtegīn gegriffen habe, nachdem er seinerseits von der Absicht des Maudūd erfahren habe, ihn ermorden zu lassen[169]. Sofort nach dem Tod seines Verbündeten und Gegenspielers einigte sich Ṭuġtegīn im übrigen mit König Balduin I. auf einen Vertrag (*muhādana, muwāda'a, musālama*), der offensichtlich den früheren Status quo zwischen beiden Staatswesen wiederherstellte und auf Jahre hinaus die Grenzen sicherte[170].

Diese Beispiele dokumentieren, was für eine argwöhnische Position Ṭuġtegīn gegenüber den aus dem Osten lancierten Heereszügen, deren Beistand Damaskus nur im Fall äußerster Bedrohung suchte, einnahm. Noch 521 a.h. (1127), kurz vor seinem Tod und vierzehn Jahre nach der Ermordung des Maudūd, handelte Ṭuġtegīn nach der Maxime, die Eigenständigkeit von Damaskus über das Ideal eines dem *ǧihād* verpflichteten islamischen Großreiches zu stellen: Er entschloß sich zum Kampf gegen Mas'ūd b. Aqsunqur al-Borsuqī von Mossul, als dieser im Namen des *ǧihād* die Eroberung aller syrischer Herrschaften, egal ob fränkisch, türkisch oder arabisch, plante[171].

Die türkischen Koalitionsunternehmen waren also keine Gegenkreuzzüge und wurden von den Fürsten der größeren islamischen Herrschaften Syriens auch nicht als solche verstanden. Wie für Damaskus gilt dies ebenfalls für Aleppo. Riḍwān stand zwar in engen Vertragsverhältnissen zum Fürstentum Antiochia, verweigerte aber jeder türkischen Koalition gegen die Franken seine Unterstützung, selbst den innersyrischen Allianzgeboten seines Erzrivalen Ṭuġtegīn. 1112 suchte er zwar um damaszenische Hilfe nach, als Tankred die Festung Hasor/'Azāz belagerte[172], beteiligte sich aber 1113 am galiläischen Feldzug von Maudūd und Ṭuġtegīn nur mit einem derart kleinen, symbolischen Kontingent, daß Ṭuġtegīn aus Zorn die nominelle Oberhoheit Aleppos über Damaskus beendete[173]. Derselben Linie blieb die Notabelnrepublik[174] Aleppo

---

[169] Matthäus v. Edessa, S. 285-286.

[170] b. al-Qalānisī, S. 190.

[171] Ders., S. 216-217.

[172] Vgl. S. 84.

[173] b. al-Qalānisī, S. 186, und b. al-Furāt, Cod. Vindob. A.F. 117, fol. 69v. Riḍwān wurde in der damaszenischen Freitagspredigt (*ḫuṭba*) nicht mehr erwähnt.

[174] So Cl. Cahen, Syrie, S. 269. Aleppos nominelle Herrscher, die minderjährigen Alp Arslān b. Riḍwān (ermordet im September 1114) und sein Bruder Sulṭānšāh (bis 1118), hatten kaum faktische Macht. Aleppo wurde regiert von den Garnisonskommandanten, den religiösen Führern und den Chefs der Zivilverwaltung, z.B. dem *ra'īs* Ibn al-Milḥi und Kadi Ibn al-Ḫaššāb. Vgl. b. al-'Adīm, Buġya, S. 152-157.

auch nach dem Tode des Riḍwān (1113) treu. Der nordsyrische Stadtstaat zahlte dem Fürstentum Antiochia, abgesehen von einem kurzen Intermezzo 1113, weiterhin Tribut. Auf der anderen Seite verweigerte man aber 1115 Borsuq b. Borsuq und seiner Koalitionsarmee — nicht anders als 1111 dem Maudūd — den Zugang zur Stadt, obwohl der Feldzug von 1115 durch einen Hilferuf des aleppinischen Regenten Lu'lu' al-Yāyā an den Sultan mitinitiiert worden war[175]. 1117 schloß Aleppo unter dessen Nachfolger Yāruqṭāš einen weiteren Waffenstillstand (*hudna*) mit Roger von Antiochia, der dem Fürsten neben einer Geldleistung und der Festung al-Qubba südlich von Aleppo das Zollregal auf der Karawanenroute nach Süden einbrachte, die auch die Mekkapilger benutzten[176].

Der Widerstand Aleppos unter seinen wechselnden Machthabern gegen die islamischen Koalitionsarmeen und damit nolens volens die Unterwerfung unter eine Art normannische Schutzherrschaft lag tiefer begründet als nur in der Furcht, nach dem Abzug der Koalitionsstreitkräfte mit Antiochia wieder allein auskommen zu müssen: Ibn al-'Adīm (588-660 a.h./1193-1262) berichtet, daß die politischen Führer Aleppos am Verbleiben der Franken in Syrien geradezu interessiert gewesen seien, weil nur die Existenz fränkischer Staatswesen die Eigenständigkeit Aleppos zu erhalten helfen konnte[177]. So erklärt es sich, warum, als Aqsunqur al-Borsuqī 1117 zweimal versuchte, Aleppo einzunehmen, weil der Sultan es ihm als Steuerpachtbezirk (*iqṭā'*) verliehen hatte, der Stadtkommandant und Regent Yāruqṭāš sowohl Īlġāzī b. Artuq als auch Roger von Antiochia zu Hilfe rief. Beide Fürsten wollten vermeiden, daß sich mit Aqsunqur ein Vertrauensmann des Sultans in Syrien festsetzte, der als Herrscher von Mossul, ar-Raḥba und Aleppo so viele Machtressourcen konzentriert hätte, daß das Gleichgewicht der Kräfte in Nordsyrien völlig aus der Balance gebracht worden wäre. Ob Muslim oder Christ, Turkmene oder Franke — die Interessenlage von Roger und Īlġāzī war identisch. Aqsunqur selber erhielt, als er die Übergabe Aleppos verlangte, aus der Stadt die Antwort: „Wir wollen keinen aus dem Osten (*mā nurīdu aḥadan min aš-šarq*)“[178]!

---

[175] Cl. Cahen, Syrie, ebda..

[176] al-'Aẓīmī, S. 384; b. al-'Adīm, Zubda, Bd. 2, S. 179 und 181; b. al-Qalānisī, S. 199. Als die Antiochener später unter Bruch des Vertrages bei al-Qubba eine ganze Karawane aufbrachten, intervenierte der *ra'īs* Ibn al-Milḥī erfolgreich bei Roger mit der Bitte, das Abkommen einzuhalten. Das geraubte Gut wurde vollständig zurückerstattet.

[177] b. al-'Adīm, Zubda, Bd. 2, S. 173.

[178] Ebda., S. 180-181; vgl. b. al-Qalānisī, S. 199. Zur allgemeinen Situation vgl. Cl. Cahen, Syrie, S. 276-277. Dasselbe Grundgefühl kam noch 1119 nach der Schlacht auf

An dieser Stelle wird deutlich, daß Franken und Muslime in Syrien eineinhalb Jahrzehnte nach dem ersten Kreuzzug ein Verhältnis entwickelt hatten, das über die Konstituierung eines reinen Modus vivendi hinausging und vielleicht als pansyrische Solidarität bezeichnet werden kann. Die fränkischen Staaten galten den türkischen Herrschern nicht allein als potentielle Vertragspartner, sondern auch als mögliche Alliierte, da für sie die Existenz fränkischer Staaten gegenüber einer Machterweiterung der Fāṭimiden oder des seldschukischen Sultans das geringere Übel darstellte. Der Versuch außersyrischer Mächte, in Syrien Fuß zu fassen, wurde, wie bereits 1108 die Allianz von Aleppo und Antiochia gegen Čāvlī bewiesen hatte, als gemeinsame Bedrohung empfunden und führte zu fränkisch-türkischen Bündnissen. Deutlicher noch als die Anlehnung Aleppos an Antiochia unterstreicht dies die große syrische Allianz zwischen den Herrn der vier fränkischen Staaten sowie Ṭuġtegīn von Damaskus, Aleppo unter Lu'lu' al-Yāyā und Īlġāzī von Mārdīn, die sich 1115 als Reaktion auf den „Gegenkreuzzug" des Borsuq b. Borsuq zusammenfand [179]. Obwohl die Angaben der Quellen über den Abschluß dieser Allianz nicht ganz harmonieren, ist doch, was ihre Motivation betrifft, der Tenor der verschiedenen Berichte derselbe: Das türkische Koalitionsunternehmen des Borsuq von 1115 sei eine Folge des Mordes an Maudūd gewesen und habe sich sowohl gegen Franken als auch gegen Īlġāzī und Ṭuġtegīn gerichtet [180]. Da Ṭuġtegīn der Meinung gewesen sei, sein Reich nicht mehr verteidigen zu können, wenn Borsuq erst einmal die Christen besiegt habe [181], sei er in aller Form (mit Eid und Geiselstellung) einen zeitlich befristeten Friedens- und Bündnisvertrag (*foedus amicitiae, pax ad certum tempus*) mit Fürst Roger und König Balduin I. eingegangen [182]. Die *Parther*, wie die nichtsyrischen Türken in fränkischen Quellen gelegentlich zur Unterscheidung von den syrischen historisierend genannt werden, stellten seiner Meinung nach

dem Ager sanguinis/al-Balāṭ zum Ausdruck, als Īlġāzī Aleppo beherrschte und die durch die Turkmenen ihrer Rechte und Reichtümer beraubten *potentiores* der Stadt insgeheim gegen die neuen Machthaber konspirierten: Galter. Canc., II, XIII, 2-3, S. 105-106.

179 Allgemeinere Darstellungen: R. Röhricht, Jerusalem, S. 107-112; R. Grousset, Histoire, Bd. 1, S. 277-279, und 495-510; H. Derenbourg, Ousâma, S. 98-107.

180 b. al-Aṯīr, Kāmil, Bd. 10, S. 503; Fulcher Carnot., II, LIII, 2, S. 582; Albert v. Aachen, XII, XX, S. 702; Wilhelm v. Tyrus, XI, XXIII, S. 493. Matthäus v. Edessa, S. 292, sagt sogar, daß Īlġāzī und Borsuq geschworene Feinde gewesen seien, was sich wohl aus ihrer Rivalität um die Vorherrschaft in Nordmesopotamien (al-Ǧazīra) erklärt.

181 Fulcher Carnot., II, LIII, 2, S. 583; Wilhelm v. Tyrus, XI, XXIII, S. 492-493.

182 Galter. Canc., I, II, 6, S. 66-67; Wilhelm v. Tyrus, ebda..

nämlich im Frieden eine noch viel größere Gefahr als im Krieg dar [183]. Im Spätsommer 1115 standen sich als Ergebnis dieses Vertrages bei Šaizar eine syrischislamisch-fränkische Armee und eine ostislamisch-sultanale Koalitionsstreitmacht gegenüber!

Es wäre allerdings falsch, die von Ṭuġtegīn zustandegebrachte Allianz von 1115 als Entente cordiale zu verstehen. Sie war nicht das Resultat einer neuen Toleranzideologie oder fränkisch-islamischer Freundschaft, sondern aus einem nüchternen politischen Kalkül geboren. Letzteres mußte einer der mächtigsten Vasallen Rogers, Robert Fulconis von Sardona/Zardanā, der während des Feldzugs mit Ṭuġtegīn enge Freundschaft geschlossen hatte, am eigenen Leibe erfahren, als er nämlich 1119 als Gefangener in Aleppo von seinem „Freund" erschlagen wurde [184]. Nach Ibn al-ʿAdīm (588-660 a.h./1193-1262) war Ṭuġtegīn während des Feldzugs von 1115 bemüht, eine Entscheidungsschlacht zu verhindern, „denn wenn die Franken die Heere des Sultans besiegten, nähmen sie ganz Syrien ein; würden sie aber geschlagen werden, machten sich die Heere des Sultans zum Herrn über alles, was sich in seiner Hand befände" [185]. Auch auf fränkischer Seite waren Ressentiments spürbar. So bezeichnete der Chronist Galterius Cancellarius Roger und Ṭuġtegīn nur als *quasi amici* und nannte die spätere Auflösung der frankoislamischen Koalitionsstreitkräfte ein Werk Gottes, der die Seinen von der *societas Belial*, also der Zusammenarbeit mit den Muslimen, habe loslösen wollen [186]. Fulcher von Chartres allerdings, der das Syrertum der Franken an anderer Stelle in emphatischen Worten auszudrücken wußte [187] und die früheren Feldzüge der Franken gegen islamische Gegner als Gottesdienst und Pilgerfahrt beschrieben hatte [188], stellte die Allianz nüchtern-kritiklos dar [189]. In der Chronik des Damaszeners Ibn al-Qalā-

183 Galter. Canc., ebda..

184 Usāma b. Munqiḏ, Iʿtibār, S. 88. Vgl. b. al-ʿAdīm, Zubda, Bd. 2, S. 192-193, und Galter. Canc., II, XIV, 1-8, S. 107-109. Zur Vorgeschichte: Cl. Cahen, Syrie, S. 289-290.

185 b. al-ʿAdīm, Zubda, Bd. 2, S. 175.

186 Galter. Canc., I, II, 6-7, S. 67 (spricht von einer *pax simulata*!) und I, IV, 5, S. 70. Seine bittere Kommentierung der Allianz ist vor dem Hintergrund der normannischen Niederlage gegen die ehemaligen Verbündeten auf dem Ager sanguinis/al-Balāṭ, dem Tod Rogers und seiner eigenen Kriegsgefangenschaft 1119 zu begreifen.

187 Fulcher Carnot., III, XXXVII, 3-8, S. 748-749.

188 Vgl. J.S.C. Riley-Smith, Peace never Established. The Case of the Kingdom of Jerusalem, in: Transactions of the Royal Historical Society, 5th ser., vol. 28 (1978), S. 87-102, hier S. 94-95.

189 Fulcher Carnot., II, LIV, 5, S. 589, preist die Tatsache, daß Roger später allein, ohne Alliierte, die Türken besiegen konnte, als göttliches Wunder. Eine Ablehnung der

nisī (465-555 a.h./1073-1160) wird die Koalition von 1115 schlicht übergangen. Sie war für das Renommee des Ṭuġtegīn als Glaubenskämpfer (*muǧāhid*) wohl zu unrühmlich.

In der Reaktion auf die Feldzüge des Borsuq b. Borsuq und des Aqsunqur al-Borsuqī werden daher sowohl die Stabilisierung des fränkisch-islamischen Systems syrischer Staatswesen als auch die Grenzen der in diesem System möglichen pansyrischen Solidarität deutlich. Allianzen, fränkisch-islamische ebenso wie solche unter Muslimen, galten nur ad hoc. Wenn die syrischen Herrschaften gegen eine gemeinsame Bedrohung zusammenstanden, bedeutete dies nicht den Verzicht auf Rivalität untereinander und Expansion gegeneinander. Obwohl sich Ṭuġtegīn auch nach 1115, wie 1127 seine Rüstungen gegen Mas'ūd b. Aqsunqur al-Borsuqī von Mossul zeigten, gegen jedes Übergreifen des Sultans nach Syrien zur Wehr setzte, ging er doch, um der fränkischen Machterweiterung Grenzen zu setzen, Allianzen gegen die Franken ein, wenn damit keine Gefährdung der damaszenischen Autonomie verbunden war. Dem Ziel der Eigenständigkeit seiner Herrschaft war ein Kräftegleichgewicht zwischen den fränkischen und islamischen Staatswesen Syriens, Mossul und die nordmesopotamischen Artuqidenfürstentümer inbegriffen, am dienlichsten. So versöhnte sich Ṭuġtegīn im Frühjahr 1116 während eines Besuchs im 'Irāq mit Sultan Muḥammad (1105-1118) und erlangte ein Einsetzungsdiplom (*manšūr 'ālī*), das ihm die Verwaltung Syriens (*wilāya*) mit dem Recht der Grundsteuererhebung (*ḫarāǧ*) und der Verpflichtung, die Muslime zu schützen, übertrug [190]. In praxi blieben diese Rechte zwar rein theoretisch, jedoch legitimierten sie die Herrschaft des Ṭuġtegīn über Damaskus und sicherten ihn gegenüber dem Sultan ab. Erst auf dieser Grundlage konnte der Fürst von Damaskus in der Folge Koalitionen g e g e n die Franken eingehen:

1116 schlugen Ṭuġtegīn und Asunqur al-Borsuqī von Mossul gemeinsam Graf Bertrand von Tripolis, als dieser einen Beutezug in die Biqā'-Ebene zwischen Libanon und Antilibanon unternahm. Nach dieser Operation schlossen die beiden islamischen Emire einen Freundschafts- und Beistandspakt (*mawadda, muṣāfāh*), und Aqsunqur versicherte, er würde zum *ǧihād* nach Syrien zurückkehren, „wenn sich etwas ereignete“ [191].

---

fränkisch-islamischen Koalition kann darin aber nicht gesehen werden, da „allein“ auch bedeutet: ohne Waffenhilfe aus Jerusalem und Tripolis. Fulchers Argumentation bezieht sich rein auf die Quantität seiner Streitmacht, nicht die ethisch-religiöse Qualität.

[190] b. al-Qalānisī, S. 193-197. Vgl. b. al-Aṯīr, Kāmil, Bd. 10, S. 514.

[191] b. al-Qalānisī, S. 198: *matā ḥadaṯa amr au ḥazaba ḫaṭb.*

In der Formel „wenn sich etwas ereignete" kommt die damaszenische Strategie prägnant zum Ausdruck. Nicht die Existenz fränkischer Staaten oder etwa deren Herrschaft über Jerusalem wurde in Frage gestellt, sondern eine eventuelle Veränderung des Status quo. Auch die späteren Koalitionsunternehmungen von 1119 und 1120 zusammen mit Īlġāzī b. Artuq und Dubais b. Ṣadaqa, 1124 und 1125 mit Aqsunqur al-Borsuqī von Mossul in Nordsyrien hatten deshalb nur Razziencharakter, stellten Reaktionen auf fränkische Expansionsversuche gegen Aleppo dar und waren keine Gegenkreuzzüge zur Vertreibung der Franken. Zu Unternehmungen größerer Art war ein Turkmenenführer wie Īlġāzī schon aus finanziellen Gründen gar nicht imstande[192]. Im Verhältnis zu Ägypten ließ sich Damaskus von denselben Prinzipien leiten. Ein direktes gegen die Franken gerichtetes Zusammenwirken zwischen Ṭuġtegīn und den Fāṭimiden, die seit 1113 nur durch die gemeinsame Herrschaft über Tyrus/Ṣūr verbunden waren, ergab sich allein 1118, als Ṭuġtegīn auf ägyptische Bitten hin die vor Ascalon/ʿAsqalān stehende fāṭimidische Streitmacht verstärkte. Ṭuġtegīn wurde im übrigen für seinen Beistand, wie schon bei der Hilfsaktion für Sidon/Ṣaidā und Tyrus/Ṣūr einige Jahre zuvor, mit Waffen, Pferden, Zelten und Ehrenkleidern reichlich bezahlt, ohne daß die Allianz irgendein Resultat gehabt hätte[193]. Im Winter 1123/1124, während der Gefangenschaft König Balduins II. in Ḫarpuṭ/Ḥiṣn Ziyād, forderten Aqsunqur von Mossul und Ṭuġtegīn die Ägypter mit Erfolg zum Angriff auf die scheinbar ungedeckte Südflanke des Königreichs Jerusalem auf[194]. Damaskus blieb auch weiter in Verbindung mit den Fāṭimiden[195]. Gemeinsame Operationen erwuchsen daraus aber nicht, selbst nicht während der fränkischen Belagerung von Tyrus/Ṣūr 1124. Die unregelmäßigen ägyptischen Angriffe auf das Königreich standen in der Regel in keinem Zusammenhang mit den Aktionen des Ṭuġtegīn oder der nordsyrischen Emire, sondern koinzidierten mit den Phasen, in denen die Staatsgewalt in Jerusalem durch

---

[192] So jedenfalls b. al-Aṯīr, Kāmil, Bd. 10, S. 569.

[193] b. al-Ma'mūn, S. 13-14 (fälschlich ad 509 a.h./1115-1116); b. al-Aṯīr, Kāmil, Bd. 10, S. 543; al-Maqrīzī, Ittiʿāẓ, Bd. 3, S. 53-54; Fulcher Carnot., III, II, 1-3, S. 617-619; Wilhelm v. Tyrus, XII, VI, S. 518-519.

[194] b. Muyassar, S. 94-95; al-Maqrīzī, Ittiʿāẓ, Bd. 3, S. 99-100; b. al-Qalānisī, S. 210. Eventuell ist der türkische Aufruf jedoch zwei Jahre später erfolgt, da b. al-Qalānisī ihn in Zusammenhang mit der Schlacht von Hasor/ʿAzāz bringt, die erst im Mai 1125 stattfand.

[195] Vgl. b. al-Qalānisī, S. 215. Zu späteren damaszenisch-fāṭimidischen Kontakten: M. Canard, Fātimides et Būrides (Anm.103). Alle Kontakte liefen über den damaszenischen Gouverneur (*wālī*) in Buṣrā.

Abwesenheit, Krankheit oder Tod des Königs geschwächt schien [196].

Es paßt in das Bild von der Stabilisierung des Systems syrischer Staatswesen, daß das in der ersten Dekade des 12. Jahrhunderts entstandene vertragliche Instrumentarium zur Sicherung eines Modus vivendi zwischen fränkischen und islamischen Herrschaften weiterfunktionierte — und das ungeachtet der schweren Kämpfe, die zwischen 1119 und 1125 in Nordsyrien ausgetragen wurden. Das Kondominium (*munāṣafa*) über die ostjordanischen Gebiete z.B. bestand zumindest bis 1118, als Ṭuġtegīn die Vertragsverlängerung verweigerte, worauf eine fränkische Abteilung die Burg Cave de Sueth/Ḥabīs Ǧaldak eroberte und die Damaszener schlug [197]. Im Juli 1121 zerstörte Balduin II. bei einer Razzia ins Ostjordanland, einer Vergeltungsaktion für einen damaszenischen Beutezug nach Galiläa, eine neuangelegte Befestigung in Gerasa/Ǧaraš, mit Hilfe derer Damaskus seinen Einfluß in Transjordanien entlang der Pilgerroute in den Ḥiǧāz und der Karawanenstraße nach Ägypten hatte festigen wollen [198]. Da die Kriegszüge König Balduins II. im Herbst 1125 und Januar 1126 ins Ostjordanland nach Ende eines gegen Geldleistungen abgeschlossenen Waffenstillstands (*pax temporalis*) erfolgten, wie fränkische Quellen ausdrücklich bezeugen, muß es damaszenisch-jerusalemitanische Verträge gegeben haben, deren Zustandekommen und Inhalte nicht überliefert sind, die aber durchaus alte Kondominats- (*munāṣafa*-) Verträge verlängert haben mögen [199]. Diese Abkommen waren zeitlich und regional begrenzt. Das führte dazu, daß sich Balduin und Ṭuġtegīn in Nordsyrien ohne weiteres als Gegner gegenüberstehen konnten, während im Ostjordanland jahrelang Frieden herrschte. Es existierte sogar, zumindest für Händler und sogar für Pilger, ein Reiseverkehr zwischen Jerusalem und Damaskus [200]. Die einzige wirklich auf Ausdehnung des

---

196 So Albert v. Aachen, XII, XXIII, S. 703-704 (ad 1117). Das Bild einer Rundherumbedrohung (*undique Sarracenis vallemur*), das der Jerusalemer Klerus 1121 in seinem Hilferuf ins Abendland zeichnete, vgl. Historia compostellana (Anm. 64), hatte rein propagandistische Funktion. Von einem Zusammenwirken der islamischen Staatswesen gegen Jerusalem kann keine Rede sein.

197 b. al-Aṯīr, Kāmil, Bd. 10, S. 543-544. Vgl. b. al-Qalānisī, S. 199, und Sibṭ b. al-Ǧauzī, in: RHC Or., Bd. III, S. 561.

198 Bes. Fulcher Carnot., III, X, 1-6, S. 643-645.

199 Vgl. Fulcher Carnot., III, LVI, 1-2, S. 772 (*rupta pace*), und L, 1-15, S. 784-793. Davon abhängig ist Wilhelm von Tyrus, XIII, XVIII, S. 581 (nach Ablauf der *pax temporalis*), und XVIII, S. 582-585. Es ist durchaus üblich, daß in den Quellen erst beim Bruch eines Vertrages von dessen Existenz gesprochen wird, vgl. b. al-Qalānisī, S. 236 (ad 527 a.h./1132-1133), und S. 242 (zum folgenden Jahr).

200 Darauf deutet b. al-Qalānisī, S. 202, mit seiner Erzählung von der Entdeckung der Patriarchengräber in St. Abraham/al-Ḫalīl hin.

Königreichs Jerusalem angelegte Unternehmung in diesem Zeitraum war die Belagerung von Tyrus/Ṣūr, das im Juli 1124 vor den Franken kapitulierte. Nach dem Beispiel früherer Eroberungen [201] wurde der islamischen Bevölkerung freier Abzug mit aller Habe gewährt. Wer aber wollte, durfte weiterhin in der Stadt leben, ohne daß seine Besitzrechte angetastet wurden [202]. An den Berichten über die Art und Weise der Einnahme von Tyrus/Ṣūr ist zweierlei besonders aufschlußreich: 1. die Formulierung bei Fulcher von Chartres, daß die Muslime nach Maßgabe des Gewohnheitsrecht (*sub consuetudinis ratiocinio*) bleiben durften, und 2. eine Bemerkung des Wilhelm von Tyrus: Danach sei der Vertrag von den Franken und Venezianern eingehalten worden, obwohl das einfache Volk im Belagererheer gegen diese Regelung rebelliert habe, weil sie den *minores* das Beutemachen verbot [203]. Die an frühere Beispiele anschließenden Modalitäten des Auslieferungsvertrags und seine Einhaltung machen ein weiteres Mal deutlich, daß der fränkisch-islamische Modus vivendi wirtschaftlich motiviert war und von den Fürsten gegen die Interessen der einfachen Pilger durchgesetzt wurde.

* * * * *

Der Schwerpunkt der militärischen Auseinandersetzungen in Syrien zwischen 1119 und 1128 lag also nicht an den Grenzen des Königreichs Jerusalem, sondern im Norden. Ihre Ursache war das Machtvakuum in Aleppo. Die Zeit, in die diese Kämpfe fielen, sollen entsprechend den Thesen der Vertreter der modifizierten „Gegenkreuzzugstheorie“ „Wendejahre (années tournantes)“ für das fränkisch-islamische Verhältnis gewesen sein. E. Sivan begründete dies mit einer Hinwendung der islamischen Fürsten zum *ǧihād*-Gedanken. Dagegen führte Cl. Cahen schon vor Sivan das geostrategische Argument ins Feld, daß sich Aleppo seit 1118 in der Hand starker, auf Turkmenenverbände gestützter Emire aus Nordmesopotamien (al-Ǧazīra) befunden haben, denen es leichter gefallen sei, lokale Kräfte gegen die Franken zu sammeln, da Koalitionen dieser Art — anders als die sultanalen Unternehmungen zuvor — nicht die Gefahr der Ausweitung der großseldschukischen Macht nach Syrien in sich bargen [204]. Demnach müßte die Zäsur 1119 zumindest für

---

[201] Vgl. S. 102-105.

[202] Fulcher Carnot., III, XXXIV, 1-2, S. 733-735; Wilhelm v. Tyrus, XIII, XIII, S. 573-575; b. al-Qalānisī, S. 211; b. al-Aṯīr, Kāmil, Bd. 10, S. 621-622.

[203] Fulcher Carnot., ebda.; Wilhelm v. Tyrus, ebda..

[204] Vgl. Anm. 205, und Cl. Cahen, Syrie, S. 283-284. E. Sivan spricht ähnlich wie Cl. Cahen vom „Szenenauftritt der Souveräne“ und nennt die Jahre 1118 bis 1125 auf Aleppo bezogen „Krisenjahre“, vgl. ebda..

Nordsyrien das Ende nicht nur der eben erst konstatierten pansyrischen Solidarität, sondern auch der seit Beginn des Jahrhunderts verfolgten Modus vivendi-Bemühungen bedeutet haben. Eine Studie der Geschichte Aleppos von 1119 bis 1125 hätte diese These zu beweisen. Es stellt sich die Frage, welche Bedeutung in dieser von sultanalen Feldzügen freien Phase *ǧihād*- und Kreuzzugsgedanken hatten und ob sich die von E. Sivan beobachtete Hinwendung der islamischen Fürsten zur *ǧihād*-Propaganda im historischen Geschehen fassen läßt[205]. Welche Leitlinien bestimmten nun das politische Handeln der fränkischen, der islamischen Fürsten und der aleppinischen Notabeln von 1118 bis 1125?

Im Jahr 1119 hatte Roger von Antiochia die Arrondierung seines Fürstentums nach Süden mit der Einnahme der letzten unabhängigen arabischen Burgen, vor allem von Margat/al-Marqab, abgeschlossen und wandte sich ungeachtet des noch in Kraft befindlichen Vertrags von 1117 gegen Aleppo. Als die Lebensmittelversorgung in der nordsyrischen Metropole wegen der fortgesetzten normannischen Razzien schwierig wurde und Roger mit der Belagerung von Hasor/ʿAzāz begann, das Aleppo von Norden her deckte, riefen die Aleppiner Īlġāzī b. Artuq zuhilfe, der sich daraufhin Ende 1118 in den Besitz der Stadt setzte. Hasor/ʿAzāz konnte Īlġāzī mit seinen schwachen Streitkräften aber nicht mehr helfen. Die Festung kapitulierte, und Aleppo erkaufte gegen die Preisgabe von Tall Hirāq und die Fortzahlung des Tributs von 1000 Dīnāren für vier Monate Frieden (*ṣulḥ*), während Īlġāzī in seinen nordmesopotamischen Kernländern Truppen sammelte und sich mit Ṭuġtegīn verbündete[206]. Ab Ende April 1119 plünderten die Turkmenen des Īlġāzī darauf die östlichen Gebiete des Fürstentums Antiochia aus, und am 20. Juni gelang ihm auf dem Ager sanguinis bei al-Balāṭ (nördlich der fränkischen Festung Cerepum/al-Aṯārib) jener entscheidende Sieg über die Antiochener, der Fürst Roger das Leben kostete. Cerepum/al-Aṯārib und Sardona/Zardanā gingen den Normannen zwar verloren, dann aber vermochten die fränkischen Verstärkungen unter König Balduin II., deren Ankunft Roger nicht mehr abgewartet hatte, die Lage durch ihr Standhalten in der Schlacht bei Tall Danīṯ am 14. August 1119 gegen Īlġāzī

---

[205] E. Sivan, L'Islam, S. 39-40, und oben S. 117.

[206] Bes. b. al-Aṯīr, Kāmil, Bd. 10, S. 182-186; b. al-Furāt, Cod. Vindob. A.F. 117, fol. 137v-138r; Matthäus v. Edessa, S. 297-298. Den besten historischen Überblick über die Ereignisse in Nordsyrien von 1119 bis 1125 bietet Cl. Cahen, Syrie, S. 279-301. Zur ersten Orientierung können — allerdings mit gebotener Vorsicht — aller größeren Werke zur Geschichte der „Kreuzfahrerstaaten" dienen, bes. R. Röhricht, Jerusalem, und R. Grousset, Histoire.

und Ṭuġtegīn zu stabilisieren. Damit endeten die Kampfhandlungen für 1119. Im nächsten Frühjahr standen sich dieselben Gegner — die Muslime verstärkt durch den arabischen Emir Dubais b. Ṣadaqa — am selben Ort erneut gegenüber, es kam aber nicht zum Kampf. Īlġāzī schloß darauf einen Waffenstillstand (*ṣālaḥahum*) mit dem seit Rogers Tod in Antiochia die Regentschaft führenden Balduin, der den bestehenden Zustand bis zum Ende des Jahres 514 a.h. (21. März 1121) fixierte [207]. Die Burg Sardona/Zardanā wurde geschleift. Bis zum April 1123 machten die Franken im Rahmen einer Reihe von Razzien und sich daran anschliessender Abkommen alle territorialen Verluste des Jahres 1119 wieder wett, da Īlġāzī entweder durch Kämpfe mit den Georgiern gebunden wurde oder, wie im Sommer 1122, militärisch gegen die Franken ohne Erfolg blieb [208]. Wie sind die Ereignisse zwischen 1119 und 1123 im Licht der Gegenkreuzzugstheorie zu bewerten?

Die normannischen Razzien und der Angriff Rogers 1118 auf Hasor/ʿAzāz sind eindeutig als Vertragsbruch zu beurteilen, und der Expansionsversuch auf Kosten von Aleppo muß als Abkehr von der bisherigen Linie durch Verträge und Tributleistungen aufrechterhaltener Koexistenz gesehen werden. Roger wollte eine Veränderung des Status quo, ohne Aleppo allerdings direkt anzugreifen. Dadurch gestalteten sich jedoch die Lebensbedingungen für die Aleppiner so schwierig, daß sie islamische Emire um Hilfe bitten mußten. Ohne Zweifel ist der Feldzug des Īlġāzī 1119 als *ǧihād*-Unternehmung geführt und propagiert und sein Sieg auf dem Ager sanguinis/al-Balāṭ als Triumph des Islams über das Christentum gefeiert worden [209]. Die Aleppiner und unabhängig davon auch Īlġāzī sollen zuvor in Bagdad um Beistand nachgesucht haben [210], und im Heer des Īlġāzī befanden sich auch freiwillige *ǧihād*-Kämpfer (*mutaṭawwiʿa*) — unter ihnen, bei den Turkmenen übrigens recht unbeliebt, der aleppinische Kadi Ibn al-Ḫaššāb. Vor der Schlacht gegen Roger verpflichtete Īlġāzī seine Emire mit einem Eid auf Eifer und Stand-

207 Bes. b. al-Adīm, Zubda, Bd. 2, S. 196, und b. al-Qalānisī, S. 202. Vgl. auch Matthäus v. Edessa, S. 302-303. Die fränkischen Quellen unterlassen es wie meist, vom Vertragsabschluß zu sprechen.

208 Zum Überblick vgl. Cl. Cahen, Syrie, S. 292-295. Im November 1123 starb Īlġāzī.

209 al-ʿAẓīmī, S. 386; b. a. Ṭaiyiʾ bei al-Furāt, Cod. Vindob. A.F. 117, fol. 140v; b. al-Aṯīr, Kāmil, Bd. 10, S. 555. Vgl. b. al-Qalānisī, S. 201, und allgemein E. Sivan, L'Islam, S. 41-42. Möglicherweise wurden 1119 sogar fränkische Gefangene zum Sultan geschickt, vgl. Galter. Canc., II, VII, 6, S. 93.

210 b. al-Aṯīr, Kāmil, Bd. 10, S. 545 und 554.

haftigkeit bei ihrem *ǧihād*[211]. Für sein siegreiches Engagement wurde der Turkmenenemir nicht nur von den Propagandisten gefeiert, sondern auch vom Bagdader Kalifen al-Mustaršid (1118-1135) mit Ehrenkleidern (*ẖila'*) ausgezeichnet[212]. Die Kämpfe wurden auf beiden Seiten — und das gilt, wie die religiös-militante Terminologie Fulchers von Chartres beweist, auch für die Franken — propagandistisch als Auseinandersetzung zwischen Christentum und Islam dagestellt[213]. 1124 ließ Joscelin I. von Edessa bei seinen Razzien auf aleppinisches Gebiet sogar islamische Gotteshäuser zerstören, was Kadi Ibn al-Ḫaššāb in Aleppo mit der Umwandlung christlicher Kirchen in Moscheen quittierte[214], und im Zuge der Belagerung von Aleppo 1124/1125 verunglimpften die Franken die religiösen Gefühle der Muslime aufs äußerste[215].

Es fragt sich aber, ob diese Ereignisse mehr waren als der punktuelle Ausbruch religiöser Gefühle im Laufe von Kämpfen zwischen Gegnern verschiedenen Glaubens, ob sie, was die islamische Seite betrifft, tatsächlich Ausdruck einer Gegenkreuzzugsideologie waren. Letzteres wäre bewiesen, wenn etwa um 1118 die bestehende Modus vivendi-Politik gegenüber den Franken zugunsten aus islamischen Einheitsdenken erwachsener konzertierter *ǧihād*-Aktionen ersetzt worden wäre. Wie war es darum bestellt?

Der Text der aleppinischen Lokalchronik des Ibn al-'Adīm (588-660 a.h./1193-1262), der Hauptquelle für die Geschichte Nordsyriens im 12. Jahrhundert, macht eindeutig klar, daß Īlġāzī 1118 von den Aleppinern nicht als Herrscher oder Verbündeter nach Nordsyrien gerufen wurde, sondern als Söldner, der für einen durch eine Umlage aufgebrachten Barbetrag die Expansion Rogers aufhalten sollte. Ibn al-Ḫaššāb, der Führer der Šī'a in Aleppo, verweigerte Īlġāzī zunächst sogar das Betreten der Stadt! Erst als der Turkmene unter diesen Bedingungen zu kämpfen ablehnte, mußten die Aleppiner ihn notgedrungen einlassen. Seine ersten Maßnahmen bestanden darin, den nominellen Herrscher Sulṭānšāh b. Riḍwān und seine Anhänger zu entmachten, die Zitadelle zu besetzen und die Gelder der alten Dynastie zu konfiszieren. Da er nur von wenig

---

[211] Ders., ebda.; b. al-'Adīm, Zubda, Bd.2, S. 188.

[212] b. al-Aṯīr, Kāmil, Bd. 10, S. 568.

[213] Fulcher Carnot., III, IV-VI, S. 624-633, IX, 1-7, S. 638-642 passim. So auch Galter. Canc., II, IV-VII, S. 85-91, und XII, 1-11, S. 103-105 passim.

[214] Chronicon ad A.C. 1234 pertinens, trad. A.Abouna, Bd. 2, S. 69; b. al-'Adīm, Zubda, Bd. 2, S. 214-215, und 'Izz ad-Dīn b. Šaddād, A'lāq (Aleppo), S. 40-41; al-'Aẓīmī, S. 393.

[215] Bes. b. al-'Adīm, Zubda, Bd. 2, S. 223-225.

Truppen begleitet war, dachte Īlġāzī gar nicht an den *ǧihād*, sondern versuchte, mit den Hasor/'Azāz belagernden Franken in Unterhandlungen einzutreten [216]!

Die Position der Aleppiner 1118 war also identisch mit ihrem Verhalten von 1117, als man mit dem Argument, keinen Herrscher aus dem Osten haben zu wollen, sowohl Roger als auch Īlġāzī um Hilfe anging [217]. Und ungeachtet seiner Erfolge gegen die Franken blieben die Spannungen zwischen den Notabeln der nordsyrischen Metropole und dem Turkmenenemir, von denen auch Galterius Cancellarius wußte, in der Folge bestehen. Als sich Belek (Balak), ein Neffe des Īlġāzī, im Frühsommer 1123 nach dem Tod seines Onkels in den Besitz von Aleppo setzen wollte, um die Franken besser bekämpfen zu können — wie er vorgab —, gelang ihm dies erst, nachdem er die Felder verwüstet und zu einer Kriegslist gegriffen hatte. Seine Machtergreifung wurde zwar von den šī'itischen Notabeln um Ibn al-Ḫaššāb unterstützt, da sich der Stadtherr Badr ad-Daula Sulaimān eng an die Sunniten angelehnt hatte [218]. Doch schon Anfang 1124 mußte Belek wieder etwas für die Festigung seiner Position in der Stadt tun. Er wies einen hohen Funktionär der Assassinen/Bāṭinīya aus und besetzte das Amt des *ra'īs* (Bürgervorstehers) neu [219]. Belek hatte noch immer Mühe, sich gegen die Intrigen der aleppinischen Notabeln durchzusetzen — und das, obwohl er durch seine Razzien den fränkischen Druck reduziert und seine eigene Herrschaft durch die Heirat einer Tochter des Riḍwān abgesichert hatte!

Die Hilfsbitte an Īlġāzī von 1118 darf also nicht so verstanden werden, als hätten die Aleppiner der Franken wegen ihre syrische Politik der Autonomie aufgeben wollen. Doch auch Īlġāzī dachte nicht an einen Gegenkreuzzug. Seine Angriffe waren keine vom Sultan legitimierten Koalitionsunternehmungen, sondern eigenständige Aktionen mit dem Ziel, sich Aleppo zu sichern und in Nordsyrien kein fränkisches Übergewicht zuzulassen. Sie richteten sich lediglich gegen Festungen wie

---

[216] b. al-'Adīm, Zubda, Bd. 2, S. 185-186.

[217] Galter. Canc., II, XIII, 2-3, S. 105-106. Vgl. S. 130 und Anmerkung 178.

[218] b. al-'Adīm, Zubda, Bd. 2, S. 210 und 212; b. al-Aṯīr, Kāmil, Bd. 10, S. 611; b. al--Furāt, Cod. Vindob. A.F. 117, fol. 190r-v. Vgl. Cl. Cahen, Syrie, S. 296.

[219] b. al-'Adīm, Zubda, Bd. 2, S. 216-217; al-'Aẓīmī, S. 393. Cl. Cahen, ebda., S. 298, belegt leider seine Aussage nicht, auch Ibn al-Ḫaššāb und Abū 'l-Faḍā'il b. Badī' seien deportiert worden. Nach b. al-'Adīm, S. 186, soll schon 513 a.h./1119-1120 ermordet worden sein, das würde also Cahen widerlegen. Hätte Cahen recht, spräche noch mehr für die These, daß Belek trotz seiner *muǧāhid* (Glaubenskämpfer)-Rolle von den Notabeln in Aleppo nicht akzeptiert wurde. Zu den inneraleppinischen Konflikten von 1113 bis 1126 vgl. A. Havemann, Ri'āsa und qaḍā', S. 100-102.

Cerepum/al -Aṯārib, Sardona/Zardanā oder Hasor/ʿAzāz, von denen aus die Franken die unmittelbare Umgebung Aleppos beherrschten. Die Armeen des Īlġāzī enthielten auch keine vom Sultan gesandten Kontingente. Im Gegenteil: Aqsunqur al-Borsuqī, der von Sultan Maḥmūd im Frühjahr 1121 für kurze Zeit in Mossul eingesetzt wurde und der den ausdrücklichen Befehl zum *ǧihād* hatte, beteiligte sich an keinem der Feldzüge des Īlġāzī und wurde dazu auch nicht aufgefordert[220]. Mit Īlġāzī kooperierten — außer seinen eigenen Gefolgsleuten — nur Ṭuġtegīn von Damaskus (1119-1120), also ein syrischer Emir, der seit dem Tod des Maudūd 1113 mit dem Turkmenen eng verbunden war, und seit 1120 zusätzlich noch ein anderer alter Alliierter, der mazyaditische Beduinenemir Dubais b. Ṣadaqa von Ḥilla. Dubais aber war ein entschiedener Feind des Kalifen und hatte bei Īlġāzī vor dem Angriff des Sultans Zuflucht gesucht. Er wollte sich in Syrien eine neue Machtbasis aufbauen. Īlġāzī lehnte die Bitte des Kalifen, Dubais auszuliefern, ausdrücklich ab[221]. Das heißt, daß die Kämpfe in Nordsyrien von Sultan oder Kalif weder initiiert noch unterstützt wurden und eine rein syrische Auseinandersetzung waren, die aus der Schwäche Aleppos und dem Bemühen Rogers entsprangen, den Status quo zu verändern. Von einer Peripetie im fränkisch-islamischen Verhältnis zu sprechen, wäre verfehlt.

Denselben Eindruck vermitteln die Verträge, die seit 1120 zwischen den Franken und Aleppo geschlossen wurden:

Seit dem Abkommen, das den Feldzug des Īlġāzī und des Ṭuġtegīn von 1120 abschloß und bis zum nächsten Frühjahr Waffenruhe zwischen Antiochia und Aleppo garantierte, kam es fast jährlich zu befristeten Verträgen[222]. Durch diese Übereinkünfte waren nach fränkischer Interpretation nur König Balduin II. als antiochenischer Regent und Īlġāzī als Herr von Aleppo gebunden, sie galten nur für das antiochenische und aleppinische Gebiet. Während der Geltungsdauer konnte es durchaus zu Razzien von Edessa auf Aleppo, von Antiochia auf Šaizar oder zu Kampfhandlungen zwischen dem Turkmenenemir und dem König von Jerusalem in anderen Gebieten kommen. Zeitlich und lokal limitiert, banden sie nicht die Franken oder die Muslime generell[223]. Interessanterweise

---

220 b. al-Aṯīr, Kāmil, Bd. 10, S. 588; ders., Bāhir, S. 24.

221 b. al-Qalānisī, S. 202-203; b. al-Aṯīr, Kāmil, Bd. 10, S. 565-566 und 568. Zu Dubais vgl. K.V. Zitterstéen, Mazyaditen, in: EI 1, Bd. 3, S. 504-505; b. Ḫallikān, Wafayāt, Bd. 2, S. 31-34, und b. al-ʿAdīm, Buġya, S. 224-250.

222 Vgl. S. 138 und Anmerkung 207-208.

223 Vgl. b. al-ʿAdīm, Zubda, Bd. 2, S. 196-297, und S. 204 (ad 516 a.h./1122).

enthielten diese Verträge auch weitere Kondominats- (*munāṣafa-*) Regelungen:

1120 waren bereits einzelne Dörfer aus den Bezirken von Ǧabal Summāq, Hap/Hāb, Lailūn und Hasor/'Azāz — südwestlich, westlich und nördlich von Aleppo — fränkisch geworden. Nach dem Auslaufen dieses Vertrages im Frühjahr 1121 machte Šams ad-Daula Sulaimān b. Īlġāzī, der seinen Vater in Aleppo vertrat, den Franken in diesen Gebieten weitere Konzessionen. Vor allem aber wurde die unmittelbare Umgebung von Aleppo bzw. ihre Abgaben zu gleichen Teilen aufgeteilt (*nāṣafahum*). Sogar eine Mühle unterlag dieser Teilung, und ein altes Streitobjekt, die Festung Tall Hirāq, wurde geschleift, um keiner der beiden Seiten mehr zur Verfügung stehen zu können [224]. Schon beim Abschluß dieses Vertrages war es König Balduin II. um die Rückgewinnung der Burg Cerepum/al-Aṯārib gegangen. Ihre islamische Garnison hatte allerdings die vertraglich festgelegte Auslieferung verweigert. Noch im Herbst 1121 scheiterte ein fränkisch-aleppinisches Abkommen an der Frage der Auslieferung, aber Īlġāzī konzedierte den Franken bald darauf im Rahmen eines auf ein volles Jahr abgeschlossenen Waffenstillstands zwar nicht den Besitz der Festung selber, aber doch den aller zugehörigen Dörfer [225]. Erst im April 1123 trat der Nachfolger des Īlġāzī in Aleppo, Badr ad-Daula Sulaimān, in einem Friedensvertrag (*ṣulḥ*) Cerepum/al-Aṯārib selber an die Franken ab [226].

Da alle diese Verträge von einem leichten fränkischen Übergewicht geprägt wurden, ist es wahrscheinlich, daß die 1121 erfolgte Teilung der Region um Aleppo zumindest bis 1123 nicht wieder aufgehoben wurde. Mit großer Sicherheit handelte es sich dabei nicht um eine Realteilung, denn betroffen waren nicht unmittelbare Grenzgebiete, sondern Länder, die im Zielbereich fränkischer Beutezüge lagen und für die Lebensmittelversorgung von Aleppo essentiell waren. Es ist daher eher an ein auf Ertragsteilung basierendes Kondominium im Stil der seit 1108 zwischen Jerusalem und Damaskus abgeschlossenen *munāṣafa*-Verträge für das Ostjordanland zu denken. Seit 1121 gehörte eine *munāṣafa*-Klausel zum ständig wiederkehrenden Repertoire der fränkisch-türkischen Abkommen auch in Nordsyrien: 1125 vereinbarte Aqsunqur al-Borsuqī von Mossul und Aleppo eine *munāṣafa* (Kondominium) über den Ǧabal

---

224 Ebda. S. 199: *ḥattā annahum nāṣafūhum fī raḥā 'l-'arabīya* … .

225 Ebda. S. 203.

226 al-'Aẓīmī, S. 391; b. al-'Adīm, Zubda, Bd. 2, S. 215; b. al-Aṯīr, Kāmil, Bd. 10, S. 610; Vgl. Cl. Cahen, Syrie, S. 294-295.

Summāq westlich von Marra/Ma'arrat an-Nu'mān [227], und im Frühjahr 1126 schloß Joscelin I. von Edessa mit Aqsunqur einen Kondominats-(*munāṣafa*)-Vertrag, der die Gebiete zwischen Aleppo und Hasor/'Azāz zum gemeinsamen Besitz machte, in allen anderen Regionen aber Kämpfe erlaubte [228].

Dieses letzte Abkommen zeigt deutlich die Funktion der Kondominatsverträge: Sie konstituierten angesichts des militärischen Patts den Modus vivendi. Sie garantierten die landwirtschaftliche Versorgung der Städte und die fiskalische Nutzung umstrittener Gebiete, waren also einerseits wirtschaftlich motiviert. Sie stellten echte Kompromisse dar, die es den vertragschließenden Fürsten erlaubten, sich vom nordsyrischen Schauplatz für einige Zeit zurückzuziehen, und waren damit andererseits politisch begründet: König Balduin II. von Jerusalem agierte in Antiochia nur als Regent, und für Īlġāzī oder Aqsunqur al-Borsuqī lagen in Nordmesopotamien (al-Ǧazīra), nicht in Syrien, die eigentlichen Kerngebiete ihrer jeweiligen Macht. An Nordsyrien waren alle drei lediglich peripher interessiert. Selbst wenn die Verträge nur auf befristete Zeit Frieden brachten und die jeweils stärkere Seite zur Aufhebung des Kondominiums tendierte, wie es die Antiochener im Sommer 1126 von Aqsunqur verlangten [229], so sprach aus ihnen doch die Absicht, im Norden den bis 1118 bestehenden Zustand wiederherzustellen.

Die fränkisch-muslimischen Verträge sind darüberhinaus Ausdruck des Gefühls der Ebenbürtigkeit beider Nobilitäten: Nach dem Bericht des Ibn al-'Adīm (588-660 a.h./1193-1262) konnte es König Balduin II. im Juli 1122 nicht fassen, daß Īlġāzī den bestehenden Vertrag wirklich brechen wollte: „Seit wir ihm geschworen haben und er uns, haben wir (den Vertrag) nicht gebrochen, und wir haben sein Land in seiner Abwesenheit bewahrt, wobei wir Edelmänner (*šuyūḫ*) sind" [230]! In der Tat scheinen die Verträge im allgemeinen eingehalten worden zu sein. Die Anzahl, der Charakter der Verträge und die einander unterstellte Eh-

[227] al-'Aẓīmī, S. 396; b. al-'Adīm, Zubda, Bd. 2, S. 231-232; vgl. b. al-Aṯīr, Kāmil, Bd. 10, S. 628-629.

[228] b. al-'Adīm, Zubda, Bd. 2, S. 232: ... *an takūna 'ḍ-ḍiyā' mā baina 'Azāz wa-Ḥalab munāṣafatan wa-an takūna 'l-ḥarb bainahumā 'alā ġairi ḏālika* .... Joscelin hatte in seiner Zeit als Fürst von Galiläa (1113-1118) die Kondominien im Süden bestens kennengelernt.

[229] b. al-'Adīm, Zubda, Bd. 2, S. 233. Zuvor hatten die Antiochener zeitweilig den aleppinischen Beamten die Steuererhebung verwehrt. Es kam deswegen zu einer Gesandtschaft an Balduin in Jerusalem, vgl. ebda. S. 232.

[230] Ebda. S. 204.

renhaftigkeit zeigen, daß Nordsyrien nach 1118 allen Razzien und aller religiösen Emphase während der Kämpfe zum Trotz nicht der Schauplatz des Aufeinandertreffens von Kreuzzug und Gegenkreuzzug gewesen sein kann. Die Politik der türkischen und arabischen Emire war allein von der Sorge um die Eigenständigkeit ihrer Herrschaftsbereiche und deswegen dem Bemühen, jede entscheidende Änderung der Kräftekonstellation zu verhindern, geprägt. Die einzige Ausnahme von der Regel mag im Verhalten des Neffen des Īlġāzī, Belek, bestanden haben, der, nachdem er sich nördlich der Grafschaft Edessa (in Ḫanziṭ) und in Aleppo etabliert hatte, auch außerhalb seiner Einflußsphäre (vor Tyrus/Ṣūr) gegen die Franken zu kämpfen bereit war[231]. Anders als aus dieser Grundhaltung der nordsyrischen Fürsten ist es nicht zu erklären, daß — und unter welchen Bedingungen — König Balduin II. am 25. Juni 1124 von Timurtāš, dem jüngeren Sohn und Nachfolger des Īlġāzī in Aleppo und Mārdīn, aus der Gefangenschaft freigelassen wurde, in die er Mitte April 1123 durch Belek geraten war. Timurtāš vereinbarte mit Balduin für dessen Befreiung neben einer hohen Geldsumme, die zu einem Viertel sofort zahlbar war, die Abtretung von Hasor/'Azāz, des Ǧazr (mit Cerepum/al-Aṯārib und Sardona/Zardanā) und von Capharda/Kafarṭāb, damit also der strategisch und landwirtschaftlich wichtigen Gebiete nördlich und südwestlich von Aleppo. Das Kondominium (*munāṣafa*) über den Ǧabal Summāq wäre mit der Übergabe von Capharda/Kafarṭāb vermutlich beendet worden. Bis zur Erfüllung seiner Verpflichtungen aus dem Abkommen mußte der König Geiseln stellen[232]. Mit dieser Übereinkunft hätte Timurtāš Aleppo wirtschaftlich absichern und die Festungen zurückerwerben können, von denen aus die Franken den Zugang zu Aleppo beherrscht und während der Gefangenschaft Balduins Streifzüge organisiert hatten[233]. Das Fürstentum Antiochia wurde aber in seiner Existenz keineswegs infragegestellt. Durch das solchermaßen wiederhergestellte Kräftegleichgewicht im Norden wäre es Timurtāš erlaubt worden, sich ohne Gefahr für Aleppo in seine nordmesopotamischen Kernländer um Mārdīn zurückzuziehen, die durch die artuqidischen und

[231] Cl. Cahen, Syrie, S. 294 und 298; ders., Le Diyār-Bakr au temps des premiers Urtuḳides, in: JA 226 (1935), S. 219-276, hier S. 241-243.

[232] Fulcher Carnot., III, XXXVIII, 1, S. 749-751; Wilhelm von Tyrus, XIII, XV, S. 576-578 (100000 Michaeliten Lösegeld); Matthäus v. Edessa, S. 312-313 (17 Geiseln, 100000 Tahegan Lösegeld); Usāma b. Munqiḏ, I'tibār, S. 89; b. al-'Adīm, Zubda, Bd. 2, S. 221-222 (12 Geiseln, 80000 Dīnāre, 20000 davon sofort zahlbar, Lösegeld).

[233] dazu bes. R.L. Nicholson, Joscelyn I, S. 68-71.

seldschukischen Erbauseinandersetzungen nach dem Tod von Īlġāzī und Belek in Mitleidenschaft gezogen wurden.

Daraus ergibt sich, daß Timurtāš keine Politik des *ǧihād* verfolgte, sondern im Gegenteil ein größeres Engagement in Nordsyrien vermeiden wollte. Er versuchte sogar, seine Herrschaft über Aleppo mit der Freilassung Balduins zu sichern, indem er Balduin schwören ließ, sich gegen Dubais b. Ṣadaqa zu wenden, der, aus dem 'Irāq vertrieben, seit 1121 Ambitionen auf Aleppo hegte und dabei war, in der Stadt Parteigänger zu sammeln [234]. Der religiöse Antagonismus war für das politische Handeln belanglos. Dagegen bewies die Art und Weise, in der Balduin in Aleppo bewirtet, mit königlichen Gewändern eingekleidet und entlassen wurde, einmal mehr, daß sich die Fürsten beider Seiten akzeptierten und in ihrem Ethos verbunden fühlten.

Allerdings erfüllte Balduin seine Seite des Vertrages nicht. Kurz nach seiner Ankunft in Antiochia/Anṭākiya ließ er Timurtāš mitteilen, der Patriarch habe ihm die Auslieferung von Hasor/'Azāz verboten [235]. Die Rolle des Königs bei diesem Vertragsbruch bleibt unklar, doch ist es fraglich, ob Balduin ohne weiteres Betrug an Timurtāš attestiert werden sollte. Denn es ist zu bezweifeln, daß er als Regent in Antiochia überhaupt das Recht zu Gebietsübertretungen hatte. Das antiochenische Regentschaftsrecht ist nicht überliefert, aber die Restriktionen, die die Nobilität des Fürstentums Balduin schon 1119 bei der Neuverteilung vakanter Lehen auferlegt hatte, und der Widerstand des Patriarchen gegen den Vertrag mit Timurtāš machen es wahrscheinlich, daß Balduin für die Preisgabe von Hasor/'Azāz zumindest das Placet der fürstlichen Curia brauchte [236]. Gegenüber Timurtāš begründete er den Vertragsbruch mit dem Veto des Patriarchen, dem er zu gehorchen und der die Schuld für die Nichteinhaltung des Abkommens auf sich genommen habe [237]. Die Argumentation des Königs verrät auf jeden Fall, daß in Antiochia und

---

234 b. al-'Adīm, Zubda, Bd. 2, S. 221-222.

235 Zur Frage des Freilassungsvertrages und der nachfolgenden Belagerung von Aleppo vgl. R. Röhricht, Jerusalem, S. 170-175; H. Derenbourg, Ousâma, S. 132-136; R. Grousset, Histoire, Bd. 1, S. 623-631; Cl. Cahen, Syrie, S. 299-303, und R.L. Nicholson, Joscelyn I, S. 71-74.

236 Vgl. Galter. Canc., II, X, 2, S. 98-99, und H.E. Mayer, Le service militaire des vassaux à l'étranger et le financement des campagnes en Syrie du Nord et en Egypte au XIIe siècle, in: ders., Mélanges sur l'histoire du royaume latin de Jérusalem, Paris 1984 (Mémoires de l'Académie des Inscriptions et Belles-Lettres, n.s.,t. 5), S. 93-161, hier S. 128.

237 b. al-'Adīm, Zubda, Bd. 2, S. 222: *inna ḫaṭī'ataka tulzimunī*.

Jerusalem ein Vertrag mit Nichtchristen nicht als ipso facto obsolet betrachtet, sondern seine Nichtbefolgung als Eidbruch bewertet wurde. Auch die Tatsache, daß Timurtāš und die Franken den September 1124 hindurch weiter verhandelten, weist daraufhin, daß man zumindest aus Sorge um das Wohl der zum Teil aus der königlichen Familie stammenden Geiseln um eine friedliche Einigung bemüht war, die nicht nur die Billigung des Timurtāš und Balduins, sondern auch der antiochenischen Nobilität gefunden hätte [238]. Erst als diese Verhandlungen zu keinem Ergebnis führten, entschloß sich Balduin zum Angriff auf Aleppo, um die Geiseln freizupressen — so will es jedenfalls Fulcher von Chartres [239]. Da Timurtāš Aleppo bereits während der Gespräche verlassen hatte, um aus seinen Kernländern Verstärkungen heranzuholen, steuerte die Entwicklung ohnehin auf einen Konflikt zu.

Die viermonatige Belagerung Aleppos, die den Verhandlungen folgte, zeigt das Gewicht des *ǧihād*-Gedankens für das politische Handeln der islamischen Emire und das Maß der Integration der fränkischen Herrschaften in das System der syrischen Staatswesen vielleicht am deutlichsten. Die Initiative zu dem Feldzug ging nämlich nicht von den Franken, sondern von Dubais b. Ṣadaqa aus — jenem aus dem ʿIrāq stammenden arabischen Emir, dessen Bekämpfung Balduin dem Timurtāš bei seiner Freilassung vertraglich versprochen hatte und der nach seiner Niederlage gegen den Kalifen al-Mustaršid im Februar 1124 nach Syrien geflohen, bei Mālik b. Sālim von Qalʿat Ǧaʿbar am Euphrat Zuflucht gefunden hatte [240]. Dubais hatte bereits 1121 für seine Hilfe bei einem Feldzug gegen die Georgier von Īlġāzī gefordert, daß ihm Aleppo übergeben werde [241]. 1124 befand er sich nach seiner Flucht aus dem ʿIrāq in derselben Situation wie 1121: Aus Ḥilla vertrieben, versuchte er, eine neue Herrschaft in Syrien zu erwerben und konspirierte deswegen

[238] Die Geiseln befanden sich nicht in Aleppo, sondern in Šaizar und waren daher durch den Vertragsbruch nicht direkt gefährdet. Zur Rolle der Familie Munqiḏ von Šaizar als Vermittler siehe unten S. 160-162.

[239] Fulcher Carnot., III, XXXVIII, 2, S. 751. Nach b. al-ʿAdīm, Zubda, Bd. 2, S. 222-223, wurde Balduin am 19. Juni nach Šaizar und von dort am 30. August nach Antiochia freigelassen. Am 7. September verließ Timurtāš Aleppo, um bei seinem Bruder Sulaimān in Maiyāfāriqīn Hilfe zu erbitten, und am 30. September kehrten aleppinische Gesandte mit der Nachricht vom bevorstehenden Ausbruch der Kampfhandlungen aus Antiochia/Anṭākiya zurück.

[240] b. al-Qalānisī, S. 208; b. al-Aṯīr, Kāmil, Bd. 10, S. 607-610; Sibṭ b. al-Ǧauzī, ed. Ḥaidarābād, Bd. VIII, 1, S. 109-111. vgl. S. 141 und Anmerkung 221.

[241] So ein Gerücht, das b. al-ʿAdīm, Zubda, Bd. 2, S. 200, zitiert.

mit einer Gruppierung in Aleppo[242]. Im September 1124 konnte Dubais die Franken unter Hinweis auf diese Kontakte und mit dem Argument, die Aleppiner neigten ihm, dem Šī'iten, sowieso zu, auf seine Seite gewinnen. Den übereinstimmenden Berichten von Ibn al-'Adīm (588-660 a.h./1193-1262) und Ibn al-Aṯīr (555-630 a.h./1160-1233) nach schloß er mit Balduin einen förmlichen, eidlich bekräftigten Allianzvertrag, in dem ihm die Stadt Aleppo für den Fall ihrer Eroberung zugesagt wurde und demgemäß den Franken die Mobilien, die Gefangenen (*arwāḥ, anfus*) sowie einige Ortschaften (*mawāḍi'*) aus dem aleppinischen Territorium zufallen sollten. Vermittelt hatte das Bündnis der Herr von Qal'at Ǧa'bar[243]. Als Resultat dieses Abkommens sammelte sich Mitte Oktober 1123 eine antiochenisch-edessenisch-islamische Streitmacht vor Aleppo. Sie soll etwa zu einem Drittel aus Muslimen bestanden haben. Dieses islamisch-fränkische Bündnis ist aus mehreren Gründen für die Vertragspolitik in Syrien aufschlußreich:

— Die Quellen sagen ganz deutlich, daß es den Franken nicht darum ging, Aleppo dem Fürstentum Antiochia anzugliedern oder dort eine weitere fränkische Herrschaft zu gründen. Ihr Kriegsziel beschränkte sich auf die Befreiung der Geiseln und das übliche Beutemachen, wenn man die Abtretung der erwähnten Dörfer einmal beiseite läßt. Die Existenz der Herrschaft Aleppo sollte unangetastet bleiben. Allerdings wurde geplant, sie den fränkischen Staaten unterzuordnen, denn Dubais erklärte sich bereit, Aleppo als fränkischer Statthalter (*nā'ib*) zu regieren[244]! Unklar bleibt dabei nur, welche juristische Ausprägung die Subordination des Dubais unter die Franken, zu der es infolge des Scheiterns der Belagerung nicht kam, finden sollte und ob sie etwa lehnrechtlicher Natur gewesen wäre. Einen islamischen Staathalter in fränkischen Diensten hatte es zuvor vermutlich noch nicht gegeben. Verwandte Rechtsverhältnisse wie die Funktion des Balduq von Samosata/Sumaisāṭ als *condomesticus* Balduins I. von Edessa (1098/1099) und die Landvergabe Tankreds an

---

[242] Vgl. S. 146.

[243] b. al-'Adīm, Zubda, Bd. 2, S. 222-223; ders., Buġya, S. 228-229 (mit einem Bericht seines Vaters), und b. al-Aṯīr, Kāmil, Bd. 10, S. 623. Vgl. Matthäus v. Edessa, S. 314-315, und Chronicon ad A.C. 1234 pertinens, trad. A. Abouna, Bd. 2. S. 73. Fulcher von Chartres erwähnt das Bündnis nicht.

[244] b. al-Aṯīr, ebda.: *innanī hāhunā nā'iban lakum wa-muṭī'an lakum*. Vgl. b. al-'Adīm, Zubda, ebda. Das Chronicon ad A.C. 1234 pertinens, trad. A. Abouna, Bd. 2. S. 73, bestätigt b. al-Aṯīr, ebda., indirekt mit der Meldung, Dubais habe sich den Franken in Antiochia/Anṭākiya unterworfen.

die Söhne des Ḫalaf b. Mulā'ib (1106) mögen aber als Präzedenzien eine Rolle gespielt haben [245]. De facto wäre die Beziehung zwischen den Franken und Dubais wohl auf eine Oberherrschaft hinausgelaufen. Es war jedenfalls nicht die Rede davon, daß Balduin auf der Installierung einer fränkischen Garnison in Aleppo bestanden hätte.

— Dubais b. Ṣadaqa war 1124 nicht der einzige islamische Alliierte Balduins und Joscelins. Zur Belagerungsarmee stießen auch Mālik b. Sālim von Qal'at Ǧa'bar, der Vermittler zwischen Dubais und den Franken, Sulṭānšāh b. Riḍwān, der Artuqidenemir Yāġī Sıyān von Bālis und Ṭoġrıl (Ṭuġrul) Arslān von Melitene/Malaṭya: Qal'at Ǧa'bar war Zufluchtsort nicht nur für Dubais, sondern auch eine Reihe anderer aleppinischer Exulanten, unter ihnen auch Sulṭānšāh, der bis 1118 der nominelle Herrscher über Aleppo gewesen und von Īlġāzī entthront worden war. Yāġī Sıyān von Bālis hatte sich mit seinem artuqidischen Verwandten Timurtāš überworfen, und Ṭoġrıl Arslān von Melitene/Malaṭya schloß sich dem Heer an, weil er im Konflikt mit dem Bruder des Herrn von Mārdīn und Aleppo, Šams ad-Daula Sulaimān von Maiyāfāriqīn, stand und seine Herrschaft in Ostanatolien von mehreren Seiten her bedroht wurde [246].
In diesem Licht besehen entpuppt sich das fränkisch-islamische Bündnis als veritable antiartuqidische Allianz, deren fränkische, arabische und türkische Partner zwar ganz unterschiedliche Motive hatten, aber einig in der Absicht waren, die seit Ende 1118 andauernde artuqidische Herrschaft über Aleppo zu beenden [247]. Für die arabischen und türkischen Parteigänger Balduins war nicht die Existenz fränkischer Staaten in Nordsyrien, sondern die Herrschaft der Artuqiden der eigentliche Stein des Anstoßes! Antiochia und Edessa boten sich dagegen als Bündnispartner an. Für diese Position war die Koalition von 1124 nicht der einzige Ausdruck: So wie Roger von Antiochia von den Aleppinern schon 1117 gegen Aqsunqur al-Borsuqī zuhilfe gerufen worden war und Ṭoġrıl Arslān von Melitene/Malaṭya 1124 gegen seine seldschukischen, dānišmandidischen und armenischen Feinde in Ostanatolien fränkischen Beistand suchten, so wurde auch Josce-

[245] Vgl. S. 43-44 und 87.
[246] Vgl. Cl. Cahen, Syrie, S. 299-300.
[247] R. Groussets Charakterisierung des Bündnisses als „alliance des arabes de la Jazīra avec les Francs contre la domination turque" (vgl. ders., Histoire, Bd. 1, S. 626) trifft nur zum Teil, da die Motive der muslimischen Vertragspartner vielschichtiger waren. Restaurativ waren sie aber in jedem Fall.

lin I. von Edessa im April 1124 von ʿĪsā, dem Bruder des rebellierenden Herrn von Manbiǧ (80 bis 90 km nordöstlich von Aleppo) gerufen , um die artuqidischen Belagerer unter Belek und Timurtāš abwehren zu helfen [248].

— Dagegen spielte die *ǧihād* - Propaganda für das politische Handeln der Fürsten keine Rolle, obwohl es auf Seiten der Belagerer wie auch der Belagerten zu religiösen Exzessen kam, von denen vor der Stadt die Muslime, in Aleppo Angehörige der orientalischen Kirchen und auf beiden Seiten islamische und christliche Sakralbauten betroffen waren [249]. Ein Indiz für die Indifferenz gegenüber den *ǧihād* - Gedanken ist die Tatsache, daß sich die islamischen Belagerer um Dubais nicht durch einen flammenden Aufruf des Kadi Ibn al-Ḫaššāb beeindrucken ließen, der sie ermahnte, nicht den Heiligen Kampf zu vergessen und Aleppo der Begierde der Ungläubigen zu überlassen; denn bemächtigten sich die Franken dieser Stadt, so könne sich der Islam (zumindest in der Umgegend) nicht mehr gegen sie verteidigen [250]. Bezeichnenderweise koppelte der Kadi in diesem Appell ein religiöses Argument, die Brandmarkung der fränkisch-islamischen Allianz als *impium foedus*, an ein politisches, nämlich die bereits 1108 von Riḍwān gegenüber Tankred verwendete „Kein Platz (*lā maqām*)"-These, wonach das Bündnis, wenn es zur Eroberung von Aleppo führen sollte, das Kräftegleichgewicht zugunsten einer Seite, hier der Franken, aus dem Lot brächte [251]. Der Gedanke der Eigenständigkeit der syrischen Herrschaften und der Kräftebalance hatte, wie bereits gezeigt worden ist, zuerst den fränkisch-islamischen Allianzen gegen die aus dem Osten kommenden und zum Teil vom Sultan befohlenen türkischen Feldzüge zugrunde gelegen. Ibn al-Ḫaššāb spielte in dieser Argumentation jedoch nicht auf ein Gleichgewicht zwischen einzelnen syrischen Herrschaften, sondern zwischen den Ungläubigen und dem Islam an. Die Treue des Dubais und seiner Verbündeten

---

[248] b. al-ʿAdīm, Zubda, Bd. 2, S. 218. ʿĪsā soll Joscelin die Auslieferung von Manbiǧ angeboten und sich ihm unterstellt haben. Vgl. Chronicon ad A.C. 1234 pertinens, trad. A. Abouna, Bd. 2. S. 70.

[249] b. a. Ṭaiyiʾ bei b. al-Furāt, Cod. Vindob. A.F. 117, fol. 179v-180r; b. al-ʿAdīm, Zubda, Bd. 2, S. 223-226; ʿIzz ad-Dīn b. Šaddād, Aʿlāq (Aleppo), S. 41. E. Sivan, L'Islam, S. 42-43, wirft irrtümlich die Ereignisse während der Belagerung und der vorhergehenden Razzia Joscelins zusammen.

[250] b. a. Ṭaiyiʾ bei al-Furāt, Cod. Vindob. A. F. 117, fol. 197r-v. Zur Rolle der religiösen Propaganda während der Belagerung vgl. E. Sivan, L'Islam, S. 83-84.

[251] Vgl. S. 82-83.

zu dem Abkommen mit Balduin auch nach diesem Aufruf beweist klar, daß die zwei Größen „Ungläubige" und „Islam" für die muslimischen Alliierten der Franken keine das politische Handeln bestimmende Kategorien waren[252]. Dies zeigt sich ebenfalls in dem Bericht des Ibn al-ʿAdīm (588-660 a.h./1193-1262), dementsprechend im Lager des Dubais die Nachricht von einer schweren Erkrankung des Aqsunqur al-Borsuqī von Mossul sogar mit religiösem Enthusiasmus, mit „Gott ist der Größe"- und „Es gibt keinen Gott außer Gott"-Rufen gefeiert worden sei, weil diese Krankheit einen *ǧihād* - Feldzug des Herrn von Mossul zum Entsatz von Aleppo unmöglich zu machen schien[253].

Der *ǧihād* - Gedanke und der Appell an die islamische Einheit spielten folglich nur für die in konkreter Gefahr befindlichen Aleppiner eine Rolle, waren für die Politik der islamischen F ü r s t e n aber ohne Bedeutung. Dem entspricht, daß es der Stadtherr von Aleppo, Timurtāš, vorzog, sich nach dem Tod seines Bruders Šams ad-Dīn Sulaimān (im Ramaḍān 518 a.h./12.10.-10.11.1124) dessen Besitzung Maiyāfāriqīn zu sichern und deshalb nicht versuchte, dem belagerten Aleppo zu helfen. Bündnisverhandlungen mit Aqsunqur ließ Timurtāš aus diesem Grund im Sande verlaufen. Die aleppinische Delegation, die ihn dringend um Beistand bat, wurde hingehalten und am Ende noch des Verrats verdächtigt, weil Timurtāš argwöhnte, man wolle ihn angesichts der aussichtslosen Lage Aleppos in eine Falle locken. Die Gesandten, einen Kadi und den Vorsteher der Gemeinschaft der Prophetennachkommen in Aleppo (*naqīb al-ašrāf*), ließ er unter Bewachung stellen, um ihnen — wenn auch vergeblich — die Weiterreise nach Mossul unmöglich zu machen[254]. Erst dort, bei Aqsunqur, fanden die Aleppiner Gehör. Offiziell bei

---

[252] Nach b. a. Ṭaiyi' (siehe oben Anm. 250) antwortete Dubais zwar freundlich auf den Anruf des Kadis, wurde aber von den Franken zur Bündnistreue gezwungen. Sonst ist diese Haltung aber nicht belegt. Es ist damit auch nicht gesagt, daß er sich während der Belagerung plötzlich eines besseren besonnen hätte. Ein Sinneswandel hätte der Gesamtkonzeption seiner Politik ferngelegen. Dubais zeigte sich noch im Januar 1125 entgegen der Meinung der Franken begierig, gegen die heranziehende Entsatzarmee unter Aqsunqur al-Borsuqī zu kämpfen. Der Bericht des b.a. Ṭaiyi' spricht eher dafür, daß er ein Doppelspiel betrieb, da er die Šīʿiten Aleppos nicht zu sehr gegen sich aufzubringen wünschte.

[253] b. al-ʿAdīm, Zubda, Bd. 2, S. 228: *ḍaraba 'l-bišāra fī ʿaskarihī wa-'rtafaʿa ʿindahū 't-takbīr wa- 't-tahlīl.*

[254] Die ausführlichsten, aus mehreren Vorlagen stammenden Nachrichten über die aleppinische Gesandtschaft finden sich in der Biographie des Aqsunqur von b. al-ʿAdīm, Buġya, bes. S. 205-209. In seiner Zubda, Bd. 2, S. 225-227, faßt b. al-ʿAdīm dieselben Berichte gekürzt zusammen. Vgl. auch b. al-Aṯīr, Kāmil, Bd. 10, S. 623-624.

seiner Bestallung vom Sultan mit dem *ǧihād* beauftragt, konnte er sich dem Drängen der Gesandten mit Rücksicht auf seinen Herrn kaum verweigern. Schließlich war Dubais b. Ṣadaqa, einer der Belagerer, ein entschiedener Feind von Kalif und Sultan. Zum Entschluß des Aqsunqur trugen darüberhinaus religiöse Aspekte — das Gelübde, den Muslimen beizustehen, wenn er von einer schweren Krankheit genäse — und machtpolitische Gründe — seine Herrschaft auf Aleppo auszudehnen und seinem artuqidischen Konkurrenten Timurtāš schaden zu können — bei[255].

Eine substanzielle Änderung der Grundzüge der nordsyrischen Politik in Richtung auf panislamisch motivierte *ǧihād*- Aktivitäten erfolgte jedoch auch mit dem Eingreifen des Aqsunqur nicht:

Ende Januar 1125 zwang er die fränkisch-islamischen Belagerer zum Abzug von Aleppo und eroberte am 9. Mai zusammen mit Ṭuġtegīn von Damaskus Capharda/Kafarṭāb, wurde aber wenig später bei Hasor/'Azāz von den vereinigten Franken geschlagen. Darauf schlossen Balduin und Aqsunqur jenen Waffenstillstand, der Ǧabal Summāq zum Kondominium (*munāṣafa*) machte. Balduin konnte die 1124 übergebenen Geiseln freikaufen, und beide Fürsten zogen sich in ihre Kernländer zurück[256]. Im Juli 1126 standen sie sich vor Cerepum/al-Aṯārib ein zweites Mal gegenüber. Ein Vertrag zwischen beiden Seiten, wie er noch kurz zuvor zwischen Aqsunqur und Joscelin zustandegekommen war[257], scheiterte an der Frage der von den Franken geforderten Aufhebung des Kondominiums. Darüber, daß Balduin das eben eroberte Raphania/Rafanīya zurückgeben wollte, wenn Aqsunqur die Belagerung von Cerepum/al-Aṯārib beendete, und daß das Abkommen ansonsten den Status quo vom Vorjahr festlegen sollte, hatte man bereits Einverständnis erzielt[258]. Die beiden Armeen trennten sich daraufhin ergebnislos.

Aqsunqur strebte also mit seinen Unternehmungen nicht mehr an, als Aleppo vom fränkischen Druck zu befreien, und er war bereit, mit den Franken einen neuen Modus vivendi zu konstituieren, wie sich in den befristeten Waffenstillständen und den damit verbundenen Kondominatsregelungen zeigte. Der Vertrag mit Joscelin, der die umstrittenen Ge-

---

[255] Vgl. Anm. 254, bes. b. al-'Adīm, Buġya, S. 209-211.

[256] Vgl. Fulcher Carnot., III, XLIV, 2, S. 770; Matthäus v. Edessa, S. 318; b. al-'Adīm, Zubda, Bd. 2, S. 231.

[257] Vgl. S. 143.

[258] b. al-'Adīm, Zubda, Bd. 2, S. 233-234. Den besten Überblick über die fränkisch-türkischen Kämpfe 1125-1126 in Nordsyrien gibt R. Röhricht, Jerusalem, S. 174-181.

biete zwischen Aleppo und Hasor/'Azāz als Kondominium (*munāṣafa*) befriedete, anderswo aber, z.B. weiter südlich, Kämpfe gestattete, macht im übrigen die Tendenz deutlich, die Auseinandersetzungen lokal zu begrenzen. Es handelte sich, mit anderen Worten, bei den nordsyrischen Kämpfen von 1124 bis 1126 nicht um das Aufeinandertreffen von *ǧihād* und Kreuzzug, sondern um einen regionalen Konflikt, in dem zwar auf beiden Seiten religiöse Symbole und Propaganda Verwendung fanden, der aber keineswegs als Kampf zwischen Islam und Christentum geführt wurde. Nicht der *ǧihād* - Gedanke war die Ursache der Auseinandersetzung, sondern ein politisches Interesse, nämlich die fränkischen Staaten und ihre dem Sultan feindlich gesonnenen islamischen Alliierten in Nordsyrien nicht übermächtig werden zu lassen. Auch im Verhalten der aleppinischen Notabeln, die die Einheit der Muslime und die Verpflichtung zum *ǧihād* während der Belagerung durch Balduin und Dubais propagandistisch so betont hatten, läßt sich, nachdem die Gefahr einmal überstanden war, keine Revision ihrer Politik der Eigenständigkeit zugunsten eines gegen die Franken unifizierten Islam erkennen: 521 a.h.(1127) führte der *ra'īs* (Bürgervorsteher) Abū'l-Faḍā'il b. Badī' nach scharfen Auseinandersetzungen den Sturz des Gouverneurs (*wālī*) Tūmān herbei. Gegen die Übergriffe seines Nachfolgers Ḫutluġ Abah kam es sogar zu einem regelrechten Aufstand. Die Gegner des Gouverneurs teilten sich in zwei Gruppierungen, eine sunnitisch orientierte Fraktion, die den früheren Herrscher Badr ad-Daula Sulaimān (1122-1123) an die Macht bringen wollte, und eine šī'itische, die Ibrāhīm, den Sohn des Riḍwān, als Prätendenten unterstützte[259]. Die beiden Parteiungen griffen also in ihrer Opposition gegen den aus Mossul entsandten Gouverneur auf Repräsentanten früherer Regime zurück, unter denen Aleppo autonom gewesen war und die Notabeln gegnüber dem Stadtherrn eine starke Position innegehabt hatten. Die Angriffe Joscelins I. von Edessa und Bohemunds II. von Antiochia während des Konflikts wurden dagegen mit Geld abgewendet und führten keineswegs zur Vereinigung der Parteien gegen die Franken. Eine katalysatorische Funktion des *ǧihād* - Gedankens bei der Überwindung des syrischen Herrschaftspartikularismus ist folglich auch im dritten Dezennium des 12. Jahrhunderts nicht feststellbar.

---

[259] Die ausführlichsten und bestinformierten Quellen sind al-'Aẓīmī, S. 398-399; b. al-'Adīm, Buġya, S. 216-221 (Biographie des Ḫutluġ Abah) und ders., Zubda, Bd. 2, S. 237-238. Vgl. A. Havemann, Ri'āsa und qaḍā', S. 102-103; Cl. Cahen, Syrie, S. 304, und oben S. 140. Erst das Eingreifen des Atābeg 'Imād ad-Dīn Zengī, der seit 1127 Mossul beherrschte, beendete den Konflikt.

Dafür spricht auch das Verhalten des Ṭuġtegīn, der Aqsunqur im Mai 1125 und im Sommer 1126 unterstützte. Während der Belagerung von Aleppo durch Balduin II. und Dubais hatte Ṭuġtegīn keinen Versuch gemacht, zugunsten der Stadt zu intervenieren, obwohl er seit 1116 vom Sultan offiziell mit dem „Schutz der Muslime" betraut war[260]. Solange es sich im Norden um einen lokalen Konflikt handelte, verhielt er sich passiv. Erst als die Franken im Mai 1125 auf das Eingreifen des Aqsunqur mit der Konzentration von Kräften auch aus ihren südlichen Staaten reagierten, ergriff Ṭuġtegīn, von Aqsunqur wohl dazu aufgefordert, Partei, weil der Konflikt nun über eine lokale Auseinandersetzung hinaus eskalierte und seine Resultate Damaskus in jedem Fall betreffen mußten[261]. Bis dahin hatten sich Damaskus und Jerusalem im Frieden befunden. Zu einem Engagement von 1126 hatte Ṭuġtegīn um so mehr Anlaß, als ihm die Franken zuvor mit zwei Feldzügen auf damaszenisches Gebiet (Herbst 1125 und Januar 1126) und der Eroberung von Raphania/Rafanīya durch Balduin II. und Pons von Tripolis erheblich geschadet hatten[262]. Schon ein Jahr später war Ṭuġtegīn jedoch bereit, zum Kampf gegen den Sohn und Nachfolger des in Mossul ermordeten Aqsunqur, Mas'ūd, anzutreten, als dieser beabsichtigte, sich Syrien, auch seine islamischen Herrschaften, zu unterwerfen[263]. Um die Eigenständigkeit von Damaskus zu sichern, griff Ṭuġtegīn ab 1126 zu demselben Mittel wie vor ihm schon Riḍwān von Aleppo: Er stützte sich zunehmend auf die Assassinen/Bāṭinīya, räumte ihnen in Damaskus wachsenden Einfluß ein und übergab ihrem Führer Bahrām die wichtige Grenzfestung Paneas/Bāniyās östlich des Jordanoberlaufs. Sie wurde daraufhin zu einem Zentrum der Assassinen/Bāṭinīya[264]. Assassinen sollen es auch gewesen sein, die Aqsunqur 1126 in Mossul ermordeten. Gegen den fränkischen Angriff vom Januar 1126 suchte Ṭuġtegīn unter den Assassinenmilizen und einigen turkmenischen Emiren Alliierte, wand-

---

[260] Vgl. S. 133.

[261] Vgl. S. 135. Die Belagerung von Aleppo wurde, was die Franken betrifft, nur von Antiochenern und Edessenern durchgeführt. Ab Mai 1125 kämpften unter König Balduin II. aber auch die Tripolitaner mit Graf Pons und vermutlich ebenfalls ein größeres Kontingent aus Jerusalem im Norden. H.E. Mayer, Service, kann keine definitive Aussage über die Stärke der aus Jerusalem stammenden Truppen machen, vermutet aber, daß es sich nicht um ein allgemeines Aufgebot der Vasallen handelte. Ebda., S. 130.

[262] Vgl. Anm. 199.

[263] b. al-Qalānisī, S. 216-217.

[264] Ders., S. 213 und 221. Vgl. M.G.S. Hodgson, Order, S. 104-105, und B. Lewis, Assassins, S. 105-106.

te sich aber nicht etwa an Mossul um Hilfe. All diese Maßnahmen zeigen, daß die damaszenische Politik des Kräftegleichgewichts und der Autonomie bis zum Tod des Ṭuġtegīn 1128 keine Änderung erfuhr und sich sein politisches Handeln ebensowenig wie die Kämpfe in Nordsyrien als Politik der Gegenkreuzzüge erklären läßt.

* * * * *

Die vorangegangen Überprüfung der Theorie der Gegenkreuzzüge und der Beziehungen zwischen den fränkischen, türkischen und arabischen Staatswesen Syriens von 1112/1113 bis etwa 1128 macht es nunmehr möglich, die Strukturen des fränkisch-islamischen Verhältnisses in der sich an die Etablierung der fränkischen Herrschaften anschließenden Phase zusammenfassen:

Die These der Vertreter der Gegenkreuzzugstheorie, daß mit dem Ende des ersten Jahrzehnts des 12. Jahrhunderts der Herrschaftspartikularismus der islamischen Staatswesen einer vereinigten Reaktion gegen die Franken Platz gemacht habe, hat sich als unhaltbar erwiesen. Es ist deutlich geworden, daß sich die vom Sultan nicht erst seit 1110, sondern schon ab 1106 befohlenen *ǧihād* - Kriegszüge nach Syrien nicht aus islamischem Einheitsdenken, sondern den Konflikten im ʿIrāq und den Expansionsbestrebungen des Sultans sowie der Herrscher von Mossul erklärten. Zum anderen war zu sehen, daß sich die türkischen Herrscher Syriens gegenüber den Koalitionsarmeen aus dem Osten vorsichtig oder ablehnend verhielten, da sie in ihnen zu Recht eine Bedrohung der eigenen Autonomie vermuteten. Die Absicherung dieser Eigenständigkeit durch ein Gleichgewicht der Kräfte zwischen den einzelnen Herrschaften war, wie die Fallstudien Aleppo und Damaskus ergaben, für die grösseren islamischen Herrschaften Syriens oberstes politisches Gebot. Eben dieses Prinzip führte aber n i c h t zu einer Vereinigung der islamischen Partikularstaaten gegen die Franken, sondern, wenn die Gefährdung des Gleichgewichts von Mossul oder dem Sultan ausging, im Gegenteil zu einer fränkisch-islamischen Interessengemeinschaft, zu Allianzen — erstmals angedeutet 1108 in dem Bündnis zwischen Tankred und Riḍwān gegen Čāvlī und Balduin I. von Edessa und voll ausgeprägt in der pansyrischen Allianz gegen die Koalitionsarmee unter Borsuq b. Borsuq von 1115. Diese Koalitionen sind der wichtigste Indikator für die Integration der fränkischen Herrschaften in das System der syrischen Staatswesen. Brach die fränkisch-islamische Interessengemeinschaft auf und ging die Bedrohung des Status quo dagegen, wie 1116 durch Pons von Tripolis oder 1118/1119 durch Roger, von fränkischen Fürsten aus, so waren islamische Bündnisse gegen die Franken die Folge.

Die *syrischen* Allianzen der fränkischen Fürsten seit 1108 bezeichnen gegenüber den Waffenstillstands- und Kondominats- (*munāṣafa-*) Verträgen der Phase bis 1112/1113 einen weiteren Entwicklungsschritt der Integration.

Die Tatsache, daß das die fränkischen und islamischen Fürsten verbindende pansyrische Denken keinen Expansionsverzicht bedeutete, macht die Begrenztheit des Systems aus. Es ist allerdings entscheidend, daß sich die Expansionsversuche zwischen 1112/1113 und 1128 nicht als Konflikte zwischen Christen und Muslimen beschreiben lassen. Neben fränkischen Angriffen auf islamische Burgen und Städte, wie die Eroberungen Rogers 1117 und 1118 oder die Einnahme von Tyrus/Ṣūr, standen nämlich gemeinsame fränkisch-islamische Unternehmungen gegen islamische Gegner, etwa 1112 das Abfangen einer damaszenischen Karawane im Ostjordanland durch Franken und Stammeskrieger der Banū Ṭaiyi' [265] oder die Koalition mit Dubais 1124/1125, die am klarsten vor Augen führt, daß der religiöse Antagonismus als Movens der Politik keine Rolle spielte. 1127 provozierte Joscelin I. von Edessa sogar das Eingreifen König Balduins II. und des Patriarchen von Antiochia, als er ähnlich wie bereits 1108 zusammen mit türkischen Alliierten das Fürstentum Antiochia verheerte [266]. Dieser Konflikt zwischen Joscelin I. und Bohemund II. von Antiochia war nur das vorläufig letzte Glied einer Kette von Spannungen zwischen fränkischen Staatswesen: Bereits 1111 hatte sich Tankred wegen seines Konfliktes mit Balduin I. von Edessa und der Anschuldigung, Maudūd von Mossul gegen die Grafschaft Edessa aufgestachelt zu haben, vor König Balduin I. rechtfertigen müssen. Nach dem Urteil des Königs sollten die Christen zusammenstehen und ihr Leben füreinander opfern. Wer sich indessen mit den Heiden verbündete, könne kein Bruder der Christen mehr bleiben [267]. Dieser Grundsatz war für die lehnrechtlich begründeten Auseinandersetzungen um die Vasallitätsbeziehungen zwischen Antiochia und Edessa 1111 und 1127 freilich ohne Konsequenzen [268]. Lehnrechtliche Gründe hatten auch erstens

[265] b. al-Qalānisī, S. 183. Zum Verhältnis zwischen Jerusalem und den arabischen Stämmen Südsyriens vgl. einführend J. Richard, Royaume, S. 39-40, J. Prawer, The Latin Kingdom of Jerusalem, London 1972, S. 49-50, und A.S. Tritton, The Tribes of Syria in the XIVth and XVth Centuries, in: BSOAS 12 (1948), S. 567-573, bes. S. 567-568.

[266] Wilhelm v. Tyrus, XIII, XXII, S. 590-591; Barhebraeus, S. 253. Vgl. bes. Cl. Cahen, Syrie, S. 304-305, und R.L. Nicholson, Joscelyn I, S. 80-82.

[267] Albert v. Aachen, XI, XVI, S. 670, und XXI-XXII, S. 673-674: *Alioquin, si Gentilibus vis sociari et nostris moliri insidias, nequaquam frater Christianorum poteris remanere.* Vgl. S. 124.

[268] Vgl. dazu J.L. LaMonte, To what Extent was the Byzantine Empire the Suzerain of the Latin Crusading States, in: Byzantion 7 (1932), S. 253-264, hier S. 256-257.

der Feldzug König Balduins II. gegen Graf Pons von Tripolis' von 1122, der die Lehnsrührigkeit Tripolis von Jerusalem abstreifen wollte [269], zweitens die Koalition der drei nördlichen fränkischen Herrschaften gegen König Fulko und der Krieg zwischen Tripolis und Jerusalem von 1131 sowie drittens die Revolte des Fürsten Romanus von Transjordanien und Hugos von Jaffa (vermutlich 1134). Letzterer verbündete sich gegen den König sogar mit der ägyptischen Garnison von Ascalon/ʿAsqalān [270]. Auch die hartnäckige Opposition des Jerusalemer Adels und des Patriarchen gegen Einsätze in Nordsyrien ab 1119 [271], der Jubel der Jerusalemer über das Ende der Regentschaft Balduins II. in Antiochia 1126 [272] und die Weigerung der Antiochener, 1124 die Belagerung von Tyrus/Ṣūr zu unterstützen [273], machen hinreichend deutlich, daß die Interessen der fränkischen Staatswesen divergierten und das Engagement in Nordsyrien ein reines Anliegen der Krone und nicht der Jerusalemer Nobilität oder des Volkes war. Es verbietet sich daher, von einem fränkischen Block zu sprechen.

Gleiches gilt auch für die islamischen Herrschaften. Weder Qırḫān b. Qarāǧa von Ḥimṣ noch Ṭuġtegīn von Damaskus sahen sich durch die Existenz fränkischer Staatswesen veranlaßt, auf Expansionsbestrebungen gegen andere islamisch regierte Emirate zu verzichten: Qırḫān soll 1114 an der Ermordung des Herrschers von Aleppo beteiligt gewesen sein [274] und nahm im Januar 1115 Īlġāzī b. Artuq von Mārdīn gefangen. Er ließ seinen Gefangenen erst auf damaszenischen Druck wieder frei, als er dessen Sohn als Geisel in Empfang genommen hatte. Kurz

---

269 Fulcher Carnot., III, XI, 1-2, S. 646-648; Wilhelm v. Tyrus, XII, XVII, S. 536, und XIV, IV-V, S. 611-614. Vgl. J.L. LaMonte, Feudal Monarchy in the Latin Kingdom of Jerusalem. 1100 to 1291, Cambridge, Mass. 1932 (Monographs of the Medieval Academy of America, 4), S. 191-192.

270 Wilhelm v. Tyrus, XIV, XV-XVII, S. 627-630. Vgl. b. al-Qalānisī, S. 233 und 236. Zur Interpretation der Revolten von Romanus und Hugo II. hat sich unter Berücksichtigung der älteren Literatur zuletzt H.E. Mayer, Studies in the History of Queen Melisende of Jerusalem, in: DOP 26 (1972), S. 94-182, hier S. 102-110, ausführlich geäußert.

271 Vgl. dazu ausführlich H.E. Mayer, Jérusalem et Antioche au temps de Baudouin II, in: Comptes rendus de l'Académie des Inscriptions et Belles-Lettres 1980, S. 717-733, hier S. 727-733, und ders., Service, S. 127-131. Antiocha galt für Jerusalem als Ausland (S. 121-126).

272 Fulcher Carnot., III, LXI, 3, S. 820-821.

273 Ebda., III, XXXIV, 13, S. 739: ...*Antiocheni deliquerunt, qui nullum nobis auxilium praebuerunt nec labori huic adesse voluerunt*.

274 b. al-ʿAdīm, Zubda, Bd. 2, S. 172.

darauf wurde er von Īlġāzī belagert[275]. Wiederholt, zumindest 1117, vermutlich 1123 und 1125, kam es auch zu Kämpfen zwischen den Emiren von Šaizar und den Söhnen des Qarāǧa, Qırḫān von Ḥimṣ und Maḥmūd von Ḥamāh[276]. Ṭuġtegīn schließlich belagerte 1123 vergeblich Ḥimṣ[277], nahm 1124 — dem Jahr, in dem die Franken Tyrus/Ṣūr eroberten und Balduin Aleppo belagerte — nach dem Tod des Stadtherrn Maḥmūd Ḥamāh ein[278] und dehnte seine Macht im Mai 1126 auf Tadmur aus[279]. 1129 war Šaizar das Ziel von Angriffen aus Antiochia/Anṭākiya u n d aus Ḥamāh[280]. Auch die islamischen Herrschaften Syriens bildeten folglich keinen Block, und es wäre falsch, die militärischen Auseinandersetzungen in Syrien allein aus der Perspektive der Konfrontation zwischen Franken und Muslimen zu sehen. Sämtliche syrische Herrschaften verfolgten eine Politik partikularer Eigeninteressen und schlossen sich erst im Fall der Bedrohung ihrer Autonomie zusammen. Daß die Hilferufe der Aleppiner 1119 Īlġāzī und 1125 Aqsunqur al-Borsuqī an die Macht brachten, war eine Folge der Schwäche Aleppos, nicht islamischen Einheitsdenkens, wie die Opposition der Notabeln gegen die neuen Machthaber zeigt. Wenn die Jahre ab 1119 tatsächlich *Wendejahre* für das Verhältnis der fränkischen und islamischen Staatswesen waren, so nicht deswegen, weil die Politik der islamischen Herrscher Syriens am *ǧihād* - Gedanken neu ausgerichtet worden wäre, sondern weil mit dem Ende der Autonomie Aleppos und seiner Subordination unter Mossul ab 1125 die seit dem Tod des Tutuš 1095 bestehende Kräftekonstellation in Syrien entscheidend verändert wurde.

Neben den fränkisch-islamischen Bündnissen und der Identität fränkischer, türkischer und arabischer Expansionspolitik gibt es auch noch eine Reihe weiterer Indikatoren für die Integration der fränkischen Herrschaften in das System syrischer Staatswesen: den regional begrenzten Charakter der Konflikte, z.B. der Auseinandersetzungen in Nordsyrien, und die Beibehaltung der Status quo-Politik im Süden, deren Grundlage das in der ersten Dekade des 12. Jahrhunderts entstandene Instrumentarium von zeitlich und lokal limitierten Friedens- (*ṣulḥ, pax, amicitia*),

---

275 b. al-Qalānisī, S. 191, und b. al-Aṯīr, Kāmil, Bd. 10, S. 503-504.
276 Usāma b. Munqiḏ, I'tibār, S. 64 und 75-76. Vgl. H. Derenbourg, Ousâma, S. 108-109, 127-129 und 135-136.
277 b. al-Qalānisī, S. 209; al-'Aẓīmī, S. 391, und b. al-Aṯīr, Kāmil, Bd. 10, S. 617.
278 b. al-Qalānisī, S. 210; al-'Aẓīmī, S. 392, und b. al-Furāt, Cod. Vindob. A.F 117, fol. 189v.
279 b. al-Qalānisī, S. 214-215, und al-'Aẓīmī, S. 397.
280 Usāma b. Munqiḏ, I'tibār, S. 46; H. Derenbourg, Ousâma, S. 138-139.

Waffenstillstandsverträgen (*hudna, pax ad certum tempus, induciae*) und Kondominatsregelungen (*munāṣafāt*) war. Mit Hilfe dieses Instrumentariums war es möglich, sowohl kurzfristige Kampfunterbrechungen herbeizuführen als auch längeren Friedensperioden ein rechtliches Fundament zu geben, wenn politische und wirtschaftliche Gründe dafür sprachen.

Ein letztes, bislang kaum berücksichtigtes Indiz für die Existenz eines fränkisch-islamischen Systems syrischer Staatswesen ist das Phänomen der Mediatorenfunktion der Emire von Qal'at Ǧa'bar und Šaizar:

Bereits 1108 hatte Sālim b. Mālik von Qal'at Ǧa'bar am Euphrat bei der Freilassung Graf Balduins II. von Edessa aus der Haft des Čāvlī von Mossul und dem Abschluß der Allianz zwischen beiden Fürsten vermittelt. Balduin wurde, nachdem seine Freilassung für eine Geldsumme und seine islamischen Gefangenen vereinbart worden war[281], nach Qal'at Ǧa'bar gebracht und dort befreit. Sein Vetter Joscelin I. von Turbessel/Tall Bāšir stellte sich bis zur Erfüllung der Vertragsbedingungen als Geisel zur Verfügung, und Sālim b. Mālik gab für die Einhaltung des Vertrages gegenüber Čāvlī eine Garantieerklärung ab. Joscelin wurde seinerseits, um die Sammlung des Geldbetrages für Balduin beschleunigen zu helfen, freigelassen, als sein Schwager und der des Grafen als Geiseln nach Qal'at Ǧa'bar kamen[282].

Sālim b. Mālik handelte 1108 also als „ehrlicher Makler" zwischen den Lothringern und Čāvlī. Das syrische *Chronicon ad A.C. 1234 pertinens* begründet seine Einschaltung durch die beiden Seiten damit, daß er ein „berühmter Mann und ein guter Vermittler" gewesen sei[283]. Unter seiner Herrschaft wurde Qal'at Ǧa'bar auch zum Asylort für prominente Exulanten:

1108 flüchteten Dubais und Badrān, die Söhne des Ṣadaqa von Ḥilla, vor Sultan Muḥammad nach Qal'at Ǧa'bar und hielten sich dort auch nach der Ablösung des Čāvlī durch Maudūd von Mossul auf[284]. 1113 fand der von Riḍwān von Aleppo abgesetzte *ra'īs* (Bürger-

---

[281] b. al-Aṯīr, Kāmil, Bd. 10, S. 460-461 (35000 Dīnāre und muslimische Gefangene); Matthäus v. Edessa, S. 266 (30000 Tahegan); Michael Syrus, S. 195, und Barhebraeus, S. 242 (70000 Tahegan); Albert v. Aachen, X, XXXVII, S. 648 (100000 Bezants).

[282] b. al-Aṯīr, ebda.; Chronicon ad A.C. 1234 pertinens, trad. A. Abouna, Bd. 2, S. 52-53; Fulcher Carnot., II, XXVIII, 1, S. 478: *(Balduinus) datis obsidibus electis, fide interposita cum sacramento sub interminatione ut redemptionem redderet... de carcere evasit.*

[283] Chronicon ad A.C. 1234 pertinens, trad. A. Abouna, Bd. 2, S. 52.

[284] b. al-Furāt, Bd. 1 (ed. el-Shamy), S. 80/arab. S. 51; b. al-Aṯīr, Kāmil, Bd. 10, S. 465.

vorsteher) Ṣā'id b. Badī' in Qal'at Ǧa'bar Zuflucht, im Jahr darauf ebenfalls sein Nachfolger Ibn al-Mauṣūl[285]. Vom Regenten der Söhne des Riḍwān in Aleppo, Lu'lu' al-Yāyā, wird berichtet, er habe einen Teil seines Vermögens in Qal'at Ǧa'bar deponiert[286]. Noch drei weitere Male, 514 a.h. (1120-1121), 518 a.h. (1124-1125) und 525 a.h. (1130) fand Dubais, der sich 514 a.h. mit Sālim b. Mālik verschwägerte, in Qal'at Ǧa'bar ein Refugium vor seinen 'irāqischen Widersachern, vor Sultan oder Kalif[287]. 515 a.h. (1121-1122) flohen die Anhänger des ehemaligen Stadtherrn Riḍwān, unter anderen dessen Sohn Sulṭānšāh, vor den Artuqiden aus Aleppo zu Sālim b. Mālik; sein Sohn und Nachfolger Mālik erstattete 1128 Zengī von Mossul von den Unruhen in Aleppo Bericht und nahm im Folgejahr den *ra'īs* (Bürgervorsteher) Abū'l-Faḍā'il b. Badī' auf der Flucht vor Zengī bei sich auf[288].

Qal'at Ǧa'bar unterhielt gute Beziehungen zu allen Herrschaften Nordsyriens und konnte daher unter Sālim und seinem Sohn Mālik bei Konflikten als quasi neutrale Instanz vermitteln oder Asyl gewähren. In Qal'at Ǧa'bar verbündeten sich beispielsweise Īlġāzī und Ṭuġtegīn 1119 gegen Roger von Antiochia[289]. Doch gerade auch zu den Christen pflegten die Emire von Qal'at Ǧa'bar ein exzellentes Verhältnis. So flüchtete der orthodoxe Bischof von Aleppo 1124 vor den Ausschreitungen des Kadi Ibn al-Ḫaššāb nach Qal'at Ǧa'bar[290]. Ein weiteres Beispiel enthält die Autobiographie des Usāma b. Munqiḏ (488-584 a.h./1095-1188): Als Joscelin I. von Edessa, der 1108 als Geisel in Qal'at Ǧa'bar gelebt hatte, zu einem unbestimmten Zeitpunkt zwischen 1125 und 1131 einmal einen Beutezug in die Euphratregion unternahm, ging ihm Mālik b. Sālim entgegen und traf ihn. Beide kannten sich seit langem, und Joscelin war Mālik verpflichtet[291]. Der Franke ehrte Mālik und gab ihm alle zuvor erbeuteten Gefangenen und Herden zurück. Mālik war es auch, der 1124 das Bündnis zwischen Dubais, Sulṭānšāh und Balduin II. vermittelte[292]. Bezeichnenderweise blieb er selber aber neutral, so daß

---

285 b. al-'Adīm, Zudba, Bd. 2, S. 170, 173 und 186.

286 Ders., S. 177.

287 Ders., S. 197, 221-222 und 247. Zur Verschwägerung b. al-Qalānisī, S. 202: *inhazama...musta'ǧiran*.

288 b. al-'Adīm, Zubda, Bd. 2, S. 243 und 247.

289 Ders., S. 186.

290 Chronicon ad A.C. 1234 pertinens, trad. A. Abouna, Bd. 2, S.69-70.

291 Usāma b. Munqiḏ, I'tibār, S. 67.

292 b. al-'Adīm, Zubda, Bd. 2, S. 221: *bi-wāsiṭat al-amīr Mālik b. Sālim*.

er 1125 aus der Hand des Aqsunqur b. al-Borsuqī, des Gegners der von ihm vermittelten Allianzen, die Geiseln des fränkischen Königs — dessen Tochter Iveta und den Sohn Joscelins I. — in Empfang nehmen konnte, die Aqsunqur in Šaizar ausgelöst hatte[293].

Hier deutet sich bereits eine Verbindung zu Šaizar an, dessen Emire zeitweise eine vergleichbare Asyl- und Mittlerrolle übernahmen. Von den Banū Munqiḏ von Šaizar ist bekannt, daß sie ebenfalls mehrfach Flüchtlingen Zuflucht boten, 1098 zum Beispiel muslimischen Familien aus Marra/Ma'arrat an-Nu'mān, 1106 einem Sohn des Ibn Mulā'ib von Apamea/Fāmiya, 1109 dem ehemaligen Herrn von Tripolis, Kadi Faḫr al-Mulk b. 'Ammār[294] oder 1113 dem Assassinen/Bāṭinīya-Propagandisten (*dā'ī*) Ibrāhīm, der vor den Verfolgungen des Alp Arslān von Aleppo geflohen war[295]. Obwohl die Banū Munqiḏ zwischen verschiedenen Waffenstillständen 1111 und 1115 die sulṭanalen Koalitionsunternehmen unterstützten, 1119 auf der Seite des Īlġāzī und Ṭuġtegīn gegen Roger standen und zwischen 1122 und 1124 mehrfach in Kämpfe mit den Franken verwickelt wurden[296], waren ihre Beziehungen zu Tankred und Roger von Antiochia nicht schlecht. Dies beweist die Autobiographie des Usāma b. Munqiḏ (488-584 a.h./1095-1188): 1112 z.B. gestattete der Emir Sulṭān auf Bitten Tankreds einem europäischen Ritter, der sich zur Pilgerfahrt in Syrien befand, einen Besuch in Šaizar, weil der Franke die islamischen Ritter kennenlernen wollte[297]. 1116 eskortierten die Munqiḏiten einem Wunsch Fürst Rogers gemäß einen nach Jerusalem reisenden Ritter von Apamea/Fāmiya bis nach Raphania/Rafanīya[298]. Usāma berichtet auch davon, daß der fränkische Herr von Monaître/al-Munaiṭira in Šaizar um die Entsendung eines Arztes gebeten habe[299].

Das gute Verhältnis zu den Franken und der Charakter Šaizars als neutraler Ort kam Timurtāš b. Īlġāzī von Aleppo und Mārdīn zustatten, als es 1124 darum ging, die Freilassung König Balduins II. zu organisieren. Timurtāš ließ Balduin nach Šaizar bringen, damit dessen Emir Sulṭān und sein Bruder Muršid, der Vater des Usāma, bei der Freikaufaktion

[293] Ders., S. 231, und Matthäus v. Edessa, S. 318.
[294] E. Sivan, L'Islam, S. 24, und b. al-Qalānisī, S. 150 und 164-165.
[295] b. al-'Adīm, Zubda, Bd. 2, S. 169.
[296] H. Derenbourg, Ousâma, S. 91-93, 99-100 und 122-129.
[297] Usāma b. Munqiḏ, I'tibār, S. 51.
[298] Ders., S. 65.
[299] Ders., S. 97-99.

vermittelten[300]. Die Modalitäten des Austauschs ähnelten stark denen von 1108, als Balduin II., damals noch Graf von Edessa, mit Hilfe des Emirs von Qal'at Ǧa'bar freigelassen wurde: Für den Gefangenen schickten die Emire einige der eigenen Kinder nach Aleppo. Ihrerseits setzten sie Balduin, der in Šaizar überaus ehrenvoll aufgenommen wurde, auf freien Fuß, sobald dessen Tochter Iveta, der Sohn Joscelins und eine Anzahl fränkischer und armenischer Ritter in Šaizar als Geiseln angekommen waren[301]. Erst 1125 gelang es, die muslimischen Geiseln in Aleppo wieder auszulösen, als nämlich Iveta und Joscelin II. an Aqsunqur ausgehändigt wurden. Die Ritter blieben aber offenbar in Šaizar und kamen nach Zahlung des Lösegeldes frei. Usāma erzählt, daß sie auf dem Heimweg von Qırḫān b. Qarāǧa von Ḥimṣ überfallen worden seien und er, Usāma, sie selber auf Befehl seines Onkels aus den Händen der Muslime gerettet habe[302]. Als Dank für ihr Vermitteln erließ Balduin den Emiren von Šaizar den an das Fürstentum zu zahlenden Tribut (*qaṭī'a*), und Usāma spricht davon, daß ihr Einfluß in Antiochia unter Balduin II. kraftvoll (*nāfiḏan*) gewesen sei[303].

Die Aufgaben, die Šaizar und Qal'at Ǧa'bar als Asylorte und Vermittler zwischen den syrischen Herrschaften übernahmen, nicht nur fränkischen und muslimischen, waren also ähnlich. Das syrische *Chronicon ad A.C. 1234 pertinens* charakterisiert die Banū Munqiḏ denn auch parallel zu den Emiren von Qal'at Ǧa'bar als „Leute von guter Art, mit allen befreundet und jederzeit gute Vermittler"[304]. Es verwundert nicht, daß die Verbindungen zwischen beiden Emiraten eng waren. Nach dem *Chronicon* sollen die Banū Munqiḏ und die Banū Sālim b. Mālik demselben arabischen Stamm angehört haben[305]. Usāma beschreibt mehrfach die engen ritterlichen Beziehungen zwischen beiden Herrschaften: „Šihāb ad-Dīn Mālik b. Sālim und der Vater ... waren befreundet und standen untereinander durch Schriftstücke und Boten in Verbindung"[306]. Auch

---

[300] Ders., S. 89: *li-yatawassaṭa abī wa- 'ammī ... bai'ahū.* b. al-'Adīm, Zubda, Bd. 2, S. 222: *kāna mutawassiṭ ḥadīṯ Baġdawīn ma'a Timurtāš al-amīr Abū 'l-'Asākir Sulṭān b. Munqiḏ ....*

[301] Vgl. Anm. 293, 300, und Fulcher Carnot., III, XXXVIII, 1, S. 750-751. Zu den Freilassungsbedingungen vgl. S. 144-145.

[302] Usāma b. Munqiḏ, I'tibār, S. 76.

[303] Ders., S. 89. Aus derselben Zeit datiert möglicherweise der Besuch des Usāma beim *ra'īs* (Bürgervorsteher) von Antiochia/Anṭākiya, Theodoros Sophianos, vgl. ebda., S. 103.

[304] trad. A.Abouna, Bd. 2, S. 85. Zu Qal'at Ǧa'bar vgl. ebda., S. 52.

[305] Ebda., S. 85. Die Emire von Šaizar waren allerdings nicht 'Uqailī-, sondern Kinānī-Araber.

[306] Usāma b. Munqiḏ, I'tibār, S. 167: *kāna... mawadda wa-muwāṣala bi- 'l-mukātabāt wa- 'r-rusul.*

von der Übersendung von Gefangenen oder einer Jagdhündin ist die Rede [307]. Ähnlich freundschaftliche Beziehungen pflegten die Munqiḏiten auch zu dem armenischen Herrscherhaus der Rupeniden [308]. Daran wird wie schon bei den fränkisch-islamischen Vertragsabschlüssen deutlich, daß die gemeinsame ritterliche Lebenswelt zur Grundlage konfessionsüberschreitender Kontakte zwischen einzelnen Herrscherhäusern wurde. Die Funktion der arabischen Emirate von Šaizar und Qal'at Ǧa'bar als Vermittlerstaaten und ihre Inanspruchnahme durch Franken und Türken ist ein weiteres Merkmal des Systems syrischer Staatswesen und der Integration der fränkischen Staatengründungen in die Welt der syrischen Partikularherrschaften. Es ist bezeichnend genug, daß es mit dem guten Verhältnis zwischen Šaizar und Antiochia zu dem Zeitpunkt ein Ende hatte, als die Regentschaft Balduins II. in Antiochia ihren Abschluß fand und mit Bohemund II. ein Mann die Geschicke des Fürstentums in die Hände nahm, der frisch aus Europa kam und mit den Feinheiten der nahöstlichen Diplomatie nicht vertraut war [309].

II.4. *Contra hostem utriusque regni crudelissimum* [310]: Syrische Allianzpolitik als Reaktion auf die Expansion des zengīdischen Herrschaftskomplexes und die Entwicklung des Systems syrischer Staatswesen bis zur fränkisch-byzantinischen Annäherung (1128-1158)

Um die Jahreswende 1127/1128 öffnete sich Aleppo den Abgesandten des Atābeg 'Imād ad-Dīn Zengī. Zengī gelang es damit, auch in Nordsyrien die Nachfolge von Aqsunqur al-Borsuqī und seinem Sohn Mas'ūd anzutreten, nachdem er in den Monaten zuvor bereits Mossul und Nordmesopotamien (al-Ǧazīra) in seine Hand gebracht hatte [311]. Im Monat Ǧumādā II. 522 a.h. (Juni 1128) hielt Zengī selber feierlichen Einzug in der nordsyrischen Metropole. Den Kämpfen zwischen sunnitischen und šī'itischen Gruppen in Aleppo wurde mit der Machtübernahme des

---

[307] Ders., S. 96-97 und 166-167.

[308] Ders., S. 147.

[309] Ders., S. 89-90, und H. Derenbourg, Ousâma, S. 136-137.

[310] Wilhelm v. Tyrus, XV, VII, S. 668ff, zur Allianz zwischen Jerusalem und Damaskus von 1140.

[311] Cl. Cahen, Syrie, S. 306-307; N. Elisséeff, Nūr ad-Dīn, Bd. 2, S. 337.

Zengī vorläufig ein Ende gesetzt[312].

Die Vereinigung von Mossul und Aleppo in der Hand des Zengī bezeichnete eine bedeutsame Zäsur in der Geschichte des Systems syrischer Partikularstaatswesen, das sich nach dem Tod des Tutuš 1095 herausgebildet hatte und in der Folge der Landnahme der Franken weiterentwickelt worden war. Als Teil des zengīdischen Herrschaftskomplexes fiel Aleppo künftig als auf die Bewahrung seiner Eigenständigkeit bedachter Vertrags- und Bündnispartner der Franken aus. Anders als zwischen 1119 und 1127 gab es für lange Zeit auch keine internen Kämpfe mehr in und um Aleppo, die dem Fürstentum Antiochia, der Grafschaft Edessa oder den umliegenden islamischen Emiraten die Möglichkeit zu Koalitionen geboten hätten. Stattdessen hatten die fränkisch ebenso wie die türkisch oder arabisch regierten Herrschaften Syriens für Nordsyrien mit einem überregional bedeutenden Machtbereich potentiell expansiven Charakters zu rechnen, dessen Interessen anders gelagert sein konnten als die der restlichen auf Autonomie bedachten syrischen Partikularstaatswesen. Es ist daher nach der Ausrichtung der zengīdischen Politik, der Rolle des *ǧihād* - Gedankens bei den Zengīden und danach zu fragen, ob die Politik des Zengī und seines Sohnes Nūr ad-Dīn (ab 1146) mit der durch die syrischen Herrschaften bislang verfolgten Strategie übereinstimmte oder davon abwich. Schließlich muß untersucht werden, auf welche Weise die syrischen Partikularstaatswesen auf die mit dem Ende der Autonomie Aleppos gegebene Veränderung der Bündnisstrukturen reagierten. Den zeitlichen Schlußpunkt der Untersuchung setzt die sich in der probyzantinischen Wendung der Politik der fränkischen Staatswesen und dem Kampf um die Macht in Ägypten seit etwa 1158 ausdrückende *Internationalisierung* der Konflikte in Syrien, die am Ende der erfolgreichen Bemühungen der Zengīden stand, die islamischen Herrschaften Syriens in ihrer Hand zu vereinen: 1154 fielen Damaskus, 1155 Ba'labakk und 1157 Šaizar in die Hände von Zengīs Sohn Nūr ad-Dīn Maḥmūd. Abgesehen von den fränkischen Staaten vermochten danach allein die syrischen Assassinen/Bāṭinīya in den Festungen des Ǧabal Bahrā ihre Unabhängigkeit gegenüber den Zengīden zu behaupten[313].

* * * * *

---

[312] A. Havemann, Ri'āsa und qaḍā', S. 102-103. Vgl. oben S. 152.

[313] Vgl. M.G.S. Hodgson, Order, S. 106-107, 187, und B. Lewis, Assassins, S. 108-110. Qal'at Ǧa'bar kam erst 1168 in den Besitz von Nūr ad-Dīn, war aber bereits seit der Eroberung von Edessa/ar-Ruhā durch Zengī (1144) kein Faktor für die fränkisch-islamische Politik mehr. Vgl. N. Elisséeff, Nūr ad-Dīn, Bd. 2, S. 620-622.

Das dem ʻImād ad-Dīn Zengī üblicherweise beigemessene Prestige als Protagonist des *ǧihād* (Heiligen Kampfes) und Vorreiter bei der Vereinigung der islamischen Partikularstaaten zum Zwecke einer konzentrierten Bekämpfung der Franken ist im wesentlichen durch zwei Momente bewirkt worden: zum einen dadurch, daß Zengī 1144 mit der Eroberung von Edessa/ar-Ruhā der erste spektakuläre Erfolg gegen eines der fränkischen Machtzentren gelang, der von zeitgenössischen *ǧihād* - Propagandisten wie den vor den Franken emigrierten Dichtern Ibn al-Qaisarānī und Ibn Munīr als Präfiguration eines späteren Angriffs auf Jerusalem gewertet wurde [314]. Allerdings war der Gedanke der Vertreibung der Franken aus Jerusalem und der Küstenregion (sāḥil) als Thema der Propaganda v o r dem Regierungsantritt des Nūr ad-Dīn (1146-1174) praktisch nicht existent. Zum anderen haben die Zengīden in Ibn al-Aṯīr (555-630 a.h./1160-1233) einen wohlwollenden, in seinem *at-Taʻrīḫ al-bāhir fī 'd-daula al-atābakīya* („Strahlende Geschichte über die Atābegendynastie"), einer Geschichte der Atābegs von Mossul, sogar panegyrisch schreibenden Biographen gefunden, dem daran gelegen war, die Feldzüge des Zengī gebührend als *ǧihād* - Unternehmungen herauszustellen [315]. Durch Abū Šāma (599-665 a.h./1203-1268) in seiner kombinierten Zengīden- und Aiyūbidengeschichte, dem *Kitāb ar-rauḍatain fī aḫbār ad-daulatain* („Buch der beiden Gärten über die Nachrichten der zwei Dynastien"), in Konkordanz gebracht mit der ursprünglich gegen die Zengīden gerichteten Selbstdarstellung der Aiyūbiden als *muǧāhidūn* (Glaubenskämpfer), fand die Beschreibung des Zengī als unerbittlicher Gegner der Franken und erstes Glied in der Dreierkette islamischer Gegenkreuzzugs-Heroen, Zengī — Nūr ad-Dīn — Saladin, Eingang in die historiographische Tradition [316]: R. Grousset kommentierte die Machtübernahme des Zengī entsprechend mit den Worten: „Künftig wird der Gegenkreuzzug einen Führer haben. Dieser Führer wird sterben können, er wird immer ersetzt werden" [317].

---

314 E. Sivan, L'Islam, S. 46-47. In der offiziösen Propaganda der einzelnen Kanzleien taucht der Gedanke der Eroberung Jerusalems erst ab Mitte der 1170er Jahre verstärkt auf, vgl. ebda., S. 62-63, und E. Sivan, Caractère, S. 154-159.

315 Cl. Cahen, Syrie, S. 58-60; N. Elisséeff, Nūr ad-Dīn, Bd. 1, S. 36-39; H.A.R. Gibb, Notes, bes. S. 745-754.

316 So P.M. Holt, The Age of the Crusades, London-New-York 1986, S. 38-39. Zur Rezeption dieser Sichtweise mag auch die Interpretation des Zengī bei Wilhelm v. Tyrus beigetragen haben, vgl. R.Ch.Schwinges, Kreuzzugsideologie, S. 174.

317 R. Grousset, Histoire, Bd. 1, S. 669.

Aus der Perspektive des Ibn al-Aṯīr (555-630 a.h./1160-1233), der Zengī als gottgesandten Retter des von den Franken tödlich bedrohten syrischen Islams präsentierte, war der Heilige Kampf die eigentliche Raison d'être der Herrschaft des Zengī in Mossul und Aleppo [318]. Die Ungeschütztheit des islamischen Syriens vor der Begehrlichkeit des fränkischen Expansionismus, die Ibn al-Aṯīr in den düstersten Farben unter Rückgriff auf Ereignisse ausmalte, die chronologisch gar nicht in die Regierungszeit des Zengī gehörten, soll das Argument gewesen sein, das 1127 den Sultan und seinen Wesir dazu bewogen, Mossul und Aleppo als Steuerpachtbezirk (*iqṭā'*) einem starken Herrscher, nämlich Zengī, zu übergeben und damit den minderjährigen Bruder des verstorbenen Stadtherrn Mas'ūd b. Aqsunqur al-Borsuqī zu übergehen [319]. Auch die Inbesitznahme von Ḥamāh Anfang 524 a.h. (nach dem 15. Dezember 1129) durch Zengī wurde Ibn al-Aṯīr in geschichtstheologischem Licht dargestellt. Nach der erfolgreichen Abwehr eines artuqidischen Angriffs in Nordmesopotamien (al-Ǧazīra) habe Zengī 1130 schließlich sein ganzes Sehnen und Trachten auf die Bekämpfung der Ungläubigen eingestellt, die Burg Cerepum/al-Aṯārib erobert, dann Harenc/Ḥārim belagert und die Franken in einem Friedensvertrag (*ṣulḥ*) zur Einrichtung eines Kondominiums (*munāṣafa*) über die zu Harenc/Ḥārim gehörigen Gebiete gezwungen [320].

Indessen hat Ibn al-Aṯīr in seinen beiden Geschichtswerken selbst klargestellt, daß die fränkische Gefahr nur ein vorgeschütztes Argument der zengīdischen Partei war, um Zengī mit dem Einsetzungsdiplom (*tauqī'*) des Sultans die nominelle Oberhoheit über Mossul und Syrien zu verschaffen. Die eigentliche Ursache seines Aufstiegs war eine schlichte Palastintrige: Seinem Vertrauensmann Naṣīr ad-Dīn Čakır (Ǧaqar) gelang es nämlich, die beiden aus Mossul zum Sultan gesandten Unterhändler mit materiellen Versprechungen und Warnungen vor dem Regenten des minderjährigen Sohnes des verstorbenen Herrschers von Mossul zu bewegen, für die Einsetzung des Zengī zu plädieren [321]. Bereits wenige Monate später konnte Zengī nur unter Aufwendung großer Geldbeträge verhindern, daß ihm Mossul wieder abgenommen und an

---

[318] Zur quasi heilsgeschichtlichen Einordnung des Zengī bei Ibn al-Aṯīr und Abū Šāma vgl. S. 75-76.

[319] b. al-'Adīm, Zubda, Bd. 10, S. 643-645; ders., Bāhir, S. 34-35. Vgl. N. Elisséeff, Nūr ad-Dīn, Bd. 2, S. 330-331.

[320] b. al-Aṯīr, Bāhir, S. 39-42; ders., Kāmil, Bd. 10, S. 662-663.

[321] Vgl. Anm. 319.

Dubais b. Ṣadaqa vergeben wurde [322] — jenem Dubais, der 1123/1124 zusammen mit König Balduin II. und Graf Joscelin I. von Edessa das islamische Aleppo belagert und 1131, als er vor dem Kalifen al-Mustaršid aus dem ʿIrāq fliehen mußte, vorübergehend Zuflucht bei den Emiren von Qalʿat Ǧaʿbar und dem Franken Joscelin I. von Edessa gesucht hatte [323]! Seine fränkischen Allianzen hatten Dubais also keineswegs diskreditiert. Vor diesem Hintergrund verliert die den Heiligen Kampf mit der Person des Zengī verknüpfende Argumentation des prozengīdischen Chronisten einiges an Wirkung. Zengīs Kriege gegen die Artuqiden, die Eroberung ihrer Gebiete von Naṣībin bis Ḥarrān — von Ibn al-Aṯīr (555-630 a.h./1160-1233) als Hilfstat für ihre von den Franken bedrohten Einwohner gepriesen! — sind noch weniger dazu angetan, zu belegen, daß die Aktivität des Zengī in erster Linie dem *ǧihād* galt. Und die Eroberung von Cerepum/al-Aṯārib angeblich schon 1130, mit der der Chronist das sofortige Engagement des Zengī im Kampf gegen die Franken beweisen wollte, legen alle anderen Quellen in das Jahr 1135. 1130 kam es nur zu einer kleineren Unternehmung in die Gebiete südwestlich von Aleppo, bei der auch die Vorstadt (*rabaḍ*) von Cerepum/al-Aṯārib zerstört wurde, möglicherweise aber gar nicht von zengīdischen Truppen, sondern durch Turkmenen [324]!

Statt dessen mißbrauchte Zengī nicht viel anders als Ibn Mulāʿib von Apamea/Fāmiya 1104 vor Asfūnā gegenüber den Emiren von Šaizar [325] den *ǧihād*- Gedanken für einen Versuch, seinen syrischen Machtbereich weiter auszudehnen: Im Jahr 1130 schloß er einen formellen Vertrag mit Tāǧ al-Mulūk Börī (Būrī) von Damaskus, der die Damaszener zur Stellung eines Hilfskontingentes bei einem Feldzug gegen die Franken verpflichtete [326]. Zengī nahm jedoch beim ersten Zusammentreffen den

[322] b. al-Aṯīr, Kāmil, Bd. 10, S. 654; b. Kaṯīr, Bd. 12, S. 199. Sultan Maḥmūd (1118-1131) wollte Dubais mit der Übergabe von Mossul und Nordsyrien im Konflikt mit seinem Onkel Sanǧār auf seine Seite ziehen und sich die guten Beziehungen des Dubais zu den artuqidischen und fränkischen Herrschern dieses Raums zunutze machen. Vgl. N. Elisséeff, Nūr ad-Dīn, Bd. 2, S. 338. Ein Versuch des Sultans, Mossul schon 1127 an Dubais zu übergeben, war am Widerstand des Kalifen gescheitert, vgl. Cl. Cahen, Syrie, S. 306.

[323] b. al-ʿAdīm, Zubda, Bd. 2, S. 247; ders., Buġya, S. 230 (wo Graf Joscelin I. als Freund (*ṣadīq*) des Dubais bezeichnet wird).

[324] al-ʿAẓīmī, S. 406; b. al-ʿAdīm, Zubda, Bd. 2, S. 247. Vgl. H.A.R. Gibb, Notes, S. 752-753. Ob das Kondomium (*munāṣafa*) über die Gebiete von Harenc/Ḥārim, das nur b. al-Aṯir erwähnt (vgl. Anm. 320) auch für 1135 oder schon für 1130 anzusetzten ist, läßt sich nicht entscheiden.

[325] Vgl. S. 90.

[326] b. al-Qalānisī, S. 227-228.

Bruder des Börī, Sevinǧ (Sawinǧ) und einen Teil der Emire der damaszenischen Abteilung gefangen, um sich so in den Besitz der zu Damaskus gehörigen Stadt Ḥamāh zu setzen und zuletzt noch seinen Alliierten Qırḫān b. Qarāǧa von Ḥimṣ, angeblich den Anstifter des Betrugs, einkerkern zu lassen. Die Eroberung von Ḥimṣ mißlang Zengī allerdings wegen des Widerstandes der Zitadelle [327]. Sevinǧ wurde ein Jahr später, im Oktober 1131, gegen den bei seiner Flucht vor dem Kalifen kurz zuvor in damaszenische Haft geratenen Dubais b. Ṣadaqa ausgetauscht, gegen den Widerstand des Kalifen wohlgemerkt, dessen Gesandter Ibn al-Anbārī auf dem Rückweg von Damaskus bei ar-Raḥba von zengīdischen Truppen abgefangen und für einige Zeit in Haft genommen wurde [328]. Mit Dubais als Alliiertem engagierte sich Zengī in der Zeit danach unter anderem in den seldschukisch-kalifalen Auseinandersetzungen im Osten, verzichtete aber darauf, in der syrischen Politik oder gegen die Franken eine aktive Rolle zu spielen. Während seiner Abwesenheit kam es in Nordsyrien zwar zu einer Reihe von Kämpfen, in der Regel handelte es sich dabei aber um Angriffe turkmenischer Stammesgruppen gegen fränkische Gebiete (so 1133 bei ihrem Sieg über Graf Pons von Tripolis) und nur selten um Zusammenstöße fränkischer Truppen mit dem zengīdischen Statthalter in Aleppo, Sevār (Sawār), der erst 1134 aktiv wurde, als König Fulko und Graf Joscelin II. von Edessa im Norden deutliche Erfolge gegen die Turkmenen erzielten [329].

Das Fazit dieses Überblicks muß darin bestehen, daß nichts für die Darstellung des Ibn al-Aṯīr (555-630 a.h./1160-1233) und der Bearbeiter seiner Werke spricht, nach der die Machtübernahme des Zengī in Nordsyrien einen neuen *Äon des islamischen Widerstandes* gegen die Franken eingeläutet habe. Bis 1137 lassen sich weder eine offizielle zengīdische *ǧihād* - Propaganda noch überhaupt ein besonderes zengīdisches Interesse an den fränkischen Staatswesen feststellen [330]. Das Bei-

---

[327] al-ʿAẓīmī, S. 403; b. al-Qalānisī, S. 227-228; ʿImād ad-Dīn al-Qāḏī al-Iṣfahānī, al-Bustān al-Ǧāmiʿ, S. 121; b. al-ʿAdīm, Zubda, Bd. 2, S. 245-246, und b. al-Aṯīr, Kāmil, Bd. 10, S. 658-659. In der Atābeg-Geschichte, die b. al-Aṯīr Anfang des 13. Jahrhunderts einem Nachkommen des Zengī, Nūr ad-Dīn Arslānšāh von Mossul, widmete, wird diese Episode anders als in der nicht als Auftragswerk entstandenen Weltchronik (Kāmil) bezeichnenderweise verschwiegen, vgl. Bāhir, S. 37-38.

[328] Wichtigste Quellen sind al-ʿAẓīmī, S. 405; b. al-Qalānisī, S. 231-232, und b. al-Aṯīr, Kāmil, Bd. 10, S. 668-669. Vgl. N. Elisséeff, Nūr ad-Dīn, Bd. 2, S. 344-345.

[329] R. Röhricht, Jerusalem, S. 197; Cl. Cahen, Syrie, S. 351-352.

[330] Vgl. E. Sivan, L'Islam, S. 44-45, und J. Prawer, Histoire, Bd.1, 314-315.

spiel des Verrats an Sevinǧ beweist im Gegenteil, daß der *ǧihād*-Gedanke von Zengī — nicht anders als es die bisherige Untersuchung für seine Vorgänger in Mossul seit Anfang des 12. Jahrhunders gezeigt hat — instrumentell zur eigenen Machterweiterung genutzt wurde. Wenn Ibn Wāṣil (605-697 a.h./1207-1298) in seiner Aiyūbidengeschichte recht hat, dann hat Zengī seinen Betrug an den Damaszenern sogar durch ein Rechtsgutachten (*fatwā*) legitimieren lassen[331]. Leider berichtet der Chronist nicht über den Argumentationsgang des befragten Mufti, aber möglicherweise legitimierte er den Vorgang damit, daß das Einsetzungsdiplom (*tauqī'*) des Sultans für Zengī auf Mossul, Nordmesopotamien (al-Ǧazīra) u n d Syrien (aš-Ša'm) ausgestellt worden war, nominell also auch die Herrschaft über Ḥamāh, Ḥimṣ und Damaskus implizierte[332]. Ob mit Gutachten oder ohne, der Fall dokumentiert, daß für Zengī der eigene Herrschaftsanspruch Vorrang vor dem Kampf gegen die Franken hatte. Noch bedeutsamer war aber, daß Zengī bis 1135, von dieser Episode abgesehen, gar nicht in Syrien intervenierte und die Veränderung der seit Ende des 11. Jahrhunders recht stabilen Kräfteverteilung durch die Entstehung des zengīdischen Machtkomplexes deswegen noch keine besonderen Auswirkungen auf das System der syrischen Staatswesen hatte. Dies macht ein Blick auf die Geschichte der fränkischen und islamischen Herrschaften Syriens von 1128 bis 1135 deutlich:

In Damaskus war es nach dem Tod des Ṭuġtegīn am 12. Februar 1128 unter seinem Sohn und Nachfolger Tāǧ al-Mulūk Börī zu einem Pogrom der sunnitischen Bevölkerung gegen die Assassinen/Bāṭinīya, auf die sich Ṭuġtegīn seit 1126 gestützt hatte, und zur Ermordung des ihnen freundlich gesonnenen Wesirs al-Mazdaqānī gekommen[333]. Das von Ibn al-Aṯīr kolportierte Gerücht, der Wesir habe zuvor den Franken die Auslieferung von Damaskus im Austausch für Tyrus/Ṣūr angeboten, das Komplott sei aber rechtzeitig vor dem mit den Franken vereinbarten Stichtag zur Übergabe aufgedeckt und zerschlagen worden, findet in anderen

[331] b. Wāṣil, Bd. 1, S. 42. Er kritisiert Zengī heftig: „Nichts ist häßlicher als der Verrat... Er bat die Rechtsgelehrten um Gutachten (*istaftā*) darüber, und es erstellte ihm jemand ein Gutachten, der keine Religion hatte, und er erlaubte ihm, was nicht erlaubt und nicht gut ist, weder nach *šarī'a*- noch nach Gewohnheitsrecht."

[332] b. al-Aṯīr, Kāmil, Bd. 10, S. 650: *ma'ahū 't-tauqī' min as-sulṭān bi- 'l -Mauṣil wa- 'l-Ǧazīra wa- 'š-Ša'm*. Vgl. al-'Aẓīmī, S. 401, und b. al-'Adīm, Zubda, Bd. 2, S. 243: *'āda bi-'tawāqi' as-sulṭānīya bi-mulk al-ġarb* (al-'Aẓīmī: *al- maġrib) kullihā*. Danach hätte der Sultan dem Zengī sogar das Herrschaftsrecht über den „ganzen Westen" übergeben.

[333] A. Havemann, Ri'āsa und qaḍā', S. 86-87.

Quellen keine Bestätigung [334]. Das Königreich Jerusalem profitierte aber, auch wenn der sofort gegen Damaskus vorgetragene Angriff der vereinigten Franken scheiterte, auf jeden Fall dergestalt von den damaszenischen Wirren, daß den Franken die noch von Ṭuġtegīn den Assassinen/Bāṭinīya übergebene Grenzfestung Paneas/Bāniyās von ihrem Kommandanten Ismā'īl (Wilhelm von Tyrus spricht von einem Emir Ali) für eine Entschädigung ausgeliefert wurde [335]. Welcher Art die *compensatio*, von der Wilhelm von Tyrus spricht, war, ob es sich etwa um eine Belehnung handelte, läßt sich wiederum nicht präzisieren; der Kommandant soll jedenfalls zwei Jahre später in Paneas/Bāniyās gestorben sein [336]. Der ganze Vorgang unterstreicht die engen Verbindungen der Franken zu Gruppierungen in Damaskus und untergeordneten Städten, die am Beispiel von Ba'labakk und Buṣrā schon um 1108/1110 deutlich geworden waren.

Obwohl die Būrīden in Damaskus sogar an den Kalifen um Hilfe appellierten — übrigens ohne Resonanz — [337], bei der Anwerbung von Arabern und Turkmenen für den Kampf gegen die fränkischen Angreifer von 1129 nicht nur mit Geld gelockt, sondern auch an die Pflicht zum Kampf gegen die Ungläubigen gemahnt wurde [338] und der Stattherr Börī von dem Dichter Ibn al-Qaisarānī in einem Poem für seinen *ǧihād* gegen die Polytheisten gefeiert wurde [339], führten die Ereignisse von 1129 keineswegs zu einer Neuorientierung der auf Wahrung der Eigenständigkeit und des Modus vivendi bedachten damaszenischen Politik. Schon wenig später muß wieder ein Vertrag mit Jerusalem existiert haben. Jedenfalls berichtet Ibn al-Qalānisī (465-555 a.h./1073-1160) von einem Notenaustausch im Jahr 527 a.h. (1132/1133), der Übergriffe gegen muslimische Kaufleute in Beirut zum Inhalt gehabt habe und dem, da die Franken den bestehenden Sicherheitsvertrag (*al-muwāda'a al-*

[334] b. al-Aṯīr, Kāmil, Bd. 10, S. 656. So auch bei R. Röhricht, Jerusalem, S. 186-187.

[335] al-'Aẓīmī, S. 401; b. al-Qalānisī, S. 224-226; 'Imād ad-Dīn al-Qāḍī al-Iṣfahānī, al-Bustān al-Ǧāmi', S. 121; b. a. Ṭaiyi' bei b. al-Furāt, Bd. 2 (ed. Aldahir), S. 16-17/arab. 12 und 18-20/arab. 14-15; b. al-Aṯīr, Kāmil, Bd. 10, S. 657; Wilhelm v. Tyrus, XIV, XIX, S. 634 (Auslieferung) und XIII, XXVI, S. 595-598 (fränkischer Angriff).

[336] b. al-Qalānisī, S. 224-226.

[337] Sibṭ b. al-Ǧauzī, ed. Ḥaidarābād, Bd. VIII, 1, S. 130-131. Der Gesandte 'Abd al-Wahhāb b. al-Ḥanbalī wurde mit einem Ehrenkleid ausgezeichnet (*ḫuli'a 'alaihi*), aus der versprochenen Waffenhilfe aber wurde nichts. 524 a.h./1130 hielt sich der Emissär laut al-'Aẓīmī, S. 402, wieder in Damaskus auf.

[338] b. al-Qalānisī, S. 225.

[339] b. al-Qaisarānī bei Abū Šāma, Rauḍatain, I, Bd. 1, S. 141-142. Vgl. E. Sivan, L'Islam, S. 51.

mustaqirra) hätten brechen wollen, die Rückeroberung von Paneas/Bāniyās durch Damaskus gefolgt sei [340]. Der mit einem Angriff auf Galiläa und Accon/ʿAkkā beantwortete fränkische Streifzug in den Ḥaurān im Monat Ḏū'l-Qaʿda 528 a.h. (23.8.-21.9.1134) soll ebenfalls ein bestehendes Waffenruheabkommen (*hudna, muwādaʿa*) gebrochen haben [341]. Wegen der chronologischen Ungenauigkeiten Wilhelms von Tyrus läßt es sich nicht entscheiden, ob dieser Vertrag identisch mit der *pax temporalis* war, von der lateinische Chronisten berichten, die auf damaszenische Bitten ungefähr zwei Jahre nach der Rückeroberung von Paneas/Bāniyās abgeschlossen wurde und den fränkischen Gefangenen die Freiheit brachte. Oder handelte es sich bei dem erwähnten Abkommen um die Erneuerung des Waffenstillstandes (*hudna*), der im Herbst 1134 den Frieden wiederherstellte [342]? Auch über das Schicksal des bis 1118 sicher nachzuweisenden Kondominiums (*munāṣafa*) über das Ostjordanland ist in den Quellen nichts Genaues zu erfahren, es erscheint aber nicht als unwahrscheinlich, daß dieser über ein Jahrzehnt lang bewährte Modus angesichts des unveränderten Kräfteverhältnisses im Süden Syriens bei den häufigen Vertragsabschlüssen beibehalten wurde.

Während sich im Verhältnis zwischen Damaskus und Jerusalem seit Mitte der 1120er Jahre also unverändert einzelne, als Heiliger Krieg oder *ǧihād* punktuelle propagierte Kriegszüge mit längeren vertraglich abgesicherten Friedensperioden abwechselten, verzichteten die Nachfolger des Ṭuġtegīn in Damaskus gleichzeitig keineswegs darauf, ihre Macht auf Kosten islamischer Herrschaften auszudehnen: Šams al-Mulūk Ismāʿīl (1132-1135) eroberte im Sommer 1133 Ḥamāh zurück, das 1130 durch den Verrat an Sevinǧ in die Hände des Zengī gekommen war, verwüstete dann die Länder der Emire von Šaizar und nahm am 24. November 1133 die Burg Cave de Tyron/Šaqīf Tīrūn ein, die einem aḍ-Ḍaḥḥāk b. Ǧandal at-Tamīmī gehörte [343]. Um die Jahreswende 1135/1136 gewann Šihāb ad-Dīn Maḥmūd (1135-1139) per Tausch von dem Sohn des seit 1130 in zengīdischer Haft befindlichen Qırḫān die Stadt Ḥimṣ, die

---

[340] b. al-Qalānisī, S. 236-237; b. al-Aṯīr, Kāmil, Bd. 10, S. 648-685, und Wilhelm v. Tyrus, XIV, XVII, S. 631.

[341] b. al-Qalānisī, S. 242-243.

[342] Wilhelm v. Tyrus, XIV, XIX, S. 634. Zur Erneuerung des Vertrages (*taǧdīd al-hudna*) siehe b. al-Aṯīr, Kāmil, Bd. 11, S. 12. Danach soll sie auf fränkische Iniative hin zustandegekommen sein.

[343] b. al-Qalānisī, S. 238-239 und 241; Usāma b. Munqiḏ, Iʿtibār, S. 111-112, und b. al-Aṯīr, Kāmil, Bd. 11, S. 6-7 und 11.

nicht länger gegen Zengī zu verteidigen war[344]. Im selben Zeitraum, bis etwa 1137, kam es wiederholt zu internen Krisen um die Besetzung des Amtes des *ra'īs* (Bürgervorstehers), des Wesirats und um die Macht an der Spitze des Staates selbst[345].

Nicht viel anders stellte sich die Lage der fränkischen Herrschaften dar, deren Sicherheit bis 1135 nur durch turkmenische Streifzüge und Kämpfe mit rivalisierenden Herrschaften, nicht aber islamische *ǧihād*-Unternehmungen beunruhigt wurde. Ein wichtiger Indikator für die Position der Franken im System der syrischen Staatswesen ist die Tatsache, daß es im Zuge der Thronfolge nach dem Tod Fürst Bohemunds II. von Antiochia (1130) und König Balduins II. von Jerusalem (1131) zu zwei Revolten kam, bei der sich einzelne Parteien islamischer Hilfe zu vergewissern suchten:

Im Jahre 1130 versuchte Alice, die Witwe Bohemunds II. und Tochter des Königs von Jerusalem, nach dem Tod ihres Gatten in Antiochia die Herrschaft selber zu übernehmen und wandte sich dazu um Hilfe an Zengī. Ihr Geschenk an ihn, ein kostbar ausgestattetes Reitpferd, fiel allerdings in die Hände Balduins II., der Antiochia/Anṭākiya im Handstreich einnehmen und die Pläne Alices zunichte machen konnte[346]. Eine Allianz mit Zengī kam aufgrund des schnellen Eingreifens des Königs nicht zustande, falls man nicht den bereits erwähnten Kriegszug gegen Cerepum/al-Aṯārib und Megarat Basrin/Ma'arrat Misrīn (1130) als Reaktion auf Alices Bitten werten will.

Vermutlich auf 1134 ist die Revolte Graf Hugos von Jaffa und Fürst Romanus von Transjordanien anzusetzen, die H.E. Mayer in Zusammenhang mit den zwischen König Fulko (1131-1143) und seiner von einer Adelspartei gestützten Frau Melisende, einer Tochter Balduins II., ausgetragenen Kämpfen um die erste Stelle im Königreich Jerusalem gebracht hat[347]. Nicht die verfassungsgeschichtlichen Aspek-

---

[344] b. al-Qalānisī, S. 252, und b. al-Aṯīr, Kāmil, Bd. 11, S. 38: Ḫumārtāš, der Regent des Sohnes von Qırḫān, bekam Tadmur als Ersatz.

[345] Überblicksartig dazu N. Elisséeff, Nūr ad-Dīn, Bd. 2, S. 348-351 und 353-356; A. Havemann, Ri'āsa und qaḍā', S. 87-89, und M. Canard, Fāṭimides et Būrides, bes. S. 106-108. Hauptquelle ist b. al-Qalānisī.

[346] Wilhelm v. Tyrus, XIII, XXVII, S. 599-600. Den Aufstand erwähnen auch al-'Aẓīmī, S. 403; b. al-'Adīm, Zubda, Bd. 2, S. 247; Michael Syrus, S. 230. Die Hilfsbitte an Zengī wird in diesen Quellen aber nicht erwähnt. Zur Rebellion der Alice vgl. R. Röhricht, Jerusalem, S. 188-189, und Cl. Cahen, Syrie, S. 350-352.

[347] Wilhelm v. Tyrus, XIV, XVI-XVIII, S. 629-631. Vgl. R. Röhricht, Jerusalem, S. 199-201, und zuletzt dazu H.E. Mayer, Melisende, S. 102-110.

te sind hier von Belang, sondern die Mitteilung Wilhelms von Tyrus, der Graf habe sich — wegen des Gerüchts einer Affaire mit der Königin der *laesae majestatis* angeklagt und, nicht bereit, zum Gerichtszweikampf anzutreten, — in Jaffa/Yāfā verschanzt und Verbindung zu den Ägyptern aufgenommen. Hugo sei nach Ascalon/ʿAsqalān gesegelt, habe dort einen Vertrag abgeschlossen (*pactis ... redactis ad consonantiam*) und so die ägyptische Garnison zu Streifzügen ermutigt, die sie bis nach Arsur/Arsūf geführt habe [348]. Der Aufstand scheiterte trotz dieses Bündnisses, da sich ein Großteil seiner Vasallen von Hugo lossagte, als König Fulko Jaffa/Yāfā belagerte, und wurde durch Vermittlung des Patriarchen beendet.

Die geschilderten Fälle zeigen, daß, auch wenn das Abkommen des Grafen von Jaffa mit dem Gouverneur (*wālī*) von Ascalon/ʿAsqalān die Ursache für den Abfall seiner wichtigsten Lehnsleute gewesen sein sollte, die Divergenzen der einzelnen syrischen Herrschaften und das punktuell zu verzeichnende Ausbrechen religiöser Emotionen (wie 1123/1124 bei der Belagerung Aleppos und 1129 von Damaskus) nicht stark genug waren, um zu verhindern, daß fränkische oder muslimische Streitparteien um Beistand beim andersgläubigen Nachbarn ersuchten. Es ist nicht weniger bezeichnend, daß Zengī gar nicht erst versuchte, von dem Allianzangebot der Alice von 1130 zu profitieren und auch seine Stellvertreter 1131 während seiner Abwesenheit im Osten nicht bemüht waren, aus den Divergenzen zwischen den fränkischen Herren, ausgedrückt in dem Bündnis der drei nördlichen fränkischen Staaten gegen König Fulko von Jerusalem, Gewinn zu ziehen [349]. Bis zur Rückkehr des Zengī nach Syrien Anfang 1135, bis zu seinem Feldzug gegen Damaskus und der Eroberung der östlich des Orontes gelegenen Teile des Fürstentums Antiochia läßt sich folglich keine Veränderung des seit der Etablierung der Franken in Syrien vorherrschenden Modus vivendi, keine Verschiebung in der auf Autonomie und begrenzte Machtausweitung bedachten Politik aller Partikularherrschaften konstatieren. Da es zu keinen den sogenannten Gegenkreuzzügen der beiden Jahrzehnte zuvor vergleichbaren Interventionen außersyrischer Befehlshaber kam, fehlten in dieser Epoche auch Ansätze zu übergreifenden Allianzen. Das einzig erkennbare Motiv politischen Handelns war das Unabhängigkeits- und Expansionsbestreben der einzelnen syrischen Herrschaften. Der Machtkomplex des Zengī im Norden wurde von keiner Seite als Bedrohung des Status

---

[348] Wilhelm von Tyrus, XIV, XVI, S. 629.

[349] Besonders Cl. Cahen, Syrie, S. 350-351.

quo empfunden, wie die Hilfsbitte Alices von Antiochia verdeutlicht, da er die anderen Staaten zunächst nicht gefährdete. Die Kriegszüge und Rivalitäten, die das Verhältnis zwischen den einzelnen Herrschaften bestimmten, lassen sich weder aus dem religiösen Antagonismus erklären noch sprechen sie für eine christliche oder islamische Blockbildung [350]. Daß nichtmaterielle Prozesse, wie die oft angenommene evolutionäre Dynamik des *ǧihād* - Gedankens einer wäre, den Abschluß von Verträgen und Allianzen in dieser Periode beeinflußt oder Kriegszüge motiviert hätten, ist weder für die Politik des Zengī noch einer der syrischen Herrschaften auch nur in Ansätzen feststellbar.

* * * * *

Anfang des Jahres 1135 veränderte sich das skizzierte Bild tiefgreifend dadurch, daß sich Zengī die Gelegenheit bot, seine Herrschaft in Syrien auszubauen: Wie Ibn al-Qalānisī (465-555 a.h./1073-1160) berichtet, hatte der despotische Regierungsstil des Šams al-Mulūk Ismā'īl in Damaskus so starken Widerstand hervorgerufen, daß er, als er von dem Entschluß des Zengī erfuhr, Damaskus anzugreifen, Zengī die Übergabe anbot - weil er wohl nicht glaubte, sich gegen die Damaszener länger halten zu können. Šams al-Mulūk Ismā'īl drängte Zengī in mehreren Botschaften zur Eile und drohte sogar, ansonsten die gesamte Herrschaft den Franken auszuliefern. Als die Geheimdiplomatie des Fürsten, der sein Vermögen bereits nach Ṣarḫad schaffen ließ, ruchbar wurde, bildete sich unter den um ihre Position und ihr Leben im Fall einer Machtübernahme durch Zengī bangenden Würdenträgern eine Fronde gegen Ismā'īl, der sich selbst dessen Mutter Ṣafwat al-Mulk zugesellte. Auf ihr Anstiften wurde der Fürst am 1. Februar 1135 ermordet und durch seinen Bruder Šihāb ad-Dīn Maḥmūd ersetzt [351]. Als Zengī wenig spä-

---

[350] Das gilt auch für das Verhältnis der christlichen Staaten untereinander. H.E. Mayer, Service, S. 134-135, hat festgestellt, daß die Züge Fulkos nach Antiochia, wo er seit 1131 die Regentschaft innehatte, Privatsache des Königs waren und von der Jerusalemer Nobilität nicht mitgetragen wurden. Die Versuche der Alice, die Regentschaft der Könige von Jerusalem abzuwerfen (1130 und 1135), die Rebellion der nördlichen Herrschaften von 1131 und der nach der Erhebung Raimunds von Poitiers zum Fürsten von Antiochia (1136) wiederaufflammende Konflikt mit Edessa (vgl. Cl. Cahen, Syrie, S. 358) bilden zu den einzelnen Rettungsaktionen fränkischer Fürsten füreinander einen deutlichen Kontrapunkt.

[351] al-'Aẓīmī, S. 408; b. al-Qalānisī, S. 245-247; 'Imād ad-Dīn al-Qāḍī al-Iṣfahānī, al-Bustān al-Ǧāmi', S. 123; b. al-'Adīm, Zubda, Bd. 2, S. 255-256; b. al-Aṯīr, Kāmil, Bd. 11, S. 20-21. Die Hauptvorwürfe gegen Ismā'īl waren (nach b. al-Qalānisī) neben Willkür gegen Personen und in fiskalischen Dingen auch das völlige Desinteresse am Kampf gegen die Franken.

ter vor Damaskus erschien, traf er zu seinem Erstaunen auf eine im Widerstand gegen ihn einige Stadt, gegen deren Aufgebote er militärisch nichts auszurichten hatte. Er bot Šihāb ad-Dīn Maḥmūd daher Frieden (*ṣulḥ*) an, unter der Bedingung, daß sich Damaskus seiner Oberherrschaft unterwürfe (*duḫūl fī ṭā'atihī*) [352]. Zu seiner Konzilianz mag beigetragen haben, daß ihn ein Emissär des Kalifen während dieser Ereignisse zurück in den 'Irāq rief. Noch davor aber verhaftete Zengī den damaszenischen Gouverneur von Ḥamāh und schlug die Stadt trotz des gerade abgeschlossenen Friedens seinem Machtbereich zu. Er eroberte danach im Frühjahr 1135 die zum Fürstentum Antiochia gehörigen Orte an der Route von Aleppo nach Ḥamāh und erzwang die Unterwerfung von Šaizar. Während er die tripolitanische Burg Mons Ferrandus/Ba'rīn bedrohte, griffen seine Truppen Ḥimṣ an. Nach erfolgreichen Operationen gegen Graf Pons von Tripolis ließ er das Umland von Ḥimṣ nochmals gründlich verwüsten, ehe er im August 1135 aus Syrien abzog [353]. Während seiner Abwesenheit blieb es in Nordsyrien nicht ruhig: Im Frühjahr 1136 verheerten zengīdische Truppen aus Aleppo und Ḥamāh weite Teile des Fürstentums Antiochia und zerstörten Laodicaea/al-Lāḏiqīya [354].

Dieser Feldzug, mit dem Zengī seine seit der Verhaftung des Sevinǧ 1130 unterbrochene Ausdehnungspolitik in Syrien wiederaufnahm, leitete von der, was Bündnisstrategien anbelangt, seit dem Eingreifen des Aqsunqur al-Borsuqī von Mossul in Syrien (1124) konturenlosen Phase in der Geschichte Syriens zu einer neuen Allianzperiode über. 1135 hatte sich die Machtfülle des zengīdischen Herrschaftskomplexes zum erstenmal als ernste Bedrohung für islamische und fränkische Staatswesen, für Damaskus, Ḥimṣ, Šaizar, Antiochia und Tripolis gleichermaßen erwiesen. Für die syrischen Herrschaften war damit dieselbe Situation gegeben wie in den Jahren von 1110 bis 1115, als ihre Autonomie durch die Feldzüge türkischer Koalitionsarmeen aus Mesopotamien und Persien bedroht

---

[352] b. al-Qalānisī, S. 248. Eine Einladung in das Lager des Zengī, um dort Alp Arslān, den Sohn des Sultan Maḥmūd, dessen Atābeg Zengī war, zu ehren, lehnte Šihāb ad-Dīn Maḥmūd vorsichtig und wohl in Erinnerung des Schicksals des Sevinǧ (1130) ab.

[353] Einzige Quelle ist b. al-'Adīm, Zubda, Bd. 2, S. 259; vgl. Cl. Cahen, Syrie, S. 355. Vielleicht gehört auch die Einrichtung eines Kondominiums über die Gebiete von Harenc/Ḥārim in den Zusammenhang dieses Feldzuges, vgl. oben Anm. 324. Merkwürdigerweise ist weder 1130 noch 1135 von einem Angriff auf Artasia/Artāḥ, das Aleppo von Westen beherrschte und ihm noch näher als Harenc/Ḥārim lag, die Rede.

[354] b. al-Aṯīr, Kāmil, Bd. 11, S. 41, und b. al-'Adīm, Zubda, Bd. 2, S. 260-261. Zum Feldzug des Zengi im 'Irāq 1135/1136 vgl., N. Elisséeff, Nūr ad-Dīn, Bd. 2, S. 356-359.

wurde. Zu den Expansionsbestrebungen des Zengī trat nach 1135 allerdings noch eine weitere Gefahr für die syrischen Staatswesen hinzu: die Feldzüge des byzantinischen Basileus Johannes Komnenos 1137/1138 und 1142/1143 nach Kilikien und Nordsyrien. Das erklärte Ziel des Kaisers bestand darin, „Antiochia mit Konstantinopel zu vereinigen und von dort aus ins Heilige Land zu ziehen, das Heilige Grab, aus dem der Herr lebendig auferstanden, mit Geschenken zu überhäufen und das ganze Gebiet ringsum von Barbaren zu säubern“ [355], mit anderen Worten: das byzantinische Herrschaftsgebiet nach Süden auszudehnen und damit die bestehenden politischen Strukturen Syriens zu beseitigen. Wie reagierten die dort existierenden Herrschaften und welche Politik setzte Zengī dem byzantinischen Vordringen entgegen? Die folgende Untersuchung des Geschichtsverlaufs vom Frühjahr 1137 bis zum Sommer 1140 ergibt ein plastisches Modell der Motive des politischen Handelns auf seiten von Zengī und der fränkischen und islamischen Partikularstaatswesen.

Im Raǧab 530 a.h. (25.3.-23.4.1136), während sich Zengī noch in Mossul aufhielt, kam es zur Schlacht zwischen Graf Pons von Tripolis und einer Truppe von Turkmenen aus Damaskus unter dem Isfahsallār (Oberbefehlshaber) Atābeg Buza-uč (Bazwāǧ), in der die Franken geschlagen wurden. Pons wurde auf der Flucht im Libanon getötet, und Buza-uč eroberte die fränkische Burg Wādī Ibn al-Aḥmar [356]. Es handelte sich dabei anscheinend um einen turkmenischen Beutezug herkömmlichen Stils, der erst später seines ungewöhnlichen Erfolges wegen gegenüber Ägypten diplomatisch ausgespielt [357] und in der Retrospektive der Chronisten zum *ǧihād* - Unternehmen aufgebauscht wurde: Wäh-

---

[355] Niketas Choniates, Ioannes Komnenos XI, S. 39, hier in der Übersetzung von F. Gabler, Die Krone der Komnenen. Die Regierungszeit der Kaiser Joannes und Manuel Komnenos (1118-1180) aus dem Geschichtswerk des Niketas Choniates, Graz-Wien-Köln 1958 (Byzantinische Geschichtsschreiber, 7) S. 72.

[356] b. al-Qalānisī, S. 258; b. al-Aṯīr, Kāmil, Bd. 11, S. 50; Wilhelm v. Tyrus, XIV, XXIII, S. 640ff. Mit der Würde eines Isfahsallār und Atābeg war Buza-uč ein Jahr zuvor bekleidet worden. Zusammen mit Mu'īn ad-Dīn Önör hatte er sich 1135 bei der Verteidigung von Damaskus gegen Zengī ausgezeichnet, vgl. b. al-Qalānisī, S. 253, und M. Canard, Fāṭimides et Būrides, S. 106-107.

[357] Vgl. dazu al-Qalqašandī, Bd. 6, S. 449-451. Dort findet sich die Abschrift der Antwort eines ägyptischen Wesirs, wohl des Riḍwān b. Walaḫšī, an Ǧamāl ad-Dīn Šams ad-Daula Muḥammad b. Börī, den Bruder des Herrn von Damaskus (und von 1139-1140 sein Nachfolger), der 1137 Gouverneur von Ba'labakk war und mit Buza-uč in Opposition zum Stadtherrn stand. Der Brief beantwortet das Angebot beider, sich dem Fāṭimidenkalifen al-Ḥāfiẓ (1130-1149) zu unterstellen. Dazu ausführlich M. Canard, Fāṭimides et Būrides, S. 104-111.

rend der Zeitgenosse Ibn al-Qalānisī (465-555 a.h./1073-1160) nur von Turkmenen auf der damaszenischen Seite sprach, fügte Ibn al-Aṯīr (555-630 a.h./1160-1233) seiner Vorlage noch die Anwesenheit von *ǧihād* - Freiwillligen (*ġuzāh, mutaṭawwi'a*) hinzu[358]. Wenig später nutzte Buza-uč die Kämpfe König Fulkos und Raimunds II. von Tripolis mit Zengī bei Mons Ferrandus/Ba'rīn und plünderte die unbefestigte Stadt Neapolis/Nāblus[359]. Am 19. April 1138 wurde er bei der Rückkehr von einem Streifzug gegen die Franken in Damaskus auf Geheiß des Stadtherrn getötet[360].

Für denselben Zeitraum gibt es dagegen Anzeichen einer fränkisch-islamischen Zusammenarbeit an anderer Stelle: Im Mai 1137 kehrte Zengī aus Mesopotamien zurück und versuchte anschließend, Ḥimṣ, das um die Jahreswende 1135/1136 aus Furcht vor Zengī an Damaskus ausgeliefert worden war, einzunehmen. Gouverneur (*wāli*) der Stadt war Mu'īn ad-Dīn Önör (Unur). Da Zengī ohne Erfolg blieb, hob er am 11. Juli die Belagerung wieder auf und wandte sich gegen die benachbarte tripolitanische Burg Mons Ferrandus/Ba'rīn, 25 km weiter nordwestlich. Graf Raimund II. von Tripolis rief daraufhin König Fulko von Jerusalem zuhilfe. Zengī gelang es jedoch, die Franken zu besiegen, und er begann erneut mit der Belagerung der Burg, in die sich die Reste des fränkischen Heeres gerettet hatten[361]. Der zeitgenössische aleppinische Chronist al-'Aẓīmī (483-556 a.h./1090-1161) berichtet nun, daß der fränkische Feldzug gegen Zengī als Hilfeleistung für das belagerte Ḥimṣ gedacht gewesen sei[362]! Auch wenn Zengī zum Zeitpunkt der Ankunft des Jerusalemer Heeres gar nicht mehr Ḥimṣ, sondern Mons Ferrandus/Ba'rīn gefährdete, spricht einiges f ü r diese Mitteilung. Schon im Frühjahr 1135 hatte Zengī beide Ortschaften gleichzeitig bedroht, und sein Angriff von 1137 gefährdete wieder Gebiete beider Herrschaften, des von Jerusalem lehnsrührigen Tripolis und von Damaskus. Es scheint überdies gute Verbindungen zwischen der Grafschaft Tripolis und Ḥimṣ gegeben zu haben: Als Raimund II. 1142 oder 1144 die westlichen Landstriche seiner Grafschaft an die Hospitaliter übergab, gehörten zu den abgetretenen Regalien auch die gräflichen Fischereirechte am See von

[358] Vgl. Anm. 356.

[359] Wilhelm v. Tyrus, XIV, XVII, S. 647.

[360] b. al-Qalānisī, S. 264.

[361] R. Röhricht, Jerusalem, S. 205-206; R. Grousset, Histoire, Bd. 2, S. 72-79; N. Elisséeff, Nūr ad-Dīn, Bd. 2, S. 361-362, und J. Prawer Histoire, Bd. 1, S. 322-323.

[362] al-'Aẓīmī, S. 412: *naǧdatan li-Ḥimṣ wa-ġīlatan li-Atābeg...;* b. al-'Adīm, Zubda, Bd. 2, S. 261.

Ḥimṣ/Buhairat qadas[363], die wohl Teile eines Kondominiums (*munāṣafa*) über das südwestlich von Ḥimṣ gelegene Gewässer waren[364]. Der zur Grafschaft gehörige Hafen Tortosa/Anṭarṭūs galt dem zeitgenössischen Geographen al-Idrīsī (493-560 a.h./1100-1165) sogar als d e r Hafen von Ḥimṣ[365]. Der Feldzug König Fulkos könnte also durchaus das erste Ergebnis einer gegen Zengī gerichteten Interessengemeinschaft der Franken und des Gouverneurs von Ḥimṣ gewesen sein, der Anfang 1140, als Isfahsallār und Atābeg Nachfolger des 1138 getöteten Buzauč[366], zum Architekten der ersten festen Allianz gegen Zengī wurde.

Der weitere Verlauf der Belagerung von Mons Ferrandus/Ba'rīn ist für die Politik des Zengī und der syrischen Herrschaften nicht weniger aufschlußreich. Zengī lehnte zwar zuerst die Bitte der Belagerten nach freiem Abzug (*amān*) ab, gewährte ihn dann (für eine Zahlung von 50000 Dīnāre) aber doch, als ihn die Nachricht vom Herannahen eines Entsatzheeres und der Ankunft des byzantinischen Kaisers Johannes Komnenos in Antiochia erreichte. Zengī ließ seine Gefangenen frei und schloß mit dem König Mitte August 1137 einen Waffenstillstand (*ṣulḥ, hudna*)[367]. Fulko wurde von seinem muslimischen Gegner bei Vertragsabschluß mit einem Ehrenkleid ausgezeichnet! Diese Maßnahme weist nicht allein auf die Anerkennung des fränkischen Herrschers durch Zengī hin, sondern impliziert grundsätzlich eine dem Schenkenden (nominell) untergeordnete Position des Geehrten. Tatsächlich interpretierte Ibn al-Qalānisī (465-555 a.h./1073-1160) die Umstände dieses Vertragsabschlusses als Akt der Unterordnung der Franken unter Zengī, ohne daß der Modus des Rechtsaktes aus dem Text klar würde[368]. Unter Umständen ist damit auch nur eine Unterwerfung der Franken unter die zengīdischen Vertragsbedingungen zu verstehen. Da es wahrscheinlich kurz zuvor auch

---

[363] RRH Nr. 212, S. 53: *et quicquid juris habet in piscaria Chamele...* . Vgl. dazu J. Riley-Smith, The Knights of St. John in Jerusalem and Cyprus, c. 1050-1310, London 1967 (A History of the Order of the Hospital of St. John of Jerusalem, 1), S. 55-56.

[364] J. Richard, Le comté de Tripoli sous la dynastie toulousaine (1102-1187), Paris 1945 (Bibliothèque archéologique et historique, 39), S. 19 und 24-25, hat zuerst auf diese Rechtsverhältnisse hingewiesen und sie als Ausdruck des tripolitanisch-islamischen Modus vivendi stark betont.

[365] al-Idrīsī, S. 375; vgl. J. Richard, Comté, S. 15.

[366] b. al-Qalānisī, S. 264.

[367] al-'Aẓīmī, S. 412; b. al-Qalānisī, S. 259 (vgl. auch S. 263); b. al-Aṯīr, Kāmil, Bd. 11, S. 52; Wilhelm v. Tyrus, XIV, XXIX, S. 650-651.

[368] b. al-Qalānisī, S. 259: „er verpflichtete sie (eidlich) auf das, was er von ihnen an Gehorsam ihm gegenüber verlangte (*'āhadahum 'alā mā 'qtaraḥahū 'alaihim min ṭā'atihī*). Zum Ehrenkleid vgl. b. al-'Adīm, Zubda, Bd. 2, S. 262.

zu einem Waffenstillstands- und Sicherheitsvertrag (*muhādana wa-muwāda'a*) zwischen Zengī und Šihāb ad-Dīn Maḥmūd von Damaskus gekommen war, herrschte zum Zeitpunkt des Eintreffens des byzantinischen Basileus vor Antiochia plötzlich Waffenruhe zwischen allen wichtigen fränkischen und muslimischen syrischen Herrschaften [369].

Das Modell politischen und diplomatischen Handelns, das im Ablauf der Ereignisse zwischen März und Mitte August 1137 deutlich wird, läßt die Bereitschaft erkennen, gegen die Machtausdehnungspolitik des Zengī zu kooperieren, zeigt aber darüberhinaus, daß auch Zengī bei einer äusseren Bedrohung seines Herrschaftsbereiches sogleich den Ausgleich mit Damaskus und den fränkischen Herrschaften anstrebte. Seine Politik fügt sich insofern g e n a u in das Grundmuster der *syrischen* Allianzpolitik der fränkischen und islamischen Staatswesen. Dies macht auch die weitere Entwicklung bis zum Spätsommer 1138 deutlich:

Im Monat Ḏū'l-Ḥiǧǧa 531 a.h. (20.8.-18.9.1137) kam es zu einem Gesandten- und Präsenteaustausch zwischen Johannes Komnenos und Zengī, der die Lage zwischen beiden Fürsten vorläufig entspannte. Die Byzantiner zogen sich daraufhin nach Kilikien zurück und verbrachten den Rest des Jahres mit Kämpfen gegen den armenischen Rupenidenfürsten Leon [370]. Sowie Zengī damit die byzantinische Gefahr für gebannt hielt, brach er sein Abkommen mit Damaskus wieder. Im September/Oktober belagerte er erneut Ḥimṣ, dann Ba'labakk und forderte der Stadt eine Geldsumme ab, eroberte darauf die Burg al-Maǧdal und nahm die Unterwerfung des Gouverneurs (*wālī*) von Paneas/Bāniyās entgegen. Erst um die Jahreswende verließ er das damaszenische Gebiet und belagerte von neuem Ḥimṣ [371]. Dort erreichte ihn im Monat Ǧumādā II. 532 a.h. (14.2.-14.3.1138) die Nachricht vom Bruch der Waffenruhe durch den Fürsten von Antiochia und der Gefangennahme muslimischer Kaufleute, der Anfang April 1138 die Meldung vom byzantinisch-fränkischen Angriff auf Buzā'a (nordöstlich von Aleppo) folgte [372]. Der neuerliche byzantinische Angriff auf Aleppo und die Eroberungen des Basileus in Nordsyrien, die hier im einzelnen nicht näher dargestellt zu werden brau-

---

[369] b. al-Qalānisī, S. 262, al-'Aẓīmī, S. 412.

[370] Bes. b. al-'Adīm, Zubda, Bd. 2, S. 263, und b. al-Qalānisī, S. 263. Zum byzantinischen Vorgehen vgl. F. Chalandon, Les Comnène, Bd. 2, Jean II. Comnène (1118-1143) et Manuel I. Comnène (1143-1180), Paris 1912, S. 133-135, und Cl. Cahen, Syrie, S. 359-360.

[371] Bes. al-'Aẓīmī, S. 413-414; b. al-Qalānisī, S. 263, und b. al-'Adīm, Zubda, Bd. 2, S. 263-264.

[372] Bes. al-'Aẓīmī, S. 413-414; b. al-Qalānisī, S. 263.

chen [373], veranlaßten Zengī daraufhin ein zweites Mal, seinen Konflikt mit Damaskus zu beenden. Die Motive und Grundmuster der zengīdischen und fränkischen Politik illustriert nichts deutlicher als das Verhalten beider Seiten während und nach der Belagerung von Šaizar vom 29. April bis zum 21. Mai 1138 [374]:

Die Gegenmaßnahmen, die Zengī angesichts des byzantinischen Vormarsches ergriffen hatte, umfaßten neben militärischen Vorbereitungen auch diplomatische Aktivitäten. Während er bei Salamīya den Fortgang der Belagerung von Šaizar abwartete, soll er sich mittels geheimer Gesandtschaften an den Basileus Johannes gewandt haben, um diesen davon zu überzeugen, daß die Franken Johannes fürchteten und sofort verlassen würden, wenn er seine jetzige Position aufgäbe. In Botschaften an die fränkischen Fürsten unter den Belagerern soll Zengī dagegen deren Angst vor dem Basileus mit dem Argument: „Wenn er e i n e Festung in Syrien erobert, erobert er euer Land insgesamt" angestachelt haben [375]. Es paßt dazu, daß Wilhelm von Tyrus (um 1130-1186) in seiner *Historia* Fürst Raimund von Antiochia und Graf Joscelin II. von Edessa mangelnden Eifer bei der Belagerung vorwarf und von einer heftigen Verärgerung des Kaisers über seine beiden fränkischen Vasallen sprach [376]. Auch andere Quellen werteten den Abbruch der Belagerung von Aleppo und den Versuch, das schwer einzunehmende Šaizar zu erobern, als Ergebnis eines fränkischen Verrats am Basileus [377]. Hintergrund dieser Verdächtigungen ist der Inhalt des Vertrages, den Raimund von Poitiers, der Fürst von Antiochia, im September 1137 mit dem Ba-

---

[373] Zum Verlauf des Feldzuges vgl. R. Röhricht, Jerusalem, S. 213-217; F. Chalandon, Comnène, Bd. 2, S. 134-151; R. Grousset, Histoire, Bd. 2, S. 97-111; Cl. Cahen, Syrie, S. 360-362; St. Runciman, History, Bd. 2, S. 211-219, und R.L. Nicholson, The Growth of the Latin States, in: K.M. Setton (Hrsg.), History, Bd. 1, S. 410-447, bes. S. 439-442.

[374] Zur Belagerung bes. H. Derenbourg, Ousâma, S. 155-163. Die Daten stammen von al-'Aẕīmī, S. 415-416, und erscheinen als Exzerpt aus b. al-'Adīm, Zubda, auch bei R. Röhricht, Jerusalem, S. 215. Vgl. Usāma b. Munqiḏ, I'tibār, S. 83-84.

[375] Ältester Beleg ist b. al-Aṯīr, Kāmil, Bd. 11, S. 58, seine Quelle ist unbekannt. Vermutlich über b. al-Aṯīr ist die Passage b. Wāṣil, Bd. 1, S. 81-82, und Abū Šāma, Rauḍatain, I, Bd. 1, S. 82, bekannt geworden.

[376] Wilhelm v. Tyrus, XV, I, S. 655-657. Seine Kritik fällt um so heftiger aus, als Wilhelm in seiner Zeit als Kanzler von Jerusalem eine Allianz mit Byzanz befürwortete. Vgl. R.-J. Lilie, Byzanz, S. 295-301.

[377] So die zeitgenössische armenische Chronik Gregors des Priesters, S. 323, sowie das Chronicon ad A.C. 1234 pertinens, trad. A. Abouna, Bd. 2, S. 85. Michael Syrus, S. 245, unterstellte den Franken schon 1137 betrügerische Absichten.

sileus abgeschlossen hatte, nachdem die byzantinischen Truppen mit der Belagerung von Antiochia/Anṭākiya begonnen hatten. Raimund hatte sich zum ligischen Vasallen des Basileus erklärt und geschworen, Antiochia/Anṭākiya herauszugeben, wenn Johannes ihm Aleppo, Šaizar, Ḥimṣ und/oder Ḥamāh übergäbe [378].

Die fränkischen Fürsten konnten nicht interessiert sein an der Erfüllung dieses Abkommens, die mit der Eroberung von Aleppo oder Šaizar in greifbare Nähe gerückt worden wäre, und Joscelin II. inszenierte nach Abschluß des Feldzuges in Antiochia/Anṭākiya sogar einen Volksaufstand, um die Übergabe dieser Stadt an den Basileus zu verhindern [379]. Daher ist es plausibel, daß die Franken tatsächlich den Mißerfolg des byzantinischen Feldzugs wollten und Zengī den byzantinisch-fränkischen Interessenkonflikt diplomatisch zu vertiefen suchte, wenn seine Diplomatie auch nicht der eigentliche Grund für den Abbruch der Belagerung und den Friedensschluß zwischen dem Basileus und dem Emir Sulṭān von Šaizar gewesen sein dürfte [380]. Daß die Franken keine Allianz mit Byzanz und keine Veränderung des Status quo anstrebten, beweist bereits allein die Tatsache, daß sich 1138 weder König Fulko von Jerusalem noch Raimund II. von Tripolis dem byzantinischen Feldzug anschlossen, während Raimund von Antiochia und Joscelin II. von Edessa, die zur Unterstützung der Byzantiner vertraglich gezwungen waren, offensichtlich nichts zum Erfolg der Unternehmung beitrugen. Dieselbe Haltung legten die fränkischen Fürsten im Winter 1142/1143 gegenüber Johannes bei seinem zweiten Vorstoß nach Syrien an den Tag, als Fürst Raimund von Antiochia unter Verweis auf seine verfassungsmäßige Position die Verpflichtung zur Auslieferung von Antiochia/Anṭākiya aus dem Vertrag von 1137 für obsolet erklärte und König Fulko einen Besuch des Kaisers in Jerusalem auf diplomatischem Wege verhinderte [381].

Die fränkischen und die zengīdischen Interessen waren 1138 also gleichgelagert. Weder die fränkischen Herrschaften noch Zengī oder Damaskus wollten eine Veränderung des Status quo. Daher kamen, wie be-

---

[378] Wilhelm v. Tyrus, XIV, XXX, S. 651-653. Zu diesem Vertrag vgl. R.-J. Lilie, Byzanz, S. 111-115.

[379] Wilhelm v. Tyrus, XV, IV, S. 661-663.

[380] Vgl. R.-J. Lilie, Byzanz, S. 118-119. Weder Ioannes Kinnamos, I, 8, S. 20, noch Niketas Choniates, Ioannes Komnenos, VIII, S. 30-31, berichteten von der Verstimmung des Basileus gegen die Franken.

[381] Wilhelm v. Tyrus, XV, XIX-XXI, S. 689-692; Niketas Choniates, Ioannes Komnenos, XI, S. 38-40. Vgl. F. Chalandon, Comnène, Bd. 2, S. 187-191, und R.-J. Lilie, Byzanz, S. 127-129.

reits im Spätsommer 1137 während des ersten byzantinischen Vorstoßes, auch im Frühjahr 1138 anscheinend alle anderen Konflikte in Syrien zum Stillstand, obwohl weder Jerusalem noch Damaskus an den Kämpfen im Norden beteiligt waren. Der letzte damaszenische Streifzug gegen die Franken im Februar datierte noch aus der Zeit von vor dem byzantinischen Feldzug, und der nächste Zusammenstoß fand frühestens im September 1138 — nach dem Abzug der Byzantiner aus Syrien — bei Paneas/Bāniyās statt[382]. Zwischen Zengī und Šihāb ad-Dīn Maḥmūd von Damaskus kam es während der Belagerung von Šaizar sogar zu Vertragsverhandlungen, die während der Anwesenheit der Byzantiner in Syrien Ende Mai in ein Abkommen mündeten: Zengī heiratete die Mutter des Fürsten von Damaskus (die noch 1135 ihren Sohn Ismā'īl wegen seines Versuchs, Damaskus an Zengī auszuliefern, hatte töten lassen) und erhielt Ḥimṣ als Mitgift. Dafür trat er Mons Ferrandus/Ba'rīn und andere Orte als Entschädigung an Mu'īn ad-Dīn Önör ab[383]. Mit diesem Vergleich wurde für den seit 1130 andauernden Streit um Ḥimṣ eine Kompromißlösung gefunden und durch die Heiratsverbindung zugleich ein dauerhaftes Bündnis angestrebt. Die Übereinkunft richtete sich allerdings nicht gegen die fränkischen Herrschaften, sondern gegen die Byzantiner und wäre ohne den Feldzug des Basileus nicht zustande gekommen. Kurz, der byzantinische Feldzug führte zu einer Annäherung aller Mächte in Syrien und zur Einstellung aller Feindseligkeiten zwischen ihnen. Das Verhalten der fränkischen und islamischen Herrschaften wie auch des Zengī 1137-1138 paßt damit fugenlos in den Rahmen *syrischer* Politik, d.h. des Zusammenstehens der an sich rivalisierenden syrischen Staatswesen gegenüber einer gemeinsamen Bedrohung von außerhalb, deren Existenz seit 1108 immer wieder festzustellen war. Die Argumentation des Zengī gegenüber Raimund von Antiochia und Joscelin II. vor Šaizar, wenn die Byzantiner auch nur e i n e Festung in Syrien einnähmen, eroberten sie das fränkische Territorium bald in Gänze, ähnelt überdies auf frappante Weise der „Kein Platz (*lā maqām*)"- Theorie des Riḍwān von Aleppo, mit der er Tankred 1108 zur Allianz gegen Čāvlī von Mossul bewog[384]. Ein weiterer Hinweis darauf, daß auch Zengī 1138 *syrische*

[382] b. al-Qalānisī, S. 264 und 268-269.

[383] b. al-Qalānisī, S. 266-267; al-'Aẓīmī, S. 416, und b. al-'Adīm, Zubda, Bd. 2, S. 269. Önör war nicht nur Gouverneur, sondern auch *muqṭa'* (Steuerpächter, „Lehensträger") von Ḥimṣ.

[384] b. a. Ṭaiyi' bei b. al-Furāt, Bd. 1, (ed. el-Shamy), S. 86-87/arab. S. 53; vgl. b. al-Aṯīr, Kāmil, Bd. 10, S. 464-465. Siehe oben S. 82-83.

Politik betrieb, ist seine Diplomatie gegenüber dem islamischen Osten und der Umgang mit dem *ǧihād* - Gedanken, den er dabei an den Tag legte:

Zum Zeitpunkt der Belagerung von Aleppo durch das byzantinische Heer, im April 1138, sah Zengī seine Lage als so bedrohlich an, daß er einen seiner höchsten Würdenträger, den Kadi Kamāl ad-Dīn b. aš-Šahrazūrī, zu Sultan Mas'ūd (1131-1152) nach Bagdad sandte, um Hilfe anzufordern, obwohl ihm bewußt war, damit seine Herrschaft unter Umständen zu gefährden[385]. Während einer Audienz beim Sultan erhielt der Kadi, nachdem er die Byzantiner als vitale Bedrohung auch des Sultans dargestellt hatte, tatsächlich ein Hilfsversprechen; ihm folgten aber keine Taten. Darauf reagierte er ähnlich, wie die Abordnung aus Aleppo bereits 1111 in Bagdad gehandelt hatte, und inszenierte einen Aufruhr: Ibn aš-Šahrazūrī ließ Geld unter eine Gruppe aus dem „Mob" (*aubāš*) und aus Nichtarabern (*a'āǧim*) verteilen, die in zwei Freitagsmoscheen mit Weherufen Unruhe anstifteten und das Volk aufwiegelnd zum Palast des Sultans zogen. Als die Tumulte bedrohlich auszuarten drohten, ließ der Sultan den Kadi rufen, der ihm die Bedrohung Bagdads durch die Byzantiner lebhaft vor Augen führte und schließlich mit dem Auftrag, die Massen zu beruhigen und mit einem Heer nach Syrien zu ziehen, entlassen wurde. Ibn aš-Šahrazūrī soll daraufhin 20000 Reiter ausgewählt und bei Zengī nochmals um Bestätigung dafür nachgesucht haben, daß die Waffenhilfe noch erwünscht sei. Unmittelbar nach dem Aufbruch der Armee habe jedoch ein Kurier des Zengī die Nachricht vom Abzug der Belagerer gebracht und gemeldet, die Entsendung der Hilfstruppen erübrige sich. Der Kadi habe danach seine ganze diplomatische Kunst aufbringen müssen, um Sultan Mas'ūd zur Rücknahme des Marschbefehls zu bewegen, denn in Wirklichkeit habe Mas'ūd unter Vorspiegelung eines *ǧihād* - Feldzuges das Gebiet des Zengī erobern wollen[385].

Daran fällt dreierlei auf:

Erstens zeigten weder der Sultan noch die Bevölkerung von Bagdad irgendein Interesse am *ǧihād* als solchem. Der Sultan genügte mit seinem Hilfsversprechen pro forma seiner Pflicht als islamischer Herrscher. Die Emotionen des Volkes, die der Gesandte erst durch besoldete Claqueure aufputschen lassen mußte, hatten ihre Ursache dagegen nicht in

---

[385] Zum folgenden: b. al-Aṯīr, Bāhir, S. 62-63, und Kāmil, Bd. 11, S. 58-59. Es handelt sich um einen vom Vater des Verfassers tradierten biographischen Bericht des Emissärs Ibn aš-Šahrazūrī.

der Begeisterung für den Heiligen Kampf schlechthin. Engagement für den *ǧihād* zeigten die Bagdader nur aus Angst vor einem Angriff auf die eigene Heimat. Zweitens unterstellte Ibn aš-Šahrazūrī dem Sultan von vornherein, mit dem Bekenntnis zum *ǧihād* nur die eigene Machterweiterung im Auge zu haben. Drittens aber ging es auch Zengī gar nicht um die Bekämpfung der Franken oder den Heiligen Kampf im allgemeinen, sondern nur um die Entsetzung seiner syrischen Hauptstadt Aleppo. Obwohl sich der Konflikt mit dem Heer des Basileus erst nach dem Abzug von Aleppo, vor Šaizar, seinem Höhepunkt näherte, wollte Zengī nun, da seine Herrschaftssphäre nicht mehr bedroht wurde, ein Eingreifen des Sultans vermeiden. Genauso handelte er im Mai 1138, als er den Turkmenen, die sich unter dem Artuqiden Qarā Arslān von Ḥiṣn Kaifā auf dem Weg nach Syrien befanden, befahl umzukehren[386]. Nicht der Heilige Kampf gegen die Christen, sondern allgemein der Schutz seiner syrischen Besitzungen bestimmte folglich die zengīdische Politik. Um diesem Ziel zu dienen, argumentierte und handelte Zengī nicht nur im Sinne der syrischen „Kein Platz (*lā maqām*)"- Theorie, sondern er spannte den *ǧihād*- Gedanken nicht anders als der Sultan, ohne eigentlich daran interessiert zu sein, instrumentell für seine Ziele ein.

Als die byzantinischen Truppen im Sommer 1138 aus Syrien abzogen, stand Zengī gestärkt da. Der Status quo ante war durch den Feldzug des Basileus nur in einem Punkt auf Dauer verändert worden: Im Zuge der Annäherung der syrischen Herrschaften hatte Zengī Ḥimṣ erwerben können. Gesandtschaften mit einem Ehrengeschenk des Kalifen, vom Sultan, dem Basileus, aus Ägypten und Damaskus beweisen seine gestiegene Bedeutung[387]. Mit dem Wegfall der gemeinsamen Bedrohung fiel nun aber das Verhältnis der syrischen Staatswesen zueinander wieder in das herkömmliche Muster zurück. Während Zengī im Norden die von den Byzantinern eingenommenen Orte, unter anderem Cerepum/al-Aṯārib, zurückeroberte und die Gebiete zwischen Archis/ʻArqa und Aleppo verheerte, kam es auch zwischen Damaskus und Jerusalem wieder zu Kämpfen bei Paneas/Bāniyās[388]. Da Zengī danach, im Frühjahr 1139, gegen Timurtāš von Mārdīn zu Felde zog[389], kam es in Sy-

---

386 Ältester Beleg ist al-ʻAẓīmī, S. 415-416.

387 b. al-ʻAdīm, Zubda, Bd. 2, S. 269.

388 al-ʻAẓīmī, S. 416; b. al-ʻAdīm, Zubda, Bd. 2, S. 230-231, und b. al-Qalānisī, S. 268. Die Feldzüge Graf Dietrichs von Flandern ins Ostjordanland und der türkische Streifzug ins Königreich zur selben Zeit scheinen sich nicht gegen Damaskus gerichtet bzw. von Damaskus initiiert worden zu sein: Wilhelm v. Tyrus, XV, VI, S. 665-668.

389 N. Elisséeff, Nūr ad-Dīn, Bd. 2, S. 368.

rien zu keinen neuen Entwicklungen. Das änderte sich mit der Ermordung des Šihāb ad-Dīn Maḥmūd von Damaskus in der Nacht auf den 23. Juni 1139, mit dessen Mutter Zengī seit einem Jahr verheiratet war:

Der Hintergrund für das Verbrechen am Herrn von Damaskus ist anscheinend nicht in seiner Politik gegenüber Zengī oder den Franken zu sehen, wie es beim Mord an seinem Bruder 1135 der Fall gewesen war[390]. Zengī, der von seiner Frau zum Vollzug der Blutrache für ihren Sohn gedrängt worden sein soll, nahm das Verbrechen nun zum Anlaß, um nach Syrien zurückzueilen und einen neuerlichen Angriff auf Damaskus zu unternehmen. Dort war inzwischen der Bruder (und frühere Gegner) des Ermordeten, Ǧamāl ad-Dīn Muḥammad, inthronisiert und Mu'īn ad-Dīn Önör mit der Führung der Regierungsgeschäfte betraut worden[391], der zwei Jahre zuvor bereits Ḥimṣ gegen Zengī verteidigt und dazu möglicherweise um fränkische Hilfe gebeten hatte. Zengī versuchte angesichts des organisierten Widerstands gar nicht erst, Damaskus anzugreifen, sondern belagerte Ba'labakk, das vermutlich am 10. Oktober 1139 in seine Hände fiel. Zehn Tage später bot die Garnison der Zitadelle, falls ihr Sicherheit (*amān*) garantiert würde, die Kapitulation an. Zengī sagte den *amān* zu, brach ihn aber und ließ alle, die nicht fliehen konnen, (lebendig?) ans Kreuz schlagen[392].

Dieser Vertragsbruch, der Zengīs Glaubwürdigkeit nach der Affäre um die Verhaftung des Sevinǧ (1130) ein zweites Mal schwer erschüttert und der damaszenischen Elite im Fall der Übergabe ihrer Stadt ein gleiches Schicksal vor Augen stellte[393], sollte sich für Zengī als doppelt folgenschwer erweisen: Er machte nicht nur jede Aussicht auf eine kampflose Auslieferung von Damaskus zunichte, sondern motivierte auch den Abschluß eines formellen Bündnisses zwischen Damaskus und Jerusalem. Wie schon 1104, als Ṭuġtegīn erwog, Damaskus an Sukmān b. Artuq zu übergeben, war es auch im Herbst 1139 die aus Türken bestehende Militärelite, die in Interessengemeinschaft mit den Chefs der Lokalverwaltung und der Milizen den Stadtherrn davon abbrachte, das

---

[390] b. al-Qalānisī, S. 268-269, und Sibṭ b. al-Ǧauzī, ed. Ḥaidarābād, Bd. VIII, 1, S. 171-172. Vgl. N. Elisséeff, Nūr ad-Dīn, Bd. 2, S. 367-368.

[391] Bes. al-'Aẓīmī, S. 417; b. al-Qalānisī, S. 269; b. al-Aṯīr, Kāmil, Bd. 11, S. 68-69, und Bāhir, S. 58-59.

[392] al-'Aẓīmī, S. 418; b. al-Qalānisī, S. 269-270, und b. al-Aṯīr, Kāmil, Bd. 11, S. 69. In seiner Atābeg-Geschichte (Bāhir) erwähnte derselbe Autor den Vertragsbruch bezeichnenderweise nicht.

[393] Bes. b. al-Aṯīr, Kāmil, Bd. 11, S. 69. Vgl. auch b. al-Qalānisī, S. 270.

zengīdische Angebot, seine Herrschaft gegen Ba'labakk, Ḥimṣ oder eine andere Stadt auszutauschen, zu akzeptieren[394]. Die Gegenwehr gegen Zengī in den folgenden Monaten wurde also von der ganzen Bevölkerung getragen und entsprang nicht allein dem egoistischen Herrschaftsinteresse eines Fürsten — wie auch Ibn al-Aṯīr (555-630 a.h./1160-1233) in seiner Atābeg-Geschichte mit Verwunderung konzedierte. Dies beweist nicht nur der militärische Widerstand der Damaszener im Herbst und Winter 1139 gegen Zengī, sondern auch die Tatsache, daß der Tod des Stadtherrn am 29. März 1140 und die Thronfolge seines minderjährigen Sohnes Uvaq (Abaq) keinerlei Veränderung der damaszenischen Position bewirkte[395].

Stattdessen kam es in den ersten Monaten des Jahres 1140 zwischen Damaskus und Jerusalem zur Allianz, nachdem Mu'īn ad-Dīn Önör in Unterhandlungen mit König Fulko eingetreten war. Sie wurden vermutlich durch den seit 1138 in Damaskus lebenden Usāma b. Munqiḏ (488-584 a.h./1095-1188) geführt, den Neffen des Emirs von Šaizar, weil seine Familie seit ihrer Vermittlung bei der Freilassung Balduins II. 1123 am Jerusalemer Königshof in gutem Ruf stand[396]. Usāma hatte Jerusalem bereits 1138 besucht[397]. Wann der Vertrag zwischen beiden Herrschaften endgültig abgeschlossen wurde, ist ebenso unbekannt wie sein exakter Wortlaut; über Form und Inhalt gibt es allerdings bei Ibn al-Qalānisī (465-555 a.h./1073-1160) und Wilhelm von Tyrus (um 1130-1186)[398] genaue Auskunft: Die Franken verpflichteten sich eidlich

---

394 b. al-Qalānisī, S. 271; b. al-Aṯīr, Kāmil, Bd. 11, S. 73. In seinem Bāhir, S. 58-59, erwähnte derselbe Chronist, daß Kadi Ibn aš-Šahrazūrī einige der Milizchefs zur Auslieferung der Stadt bewegt haben soll. Zengī habe aber eine Falle befürchtet und sei auf diese Chance nicht eingegangen. Usāma b. Munqiḏ, I'tibār, S. 74, berichtet, daß Ǧamāl ad-Dīn Muḥammad bereits 1135 (er nennt fälschlich das Jahr 530 statt 529 a.h.) beim zweiten Versuch, Damaskus einzunehmen, mit Zengī konspiriert habe. Sein Verhalten erklärte sich wohl aus seiner Gegnerschaft gegen seinen regierenden Bruder Šihāb ad-Dīn Maḥmūd (vgl. oben Anm. 357).

395 b. al-Aṯīr, Bāhir, S. 59. Zu den Kämpfen zwischen Zengī und den Damaszenern bis zum Frühjahr 1140 vgl. R. Grousset, Histoire, Bd. 2, S. 128-130, und N. Elisséeff, Nūr ad-Dīn, Bd. 2, S. 369-371.

396 Usāma b. Munqiḏ, I'tibār, S. 60-61.

397 Ders. 'Aṣā, ed. Derenbourg, S. 518, 521. Vgl. H. Derenbourg, Ousâma, S. 173-174.

398 Zur Vita Wilhelms v. Tyrus, der wohl 1140 noch in Palästina lebte und erst um 1145/1146 zur Ausbildung nach Europa ging, zuletzt: R.H. Davis, William of Tyre, in: Relations between East and West in the Middle Ages, ed. D. Baker, Edinburgh 1977, S. 64-76; R. Hiestand, Zum Leben und zur Laufbahn Wilhelms von Tyrus, in: DA 34 (1978), S. 345-380, und P.W. Edbury/J.G. Rowe, William of Tyre and the Patriachal Election of 1180, in: EHR 93 (1978), S. 1-25.

zur Waffenhilfte gegen Zengī und zu seiner Abwehr, wofür sie neben einer fixen Geldsumme — Wilhelm von Tyrus spricht von 20000 Dīnār pro Monat — zur Finanzierung der Rüstungen auch Paneas/Bāniyās erhalten sollten, das seit 1137 zum zengīdischen Machtbereich gehörte. Außer den üblichen Bekräftigungseiden garantierte die Stellung von Geiseln aus den Familien der damaszener Oberschicht (*min aqrāb al-muqaddimīn/nobilium filios*) die Erfüllung des Vertrages [399]. Ende April zog Zengī daraufhin in den Ḥaurān und stand, als die durch Pilgerkontingente gestärkten Truppen aus Jerusalem, Tripolis und Antiochia sich mit ihren islamischen Alliierten vereinigten, südlich von Damaskus. Anfang Mai begannen die Verbündeten mit der Belagerung von Paneas/Bāniyās, während Zengī von Ba'labakk aus Streifzüge gegen sie aussandte, und Mitte Juni kapitulierte die Stadt im Gegenzug für die Zusicherung freien Abzugs, eines damaszenischen Steuerpachtbezirks (*iqṭā'*) für den Kommandanten und die Garantie, daß, wer bleiben wolle, auf Zeit oder für immer unter guten Bedingungen am Ort leben dürfe. Paneas/Bāniyās wurde seinem ehemaligen fränkischen Stadtherrn (von 1129 bis ca. 1133) Rainer Brus übergeben, und Zengī zog nach einem weiteren Angriff auf Damaskus und den Ḥaurān Ende Juni 1140 nach Norden ab [400].

Nicht so sehr die erfolgreiche militärische Abwicklung des Bündnisses oder die Auslieferung von Paneas/Bāniyās, in deren Modalitäten sich der gleiche religiös indifferente Pragmatismus und — in der Zusicherung eines würdigen Lebensunterhaltes [401] für den Kommandanten — das gleiche Bewußtsein ritterlicher Ebenbürtigkeit ausdrückte wie bereits seit Mitte der ersten Jahrzehnte des 12. Jahrhunderts, ist für die

---

[399] b. al-Qalānisī, S. 272: … *taqarrara 'l-amr ma'a 'l-Faranǧ 'alā 'l-ittifāq wa-'l-i'tiḍād … wa-waqa'at al-mu'āhada 'alā ḏālika bi- 'l-aimān al-mu'akkida wa- 'ḍ-ḍamān li-'l-wafā'…* Vgl. Wilhelm v. Tyrus, XV, VII, S. 668-669. Önör bittet um: …*consilium et auxilium …contra hostem utriusque regni crudelissimum … et superiis omnibus convertionem articulis, ut eis fides amplior habeatur, nobilium filios, quantum expedet, obsides se daturos pollicetur.*

[400] Bes. al-'Aẓīmī, S. 418; b. al-Qalānisī, S. 272-273; b. a. Ṭaiyi' bei Abū Šāma, Rauḍatain, I, Bd. 1, S. 86-87; b. al-Aṯīr, Kāmil, Bd. 11, S. 73-75; b. al-'Adīm, Zubda, Bd. 2, S. 273-274, und Wilhelm v. Tyrus, XV, IX-XI, S. 671-676. Vgl. bes. R. Grousset, Histoire, Bd. 2, S. 131-138; R. Röhricht, Jerusalem, S. 220-221, und N. Elisséeff (wie Anm. 395). Nicht unmöglich ist, daß sich Damaskus vor dem Abzug des Zengī dessen Oberhoheit unterstellt hat, wie 'Imād ad-Dīn al-Qāḍī al-Iṣfahānī, al-Bustān al-Ǧāmi', S. 125; b. al-'Adīm, ebda., und b. al-Aṯīr, Bāhir, S. 59, berichten.

[401] Wilhelm v. Tyrus, XV, XI, S. 674-675.

Untersuchung der Allianz- und Vertragspolitik von Interesse. Es sind vielmehr die Motive der Franken und der Damaszener, die zum Abschluß des Abkommens führten:

Ibn al-Qalānisī begründete das Vertragsangebot des Önör an die Franken damit, daß beide Seiten den zengīdischen Angriff abwehren sollten, bevor die Macht des Zengī „schrecklich", „seine Sache problematisch" würde, „seine Gewalt erstarke", bevor er „die Oberhand über die verschiedenen Gruppierungen (*'uṣab*) der Franken gewönne und ihre Länder angreife" [402]. Ähnlich berichtete es auch Ibn al-Aṯīr: Önör „machte ihnen Angst mit Zengī, wenn er Damaskus eroberte. Denn sie kannten die Richtigkeit seiner Rede: wenn er es eroberte, bliebe ihnen mit ihm zusammen in Syrien kein Platz (*lā maqām*) mehr" [403]. Und Wilhelm von Tyrus erwähnte, König Fulko und der Fürstenrat hätten es für das Beste gehalten, Önör und den Damaszener „gegen den unmenschlichsten und beiden Reichen verdächtigen Feind Hilfe zu leisten", und zwar ohne Gegenleistung, „damit nicht der Feind durch unsere Trägheit mächtiger würde (und) zu unserem Verderben, nachdem er das Reich (sc. Damaskus) erworben habe, das Wachstum (seines) Reiches begänne" [404].

Alle drei Quellen bieten in ihren Formulierungen Loci classici für die *syrische* Politik der Verbündeten, die dem Verhalten des Systems syrischer Staatswesen seit 1108 vollständig entsprach: Die Bedrohung der Autonomie der einzelnen Herrschaften durch das Vordringen außersyrischer Mächte führte jedesmal zum Abschluß von Defensivallianzen über die ethnischen und religiösen Grenzen hinweg. Wie es in der Formulierung des Ibn al-Aṯīr (555-630 a.h./1160-1233) am deutlichsten aufscheint, war der grundlegende Gedanke dieser Allianzpolitik die „Kein Platz (*lā maqām*)"- Theorie, nach der sich die einzelnen syrischen Staaten im Fall der Bedrohung durch einen übermächtigen Gegner nur gemeinsam halten konnten. Erstmals war diese These 1108 beim Vormarsch des Čāvlī von Mossul gegen Riḍwān von Aleppo ins Spiel gebracht worden. Sie hatte dann die syrische Allianz von 1115 gegen die türkische Koalitionsarmee unter Borsuq b. Borsuq und die Unabhängigkeitspoli-

---

[402] b. al-Qalānisī, S. 272: *qabla... istiẓhārihī 'alā 'uṣab al-Afranǧ wa-qaṣd bilādihim.*

[403] b. al-Aṯīr, Kāmil, Bd. 11, S. 74.

[404] Wilhelm v. Tyrus, XV, VII, S. 669: *...Ainardo et Damascenis contra hostem immanissimum et utrique suspectum regni opem esse ferendam, ministranda etiam gratis subsidia, ne hostis, potentior per nostram desidiam, in nostram perniciem, regno acquisito, regni suscipiat incrementum.*

tik Aleppos bis 1119 motiviert und war 1138 auch von Zengī aufgegriffen worden, um die Franken von der Zusammenarbeit mit dem Basileus Johannes Komnenos abzuhalten[405]. Daß sie, wie es sich seit 1137 andeutete, auch Bündnisse g e g e n Zengī begründen konnten, zeigt ihren ambivalenten Charakter: Solange Zengī die Existenz der anderen syrischen Staatswesen nicht bedrohte, kam es auch zu keinen Allianzen. Wurde die Unabhängigkeit der zengīdischen Gebiete gemeinsam mit Jerusalem, Tripolis, Antiochia oder Damaskus von außen gefährdet wie 1137-1138 durch die Byzantiner und durch die Planungen des Sultans für ein Eingreifen in Syrien, so handelte Zengī im Sinne der *syrischen* Allianzpolitik und argumentierte mit der „Kein Platz (*lā maqām*)"-These. Stellte aber eine der Herrschaften, 1140 der nordsyrisch-nordmesopotamische Herrschaftsbereich des Zengī, die Autonomie der anderen Staatswesen in Frage, dann resultierte dies in einem Bündnis der wichtigsten anderen Staatswesen[406].

Die Untersuchung des Geschichtsverlaufs vom Frühjahr 1137 bis zum Sommer 1140 hat diese Kausalität zu belegen versucht. Bis in den Sommer 1137 hinein war es noch zu damaszenischen Angriffen auf Tripolis und Jerusalem gekommen, danach aber herrschte genau für die Periode der beiden byzantinischen Vorstöße nach Syrien und der zengīdischen Unternehmungen in den Süden Waffenruhe. Die Angriffe des Zengī wiederum erfolgten zu jenen Zeitpunkten, an denen Druck von außen nachließ. Als Zengī nach dem Abzug der Byzantiner seine Expansionspolitik in Südsyrien wieder aufnahm, schlugen die Damaszener dem Königreich Jerusalem ein formelles Bündnis gegen Zengī vor. Das Novum gegenüber früheren Allianzen, die, wie 1115, auch auf islamische Initiative und z. T. für finanzielle oder territoriale Gegenleistungen zustande gekommen waren, bestand darin, daß die Raison d'être des Bündnisses nicht mehr nur der Widerstand gegen ein kurzfristiges Unternehmen von ausserhalb Syriens war, sondern die Verteidigung gegen einen Fürsten, dessen Machtbereich bereits Teile Syriens umfaßte und dessen Expansionspolitik — das war seit 1135 deutlich geworden — eine längerfristige Bedrohung darstellte. Daraus folgte, daß das Bündnis nicht

---

405 Vgl.S. 82-84, 129-133 und 179-138.

406 Es ist also unhistorisch, den fränkischen Angriff auf Damaskus von 1129 zu kritisieren und stattdessen eine Allianz gegen Zengī zu empfehlen, wie es H.S. Fink getan hat. Wie gezeigt werden konnte, stellte sich das Problem der zengīdischen Bedrohung für die südsyrischen Herrschaften erst ab 1135 und führte, der Theorie gemäß, dann bis 1140 zur Allianz. Vgl. H.S. Fink, Damascus in the History of the Crusades, in: MW 49 (1959), S. 41-53, hier S. 49.

mehr, wie in den Jahrzehnten zuvor, ad hoc geschlossen und binnen kurzem wieder aufgelöst wurde, sondern zumindest auf mittlere Frist zur politischen Konstante wurde. Damit ergab sich in Südsyrien eine grundlegend andere Situation als im von Zengī beherrschten Norden, der der Schauplatz der frühesten fränkisch-islamischen Allianzen nach dem ersten Kreuzzug gewesen war. Für das in seinem Territorialbestand reduzierte Fürstentum Antiochia existierten kaum noch unabhängige potentielle islamische Verbündete. Vielfältiger waren dagegen die Bündnismöglichkeiten für den Grafen von Edessa. Der Geschichtsverlauf bis zum Tod des ʿImād ad-Dīn Zengī 1146 macht die Verschiedenartigkeit der Entwicklung zwischen Süden und Norden deutlich:

Die Allianz vom Frühjahr 1140 überdauerte ihren unmittelbaren Erfolg, das Scheitern des zengīdischen Angriffs, und leitete eine längere Friedensperiode zwischen Jerusalem und Damaskus ein. Zengī kehrte bis zu seinem Tod nicht mehr nach Syrien zurück. In den Kämpfen, die bis 1146 im Süden ausgetragen wurden, standen den Franken entweder zengīdische Truppen (z.B. aus Baʿlabakk)[407] oder die ägyptische Garnison von Ascalon/ʿAsqalān gegenüber[408]. Die Besatzung von Ascalon/ʿAsqalān wurde mehrmals jährlich ausgetauscht[409] und der als *ṯaġr* (Frontstadt) qualifizierte Ort, dessen Bewohner nach Wilhelm von Tyrus insgesamt aus der ägyptischen Staatskasse besoldet worden sein sollen, mit Getreide aus dem Niltal verproviantiert[410]. Die letzten Regierungsjahre König Fulkos (1131-1143) waren für das Königreich eine Phase der Ruhe. An die Stelle auf Gebietsgewinn abzielender Feldzüge traten Maßnahmen zur Konsolidierung des Jerusalemer Territoriums. Besonders deutlich macht dies eine Reihe von Burgengründungen in den Grenzmarken, in der Ebene von Ascalon/ʿAsqalān (Bethgibelin/Bait Ǧibrīn 1136, Ibelin/Yubnā 1141, Blanchegarde/Tall aṣ-Ṣāfīya 1143, Gaza/Ġazza 1149/50), im Ostjordanland (Crac/al-Karak 1142) und in Galiläa sowie im Libanon (Beaufort/Šaqīf Arnūn 1139, Saphet/Ṣafad und Belvoir/Kaukab 1140)[411]. Die bestunterrichteten zeitgenössischen

---

[407] b. al-Qalānisī, S. 274 (ad 1141/1142) und S. 278 (ad Oktober 1144); Wilhelm v. Tyrus, XVI, VI, S. 712-714 (ad 1144?).

[408] b. al-Qalānisī, S. 273 (ad April/Mai 1140), und b. al-Aṯīr, Kāmil Bd. 11, S. 80.

[409] b. Muyassar, S. 146; al-Maqrīzī, Ittiʿāẓ, Bd. 3, S. 190 (zweimal); Wilhelm v. Tyrus, XIII, XVII, S. 581-582, und XVII, XXII, S. 797 (viermal jährlich).

[410] b. al-Ma'mūn, S. 95-96. Vgl. al-Maqrīzī (wie Anm. 409).

[411] Vgl. J. Prawer, Histoire, S. 328-332. Vgl. zuletzt R.C. Smail, Crusading Warfare (1097-1193). A Contribution to Medieval Military History, 2. Aufl. Cambridge 1967 (Cambridge Studies in Medieval Life and Thought, N.S. 3), bes. S. 204 ff. Zu Saphet/Ṣafad

Chronisten Südsyriens, Ibn al-Qalānisī (465-555 a.h./1073-1160) und Wilhelm von Tyrus (um 1130-1186), wissen über Kämpfe zwischen Damaskus und Jerusalem bis 1147 überhaupt nichts zu berichten, und lediglich der Aleppiner al-'Aẓīmī (483-556 a.h./1090-1161) vermerkt einen fränkischen Beutezug. Nach der Verfolgung der Franken nach Paneas/Bāniyās durch Önör sei der Friede aber wiederhergestellt worden[412]. Vielleicht gehörte dieser Zwischenfall in den Zusammenhang des Prozesses, den Usāma b. Munqiḏ in dieser Periode im Auftrag des damaszenischen Regenten in Jerusalem anstrengte und der damit endete, daß Rainer Brus von Paneas/Bāniyās von seinen *pares* am Königshof der Verletzung des Friedens mit Damaskus schuldig gesprochen wurde. Rainer hatte die Muslime zu entschädigen, konnte aber mit Usāma die Herabsetzung der Geldleistung auf 400 Dīnāre aushandeln[413]. Ob die Mitteilung des al-'Aẓīmī stimmt oder auf einer Verwechslung beruht, läßt sich nicht entscheiden. Die Passage aus dem Werk des Usāma b. Munqiḏ (488-584 a.h./1095-1188) zeigt jedenfalls, daß es zwar vermutlich finanziell motivierte Übergriffe gab, daß diese aber auch auf fränkischer Seite als Friedens- und Rechtsbruch und als justiziabel angesehen wurden, ohne daß die Tatsache, daß Muslime, Untertanen eines fremden Staates, geschädigt wurden, eine Rolle gespielt hätte. Usāma b. Munqiḏ ist auch der einzige, der von einer Reise des Mu'īn ad-Dīn Önör nach Accon/'Akkā, die er selbst an der Seite des damaszenischen Regenten erlebte und ihn vermutlich auch nach Jerusalem führte, berichtet[414]. Sie ist nicht genauer als für den Zeitraum zwischen 1140 und 1144 (zwischen dem Abschluß der Allianz und der Abreise des Usāma aus Damaskus nach Ägypten) zu datieren, gehört wohl aber in die Anfangsphase der Entente, da sie neben den frommen Besuchen in Jerusalem (*ziyāra*) Verhandlungen über das Vorgehen gegen Zengī zum Anlaß gehabt haben dürfte. In seinen Memoiren berichtet Usāma von zahlreichen Freund-

als „Gegenburg" vgl. M.-L. Favreau-Lilie, Landesausbau und Burg während der Kreuzfahrerzeit. Ṣafad in Obergaliläa, in: ZDPV 96 (1980), S. 67-87.

412 al-'Aẓīmī, S. 423 ad 538 a.h. (1143-1144): *istarǧa'a 'l-wasīq bi- 'ṣ-ṣulḥ*.

413 Usāma b. Munqiḏ, I'tibār, S. 48; vgl. H. Derenbourg, Ousâma, S. 185-186. Es ging um den Raub einer Herde trächtiger Schafe, die zwar zurückgegeben, durch den Raub offensichtlich aber stark reduziert worden war.

414 Usāma b. Munqiḏ, I'tibār, S. 99-103; vgl. H. Derenbourg, Ousâma, S. 188-190. Möglicherweise, der Text des Usāma sagt es nicht genau, handelt es sich beim Besuch des Önör in Jerusalem auch um einen zweiten Besuch im Königreich Jerusalem.

schaften, die er in dieser Zeit mit fränkischen Rittern und Templerbrüdern auf seinen verschiedenen Besuchen im Königreich schloß[415].

Die Visite Önörs, des Regenten des Stadtherrn Muǧīr ad-Dīn Uvaq, beim fränkischen König, für die es bis dahin keine Parallele gegeben hatte, und der Prozeß gegen Rainer Brus bekräftigen die Intensität der auf der Grundlage des „Kein Platz (*lā maqām*)“- Gedankens geschaffenen Entente zwischen Jerusalem und Damaskus. Ganz anders stellte sich das Verhältnis zwischen Franken und Muslimen in Nordsyrien dar. Von 1138 bis 1144 kam es fortgesetzt zu Kämpfen zwischen dem Fürstentum Antiochia und der Grafschaft Edessa einerseits sowie Turkmenengruppen und dem zengīdischen Gouverneur (*wālī*) von Aleppo andererseits[416]. Nur 537 a.h. (1142/1143) sollen Joscelin II. von Edessa und der Gouverneur sich getroffen und einen Waffenstillstand vereinbart haben[417]. Ein Jahr zuvor (536 a.h./1141-1142) war ein Gesandter aus Antiochia/Anṭākiya, der in Aleppo über turkmenische Razzien Klage führen sollte, von Turkmenen erschlagen worden[418]. Über das einzige bekannte Waffenruheabkommen zwischen Edessa und Aleppo ist leider nichts weiter zu erfahren, es fällt aber interessanterweise in die Zeit des letzten Vorstoßes von Kaiser Johannes Komnenos nach Kilikien und Syrien (September 1142 bis April 1143)[419] und könnte deshalb als Ausdruck einer durch den byzantinischen Angriff bewirkten neuerlichen fränkisch-zengīdischen Annäherung verstanden werden. Trotz der im ganzen kriegerischen Szenerie im Norden scheint die Bedrohung, die vom Machtbereich des Zengī gegen die umliegenden Herrschaften ausging, im Herbst 1144 unmittelbar vor der Eroberung von Edessa/ar-Ruhā auch dort zu einer Allianz geführt zu haben: Weil Zengī Ortschaften im Šabaḫtān sowie am Oberlauf des Flusses Ḫābūr in Nordmesopotamien (al-Ǧazīra) eroberte und Āmid angriff, lieferte der Artuqide Qarā Arslān von Ḥiṣn Kaifā die Festung Bābalū an Joscelin II. aus, um den Grafen zu

[415] H. Derenbourg, Ousâma. S. 186-190. Vielleicht entstammt dieser Periode auch das Bruderbündnis (*fraternum foedus*), das Humfred von Toron laut Wilhelm v. Tyrus, XVII, XVII, S. 788, mit einem türkischen *princeps* geschlossen hatte und den Franken 1150 bei der Evakuierung der Grafschaft Edessa zustatten kam.

[416] Vgl. den Überblick bei Cl. Cahen, Syrie, S. 364-365. Zengī selbst war während der gesamten Zeit in Kämpfe gegen verschiedene Gegner in Mesopotamien und Kurdistan engagiert. Vgl. N. Elisséeff, Nūr ad-Dīn, Bd. 2, S. 372-377.

[417] Älteste Quelle al-ʿAẓīmī, S. 422.

[418] b. al-ʿAdīm, Zubda, Bd. 2, S. 275.

[419] F. Chalandon, Comnène, Bd. 2, S. 187-193, und R.L. Lilie, Byzanz, S. 126-129.

einem Entlastungsangriff zu bewegen[420]. Als Joscelin Edessa/ar-Ruhā für diesen Feldzug verließ, gelang es Zengī, die von den Soldaten entblößte Stadt zu erobern. Von dem syrischen Chronisten Michael (1126-1199) wurde der Graf deswegen scharf verurteilt: „Joscelin verstand nicht, daß es überhaupt nicht von Vorteil für ihn war, mit den Türken zugunsten der Türken zu kämpfen. Dies war eine Gelegenheit für Zengī"[421]. Ex eventu und vor dem Hintergrund des Verlustes von Edessa/ar-Ruhā hat Michael recht. Dennoch verrät das Bündnis dessen ungeachtet, daß auch im Nordosten die Übermacht des zengīdischen Herrschaftskomplexes islamische und fränkische Herrschaften zusammenführen konnte. Ob dabei die „Kein Platz (*lā maqām*)" -Theorie eine Rolle spielte, muß unbeantwortet bleiben. Zweifel daran sind aber berechtigt, da in Anatolien und Nordmesopotamien (al-Ǧazīra) im Gegensatz zu Südsyrien eine größere Anzahl rivalisierender Herrschaften konkurrierte und ad hoc abgeschlossene Bündnisse — auch christlich-islamische wie 1148 zwischen Byzanz und den türkischen Dānišmandiden — die Regel waren[422].

Um die Vertrags- und Bündnispolitik in Südsyrien von 1146 bis 1154 zu verstehen, ist es entscheidend zu sehen, daß die Allianz von 1140 *contra hostem utriusque regni crudelissimum*[423] und allein aus der Einsicht heraus zustande gekommen war, daß sich weder Damaskus noch die fränkischen Staatswesen behaupten würden, wenn sich die Herrschaft des Zengī weiter nach Südsyrien ausdehnte. Das Bewußtsein ritterlicher Standesgleichheit zwischen der fränkischen und der muslimischen Nobilität mag die Kommunikation und die Atmosphäre zwischen beiden Seiten zwar erleichtert haben[424], ursächlich für den Abschluß des Bündnisses war aber nicht ein Toleranzgefühl oder die *Orientalisierung* der syrischen Franken in Kleidung und Essen, sondern die zeitweise Identität politischer Interessen[425]. Selbst Wilhelm von Tyrus, der Önör als *fidelissimus prosecutor foederis*, *dominus* und *populi nostri amator* pries,

[420] Michael Syrus, S. 260, und Chronicon ad A.C. 1234 pertinens, trad. A. Abouna, Bd. 2, S. 88-89. Vgl. Cl. Cahen, Syrie, S. 368-369, und N. Elisséeff, Nūr ad-Dīn, Bd. 2, S. 378-379.

[421] Michael Syrus, S. 260.

[422] Vgl. Cl. Cahen, Syrie, S. 380 und 383-388.

[423] Wilhelm v.Tyrus, XV, VII, S. 668.

[424] Usāma b. Munqiḏ, I'tibār, S. 48, berichtete, daß König Fulko ihn seines unscheinbaren Äußeren wegen zuerst gar nicht für den gewaltigen Ritter (*fāris*) gehalten habe, als der er bei den Franken galt.

[425] Gegen W.B. Stevenson, Crusaders, S. 146.

vermutete, daß nicht Liebe und Freundschaft, sondern die zengīdische Bedrohung im Hintergrund der damaszenischen Bündnispolitik stand[426].

Als Zengī aber Mitte September 1146 vor Qal'at Ǧa'bar ermordet wurde und sein Reich in einen nordmesopotamischen Teil unter seinem Sohn Saif ad-Dīn Ġāzī und einen nordsyrischen Teil unter dessen Bruder Nūr ad-Dīn Maḥmūd auseinanderbrach[427], fiel die vom „grausamsten Feind beider Reiche" ausgehende Gefahr vorläufig fort. Auswirkungen auf das Verhältnis zwischen Damaskus und Jerusalem machten sich sofort bemerkbar:

Schon wenige Wochen nach Zengīs Tod zwang Önör den zengīdischen Gouverneur (*wālī*) von Ba'labakk, Naǧm ad-Dīn Aiyūb — den Vater Saladins —, zur Auslieferung und schloß dann Waffenstillstands- und Sicherheitsverträge (*muhādana, muwāda'a*), die Damaskus eventuell die Anerkennung seiner Oberhoheit einbrachten, mit den zengīdischen Statthaltern in Ḥimṣ und Ḥamāh[428]. Danach lieferte Önör den nach Damaskus geflohenen Mörder des Zengī nach Aleppo aus und ließ sich auf Verhandlungen mit Nūr ad-Dīn Maḥmūd von Aleppo ein, die im April 1147 durch die Hochzeit seiner Tochter mit dem Herrn von Aleppo gekrönt wurden[429]. Am deutlichsten charakterisiert es diese neue damaszenische Politik, daß im Juli und September 1147 zwei Gesandtschaften nach Damaskus kamen, die Geschenke und Einsetzungsdiplome (*tašrīfāt*) für Önör überreichten, mit denen ihm von beiden der Ehrentitel (*laqab*) *Ẓahīr ad-Dīn wa-Mu'īnuhū* verliehen wurde: die erste, die auch ein Ehrengewand (*ḫil'a*) mitführte, kam im Auftrag des Bagdader Kalifen al-Muqtafī (1136-1160), die zweite im Namen des rivalisierenden šī'itischen Fāṭimidenkalifen al-Ḥāfiẓ (1130-1149) aus Kairo, und zumindest erstere beantwortete den Besuch einer damaszenischen Delegation[430]. Ganz offensichtlich hatte Önör zuvor bei beiden Kalifen um die Bestätigung seiner Position gebeten, so daß er von beiden Seiten denselben Titel verliehen bekam. Kurz, seine Politik zielte darauf ab, durch die Ausweitung des damaszenischen Gebietes im Süden, die Schaffung eines

---

[426] Wilhelm v. Tyrus, XV, XI, S. 675, und XVI, VIII, S. 716-717. Vgl. R. Ch. Schwinges, Kreuzzugsideologie, S. 178-181.

[427] E. Elisséeff, Nūr ad-Dīn, Bd. 2, S. 384-386 und S. 389-395.

[428] b. al-Qalānisī, S. 288; b. al-Aṯīr, Kāmil, Bd. 11, S. 118, Vgl. N. Elisséeff, Nūr ad-Dīn, Bd. 2, S. 401-403.

[429] b. al-Qalānisī, S. 288-289, und Wilhelm v. Tyrus, XVI, VIII, S. 717, und XI, S. 722.

[430] Bes. b.Qalānisī, S. 293-295, und b. Muyassar, S. 137.

Cordon sanitaire gegenüber dem Norden und die Herstellung guter Beziehungen zu Aleppo die Unabhängigkeit von Damaskus auf eine breitere Basis zu stellen, als es die Abhängigkeit von Jerusalem seit 1140 gewesen war, und demselben Ziel dienten auch die Kontakte zu Bagdad und Kairo. Das Bündnis mit Aleppo stellte 1147 noch keine Gefahr für Damaskus dar, da die Macht des neuen Herrn von Aleppo, Nūr ad-Dīn, durch die Erbteilung im Vergleich zu der des Zengī geringer ins Gewicht fiel; es konnte andererseits aber Schutz gegen neue Vorstöße aus Mossul bieten. Zur damaszenischen Politik des Gleichgewichts und der Äquidistanz paßt, daß Önör die guten Beziehungen zu Jerusalem von sich aus keineswegs aufkündigte. Die Neuorientierung der damaszenischen Politik nach dem Tod des Zengī ergab sich aus ihrem alten Grundgedanken, dem Prinzip des Kräftegleichgewichts. Eine feste Allianz mit dem Königreich Jerusalem war der damaszenischen Konzeption nach also nicht ipso facto die sicherste Garantie für den Bestand der eigenen Unabhängigkeit. Sie schien zu dem Zweck geboten, das durch den expansiven zengīdischen Herrschaftskomplex verursachte Ungleichgewicht der Kräfteverhältnisse in Syrien auszubalancieren. Der Unterschied der Politik des Önör zu der seiner Vorgänger seit Anfang des Jahrhunderts bestand lediglich darin, statt auf Konfrontation verstärkt auf vertraglich abgesicherte Beziehungen zu den wichtigsten syrischen Herrschaften — Jerusalem und Aleppo unter Nūr ad-Dīn — zu setzen.

Auf der anderen Seite hatten, wie gezeigt werden konnte, auch die Franken die seit 1137 erfolgte Annäherung an Damaskus nur vor dem Hintergrund der zengīdischen Machterweiterung und der byzantinischen Vorstöße vollzogen. Bemerkenswerterweise übte die zengīdische Eroberung von Edessa/ar-Ruhā am 25. Dezember 1144, auf die 1145-1146 der Verlust aller fränkischen Gebiete östlich des Euphrat und im Herbst 1146, unmittelbar nach dem Tod des Zengī, der von Nūr ad-Dīn vereitelte Handstreich Joscelins II. und Balduins von Mariscum/Mar'aš zur Wiedergewinnung der Stadt folgte[431], keinen unmittelbaren Einfluß auf die Beziehungen zwischen Jerusalem und Damaskus aus. Abgesehen von der Entsendung einer Hilfsstreitmacht nach Edessa/ar-Ruhā, die allerdings zu spät kam, um die belagerte Stadt noch zu retten[432], nahm das Königreich an der Entwicklung in Nordsyrien bis 1149 keinen Anteil. Die Neuorientierung der antiochenischen Bündnispolitik nach 1144 un-

[431] Zum Überblick vgl. R. Röhricht, Jerusalem, S. 237; Cl. Cahen, Syrie, S. 373; N. Elisséeff, Nūr ad-Dīn, Bd. 2, S. 396-401, und J.B. Segal, Edessa, S. 243-254.

[432] Wilhelm v. Tyrus, XVI, IV, S. 708-710. Vgl. H.E. Mayer, Melisende, S. 117-118.

ter Fürst Raimund, dessen Konflikt mit Joscelin II. sich nach dem Fall von Edessa/ar-Ruhā noch vertiefte [433] und der nicht nur an abendländischen Höfen um Unterstützung bitten ließ [434], sondern sogar persönlich nach Konstantinopel reiste, um sich dem Basileus als ligischer Vasall (λίξιος) zu unterwerfen, seine Vergebung zu erbitten und ihn um Hilfe gegen die Muslime anzugehen [435], ging ohne Jerusalemer Zutun vonstatten und wurde vom Königreich nicht mitverfolgt. An dieser Stelle wird ein weiteres Mal die Divergenz in den Bündnisverhältnissen zwischen Nord- und Südsyrien und die Tatsache, daß die fränkischen Herrschaften ebensowenig wie die muslimischen einen Block bildeten, deutlich. Für das fränkisch-islamische Verhältnis in Südsyrien und die Beziehungen zwischen Jerusalem und Byzanz bezeichnete das Jahr 1144 k e i n e Zäsur. Solange Zengī jedoch lebte und die Ausdehnung seines Herrschaftskomplexes im Norden betrieb, wurde an der fränkisch-damaszenischen Allianz nicht gerüttelt. So ist es zu erklären, daß innere Entwicklungen in den beiden verbündeten Staatswesen — wie der Beginn der spannungsreichen Samtherrschaft von Königin Melisende und ihrem Sohn Balduin III. nach dem Tod Fulkos im Spätherbst 1143 oder der Machtkampf zwischen dem *ra'īs* (Bürgervorsteher) von Damaskus einerseits sowie dem damaszenischen Wesir und dem Emir Usāma b. Munqiḏ (539 a.h./1144) andererseits [437] — auf das Verhältnis zwischen Damaskus und Jerusalem keine Auswirkungen hatten. Daß die Entente nach dem Tod des Zengī 1146 nicht sofort zerfiel, ist sowohl der Vertragspolitik des Önör als auch dem Umstand zuzuschreiben, daß der Modus vivendi zwischen den beiden südsyrischen Herrschaften zunächst

---

433 Wilhelm v. Tyrus, XVI, IV-V, S. 708-712. Vgl. Cl. Cahen, Syrie, S. 368. Ob Raimund 1144 Edessa/ar-Ruhā aus Rivalität zu Joscelin II. nicht zu Hilfe kam oder weil er mit Kämpfen in Kilikien beschäftigt bzw. schon auf dem Weg nach Byzanz war, ist nicht zu klären.

434 Bes. Otto v. Freising, Chronicon, VII, 32-33, in: MGSS, Bd. 20, S. 265-266, und Chronicon Mauriniacence, in: RHGF, ed. Bouquet, Bd. 12, S. 88.

435 Ioannes Kinnamos, Manuel Komnenos, II, 3, S. 35: και λίξιὸν λοιπὸν αὑτον (sc. τοῦ βασιλέον) ἐποιήσατο Michael Syrus, S. 267, spricht nicht von ligischer Vasallität, erwähnt aber die Unterwerfung des Fürsten und die Übergabe von Gold und Geschenken des Kaisers an ihn. Zur Bewertung der antiochenischen Position durch die Pilger des zweiten Kreuzzuges: Odo v. Deuil, IV, S. 47. Vgl. F. Chalandon, Comnène, Bd. 2, S. 241-242; Cl. Cahen, Syrie, S. 370-371, und R.-J. Lilie, Byzanz, S. 137-138.

436 Dazu H.E. Mayer, Pontifikale, S. 164-168, und ders., Melisende, S. 113 ff. Balduin III. wurde noch 1144 volljährig. Die Samtherrschaft blieb bis 1151 oder 1152 bestehen.

437 b. al-Qalānisī, S. 277-278; al-'Aẓimī, S. 423. Vgl. H. Derenbourg, Ousâma, S. 196-202, und A. Havemann, Ri'āsa und qadā', S. 89.

keinen Anlaß zum Konflikt bot. Der weitere Verlauf der Beziehungen zwischen Jerusalem und Damaskus bis 1154 wurde nicht durch grundsätzliche Veränderungen in der politischen Konzeption der beiden Nachbarherrschaften, sondern von drei externen Momenten bestimmt: der Revolte des damaszenischen Gouverneurs (*wālī*) Altıntāš (Altūntāš) im Ḥaurān 1147, der Ankunft des zweiten Kreuzzuges in Syrien 1148 und dem Beginn der zweiten Expansionsperiode des zengīdischen Herrschaftskomplexes unmittelbar danach. An der Entwicklung des Verhältnisses zwischen Jerusalem und Damaskus in dieser Phase lassen sich das Für und Wider der Allianzpolitik, die Zusammensetzung des Kreises ihrer Befürworter und die Bedeutung des „Kein Platz (*lā maqām*)"- Gedankens als theoretische Grundlage der Entente deutlich veranschaulichen:

Im Jahr 541 a.h. (1146-1147) starb Amīn ad-Daula Gümüštegīn, der bereits seit 1105 als damaszenischer Gouverneur (*wālī*) in Buṣrā und, wahrscheinlich ab 1131, auch in Ṣarḫad amtiert hatte[438]. Unter seiner Ägide war die Stellung des Gouverneurs im Ḥaurān, der seit 1136 den Rang eines damaszenischen Atābeg und Isfahsallār (Oberbefehlshabers) bekleidete, außerordentlich bedeutend geworden. Ṣarḫad diente nicht nur damaszenischen Exulanten als Refugium, sondern auch für den aus Ägypten vertriebenen fāṭimidischen Wesir Riḍwān b. Walaḫšī, der 533 a.h. (1139) bei Gümüštegīn Asyl und Unterstützung bei dem Versuch fand, begleitet von einer Truppe des Gouverneurs das Wesirat zurückzuerobern[439]. Gümüštegīn vermittelte nicht nur zahlreiche diplomatische Kontakte zwischen Damaskus und Kairo, sondern unterhielt, wie bereits M. Canard gezeigt hat[440] und nicht nur die Hilfe für den geflohenen Wesir Ibn Walaḫšī beweist, auch auf eigene Rechnung Beziehungen nach Ägypten. Der Ḥaurān war unter Gümüštegīn mehr als nur ein Damaskus zugeordneter Bezirk (*wilāya*). De facto bildete er eine halbautonome Herrschaft und erfüllte die Funktion eines Puffers zwischen Damaskus und Jerusalem. Nach dem Tod des Gümüštegīn (1146 oder 1147) trat einer seiner Bediensteten (*ġulām*) namens Altıntāš die Nachfolge an[441]. Im Frühjahr 1147 reiste dieser Altıntāš überraschend mit großem Gefolge nach Jerusalem, um, wenn man Wilhelm von Tyrus (um 1130-1186)

---

[438] an-Nu'aimī, S. 178, al-'Ilmāwī, ed. Sauvaire, S. 395. Vgl. S. Ory, Personnages, S. 126-129, und M. Canard, Fāṭimides et Būrides, S. 112-115.

[439] b. al-Qalānisī, S. 270; b. Muyassar, S. 131-132; b. Ẓāfir, S. 99; Usāma b. Munqiḏ, I'tibār, S. 22-24, H. Derenbourg, Ousâma, S. 178-181.

[440] M. Canard, Fāṭimides et Būrides, S. 111-117.

[441] b. al-Qalānisī, S. 289, nennt ihn al-Yūnyās; Abū Šāma, Rauḍatain, I, Bd. 1, S. 130, Altıntāš (Altūntāš) und Wilhelm v. Tyrus, XVI, VIII, S. 715, Tantais. Er sei Armenier gewesen.

folgt, dem Königreich für eine Entschädigung die Auslieferung von Buṣrā und Ṣarḫad anzubieten, da er bei den Herrschern von Damaskus in Ungnade gefallen sei, oder, nach Ibn al-Qalānisī (465-555 a.h./1073-1160), um sich mit den Franken über den gemeinsamen Kampf gegen Damaskus zu einigen[442]. In jeder dieser zwei Versionen bedeutete das Angebot des Gouverneurs die Aufgabe des Modus vivendi zwischen dem Königreich und Damaskus. Die von Altıntāš in Jerusalem geführten Unterredungen führten am Ende zu dem verlustreichen, von Önör zusammen mit Nūr ad-Dīn von Aleppo zurückgeschlagenen Vorstoß des Jerusalemer Heeres ins Ostjordanland und zur Einnahme der Städte Buṣrā und Ṣarḫad durch die Damaszener[443]. Wichtiger als die militärischen Konsequenzen des Bündnisangebots von Altıntāš an Balduin III. und seine Mutter waren allerdings die Implikationen des Falles für die damaszenisch-fränkische Entente und die Art und Weise, in der die Regierungsspitzen beider Nachbarstaaten während der Krise von 1147 vorgingen:

Wilhelm von Tyrus berichtet[444], daß, nachdem die Großen des Königreichs beschlossen hätten, auf das Angebot des Altıntāš einzugehen, der allgemeine Heerbann zusammengerufen worden sei und sich die Truppen an der Jordanbrücke bei Tiberias/Ṭabarīya versammelt hätten. Da aber das aus der Zeit König Fulkos stammende Bündnis und der Waffenstillstand (*foedus ... et pax temporalis*) mit Damaskus noch Bestand gehabt habe, habe der Vertrag gegenüber Önör erst feierlich aufgekündigt werden (*eum praemoneri solemniter*) und ihm die gesetzliche Frist (*legitimas pro more regionis ... ferias*) zur Organisation der Gegenwehr zugestanden werden müssen. Andernfalls hätten sich die Franken des Vertragsbruchs schuldig gemacht. In der Antwort, die die fränkischen Gesandten mit einiger Verzögerung zurückbrachten, soll der damaszenische Regent den Franken vorgeworfen haben, entgegen dem Bündnis (*foedus*) einen treubrüchigen und aufrührerischen *servus* zu schützen, und angeboten haben, das Bündnis beizubehalten und die den Franken entstandenen Kosten zu erstatten. Balduin III. habe Önör daraufhin einem „gemeinschaftlichen Beschluß" gemäß wissen lassen, es sei keineswegs beabsichtigt, das Bündnis zu brechen. Da aber jemandem, der seine Hoffnung auf die Franken setze, die Unterstützung nicht entzogen

442 b. al-Qalānisī und Wilhelm v. Tyrus (wie Anm. 441).

443 Zum Feldzug besonders R. Röhricht, Jerusalem, S. 238-241; R. Grousset, Histoire, Bd. 2, S. 211-225; N. Elisséeff, Nūr ad-Dīn, Bd. 2, S. 403-406. Vgl. auch H.E. Mayer, Melisende, S. 122-124.

444 Wilhelm v. Tyrus, XVI, VIII, S. 715-717.

werden dürfe, wolle man sich damit begnügen, den Gouverneur (*wālī*) wieder in Buṣrā einzusetzen und ihn dann einer Behandlung gemäß seiner Verdienste und den Landesgesetzen (*patriis legibus*) überlassen. „Wir werden ..., sei es auf dem Hin-, sei es auf dem Rückmarsch, vermeiden, dem damaszenischen König, unserem Freund, ... Schaden zuzufügen“ [445].

Auch Ibn al-Qalānisī war bekannt, daß die Franken mit Önör verhandelten, um den Konflikt friedlich beizulegen [446]. Damaskus habe jedoch die gestellten Forderungen nicht angenommen und wegen der fränkischen Rüstungen Nūr ad-Dīn von Aleppo um Hilfe gebeten. Nach Wilhelm von Tyrus sollen es aber nicht die Damaszener gewesen sein, an denen eine friedliche Beilegung des Streites gescheitert sei. Önör, davon war Wilhelm überzeugt, war aus Angst vor Nūr ad-Dīn dringend an einem freundschaftlichen Verhältnis zum Königreich Jerusalem interessiert und hätte sich in den nachfolgenden Kämpfen mit den Franken weniger feindlich gezeigt, wenn er Gewalt über seine auswärtigen Alliierten gehabt hätte. Die fränkischen Führer ihrerseits seien im Gegenteil durch einen vom einfachen Volk (*plebs, populus*) im eigenen Heerlager entfachten Tumult zum Angriff gezwungen worden. Die *plebs* habe den Überbringer der Botschaft des Önör, einen arabischsprachigen Gefolgsmann des Königs namens Bernhard Vacher, des Verrats bezichtigt, bedingungslose Unterstützung für Altıntāš und die Auslieferung von Buṣrā gefordert [447]. Die unglücklich verlaufene Unternehmung in den Ḥaurān kam demnach nicht in Folge eines bestimmten politischen Kalküls, sondern nur auf Druck der nichtritterlichen Kämpfer des Heerbannes zustande.

Aus den Berichten der beiden Zeitgenossen Wilhelm von Tyrus und Ibn al-Qalānisī lassen sich mehrere Schlüsse ziehen:

— Bis ins Frühjahr 1147 hatte der 1140 zwischen Jerusalem und Damaskus abgeschlossene Vertrag volle Gültigkeit. Er galt offensichtlich auf längere Dauer und war möglicherweise nach dem Regierungsantritt Balduins III. 1143 oder 1144 erneuert worden [448].

---

[445] Wilhelm v. Tyrus, XVI, VIII, S. 717: *Nos enim sive in eundo, sive in redeundo, regi Damasceno amico nostro, omnino auctore Domini, sicut tenemur, declinabimus injuriam irrogare.*

[446] b. al-Qalānisī, S. 289: *al-murāsalāt mutaraddida min al-Afranǧ ilā Mu'īn ad-Dīn bi-'l-mas'ala wa-'t-talaṭṭuf fī iṣlāḥ al-amr....*

[447] Wilhelm v.Tyrus, XVI, IX, S. 718.

[448] Daraufhin deutet Wilhelms Formulierung (XVI, VIII, S. 716): *Ainardus, cum domino rege, sicut et cum patre ejus foedus prius inierat, et pacem temporalem....*

— Die geplante Unterstützung für Altıntāš erforderte eine feierliche und fristgerechte Aufkündigung des Vertrages. Die Notwendigkeit dazu kann entweder auf einer entsprechenden Klausel des Abkommens beruht oder aber den Franken zumindest moralisch geboten geschienen haben (*oportet eum praemoneri ...*). In der lateinischen Chronik des Erzbischofs von Tyrus werden hier exakt die im zeitgenössischen islamischen Recht ḥanafītischer Ausprägung geläufigen Bedingungen der Vertragsauflösung referiert, wie noch zu zeigen sein wird. Gegenüber dieser Auffassung fand der Gedanke, ein Vertrag mit Ungläubigen sei eo ipso rechtsunwirksam und jederzeit zu brechen, keinen Raum. Der Vorwurf des Önör an die Christen, ungebührlicherweise einen Rebellen gegen seinen Herrn schützen zu wollen, verrät dagegen die Parallelität der aus der gemeinsamen ritterlichen Lebenswelt stammenden Denkstrukturen auf beiden Seiten, selbst wenn Wilhelm von Tyrus Önör dieses Argument in den Mund gelegt haben sollte.

— Die Führung des Königreichs Jerusalem war nach dem Wegfall der zengīdischen Bedrohung und der Neuorientierung der damaszenischen Politik 1146 um eines konkreten politischen Ziels willen — der direkten Beherrschung oder zumindest der Errichtung einer Art fränkischer Einflußzone über den Ḥaurān — bereit zum Konflikt mit Damaskus. Önör dagegen wollte den Frieden zwischen Damaskus und Jerusalem beibehalten, um nicht Nūr ad-Dīn um Hilfe bitten zu müssen und damit einem neuen zengīdischen Vorstoß nach Südsyrien den Weg zu ebnen. Vermutlich hat Önör gegenüber der fränkischen Gesandtschaft im Sinne des „Kein Platz (*lā maqām)*"- Gedankens argumentiert, denn nur so ist es zu erklären, daß nach der Rückkehr der Delegation aus Damaskus auch im Kreise der Haute Cour des Königreichs Jerusalem die Befürworter einer Kompromißlösung die Oberhand gewannen.

— Daß sich der Ausbruch der Feindseligkeiten dennoch nicht verhindern ließ, war eine Folge des Umstandes, daß sich nach dem Aufrufen des Heerbannes, d.h. aller waffenfähiger Franken, die Entscheidung über Krieg und Frieden nicht mehr auf den Königshof oder die Haute Cour beschränken ließ. In der Haltung der *plebs* zeigten sich zwei Momente, die der durch den „Kein Platz (*lā maqām*)"-Gedanken motivierten Modus vivendi-Diplomatie der aristokratischen Führung des Königreichs zuwiderliefen und 1147 sogar die Oberhand gewannen: die Begeisterung für den Kampf gegen die Ungläubigen und das finanzielle Interesse der einfachen Leute, die darauf angewiesen waren, die durch die Aufrufung des Heerbannes für sie angefallenen hohen Kosten durch Beutemachen wiederauszugleichen[449].

Es waren dieselben beiden Gesichtspunkte, die bereits im ersten Jahrzehnt des 12. Jahrhunderts zum Interessenkonflikt zwischen König Balduin I. und den Pilgern europäischer Kreuzfahrerflotten bei der Frage der Politik gegenüber den muslimischen Küstenstädten beigetragen hatten und die immer wieder wirksam wurden, wenn Jerusalem von grossen organisierten Pilgergruppen aufgesucht wurde[450]. Das Beispiel von 1147 verdeutlicht, daß derselbe Interessenkonflikt auch zwischen dem Königshof und der nichtnobilitären *plebs* des Königreiches selber ausbrechen konnte. Allerdings bestand dazu, da nach der Konsolidierung des Jerusalemer Gebietsbestandes der Heerbann kaum noch zusammengerufen wurde und zur Durchführung fränkischer Feldzüge die vom Lehnswesen geprägte Heeresverfassung und der Kreis königlicher Soldritter genügend Kämpfer bereitstellte, nur wenig Anlaß. Schon ein Jahr später, 1148, stellte das Eintreffen der Heere des zweiten Kreuzzuges in Palästina das Königreich Jerusalem vor ähnliche Probleme:

Der eigentliche Auslöser des zweiten Kreuzzuges ist bekanntlich die Eroberung von Edessa/ar-Ruhā durch Zengī am 25. Dezember 1144 gewesen. Die Gesandtschaften, die 1145 im Abendland um Beistand nachsuchten, kamen beide aus Nordsyrien[451], und auch die am ersten Dezember 1145 von Papst Eugen III. an die Franzosen und Italiener gerichtete Bulle *Quantum praedecessores* begründete den Aufruf zum Kreuzzug mit dem Verlust von Edessa/ar-Ruhā[452]. Es ist äußerst unwahrscheinlich, daß, falls überhaupt Gesandte aus Jerusalem mit Hilferufen nach Europa gereist sein sollten, der Inhalt ihrer Botschaften unter dem Motto *Hilfe für das Königreich* und nicht *für Nordsyrien* gestanden hat. Selbst der deutsche König Konrad III. sprach noch Anfang 1148 in einem in Konstantinopel an Abt Wibald von Stablo gerichteten Brief

---

[449] Vgl. H.E. Mayer, Melisende, S. 123.

[450] Vgl. S. 104-105.

[451] Bes. B. Kugler, Studien zur Geschichte des zweiten Kreuzzuges, Stuttgart 1866, S. 82-83, Anm. 54; R. Röhricht, Beiträge zur Geschichte der Kreuzzüge, Bd. 2, Berlin 1878, ND Aalen 1967, S. 93, Anm. 4; W. Bernhardi, Konrad III, 2. Teil. 1146-1152, Leipzig 1883 (JbbDG), S. 517, und R. Röhricht, Jerusalem, S. 245-246, Anm. 2. Siehe auch oben, S. 195 und Anm. 434.

[452] Jaffé-Löwenfeld, Bd. 2, Nr. 8796, S. 26, und die zweite Version derselben Bulle (vom 1.3.1146) Nr. 8876, S. 31, ed. P. Rassow, in: NA 45 (1924), S. 302-305; Otto v. Freising, Gesta, I, 36, S. 201 (danach soll das Ziel des Papstes wie schon 1095 das Urbans II. die Union mit der Ostkirche gewesen sein). Zum Ganzen: G. Constable, The Second Crusade as Seen by Contemporaries, in: Traditio 9 (1953) S. 213-279, hier 248-254.

die Absicht aus, Edessa/ar-Ruhā befreien zu wollen — allerdings erst nach dem Besuch von Jerusalem und erst nachdem er dort ein neues Heer gesammelt habe[453]. Die in diesem Schreiben schon angedeutete Tendenz, anstelle der Rückeroberung der verlorenen nordsyrischen Gebiete ganz allgemein vom Heidenkampf und besonders von Jerusalem als Ziel des Kreuzzugs zu sprechen, war an anderer Stelle bereits etwas eher angeklungen: nämlich in der Argumentation der Mehrheit der französischen Kreuzfahrer, die im Oktober 1147 gegen die Eroberung von Konstantinopel und für den Marsch nach Jerusalem gestimmt hatten[454]. Die provenzalischen Pilger unter Graf Alfons Jordan von Toulouse reisten sogar unmittelbar auf dem Seeweg nach Südsyrien, ohne sich für Operationen gegen Edessa/ar-Ruhā bereitzuhalten[455]. Und Wilhelm von Tyrus berichtete, daß der Plan des Fürsten von Antiochia, mit Hilfe französischer Kreuzfahrer Aleppo, Šaizar und andere Gebiete zu erobern, in erster Linie an dem unwiderruflichen Vorsatz König Ludwigs VII. von Frankreich gescheitert sei, Jerusalem zu besuchen[456]. Bezeichnenderweise wurde ihm erst später, als Ludwig VII. Antiochia/Anṭākiya bereits in Richtung Süden verlassen hatte, Patriarch Fulcher von Jerusalem entgegengesandt, um offiziell eine Einladung in das Königreich auszusprechen[457]. Alle Quellen belegen, daß vor allem die Sehnsucht der Europäer nach den Heiligen Stätten und weniger verwandtschaftliche Bindungen (etwa die der Provenzalen nach Tripolis), politische Ereignisse — wie der Streit zwischen König Ludwig VII. und Raimund von Antiochia — oder gar ein Ruf aus dem Königreich den Ausschlag für die Aufgabe des ursprüng-

---

453 Wibaldi epistolae, in: Monumenta Corbeiensia, Nr. 78, S. 153. Vgl. B. Kugler, Zweiter Kreuzzug, S. 183-184.

454 Odo v. Deuil, IV, S. 48: *Visitare sepulchrum Domini convenimus, nos et ipse, et nostra crimina, praecepto summi pontificis, paganorum sanguine vel conversatione delere.*

455 Chronicon Turonense, in: RHGF, ed. Bouquet, Bd. 12, S. 473-474. Vgl. Cl. Devic/ J. Vaissete u.a., Histoire générale de Languedoc, Bd. 3, Toulouse 1872, (ND Osnabrück 1973), S. 754.

456 Wilhelm v. Tyrus, XVI, XXVII, S. 752. Ludwig hatte vermutlich von Anfang an hauptsächlich eine Pilgerfahrt nach Jerusalem beabsichtigt. Es war Bernhard von Clairvaux' Werk, aus der vom König beabsichtigten (Buß-) Wallfahrt nach dem Fall von Edessa/ar-Ruhā einen allgemeinen Kreuzzug zu machen. Vgl. A. Grabois, The Crusade of Louis VII: A Reconsideration, in: Crusade and Settlement, ed. P. W. Edbury, Cardiff 1985, S. 94-104.

457 Wilhelm v.Tyrus, XVI, XXIX, S. 755-756. Die Darstellung von V.G. Berry, The Second Crusade, in: K.M. Setton (Hrsg.), History, Bd. 1, S. 463-512, hier S. 504, könnte zu dem falschen Schluß verleiten, das französische Heer sei Fürst Raimund durch die Jerusalemer abgeworben worden. Es entspricht allerdings der Darstellung Wilhelms v. Tyrus, daß sich auch Joscelin II. von Edessa und Raimund II. von Tripolis um französische Hilfe bemühten.

lichen Zieles Edessa/ar-Ruhā zugunsten von Jerusalem gab[458].

Diese Entwicklung — daß sich der Kreuzzug nun plötzlich nach Südstatt nach Nordsyrien wendete — mußte am Jerusalemer Hof Überraschung auslösen. Dennoch kann kein Rede davon sein, daß der Zuzug der Kreuzfahrer dem Königreich von vornherein nicht ins Konzept gepaßt hätte[459]. Bereits im April oder Mai 1147 scheint Balduin III. von Jerusalem zusammen mit dem Patriarchen und den Templern den deutschen König und Kreuzfahrer Konrad III. für ein Unternehmen gegen Damaskus gewonnen zu haben[460]. Jerusalem wurde zwar im Frühjahr 1148 von keiner Seite bedroht[461], jedoch war das Verhältnis zu Damaskus nach dem Feldzug in den Ḥaurān vom Vorjahr noch ungeklärt, und der junge König Balduin III. mochte darauf gehofft haben, durch eine erfolgreiche Unternehmung seine geschwächte Position gegenüber seiner mitregierenden Mutter Melisende stärken zu können[462]. Wenig später, auf der Versammlung von Palma bei Accon/ʿAkkā am 24. Juni, soll sich Konrad III. allerdings von Graf Dietrich von Flandern und einer

---

458 In der Kreuzzugpropaganda war Jerusalem, anders als Edessa/ar-Ruhā, als Marschziel meist ungenannt geblieben. Die Erwähnung der *terra sancta* z.B. in der Predigt Bernhards von Clairvaux hat aber, wie schon 1095-1098, angesichts der Massenbegeisterung Jerusalem in den Vordergrund gespielt. Vgl. S. Bernardi Abb. Clarae-Vallensis epistola CXIII, in: MPL Bd. 182, Sp. 256-259, hier Sp. 257; B. Kugler, Zweiter Kreuzzug, S. 92-101, und V.G. Berry, Second Crusade, S. 471-472. Mit der „Umleitung" des Kreuzzuges nach Damaskus hat sich zuletzt R. Hiestand, „Kaiser" Konrad III., der zweite Kreuzzug und ein verlorenes Diplom für den Berg Thabor, in: DA 35 (1979), S. 82-126, hier S. 83-93, beschäftigt. Ich kann Hiestand auf Grund der dargestellten Quellenlage nicht darin zustimmen, daß Ludwig VII. erst im Königreich Jerusalem davon abgebracht worden sei, Edessa/ar-Ruhā anzugreifen.

459 So noch H.E. Mayer, Geschichte, S. 106-107. Vgl. Dazu J. Foray, The Failure of the Siege of Damascus in 1148, in: JMH 10 (1984), S. 13-23, hier S. 18-19. H.E. Mayer hat seine Meinung später modifiziert. Vgl. ders., Melisende, S. 127-128.

460 Otto v. Freising, Gesta, I, 63, S. 265. Die Annales Herbipolenses, in: MGSS, Bd. 16, S. 7, nennen den Patriarchen nicht.

461 Vgl. Gerhoh v. Reichersberg, in: MG lib. de lite, Bd. 3, I, LX, S. 376-377: *(Ierosolimam) quam adeo liberam ab hostium incursu invenerunt, sicut ore proprio rex Romanorum testatus est, quod numquam fere maiori pace potiri potuerunt, excepto quod sicut semper inter confinia gentium diversarum excursus et prede agi solent ...*

462 Das vermutet H.E. Mayer, Melisende, S. 127-128. Mayer hat (S. 125-126) auf eine königliche Schenkung an den Hospitaliterorden aufmerksam gemacht (RRH Nr.245), die *ad provectum et ad ampliationem et liberationem regni Ierosolimitani* gemacht wurde, und sie in Zusammenhang mit dem Kreuzzug und einem eventuellen Unternehmen zur Rückeroberung von Edessa/ar-Ruhā gebracht. Hätte der Orden damit nicht auch für den Kampf gegen Damaskus gewonnen werden können?

Gruppe deutscher und französischer Kreuzfahrer überzeugen haben lassen, die die sofortige Heimkehr nach Europa forderten. Den Ausschlag gegen diese Option und für eine Unternehmung gegen Damaskus gab anscheinend zuletzt die von den flammenden Plädoyers des Bischofs von Langres beeinflußte Haltung Ludwigs VII. von Frankreich[463]. Als Treffpunkt des christlichen Heeres wurde Tiberias/Ṭabarīya bestimmt; vor Damaskus erschien die Armee in den ersten Tagen des Monats Rabīʿ I. 543 a.h. (ab dem 20. Juli 1148).

Trotz der Vielfalt der zur Verfügung stehenden Quellen läßt sich nicht mehr klären, welchen Anteil der Jerusalemer Hof und die orientfränkische Ritterschaft an diesem Beschluß hatten, ob Balduin III. etwa den Feldzug unterstützte und sich damit gegen die Partei seiner Mutter Melisende durchzusetzen vermochte. Das zugkräftigste Argument für den Angriff scheint die Rede des Bischofs von Langres, also eines Kreuzfahrers, enthalten zu haben, nämlich, daß man etwas unternehmen müsse, „was Gottes, des Königs (sc. Ludwigs VII.) und des Reiches der Franken ..." würdig sei[464]. Damit ist bezeugt, daß der eigentliche Impetus von den Franzosen ausging, aber noch nicht geklärt, warum Damaskus und nicht etwa Ascalon/ʿAsqalān zum Angriffsziel erkoren wurde. Man kann vermuten, daß zumindest e i n e Partei der Jerusalemer Ritterschaft, vielleicht um Balduin III., trotz der Erfahrungen von 1147 die französische Position unterstützte[465]. Diese Haltung würde im Einklang mit der Feststellung stehen, daß die Allianz mit Damaskus lediglich der gemeinsamen Bedrohung durch die Zengīden wegen geschlossen worden war und nach dem Tod des Zengī und der Neuorientierung der damaszenischen Politik 1146 zunächst nicht mehr geboten schien. In Jerusalem war mit Sicherheit der Dissens zwischen Nūr ad-Dīn Maḥmūd von Aleppo und seinem älteren und mächtigeren Bruder Saif ad-Dīn Ġāzī von Mossul bekannt, der vermutlich irgendwann im Jahr 1147 und

---

463 John of Salisbury, Historia pontificalis, XXIV, S. 55-56. Zum Tag von Palma vgl. daneben Otto v. Freising, Gesta, I, 64, S. 265, und Wilhelm v. Tyrus, XVII, I-II, S. 758-761, der die Meinungsverschiedenheiten unter den Franken bestätigt; ebenso b. al-Qalānisī, S. 298. Der Bericht Johns widerlegt m.E. die Ansicht R. Hiestands, Konrad III., daß der Beschluß, Damaskus anzugreifen, durch die Vereinbarung Balduins mit Konrad im April oder Mai präjudiziert worden sei und in Palma nur noch Ludwig VII. und die Jerusalemer Großen ihre Zustimmung hätten geben müssen.

464 John of Salisbury, ebda..

465 Gerhoh v. Reichersberg, in: MG. lib. de lite, Bd. 3, I, LXI, S. 377, bezeichnet den Angriffsbeschluß als Aktionismus: *ne pro nichilo motus ille factus videretur.*

nur vorläufig mit der Unterordnung des Herren von Aleppo beigelegt worden war[466]. Wahrscheinlich gingen beide zengīdischen Brüder auch im Sommer 1148 bei ihrem Vormarsch nach Damaskus getrennt vor[467]. Daß ein Angriff auf Damaskus zum Konflikt mit der vereinigten Macht der Zengīden führen würde, brauchte also nicht unbedingt befürchtet werden, denn eine Intervention von Saif ad-Dīn Ġāzī von Mossul in Syrien mußte seinem Bruder in Aleppo als ebenso bedrohlich wie den Franken oder etwa Damaskus erscheinen[468]. Auch bestand nach dem Jerusalemer Feldzug in den Ḥaurān von 1147 in Südsyrien kein formeller Friedensvertrag mit Damaskus, selbst wenn die Chronistik keine Kämpfe zwischen Damaskus und Jerusalem überliefert hat[469].

Die Kämpfe vor Damaskus, die Aufgabe der Stellungen in den Plantagen der Ġūṭa-Oase östlich der Stadt durch die verbündeten Kreuzfahrer und Orientfranken sowie der Abzug der Belagerer nach wenigen Tagen sind in der Literatur in extenso dargestellt worden und interessieren an dieser Stelle nicht[470]. Anders verhält es sich mit der Frage danach, welche diplomatischen Gegenmaßnahmen durch den damaszenischen Regenten Önör ergriffen wurden und welche Haltung die Orientfranken während der Belagerung einnahmen:

Der zeitgenössische syrische Chronist Michael (1126-1199) berichtet, „die Einwohner von Damaskus" hätten Balduin III. während der Belagerung vor der Eroberung von Damaskus durch Konrad III. gewarnt:

---

466 Einzige Quelle dafür ist b. al-Aṯīr, Bāhir, S. 87-88. Das Treffen der beiden Fürsten wird nicht datiert, aber zwischen dem Abschnitt über die Erhebung in Edessa/ar-Ruhā im Herbst 1146 und dem über den zweiten Kreuzzug geschildert.

467 b. al-Qalānisī, S. 300, erwähnt beide Heere als getrennt; b. al-Aṯīr, Bāhir, S. 89, berichtet, Ġāzī habe von Ḥimṣ aus die Franken allein bedroht. Erst in seiner späteren Weltchronik (Kāmil, Bd. 11, S. 130) ist die Bemerkung eingeschoben, Ġāzī habe sich zuvor mit Nūr ad-Dīn vereinigt. b. al-ʿAdīm, Zubda, Bd. 2, S. 291, glaubte, daß sich beide Heere in Ḥimṣ trafen.

468 ʿImād ad-Dīn al-Qāḍī al-Iṣfahānī, al-Bustān al-Ǧāmiʿ, S. 128, meldet, daß Ġāzī Ḥimṣ in Besitz genommen habe. Es gehörte seinem Bruder Nūr ad-Dīn. Bei b. al-Aṯīr, Bāhir, S. 88, wird trotz aller schönen Worte über die Übereinkunft der Brüder das Mißtrauen des Nūr ad-Dīn gegen Saif ad-Dīn Ġāzī deutlich. Mit seinen Erfolgen gegen Antiochia (1147) gefährdete Nūr ad-Dīn das Königreich nicht. Vgl. Cl. Cahen, Syrie, S. 380.

469 Vgl. Anm 461. Die Ruhe zwischen Damaskus und Jerusalem entsprach der von Önör verfolgten Politik der Äquidistanz. Nach dem Ḥaurān-Feldzug von 1147 kam es zur beschriebenen Übersendung von Einsetzungsdiplomen (*tašrīfāt*) aus Bagdad und Kairo. Vgl. S. 193 und 198.

470 Bes. B. Kugler, Zweiter Kreuzzug, S. 190-201; W. Bernhardi, Konrad III., S. 665-679; R. Röhricht, Jerusalem, S. 250-256; R. Grousset, Histoire, Bd.2, S. 255-268; St. Run-

„Stell Dir nicht vor, daß, wenn dieser große König in dieser Stadt herrschen wird, er Dich in Jerusalem herrschen lassen wird. Wir sind besser für Dich als jene. Nimm das Geld von uns an und schicke jene über das Meer zurück, um Dein Königreich zu bewahren". Tatsächlich sollen 200000 Golddīnāre an Balduin III. und 100000 an Fürst Elinand von Tiberias gezahlt worden sein, sich später aber als Falschgeld herausgestellt haben[471]. Auch Wilhelm von Tyrus (um 1130-1186) stieß bei seinen Nachforschungen über die Gründe des Scheiterns der Belagerung auf die Behauptung, es sei zu einer Bestechung mit Falschgeld gekommen[472], und nicht anders hat es Gerhoh von Reichersberg gehört, der daneben ganz allgemein die Habgier der syrischen Franken beklagte[473]. Wilhelm erfuhr darüber hinaus, daß die Fürsten des Königreichs Jerusalem den Erfolg der Belagerung hätten vereiteln wollen, da dem Grafen von Flandern die Herrschaft über Damaskus versprochen worden sein soll[474]. Schließlich findet sich in den beiden Werken des Ibn al-Aṯīr (555-630 a.h./1160-1233) die Mitteilung, Önör habe die Orientfranken (*Faranğ aš-Ša'm*) davor gewarnt, daß ihre europäischen Alliierten (*al-Faranğ al-ġurabā'*) ihre Gebiete in Besitz nähmen, wenn sie erst Damaskus eroberten[475]. Daß der Erfolg der Belagerung durch die Obstruktion oder sogar den Verrat der syrischen Franken verhindert wurde — wobei unterschiedlich der König, der Patriarch, die Templer oder die Jerusalemer insgesamt beschuldigt werden —, ist der beinahe einhellige Tenor der zeitgenössischen abendländischen Chronistik[476].

---

ciman, History Bd.2, S. 281-285; N. Elisséeff, Nūr ad-Dīn, Bd.2, S. 418-423, und J. Forey, Failure, S.13-23.

471 Michael Syrus, S. 276. Ähnlich auch die spätere syrische Chronistik: Barhebraeus, S. 274, und Chronicon ad A.C. 1234 pertinens, trad. A. Abouna, Bd. 2, S. 88. Letzteres bietet eine verworrene Darstellung und läßt die Initiative von Balduin III. ausgehen.

472 Dies scheint ein Brief Konrads III. an Wibald v. Stablo zu bestätigen. Vgl. Wibaldi epistolae, in: Monumenta Corbeiensia, Nr. 144, S. 265-266.

473 Wilhelm v.Tyrus, XVII, VII, S. 768-769; Gerhoh v. Reichersberg, in: MG lib. de lite, Bd. 3, I, LXI, S. 377.

474 Wilhelm v. Tyrus, ebda..

475 b. al-Aṯīr, Bāhir, S. 89; ders., Kāmil, Bd. 11, S. 130. Von einer Bestechung wie bei Michael Syrus wird nicht gesprochen, allerdings soll den Franken Paneas/Bāniyās ausgeliefert worden sein. Hier handelt es sich um eine Verwechslung, der genannte Ort war bereits 1140 beim Anschluß der Allianz zwischen Damaskus und Jerusalem an die Franken gefallen. Michael Syrus und b. al-Aṯīr hatten vermutlich eine gemeinsame zeitgenössische Quelle, vgl. oben S. 116, Anm. 127.

476 Vgl. dazu W. Bernhardi, Konrad III., S. 675-677, Anm. 37; R. Röhricht, Beiträge, S. 101, Anm. 76, und J. Forey, Failure, bes. S. 14-16.

Zusätzlich dazu berichtet Ibn al-Aṯīr (555-630 a.h./1160-1233), ohne in den lateinischen Quellen darin bestätigt zu werden, aber noch davon, daß Önör sich an Saif ad-Dīn Ġāzī von Mossul um Hilfe gewandt habe. Ġāzī sei mit seinen Truppen bis Ḥimṣ gezogen und habe dem damaszenischen Regenten die Botschaft überbringen lassen, er sei bereit, gegen die Franken zu kämpfen. Damaskus solle allerdings zuvor seinen Vertrauensleuten übergeben werden, damit sein Heer im Fall einer Niederlage in der Stadt Zuflucht finden könne. Ġāzī habe geschworen, Damaskus nicht in Besitz nehmen und nicht länger als bis zum Abzug der Belagerer bleiben zu wollen. Önör soll darauf die europäischen Kreuzfahrer vor der unüberwindlichen Macht des Ġāzī gewarnt und gedroht haben, Damaskus an Ġāzī auszuliefern. Den Orientfranken habe er, wie erwähnt, bedeutet, sie würden ihr Gebiet an die europäischen Kreuzfahrer verlieren, oder, wenn er Damaskus an den Herrn von Mossul übergäbe, keine Möglichkeit mehr haben, Ġāzī von Jerusalem abzuhalten. Etwas später heißt es: Die Orientfranken „versammelten sich mit dem König der Deutschen, machten ihm vor ... Ġāzī, vor der Menge seiner Heere, dem Aufeinanderfolgen seiner Verstärkungen Angst und davor, daß er vielleicht Damaskus in Besitz nähme. Dann bliebe ihnen mit ihm zusammen kein Platz (*lā maqām*) im Land an der Küste (*bi 's-sāḥil*)“ [477]. Konrad habe angesichts dieser Argumente dem Abzug zugestimmt.

Obwohl die Version des Ibn al-Aṯīr, was zu Recht kritisiert worden ist, vermutlich legendenhafte Passagen enthält und den Anteil der Zengīden am Mißlingen des zweiten Kreuzzugs möglicherweise übertreibt, ist sie im Kern weder unhistorisch noch gar unplausibel [478]. Ein wichtiger

---

[477] b. al-Aṯīr, Bāhir, S. 89. Ähnlich ders., Kāmil, Bd. 11, S. 130-131. Die Übersetzung entspricht der ersten Quelle. Sibṭ b. al-Ǧauzī, ed. Ḥaidarābād, Bd. VIII, 1, S. 197-199, folgt entweder b. al-Aṯīr direkt oder einer gemeinsamen Quelle.

[478] J. Forey, Failure, S. 17-18, hat den Bericht des b. al-Aṯīr verworfen, da b. al-Qalānisī weder von einem Hilferuf an die Zengīden noch von ihrer Anwesenheit in Südsyrien vor Mitte September, also eineinhalb Monate nach Ende der Belagerung, berichtet. Die Forderung des Ġāzī nach der Auslieferung von Damaskus erinnere an eine gleiche Forderung des Kırbōġā von 1098 an den Herrn von Antiochia/Anṭākiya, und Ġāzī habe gar keine Zeit gehabt, rechtzeitig von Mossul nach Syrien zu marschieren. Dem ist zu entgegnen:
1. b. al-Aṯīr kannte die Episode von 1098 nicht. Arabischerseits ist sie (rudimentär) nur bei b. al-ʿAdīm, Zubda, Bd. 2, S. 136, überliefert.
2. Damaskus hatte nach dem Bekanntwerden des fränkischen Angriffsbeschlusses fast vier Wochen Zeit für umfangreiche Rüstungen (vgl. b. al-Qalānisī, S. 298. Sibṭ b. al-Ǧauzī, ed. Ḥaidarābād, Bd. VIII, 1, S. 197, hat darin unrecht, daß Damaskus überrascht worden sei) und kann die Zengīden — wie ja bereits 1147! — durchaus um Hilfe gebeten

Grund für das Scheitern des Angriffs auf Damaskus war sicherlich der entschiedene und bei Teilen der Stadtvebölkerung durch den *ǧihād* - Gedanken inspirierte Widerstand der Belagerten[479]. Es läßt sich demnach nicht bestreiten, daß die beiden zengīdischen Herrscher — ob zu Hilfe gerufen oder nicht — wegen des fränkischen Vordringens mit ihren Truppen nach Südsyrien marschierten. Der ʿirāqische Zeitgenosse Ibn al-Ǧauzī (510-597 a.h./1116-1201) berichtet, Ġāzī selbst habe am fünften Tag der Belagerung von Damaskus bei Ḥamāh gestanden und seine Söhne hätten sich mit 30000 Mann bei Bālis am Euphrat aufgehalten[480]. Daher ist es einsichtig, wenn Önör den Franken mit der Auslieferung von Damaskus an Ġāzī gedroht haben und ihnen unter Rückgriff auf die „Kein Platz (*lā maqām*)" -These klar gemacht haben sollte, daß das Königreich Jerusalem wegen der Sicherheit seiner eigenen Existenz um die Erhaltung eines unabhängigen Damaskus besorgt sein müßte. Selbst wenn man den gesamten Bericht des Ibn al-Aṯīr, wie dies J. Forey getan hat, verwirft und den Abbruch der Belagerung aller lateinischen Augenzeugenberichte ungeachtet allein der Widerstandskraft der Belagerten zuschreibt, ist es nicht zu leugnen, daß die Ankunft der zengīdischen Heere vor Ḥimṣ für Damaskus und Jerusalem eine Bedrohung darstellte. Ob Önör gegenüber den Franken, wie mit absoluter Sicherheit nicht mehr festzustellen ist, das „Kein Platz (*lā maqām*)"-Argument tatsächlich vorbrachte, ist gar nicht entscheidend. Objektiv kam der Vormarsch des Ġāzī der für Damaskus und die fränkischen Herrschaften gefährlichen Lage in der Expansionsphase des Zengī nach 1135 nahe und wurde von den syrischen Franken gewiß so erkannt. Ibn al-Aṯīr

---

haben. Auch wenn die Damaszener zunächst nicht an einen Angriff auf ihre Stadt glaubten, verproviantierten sie sich doch, da sie einen Zug gegen zwei Festungen in der Nähe für wahrscheinlich hielten (b. al-Ǧauzī, Bd. 10, S. 131). Womöglich sind damit Buṣrā und Ṣarḫad gemeint, deren Erwerb den Franken 1147 mißlang.
Da besonders die muslimischen Herrscher Nordsyriens bis ins Frühjahr 1148 wegen des Kreuzzugs Rüstungen unternahmen (b. al-Qalānisī, S. 297), benötigte Ġāzī, als ihn der Hilferuf erreichte, keine Zeit zu Vorbereitungen mehr. Daß er noch in die Kämpfe eingriff, behauptet b. al-Aṯīr nicht. Seine Anwesenheit in Ḥimṣ bestätigen im übrigen noch weitere Quellen aus dem 12. Jahrhundert: ʿImād ad-Dīn al-Qāḍī al-Iṣfahānī, al-Bustān al-Ǧāmiʿ, S. 128, und b. al-Ǧauzī, ebda..

[479] Bekannt ist die Geschichte des Juristen al-Findalāwī und des Asketen al-Ḥalḥūlī, die sich trotz ihres Alters nicht von der Teilnahme am *ǧihād* abbringen ließen und den Märtyrertod fanden: b. al-Qalānisī, S. 298; b. ʿAsākir bei Abū Šāma, Rauḍatain, I, Bd. 1, S. 139-142; Usāma b. Munqiḏ, Iʿtibār, S. 70-71, und E. Sivan, L'Islam, S. 74-75.

[480] b. al-Ǧauzī, Bd. 10, S. 131.

kann also durchaus damit recht haben, daß die syrischen Franken oder aber eine Gruppe unter ihnen den Rückzug mit allen Mitteln durchzusetzen versuchten, um zu verhindern, daß Damaskus in zengīdische Hände fiele.

In diesem Zusammenhang ist es höchst aufschlußreich, daß alle Quellen, gleich welcher Herkunft, von einem Interessenkonflikt zwischen den Orientfranken und ihren europäischen Verbündeten ausgehen, wie er ganz analog bereits 1138 zwischen dem Basileus Johannes Komnenos einerseits sowie dem Fürsten von Antiochia und dem Grafen von Edessa andererseits existiert hatte. Michael Syrus und seine Benutzer, Ibn al-Aṯīr und Wilhelm von Tyrus sprechen davon, daß die Orientfranken (oder eine Gruppe unter ihnen) selbst ohne den Anmarsch des Ġāzī Grund dazu hatten, gegen den Erfolg der Belagerung zu arbeiten, weil sie nämlich die Errichtung eines Fürstentums Damaskus mit einem aus Europa gekommenen Kreuzfahrerfürsten an der Spitze ablehnten[481]. Tatsächlich wäre Damaskus als fränkische Herrschaft aufgrund seiner Größe, seiner wirtschaftlichen und religiösen Bedeutung schon unter einem orientfränkischen Fürsten nur schwer in das Königreich Jerusalem einzuverleiben gewesen. Ein europäischer Kreuzfahrerfürst aber als Herr von Damaskus hätte sich vermutlich kaum mit der Rolle eines Jerusalemer Lehnsmanns abgefunden, sondern Damaskus eher von einem der europäischen Könige oder dem Papst zu Lehen genommen. Die Vormachtstellung des Königreichs Jerusalem unter den fränkischen Herrschaften Syriens wäre in jedem Fall gefährdet und der Status quo zuungunsten Jerusalems verändert worden. Falls die Mitteilung der *Lignages d'Outremer* aus dem 14. und 15. Jahrhundert stimmt, daß dem Herrn von Beirut, Guido II. (ca.1147-1157), die Herrschaft über Damaskus versprochen gewesen sein soll, hätte es neben einem möglichen Kandidaten

---

[481] Wilhelm v. Tyrus, XVII, VII, S. 768-769, der von Augenzeugen informiert wurde, und die Gesta Ludovici VII., in: Historiae Francorum SS ... opera ac studio Andreae Du Chesne, Bd. 4, Lutetiae Parisiorum, S. 390-411, hier S. 408, nannten den Grafen von Flandern als Kandidaten. Seit B. Kugler, Zweiter Kreuzzug, S. 28, Anm.3, der für beide eine gemeinsame, nicht vor 1170 entstandene Quelle annahm (S. 25-31), ist dies für eine Verwechslung mit einer Begebenheit aus dem Jahr 1157 gehalten worden; vgl. S. 209. Aber abgesehen davon, daß Wilhelm v. Tyrus beide Vorfälle durchaus verschieden darstellt, wird der Graf von Flandern nur durch zwei Quellen entlastet: einen Anonymus (B. Kugler, S. 13-15), der kein Augenzeuge war, und John of Salisbury, Historia pontificalis, XXV, S. 58, auch er nicht selber dabei, der seine Informationen z.T. vom Grafen von Flandern selbst bezog (so G. Constable, Second Crusade, S. 274-275). Der Graf wird sich nicht gerade selber der Schuld am Mißlingen der Belagerung bezichtigt haben. Ich habe die Gesta Ludovici nicht selber einsehen, sondern nur durch die Zitate Kuglers zur Kenntnis nehmen können.

aus dem Westen, nämlich Grafen Dietrich von Flandern, auch noch einen syrischen Prätendenten für die neuzugründende Herrschaft gegeben [482]. Sowohl die Angaben über den Grafen von Flandern als auch den Herrn von Beirut sind aber zu unsicher, um die Behauptung wagen zu können, das Scheitern der Feldzüge sei der Opposition einer Partei syrischer Fürsten um Guido II. gegen den von den drei Königen im Belagererheer gebilligten Herrschaftsanspruch Dietrichs von Flandern zuzuschreiben [483].

Leider ist aus den Quellen keine letzte Klarheit darüber zu gewinnen, wie bedeutsam die Rolle des latenten Interessenkonflikts zwischen Europäern und syrischen Franken für das Scheitern der Belagerung von Damaskus wirklich gewesen ist. Es gibt jedoch zwei zeitlich vom zweiten Kreuzzug nicht weit entfernt liegende Beispiele für Auseinandersetzungen zwischen Angehörigen beider Gruppen, die durch das Bemühen orientfränkischer Herrscher um die Wahrung ihres machtpolitischen Status quo bedingt waren:

Im Herbst 1157 scheiterte nach einer Mitteilung des Wilhelm von Tyrus der Versuch einer fränkisch-armenischen Streitmacht, zusammen mit Graf Dietrich von Flandern das durch ein Erdbeben zerstörte Šaizar zu erobern. Der Grund für den Abbruch des Angriffs soll darin bestanden haben, daß der Graf von Flandern sich weigerte, Šaizar nach der Eroberung vom Fürsten von Antiochia zu Lehen zu nehmen [484]. Spätestens 1157 war Graf Dietrich, dem der Chronist Wilhelm die Ambitionen auf Damaskus während des zweiten Kreuzzuges 1148 nachsagte, also bereit, in Syrien zu bleiben und eine Herrschaft zu begründen. Er empfand es allerdings als Minderung seines Rangs als französischer Kronvasall und Reichsfürst, Lehnsmann eines Fürsten und nicht eines Königs zu werden.

Schon vermutlich Ende September oder Anfang Oktober 1148, also

---

[482] Lignages d'Outremer, in: RHC Lois, Bd.2, XX, S. 458: *Pierre fu seignor de Baruth, et le rei li dona Domas ...* Vgl. M.E. Nickerson, The Seigneury of Beirut in the Twelfth Century and the Brisebarre Family of Beirut-Blanchegarde, in: Byzantion 19 (1949), S. 141-185, hier S. 160-161, identifiziert *Pierre* als Guido II. .

[483] Wilhelm v. Tyrus, XVII, VII, S. 768, berichtete von der Zusage durch Konrad III., Ludwig VII. und Balduin III. und der Opposition der Jerusalemer Fürsten gegen den Grafen von Flandern. Die Haltung der vor Damaskus nicht anwesenden Königin Melisende bleibt unerwähnt.

[484] Wilhelm v. Tyrus, XVIII, XVIII, S. 849-851. Zur Belagerung vgl. bes. R. Röhricht, Jerusalem, S. 290-292, und für die arabischen Quellen H. Derenbourg, Ousâma, S. 280-282; Cl. Cahen, Syrie, S. 397-398, und N. Elisséeff, Nūr ad-Dīn, Bd.2, S. 520-522.

direkt nach dem Scheitern der Belagerung von Damaskus, eroberten Önör und Nūr ad-Dīn von Aleppo die zur Grafschaft Tripolis gehörige Burg Arima/al-'Araima. Dort hatte sich Bertrand, ein Vetter Graf Raimunds II. von Tripolis, festgesetzt. Bertrand war zusammen mit seinem Vater Alfons Jordan, dem Grafen von Toulouse, zum Kreuzzug nach Syrien gekommen und hatte, nachdem sein Vater vor dem Feldzug an einer Vergiftung gestorben war [485], vermutlich am Angriff auf Damaskus teilgenommen. Wahrscheinlich hatte Alfons Jordan für sich oder Bertrand Anspruch auf die Grafschaft Tripolis erhoben und wurde deswegen ermordet [486]. Nach Ibn al-Aṯīr (555-630 a.h./1160-1233) und Ibn al-'Adīm (588-660 a.h./1193-1262) sollen die muslimischen Fürsten Arima/al-'Araima jedenfalls im Auftrag Raimunds II. von Tripolis erobert und Bertrand gefangengenommen haben, um dessen Versuch zuvorzukommen, seinen Vetter Raimund II. aus Tripolis zu verdrängen [487]. Die Burg wurde geschleift und Bertrand geriet in islamische Gefangenschaft.

Beide Fälle machen deutlich, daß es nicht nur Probleme der *Akkulturation* waren, die die syrischen Franken von ihren europäischen Alliierten trennten und islamischen Zeitgenossen wie dem Emir Usāma b. Munqiḏ deutlich auffielen [488]. Sie zeigen, daß um die Mitte des 12. Jahrhunderts längst keine Identität der Interessen zwischen den zum Kreuzzug aufbrechenden Europäern und den in Syrien begüterten Franken mehr bestand, deren Staaten islamischen Nachbarherrschaften nicht unbedingt feindlich gegenüberstanden, sondern mit ihnen durch gemeinsame Interessen in einer Art von System syrischer Staatswesen verbunden waren. Grundlage dieser syrischen Interessengemeinschaft war die „Kein Platz (*lā maqām*)" -Theorie, nach der sich die fränkischen Staatswesen nicht würden halten können, wenn eine der bedeutenderen islamischen Herrschaften Syriens in die Hände einer außersyrischen Großmacht fiele. Dieser Gedanke beeinflußte nicht nur die Politik der syrischen Fürsten gegenüber Zengī nach 1135 und Byzanz zwischen 1138 und 1142, sondern wurde von Damaskus 1148 anscheinend auch gegen das Bündnis der europäischen Kreuzfahrer mit dem Königreich Jerusalem

[485] Wilhelm v. Tyrus, XVI, XXVIII, S. 754.

[486] Bes. J. Richard, Comté, S. 7.

[487] b. al-Aṯīr, Bāhir, S. 90; ders., Kāmil, Bd.11, S. 131-132; b. al-'Adīm, Zubda, Bd.2, S. 292. b. al-Qalānisī, S. 300, erwähnt keinen fränkischen Auftrag. Wilhelm v. Tyrus, XVIII, XXV, S. 864, meldete nur die Freilassung Bertrands im Jahr 1159.

[488] Usāma b. Munqiḏ, I'tibār, S. 99, 103-104; H. Derenbourg, Ousâma, S. 473-474.

vorgebracht. In der Eroberung von Arima/al-'Araima durch muslimische Truppen im Auftrag des Grafen von Tripolis wurde der orientfränkisch-europäische Gegensatz und die Qualität der Verbindungen der fränkischen Herrschaften zu ihren muslimischen Nachbarstaatswesen besonders klar. Beispiele für fränkisch-islamische Koalitionen 1148/1149 gab es aber auch in Nordsyrien:

Im Monat Rağab 543 a.h. (November/Dezember 1148) wurde Nūr ad-Dīn von Aleppo bei Yaġrā nordöstlich von Antiochia/Anṭākiya durch Fürst Raimund von Antiochia und dem mit ihm verbündeten kurdischen Emir 'Alī b. Wafā' von Maṣyāf, dem Oberhaupt der syrischen Assassinen/Bāṭinīya, geschlagen[489]. Als der Fürst von Antiochia Ende Juni 1149 bei Nepa/Inab in einer zweiten Schlacht gegen Nūr ad-Dīn umkam, war auch sein Alliierter 'Alī b. Wafā' unter den Toten[490]. Das glücklose Bündnis zwischen Antiochia und den Assassinen/Bāṭinīya, deren Machtbereich im Ǧabal Bahrā abgesehen von Šaizar in Nordsyrien die letzte von Nūr ad-Dīn noch unabhängige islamische Herrschaft darstellte, hatte wie die Allianz zwischen Jerusalem und Damaskus seinen Grund in der zengīdischen Übermacht. Graf Joscelin II. von Edessa, dessen Grafschaft sich nach 1144 auf die Gebiete westlich des Euphratoberlaufs beschränkte, soll in demselben Zeitraum mit Qılıč Arslān b. Mas'ūd von Albistān verbündet gewesen sein. 543 a.h. (22.5.1148-10.5.1149) kam er einem Angriff durch Nūr ad-Dīn dadurch zuvor, daß er seinen Gegner zwischen Aleppo und Hasor/'Azāz persönlich aufsuchte. Joscelin II. erbat einen Waffenstillstand und wurde von Nūr ad-Dīn mit einem Ehrenkleid (*ḫil'a*) ausgezeichnet, was seinen dem Zengīden untergeordneten Rang ausdrückte[491]. Seine Feindschaft zu Raimund von Antiochia und dieser Vertrag waren die Ursachen dafür, daß er den Antiochenern 1148/1149 nicht gegen Nūr ad-Dīn zu Hilfe kam. Die Bündnispolitik des Grafen verhinderte aber nicht, daß seine Herrschaft wenig später — wie Wilhelm von Tyrus schrieb — durch die Angriffe

[489] b. al-Qalānisī, S. 302-303; b. al-'Adīm, Zubda, Bd.2, S. 292. Vgl. Cl.Cahen, Syrie, S. 382-383, der auch b. al-Furāt, Cod. Vindob. A.F. 118, fol. 194v-195r zitiert; N. Elisséeff, Nūr ad-Dīn, Bd.2, S. 426-428.

[490] Bes. Michael Syrus, S. 288-289; Chronicon ad A.C. 1234 pertinens, trad. A. Abouna, Bd.2, S. 115. Vgl. Cl.Cahen, Syrie, S. 383-384, und N. Elisséeff, Nūr ad-Dīn, Bd.2, S. 430-432.

[491] Bes. Michael Syrus, S. 282 und 290. Vgl. b. al-Furāt, Cod. Vindob. A.F. 118, fol. 189r (nach Cl. Cahen, Syrie, S. 382), und R.L. Nicholson, Joscelyn III and the Fall of the Crusader States 1134-1199, Leiden 1973, S. 14-15.

der Rūmseldschuken und des Nūr ad-Dīn wie zwischen zwei Mühlsteinen zerrieben wurde und 1150 nach der Gefangennahme des Grafen aufgegeben werden mußte [492].

In Südsyrien war das Zusammenwirken zwischen Franken und Muslimen gegen Zengī und seine Nachfolger lange Zeit von mehr Erfolg gekrönt als im Norden, da das Königreich Jerusalem und Damaskus über ungleich größere Machtmittel verfügten als die nordsyrischen Allierten. Zudem hatten die Zengīden südlich von Ḥimṣ keine Besitzungen.

Faßt man aber das Verhalten der Orientfranken während des zweiten Kreuzzuges, die Affäre um die Eroberung von Arima/al-ʿAraima, das Bündnis der Assassinen/Bāṭinīya mit dem Fürsten von Antiochia und die Vertragspolitik Joscelins II. zusammen, so ergibt sich, daß 1148/1149 alle fränkischen Staaten Syriens in engen Beziehungen zu islamischen Nachbarn standen. Dieser Umstand verdeutlicht am besten, daß der zweite Kreuzzug nicht d i e große Konfrontation zwischen Christentum und Islam darstellte, als die er im Abendland propagiert worden war und sein Scheitern — aus europäischer Sicht — keinen „Betriebsunfall" darstellte. Die zwölf Monate vom Juli 1148 bis zum Juni 1149 sind die Zeit, in der das Maß der politischen Integration der fränkischen Staaten in den Orient vielleicht am deutlichsten wird. Ihrem Charakter nach aber waren alle Allianzen Zweckbündnisse, die die bestehenden Staatswesen gegen verschiedene expansive Ansprüche schützen sollten: gegen die Zengīden, aber auch gegen von den Kreuzfahrern ausgehende Bestrebungen zur Veränderung des Status quo. Schließlich wird in dem angesprochenen Zeitraum die soziale und zum Teil auch die ethnische Differenziertheit der Befürworter und Gegner der Bündnispolitik in exemplarischer Weise erkennbar.

Es stellt sich nun die Frage, wie sich die Beziehungen der großen Herrschaften Syriens nach dem Ende des zweiten Kreuzzugs fortentwickelten:

Zu Nūr ad-Dīn von Aleppo hatte Önör seit 1147 im Rahmen seiner Politik der Äquidistanz zu Zengīden und Franken gute Beziehungen unterhalten. Nūr ad-Dīn war, wie schon gezeigt worden ist, zunächst in einer schwächeren Position als sein Bruder Ġāzī von Mossul und diesem gegenüber ängstlich auf seine Unabhängigkeit bedacht. Bei der Eroberung von Arima/al-ʿAraima 1148 wirkten Önör und Nūr ad-Dīn zusammen, und in der Schlacht bei Nepa/Inab gegen Raimund von An-

[492] Wilhelm v. Tyrus, XVII, XV, S. 784. Zur Auflösung der Grafschaft vgl. am besten R.L. Nicholson, Joscelyn III, S. 21-27.

tiochia und ʿAlī b. Wafāʾ 1149 kämpfte auf zengīdischer Seite ein damaszenisches Kontingent mit. Auch das Verhältnis zwischen Damaskus und Jerusalem wurde nach einigen Kämpfen wieder vertraglich geregelt, als beide Seiten im Muḥarram 544 a.h. (Mai/Juni 1149) auf fränkischen Wunsch den alten Waffenstillstandsvertrag für zwei Jahre erneuerten, beeideten und eine Geldzahlung vereinbarten[493]. Önör kehrte also nach dem Kreuzzug zu genau jener Politik zurück, die er seit dem Tode des Zengī 1146 verfolgt hatte. Das ist umso interessanter, als die Kämpfe gegen die Franken 1147 im Ḥaurān und 1148 während der Belagerung von Damaskus von zeitgenössischen Dichtern als *ǧihād* gegen die Ungläubigen gepriesen wurden. Gerade während des zweiten Kreuzzuges hatten die religiösen Emotionen auf beiden Seiten hohe Wellen geschlagen. Nicht nur, daß *ǧihād* -Freiwillige bei der Verteidigung von Damaskus eine wichtige Rolle gespielt hatten. Während der Belagerung versammelte sich z.B. eine große Volksmenge in der Umaiyadenmoschee vor dem öffentlich ausgelegten Koran des Kalifen ʿUṯmān. Almosen (*ṣadaqāt*) wurden verteilt, die Menschen streuten Asche auf die Häupter, weinten, beteten und demütigten sich [494]. Die christlichen Belagerer vor der Stadt sollen ihrerseits von einem großen, langbärtigen Priester angeführt worden sein, der sich und sein Maultier mit Kreuzen behängt hatte. Hinter Evangelien und Kreuzen seien die Franken in die Schlacht gezogen[495].

Das Szenarium während der Belagerung ähnelte also dem des fränkisch-muslimischen Angriffs auf Aleppo von 1124/1125 und des fränkischen Feldzugs gegen Damaskus von 1129[496]. Die Propaganda für den Heiligen Kampf und der religiöse Antagonismus bewirkten aber nicht, daß die fränkische oder damaszenische Führung nach 1148 ihre auf dem „Kein Platz (*lā maqām*)" - Gedanken beruhende Politik aufgegeben hätten. Denn im Jahr 1149 veränderte sich die Lage im Norden gravierend: Mit dem Sieg bei Nepa/Inab gegen Antiochia und den sich anschließenden Eroberungen war Nūr ad-Dīn nämlich zum unbestrittenen Herrscher über fast ganz Nordsyrien geworden. Als bald darauf sein Bruder Ġāzī

---

[493] b. al-Qalānisī, S. 304: *al-muṣālaḥa wa-taǧdīd ʿaqd al-muhādana wa-ʾl-musāmaḥa biba ʿḍ al-muqāṭa ʿa ....*

[494] b. al-Ǧauzī, Bd. 10, S. 131. Vgl. oben Anm. S. 479, und E. Sivan, L'Islam, S. 74-75. *Ǧihād*-Panegyriken besonders von Ibn Munīr, Ibn al-Qaisarānī und Abū'l-Ḥakam al-Andalusī zitiert Abū Šāma, Rauḍatain, I, Bd.I, 1, S. 126-128, 131, 139-142 und 144-148.

[495] Zuerst bei b. al-Ǧauzī, Bd. 10, S. 131, und ʿImād ad-Dīn al-Qāḍī al-Iṣfahānī, al-Bustān al-Ǧāmiʿ, S. 128.

[496] Vgl. S. 146-150 und 168-169.

von Mossul im Oktober/November 1149 starb, erweiterte Nūr ad-Dīn in den Erbauseinandersetzungen sein Gebiet im Süden um Ḥimṣ und im Osten um die Region bis zum Euphratnebenfluß Ḫābūr. Auch der in Sinǧār verwahrte zengīdische Staatsschatz fiel an ihn[497]. Das bedeutete, daß sich Nūr ad-Dīn Ende 1149 plötzlich in einer ähnlich dominierenden Position wie zuvor sein Vater Zengī befand. Er nutzte dies, um die zengīdische Expansionspolitik in Syrien sofort wieder aufzunehmen. Den ersten Anlaß dazu bot ihm der Machtkampf in Damaskus zwischen dem Stadtherrn Uvaq und dem *ra'īs* (Bürgervorsteher) Mu'aiyad ad-Dīn b. aṣ-Ṣūfī, der im November 1149 nach dem Tod des Regenten Önör ausgebrochen war[498]. An den damaszenisch-fränkischen Allianzen bis 1154 zeigt sich, daß weder der zweite Kreuzzug (trotz der religiösen Emotionen, die er entfacht hatte) noch der Tod des Önör die Linien der Bündnispolitik veränderten. Vier Beispiele mögen dies illustrieren:

— Nachdem Önör gestorben war, hatten fränkische Truppen einen Einfall in den Ḥaurān unternommen. Nūr ad-Dīn bereitete deshalb einen Gegenangriff vor und forderte dazu Damaskus zur Stellung von 1000 Reitern auf. Der Damaszener und Augenzeuge Ibn al-Qalānisī (465-555 a.h./1073-1160) berichtet: Die Einwohner von Damaskus „hatten sich (vorher) mit den Franken per Eid verbündet, gegen jedes der Heere der Muslime, das sie angriffe, eins zu werden“[499]. Als Nūr ad-Dīn näherrückte, wurden die Franken benachrichtigt. In einem Brief an den Stadtherrn und den *ra'īs* (Bürgervorsteher) sicherte Nūr ad-Dīn den Damaszenern zwar zu, daß er von den Bauern und Beduinen des Ḥaurān zu Hilfe gerufen worden sei und Damaskus nicht schaden wolle. Er forderte aber nochmals Hilfstruppen und warf den Damaszenern vor, unfähig zum *ǧihād* zu sein. Daraufhin erntete er lediglich die folgende Antwort: „Zwischen uns und Dir gibt es nur das Schwert. Von den Franken wird zu uns kommen, was zu Deiner Abwehr für uns bestimmt ist — wenn Du uns angreifst und belagerst“[500]. Ende April 1150 zog Nūr ad-Dīn vor die Stadt, sein Angriff blieb aber wegen schlechten Wetters stecken. Mitte Mai schließlich wurde ein Friedensvertrag (*ṣulḥ*) abgeschlossen: Damaskus unterstellte sich zengīdischer Oberhoheit (*ṭā'a, ḫuṭba*), und der Stadtherr wurde zusammen mit dem *ra'īs* (Bürgervorsteher) von Nūr

[497] Zum Überblick vgl. N. Elisséeff, Nūr ad-Dīn, Bd. 2, S. 432-442.

[498] b. al-Qalānisī, S. 307-308. Vgl. A. Havemann, Ri'āsa und qaḍā', S. 89-90.

[499] b. al-Qalānisī, S. 308: *qad kānū 'āhadū 'l-Afranǧ ...*.

[500] b. al-Qalānisī, S. 309. Ähnlich Barhebraeus, S. 278 (aber ad 1151).

ad-Dīn mit Ehrenkleidern (*ḫila'*) ausgezeichnet[501].
— Anfang Mai 1151 kam es erneut zu Gefechten zwischen Nūr ad-Dīn und Damaskus, obwohl der Zengīde auch diesmal beteuerte, er wolle nur den Heiligen Kampf führen und die Freilassung von Gefangenen in Damaskus erreichen. Etwa einen Monat später mußte sich Nūr ad-Dīn zurückziehen, da ein fränkisches Heer den Damaszenern zu Hilfe kam. Auf den Märkten von Damaskus versorgten sich die fränkischen Truppen mit Nachschub. Der Stadtherr Uvaq und der *ra'īs* (Bürgervorsteher) Mu'aiyad ad-Dīn vereinbarten währenddessen mit König Balduin III., gemeinsam den rebellierenden Gouverneur (*wālī*) des Ḥaurān, Sirǧāl, in Buṣrā zu belagern, der von Nūr ad-Dīn unterstützt wurde. Nach verschiedenen erfolglosen Operationen zogen sich die Franken vermutlich Anfang Juli 1151 zurück. Sie forderten aber nichtsdestoweniger die Übergabe des Restes der von Damaskus versprochenen Geldsumme (*al-muqāṭa'a al-mabḏūla ...*), da Nūr ad-Dīn nicht abgezogen wäre, wenn sie Damaskus nicht entsetzt hätten. Am 27. Juli schlossen Nūr ad-Dīn und Damaskus wiederum Frieden (*ṣulḥ*)[502].
— Nach Abschluß dieses Abkommens entsandte Nūr ad-Dīn eine Abteilung gegen Sirǧāl von Buṣrā, der seinerseits Kontakt zu den Franken aufgenommen hatte. Wenig später, von Ende Oktober bis Mitte November 1151, stattete Uvaq von Damaskus dem Nūr ad-Dīn einen offiziellen Besuch in Aleppo ab und unterstellte sich zum zweiten Mal dessen Oberhoheit[503]. Als jedoch unmittelbar darauf eine Gruppe Turkmenen einen Streifzug nach Paneas/Bāniyās unternahm und dessen fränkischen Gouverneur schlug, tadelten die Damaszener dies als Bruch des Waffenstillstands (*al-hudna wa-'l-muwāda'a*).

---

[501] Vgl. N. Elisséeff, Nūr ad-Dīn, Bd. 2, S. 444-448. H.S. Fink, Damascus, S. 52-53, geht auf die Bündnispolitik nach 1149 nur summarisch und wenig differenziert ein. Der Dichter Ibn al-Qaisarānī pries den *ǧihād* und die Bereitschaft des Nūr ad-Dīn zum Frieden: Abū Šāma, Rauḍatain, I, Bd. I, 1, S. 180.

[502] b. al-Qalānisī, S. 312-316. Lobgedichte des Ibn Munīr auf Nūr ad-Dīn anläßlich seines Angriffs auf Damaskus enthält Abū Šāma, Rauḍatain, I, Bd. I, 1, S. 195-207. Wilhelm v. Tyrus übergeht alle fränkisch-damaszenischen Allianzen von 1150 bis 1154 mit Schweigen. J. Prawer, Histoire, Bd. 1, S. 403, vermutete, daß der fränkisch-damaszenische Vertrag eine Klausel über die Teilung der Erträge aus dem Ḥaurān enthielt, nach der Eroberung von Buṣrā also möglicherweise sogar eine Art Kondominium (*munāṣafa*) geplant war. Der Name des Gouverneurs (*wālī*) von Buṣrā (hier nach b. al-Qalānisī zitiert) lautete eventuell Sirḫāk — so jedenfalls auf einer Inschrift von 544 a.h. (1149-1150) in Buṣrā. Vgl. RCEA, Bd. 8, Nr. 3146, S. 255.

[503] b. al-Qalānisī, S. 317: *baḏala lahū 'ṭ-ṭā'a wa-ḥusn an-niyāba 'anhu fī Dimašq.*

Sie entsandten eine Heeresabteilung, die die Turkmenen besiegte und ihnen die Beute wieder abnahm. Ein fränkischer Gegenangriff, der für den Überfall Rache nehmen sollte, wandte sich bezeichnenderweise nicht gegen damaszenisches Gebiet, sondern das Biqā'-Tal, das dem Gouverneur (*wālī*) des Nūr ad-Dīn in Ba'labakk unterstand[504]. — Im Frühjahr 1153 plante Nūr ad-Dīn einen Angriff auf das Königreich Jerusalem, um die von den Franken bestürmte fāṭimidische Stadt Ascalon/'Asqalān zu entlasten. Am 11. April vereinigten sich seine Truppen dazu mit denen des Uvaq von Damaskus. Vor Paneas/Bāniyās zerstritten sich die Alliierten aber derart, daß an einen Angriff nicht mehr zu denken war. Nūr ad-Dīn blieb schließlich nichts anderes mehr übrig, als sich nach Ḥimṣ zurückzuziehen. Die Schuld an dem Zerwürfnis schob der Chronist Ibn al-Aṯīr (555-630 a.h./1160-1233) den Damaszenern zu: an ihrem Widerstand soll der Plan des Nūr ad-Dīn gescheitert sein, Ascalon/'Asqalān zu helfen. Angeblich hat dies bei Nūr ad-Dīn endgültig den Entschluß reifen lassen, Damaskus einzunehmen[505]. Im selben Zeitraum war Damaskus dem Königreich Jerusalem tributpflichtig, was auch Wilhelm von Tyrus wußte. Wie lange schon, ist aber unklar. Fränkische Gesandte sollen jedes Jahr den Tribut (*qaṭī'a*) in Damaskus eingezogen und die Vollmacht gehabt haben, dort alle christlichen Sklaven zu inspizieren und mitzunehmen, sofern diese das wünschten[506].

An diesen vier Beispielen läßt sich die Struktur des Verhältnisses zwischen Jerusalem und Damaskus recht klar erkennen:

Zwischen beiden Staatswesen bestand seit einem unbekannten Zeitpunkt ein Eventualbündnis, das jedes Mal in Kraft trat, wenn Damaskus von einer fremden islamischen Macht bedroht wurde. Die Franken, vermutlich der königliche Fiskus, wurden für den militärischen Beistand bezahlt, wobei nicht endgültig zu entscheiden ist, ob dies ad hoc oder — wie Wilhelm von Tyrus berichtete — in Form regelmäßiger Jahres-

---

[504] b. al-Qalānisī, ebda.; b. a. Ṭaiyi' bei Abū Šāma, Rauḍatain, I, Bd. 1, 1, S. 209-210. Vielleicht ist dieser Angriff indentisch mit dem artuqidischen Feldzug ins Königreich, den nur Wilhelm v. Tyrus, XVII, XX, S. 792-794, erwähnt. Bezeichnenderweise sollen die Damaszener den Artuquiden vom Angriff abgeraten haben.
Herr von Paneas/Bāniyās war Humfred von Toron; über einen Gouverneur ist nichts bekannt.

[505] b. al-Aṯīr, Bāhir, S. 106; ders., Kāmil, Bd. 11, S. 197.

[506] Wilhelm v. Tyrus, XVII, XXVI, S. 803 (über den Herrn von Damaskus) *ut tanquam subjectus annua tributa persolveret*. Vgl. b. al-Aṯīr, ebda..

tribute geschah. Indem es sich nicht allein auf diese Allianz verließ, sondern zu Nūr ad-Dīn ein vertraglich geregeltes Verhältnis suchte, blieb Damaskus den Grundlinien seiner Politik der Äquidistanz treu. Sofern Damaskus nicht akut gefährdet war, verhielten sich die Franken nicht unbedingt friedlich. Die Unternehmung nach dem Tod des Önör in den Ḥaurān und die an den Vertrag mit Altıntāš (1147) erinnernden Kontakte zum Gouverneur (*wālī*) Sirǧāl von Buṣrā in der zweiten Jahreshälfte 1151 sind dafür ebenso Beleg wie die Belagerung und Eroberung von Ascalon/ʿAsqalān 1152/1153.
Daneben wird deutlich, wer die Träger des auf der „Kein Platz (*lā maqām*)"-Theorie beruhenden Allianzgedankens waren: auf fränkischer Seite wurde König Balduin III. als Vertragspartner genannt, dessen Schatzkammer auch die damaszenischen Geldzahlungen zuflossen. Die für die Damaszener enttäuschend geringe Truppenzahl, mit der Balduin 1151 nach Damaskus zog, macht deutlich, daß zur Erfüllung des Bündnisvertrages weder der allgemeine Heerbann (wie 1147) noch die gesamte Jerusalemer Ritterschaft aufgeboten wurden. Wie bei den Feldzügen Balduins II. und Fulkos in Nordsyrien wird sich auch Balduin III. nur auf seine unmittelbare Gefolgschaft und seine Soldritter gestützt haben. Außerhalb der Grenzen des Königreiches durften die Vasallen nicht ohne ihre Zustimmung vom König aufgeboten werden. Das bedeutet, daß die Allianz mit Damaskus ebenso wie die verschiedenen Jerusalemer Hilfsexpeditionen nach Antiochia und in die Grafschaft Edessa allein als Sache der Krone betrachtet und (in der Regel) ohne die Kontingente der Lehnsritterschaft durchgeführt wurden [507]. Letztere hatte an den Feldzügen in das Ostjordanland weder ein unmittelbares finanzielles noch politisches Interesse.

Auf damaszenischer Seite wurde das Bündnis nicht allein vom Stadtherrn Muǧīr ad-Dīn Uvaq getragen: In einem Atemzug mit ihm nannte Ibn al-Qalānisī (465-555 a.h./1073-1160) bei allen Vertragsabschlüssen und Feldzügen den *ra'īs* (Bürgervorsteher) und Wesir Mu'aiyad ad-Dīn, der im Juli/August 1153 durch seinen Bruder Zain ad-Dīn und im Januar 1154 durch einen Bruder des Chronisten Ibn al-Qalānisī ersetzt wurde [508]. Bei allen Kämpfen, die der Verteidigung von Damaskus dien-

---

[507] Zur Truppenzahl von 1151 vgl. b. al-Qalānisī, S. 314. Zur Frage des Militärdienstes der Vasallen außerhalb des Königreichs von etwa 1118-1150 vgl. H.E. Mayer, Service, S. 126-138.

[508] b. al- Qalānisī, S. 309-310, 314, 319, 321 und 325. Vgl. A. Havemann, Ri'āsa und qaḍā', S. 89-91.

ten, kämpften die vom *ra'īs* befehligten Stadtmilizen (*aḥdāṯ*) an der Seite des türkischen Reiterheeres (*'askar*) des Stadtherrn; und dies, obwohl sich seit Ende 1149 in Damaskus wiederholt interne Auseinandersetzungen um die Besetzung des *ra'īs* (Bürgervorsteher) -Amtes und zwischen dessen Inhaber und dem Stadtherrn ereigneten[509]. Nach außen aber, gegenüber Nūr ad-Dīn und den Franken, handelte die von den Milizen und dem *ra'īs* repräsentierte Bevölkerung mit der türkischen Militärelite und dem Stadtherrn gemeinsam. Es gibt jedenfalls nicht den geringsten Hinweis darauf, daß der zweite Kreuzzug und die Ausbrüche religiöser Gefühle, die dadurch unter den Muslimen verursacht wurden, in den Augen der Bevölkerung von Damaskus die Allianz mit dem Königreich Jerusalem für die Zukunft unmöglich gemacht hätten. Trotz des *ǧihād* von 1148 blieb auch für die Einwohnerschaft die Unabhängigkeit von Damaskus oberstes politisches Gebot — und damit auch das Eventualbündnis mit den Franken.

Diese Feststellung ist deswegen so wichtig, weil Nūr ad-Dīn seit 1150 seine Expansion gegen Damaskus von einer lebhaften *ǧihād*- Propaganda begleiten ließ, die ihn selbst als orthodoxen Glaubenskämpfer par excellence präsentierte und die damaszenische Führung wegen ihrer Bündnispolitik angriff. Bei jedem seiner Vorstöße in den Süden betonte der Zengīde, nur den *ǧihād* und die Sicherheit der Muslime im Auge zu haben. E. Sivan hat argumentiert, Nūr ad-Dīn habe dadurch eine wachsende Spannung zwischen der *Obrigkeit* (pouvoir) und den *frommen Muslimen* (les milieux piétistes) in der Stadt erzeugt, so daß die Allianzpolitik des türkischstämmigen Stadtherrn zum Schluß nicht mehr mitgetragen worden sei. Dies sei ein Grund dafür gewesen, daß Nūr ad-Dīn 1154 die Eroberung von Damaskus gelang[510]. Sivan kann sich darauf stützen, daß der prozengīdische Chronist Ibn al-Aṯīr (555-630 a.h./1160-1233) berichtete, Nūr ad-Dīn habe 1154 mit Mitgliedern der Stadtmilizen (*aḥdāṯ*) korrespondiert. Sie sollen den Belagerern das Osttor geöffnet haben. Sivan notierte ebenfalls richtig, daß die Tendenz der Annalen des Ibn al-Qalānisī (465-555 a.h./1073-1160) seit 1150 Nūr ad-Dīn und dem Heiligen Kampf zunehmend freundlicher wurde[511]. Letzteres mag aber schon allein darin seinen Grund haben, daß der damaszenische Annalist nach seiner fünfjährigen Inhaftierung in den 1140er Jahren gegen die herrschende Būrīdendynastie eingenommen war und das Schicksal

[509] A. Havemann, Ri'āsa und qaḍā', ebda..
[510] E. Sivan, L 'Islam, S. 75-79.
[511] b. al-Aṯīr, Bāhir, S. 107; ders., Kāmil, Bd. 11, S. 198. E. Sivan, L 'Islam, S. 78-79.

seiner Familie nach 1154 von der Gunst des Nūr ad-Dīn abhing: Sein Bruder bekleidete unter dem Zengīden das Amt des *ra'īs* (Bürgervorstehers)[512]. Dem Bericht des Ibn al-Aṯīr ist entgegenzuhalten, daß er weder von Ibn al-Qalānisī noch dem gutinformierten Ibn abī Ṭaiyi' (575-vor 630 a.h./1180-vor1233) bestätigt wird: Von einer Auslieferung der Stadt durch die Milizen (*aḥdāṯ*) kann demnach keine Rede sein, sie kämpften vielmehr gemeinsam mit dem türkischen Reiterheer (*'askar*) des Stadtherrn gegen Nūr ad-Dīn. Erst als die Belagerer über eine unbewachte Mauer in die Stadt eingedrungen waren, stellten sie am 26. April 1154 den Kampf ein — aus Sympathie für Nūr ad-Dīn, wie Ibn al-Qalānisī meinte[513]. Diese Sympathie muß aber keineswegs auf die *ǧihād* - Propaganda des Zengīden zurückgeführt werden. Sie ist hinreichend erklärt durch die Abneigung der damaszenischen Emire gegen den von allen Chronisten als unfähig geschilderten Stadtherrn Uvaq, den Nūr ad-Dīn seit 1153 durch verschiedene Intrigen seiner Umgebung entfremdet hatte, und durch die wirtschaftliche Not begründet, in der die Einwohner durch den Konflikt mit Nūr ad-Dīn geraten waren: Seit Januar/Februar 1154 hatte Nūr ad-Dīn die Getreidelieferungen aus dem Norden nach Damaskus gestoppt und so eine Preishausse verursacht[514].

Es gibt daneben noch einen Grund, an der von E. Sivan vermuteten Wirkung der zengīdischen Propaganda zu zweifeln. Denn auch die damaszenischen Herrscher, zumindest Mu'īn ad-Dīn Önör, betrieben *ǧihād*-Propaganda. Eine Inschrift in Buṣrā von 1149 berichtet von der Errichtung einer Mühle und eines Ofens durch Önör, die als religiöse Stiftung (*waqf*) Erträge zunächst für den Freikauf alleinstehender sunnitischer Gefangener aus den „Gefängnissen der Ungläubigen" abwerfen sollten. In der Intitulatio des Epigraphs führt Önör unter anderem den Titel *al-muǧāhid* (Glaubenskämpfer), *al-murābiṭ* (Kämpfer in einer Festung an der Grenze des islamischen Gebietes), *saif al-Islām* (Schwert des Islams) und *alp ġāzī* (tapferer Kämpfer gegen die Nichtmuslime)[515]. Mit teilweise identischen, teilweise ähnlichen Epitheta schmückte sich auch Nūr ad-Dīn und untermauerte so seinen Anspruch als Protagonist des Is-

---

[512] Cl. Cahen, Syrie, S. 39; und N. Elisséeff, Nūr ad-Dīn, Bd. 1, S. 9; A. Havemann, Ri'āsa und qaḍā', S. 91.

[513] b. al-Qalānisī, S. 327; b. a. Ṭaiyi' bei Abū Šāma, Rauḍatain, I, Bd. 1, 1, S. 239.

[514] b. al-Qalānisī, S. 325-327. Zur Beurteilung des Uvaq durch Wilhelm v. Tyrus vgl. Kap. XVII, XXVI, S. 803.

[515] RCEA, Bd. 8, Nr. 3146, S. 254-255.

lams[516]. Die *ğihād* - Propaganda des Damaszeners, die dadurch unterstrichen wurde, daß man sich an den Kämpfen des Nūr ad-Dīn gegen das Fürstentum Antiochia nach dem zweiten Kreuzzug beteiligte, stand der zengīdischen nicht nach. Sie führte aber keineswegs zur Aufgabe des fränkisch-damaszenischen Eventualbündnisses. Eine Kritik an dieser Politik ist nur von Usāma b. Munqiḏ bekannt, dem früheren Berater des Önör. Nach seinem Wegzug von Damaskus nach Ägypten 1144 warf er seinem ehemaligen Gönner in einem Gedicht vor, daß man ihn fälschlich verschiedener Verbrechen beschuldigt hätte, und konterte: „Was haben die Kinder und Frauen begangen? Du hast sie dem Wohlgefallen der Franken anheimgegeben ..., deren Taten dem Barmherzigen ein Ärgernis sind"[517]. Die Kritik des Usāma wirkt aber angesichts seiner engen Kontakte zu den Franken und vor dem Hintergrund der Tatsache, daß er selber der Architekt des fränkisch-damaszenischen Bündnisses von 1140 gewesen war, wenig überzeugend. Erst nach dem Bruch mit Mu'īn ad-Dīn Önör und dem damaszenischen Hof nahm er Anstoß an der „Kein Platz (*lā maqām*)"-Politik und bediente sich des religiösen Skandalons der Bündnispolitik, um sich ins rechte Licht zu rücken.

Es kann also festgehalten werden, daß die Damaszener die Allianzpolitik ihres türkischen Stadtherrn bis zu jenem Zeitpunkt mittrugen, da zengīdische Truppen 1154 in Damaskus eindrangen und die Verteidigung sinnlos wurde. Erst dann schwenkten die Milizen (*aḥdāṯ*) auf die Seite des Siegers über[518]. Wenn man Ibn al-Aṯīr folgt, soll Uvaq die Franken noch um Hilfe gebeten und ihnen neben Geld auch die Auslieferung von Ba'labakk versprochen haben, das er ein Jahr zuvor erworben hatte. König Balduin III. konnte aber seine Truppen nicht mehr rechtzeitig heranführen[519]. Nicht die Begeisterung der Damaszener für den *ğihād* war für die Einnahme von Damaskus durch Nūr ad-Dīn verantwortlich. Es waren die schlechte Organisation des Widerstandes, die durch die territoriale Expansion und den wirtschaftlichen Druck des zengīdischen Herrschaftskomplexes bedingte geringe Anzahl der Verteidiger und die Überrumpelungstaktik, mit der Nūr ad-Dīn 1154 erfolg-

---

[516] Vgl. N. Elisséeff, La titulature de Nūr ad-Dīn d 'après ses inscriptions, in: BEO 14 (1952-1954), S. 155-196, bes. S. 157-158, wo Inschriften des Nūr ad-Dīn von 1146-1156 mit fast identischen Titeln wie in der von Buṣrā zitiert werden. Zu den Titeln vgl. ebda. S. 167-179.

[517] al-Kātib al-Iṣfahānī, Ḫarīdat al-qaṣr. Qism šu'arā' aš-Ša'm, Bd. 1, S. 536. Hier zitiert nach Abū Šāma, Rauḍatain, I, Bd. I, 1, S. 283.

[518] Vgl. oben S. 217 ff.

[519] b. al-Aṯīr, Bāhir, S. 108; ders., Kāmil, Bd.11, S. 198.

reich fränkische Hilfe für Damaskus verhinderte[520]. Daß Nūr ad-Dīn die Stadt nur mit einer List und nach langer diplomatischer Vorbereitung erobern konnte, illustriert die Wirksamkeit der damaszenisch-fränkischen Eventualallianz am besten[521].

* * * * *

Die Vereinigung von Damaskus mit Aleppo und den anderen nord- und zentralsyrischen Gebieten des Nūr ad-Dīn 1154 bedeutete das vorläufige Ende für alle auf dem „Kein Platz (*lā maqām*)"-Gedanken beruhenden fränkisch-muslimischen Allianzen in Syrien. Die Furcht vor solchen Bündnissen beherrschte Nūr ad-Dīn auch nach 1154 immerhin noch so stark, daß sie ihn von gewaltsamen Eroberungsversuchen gegenüber den verbliebenen islamischen Kleinherrschaften abhielt. Dies zeigte sich an der Art, wie er Mitte Mai 1155 Ba'labakk einnahm, dessen Gouverneur (*wālī*) 1154 die Übergabe verweigert hatte. Wegen der Nachbarschaft der Franken ließ Nūr ad-Dīn die Stadt nicht angreifen. Er verhandelte so lange, bis der Gouverneur (*wālī*) dem Angebot, den Ort für einen Ersatz auszutauschen, zustimmte[522]. Auch Šaizar wagte Nūr ad-Dīn nicht zu belagern, da dessen Herr Nāṣir ad-Dīn Muḥammad b. Munqiḏ in Verbindung mit den Franken stand und Nūr ad-Dīn die Übergabe von Šaizar an die Franken fürchtete[523]. Šaizar fiel erst nach dem August 1157 in seine Hände, nachdem der Emir und seine Familie bei einem Erdbeben umgekommen und die Festung weitgehend zerstört worden war.

Bis 1157 gelang es Nūr ad-Dīn also, sich das muslimische Syrien westlich des Euphrats mit Ausnahme der Assassinen/Bāṭinīya-Burgen im zentralsyrischen Ǧabal Bahrā zu unterwerfen. Die politische Zergliederung in verschiedene türkische, arabische und — seit 1098 — auch fränkische Einzelherrschaften, die die Grundlage für fränkisch-islamische Allianzen und die „Kein Platz (*lā maqām*)"-Politik abgegeben hatte, war

---

520 Gegen St. Runciman, History, Bd.2, S. 340, der b. al-Aṯīr folgend einen Gegensatz zwischen der politischen Führung und den einfachen Bürgern von Damaskus annahm.

521 Vgl. N. Elisséeff, Nūr ad-Dīn, Bd. 2, S. 482-486.

522 b. al-Aṯīr, Kāmil, Bd. 11, S. 227-228, dessen falsche Datierung von Abū Šāma, Rauḍatain, I, Bd. I, 1, S. 250, korrigiert wurde. Vgl. b. a. Ṭaiyi', ebda., und b. al-Qalānisī, S. 331. Ähnlich vorsichtig war Nūr ad-Dīn auch bei der Übernahme des dem Königreich Jerusalem benachbarten Ḥaurān: Buṣrā und Ṣarḫad beließ er in der Hand ihrer Gouverneure (*wulāt*) Sirǧāl und Buzān bis zu deren Tod 1155 bzw. 1160 und setzte erst danach eigene Statthalter ein. Vgl. b. al-Qalānisī, S. 346, und b. Wāṣil, Bd. 1, S. 129-130.

523 Bes. b. al-Aṯīr, Bāhir, S. 112.

damit vorläufig beendet. Von den Zeitgenossen wurde diese historische Zäsur klar erkannt und auf 1154 datiert. Wilhelm von Tyrus kommentierte die Eroberung von Damaskus folgendermaßen:

„Unsere Lage verschlechterte sich dadurch ...: denn anstelle eines ohnmächtigen Mannes und eines, der uns wegen seiner Schwäche (*debilitas*) preisgegeben (*obnoxius*) war, dergestalt, daß er wie ein Unterworfener jährliche Tribute zahlte, wurde uns ein härterer Gegner entgegengestellt. Denn so wie, nach dem Wort des Erlösers, ein in sich gespaltenes Reich zerstört werden wird (*desolabitur*) so stehen mehrere vereinigte (Reiche), wenn sie wechselseitig auseinander Stärke zu ziehen pflegen, (um so) stärker gegen ihre Feinde auf" [524].

Die zengīdische Propaganda stellte den Erwerb von Damaskus seit 1150 als notwendige Vorstufe zur „Befreiung" Jerusalems und der Küste (*sāḥil*) dar. Diese Strategie verkündeten vor allem die aus Palästina stammenden Hofdichter des Nūr ad-Dīn, Ibn Munīr und Ibn al-Qaisarānī [525], aber auch Nūr ad-Dīn selber soll sie vertreten haben [526]. Die mit der in Damaskus und am Jerusalemer Königshof vertretenen „Kein Platz (*lā maqām*)"-Theorie verbundenen Befürchtungen schienen also begründet. Schließlich soll der Bagdader ʿAbbāsidenkalif al-Muqtafī (1136-1160) Nūr ad-Dīn 1154 offiziell als Herrn über Ägypten und das fränkische Syrien eingesetzt und die sofortige Eroberung dieser Gebiete befohlen haben [527].

Die Konsequenzen der Eroberung von Damaskus reichten somit über Syrien hinaus. Brachte das Jahr 1154 aber wirklich eine grundsätzliche Veränderung in den Beziehungen zwischen dem fränkischen und islamischen Syrien? Widmete sich Nūr ad-Dīn nach der Eroberung von Damaskus — wie propagiert — in erster Linie dem Heiligen Kampf?

Am 24. Mai 1155 schlossen Nūr ad-Dīn und Balduin III. einen auf ein Jahr befristeten Waffenstillstand (*muwādaʿa*), der von beiden Seiten eingehalten wurde. Vermutlich wurde der damaszenische Tribut an das Königreich weitergezahlt [528]. Gesichert ist dies auf jeden Fall für die Vertragserneuerung im November/Dezember 1156, bei der ein Tribut von 8000 Dīnār und eine Laufzeit von einem Jahr, beginnend mit dem

---

[524] Wilhelm v. Tyrus, XVII, XXVI, S. 803.

[525] Vgl. E. Sivan, L 'Islam, S. 62, 76-78; ders., Caractère, S. 155-157, und H. Dajani-Shakeel, Jihād, S. 108-110.

[526] Sibṭ b. al-Ǧauzī, ed. Ḥaidarābād, Bd. VIII, 1, S. 221.

[527] al-Maqrīzī, Ittiʿāẓ, Bd. 3, S. 223: *kataba 'l-Muqtafī ... ʿahdan li-Nūr ad-Dīn ... bi-wilāyat Miṣr wa-'s-sāḥil ....*

[528] b. al-Qalānisī, S. 331.

Ša'bān (19.9.-17.10.), festgelegt wurde [529]. Nūr ad-Dīn dachte also gar nicht daran, seine neugewonnene Machtposition zum Kampf gegen die Franken auszunutzen. Er beschäftigte sich vielmehr mit dem Erwerb von Ba'labakk und intervenierte in den rūmseldschukischen Erbfolgeauseinandersetzungen in Anatolien. Nur im April 1156 kam es zu zengīdisch-fränkischen Kämpfen, allerdings in Nordsyrien. An ihrem Ende stand ein Friedensvertrag (*ṣulḥ*), der Nūr ad-Dīn die Hälfte des Gebiets von Harenc/Ḥārim einbrachte [530]. Dieser Feldzug war jedoch durch einen fränkischen Angriff provoziert worden. Den Anlaß für das Ende der Friedensperiode bot nicht ein großangelegter Feldzug des Nūr ad-Dīn zur Eroberung Jerusalems, sondern ein fränkischer Vertragsbruch: Anfang Februar 1157 überfielen fränkische Truppen eine Ansammlung muslimischer Bauern und Hirten bei Paneas/Bāniyās. Sowohl von Ibn al-Qalānisī (465-555 a.h./1073-1160) als auch von Wilhelm von Tyrus (um 1130-1186) wurde dieser Streifzug als Treuebruch aufs schärfste verurteilt. Der Muslim sah den Grund für den Überfall — abgesehen von der Attraktivität der Beute, zu der auch Schlachtrösser gehörten — in dem Druck, den europäische Pilger auf die Jerusalemer ausgeübt haben sollen. Der fränkische Chronist argumentierte mit der schweren Verschuldung König Balduins III., die ihn bewogen haben soll, dem Anstiften schlechter Ratgeber zu folgen [531]. Erst nach diesem Überfall brachen im Frühjahr 1157 an der Nordostgrenze des Königreichs Kämpfe zwischen Nūr ad-Dīn und den Franken aus. Sie wurden von islamischer Seite als Heiliger Kampf propagiert und mit *ǧihād* - Aufrufen vorbereitet. Das Heer, mit dem Nūr ad-Dīn von Mitte Mai bis Anfang August 1157 Paneas/Bāniyās belagerte und die Franken am 19. Juni besiegte, umfaßte unter anderem *ǧihād* - Freiwillige und *Homines religiosi*. Christliche Kriegsgefangene wurden als Vertragsbrecher getötet. Allerdings wurden auch die Franken von islamischen Kämpfern (aus dem Gebirgszug

---

529 b. al-Qalānisī, S. 336. Gregor der Priester, S. 352, scheint beide Verträge zusammenzuwerfen.

530 Bes. b. al-Qalānisī, S. 333; b. al-Aṯīr, Bāhir, S. 109; ders., Kāmil, Bd. 11, S. 207-208; Abū Šāma, Rauḍatain, I, Bd. I, 1, S. 253-258. Es ist nicht klar, ob es sich um eine Realteilung oder ein Kondominium handelte.

531 b. al-Qalānisī, S. 337: *bi-ḥukm* ... *quwat šaukatihim bihim* („wegen der Stärke ihrer Gewalt über sie"). Danach hätten die europäischen Pilger die Franken zum Vertragsbruch gebracht. Vgl. zur Kritik ebda. S. 339. Nach Wilhelm v. Tyrus, XVIII, XI, S. 836-837, hatten die Muslime eine königliche Erlaubnis zum Weiden gehabt: *impetrata ... domini regis gratia, et pace solemniter concessa*. Wilhelm nannte die Anstifter *viri impii, filii impii*.

des Ǧabal ʿĀmila) unterstützt [532]. Schon bald darauf, im letzten Drittel des Juli 1157, verhandelte Nūr ad-Dīn aber bereits wieder mit den Franken, um einen Waffenstillstand abzuschließen [533]. Insgesamt drängt sich der Eindruck auf, daß Nūr ad-Dīn nach 1154 ein ganzes Jahrzehnt lang an einem friedlichen Verhältnis zu den Franken interessiert war. Nicht zuletzt deswegen verlor sich das Thema *Befreiung von Jerusalem* ab Mitte der 1150er Jahre in der zengīdischen Propaganda fast völlig [534].

Dasselbe Bild vermittelt ein Blick auf das Verhältnis des Nūr ad-Dīn zu seinen islamischen Nachbarstaaten und deren *ǧihād* - Bemühungen:

Im Jahr 1150 wurde der Emir Usāma b. Munqiḏ aus Ägypten zu Nūr ad-Dīn gesandt, um eine Allianz gegen die Franken auszuhandeln, die gerade Gaza/Ġazza neu befestigten. Nūr ad-Dīn lehnte aber mit der Begründung ab, er müsse zuerst Damaskus erobern. Er erlaubte Usāma lediglich, aus seinem Heer Söldner anzuwerben, die die Besatzung von Ascalon/ʿAsqalān verstärkten [535]. Möglicherweise hat fünf Jahre später auch der ägyptische Wesir Ṭalāʾiʿ b. Ruzzīk vergeblich versucht, Nūr ad-Dīn zur Unterstützung eines Flottenangriffs auf das Königreich Jerusalem zu gewinnen [536]. Ab Ende April 1157 regten die Ägypter nach der Annullierung eines Waffenstillstandes mit dem Königreich (*infisāḫ al-hudna*) einen Gesandtenaustausch mit Nūr ad-Dīn an. Er zog sich bis in den März 1159 hin [537] Durch verschiedenen Gedichte, die der ägyptische Wesir an Usāma b. Munqiḏ richtete, der sich seit 1154 wieder in Damaskus aufhielt, sind wir über den Inhalt der Botschaften unterrichtet: Die Ägypter drängten Nūr ad-Dīn zu einem gemeinsamen Vorgehen gegen die Franken, ohne zunächst mehr als allgemeine Bekenntnisse zum *ǧihād* zu hören zu bekommen. Der Ton der Demarchen des Wesirs Ṭalāʾiʿ b. Ruzzīk

---

[532] b. al-Qalānisī, S. 338-342. S. 340 nennt er als Freiwillige: *ġuzāh, muǧāhidūn, ... mutaṭawwiʿa min fityān al-balad* (sc. Damaskus) *wa-ʾl-ġurabāʾ*, danaben Rechtsgelehrte, Ṣūfīs und Fromme. Vgl. Wilhelm v. Tyrus, XVIII, XII-XV, S. 837-845; N. Elisséeff, Nūr ad-Dīn, Bd. 2, S. 505-512, und R. Röhricht, Jerusalem, S. 287-290.

[533] b. al-Qalānisī, S. 343. Die Verhandlungen führten aber nicht zum Erfolg.

[534] So auch R.L. Nicholson, Joscelyn III, S. 43-44. Zur Entwicklung der Propaganda vgl. die Arbeiten von E. Sivan.

[535] ʿIzz ad-Dīn b. Šaddād, Aʿlāq (Lubnān ...), S. 260-261. Vgl. Wilhelm v. Tyrus, XVII, XII, S. 777-779; H. Derenbourg, Ousâma, S. 223-231, und N. Elisséeff, Nūr ad-Dīn, Bd. 2, S. 446.

[536] b. al-Qalānisī, S. 331-332. Vgl. N. Elisséeff, Nūr ad-Dīn, Bd. 2, S. 498.

[537] b. al-Qalānisī, S. 338, 353; b. Muyassar, S. 155-157, und al-Maqrīzī, Ittiʿāẓ, Bd. 3, S. 234 und 236.

war denkbar scharf. Er warf Nūr ad-Dīn vor, nichts für den Kampf gegen die Franken zu tun und deren Herrschaft über Palästina zu dulden. Unter anderem hieß es: „Sag ihm: Wie lange verzögerst Du (die Tilgung) der Schuld bezüglich der Ungläubigen? ... Geh nach Jerusalem!" und „Laß Deine Zuneigung gegenüber den Franken ..."[538]. Nicht Nūr ad-Dīn, sondern die Ägypter verfolgten also nach 1154 eine Politik des Heiligen Kampfes. Ein konkreteres Interesse des Nūr ad-Dīn an den ägyptischen Angeboten wurde erst 1159 erkennbar, als er im Norden durch das neue byzantinisch-fränkische Bündnis und die Rūmseldschuken bedroht wurde. Schon 1149 hatte Nūr ad-Dīn einen Frieden zwischen Joscelin II. von Edessa und Sultan Mas'ūd von Iconium/Qunya vermittelt, weil er die Rūmseldschuken nicht nach Syrien vordringen lassen wollte. Er war also zeitweilig sogar am Bestehen der nördlichsten fränkischen Herrschaft interessiert[539]! Nach 1150 verschärfte sich dann der Streit zwischen Nūr ad-Dīn und den Rūmseldschuken. Als Qılıc Arslān b. Mas'ūd im Sommer 1157 das fränkische Antiochia/Anṭākiya angreifen wollte, war dies für Nūr ad-Dīn Anlaß genug, die mit so viel *ǧihād* - Propaganda vorbereitete Belagerung von Paneas/Bāniyās in Südsyrien aufzuheben und in Waffenstillstandsverhandlungen mit König Balduin III. einzutreten. Er ging nach Norden, um Aleppo in den Verteidigungszustand zu setzen. Der ägyptische Wesir Ibn Ruzzīk sah sich während der Kämpfe zwischen beiden Fürsten im Jahr 1160 sogar gezwungen, Nūr ad-Dīn und Qılıč Arslān zum Frieden und zum Kampf gegen die Franken aufzufordern. Erfolg hatte er damit nicht[540].

Nach dieser Übersicht kann es keinen Zweifel mehr daran geben, daß sich die Politik des Nūr ad-Dīn (zumindest bis 1158) in nichts von der seines Vaters Zengī unterschied. Für beide war die *ǧihād* - Propaganda ein probates Mittel zur Legitimation ihres Herrschaftsanspruches, zur Festigung ihres Prestiges bei den Untertanen ihrer heterogenen Herr-

---

[538] Ṭalā'i' b. Ruzzīk bei Abū Šāma, Rauḍatain, I, Bd. I, 1, S. 293-294 und 297-298, auch abgedruckt in Ṭalā'i' b. Ruzzīk, Dīwān, S. 126, 129 und 86-87. Teile aus dem Noten- und Gedichtaustausch zwischen dem Wesir und Usāma b. Munqiḏ finden sich bei Abū Šāma, a.a.O., S. 288-299, ins Französische übertragen von H. Derenbourg, Ousâma, S. 284-295. Vgl. auch E. Sivan, L 'Islam, S. 80. Weitere Verse des Wesirs zum Thema *ǧihād* und Franken enthält sein Dīwān auf S. 64, 90, 103, 133, 135, 145 und 173-174.

[539] Cl. Cahen, Syrie, S. 385.

[540] Ṭalā'i' b. Ruzzīk, Dīwān, S. 133, auch b. al-Aṯīr, Kāmil, Bd. 11, S. 318 (fälschlich ad 560 a.h./1164-1165). Übersetzt bei E. Sivan, L 'Islam, S. 81.

schaftskomplexe und zur Durchsetzung ihrer Expansionsziele. Die Eroberung von Damaskus (1154) verschob zwar die Machtverhältnisse in Syrien entscheidend, läutete zunächst aber keinen „Äon des islamischen *ǧihād*" gegen die Franken ein: Im Widerspruch zur eigenen Propaganda verweigerte sich Nūr ad-Dīn dem Zusammenwirken islamischer Staaten zum Heiligen Kampf und bewahrte so lange wie möglich ein friedliches Verhältnis zu den fränkischen Staaten Syriens. Seine fortdauernden Kämpfe mit den Franken ab 1157 gingen auf christliche Angriffe zurück. Nicht 1154, sondern die Jahre 1157/1158 mit der Neuordnung aller Bündnisverhältnisse im östlichen Mittelmeerraum bezeichnen die historische Zäsur in der Geschichte Syriens.

* * * * *

Dieser Abschnitt hat folgendes gezeigt:

Mit der Machtübernahme des Zengī von Mossul in Aleppo 1127/1128 wurde die Autonomie der fränkischen und islamischen Staatswesen erstmals von einem großen expansiven Herrschaftskomplex bedroht, der Teile Syriens selber umfaßte. Zengī benutzt den *ǧihād* - Gedanken (wie seine Vorgänger) als Mittel zur Unterstützung seiner Ausdehnungsbestrebungen. Angesichts dieser Gefahr bildete sich nach 1135 langsam eine auf der „Kein Platz (*lā maqām*)"-Theorie beruhende Allianz zwischen Damaskus und Jerusalem heraus, die Zengī ein Vordringen nach Süden unmöglich machte. Durch Byzanz und den Sultan bedroht, argumentierte und handelte Zengī allerdings selber im Sinne des „Kein Platz (*lā maqām*)"-Gedankens.

Der Einfluß dieser Doktrin ist auch bei verschiedenen fränkisch-islamischen Bündnissen in Nordsyrien erkennbar, wirklich deutlich wurde sie aber im Verhältnis zwischen den fränkischen und muslimischen Herrschaften Zentral- und Südsyriens. Zwischen Damaskus und Jerusalem führte sie zwischen 1140 und 1146 zu einem festen Bündnis, da ihre Ursache, die Expansion der Zengīden, zur permanenten Gefahr wurde. Gegen Verletzungen des Vertrages konnte geklagt werden. Als der zengīdische Druck nachließ, bestand, wie besonders ab 1150 deutlich wurde, eine Art Eventualallianz, die bei einer akuten Gefährdung von Damaskus in Kraft trat. War dieser Fall nicht gegeben, so verfolgte Damaskus eine Politik der Äquidistanz. Kriegshandlungen zwischen Jerusalem und Damaskus waren in diesen Phasen durchaus möglich.

Als Träger des Allianzgedankens haben sich auf damaszenischer Seite in erster Linie der Regent Önör und ab 1149 der Stadtherr Uvaq gezeigt. Aber auch die Chefs der Stadtverwaltung und die Milizen standen ungeachtet der zengīdischen Propaganda zum Bündnis. Auf fränkischer Seite war vor allem der König aus politischen und fiskalischen Gründen daran interessiert. Auch die Fürsten des Königreichs zogen die Beibehaltung des Status quo der eventuellen Neugründung eines fränkischen Staates unter einem europäischen Fürsten oder einem zengīdischen Damaskus vor (1148,1157). Der zweite Kreuzzug wurde von den Orientfranken nur so lange unterstützt, als kein Eingreifen der Zengīden drohte. Eine Zäsur in der Geschichte des fränkisch-islamischen Verhältnisses in Syrien bedeutete sein Scheitern nicht — anders als Wilhelm von Tyrus Jahrzehnte später glaubte [541]. Denn auch nach dem Kreuzzug legte die wachsende Macht des Nūr ad-Dīn von Aleppo den Herrschern von Damaskus und dem König von Jerusalem ein Bündnis nahe.

Gegen die Bündnispolitik eingestellt waren unter den Muslimen die Propagandisten und Religiösen, unter den Christen die europäischen Pilger und das einfache, materiell auf Beutemachen angewiesene Volk (1147,1148,1157). Zwischen dem König von Jerusalem und den Pilgern kam es deswegen ständig zum Konflikt. Geldmangel konnte, wie 1157, ein Grund dafür zu sein, dem Druck der Europäer nachzugeben und bestehende Verträge zu brechen. Soweit erkennbar, gingen alle Bündnisse zwischen Damaskus und Jerusalem auf islamische Initiative zurück und verpflichteten die Muslime zu Geld- oder Tributzahlungen an das Königreich Jerusalem, sprich den königlichen Fiskus.

Nūr ad-Dīn leitete nach der Eroberung von Damaskus im Gegensatz zu den Ankündigungen seiner Hofdichter nicht die Konfrontation mit dem Franken ein. Wichtiger als der *ǧihād* war ihm, das Vordringen anderer Mächte (Byzanz, Rūmseldschuken, Ägypten) nach Syrien zu verhindern. Er folgte damit den Prinzipien der Politik seines Vaters Zengī. Die eigentliche Zäsur in der politischen Geschichte Syriens war nicht 1154, sondern 1157-1158.

---

[541] Wilhelm v. Tyrus, XVII, IX, S. 771: *ab ea die coepit Orientalium Latinorum manifeste deterior fieri conditio.*

III. Fränkisch-islamische Beziehungen im Zeitalter von Nūr ad-Dīn und Saladin nach dem Ende der unabhängigen islamischen Partikularherrschaften in Syrien (1158-1192)

III.1. Vorbemerkung

In den vorangegangen Kapiteln sind die Vertrags- und Bündnisbeziehungen zwischen den Franken und arabischen oder türkischen Muslimen während des ersten Kreuzzuges und im Laufe der sich daran anschließenden sechs Jahrzehnte, in denen fränkische und islamische Staaten und Herrschaften in Syrien und Nordmesopotamien (al-Ǧazīra) nebeneinander her existierten, untersucht worden. Im Zuge dessen sind die die Allianzpolitik tragenden Motive in ihrer Entwicklung und, verbunden damit, die Beweggründe sowohl der Verfechter als auch der Gegner dieser Politik auf den jeweiligen Seiten deutlich geworden. Religiöse Propaganda für den *ǧihād* oder den Heiligen Krieg, auch das konnte festgehalten werden, wurde auf beiden Seiten funktional eingesetzt, dominierte aber die Politik nicht. In den friedlichen Beziehungen zwischen den islamisch regierten und den nach 1098 von europäischen Kreuzfahrern begründeten Herrschaften lebten aus der Zeit vor dem ersten Kreuzzug stammende ethnisch, konfessionell und machtpolitisch begründete Rivalitäten, aber auch Allianzen fort. Die Grundlage der fränkisch-islamischen Bündnispolitik bildeten nicht nur wirtschaftliche und fiskalische Interessen. Ganz offenbar war das stärkste Motiv für den Abschluß von fränkisch-islamischen Allianzen das gemeinsame syrische Bewußtsein einer Interessenidentität, das zum Zusammenschluß der bedeutendsten Staaten Syriens gegen jeden bedrohlichen Machtanspruch von außerhalb oder gegen das Streben einer einzelnen syrischen Herrschaft nach der Vormachtrolle führte. Ihren beredtesten Ausdruck fand dieses Bewußtsein in der „Kein Platz (*lā maqām*)"-Formel, die hinter der längerfristigen Allianz zwischen Jerusalem und Damaskus ab 1140 stand.

Es ist bereits angeklungen, daß sich zwischen 1154 und 1157 mit der Einnahme von Damaskus, Ba'labakk und Šaizar durch Nūr ad-Dīn die Konstellation der Machtverhältnisse in Syrien, die die Bündnisse seit dem ersten Kreuzzug bedingt hatte, entscheidend veränderte. Die Assassinen/Bāṭinīya-Burgen im zentralsyrischen Ǧabal Bahrā bildeten hinfort das einzige muslimisch beherrschte Gebiet, das nicht zum Herrschaftsbereich des Nūr ad-Dīn gehörte. Als 1169 auch der Kampf um die Vorherrschaft in Ägypten zugunsten der Zengīden ausfiel, schien die Einkreisung der Franken vollständig und damit das Ende jeder Vertrags-

und Bündnispolitik alten Stils gegeben zu sein. Tatsächlich befanden sich Ägypten und das islamische Syrien nach 1169 — abgesehen von einem interessanten, machtpolitisch aber nicht ganz so bedeutsamen Intervall zwischen 1174 und 1183 [1] — nominell in einer Hand. Im selben Maß, wie Nūr ad-Dīn ab 1149 und später Saladin ihre Macht in Syrien ausdehnen konnten, wuchs dem Königreich Jerusalem als mächtigstem Nachbarstaat die Rolle des eigentlichen Antipoden zu.

In den Chroniken spiegelt sich dieser Prozeß wider. Wilhelm von Tyrus (um 1130-1186) kommentierte den unrühmlichen Verlauf des zweiten Kreuzzuges folgendermaßen:

> „Von diesem Tag an begann die Lage der Orientlateiner offenbar schlechter zu werden", da die Feinde künftig keine Angst mehr vor den christlichen Fürsten gehabt hätten und die Franken künftig immer kühner angegriffen worden seien [2].

Mit diesen Worten leitet Wilhelm zur Schilderung der vernichtenden Niederlage der Antiochener gegen Nūr ad-Dīn und des Todes von Fürst Raimund über [3]. Als nächste Zäsur wertete er die bereits erwähnte Übernahme von Damaskus durch Nūr ad-Dīn und 1154:

> „Unsere Lage verschlechterte sich dadurch ...: denn anstelle eines ohnmächtigen Mannes und eines, der uns wegen seiner Schwäche (*debilitas*) preisgegeben (*obnoxius*) war, ... wurde uns ein härterer Gegner entgegengestellt" [4].

Als weiterer Schritt auf dem Weg zur Einkreisung der Franken galt dem Chronisten der Erfolg der zengīdischen Truppen unter Šīrkūh 1168/1169 in Ägypten. Anschließend an die Aufzählung der Vorteile — nämlich friedlichen Handels, fāṭimidischer Tribute und Reisesicher-

---

1 Saladin konnte nach dem Tod des Nūr ad-Dīn 1174 das zengīdische Syrien bis einschließlich von Marra/Ma'arrat an-Nu'mān, etwa 80 km südwestlich von Aleppo, erwerben. Aleppo fiel erst 1183 in seine Hand, aber seine Macht war bereits zuvor in Nordsyrien der dominante Faktor.

2 Wilhelm v. Tyrus, XVII, IX, S. 771.

3 Ähnlich heißt es nach einem Bericht über die Vernichtung der fränkisch-byzantinisch-armenischen Streitmacht durch Nūr ad-Dīn bei Harenc/Ḥārim im August 1164 (Wilhelm v. Tyrus, XIX, X, S. 898): *Rebus interea nostris tanta rerum mutatione, tamque sinistris eventibus, usque ad supremam exinantionem pene afflictis, cum neque saltem spei residuum superesset, jamjam animo consternati, per singulos dies deteriora formidarent universi ...* .
Diese düstere Vision des Wilhelm v. Tyrus hat allerdings eher rhetorische und nicht, wie in XVII, IX, S. 771 ad 1149, periodisierende Funktion. Sie leitet zum Bericht über die Pilgerfahrt Graf Dietrichs von Flandern über.

4 Wilhelm v. Tyrus, XVII, XXVI, S. 803.

heit —, die die fränkische Vorherrschaft über Ägypten dem Königreich bis dahin garantiert habe, heißt es:

„Aber nun im Gegenteil, alle haben einen schlechteren Stein gelost; verändert ist das sehr gute Aussehen, und unsere Leier ist zur Trauer gewendet [5]. Wohin ich mich auch wende, ich finde (nur) verdachterregende Gegenden. Der Zugang über das Meer ist den Friedliebenden verweigert, die ganze benachbarte Region gehorcht den Feinden, und zu unserem Verderben rüsten sich die benachbarten Reiche“ [6].

Den nächsten periodisierenden Einschnitt sah Wilhelm von Tyrus fünf Jahre später. Die Lage nach dem Tode des Nūr ad-Dīn 1174 und die Gefahr eines Übergreifens Saladins von Ägypten auf Syrien beschreibt er retrospektiv folgendermaßen:

„Wir mußten ... befürchten, daß er, wenn sich seine Besitzungen und sein Reich verdoppelten, sich ungestümer gegen uns erhebe und uns noch wirksamer ermüden würde ... . Unsere Bemühungen sind aber ... vereitelt worden, denn er hat sich zu Land und zur See so stark gegen uns erhoben, daß wir, wenn uns nicht der Aufgang aus der Höhe mitleidig besucht, keine Hoffnung zu widerstehen haben“ [7].

Direkt daran anschließend untersucht Wilhelm die Gründe, die seines Erachtens zum anscheinenden Niedergang der Macht der Franken im Orient führten. Der Chronist erkannte an erster und zweiter Stelle die Sündhaftigkeit seiner eigenen Generation und deren mangelnde kriegshandwerkliche Fähigkeiten. Dazu trete aber der Umstand, daß sich nunmehr (also 1174) alle Nachbarreiche in der Gewalt eines Fürsten befänden, ein Prozeß, der mit dem Verlust von Edessa/ar-Ruhā an Zengī begonnen habe und bis zur Errichtung des ägyptisch-syrischen Aiyūbidenreichs fortgeschritten sei [8]. Wilhelm interpretierte die Geschichte der Lateiner im Orient seit dem zweiten Kreuzzug also offensichtlich als Zeit voranschreitenden Machtverfalls, der von einer kontinuierlichen Machtkonzentration auf islamischer Seite zeitgleich begleitet und zum Teil auch verursacht wurde. Seine Analyse kulminiert schließlich in einer düsteren Beschreibung der Lage von 1184, die in der *Praefatio* des unvollendeten Buches XXIII seiner *Historia rerum in partibus transmarinis gestarum* enthalten ist [9]. Aber auch in der islamischen Historiographie

---

[5] Anspielung auf Klagelieder Jeremias, IV, 1; Hiob, XXX, 31.
[6] Wilhelm v. Tyrus, XX, X, S. 957-958.
[7] Wilhelm v. Tyrus, XXI, VI, S. 1014-1015.
[8] Wilhelm v. Tyrus, XXI, VII, S. 1015-1016.
[9] Wilhelm v. Tyrus, XXIII, Praefatio, S. 1132.

des 13. Jahrhunderts stößt man auf ein ähnliches Geschichtsmodell. Am deutlichsten wird dies in den Worten, mit denen Ibn Wāṣil (604-697 a.h./1207-1298), eine Passage von Ibn al-Aṯīr (555-630 a.h./1160-1233) paraphrasierend, seinen Bericht über den fränkischen Angriff auf Damiette/Dumyāṭ 1169 einleitet:

„Als Saladin ... Ägypten eroberte ... und sich die Heere des Nūr ad-Dīn darin etablierten, waren die Franken ihres Verderbens sicher und gewiß, daß sich das Küstenland (*bilād as-sāḥil*) wegen der Muslime (wie) am Rande eines unterspülten Uferabhangs befände" [10].

Modernere Historiker haben die Wertungen Wilhelms von Tyrus direkt oder indirekt übernommen. Mit den Erfolgen des Nūr ad-Dīn scheint demnach die programmatische Forderung des damaszenischen Rechtsgelehrten as-Sulamī vom Anfang des Jahrhunderts, eine islamische Einheitsfront gegen die Franken herzustellen, erfüllt worden zu sein [11]. Auf den Zusammenschluß des *islamischen Blocks* habe die fränkische Seite mit einer auf das Zusammenrücken der christlichen Staaten — der abendländischen wie auch des byzantinischen — abzielenden Diplomatie zu reagieren versucht. So umriß F. Chalandon die fränkische Position von 1158 mit den Worten:

„Die Stunde war gekommen, wo es nötig wurde, daß sie sich klar bewußt wurden: gegen die unter dem Kommando des Nūr ad-Dīn vereinigten Muslime würden sie keine dauerhaften Erfolge ohne die Unterstützung des griechischen Reiches davontragen".

Und R.-J. Lilie wertete das Scheitern des späteren Angriffs auf Damiette/Dumyāṭ:

„Der Verlust Ägyptens 1168 ... brachte den Franken das Prekäre ihrer Situation voll zu Bewußtsein. ... sie standen einer geschlossenen Front gegenüber, die den Heiligen Krieg gegen die Ungläubigen auf ihr Panier geschrieben hatte" [13].

Ganz diesem Bild zu entsprechen scheint auf den ersten Blick die Entwicklung, die die Beziehungen der fränkischen Staaten zum byzantinischen Reich und den abendländischen Monarchien seit dem Fall von Damaskus 1154 und besonders nach dem Regierungsantritt König Amal-

---

[10] b. Wāṣil, Bd. 1, S. 179 nach b. al-Aṯīr, Kāmil, Bd. 11, S. 351. Vgl. auch Abū Šāma, Rauḍatain, I, Bd. 2, S. 456.

[11] Zu as-Sulamī vgl. oben S. 76.

[12] F., Chalandon, Comnène, Bd. 2, S. 446.

[13] R.-J. Lilie, Byzanz, S. 194.

richs I. von Jerusalem 1163 nahmen [14]. Tatsächlich bemühte sich König Balduin III. von Jerusalem um ein besseres Verhältnis zu Byzanz. Verhandlungen, die 1157 von fränkischer Seite initiiert wurden, führten zu einem Abkommen, das durch die Heirat des Königs mit einer Nichte Kaiser Manuels besiegelt wurde [15]. Vermutlich verpflichteten sich beide Seiten zu einem gemeinsamen Vorgehen gegen Nūr ad-Dīn in Nordsyrien und zur Regelung des Streites um die byzantinischen Ansprüche auf Antiochia. Mit dem Feldzug Manuels 1158/1159 nach Kilikien und Nordsyrien und dem Lehnseid des Fürsten von Antiochia an den Basileus Manuel Ende 1158 wurde der Vertrag in die Realität umgesetzt [16]. Diese probyzantinische Wendung der Jerusalemer Politik bezeichnet tatsächlich einen Einschnitt: Noch während der letzten Vorstöße der Byzantiner nach Syrien 1138 und 1142 hatte Jerusalem abseits gestanden und, wie gezeigt werden konnte, den Ausgleich mit Zengī und dem būrīdischen Damaskus gesucht. Nicht nur für das Fürstentum Antiochia, dessen Lehnsrührigkeit von Byzanz seit 1158 klargestellt war, das von 1165 bis 1170 einen griechischen Patriarchen hatte und 1178/1179 von einer byzantinischen Gesandtschaft nach England mitrepräsentiert wurde [17], begann damit eine Phase enger Anbindung an Byzanz. 1161 heiratete der Basileus Maria, die Tochter Konstanzes von Antiochia; 1167 gab er eine seiner Nichten (auch eine Maria) König Amalrich I. von Jerusalem (1163-1174) zur Frau. Die verschiedenen fränkisch-byzantinischen Vertrags- und Bündnisprojekte von 1158 bis 1177, die gemeinsame Belagerung von Damiette/Dumyāṭ 1169 und die Reise Amalrichs I. 1171 nach Konstantinopel sind bekannt und brauchen an dieser Stelle nicht ein weiteres Mal dargelegt zu werden [18].

---

14 Zu Byzanz (bis 1180) vgl. J.L. LaMonte, Extent, passim; F. Chalandon, Comnène, Bd. 2, S. 435-455, und R.-J. Lilie, Byzanz, S. 140, 181-211.
Zum Westen: R.C. Smail, Latin Syria, S. 1-20; ders., The International Status of the Latin Kingdom of Jerusalem, 1150-1192, in: P.M. Holt, The Eastern Mediterranean Lands in the Period of the Crusades, ed. P.M. Holt, Warminster 1977, S. 23-43, und H.E. Mayer, Kaiserrecht und Heiliges Land, in: Aus Reichsgeschichte und Nordischer Geschichte, hrsg. v. H. Fuhrmann, H.E. Mayer, Kl. Wriedt, Stuttgart 1972 (Kieler Historische Studien, 16), S. 193-208.

15 Wilhelm v. Tyrus, XVIII, XXII, S. 857-858; Gregor der Priester, S. 352-535.

16 Wilhelm v. Tyrus, XVIII, XXII-XXV, S. 859-864; Ioannes Kinnamos IV, 18-21, S. 181-190 und Niketas Choniates, Manuel Komnenos III, 3, S. 108-110.

17 Vgl. J.L. LaMonte, Extent, S. 254-256.

18 Zur Literatur vgl. oben, Anm. 14. Daneben, besonders zu 1169: H.E. Mayer, Service, S. 152-156, und H. Möhring, Byzanz und die Kreuzfahrerstaaten, in: HZ 234 (1982), S. 601-608, bes. S. 604-607.

In gleicher Weise veränderte sich im selben Zeitraum das Verhältnis Antiochias und Jerusalems zu den Staaten des Abendlandes, insbesondere zu England und Frankreich. Noch während des zweiten Kreuzzuges hatte es sich als durchaus ambivalent erwiesen. Ab Mitte der fünfziger Jahre aber sind die Briefe aus dem Orient nach Europa von einem anderen Tenor geprägt. 1155 bezeichnete sich der Fürst von Antiochia, Rainald von Châtillon, in einem Schreiben an Ludwig VII. von Frankreich als *de vestris naturalibus hominibus natus* und erklärte sich bereit, dessen Befehl zu erfüllen [19]. Allein aus der Zeit zwischen 1162 und Januar 1165 sind vierzehn Briefe aus Jerusalem und Antiochia an den französischen König erhalten. Ihr Hauptanliegen, besonders nach Niederlagen wie dem Verlust von Harenc/Ḥārim 1164, bestand in Bitten um Unterstützung [20]. Spätestens ab Ende der sechziger Jahre gewannen diese Hilferufe aber neue Qualität. Sie wurden an abendländischen Höfen von offiziellen Jerusalemer Delegationen vorgetragen (1168, 1169, 1171, 1173, 1180, 1184) und konnten von — zumindest symbolischen — Akten der Unterordnung begleitet werden: Schon Ende September 1163 sprach Amalrich I. in einem Brief an den König von Frankreich davon, diesem dienen zu wollen [21]. Den *Annales Cameracenses* zufolge sollen Ludwig VII. einige Jahre darauf (1169) die Schlüssel Jerusalems angeboten worden sein [22]. In der Folgezeit versuchten die Könige von Jerusalem, auf einen Frieden zwischen England und Frankreich hinzuwirken und die Monarchen beider Länder an die fränkischen Staaten zu binden. Während seiner Mission nach Europa bot Patriarch Heraclius von Jerusalem 1184/1185 zuerst Philipp II. August von Frankreich und danach Heinrich II. von England die Schlüssel des Heiligen Grabes, des Davidsturms und dazu eine Fahne an. Einige Monate später verfügte Balduin IV. von Jerusalem testamentarisch (1185), daß der Papst, der römische Kaiser und die Könige von England und Frankreich seine Nachfolge regeln sollten, falls sein minderjähriger Sohn innerhalb der zehn Jahre der Regentschaft stürbe [23].

---

[19] Vgl. RRH Nr. 394 und RHGF, ed. Bouquet, Bd. 16, Nr. LXVII, S. 14-15. Rainald titulierte sich als *ejusdem permissione Princeps Antiochenus*.

[20] RHGF, ed. Bouquet, Bd. 16, Nr. XCI, S. 27-28, Nr. CXXI-CXXVI, S. 36-40, Nr. CXCIV, S. 59-60, und CCXLIII-CCXLIV, S. 79-80 (entspricht RRH Nr. 382-384, 392, 394, 396, 389-399, 407 und 411). Vgl. bes. R.C. Smail, Latin Syria, S. 9-11.

[21] RHGF, ed. Bouquet, Bd. 16, Nr. CXCIV, S. 382 (RRH Nr. 382).

[22] In: MGSS, Bd. 16, S. 550-551.

[23] Ernoul, X, S. 116-117. Estoire de Eracles, XXIII, IV, S. 6-7, und VI, S. 9-10, kennt die Vermittlung der Könige nicht. Zum Angebot an Heinrich II. vgl. die Cont. Guil. Tyr., I, II, S. 53.

Ob die Rechtsgrundlage für diese Maßnahmen in dem angeblichen Protektorat Karls des Großen über die Heiligen Stätten gesehen wurde oder in dem Gedanken, das lateinische Syrien sei eine Angelegenheit der gesamten Respublica christiana, ist hier nicht erheblich[24]. Wichtig ist, daß die Franken Syriens spätestens ab Anfang der sechziger Jahre des Jahrhunderts im Westen an ein Gefühl der Verantwortung für das Heilige Land appellierten. Sie erbaten nicht nur Geld und Waffenhilfe, sondern schließlich auch einen Fürsten[25].

Beide Tendenzen, die Intensivierung der Beziehungen zu Byzanz und die zunehmende Intensität der Hilferufe in den Okzident, stellen sich zunächst leicht als Element einer christlichen Blockbildung gegenüber der, wie R.-J. Lilie gemeint hat, „geschlossenen Front, die den Heiligen Krieg gegen die Ungläubigen auf ihr Panier geschrieben hatte", dar[26]. Die Byzanz- und Westorientierung der fränkischen Politik als Reaktion auf die zengīdischen und aiyūbididschen Erfolge in Syrien und Ägypten ist sicher unbestreitbar. Ob die Franken allerdings nach 1148 mehr und mehr einer geschlossenen Front des Heiligen Kampfes gegenüberstanden, ob die Grundlagen der fränkisch-islamischen Allianzen und Verträge nach 1157/1158 plötzlich obsolet wurden und ob sie nicht in anderer Form weiter wirkten, bedarf der Überprüfung. Diese Überprüfung wird darin bestehen, im folgenden nach der Existenz und der Art fränkisch-islamischer Verträge bis zum Ende des dritten Kreuzzugs 1192 zu fragen. Zu suchen ist weiterhin nach den Vertragsmotiven, nach Befürwortern und Gegnern der Vertragspolitik und den Doktrinen, die etwaigen Bündnissen zugrunde lagen. Wie schon im vorigen Kapitel wird auch im folgenden die Funktion der *ǧihād* - Propaganda betrachtet werden. So ist es möglich zu entscheiden, ob sich die fränkisch-islamische Geschichte in Syrien ab 1158 wirklich als Aufeinanderprallen von Blöcken verstehen läßt oder nicht.

---

24 Zur Diskussion darüber vgl. R.C. Smail und H.E. Mayer (vgl. S. 232, Anm. 14). Anregungen gibt indirekt auch J.S.C. Riley-Smith, Peace, S. 89-91, 99.

25 So im März 1185 gegenüber dem englischen König. Vgl. Giraldus Cambrensis, De Principis Instructione Liber, S. 203 (Rolls Series, 21,8): *totius tam cleri quam populi unanimi voto et acclamatione regni dominium ... eidem obtulit et subiectionem.*
Philipp v. Flandern wurde 1177 in Palästina vergeblich die Regentschaft angetragen, berichtet Wilhelm v. Tyrus, XXI, XIV-XV, S. 1027-1030. Möglicherweise strebte er stattdessen nach der Königskrone. Vgl. Gesta regis Henrici secundi, Bd. 1, S. 116 (Rolls Series, 49, 1) und H.E. Mayer, Kaiserrecht, S. 200-201.

26 Vgl. S. 231, Anm. 13. Das Zitat repräsentiert die Meinung zahlreicher älterer Autoren wie R. Grousset und St. Runciman.

III.2. *Aut in Graecorum aut in Turcorum manus venire*[27]: Die Ausweitung der „Kein Platz (*lā maqām*)"-Theorie und die fränkische Politik gegenüber Ägypten und Byzanz (1158-1174)

Das beherrschende politische Problem von 1158 bis 1174, von der byzantinisch-fränkischen Annäherung bis zum Todesjahr von Nūr ad-Dīn und König Amalrich I. von Jerusalem, war der Kampf um die Macht in Ägypten. Am 11. September 1161 erlag der fāṭimidische Wesir Ṭalā'i' b. Ruzzīk einem Mordanschlag[28]. Die Rivalitäten um die Besetzung des Wesirats in den Jahren darauf zogen Kreise, die über den Fāṭimidenstaat hinausreichten. Von verschiedenen Prätendenten und Gruppen um Hilfe gebeten, wurden König Amalrich und Nūr ad-Dīn von 1163 bis 1169 in die Kämpfe um die Vorherrschaft am Nil verwickelt. Ab 1167 hielt sich auch Byzanz zu einer Intervention, zu der es erst 1169 kam, bereit. Die Jahre zwischen 1158 und 1174 lassen sich deshalb in drei Phasen differenzieren: eine erste bis zum Beginn der fränkischen und zengīdischen Interventionen in Ägypten (bis 1163), eine zweite bis zur Machtübernahme Saladins in Kairo, in der sich fränkische und zengīdische Truppen in Ägypten gegenüberstanden (bis 1169), und eine dritte, während derer das fāṭimidische Kalifat beseitigt wurde (1171) und Saladin Ägypten unter zengīdischer Oberhoheit regierte.

Die byzantinisch-fränkische Annäherung, die Intervention Jerusalemer Truppen in Ägypten — erstmals außerhalb Syriens und Nordmesopotamiens (al-Ǧazīra)! — und die Vereinigung des fāṭimidischen Staates mit dem Machtbereich des Nūr ad-Dīn waren neue Faktoren, von denen man annehmen kann, daß sie die Vertrags- und Bündnisverhältnisse beeinflußten. Es soll daher im folgenden für jede der drei Phasen geprüft werden, wann fränkisch-islamische Verträge existierten, welcher Art sie waren und wie sie begründet wurden. Es wird auf diese Weise möglich werden, darauf Antwort zu geben, ob sich in dieser Periode im Verhältnis fränkischer und islamischer Staaten und Fürstentümer etwas Substantielles änderte und ob das Bild einer Frontenbildung auf beiden Seiten korrekt ist.

* * * * *

---

[27] Aus einem Brief des Templergroßmeisters Bertrand de Blanchefort 1164 an Ludwig VII. in RHGF, ed. Bouquet, Bd. 16, Nr. CCXLIV, S. 79-80 (RRH Nr. 407).

[28] b. Ẓāfir, S. 112; al-Maqrīzī, Itti'āẓ, Bd. 3, S. 254; b. Ḫallikān, Wafayāt, Bd. 2, S. 208-212 (danach starb er am 19. Ramaḍān 560 a.h.). Vgl. J. Walker, Ṭalā'i' b. Ruzzīk, in: EI 1, Bd. 4, S. 688, und F. Wüstenfeld, Fatimiden-Chalifen, S. 326-327.

Die fränkisch-zengīdischen Waffenstillstandsverhandlungen nach den Kämpfen um Paneas/Bāniyās vom Juli 1157 waren nicht erfolgreich abgeschlossen worden[29]. In der zweiten Hälfte des Jahres 1157, nach den verheerenden Erdbeben, die Nord- und Zentralsyrien im Sommer heimgesucht hatten, kam es zu Kämpfen im Orontestal und an den Grenzen des Fürstentums Antiochia. Ihre Ursache lag in der bereits erwähnten Kreuzfahrt Dietrichs von Flandern. Nach dem Scheitern ihres Angriffs auf Šaizar im Oktober gelang den verbündeten Franken im Februar des folgenden Jahres die Eroberung von Harenc/Ḥārim. Nūr ad-Dīn wurde in dieser Zeit durch eine schwere Erkrankung in Aleppo zur Passivität gezwungen und konnte auch den Streifzug Balduins III. gegen die Oase von Damaskus im März 1158 nicht verhindern[30]. Nach seiner Genesung unternahm Nūr ad-Dīn einen Angriff auf das Gebiet von Sidon/Ṣaidā, wurde aber im Juli 1158 von Balduin III. im Ostjordanland schwer geschlagen, wo Nūr ad-Dīn die fränkische Höhlenfestung Cave de Sueth/Ḥabīs Ǧaldak belagerte. Er eröffnete darauf Waffenstillstandsverhandlungen mit Balduin. Sie kamen aber nicht zum Abschluß[31], de facto herrschte jedoch zwischen Jerusalem und dem zengīdischen Machtbereich seit dem Sommer 1158 Frieden. Erst nach der byzantinischen Intervention wurde in Südsyrien wieder gekämpft: Anfang 1160 schloß Naǧm ad-Dīn Aiyūb, der Vater Saladins und Gouverneur von Damaskus, nach einem Beutezug Balduins in den Ḥaurān, einen Waffenstillstand auf drei Monate (*pacem trium mensium postulabat*)[32]. Als die Franken nach Ablauf der Frist erneut angriffen, handelte er einen zweijährigen Waffenstillstand aus[33]. Ob dieser Vertrag nach seinem Ablauf verlängert wurde, ist nicht bekannt. Aber Wilhelm von Tyrus bemerkt ausdrücklich, daß Nūr ad-Dīn auch den Tod König Balduins III. am 10. Februar 1163 nicht zum Anlaß für einen Angriff nahm[34].

---

29 Vgl. S. 224.

30 Ausführliche Überblicke über die Kämpfe 1157/1158 finden sich bei R. Röhricht, Jerusalem, S. 290-295; R. Grousset, Histoire, Bd. 2, S. 378-395; und N. Elisséeff, Nūr ad-Dīn, Bd. 2, S. 512-534.

31 b. al-Qalānisī, S. 351-352: *rāsala Malik al-Afranǧ fī ṭalab aṣ-ṣulḥ wa-'l-muhādana ... wa-lam yastaqirr ḥāl bainahumā*. Vgl. Wilhelm v. Tyrus, XVIII, XXI, S. 855-856.

32 Wilhelm v.Tyrus, XVIII, XXVII, S. 866-867 (danach erhielten die Franken 4000 Bezants und sechs gefangene Ritter). Gregor der Priester, S. 360, spricht von einer viermonatigen Waffenruhe.

33 Gregor der Priester, S. 361.

34 Wilhelm v.Tyrus, XVIII, XXXIV, S. 879-881. Balduin soll auch von Nūr ad-Dīn betrauert worden sein - falls dies keine rhetorische Figur ist.

Die Lage in Nordsyrien gestaltete sich nur wenig kriegerischer. Rainald von Châtillon, der Fürst von Antiochia, fiel im November 1160 oder 1161 in die Hände des Gouverneurs von Aleppo[35]. 1161 oder 1162, die Chronisten widersprechen einander auch hier, flammten die Kämpfe im Norden neu auf, und Nūr ad-Dīn belagerte Harenc/Ḥārim — ohne Erfolg[36]. Von Verträgen in dieser Zeit ist nichts bekannt. Erst nach seiner schweren Niederlage am Fuß des Crac des Chevaliers/Ḥiṣn al-akrād (1163) boten die Franken Nūr ad-Dīn wieder einen Waffenstillstand an, den der Zengīde aber ausschlug[37].

Es bleibt also festzuhalten, daß es seit dem Sommer 1158 keine zengīdischen Angriffe im Süden gab und zwei befristete Friedensverträge geschlossen wurden. Auch im Norden, wo es zu Kämpfen kam, wurden bis 1162 keine größeren Unternehmungen von Nūr ad-Dīn geplant. In den Jahren 1160 und 1161, während derer die Verträge mit dem Königreich Jerusalem Geltung hatten, griff Nūr ad-Dīn stattdessen den Rūmseldschukensultan Qılıč Arslān von Iconium/Qunya an und vollzog im Winter 1160/1161 den *ḥaǧǧ* nach Mekka[38]. Ein besonderes Engagement für den *ǧihād* ist demnach auch bis 1163 nicht zu erkennen. Bezeichnend für das Vorgehen des Nūr ad-Dīn ist, wie er auf den Feldzug des byzantinischen Kaisers Manuel 1158/1159 nach Kilikien und Nordsyrien reagierte. Sein Verhalten wirft ein besonders helles Licht auf den Charakter der zengīdischen Politik:

Wie bereits dargestellt worden ist, hatten seit 1150 und erneut ab 1157 auf ägyptische Initiative hin diplomatische Kontakte zwischen dem Fāṭimidenstaat und Nūr ad-Dīn stattgefunden[39]. Als nun das byzanti-

---

[35] Wilhelm v. Tyrus, XVIII, XXVIII, S. 868-869 (ad 1160); Gregor der Priester, S. 363 (ad 1161); b. al-ʿAdīm, Zubda, Bd. 2, S. 311-312 (ad 1161).
Vgl. R. Röhricht, Jerusalem, S. 304-305 und G. Schlumberger, Renaud de Châtillon ..., Paris 1923, S. 119. B. Hamilton, The Elephant of Christ: Reynald of Châtillon, in: Religious Motivation: Biographical and Sociological Problems for the Church Historian, ed. D. Baker, Oxford 1978, S. 97-108, spricht sich S. 98-99, Anm. 13, für den 23.11.1161 als Datum aus. Ob zuvor auch Joscelin III., der Titulargraf von Edessa, gefangengenommen worden war (vgl. b. al-ʿAdīm, Zubda, Bd. 2, S. 311; Gregor der Priester, S. 361, und Michael Syrus, S. 316) oder erst 1164, ist umstritten. Vgl. dazu Cl. Cahen, Syrie, S. 405, und R.L. Nicholson, Joscelyn III, S. 33-36, Anm. 75. Letzterer hält nach einer ausführlichen Erörterung 1164 für wahrscheinlich.

[36] Cl. Cahen, Syrie, S. 407-408 (ad 1161) und N. Elisséeff, Nūr ad-Dīn, Bd. 2, S. 559-560 (ad 1162).

[37] Bes. Wilhelm v. Tyrus, XIX, VIII, S. 894-895; b. al-Aṯīr, Kāmil, Bd. 11, S. 294-296; b. al-ʿAdīm, Zubda, Bd. 2, S. 312-315. Vgl. R. Röhricht, Jerusalem, S. 316-317; Cl. Cahen, Syrie, S. 408, und N. Elisséeff, Nūr ad-Dīn, Bd. 2, S. 573-576.

[38] Überblicke bei N. Elisséeff, Nūr ad-Dīn, Bd. 2, S. 545-546 und 558-559.

[39] Vgl. oben S. 224-225.

nische Heer im Herbst 1158 nach Kilikien gelangte, intensivierte Nūr ad-Dīn diesen Austausch und signalisierte erstmals eine über reine Lippenbekenntnisse hinausgehende Bereitschaft zur Kooperation beim *ǧihād*. Sein Gesandter, der *ḥāǧib* (Kämmerer) Maḥmūd, händigte dem fāṭimidischen Wesir Ṭalā'i' b. Ruzzīk einen *ǧihād*- Aufruf in Gedichtform aus und kehrte Mitte Oktober 1158 in Begleitung eines ägyptischen Emirs zu Nūr ad-Dīn zurück. Er überbrachte 70000 Dīnār in bar für den Kampf gegen die Franken, Geschenke und Waffen für 30000 Dīnār und ein Ehrengewand (*ḫil'a*), das Nūr ad-Dīn Damaskus anlegte [40]. Auch falls in Damaskus der Anmarsch der Byzantiner noch unbekannt gewesen sein sollte [41], im Hintergrund des ägyptisch-zengīdischen Gesandtenaustauschs stand ganz sicher das Bündnis zwischen Byzanz und Jerusalem: Im September heiratete Balduin III. Manuels Nichte Theodora und brach wenig später nach Antiochia auf [42]. Nūr ad-Dīn wußte also spätestens seit diesem Monat von der Allianz zwischen Franken und Byzantinern. Seine Gesandten suchten Manuel noch im kilikischen Winterlager auf [43]. Tatsächlich griffen die Ägypter auf den Aufruf Nūr ad-Dīns hin Franken und Byzantiner zu Lande und zur See an.

Anfang März 1159 schickte Nūr ad-Dīn den *ḥāǧib* Maḥmūd von Damaskus erneut an den Nil. Er drängte zu einem Angriff gegen das Königreich Jerusalem und zog in Begleitung eines ägyptischen Emirs zu Nūr ad-Dīn zurück, während 6500 ägyptische Reiter und eine Flotte von Ende Mai bis Mitte Juli 1159 zu dem erwünschten Unternehmen aufbrachen [44]. Der Chronist al-Maqrīzī (776-845 a.h./1374-1442), dessen Bericht auf älteren Quellen basiert, begründet diesen Gesandtenaustausch ausdrücklich mit der Nachricht vom Eintreffen der Byzantiner in Kilikien [45]. Vermutlich ebenfalls im März 1159 suchten byzantinische Botschafter Damaskus auf und überreichten Nūr ad-Dīn wertvolle Geschenke; anscheinend wurde auch ein Abkommen vereinbart. Später wurde in Damaskus auch der Vertragsabschluß zwischen Balduin III. und Kaiser Manuel in Kilikien bekannt. Als Nūr ad-Dīn kurz danach vom Vormarsch der Byzantiner nach Antiochia und ihrer Absicht, islamische Gebiete an-

40 b. al-Qalānisī, S. 353; b. Muyassar, S. 156-157; al-Maqrīzī, Itti'āẓ, Bd. 3, S. 233-234.

41 Laut b. al-Qalānisī, S. 354, soll die Ankunft des Basileus in Damaskus erst im Dezember/Januar 1158/1159 bekannt geworden sein.

42 Wilhelm v. Tyrus, XVIII, XXII, S. 857-858.

43 Ioannes Kinnamos IV, 18, S. 183.

44 b. al-Qalānisī, S. 356; al-Maqrīzī, Itti'āẓ, Bd. 3, S. 233-234, 236.

45 al-Maqrīzī, ebd., S. 236. Zu seinen Quellen vgl. Cl. Cahen, Syrie, S. 86-87.

zugreifen, hörte, zog er Ende März nach Aleppo, setzte die Verteidigungsanlagen instand und rief zum *ǧihād* auf[46].

Ohne daß es zu bedeutenderen Zusammenstößen gekommen wäre, wurden jedoch vermutlich von byzantinischer Seite bald Verhandlungen eingeleitet, die in einen Waffenstillstand mündeten (*muhādana, muwāda'a*). Manuel erreichte die Freilassung von 6000 fränkischen Gefangenen und ließ Nūr ad-Dīn erneut reiche Geschenke überbringen. Vermutlich sprach man auch ein gemeinsames Vorgehen gegen das Sultanat Iconium/Qunya ab[47].

Sowie das griechische Heer Anfang Juni 1159 aus Syrien abgezogen war, verabschiedete Nūr ad-Dīn die Truppen, die aus Mossul und den Provinzen seines Machtbereichs nach seinem *ǧihād* Aufruf gekommen waren. In den Jahren danach dachte er, wie bereits zu sehen war, nicht daran, die Auseinandersetzung mit den Franken zu suchen. Auch die Kontakte zu Ägypten nahm er nicht wieder auf. Auf die Mahnungen des fāṭimidischen Wesirs Ibn Ruzzīk zum *ǧihād* reagierte er nicht. An den Planungen für den mit einem Kostenaufwand von 200000 Dīnār vorbereiteten ägyptischen Feldzug (vermutlich 1161), den der Wesir nicht mehr ausführte, war Nūr ad-Dīn augenscheinlich unbeteiligt[48].

Aus diesem Verhalten wird deutlich, daß Nūr ad-Dīn das Mittel der *ǧihād*-Propaganda lediglich d a z u benutzte, die Gefahr zu bewältigen, die für ihn in dem byzantinisch-fränkischen Bündnis lag. Er instrumentalisierte den *ǧihād*-Gedanken für seine Machtpolitik. Es mag tatsächlich so gewesen sein, daß die fränkisch-byzantinische Annäherung der zengīdischen Expansion in Nordsyrien nach 1159 einen Riegel vorschob, wie oft behauptet worden ist[49]. In der Tat griff Nūr ad-Dīn das schutzlose Antiochia/Anṭākiya nicht an, nachdem er im August 1164 eine fränkisch-armenisch-byzantinische Streitmacht vernichtet und Harenc/Ḥārim erobert hatte, weil er eine byzantinische Intervention befürchtete[50]. Er ließ sogar Bohemund III., den in der Schlacht gefangenen

---

[46] b. al-Qalānisī, S. 356-357. Vgl. N. Elisséeff, Nūr ad-Dīn, Bd. 2, S.535 und 541-543.

[47] b. al-Qalānisī, S. 357-358; Wilhelm v. Tyrus, XVIII, XXV, S. 863-864; Gregor der Priester, S. 356-358; Ioannes Kinnamos IV, 21, S. 188-189. Zu den näheren Umständen des Abkommens vgl. F. Chalandon, Comnène, Bd. 2, S. 453-455, und R.-J. Lilie, Byzanz, S. 175.

[48] b. Ẓāfir, S. 112; al-Maqrīzī, Itti'āẓ, Bd. 3, S. 254. Zu den Appellen des Ibn Ruzzīk an Nūr ad-Dīn bis 1160 vgl. S. 224-225.

[49] So F. Chalandon, Comnène, Bd. 2, S. 454-455; R.-J. Lilie, Byzanz, S. 176. Cl. Cahen, Syrie, S. 410, spricht von einem byzantinischen Protektorat, H.E. Mayer, Service, S. 139, von einer Neutralisierung Nordsyriens 1158-1176.

[50] b. al-Aṯīr, Bāhir, S. 125. Vgl. Abū Šāma, Rauḍatain, I, Bd. 2, S. 339-342.

Fürsten von Antiochia, frei [51]. Beides zeigt deutlich, daß ihm ein fränkisches Antiochia lieber als die Präsenz der Byzantiner war, und dies weist seine Politik als reine Machtpolitik und als *syrisch* im Sinne der traditionellen fränkisch-islamischen Bündnispolitik aus. Einem Zusammenwirken des Nūr ad-Dīn mit den ismā'īlitischen, also šī'itischen Fāṭimiden gegen Jerusalem hätte das sog. *byzantinische Protektorat* über Antiochia übrigens nicht entgegengestanden, aber auch dazu kam es nicht [52]. Den Eindruck einer Instrumentalisierung des *ǧihād* - Gedankens durch Nūr ad-Dīn können auch die zahlreichen auf den Heiligen Kampf hinweisenden Titel, die Nūr ad-Dīn auf seinen Inschriften seit 1158 führte, nicht verwischen. Ihre Aussagekraft verliert merklich an Gewicht, wenn man sie mit den Titulaturen anderer islamischer Fürsten vergleicht. Von den rūmseldschukischen Sultanen von Iconium/Qunya und den artuqidischen Emiren von Ḫartbirṭ und Maiyāfāriqīn sind aus derselben Zeit teilweise noch beeindruckendere Listen epigraphisch überlieferter *ǧihād*- Epitheta vorhanden [53]. Diese Fürsten nahmen am Kampf gegen die Franken kaum oder gar nicht teil. Selbst wenn Nūr ad-Dīn also derart um die Ehre des Islams und die Befreiung Jerusalems bemüht gewesen sein sollte, wie es einige Quellen glauben machen [54], so verfolgte er doch keine Politik der Frontenbildung gegen die Franken, die seiner eigenen Machtpolitik hätte gefährlich werden können. Von einer konsequenten *ǧihād*-Politik kann somit keine Rede sein.

Stand den Zengīden aber seit 1158 ein christlicher Block gegenüber? Die Verträge zwischen Manuel und Nūr ad-Dīn von 1159 zeigen, daß es Byzanz keineswegs darum zu tun war, mit den Franken eine Front zu bilden. Die Ziele des Basileus waren, Kilikien zurückzugewinnen,

---

[51] Wilhelm v. Tyrus, XIX, XI, S. 901: Bohemund war der Schwager Kaiser Manuels. Nūr ad-Dīn soll ihn dieser Quelle zufolge freigelassen haben, damit kein Stärkerer an seiner Stelle regiere. Eine Alternativversion hat Michael Syrus, S. 326.

[52] In seinem Machtbereich ging Nūr ad-Dīn aggressiv gegen die Šī'a vor. Vgl. zusammenfassend E. Sivan, L 'Islam, S. 71.

[53] So RCEA, Bd. 9, Nr. 3203, S. 2-3; Nr. 3218, S. 11-12; Nr. 3271-3272, S. 48-50. Zu Nūr ad-Dīn vgl. N. Elisséeff, Titulature, und Y. Tabbaa, Monuments with a Message: Propagation of Jihād under Nūr ad-Dīn (1146-1174), in: The Meeting of Two Worlds, ed. V.P. Goss, Kalamazoo 1986, S. 223-240. Seine Inschriften nehmen sich gegen die seldschukischen und artuqidischen sogar karg aus. Vgl. oben S. 219-220.

[54] Z.B. bei b. al-Aṯīr, Bāhir, S. 117; demselben, Kāmil, Bd. 11, S. 295, und b. al-Furāt, Cod. Vindob. A.F. 119, fol. 159r. Vgl. E. Sivan, L 'Islam, S. 61 und 63. Die Handschrift Cod. Vindob. A.F. 119 war mir nicht zugänglich. Das Zitat findet sich bei E. Sivan, S. 63.

die Lehnsoberherrschaft über Antiochia zu festigen und Nūr ad-Dīn zu einem Bündnis gegen Qılıč Arslān von Iconium/Qunya zu bringen. Ein gleichgewichtiges Verhältnis zwischen Franken, Armeniern und Zengīden entsprach den byzantinischen Interessen am besten. König Balduin III. von Jerusalem seinerseits scheint weit davon entfernt gewesen zu sein, „einen Pakt mit Byzanz und den Armeniern zu schließen und eine Föderation christlicher Länder zu bilden, die sich vom Schwarzen Meer bis zum Nil erstreckte, wobei diese christliche Allianz leicht Qoniya, Mossul, Aleppo widerstehen sollte und mächtig genug wäre, um sich auch mit dem Islam östlich des Euphrat zu messen“ [55]. Balduin suchte zwar Rückhalt, er war aber nicht gewillt, eine byzantinische Vormacht in Nordsyrien hinzunehmen. Es ist bezeichnend genug, daß Wilhelm von Tyrus den raschen Abbruch des Angriffs auf Aleppo von 1159 durch Manuel nicht tadeln zu müssen glaubte, was er bei der Beschreibung des Mißerfolgs des byzantinisch-fränkischen Feldzugs von 1138 in Nordsyrien getan hatte [56]. Denn wäre Aleppo 1158 erobert worden, so hätte das Byzanz unweigerlich zur bestimmenden Kraft im Norden gemacht. Das Verhältnis zwischen den christlichen Verbündeten blieb im übrigen auch nach dem Abzug des Basileus nicht unproblematisch. Hier nur einige Beispiele: Schon die Ordnung der Regentschaft in Antiochia durch Balduin III. nach der Gefangennahme Rainalds von Châtillon ein oder zwei Jahre später führte zu Spannungen mit Byzanz. Verhandlungen, deren Resultat 1161 die Verheiratung Marias von Antiochia mit Manuel war, wurden dem König von Jerusalem weitgehend verheimlicht [57]. Seinem Nachfolger Amalrich soll 1163 von Manuel verwehrt worden sein, die Unterstellung Antiochias anzunehmen [58]. Zwar kämpften von 1162 bis 1164 byzantinische Kontingente an fränkischer Seite gegen Nūr ad-Dīn und zwar plante der Basileus nach der Niederlage der christlichen Verbündeten bei Harenc/Ḥārim (1164) zunächst, selber nach Kleinasien vorzustoßen [59].

---

55 So J. Prawer, Historie, Bd. 1, S. 423. Er ergänzt: „C'était là un plan de grande envergure susceptible de changer le cours de l 'histoire du Moyen-Orient“.

56 Wilhelm v. Tyrus, XVIII, XXV, S. 864.

57 Zur Frage der Regentschaft und der Heirat: F. Chalandon, Comnène, Bd. 2, S. 521-522, und R.-J. Lilie, Byzanz, S. 177-178. Vgl. bes. K. Horna, Das Hodoiporikon des Konstantin Manasses, in: BZ 13 (1904), S. 313-355, hier 325-347 (Edition) und S. 315-318. Manasses war Mitglied der (oder einer der) byzantinischen Gesandtschaft(en) von 1160/1162.

58 Ioannes Kinnamos V, 13, S. 237-238.

59 Ders., V, S. 215-216. 1165 entstandte Manuel ein Heer nach Kilikien. Vgl. ders., V, 9, S. 227-228.

Dennoch war die Haltung der Franken gegenüber Byzanz währenddessen ambivalent. Die in den sechziger Jahren des 12. Jahrhunderts aus dem lateinischen Orient nach Europa gesandten Hilferufe sind dafür der beste Beleg:

1163 beschrieb König Amalrich Ludwig VII. von Frankreich die Lage in Nordsyrien nach der Gefangennahme Fürst Rainalds als so verzweifelt, daß Antiochia ohne westliche Hilfe entweder an die Türken oder an die Griechen fallen werde: *Antiochiam Turcis aut Graecis cedere indubitanter necesse est.* Wenn Manuel käme, geriete Antiochia ohne jeden Zweifel in seine Hände. Den Kaiser fürchte er, bemerkte Amalrich, mehr als die Türken. Ludwig solle daher ins Heilige Land kommen. Amalrich und alle Franken würden seinen Befehlen gehorchen[60]. Nach der Schlacht von Harenc/Ḥārim am 12. August 1164 schrieb der Templerkomptur Gaufried Fulcher[61] an denselben Adressaten, der antiochenische Regent, Patriarch Amalrich, könne wohl den Türken, nicht aber dem byzantinischen Kaiser widerstehen[62]. Und der Templergroßmeister Bertrand de Blanchefort bemerkte zur gleichen Zeit in einem Schreiben an den König von Frankreich dem Brief Amalrichs vom Vorjahr fast homolog: ...*quidem non est dubium, quin (Antiochia) aut in Graecorum aut in Turcorum manus veniat, et in proximo* — wenn Beistand aus dem Westen ausbliebe[63].

Wie noch zu zeigen sein wird, blieb das fränkisch-islamische Verhältnis auch nach 1165 zwiespältig. Die Hilfsbitten aus Jerusalem nach Europa bis 1169 erklärten sich noch nicht aus einer Notlage des fränkischen Königreichs. Sie alle hatten zum Ziel, mit Hilfe der französischen Krone eine byzantinische Dominanz in Nordsyrien zu verhindern.

Es läßt sich nun ein Fazit aus der Vertrags- und Bündnispolitik in der Phase von 1158-1163 ziehen: Die diplomatische Annäherung zwischen Jerusalem und Byzanz war eine Folge der Vereinigung fast des gesamten islamischen Syriens in zengīdischer Hand. Sie zielte aber keineswegs auf die Bildung eines christlichen Blocks gegen Nūr ad-Dīn ab. Für Byzanz war Nūr ad-Dīn als Bündnispartner genauso attraktiv wie

---

[60] RHGF, ed. Bouquet, Bd. 16, Nr. CXXVI, S. 39-40. Zitate aus S. 40 (RRH Nr. 394).

[61] Zu seiner Person vgl. M.-L. Bulst-Thiele, Sacrae Domus Militiae Templi Hierosolymitani Magistri ..., Göttingen 1974 (Abhandlungen der Akademie der Wissenschaften in Göttingen, Phil.-hist. Kl., Folge 3, Nr. 86), S. 63 et passim.

[62] RHGF, ed. Bouquet, Bd. 16, Nr. CXCVII, S. 62-63 (RRH Nr. 404).

[63] Ebda. Nr. CCXLIV, S. 79-80 (RRH Nr. 407). Zum Templergroßmeister vgl. M.-L. Bulst-Thiele, Magistri, S. 62-74.

die fränkischen Herrschaften. Die Franken suchten die Verbindung mit dem griechischen Kaiserreich, um die Lage in Nordsyrien zu stabilisieren, mißtrauten Byzanz aber nicht weniger als den Türken. Das Verhältnis zwischen den fränkischen Staaten und Nūr ad-Dīn blieb so, wie es sich bereits in den Jahren seit dessen Machtübernahme in Damaskus (1154) gestaltet hatte: Streifzüge und Verträge wechselten miteinander ab. Zu einer überregionalen Zusammenarbeit islamischer Mächte zum *ǧihād* erklärte sich Nūr ad-Dīn nur 1158/1159 bereit. Er handelte damit ähnlich wie sein Vater Zengī während des byzantinischen Vorstoßes von 1138 [64].

* * * * *

Die fränkisch-islamischen Verträge von 1163 bis 1169 sind vor dem Hintergrund der inneren Entwicklung Ägyptens zu sehen. Ägypten hatte zwischen der Eroberung von Tyrus/Ṣūr 1124 und der von Ascalon/ʻAsqalān 1153 durch die Franken für die fränkische Vertrags- und Bündnispolitik keine Bedeutung gehabt. Ob es Abkommen gab und ob die fāṭimidische *Syrienpolitik* über die Kontakte des Wesirs Riḍwān b. Walaḫšī (1137-1139) zum Gouverneur (*wālī*) von Buṣrā hinausging [65], ist unbekannt.

Die ersten diplomatischen Kontakte zwischen Franken und Ägyptern nach der Belagerung von Ascalon/ʻAsqalān, dessen Bevölkerung freier Abzug innerhalb dreier Tage gewährt und bis an die ägyptische Grenze geleitet wurde [66], fanden im Juli 1154 statt: Der Wesir ʻAbbās — er hatte den Fāṭimidenkalifen aẓ-Ẓāfir ermorden lassen — wurde auf der Flucht nach Syrien von fränkischen Truppen erschlagen. Sie sollen von der Familie des ermordeten Kalifen beauftragt und bezahlt worden sein. Den Sohn des ehemaligen Wesirs lieferten die Templer an Ägypten aus, wo er hingerichtet wurde [67]. 550 a.h./1155-1156 scheiterte der Versuch des neuen Wesirs Ibn Ruzzīk, einen Waffenstillstand (*muṣālaḥa*) abzuschliessen, am Widerstand seiner Emire [68].

---

64 Vgl. oben S. 181-183.

65 Vgl. oben S. 175, Anm. 357.

66 Wilhelm v. Tyrus, XVII, XXX, S. 811-813: Sie wurden aber von Turkmenen auf dem Marsch überfallen. Vgl. b. al-Qalānisī, S. 321; b. al-Aṯīr, Kāmil, Bd. 11, S. 188-189, und al-Maqrīzī, Ittiʻāẓ, Bd. 3, S. 206.

67 Wilhelm v. Tyrus, XVIII, IX, S. 832-834 (60000 Bezants sollen gezahlt worden sein). Vgl. bes. b. al-Qalānisī, S. 329-330; b. Ẓāfir, S. 109; b. Muyassar, S. 152, und H. Derenbourg, Ousâma, S. 249-265.

68 b. al-Qalānisī, S. 331-332: Der Wesir wollte die vereinbarte Tributzahlung zum Teil auf die Steuerpachtbezirke (*iqṭāʻāt*) der Emire umlegen.

Es muß dennoch aber irgendwann zum Vertragsabschluß gekommen sein, denn nach der Annullierung einer Waffenruhe mit den Franken (*infisāḫ al-hudna*) führten ägyptische Truppen und Flotten ab Juni 1157 eine Reihe von Angriffen aus[69]. 1158 versuchte deswegen ein fränkischer Gesandter vergeblich, in Kairo einen Friedensvertrag (*ṣulḥ*) auszuhandeln[70]; und am 27. März 1158 erschien aus demselben Grund erneut ein fränkischer Botschafter[71].

Insgesamt gesehen scheinen die Beziehungen zwischen Ägypten und dem Königreich Jerusalem von 1155 bis 1163 instabil verlaufen zu sein. So vereinbarte König Balduin III. in einem Vertrag mit Pisa vom 2. November 1156, daß die Republik künftig keine kriegswichtigen Güter mehr an die Fāṭimiden liefern sollte[72]. Auch der Umstand, daß der König einem Joscelin Pesellus zwischen 1157 und 1159 für seine Gesandtendienste ein Lehen von 100 Rittern versprach — und zwar in Ägypten, nach dessen geplanter Eroberung —[73], beweist, daß man sich am fränkischen Hof mit Angriffsabsichten trug. Ohne byzantinische Unterstützung und angesichts der aktiven Syrienpolitik des ägyptischen Wesirs Ṭalā'i' b. Ruzzīk blieben diese Pläne aber im Projektstadium stecken. Nach den ägyptisch-fränkischen Kämpfen von 1158 hatte der Wesir *den Franken* — wobei unklar ist, ob damit auf den König, den Grafen von Ascalon oder vielleicht die Templer angespielt wird — einen Jahrestribut eingeräumt und damit übrigens seinen feierlichen Schwur gebrochen, niemals mit den Franken Frieden zu schließen[74]. Fränkische Gesandte sollen die Gelder in Ägypten abgeholt haben. Ab 1161 scheint die Zahlung aber eingestellt worden zu sein. Denn im Herbst oder Winter 1161 stießen

---

[69] b. Muyassar, S. 155; al-Maqrīzī, Itti'āẓ, Bd. 3, S. 230, 233-234. Zu den Angriffen vgl. R. Röhricht, Jerusalem, S. 286, 293-294, und N. Elisséeff, Nūr ad-Dīn, Bd. 2, S. 528-529.

[70] b. Muyassar, S. 156; al-Maqrīzī, Itti'āẓ, Bd. 3, S. 233.

[71] al-Maqrīzī, Itti'āẓ, Bd. 3, S. 236.

[72] G. Müller, Documenti, Nr. V, S. 67 (RRH Nr. 322). Zu den vorausgehenden Kontakten zwischen Pisa und Ägypten vgl. RRH Nr. 305 und 320 sowie W. Heyd, Histoire de Commerce du Levant au Moyen Age ..., 2 Bde., Leipzig 1885-1886, Bd. 1, S. 394-395.

[73] Die Urkunde selber ist verloren und nur in ihrer Konfirmation erhalten: E. Strehlke, Tabulae, Nr. 5, S. 6 (RRH Nr. 465). Vgl. H.E. Mayer, Ein Deperditum König Balduins III. von Jerusalem als Zeugnis seiner Pläne zur Eroberung Ägyptens, in: DA 36 (1980), S. 549-566, bes. S. 562-566.

[74] Al-Maqrīzī, Itti'āẓ, Bd. 3, S. 259 (33000 Dīnāre). Michael Syrus, S. 317, spricht von 160000 Goldstücken. Zum Eid des Ibn Ruzzīk vgl. Abū Šāma, Rauḍatain, I, Bd. 1, S. 290 (entspricht Ṭalā'i' b. Ruzzīk, Dīwān, S. 142). Übersetzung bei H. Derenbourg, Ousâma, S. 285-286.

fränkische Truppen nach Ägypten vor [75], und im September 1163 unternahm König Amalrich — bis zu Thronbesteigung Graf von Ascalon und Jaffa — seinen Feldzug nach Bilbais im Nildelta. Wilhelm von Tyrus begründete dies ausdrücklich mit dem Ausbleiben des ägyptischen Tributs [76]. In einem Brief an den König von Frankreich vertrat Amalrich die Meinung, Ägypten müsse mit französischer Hilfe leicht zu erobern sein [77]. Trotz dieser beiden Kriegszüge konnte es aber geschehen, daß ein Angehöriger der Familie des Wesirs Ibn Ruzzīk auf der Flucht vor dem neuen Wesir Šāwar, der Anfang Januar 1163 in Kairo die Macht übernommen hatte, sein Vermögen bei den Franken deponierte und später auch zurückerhielt [78].

Bis Ende 1163 zeichneten sich in den Beziehungen zwischen Jerusalem und den Fāṭimiden also keine klaren Strukturen ab. Die einzelnen Feldzüge und die fraglichen Waffenstillstandsverträge waren Ausdruck eines ungefähren Gleichgewichts beider Parteien. Eine planvolle Vertrags- und Bündnis p o l i t i k im eigentlichen Sinn ist erst in den Jahren seit 1164 zu erkennen, seit die Konkurrenten um das fāṭimidische Wesirat mit ihren Hilfsbitten an Nūr ad-Dīn und Amalrich I. nämlich die Gefahr heraufbeschworen, daß Ägypten entweder dem zengīdischen oder dem fränkischen Machtbereich zufallen könnte. Der Verlauf der Feldzüge braucht an dieser Stelle nicht dargestellt zu werden [79]. Es soll hier im wesentlichen darauf ankommen zu zeigen, wie die fränkisch-ägyptischen Bündnisse ab 1164 begründet wurden und wie sich Nūr ad-Dīn zur Entwicklung in Ägypten stellte:

Šāwar b. Muǧīr as-Saʿdī hatte das fāṭimidische Wesirat in Ägypten

---

[75] Die Nachricht bei Michael Syrus, S. 317, ist u.a. bestritten worden von H.E. Mayer, Deperditum, S. 563-564, Anm. 38. Der Chronist wirft nämlich die Angriffe von 1161 und 1163 zusammen. Aber auch ʿUmāra al-Yamanī, Nukat, S. 54-55, berichtet darüber. Er lebte damals am Hof des fāṭimidischen Wesirs..

[76] Wilhelm v. Tyrus, XIX, V, S. 890-891; al-Maqrīzī, Ittiʿāẓ, Bd. 3, S. 262. Den Angriff meldet auch b. Ẓāfir, S. 114.

[77] RHGF, ed. Bouquet, Bd. 16, Nr. CXCIV, S. 59-69 (RRH Nr. 382).

[78] b.a. Ṭaiyi' bei Abū Šāma, Rauḍatain, I, Bd. 2, S. 416.

[79] Vgl. dazu bes.: G. Schlumberger, Campagnes du roi Amaury Ier de Jérusalem en Egypte, au XIIe siècle, Paris 1906. R. Röhricht, Amalrich I., König von Jerusalem (1162-1174), in: MIÖG 12 (1891), S. 432-493, wurde verbessert übernommen in: ders., Jerusalem, S. 309-360, und hier deswegen nur nach dieser Version zitiert. Neben den allgemeinen Geschichten der Kreuzzüge und Kreuzfahrerstaaten vgl. bes. H.E. Mayer, Service, S. 140-158. Bis auf diese Arbeit werten alle Darstellungen die islamischen Quellen unzureichend aus. Sie sind dagegen die wichtigste Grundlage der Biographien von Nūr ad-Dīn und Saladin. Vgl. unten S. 246, Anm. 81 und S. 257, Anm. 130.

zu Jahresbeginn 1163 usurpiert. Schon im August desselben Jahres wurde er aber von seinem Rivalen Ḍirġām wieder vertrieben. Seither bemühte er sich bei Nūr ad-Dīn um Unterstützung. Šāwar versprach Nūr ad-Dīn, die Zengīden gegen die Franken mit einem Drittel der ägyptischen Staatseinkünfte zu verstärken und den zengīdischen Soldaten Steuerpachtbezirke (*iqṭā'āt*) anzuweisen [80]. Gleichzeitig bot aber auch der amtierende Wesir Ḍirġām an, sich zengīdischer Oberhoheit (*ṭā'a*) zu unterstellen [81]. Trotz anfänglichen Zögerns wegen der Gefahren, die der Expeditionsarmee von fränkischer Seite drohen könnten, entschied sich Nūr ad-Dīn, Šāwar zu unterstützen. Mitte April 1164 brachen der abgesetzte Wesir und die zengīdischen Truppen unter Šīrkūh nach Ägypten auf.

Bis dahin scheint sich Jerusalem gegenüber der Entwicklung in Ägypten indifferent verhalten zu haben. Eine Quelle berichtet sogar davon, daß die Invasoren beim Fürsten von Transjordanien freien Durchmarsch erkauft haben sollen [82]. Dies änderte sich, als Ḍirġām im April 1164 König Amalrich um Hilfe gegen die aus Syrien anrückende zengīdische Streitmacht bat. Er erklärte sich bereit zu einem erhöhten Tribut, zu fortwährender Unterwerfung, einem unbefristeten Bündnis (*subjectionem perpetuam foedusque perenne firmare*) und zur Stellung von Geiseln, wie es bei Wilhelm von Tyrus (um 1130-1186) heißt und al-Maqrīzī (776-845 a.h./1379-1442) teilweise bestätigt [83]. Substantiell scheint diese *subjectio* sich nicht von der Unterwerfung (*ṭā'a*) unterschieden zu haben, die Ḍirġām zuvor Nūr ad-Dīn angeboten hatte. Auch die altfranzösische Chronik des Ernoul berichtet, Amalrich sei vom *Mulane* (arab. *maulānā*, d.h. dem Fāṭimidenkalifen al-'Āḍid, 1160-1171) angeboten worden, im Falle der Hilfeleistung Ägypten von ihm zu Lehen zu erhalten (*il tenroit se tiere de lui, et se li donroit cascun an grant treú de reconnaissance*) [84]. Durch den schnellen Erfolg des Šīrkūh wurde der Abschluß dieses Vertrages aber vereitelt.

Noch Genaueres wissen die Chroniken über den Hilferuf des Ende Mai 1164 als Wesir wiedereingesetzten Šāwar an die Franken. Er hatte sich nach seiner Restauration geweigert, die Abmachungen mit Nūr ad-Dīn zu erfüllen und Šīrkūh zum Rückmarsch aufgefordert. Es war dar-

---

[80] b. al-Aṯīr, Kāmil, Bd. 11, S, 298; b. a. Ṭaiyi' bei Abū Šāma, Rauḍatain, I, Bd. 2, S. 420 und al-Kātib al-Iṣfahānī, ebda., S. 336-337.

[81] b. a. Ṭaiyi' bei Abū Šāma, Rauḍatain, I, Bd. 2, S. 418. Vgl. A.S. Ehrenkreutz, Saladin, Albany 1972, S. 22-24, und N. Elisséeff, Nūr ad-Dīn, Bd. 2, S. 579-582.

[82] Chronicon ad A.C. 1234 pertinens, trad. A. Abouna, Bd. 2, S. 123.

[83] Wilhelm v. Tyrus, XIX, V, S. 892; al-Maqrīzī, Itti'āẓ, Bd. 3, S. 264 und 276.

[84] Ernoul, III, S. 23. Vgl. H.E. Mayer, Service, S. 141.

auf zu Kämpfen zwischen den ehemaligen Alliierten gekommen, und Šīrkūh hatte die Festung Bilbais nordwestlich von Kairo in Besitz genommen. Während Wilhelm von Tyrus erwähnt, Šāwar habe gegenüber den Franken das Vertragsangebot des Ḍirġām erneuert und sei notfalls zu noch weitergehenderen Gegenleistungen bereit gewesen [85], überliefern arabische Quellen auch die Argumentation des Šāwar: „Er machte ihnen Angst vor Nūr ad-Dīn, wenn dieser Ägypten eroberte. Und die Franken waren ihres Verderbens sicher, wenn Nūr ad-Dīn es (sc. Ägypten) in Besitz nähme und fürchteten sich“, berichtet Ibn al-Aṯīr (555-630 a.h./1160-1233) [86]. Nach Ibn abī Ṭaiyi' (575-630 a.h./1180-1233) habe Šāwar argumentiert, „wenn sie es (sc. Ägypten) zusätzlich zu Syrien besitzen, habt Ihr zusammen mit ihnen nichts zu leben und keinen Aufenthaltsort mehr“, nach al-Maqrīzī (776-845 a.h./1379-1442): „Wenn sie sich im Lande etablieren, löschen sie Dich (sc. Amalrich) nach Belieben aus“ [87]. Zusätzlich versprach Šāwar, die fränkischen Truppen zu besolden und für den Proviant aufzukommen [88]. Details über die Technik des Vertragsabschlusses, der darauf zustandekam, sind leider ebensowenig zu erfahren, wie eine Antwort auf die Frage, ob Šāwar Ägypten tatsächlich Jerusalemer Oberhoheit unterstellte. Verbürgt sind lediglich das Versprechen eines Jahrestributes und die Freilassung der christlichen Gefangenen in Ägypten [89]. Als Konsequenz dieses Abkommens belagerten Šāwar und König Amalrich ab Ende Juli 1164 die zengīdischen Truppen in Bilbais. Im Oktober schlossen die Alliierten und Šīrkūh einen Friedensvertrag (*ṣulḥ*), in dem sich Franken und Zengīden zur Räumung Ägyptens verpflichteten [90].

Als Šīrkūh Anfang Januar 1167 zum zweiten Mal in Ägypten ein-

---

85 Wilhelm v. Tyrus, XIX, VII, S. 894.

86 b. al-Aṯīr, Bāhir, S. 121, und ders., Kāmil, Bd. 11, S. 299. Ähnlich: b. al-ʿAdīm, Zubda, Bd. 2, S. 317.

87 b. a. Ṭaiyi' bei Abū Šāma, Rauḍatain, I, Bd. 2, S. 421: *lam yakun laka maʿahum ʿaīš wa-lā qarār*. Vgl. al-Maqrīzī, Ittiʿāẓ, Bd. 3, S. 276.

88 Zur Frage der Finanzierung und der finanziellen Abmachungen zwischen Šāwar und Amalrich vgl. H.E. Mayer, Service, S. 141-142, und zusätzlich Ernoul, III, S. 24.

89 Vgl. Patriarch Amalrich an Ludwig VII. in: RHGF, ed. Bouquet, Bd. 16, Nr. CXCVI, S. 61 (RRH Nr. 405).

90 Wilhelm v. Tyrus, XIX, VII, S. 894; b. a. Ṭaiyi' bei Abū Šāma, Rauḍatain, I, Bd. 2, S. 423; b. al-Aṯīr, Bāhir, S. 122, und Kāmil, Bd. 11, S. 300. Nach al-Maqrīzī, Ittiʿāẓ, Bd. 3, S. 277, soll Šīrkūh noch 30000 Dīnāre erhalten haben. Robert de Torigni, S. 223-224 (Rolls Series, 82, 4), spricht von der Verdoppelung des ägyptischen Tributs von 30000 *aurea* an König Amalrich.

drang, stand König Amalrich erneut an der Seite des fāṭimidischen Wesirs. Šāwar war sogar von den Franken über die drohende Invasion benachrichtigt worden[91]. Wieder berichten die islamischen Quellen, daß der Wesir den König auf diese Information hin offiziell um Hilfe gebeten und dieselben Vertragsbedingungen wie im Vorjahr zugesichert habe. Auf einer Reichsversammlung in Neapolis/Nāblus hatte sich Amalrich zuvor mit den Jerusalemer Vasallen beraten und war nach einem vergeblichen Versuch, Šīrkūh noch in Syrien abzufangen, nach Ägypten aufgebrochen[92]. Die Franken, kommentiert Ibn al-Aṯīr (555-630 a.h./1160-1233), kamen nach Ägypten „mit der Absicht, es in Besitz zu nehmen, aus Furcht davor, daß Asad ad-Dīn (sc. Šīrkūh) es einnähme. Dann bliebe für sie in ihrem Land zusammen mit ihm und Nūr ad-Dīn „kein Platz (*lā maqām*)“ mehr“[93]. Um sich der fränkischen Unterstützung zu versichern, als Šīrkūh nach Oberägypten auswich und der Feldzug längere Zeit in Anspruch zu nehmen drohte, erhöhte Šāwar nicht nur das Tributversprechen und die Spesen für die fränkischen Nobilität. Zusätzlich bot er den Franken die Erneuerung des alten Bündnisses und einen unbefristeten Friedensvertrag an. Im Gegenzug versprach Amalrich den Unterhändlern des Fāṭimidenkalifen per Handschlag, Ägypten nicht vor Šīrkūh wieder zu verlassen[94]. Die Franken bestanden entgegen dem fāṭimidischen Protokoll erfolgreich darauf, daß der Vertrag ihren Emissären auch vom Kalifen al-ʿĀḍid in die Hand geschworen würde[95]. In die Tat umgesetzt wurden die Tributbestimmungen des Abkommens, nachdem Amalrich Anfang August 1167 und auf seinen Druck hin auch Šāwar mit Šīrkūh Frieden (*ṣulḥ*) geschlossen hatte[96]. Šāwar gestand den Franken Jahrgelder in beträchtlicher Höhe zu und erlaubte die Stationierung einer fränkischen Garnison (*šiḥna*) in Kairo, die die

---

91 Wilhelm v. Tyrus, XIX, XIV, S. 904-905; b. a. Ṭaiyi' bei Abū Šāma, Rauḍatain, I, Bd. 2, S. 424; al-Maqrīzī, Ittiʿāẓ, Bd. 3, S. 282.

92 Wilhelm v. Tyrus, XIX, XIII-XIV, S. 902-905. Vgl. H.E. Mayer, Service, S. 142-144.

93 b. al-Aṯīr, Kāmil, Bd. 11, S. 324. Ausführlicher in Bāhir, S. 132.

94 Wilhelm v. Tyrus, XIX, XVII, S. 909: ... *vetera innovare pacta, pacisque perpetuae foedera inviolabili stabilitate inter ... regem et calipham firmare* ... Eine Verhandlungskommission setzte den Betrag auf 400000 *aurea*, zur Hälfte sofort zahlbar, fest.

95 Vgl. den ausführlichen Bericht über den Besuch der fränkischen Delegation im Kalifenpalast bei Wilhelm v. Tyrus, XIX, XVIII-XIX, S. 910-913.

96 Wilhelm v. Tyrus, XIX, XXIX-XXXI, S. 934-938; b. a. Ṭaiyi' bei Abū Šāma, Rauḍatain, I, Bd. 2, S. 427. Vgl. auch Anm. 97. Zur den Verhandlungen vgl. M.S. Omran, King Amalric and the Siege of Alexandria, 1167, in: Crusade and Settlement, ed. P.W. Edbury, Cardiff 1985, S. 191-196, hier S. 194-195.

Tribute eintrieb und die Tore der Stadt überwachte[97].

Die Fülle der voneinander meist unabhängigen Quellenbelege erlaubt bereits an dieser Stelle festzuhalten, daß die gedankliche Grundlage der ägyptisch-fränkischen Vertragsbeziehungen ab 1164 die aus Syrien bekannte „Kein Platz (*lā maqām*)"-Theorie war. Hatte sie im ersten Drittel des 12. Jahrhunderts die Allianzen fränkischer, türkischer und arabischer Herrschaften gegen Interventionen von außerhalb Syriens und ab etwa 1135 gegen die zengīdische Expansionspolitik innerhalb Syriens begründet, so wurde sie jetzt auf das Verhältnis zwischen dem fāṭimidischen Ägypten und den fränkischen Staaten ausgeweitet. Die Vertrags- und Bündnismodalitäten zwischen Ḍirġām, Šāwar und Amalrich von 1164 bis 1167 entsprachen den damaszenisch-jerusalemitanischen Beziehungen von 1140 bis 1154 auf verblüffende Weise: In beiden Fällen griffen die Franken nicht aus eigener Initiative, sondern erst auf einen Hilferuf hin ein. Sie erhielten Geldzahlungen für ihre Aufwendungen und zusätzlich Tributversprechen, die auf eine dem Vertragspartner gegenüber superiore Position des Königreichs Jerusalem schließen lassen. Man könnte daraus folgern, daß die fränkische Waffenhilfe aus finanziellem Interesse allein und nicht durch die „Kein Platz (*lā maqām*)"-Theorie motiviert stattgefunden hätte. Dies aber hieße, die politischen Möglichkeiten der Krone, die die Allianzpolitik auf fränkischer Seite vertrat, falsch einzuschätzen: In erster Linie dienten die ägyptischen Zahlungen der Besoldung der fränkischen Truppen. Der König war auf diese Gelder angewiesen, da die fränkischen Interventionen in Ägypten wie zuvor schon die Allianzen Balduins II. als Regent von Antiochia und das Bündnis mit den Būrīden von Damaskus Sache der Krone und beim Adel teilweise recht unbeliebt waren. Lehnrechtlich bestand keine Verpflichtung für die Vasallen des Königreichs zur Heerfolge nach Ägypten. Amalrich hatte daher nicht nur die Ordensritter der Hospitaliter und 1164 die europäischen Pilger, sondern auch seine Vasallen zu besolden[98]. Es ist bezeichnend, daß Amalrich 1167 direkt nach dem Abschluß seines Vertrages mit Šāwar, der ihm die sofortige Zahlung von 200000 Dīnār einbrachte, Verstärkungen von Seiten der Jerusalemer Ritterschaft erhielt. Während der Belagerung von Alexandria, die reiche Beute zu verheißen schien,

---

[97] b. al-Aṯīr, Bāhir, S. 134, und Kāmil, Bd. 11, S. 327; al-Maqrīzī, Itti'āẓ, Bd. 3, S. 287. Vgl. auch Michael Syrus, S. 332. Die Höhe des Tributes dürfte, wie arabische Quellen bezeugen, bei 100000 Dīnāre gelegen haben. Robert de Toringi, S. 230 (Rolls Series, 82,4), spricht von 50000 aus Alexandria und 57000 aus Kairo.

[98] Dazu bes. H.E. Mayer, Service, S. 141-144 et passim.

zogen neue fränkische Kontingente nach Ägypten [99]. Es waren also lehnrechtliche und finanzielle Impedimente, nicht Ignoranz gegenüber dem „Kein Platz (*lā maqām*)"-Gedanken, die die Bündnispolitik der Jerusalemer Krone behindern konnten. Der König benötigte den Hilferuf und die Gelder aus Ägypten, um seine Ritterschaft zu mobilisieren und zu finanzieren. Für wie wichtig Jerusalem das Bündnis mit Šāwar hielt, spricht daraus, daß der König die Reichsversammlung von Neapolis/Nāblus 1167 von der Notwendigkeit einer Sondersteuer zur Vorfinanzierung der Waffenhilfe für die Fāṭimiden überzeugen konnte [100].

Aufwandsentschädigungen und Tribute scheinen 1164 und 1167 die einzigen Verpflichtungen gewesen zu sein, die die Fāṭimiden eingingen. Von einer formellen *subjectio*, wie sie noch Ḍirġām angeboten hatte, war später expressis verbis jedenfalls keine Rede mehr. Wilhelm von Tyrus beschrieb die Abmachungen zwischen Šāwar, dem Fāṭimidenkalifen und Amalrich als Verträge zwischen Gleichen. Daß Šāwar fränkischen Befehlen Folge geleistet haben soll und er in Wilhelms Chronik zwar positiv, aber von oben herab charakterisiert wird, läßt nicht zwingend auf ein Rechtsverhältnis schließen [101]. Leider enthalten die Quellen keine Andeutungen darüber, in welchen Formen und mit welchen Implikationen die von Ḍirġām 1163/1164 zuerst Nūr ad-Dīn (*ṭā'a*) und dann Amalrich (*subjectio*) angebotene Unterordnung vollzogen werden sollte. Auffällig bleibt aber, daß für den ägyptischen Wesir dasselbe subalterne Rechtsverhältnis wie gegenüber dem sunnitischen Muslim Nūr ad-Dīn auch gegenüber dem christlichen König von Jerusalem denkbar war. Für die Franken wäre damit die Begründung der ägyptischen Bündnisse geklärt. Es stellt sich aber noch die Frage, wie auf fāṭimidischer Seite die Allianz mit dem Königreich Jerusalem bewertet wurde. Schließlich war Ägypten zeitweilig unter dem Wesir Ṭalā'i' b. Ruzzīk die treibende Kraft gegen die Franken gewesen:

Wie verschiedene Quellen belegen, war der Wesir Šāwar 1164 weit davon entfernt, die Gefahr zu unterschätzen, daß sich seine fränkischen Verbündeten selber in den Besitz Ägyptens setzen könnten [102]. Das

---

[99] Wilhelm v. Tyrus, XIX, XXII, S. 918-919 und XXVIII, S. 932. Die pisanischen Verbündeten des Königs hatten als Gegenleistung Privilegien im Königreich erhalten. Vgl. G. Müller, Documenti, S. 385-389; W. Heyd, Histoire, Bd. 1, S. 396-397, und R. Röhricht, Amalrich, S. 453.

[100] Wilhelm v. Tyrus, XIX, XIII, S. 903-904.

[101] Wilhelm v. Tyrus, XIX, XIV, S. 904-905, und XXVII, S. 934. Vgl. R.Ch. Schwinges, Kreuzzugsideologie, S. 182.

[102] Prägnante Stellen finden sich bei 'Umāra al-Yamanī, Nukat, S. 80, 88; b. al-Aṯīr, Bāhir, S. 132, und Kāmil, Bd. 11, S. 324, und al-Maqrīzī, Itti'āẓ, Bd. 3, S. 288.

Fragment eines bei Ibn abī Ṭaiyi' (575-630 a.h./1180-1233) überlieferten Schreibens von Šāwar an Šīrkūh, der zu dieser Zeit gerade von den Franken und Ägyptern in Bilbais belagert wurde (1164), macht dies ganz deutlich:

> „Wisse, daß ich die Franken gegen Dich zurückhalte ... . Ich tue dies aus zwei Gründen. Der erste von beiden ist, daß ich es nicht vorziehe, die Würde (*ǧāh*) der Muslime zu zerstören und die Franken gegen sie zu kräftigen. Und der zweite ist, daß ich fürchte, daß die Franken Bilbais begehren, wenn sie es erobern und zu uns sagen: (sc. Es gehört uns), weil wir es mit unseren Schwertern erobert haben..." [103].

Šāwar behauptet sogar, fränkische Große bestochen zu haben, damit sie ihren König vom Marsch zurückhielten.

Dem fāṭimidischen Wesir kam es also darauf an, ein Gleichgewicht zwischen Zengīden und Franken herzustellen und sich nicht einer Seite allein auszuliefern. Das fränkische Prinzip des Erobererrechts war ihm bekannt. Die Vorstellung von einer Einheit der Muslime gegen die Ungläubigen fand bei Šāwar keinen Raum. Der Patriarch von Antiochia interpretierte seine Haltung in dem bereits zitierten Brief an den französischen König Ludwig VII. von 1164 ganz korrekt: „Er will lieber unter einem Tribut regieren als Leben und zugleich Reich zu verlieren" [104]. Ein weiterer Brief, den Šāwar während des zweiten fränkisch-fāṭimidischen Feldzugs gegen Šīrkūh (1167) an einen ungenannten Adressaten schrieb, enthält den Locus classicus für die Politik, die der Wesir gegenüber den Zengīden betrieb. Er berichtet über den Feldzug:

> „Jedermann, von fern und nah, erhob sich für die Familie des Gesandten Gottes und half dem Banner ihres Lobpreises — bis hin zum Kreuz. Ihre Feinde wurden von einem (anderen) Feind bekämpft, und wundersam ist die Beseitigung einer Krankheit durch eine andere" [105].

Diese Passage zeigt ganz klar: Die Franken waren für Šāwar potentielle Feinde, immerhin unterstützten sie de facto aber die Fāṭimiden („die Familie des Gesandten Gottes"). Irgendeine Affinität zu den muslimischen Zengīden bestand dagegen für Šāwar nicht. Denselben Sachverhalt

---

[103] b. a. Ṭaiyi' bei Abū Šāma, Rauḍatain, I, Bd. 2, S. 423. Die Anspielung auf das fränkisch-normannische Erobererrecht ist unverkennbar; vgl. L. Buisson, Erobererrecht, passim.

[104] RHGF, ed. Bouquet, Bd. 16, Nr. CXCVI, S. 61 (RRH Nr. 405).

[105] al-Qāḍī al-Fāḍil, Ketab al-Mokhtar, Ms. Brit. Mus. or. Add. 7307, fol. 103v: *fa-nahaḍa li-āl rasūl Allāh kullu ba'īd wa-qarīb wa-naṣara liwā' ḥamdihī ḥattā 'ṣ-ṣalīb wa-qūtila 'adūwuhū bi-'adūw wa-ḥasm dā' bi-dā' 'aǧīb.*

drückt auch Ibn abī Ṭaiyi' (575-630 a.h./1180-1233) aus. Er erzählt, Šīrkūh habe 1167 den ägyptischen Wesir in einem Brief beschworen, mit ihm gemeinsame Sache gegen die Franken zu machen: „Ich erhoffe mir von Dir nichts als lediglich Hilfe für den Islam." Šāwar reagierte darauf, indem er den Überbringer dieses Schreibens töten ließ, die Franken informierte und seine Eide ihnen gegenüber erneuerte. Er soll ausgerufen haben: „Dies sind keine Franken, diese sind die Erlösung"! [106].

Tatsächlich werden in den ägyptischen Quellen die Truppen des Nūr ad-Dīn in der Regel nicht als Muslime, sondern mit dem ursprünglich für nichtislamische Türken an den Grenzen der islamischen Ökumene gebrauchten pejorativen Terminus *ġuzz* bezeichnet — wie es bei einem Autor aus dem zengīdischen Machtbereich, zum Beispiel Ibn al-Aṯīr, nie der Fall ist [107]. Die Emire des Šīrkūh waren sich darüber im klaren, daß ihnen die ägyptische Bevölkerung feindselig gegenüberstand [108]. Die Unterstützung, die die zengīdischen Invasoren 1167 im sunnitischen Alexandria fanden, wo die Zusammenarbeit des Wesirs mit den Franken heftigen Anstoß erregte, blieb jedenfalls zunächst die Ausnahme [109]. Rückhalt hatte die Allianzpolitik des Wesirs auch vom Hof des fāṭimidischen Kalifen al-'Āḍid (1160-1171). 1167 beschenkte der Kalif König Amalrich bei dessen Ankunft in Ägypten [110], beschwor dann den Vertrag mit den Franken und zeichnete Šāwar schließlich mit einem Ehrenkleid (*ḫil'a*) aus, als das Bündnis zum Abzug des Šīrkūh aus Ägypten führte [111]. Gelobt wurde Šāwar für seine Allianz auch in einer Reihe von Gedichten aus der Feder hoher Würdenträger des fāṭimidischen Staates. Der

---

[106] b. a. Ṭaiyi' bei Abū Šāma, Rauḍatain, I, Bd. 2, S. 425. Es handelt sich um ein Wortspiel: *mā hā'ulā'i 'l-Faranǧ, hā'ulā'i 'l-faraǧ*.

[107] Vgl. Cl. Cahen, G͟huzz, in: EI 2, Bd. 2, S. 1106-1110. Belege für die Terminologie der Quellen finden sich bei 'Umāra al-Yamanī und al-Maqrīzī (vgl. S. 250, Anm. 102) und b. Ẓāfir, S. 116. Vgl. auch die Klage über die Ausschreitungen der Anfang 1164 noch mit Šāwar verbündeten *ġuzz* unter Šīrkūh in Kairo nach dem Sieg über Ḍirġām: Sāwīrus b. al-Muqaffa', Bd. 3, 1, S. 87-88/arab. S.52.

[108] Vgl. b. al-Aṯīr, Bāhir, S. 132, und Kāmil, Bd. 11, S. 325 (ad 1167): „Jeder Soldat, gemeine Mann und Bauer in diesem Land ist unser Feind".

[109] 'Imād ad-Dīn al-Qāḍī al-Iṣfahānī, al-Bustān al-Ǧāmi', S. 137 (wo auch Šāwar von *ġuzz* spricht): „Verhüte Gott, daß wir die Muslime den Franken und Ismā'īliten ausliefern !" Vgl. al-Maqrīzī, Itti'āẓ, Bd. 3, S. 285-286: „Wir bekämpfen jeden, der unter dem Kreuz kommt, sei es, wer wolle." Äußerungen wie diese werden bezeichnenderweise sunnitischen Rechts- und Religionsgelehrten in Alexandria und nicht Vertretern der Šī'a zugeschrieben.

[110] Sāwīrus b.al-Muqaffa', Bd.3, 1, S. 88-89/ arab. S. 53.

[111] al-Maqrīzī, Itti'āẓ, Bd. 3, S. 286.

Dichter ʻUmāra al-Yamanī, der bereits zur Umgebung des Wesirs Ibn Ruzzīk (bis 1161) gehört hatte, pries Šāwar als „Erben Alexanders" des Großen für seine „Unterstützung der Familie des Muḥammad" gegen Šīrkūh [112]. Die Franken bezeichnete er trotz ihrer Geldforderungen und trotz der von ihnen ausgehenden Gefahren als „Helfer für die Dynastie". Ein ähnlicher Tenor prägt zwei Gedichte des al-Qāḍī al-Fāḍil (526-596 a.h./1131-1200), des späteren Mitarbeiters und Kanzleichefs Saladins, der seit 1164 Assistent des Leiters der hauptsächlich für Diplomatie zuständigen fāṭimidischen Kanzlei (*dīwān al-inšā'*) war. Im ersten, an Šāwar gerichtet, schrieb er:

„Der König der Franken marschierte des Nachts, um ihre Truppen (sc. die der Familie des Propheten) zu unterstützen,
und aus seinem Unglauben erwuchs beim Beistand für die Wahrheit kein Schaden.
Das ist nichts anderes als ein prophetisches Wunder,
das für sie denjenigen zum Nutzen gewendet hat, dessen Schaden gefürchtet worden war (sc. den König der Franken)" [114].

Und in einer Panegyrik für den Sohn des Wesirs, al-Kāmil, heißt es ähnlich wie in dem bereits zitierten Brief des Šāwar von 1167:

„Du begegnest den Feinden mit den Feinden. Nenn' es ein Wunder,
daß der Rechtleitung (sc. den Fāṭimiden) die Kreuze bei ihrer Unterstützung dienen" [115].

Die Fāṭimiden betrieben also eine rein auf Machterhaltung ausgerichtete Politik und verbanden sich daher ohne politische oder religiöse Skrupel mit den Franken. Es scheinen aber auch engere Beziehungen zwischen der fränkischen Nobilität und der militärischen Führungsschicht Ägyptens entstanden zu sein. So soll sich Yaḥyā b. al-Ḫaiyāṭ, der um die Jahreswende 1164/1165 vergeblich versucht hatte, Šāwar aus dem Wesirat zu verdrängen, 563 a.h./1167-1168 zu den Franken geflüchtet haben — und nicht etwa zu Nūr ad-Dīn! [116] Die in der arabischen Chronistik ebenso wie bei Wilhelm von Tyrus dokumentierte Hochachtung der Franken vor Šīrkūh [117] und die ritterlichen Umgangsformen zwischen König

---

[112] ʻUmāra al-Yamanī, Nukat, S. 73, 82.

[113] Ebda. bes. S. 79: „Gleichzeitig mit den *ġuzz* kamen die Franken als Helfer für die Dynastie" (*nāṣirīn li-'d-daula*). Vgl. ders., Dīwān, S. 369-370.

[114] al-Qāḍī al-Fāḍil, Dīwān, Bd. 1, S. 200-201. Vgl. H. Dajani-Shakeel, al-Qāḍī al-Fāḍil ..., Masch. schriftl. Ph.D. thesis University of Michigan 1972, S. 44-45.

[115] al-Qāḍī al-Fāḍil, ebda., S. 150. Vgl. H. Dajani-Shakeel, al-Qāḍī al-Fāḍil, S. 45.

[116] al-Maqrīzī, Itti'āẓ, Bd. 3, S. 279, 290.

[117] Vgl. b. al-Aṯīr, Bāhir, S. 122, und Kāmil, Bd. 11, S. 300-301. Zu Wilhelm von Tyrus: R.Ch. Schwinges, Kreuzzugsideologie, S. 185-186.

Amalrich und Saladin nach dem Friedensschluß von 1167 verraten ebenfalls wenig von einem religiösen Antagonismus mit politischen Folgen [118]. Natürlich sagt das chevalereske Verhalten des Königs von Jerusalem nicht viel über rechtliche und politische Konzeptionen aus. Es vermittelt aber immerhin einen Eindruck davon, daß die fränkischen Ritter der Welt der ägyptischen und zengīdischen Verwaltungsbeamten und Militärs näher standen, als es die religiöse Propaganda zuweilen glauben macht. Was das Verhältnis zwischen Ägypten und den türkischen Truppen des Nūr ad-Dīn angeht, so zeigen die Allianzen von 1164 und 1167 und ihre Legitimierungen ganz offensichtlich: Eine neue Qualität hatten die Beziehungen zwischen der Fāṭimidendynastie und den als *ġuzz* bezeichneten Türken durch die Kreuzzüge und die Gründung der fränkischen Staaten nicht erhalten. 1076, gut zwei Jahrzehnte vor der Gründung der fränkischen Staaten in Syrien, hatte der Wesir Badr al-Ǧamālī die Verteidigung Ägyptens gegen die ebenfalls muslimischen Eindringlinge unter dem Turkmenen Atsız als *ǧihād* geführt [119]. Die Art, wie die fāṭimidischen Allianzen mit Jerusalem gegen die Türken 1164 und 1167 begründet wurden, unterscheidet sich davon nur wenig. Die šī'itischen Führer Ägyptens und der Fāṭimidenkalif schenkten anders als die religiösen Repräsentanten der Sunniten der Stadt Alexandria den von Šīrkūh vorgetragenen Aufrufen zur Einheit der Muslime bis 1167 kein Gehör. Dazu paßt, daß al-Kāmil, der Sohn des Wesirs Šāwar, die Kontakte, die er zeitweilig zu Nūr ad-Dīn unterhielt, abbrach [120].

Eine Wende erfuhr das Verhältnis zwischen den Fāṭimiden und den Franken erst mit dem Bruch des Bündnisses durch das Königreich Jerusalem im Jahre 1168. Es wird im folgenden zu untersuchen sein, wie sich der fränkische Versuch, Ägypten zu erobern (Oktober 1168 bis Januar 1169), im Rahmen des „Kein Platz (*lā maqām*)“-Gedankens erklären läßt und welche Reaktion er auf fāṭimidischer und zengīdischer Seite provozierte.

---

[118] Vgl. Wilhelm v. Tyrus, XIX, XXXII, S. 938-939: Saladin bekam eine Ehrenwache. Vgl. 'Imād ad-Dīn al-Qāḍī al-Iṣfahānī, al-Bustān al-Ǧāmi', S. 137, und b. a. Ṭaiyi' bei Abū Šāma, Rauḍatain, I, Bd. 2, S 428. In diesen beiden arabischen Quellen wird berichtet, welchen Wert König Amalrich auf die Einhaltung des Friedensvertrages (*ṣulḥ*) auch durch Šāwar legte. Ernoul, III, S. 24-25, überliefert, Amalrich habe sich (1167) standhaft den Forderungen des Klerus verweigert, seinen Vertrag mit Šāwar zu brechen, Ägypten zu erobern und zu christianisieren. Er wolle die Treue gegenüber keinem Menschen auf der Welt brechen.

[119] Vgl. oben S. 4-5

[120] b. al-Aṯīr, Bāhir, S. 134, und Kāmil, Bd. 11, S. 327.

Die Vorgeschichte dieses fränkischen Feldzuges ist bei Wilhelm von Tyrus, in der arabischen Chronistik und durch urkundliches Material recht gut dokumentiert. Anläßlich der Verhandlungen über die Verheiratung der byzantinischen Prinzessin Maria mit König Amalrich und während der Hochzeitsfeierlichkeiten 1167 in Tyrus/Ṣūr waren erste Gespräche über einen byzantinisch-fränkischen Angriff auf Ägypten geführt worden [121]. Um die getroffenen Abmachungen (*firmati conventiones*) zu ratifizieren, sandte der König Wilhelm von Tyrus zum Basileus Manuel, von wo er nicht vor Oktober 1168 zurückkehrte [122]. Amalrich trug sich also mit Angriffsabsichten zu einer Zeit, da sein Bündnis mit den Fāṭimiden noch Geltung hatte. Er wartete aber die Ratifikation des Vertrages und das Eintreffen byzantinischer Truppen nicht ab. Wilhelm von Tyrus (um 1130-1186) und Ibn abī Ṭaiyi' (575-630 a.h./1180-1233) bestätigen beide, daß Amalrich von einer Gruppe fränkischer Großer, zu denen vor allem der Hospitalitergroßmeister Gilbert d'Assailly gehörte, zum Angriff gedrängt worden sei. Wilhelm von Tyrus begründet das Verhalten des Großmeisters mit der hohen Verschuldung seines Ordens, die er anscheinend durch Beute und Schenkungen oder Belehnungen in Ägypten zu tilgen versuchen wollte [123]. Andere Quellen berichten, der König sei von der fränkischen Garnison in Kairo — die zum Teil aus Hospitalitern bestanden haben mag — von der Verteidigungsunfähigkeit Ägyptens in Kenntnis gesetzt und zur Eroberung aufgefordert worden. Amalrich soll sich zunächst geweigert haben, dann aber von seinen Rittern und Beratern überredet worden sein [124]. Interessant sind die Einwände des Königs, wie sie Ibn al-Aṯīr (555-630 a.h./1160-1233) wiedergibt:

„Es scheint mir vernünftig, es nicht anzugreifen. Seine Nahrungsmit-

---

[121] Wilhelm v.Tyrus, XX, IV, S. 945-947. Zur byzantinischen Heirat vgl. auch Ernoul, III, S. 16-17.

[122] Wilhelm v. Tyrus, ebda.: *pactis mediis ... sub certa tamen forma, robur imponerem.* Der Chronist traf den Kaiser in Serbien. Über den Vertragsabschluß berichteter: *Praebitis ... corporaliter hinc inde juramentis, ejus auctoritate interposita, confirmata sunt quae prius per nuntios fuerant ordinata.* Mit Briefen, die den Vertragstext enthielten, reiste der Gesandte nach Jerusalem zurück.

[123] Wilhelm v. Tyrus, XX, V, S. 948-949. Die Templer sollen sich gegen den Angriff gewandt haben, weil sie einen Vertragsbruch abgelehnt hätten. b. a. Ṭaiyi' bei Abū Šāma, Rauḍatain, I, Bd. 2, S. 429, nennt sie aber als Teilnehmer an den Beratungen vor dem Feldzug, an dem sie später auch teilnahmen, allerdings weniger exponiert als die Hospitaliter. Vgl. auch H.E. Mayer, Service, S. 148-149.

[124] b. al-Aṯīr, Bāhir, S. 137, und Kāmil, Bd. 11, S. 335-336; Michael Syrus, S. 332-333.

tel stehen uns zur Verfügung, und seine Gelder werden uns überbracht. Wir werden mit ihnen gegen Nūr ad-Dīn gestärkt. Wenn wir es angreifen, um es zu erobern, dann liefern es uns weder sein Herr noch seine Heere, weder die gemeinen Leute des Landes noch seine Bauern aus, und sie bekämpfen uns (,) ohne es (sc. uns zu übergeben?) Es wird sie Furcht vor uns überkommen, so daß sie es an Nūr ad-Dīn ausliefern. Und wenn der es nimmt und er darin jemanden wie Asad ad-Dīn (sc. Šīrkūh) hat, dann bedeutet dies das Verderben der Franken und ihre Vertreibung vom Boden Syriens"[125].

Die Argumentation, die der arabische Chronist Amalrich hier zuschreibt, hat eine verblüffende Parallele in der Bewertung , die Wilhelm von Tyrus am Ende seines Berichts über die fränkischen Angriffe auf Ägypten gibt. Er beklagt, daß der Habgier wegen — die dem Bruch der Allianz mit den Fāṭimiden 1168 zugrunde gelegen habe — die Reichtümer Ägyptens den Franken nun nicht mehr zu Gebote ständen. Der Frieden an der Westgrenze, der Handelsaustausch, die Tribute an den königlichen Fiskus — dies alles sei nun vorbei und dem Königreich drohe von allen Seiten Gefahr[126]. Ganz eindeutig verwies also eine Opposition unter den Franken gegen einen Angriff auf die finanziellen und kommerziellen Vorteile des Bündnisses mit Ägypten und die Notwendigkeit der Allianz gegen Nūr ad-Dīn. Offen ist, ob König Amalrich dieser Opposition ohne Einschränkungen zuzurechnen ist. H.E. Mayer hat in seiner eingehenden Untersuchung der Finanzierung der Ägyptenpolitik Amalrichs wahrscheinlich gemacht, daß der König von den Hospitalitern, den Pisanern und einer Gruppe von Vasallen zum vorzeitigen Angriff gezwungen wurde. Sie hätten nämlich um die ihnen schon vorher zugesicherten Lehen und Beuteanteile in Ägypten für den Fall gefürchtet, daß das Fāṭimidenreich mit byzantinischer Hilfe erobert und zwischen Byzanz und Jerusalem aufgeteilt worden wäre. Amalrich und sein Seneschall Milo von Plancy sollen andererseits die Eroberung Ägyptens während des Feldzugs hintertrieben und nur auf einen höheren Tribut hingearbeitet haben, um Byzanz nicht zu düpieren und um die Finanzquellen Ägyptens weiterhin der Krone zugänglich zu machen. Aufgrund der umfangreichen gegenüber den Hospitalitern, der Republik Pisa, einzelnen Vasallen und (freilich erst 1169) der Abtei im Josaphattal vergebenen Lehnsanwartschaften wäre der zukünftige Herrscher über das

---

[125] Vgl. S. 255, Anm. 124. Michael Syrus verkürzt den Text. Beide Historiographen haben nach wie vor eine gemeinsame Quelle.

[126] Wilhelm v. Tyrus, XX, X, S. 957.

Nilland nämlich sofort von großen finanziellen Problemen bedroht gewesen [127].

Tatsächlich berichten Ibn abī Ṭaiyi' (575-630 a.h./1180-1233) und al-Maqrīzī (776-845 a.h./1379-1442), daß Amalrich noch vor der Eroberung von Bilbais Anfang November 1168 von einem Gesandten des Šāwar zwei Millionen Dīnār für einen Friedensvertrag (*ṣulḥ*) gefordert haben soll [128]. In einer Alternativtradition überliefern beide Chronisten, Amalrich habe gegenüber Šāwar den ganzen Feldzug mit dem Ausbleiben des ägyptischen Tributes begründet [129]. Der Friedensvertrag (*ṣulḥ*), den Amalrich und Šāwar Mitte Dezember 1168 nach dem Brand von al-Fusṭāṭ (Altkairo) schlossen, sollte dem königlichen Fiskus 400000 Dīnār einbringen. Gezahlt wurde allerdings nur eine erste Rate von einem Viertel des Betrages. Auf den Rest mußte der König schließlich wegen des Eintreffens von Šīrkūh verzichten [130]. Die finanzielle Dimension beim Bruch des Bündnisses mit Ägypten ist also gar nicht zu bestreiten. Daneben scheint aber Amalrich seinen Feldzug gegenüber Šāwar auch mit dem Druck europäischer Franken (*qaum min wara'a 'l-baḥr*/ Volk von jenseits des Meeres) begründet zu haben. Gemeint waren damit vermutlich die Pisaner, eventuell aber auch die Ordensritter. Nach al-Maqrīzī soll der König der Europäer wegen Kairo belagert haben, obwohl er die Sinnlosigkeit des Unternehmens eingesehen habe: „Es gibt keinen Ausweg als Kairo zu belagern, denn bei mir sind Franken von (jenseits) des Meeres, die danach trachten, es einzunehmen“ [131]. Schließlich wurde

---

[127] Die Untersuchung Mayers soll hier nicht im einzelnen nachgezeichnet werden: H.E. Mayer, Service, S. 145-152. Vgl. daneben J.S.C. Riley-Smith, Knights, S. 61-63, 71-73, 77-78. Die wichtigsten Quellen sind RRH Nr. 449, 451a, 452, 465-467; Wilhelm v. Tyrus, XX, IX, S. 954-956, und die in Anm. 128 genannten Belege.

[128] b. a. Ṭaiyi' bei Abū Šāma, Rauḍatain, I, Bd. 2, S. 430, und al-Maqrīzī, Itti'āẓ, Bd. 3, S. 292 (abhängig von b. a. Ṭaiyi' oder einer gemeinsamen Quelle).

[129] b. a. Ṭaiyi' bei Abū Šāma, Rauḍatain, I, Bd. 2, S. 431; al-Maqrīzī, Itti'āẓ, Bd. 3, S. 291. Šāwar soll dagegen den Standpunkt vertreten haben, der Tribut für fränkische Waffenhilfe sei nur im Fall eines feindlichen Angriffs zu zahlen. Laut Wilhelm v. Tyrus, XX, V, S. 948-949, hat Šāwar den Vertrag mit dem König allerdings treu gehalten.

[130] b. a. Ṭaiyi' bei Abū Šāma, Rauḍatain, I, Bd. 2, S. 433-434; al-Maqrīzī, Itti'āẓ, Bd. 3, S. 298-300 (erwähnt noch zusätzliche Getreidelieferungen); b. al-Aṯīr, Bāhir, S. 138, und Kāmil, Bd. 11, S. 337. Wilhelm v. Tyrus, XX, IX, S. 954-955, nennt keine Beträge. Zum Verlauf des Feldzugs vgl. G. Schlumberger, Campagnes, S. 187-220; N. Elisséeff, Nūr ad-Dīn, Bd. 2, S. 627-634; A. Ehrenkreutz, Saladin, S. 47-54, und M.C. Lyons/D.E.P. Jackson, Saladin, S. 21-27.

[131] al-Maqrīzī, Itti'āẓ, Bd. 3, S. 297. Daneben vgl. auch b. a. Ṭaiyi' bei Abū Šāma, Rauḍatain, I, Bd. 2, S. 430, 433.

Amalrich der Angriffsentschluß dadurch erleichtert, daß der König von einer Gruppe ägyptischer Emire, darunter dem zu ihm geflohenen Ibn al-Ḫaiyāṭ, zu Hilfe gerufen wurde und anscheinend auf Sympathie bei den Gegnern des Šāwar im fāṭimidischen Heer rechnen konnte [132].

Der Bruch des Abkommens mit Ägypten wird vor diesem Hintergrund klarer: König Amalrich stand unter dem Druck finanzieller Probleme auf der einen Seite und einer aus Teilen seiner Vasallen, den Hospitalitern und Pisanern (teilweise also „Europäern") zusammengesetzten Gruppe auf der anderen. Er war daher weder in der Lage, die Allianz mit Ägypten aufrechtzuerhalten, noch zusammen mit Byzanz eine konsequente Eroberungspolitik zu betreiben. Beide Momente, Geldsorgen und die Divergenz zwischen den Interessen des Königs und der Europäer, hatten, wie zu sehen war, die Vertrags- und Bündnispolitik des Königreichs Jerusalem von Anbeginn an behindert. Ein Feldzug erschien Amalrich 1168 vermutlich als sinnvoll, da er von einer ägyptischen Gruppe unterstützt wurde — ein Erfolg auch deswegen nicht unwahrscheinlich war — und seine Kriegsziele begrenzt waren. Nūr ad-Dīn, glaubte er, würde keine Zeit zur Reaktion haben. Amalrichs Entscheidungen zum Angriff und seine Diplomatie gegenüber Byzanz zeigen damit einen weiteren Zug auf, der die auf der Grundlage der „Kein Platz (*lā maqām*)"-Theorie geschlossenen Bündnisse auch schon vorher begleitet hatte: Es handelte sich um ad hoc eingegangene Allianzen, die keineswegs ausschlossen, daß sich die Vertragspartner gegeneinander expansiv verhielten, wenn keine akute Gefahr von dritter Seite bestand. Daß die Franken auch nach 1164 grundsätzlich eine Gefahr für Ägypten darstellten, war, wie gezeigt worden ist, auch dem Wesir Šāwar klar. Tatsächlich bestand zwischen den Türken und Jerusalem schon vor 1168 eine latente Konkurrenz um die Vorherrschaft in Ägypten [133]. Die Befürworter eines Angriffs sollen vor Amalrich damit argumentiert haben, Nūr ad-Dīn würde nach einer fränkischen Eroberung Ägyptens gezwungen sein, sich (gegen entsprechende Konzessionen) Jerusalemer Wohlverhalten (*salāma*) zu wünschen [134]. Als die Pläne des Amalrich mit dem Eintreffen des Šīrkūh in Ägypten scheiterten, erließ er den Fāṭimiden zwar noch die

[132] Bes. al-Bundārī, S. 39: *wa-šāya'athum 'alā qaṣdihim min a'yān Miṣr ǧamā'a mā kānat li-'l-Miṣriyīn 'alaihim ṭā'a* … . Vgl. al-Maqrīzī, Itti'āẓ, Bd. 3, S. 292-293 mit den Namen der Emire.

[133] Bahā' ad-Dīn b. Šaddād, S. 37-39.

[134] b. al-Aṯīr, Bāhir, S. 138, und Kāmil, Bd. 11, S. 336. Nach Abū Šāma, Rauḍatain, I, Bd. 2, S. 394 (vielleicht ein b. Šaddād-Zitat) sah Nūr ad-Dīn nach einem fränkischen Erfolg in Ägypten „keinen Platz (*lā maqām*)" mehr für sich in Syrien.

Hälfte des kurz zuvor vereinbarten Tributes von 400000 Dīnār, um dem Wesir die Mittel in die Hand zu geben, die er für den Kampf gegen Šīrkūh benötigte [135]. Für eine Rückkehr zur „Kein Platz (*lā maqām*)"-Politik war es zu diesem Zeitpunkt allerdings zu spät.

Die Grundzüge, die Verhaltensweisen der Befürworter fränkisch-islamischer Bündnisse und das, was ihnen entgegenstand, werden an dieser Stelle in exemplarischer Weise deutlich. Wie aber reagierten die Fāṭimiden 1168 auf das Ende der Allianz mit Jerusalem [136]?

In demselben Augenblick, in dem aus den vormals verbündeten Franken Feinde wurden, änderte sich der Tonfall der ägyptischen Propaganda. Der Dichter 'Umāra al-Yamanī feierte Šāwar in seinen Panegyriken als Glaubenskämpfer (*muǧāhid*) und ermahnte ihn, den Islam in Ägypten vor den *ungläubigen* Franken zu bewahren [137]. Al-Qāḍī al-Fāḍil, der Vertraute des Sohnes von Šāwar, al-Kāmil, arbeitete im Auftrag des Kalifen auf eine Ablösung des Wesirs durch seinen Sohn hin und verfaßte für den Kalifen, Šāwar und al-Kāmil Hilferufe an Nūr ad-Dīn [138]. Aus seiner Hand stammt auch ein vermutlich in dieser Zeit entstandener und auf Weisung des Wesirs verfaßter *ǧihād*-Aufruf an die Beduinenstämme Ǧa'far und Ṭalḥa gegen die Franken [139]. Als Sunnit stand al-Qāḍī al-Fāḍil der Gruppe nahe, die 1168 für ein Zusammenwirken mit den Zengīden gegen die Invasoren plädierte. Es ist nicht uninteressant, daß sich der Kadi in einem Gedicht an Nūr ad-Dīn bemüßigt fühlte, diesem nicht nur die Unterstützung der Führung des Fāṭimidenstaates zuzusichern, sondern auch mit den Reichtümern Ägyptens zu locken. Das Argument der Einheit der Muslime gegen die Franken schien ihm für sich genommen offenkundig zu schwach, um zengīdische Hilfe zu erlangen [140]. Ob tatsächlich alle höheren Würdenträger Ägyptens ein Unterstützungsgesuch an Nūr ad-Dīn favorisierten, ist denn auch fraglich. Es spricht viel dafür, daß einer Gruppierung, die so dachte und deren Exponent der Kalif selber war, eine andere Partei gegenüberstand, die nach dem Grundsatz handelte: „Es ist besser, den Franken Tribut zu zahlen,

---

135 Bes. b. a. Ṭaiyi' bei Abū Šāma, Rauḍatain, I, Bd. 2, S. 434.

136 Vgl. als erste Übersicht: E. Sivan, L 'Islam, S. 82-83.

137 'Umāra al-Yamanī, Dīwān, S. 73, 90, 164. Vgl. E. Sivan, L 'Islam, S. 83.

138 H. Dajani-Shakeel, al-Qāḍī al-Fāḍil, S. 48-50, 90-91. Vgl. al-Qāḍī al-Fāḍil, Dīwān, Bd. 2, S. 365-366.

139 al-Qāḍī al-Fāḍil, ad-Durr an-naẓīm, S. 34-36.

140 H. Dajani-Shakeel, al-Qāḍī al-Fāḍil, S. 50-51; al-Qāḍī al-Fāḍil, Dīwān, Bd. 2, S. 417.

als die *ġuzz* hereinzurufen“ [141]. Welche Position Šāwar einnahm, wird nicht ganz deutlich. Erste Verbindungen zu Nūr ad-Dīn wurden im Auftrag des Kalifen vermutlich ohne Wissen des Wesirs aufgenommen, da dessen Abneigung gegen die *ġuzz* bekannt war [142]. Später hat sich aber wohl auch Šāwar an Nūr ad-Dīn gewandt; vielleicht wurde er vom Kalifen dazu gedrängt. Nach al-Maqrīzī (776-845 a.h./1379-1442) habe er den Kalifen vor einem Ruf an die Zengīden gewarnt, dieser aber soll ein Bündnis mit Muslimen einer fränkischen Allianz vorgezogen haben [143]. Für den Wesir wenigstens war die Hinwendung zu Nūr ad-Dīn eine rein taktische Maßnahme. Kurz darauf dachte er daran, Šīrkūh und seine Emire in Kairo zu verhaften, um einem Anschlag seiner neuen Alliierten zuvorzukommen. Sein prozengīdischer Sohn al-Kāmil soll diesen Plan vereitelt haben, weil er ein islamisches Ägypten der dann sicher scheinenden fränkischen Eroberung vorzog [144].

Während die Haltung des Šāwar also ambivalent und von Taktik bestimmt blieb, setzten der Kalif, al-Kāmil und vermutlich die größere Anzahl der ägyptischen Notabeln — von emphatischen *ǧihād*-Gedichten der höfischen Literatur unterstützt — 1168 auf zengīdische Hilfe gegen die Franken. Bedeutet dies, daß der Angriff König Amalrichs die Zäsur zur Hinwendung Ägyptens zur Politik des Heiligen Kampfes und ein prozengīdisches Umdenken der Fāṭimiden bezeichnete? Um die Frage nach der Entstehung einer islamisch-christlichen Frontenbildung um 1168 zu beantworten, gilt es, einen Blick auf die Allianzpolitik der Fāṭimiden, der Zengīden und des Königreichs Jerusalem unmittelbar nach 1168 zu werfen:

Die Position der Fāṭimiden beschreibt am besten die Tatsache, daß der Kalif al-ʿĀḍid nach der Ermordung des Šāwar am 18. Januar 1169 zuerst Šīrkūh und nach dessen Tod am 23. März dessen Neffen Saladin mit dem Wesirat betraute. Die vom Qāḍi al-Fāḍil verfaßten Einsetzungs-

---

[141] b. Ḫaldūn, ʿIbar, Bd. 4, S. 166: *taqrīr al-ǧizya li-'l-Faranǧ ḫair min duḫūl al-ġuzz li-'l-balad*. Diese Äußerung wird al-Kāmil zugeschrieben, der sonst als Befürworter eines Hilferufs an Nūr ad-Dīn gilt. Vgl. E. Sivan, L'Islam, S. 83.

[142] b. a. Ṭaiyi' bei Abū Šāma, Rauḍatain, I, Bd. 2, S. 432; b. al-Aṯīr, Bāhir, S. 138, und Kāmil, Bd. 11, S. 337-338; Sāwīrus b. al-Muqaffaʿ, Bd. 3, 2, S. 104-105/arab. 62.

[143] al-Maqrīzī, Ittiʿāẓ, Bd. 3, S. 293-294. Einen Ruf des Šāwar erwähnt auch al-Kātib al-Iṣfahānī bei Abū Šāma, Rauḍatain, I, Bd. 2, S. 398 (vgl. ders. bei Bundārī, S. 39). Zur Frage, wer sich wann an Nūr ad-Dīn gewandt haben soll, vgl. als ersten Überblick H. Dajani-Shakeel, al-Qāḍī al-Fāḍil, S. 131-132, Anm. 127.

[144] Bes. b. al-Aṯīr, Bāhir, S. 140-141, und Kāmil, Bd. 11, S. 339.

diplome (*manšūrāt at-taqlīd*) für beide sind überliefert[145]. Der Kalif versuchte damit, die *ġuzz* an sich zu binden. In den protokollarisch üblichen Wendungen wurden Šīrkūh und Saladin darin jeweils als „Freund bzw. Auserwählter der Imame" (*walīy* bzw. *muṣṭafā al-a'imma*) oder „Rechtleiter der Propagandisten der (sc. ismā'īlitischen) Gläubigen" (*hādī du'āt al-mu'minīn*) bezeichnet. Da in den Jahrzehnten zuvor auch Nichtismā'īliten wie Sunniten, Imāmiten oder sogar der Christ Bahrām (1135-1137) den Fāṭimiden als Wesire gedient hatten, muß es dem Kalifen praktikabel geschienen haben, die Führer der *ġuzz* zu gewinnen — und Ägypten unabhängig von Nūr ad-Dīn zu halten. Schon Šāwar hatte vor seiner Ermordung geplant, die Führer der *ġuzz* zu verhaften und ihre Truppen in Dienst zu nehmen[146]. Bei der Ernennung Saladins soll für den Kalifen sogar der Gedanke mitgespielt haben, einen politisch schwachen Emir zum Wesir zu machen. Saladin galt als Exponent der Asadīya, der Truppe seines Onkels, und wurde zumindest zunächst von dem an Nūr ad-Dīn gebundenen Truppenteil der *ġuzz* abgelehnt[147]. Dennoch stieß auch Saladin bald auf den Widerstand einflußreicher Kreise um al-'Āḍid und unter den fāṭimidischen Truppen armenischer und sudanesischer Herkunft, wie er selber in einem späteren Brief an den Bagdader 'Abbāsidenkalifen zugab[148]. Im August 1169 wurde eine Verschwörung gegen ihn aufgedeckt, die von dem Eunuchen Mu'tamin al-Ḫilāfa, einem der höchsten Amtsträger im Kalifenpalast, geführt wurde. Wenige Tage später wurde ein Aufstand der sudanesischen Heereseinheiten niedergeschlagen[149]. Während des fränkisch-byzantinischen

---

145 Al-Qāḍī al-Fāḍil, Mukātabāt, Ms. München Cod. arab. 402, fol. 101v-110v. Gedruckt u.a. bei al-Qalqašandī, Bd. 10, S. 90-98. Vgl. A.H. Helbig, al-Qāḍī al-Fāḍil. Der Wezīr Saladin's, Diss. phil. Heidelberg, Leipzig 1908, S. 18. In der zitierten Handschrift werden beide Diplome als *taqlīd* bezeichnet, obwohl diese Bezeichnung nach al-Qalqašandī, Bd. 11, S. 32, erst in der aiyūbidischen Kanzlei gebraucht wurde. Fāṭimidische Diplome hießen *siǧill*; vgl. al-Qalqašandī, Bd. 10, S. 308.

146 Vgl. S. 260, Anm. 143.

147 Zuletzt A. Ehrenkreutz, Saladin, S. 61-68, und dazu D.S. Richards, The Early History of Saladin, in: Islamic Quarterly 17 (1973), S. 140-159, hier S. 155-158.
Eine Gruppe unter 'Ain ad-Daula al-Yārūqī verließ Ägypten sogar nach der Ernennung Saladins. Vgl. bes. b. al-Aṯīr, Bāhir, S. 142, und Kāmil, Bd. 11, S. 344. Der Chronist notiert als prozengīdischer Autor besonders aufmerksam die Loslösung des Šīrkūh und der Aiyūbiden von Nūr ad-Dīn.

148 al-Qāḍī al-Fāḍil, Epistolae, Ms. Brit. Mus. or. Add. 25757, fol. 15r ff. Vgl. M.C. Lyons/D.E.P. Jackson, Saladin, S. 32.

149 Vgl. N. Elisséeff, Nūr ad-Dīn, Bd. 2, S. 642-644; A. Ehrenkreutz, Saladin, S. 76-79; M.C. Lyons/D.E.P. Jackson, Saladin, S. 33-36. In einigen Werken wird Mu'tamin al-Ḫilāfa mit seinen anderen Namensbestandteilen Ṣanī'at al-Mulk Ǧauhar genannt.

Angriffs auf Damiette/Dumyāṭ von Ende Oktober bis Mitte Dezember 1169 befürchtete Saladin ständig eine ägyptische Revolte und ließ verschiedene Notabeln (*a'yān*) hinrichten [150]. Bald darauf verlangte der Fāṭimidenkalif von Nūr ad-Dīn vergeblich, die Türken aus Ägypten abzuziehen und sich mit Saladin und seinem Gefolge zu begnügen [151]. Das Ringen des Kalifen um größere Handlungsfreiheit wird daran klar sichtbar. Im Mai 1174 schließlich, gut zweieinhalb Jahre nach dem Tod des al-'Āḍid und der Abschaffung des Fāṭimidenkalifats durch Saladin, wurde eine Verschwörung zur Restauration des Kalifats aufgedeckt. Beteiligt waren nicht nur hohe ismā'īlitische Juristen und Höflinge, auch der Dichter 'Umāra al-Yamanī, sondern ebenfalls eine Anzahl sunnitischer Emire und Soldaten Saladins [152].

Bemerkenswert ist, daß in den Quellen den Verschwörern von 1169 als auch von 1174 nachgesagt wird, sie hätten Kontakt zu den Franken aufgenommen, um sich mit deren Hilfe Saladins zu entledigen. So soll dem fränkisch-byzantinischen Angriff von 1169 ein profāṭimidischer Hilferuf vorangegangen sein [153]. Folglich besaß auch nach 1168 die Erhaltung des fāṭimidischen Staates für die Anhänger der Kalifendynastie oberste Priorität und rangierte vor einer Zusammenarbeit gegen die Franken. Offensichtlich gab es in der administrativen und militärischen Führungsspitze Ägyptens nicht allzuviele Persönlichkeiten, die sich wie der Qāḍī al-Fāḍil bedingungslos auf die Seite der *ġuzz* stellten [154]. Die an-

---

[150] al-Maqrīzī, Ḫiṭaṭ, Bd. 1, S. 215. Vgl. auch oben Anm. 147. A. Ehrenkreutz, Saladin, S. 81-82, berichtet von weiteren, wohl durch die Besteuerung verursachten Aufständen in Oberägypten.

[151] (al-Kātib al-Iṣfahānī? bei) Abū Šāma, Rauḍatain, I, Bd. 2, S. 460.

[152] N. Elisséeff, Nūr ad-Dīn, Bd. 2, S. 688-691; M.C. Lyons/D.E.P. Jackson, Saladin, S. 67-68; vgl. allg. H. Derenbourg, 'Oumâra du Yémen, Bd. 2, Paris 1902 (Publications de l 'Ecole des Langues Orientales Vivantes, IV. sér., vol. XI, 2). Der Aufstand des Gouverneurs (*wālī*) von Aswān 1174, Kanz ad-Daula, wurde ebenfalls von profāṭimidischen Kräften mitgetragen: b. al-'Adīm, Zubda, Bd. 2, S. 414; al-Maqrīzī, Sulūk, I, Bd. 1, S. 57-58.

[153] Vgl. die oben Anm. 148-151, angeführte Literatur, die die Quellen auswertet. Dazu: die Darstellung der Revolte des 'Umāra al-Yamanī bei al-Kātib al-Iṣfahānī, Ḫarīdat al-qaṣr. Qism šu'arā' aš-Ša'm, Bd. 3, S. 103-105. S. 105 enthält ein Gedicht des al-Kindī, in dem 'Umāra für seine geplante Zusammenarbeit mit den Christen verurteilt wird. Zum Kontakt der Verschwörer von 1169 zu den Franken vgl. P. Casanova, Les derniers Fāṭimides, in: Mémoires publ. par les membres de la Mission Archéologique Française du Caire 6 (1897), S. 415-445, hier S. 423-427.

[154] Der Qāḍī hatte maßgeblichen Anteil an der Umgestaltung und Säuberung der ägyptitischen Verwaltung. Vgl. A.H. Helbig, al-Qāḍī al-Fāḍil, S. 19-20, u. bes. H. Dajani-Shakeel, al-Qāḍī al-Fāḍil, S. 52-53, 71-87. Vgl. A. Ehrenkreutz, Saladin, S. 73-75.

deren betrachteten auch nach 1168 Bündnisse mit den Franken nicht als disqualifiziert. Sie verfolgten trotz des Vertragsbruchs König Amalrichs eine Machterhaltungspolitik, die mal die Franken und mal die Zengīden für die Bewahrung des fāṭimidischen Staates, mit dessen Existenz ihr Schicksal verbunden war, zu instrumentalisieren versuchte. Interessanterweise setzte der Widerstand gegen Saladin bereits zu einer Zeit ein, als dessen Maßnahmen noch gar nicht auf die Abschaffung des Kalifates hinzielten. Die Ursache für diese Opposition ist vermutlich in der Verwaltungsreform zu sehen, die Saladin anordnete. Durch sie wurden den Notabeln des alten Regimes Rechte und Sinekuren entzogen, die nun den türkischen *ġuzz* zufielen. So soll der Grund für die Umsturzpläne des Mu'tamin al-Ḫilāfa 1169 in der Verteilung der Steuerpachtbezirke (*iqṭā'āt*) und dem Despotismus Saladins zu suchen gewesen sein [155]. Aus der Sicht dieser Notabeln war eine Tributpflicht gegenüber den Franken also ein kleineres Übel als ein Ägypten unter den sunnitischen *ġuzz*.

Man kann daher nicht behaupten, daß die politische Führung Ägyptens seit dem fränkischen Angriff von 1168 ihre bisher verfolgte Bündnispolitik grundsätzlich und über den Augenblick der konkreten Bedrohung durch Amalrich hinaus zugunsten einer Zusammenarbeit mit Nūr ad-Dīn geändert hätte. Aber auch Nūr ad-Dīn scheint ab 1164 gar nicht konsequent die Unterstützung des Fāṭimidenstaates gegen die Franken gesucht oder gar auf die Eroberung Ägyptens abgezielt zu haben. Zwar griff er zwischen 1164 und 1167 wiederholt die fränkischen Herrschaften an. 1164 gewann er auf diese Weise Harenc/Ḥārim und Paneas/Bāniyās, 1166 Monaître/al-Munaiṭira, 1167 Chastel Neuf/Hūnīn und verheerte den Norden der Grafschaft Tripolis [156]. Es ging ihm dabei, wie es scheint, meistens um die Deckung der Interventionen des Šīrkūh in Ägypten, nicht um die Eroberung des fränkischen Syriens. 1164 soll er Bohemund III. von Antiochia sogar *pacem et trevias* angeboten haben, um das Königreich Jerusalem angreifen und Amalrich zur Rückkehr aus Ägypten zwingen zu können [157]. Seine Siege von 1164 nutzte Nūr ad-Dīn nicht etwa zu einem großangelegten Angriff auf das wegen des Ägyptenfeldzuges von Truppen entblößte Königreich. Stattdessen schloß er nach der Eroberung von Paneas/Bāniyās einen Vertrag mit den

[155] al-Maqrīzī, Itti'āẓ Bd. 3, S. 311.

[156] Vgl. N. Elisséeff, Nūr ad-Dīn, Bd. 2, S. 583, 590-596, 601, 612, 615-616.

[157] Patriarch Amalrich an Ludwig VII., in: RHGF, ed. Bouquet, Bd. 16, Nr. CXCVI, S. 61 (RRH Nr. 405).

Franken, demgemäß die Gebiete von Tiberias/Ṭabarīya (das Fürstentum Galiläa?) zu gleichen Teilen geteilt und Nūr ad-Dīn für die nichtgeteilten Gebiete ein Jahrestribut eingeräumt wurde [158].

Den Feldzügen erst zusammen mit und dann gegen Šāwar selbst stand er reserviert gegenüber. Bereits 1164 hatte er sehr gezögert, Šāwar zu unterstützen und war schließlich durch das Versprechen eines Drittels der ägyptischen Staatseinkünfte dazu bewogen worden. 1167 ließ er sich von Šāwar durch Geschenke und Tributangebote davon überzeugen, Šīrkūh von einem neuen Marsch nach Ägypten abzuhalten [159]. Er warnte Šīrkūh ausdrücklich vor einer Intervention und beschäftigte ihn anderweitig, indem er ihm Ḥimṣ an der Grenze zur Grafschaft Tripolis als Steuerpachtbezirk (*iqṭā'*) übergab [160]. Die Quellen lassen keinen Zweifel daran zu, daß die Interventionspolitik der *ġuzz* in erster Linie vom persönlichen Ehrgeiz des Šīrkūh getragen wurde, Herr Ägyptens zu werden und von ihm auch in der Hauptsache finanziert wurde [161]. Auch die Unternehmung von 1168, die zur Machtübernahme des Šīrkūh in Ägypten führte, plante Nūr ad-Dīn nicht von sich aus. Er griff ein, da er die Eroberung Ägyptens durch die Franken nicht dulden konnte. Im Grunde aber lehnte er die „Ägyptenpolitik" des Šīrkūh ab — nicht erst, als dieser und dann Saladin das fāṭimidische Wesirat übernahmen, worauf Nūr ad-Dīn überaus scharf reagierte [162]. Erst nach der Machtübernahme der *ġuzz* 1168 nahm Nūr ad-Dīn mehr Anteil an der Entwicklung in Ägypten, da er fürchtete, daß das Land durch die Einbindung des Šīrkūh und Saladins in das fāṭimidische Regierungssystem zengīdischer Kontrolle wieder entzogen werden könnte [163].

---

[158] b. al-Aṯīr, Kāmil, Bd. 11, S. 304: *šāṭara 'l-Faranǧ fī a'māl Ṭabarīya wa-qarrarū lahū 'alā 'l-a'māl allatī lam yušāṭirhum 'alaihā mālan fī kulli sanna*. Daraus ist nicht ersichtlich, ob es sich um eine Realteilung oder ein Kondominium handelte.

[159] al-Maqrīzī, Itti'āẓ, Bd. 3, S. 289.

[160] al-Kātib al-Iṣfahānī bei Abū Šāma, Rauḍatain, I, Bd. 2, S. 383.

[161] Bes. Bahā' ad-Dīn b. Šaddād, S. 36-39; b. al-Aṯīr, Kāmil, Bd. 11, S. 324; al-Maqrīzī, Itti'āẓ, Bd. 3, S. 282.

[162] Vgl. den Überblick bei A. Ehrenkreutz, Saladin, S. 58-59, 72-73; M.C. Lyons / D.E.P. Jackson, Saladin, S. 27, 33. Daneben bes. al-Maqrīzī, Itti'āẓ, Bd. 3, S. 304, und b. a. Ṭaiyi' bei Abū Šāma, Rauḍatain, I, Bd. 2, S. 437. Nūr ad-Dīn soll von al-'Āḍid sogar die Rücksendung des Šīrkūh nach Syrien gefordert, sich aber eine Abfuhr geholt haben. Bahā' ad-Dīn b. Šaddād, S. 41, und b. a. Ṭaiyi' bei Abū Šāma, Rauḍatain, I, Bd. 2, S. 440-441, vermelden außerdem, daß die Steuerpachtbezirke (*iqṭā'āt*) des Šīrkūh in Syrien von Nūr ad-Dīn eingezogen wurden.

[163] Er verweigerte Saladin den Zuzug seiner Brüder und zog seine eigenen Truppen (die Nūrīya) aus Ägypten ab. Vgl. b. al-Aṯīr, Bāhir, S. 143, und al-Maqrīzī, Itti'āẓ, Bd. 3, S. 311. Der byzantinisch-fränkische Angriff von 1169 zwang ihn dann aber zur Unterstützung Saladins.

Wie sich das Verhältnis zwischen Nūr ad-Dīn und Saladin bis 1174 weiter gestaltete, wird noch anzusprechen sein. Was die Zeit bis 1168 angeht, so gewinnt man den klaren Eindruck, daß Nūr ad-Dīn durch Šāwar, Amalrich und Šīrkūh wider seinen eigenen Willen eine „Ägyptenpolitik" aufgezwungen wurde. Seine eigenen Bestrebungen gingen eher in Richtung auf eine Expansion in Syrien und Nordmesopotamien (al-Ǧazīra) [164]. Hier bediente er sich auch der *ǧihād*-Propaganda, um die Emire benachbarter Gebiete an sich zu binden [165].

Es fragt sich abschließend, ob das Scheitern der fränkischen Eroberung Ägyptens und die Übernahme der Macht am Nil durch die *ġuzz* die christlichen Staaten zur Frontenbildung gegen den Islam bewogen.

Auf den ersten Blick scheint dies der Fall gewesen zu sein. Im Juli 1169 setzte eine byzantinische Flotte vor Konstantinopel Segel, um zusammen mit dem König von Jerusalem einen Angriff auf Ägypten zu unternehmen. Von Ende Oktober 1169 bis in den Dezember hinein belagerten die Alliierten Damiette/Dumyāṭ, doch die Eroberung und der Feldzug scheiterten. In den griechischen Quellen wird dafür durchgehend König Amalrich verantwortlich gemacht, der den Beginn der Unternehmung retardiert, während der Belagerung passiv geblieben und hinter dem Rücken der Byzantiner mit den Muslimen verhandelt haben soll [166]. Die moderne Literatur ist den griechischen Chronisten weitgehend gefolgt [167]. Zum Zeitpunkt der Ankunft der byzantinischen Flotte waren die Verschwörung des Mu'tamin al-Ḫilāfa, der sich um fränkische Hilfe bemüht haben soll, und der Aufstand der sudanesischen Heeresteile gegen Saladin bereits gescheitert. Ein Angriff versprach nun nicht mehr soviel Erfolg; und vielleicht waren die Franken aus diesem Grund an der Unternehmung nicht mehr recht interessiert. König Amalrich, der schon 1168 zu einem vorzeitigen Angriff gedrängt worden war, um die erhoffte Beute nicht mit Byzanz teilen zu müssen, scheint auch 1169 von vornherein das Scheitern der Eroberung Ägyptens nach Kräften gefördert zu haben [168]. Es spricht einiges dafür, daß er das Bündnis mit By-

---

164 N. Elisséeff, Nūr ad-Dīn, Bd. 2, S. 615-622.

165 E. Sivan, L 'Islam, S. 84-85.

166 Niketas Choniates, Manuel Komnenos I, V, 4-7, S. 159-168. Vgl. Ioannes Kinnamos VI, 9, S. 208-209.

167 Vgl. F. Chalandon, Comnène, Bd. 2, S. 539-546; R.-J. Lilie, Byzanz, S. 190-194; H.E. Mayer, Service, S. 153. H. Möhring, Byzanz und die Kreuzfahrerstaaten, in: HZ 234 (1982), S. 601-607, hier S. 605-607, bleibt skeptisch und führt den als Verrat Amalrichs ausgelegten späten Beginn des Feldzugs auf die bis Ende November andauernden Nilüberschwemmungen zurück. Die Frage läßt sich nicht entscheiden. Einen Angriff auf die Hafenstädte des Deltas hätte die Nilflut aber wohl kaum behindert.

168 Bes. H.E. Mayer, Service, S. 152-157.

zanz nicht offen zu brechen wagte, aber andererseits eine Aufteilung Ägyptens zwischen Byzanz und Jerusalem verhindern wollte — oder dazu gezwungen wurde. Stattdessen versuchte Amalrich wie 1168 wohl vor allem, finanziellen Gewinn aus dem Feldzug zu ziehen [169].

Letzte Sicherheit über diesen Punkt läßt sich auf Grund der Quellenlage nicht gewinnen. Wenn die griechischen Quellen mit ihren Anklagen gegen Amalrich aber recht haben sollten, so bedeutet das nichts anderes, als daß ein fāṭimidisches Ägypten unter einem *ġuzz*-Wesir Saladin — der Status quo also — dem Königreich Jerusalem lieber war als ein Fußfassen der Byzantiner am Nil. Im selben Zeitraum, den Jahren 1168 und 1169, suchten die Franken in Europa wiederholt um Hilfe nach [170]. Anders ausgedrückt: König Amalrich brauchte nach dem Erfolg der *ġuzz* in Ägypten zwar dringend Unterstützung, diese Unterstützung suchte die Mehrheit der fränkischen Nobilität aber lieber im Abendland und nicht bei einem potentiell so gefährlichen Verbündeten wie Byzanz. Der König selber galt zwar als probyzantinisch, konnte sich aber kaum gegen die byzanzfeindliche Gruppierung der Jerusalemer Vasallen, des Klerus und der Ordensritter durchsetzen. Am besten belegen diesen Sachverhalt die Finessen, die Amalrich anwenden mußte, um 1171 neue Kontakte einer Eroberung Ägyptens wegen mit Manuel Komnenos aufnehmen zu können. Sie ließen sich nur dadurch durchsetzen, daß der König selbst nach Konstantinopel reiste und der Absendung einer gleichzeitigen Gesandtschaft ins Abendland zustimmte [171].

Es hat sich, um zusammenzufassen, in der vorangegangenen Untersuchung gezeigt, daß die fränkisch-islamische Bündnispolitik von 1164-1169 in denselben Bahnen verlief wie in den Jahrzehnten zuvor, aber zu Allianzen führte, die geographisch über Syrien hinausreichten. Auch die Expansionspolitik des Nūr ad-Dīn blieb im traditionellen Rahmen: Trotz seiner Feldzüge in Syrien und der Entsendung des Šīrkūh

---

[169] N. Elisséeff, Nūr ad-Dīn, Bd. 2, S. 649, vermutet, daß Saladin die Franken während der Belagerung bestochen haben könnte. Wilhelm v. Tyrus, XX, XVI, S. 969, spricht rätselhaft von geheimen Friedensvertragsklauseln 1169: *occulti quibusdam conventionibus foederis initur*.

[170] 1168: Vgl. Annales Pisani, in: MGSS, Bd. 19, S. 257. Mai 1169: König Amalrich an Erzbischof Heinrich von Reims, in: RHGF, ed. Bouquet, Bd. 16, Nr. CXX, S. 187-188 (RHH Nr. 464), und Wilhelm v. Tyrus, X, XII, S. 960.

[171] Wilhelm v. Tyrus, XX, XXII-XXIV, S. 980-987. Vgl. R. Röhricht, Jerusalem, S. 352-354; R. C. Smail, Latin Syria, S. 16-17; und St. Runciman, The Visit of King Amalric I to Constantinople in 1171, in: Outremer, ed. B.Z. Kedar, H.E. Mayer, R.C. Smail, Jerusalem 1982, S. 153-158.

nach Ägypten 1164 und 1168 beschränkte sich Nūr ad-Dīn mit der Eroberung von Grenzfestungen und schloß Verträge mit den Franken. Die ägyptischen Ambitionen des Šīrkūh stießen bei Nūr ad-Dīn auf deutliche Reserve. Anders als die Propaganda verrät sein tatsächliches Vorgehen nichts davon, daß Nūr ad-Dīn die Existenz der fränkischen Herrschaften bis 1169 grundsätzlich in Frage gestellt hätte. Für die fränkische Politik war weiterhin charakteristisch, daß sie prinzipiell auf Expansion hin angelegt war und die von der Krone abgeschlossenen und finanzierten Allianzen auf der Grundlage der „Kein Platz (*lā maqām*)"-Theorie die Machtausweitungsbestrebungen nur unterbrachen, nicht ersetzten. Geldsorgen, Divergenzen zwischen den Interessen des Königs von Jerusalem und denen seiner europäischen Alliierten, schließlich der innerfränkische Konflikt um eine Zusammenarbeit mit Byzanz und die Furcht vor einer byzantinischen Vormacht beeinträchtigten die Stabilität von Bündnisbeziehungen zusätzlich. Trotz der langfristigen Vereinbarungen zwischen Šāwar und Amalrich 1167 und der Installation einer fränkischen Garnison in Kairo besaß das fränkisch-fāṭimidische Bündnis (wie die Allianzen mit Damaskus zuvor) ad hoc-Charakter. Die Bündnispolitik zeigte sich abhängig von innerfränkischen Interessenkonflikten. Nur so ist der Vertragsbruch von 1168 zu erklären.

Aus der Untersuchung ergibt sich eine weitere Erkenntnis: Die Legitimation des fränkischen Bündnisses in der ägyptischen politischen Lyrik bis 1167 und die abrupt erfolgende Veränderung ihres Tenors hin zur Verherrlichung des Heiligen Kampfes 1168 machen auf exemplarische Weise die Relativität von mentalitätsgeschichtlichen Aussagen deutlich, wie sie aus der arabischen Dichtung des 12. Jahrhunderts gewonnen worden sind [172]. Bei den dazu herangezogenen literarischen Quellen handelt es sich in erster Linie um h ö f i s c h e Dichtung. Nur einige ihrer Verfasser hatten ein unmittelbar persönliches Interesse am Heiligen Kampf, da sie selber im Zuge der fränkischen Landnahme vertrieben worden waren. Die *ǧihād*-Dichtung des ägyptischen Wesirs Ṭalā'i' b. Ruzzīk (1155-1161) dagegen diente, von der Legitimierung der eigenen Herrschaft einmal abgesehen, vor allem der diplomatischen Vorbereitung einer neuen Phase fāṭimidischer Syrienpolitik, die die an die Franken verlorenen Gebiete zurückgewinnen sollte. Wie zu sehen war, scheute der Wesir deswegen nicht vor Vertragsabschlüssen mit dem Königreich

[172] Vor allem E. Sivan, L 'Islam; ders., Caractère, und H. Dajani-Shakeel, Jihād. Besonders die Forschungsergebnisse von Sivan sind in der jüngeren Literatur als Zeugnisse für den „Geist der Gegenkreuzzüge" in weitestem Maß rezipiert worden.

Jerusalem zurück. ʿUmāra al-Yamanī verfaßte in seiner Zeit als fāṭimidischer Hofdichter zuerst *ǧihād*-Lobgedichte für Ibn Ruzzīk, für dessen Sohn und ersten Nachfolger an-Nāṣir Ruzzīk und für den Wesir Ḍirġām (1163-1164). Während des zweiten Wesirats des Šāwar (1164-1169) gehörte er dagegen zu den maßgeblichen Befürwortern der Allianz mit den Franken, engagierte sich mit dem fränkischen Vertragsbruch von 1168 aber sofort wieder literarisch für den *ǧihād*. Nach der Ermordung Šāwars schwenkte ʿUmāra wieder um und verherrlichte zuerst die *ġuzz* und Saladin im besonderen. Nach der Abschaffung des Kalifats jedoch war er einer der prominentesten Anführer der Verschwörung, die 1174 auf eine Restauration der Fāṭimiden mit fränkischer Hilfe hinarbeitete [173]. ʿUmāra wurde für seine Gedichte nicht nur regelrecht bezahlt, wie er unter Nennung des Betrages in seiner Autobiographie für fast jeden Fall festhält. Er schildert auch selber, daß er *ǧihād*-Panegyriken abfaßte, um als Hofdichter in die Umgebung (den *maǧlis*) des Wesirs aufgenommen zu werden und die verlorene Gunst des Ibn Ruzzīk wiederzugewinnen [174]. In diesem Stil wußte auch al-Qāḍī al-Fāḍil seine Karriere zuerst in fāṭimidischen und dann aiyūbidischen Diensten zu fördern [175]. Nicht anders ʿImād ad-Dīn al-Kātib al-Iṣfahānī. Er berichtet, wie er im Oktober/November 1173 von Nūr ad-Dīn in aller Form dazu aufgefordert wurde, dessen jüngsten Sieg über die Franken in einem Gedicht zu verherrlichen [176]. Später soll er Saladin zwar gemahnt haben, statt der Zengīden von Mossul lieber die Franken zu bekriegen [177]; dennoch aber pries er noch 1176 den militärischen Erfolg des Usurpators Saladin, in dessen Dienst der Kātib mittlerweile stand, gegen dessen nominellen Herrn, den Sohn des Nūr ad-Dīn, und die Zengīden von Mossul bei Tall as-Sulṭān in den höchsten Tönen [178]. Vermutlich wäre es zu weit gegriffen, diese Dichter als p r i n z i p i e l l opportunistisch einzustufen [179]. Man muß sich jedoch darüber im klaren sein, daß die meisten

---

[173] Vgl. ʿUmāra al-Yamanī, Nukat, S. 42-43, 54-57, 74-76, 79-83, und ders. Dīwān, S. 174-177, 269-271 und 367-370.

[174] ʿUmāra al-Yamanī, Nukat, S. 42-43.

[175] Vgl. H. Dajani-Shakeel, al-Qāḍī al-Fāḍil, S. 39-70. Er drängte nach der Konspiration von 1174 Saladin sogar zur Hinrichtung seines alten Freundes ʿUmāra al-Yamanī.

[176] al-Kātib al-Iṣfahānī, Ḫarīdat al-qaṣr. Qism šuʿarāʾ aš-Šaʾm, Bd. 4, S. 53-62. Auszüge auch bei Abū Šāma, Rauḍatain, I, Bd. 2, S. 529-530.

[177] H. Dajani-Shakeel, Jihād, S. 111.

[178] al-Kātib al-Iṣfahānī, Ḫarīdat al-qaṣr. Qism šuʿarāʾ Miṣr, Bd. 1, S. 18 ff. Noch zwei Jahre zuvor hatte er, in zengīdischen Diensten, Saladin indirekt zur Loyalität gegenüber dem Sohn des Nūr ad-Dīn aufgefordert: al-Bundārī, S. 32-33.

[179] ʿUmāra z.B. war grundsätzlich profāṭimidisch und unterstützte auch deshalb die Allianz

ǧihād-Gedichte direkt oder indirekt Auftragswerke darstellten und daher nicht Äußerungen persönlicher Überzeugungen der Literaten waren. Dies gilt selbst für zahlreiche Arbeiten persönlich vor den Franken geflohener Dichter wie etwa Ibn Munīr oder Ibn al-Qaisarānī aus der Umgebung des Nūr ad-Dīn. Gerade von Ibn al-Qaisarānī sind daneben aber auch Gedichte ganz anderen Inhalts überliefert: ein Liebesgedicht an eine Fränkin, die Beschreibung einer Sängerin namens Maria oder der architektonischen Schönheiten Antiochias/Anṭākiyas, beispielsweise der Liebfrauenkirche [180]. Es müßte also für jeden Fall einzeln geprüft werden, ob die *ǧihād*-Dichtung lediglich im Auftrag eines Herrschers, zu seiner Legitimierung und der seiner kurzfristigen Ziele, entstand, oder mehr war, nämlich Ausdruck einer in bestimmten gesellschaftlichen Gruppen verbreiteten *ǧihād*-Mentalität. Letzteres ist eher zu vermuten bei den Lyrik- und Prosawerken *unabhängiger* islamischer Religions- und Rechtsgelehrter wie des Damaszeners Ibn ʻAsākir [181] oder der Familie Banū Qudāma, die Mitte der 1150er Jahre aus der Gegend von Neapolis/Nāblus im Königreich Jerusalem nach Damaskus floh [182]. Sie scheuten anders als die Hofdichter nicht davor zurück, sich mit ihren literarischen und rhetorischen Mahnungen zum Heiligen Kampf bewußt in Gegensatz zu den jeweils regierenden Sultanen zu setzen [183]. Die höfische Dichtung dagegen war ein Instrument der Machtpolitik, nicht anders als, wie gezeigt werden konnte, auch Allianzen und Verträge mit fränkischen Herrschern. Der Gegensatz zwischen pragmatischer Politik und Ideologie wird hier besonders deutlich.

* * * * *

Abschließend bleibt darzustellen, welchen Lauf die fränkisch-islamischen Beziehungen nach der Machtübernahme Saladins am Nil bis zum Tode von Nūr ad-Dīn und Amalrich 1174 nahmen. Ex eventu schie-

---

mit den Franken; al-Qāḍī al-Fāḍil dachte „ägyptisch" und betrachtete Syrien mehr als Glacis.

180 al-Kātib al-Iṣfahānī, Ḫarīdat al-qaṣr. Qism šuʻarāʼ aš-Šaʻm, Bd. 1, S. 99-102. Dazu allgemein auch: H. Dajani-Shakeel, Jihād, S. 105-106.

181 Vgl. N. Elisséeff, Ibn ʻAsākir, in: EI 2, Bd. 3, S. 713-715, hier 714.

182 Vgl. M. b. Ṭūlūn, S. 24-39, und E. Sivan, Réfugiés syro-paléstiniens au temps des croisades, in: REI 35 (1967), S. 135-147, hier S. 143-145.

183 Vgl. b. ʻAsākir in: al-Kātib al-Iṣfahānī, Ḫarīdat al-qaṣr. Qism šuʻarāʼ aš-Šaʼm, Bd. 1, S. 277. Daneben E. Sivan, ebda..
Zur Progagierung des *ǧihād* gegen die Franken durch Homines religiosi vgl. E. Sivan, Caractère, und H. Dajani-Shakeel, Displacement of the Palestinians during the Crusades, in: MW 68 (1978), S. 157-175, bes. S. 173-175.

nen die Daten 1169 und 1174, wie bereits angesprochen wurde, Zäsuren der stetig voranschreitenden Einkreisung der fränkischen Herrschaften Syriens zu sein [184]. Die Diskussion um das Verhältnis zwischen Nūr ad-Dīn und Saladin ab 1169 in der jüngeren Forschung hat indessen die Konflikte zwischen den *ġuzz* in Ägypten und ihrem zengīdischen Herrn deutlich aufzuzeigen vermocht. In der Tat kam es bis zum Tode des Nūr ad-Dīn zu keinem einzigen konzertierten Unternehmen gegen die Franken. Die umstrittene Frage, ob das eher an einer bewußten Obstruktionspolitik Saladins lag — wie Ibn al-Aṯīr (555-630 a.h./1160-1233) als prozengīdischer Autor suggerierte — oder an objektiven finanziellen und administrativen Problemen, die der neue Herrscher über Ägypten hatte, ist letztendlich nicht zu klären [185].

Einen ersten Angriff auf das Königreich Jerusalem unternahm Saladin zum Jahreswechsel 1170/1171. Er zog nach Daron/ad-Dārūm und eroberte wenig später Aila am Golf von ʿAqaba. Ein dreiviertel Jahr später belagerte er Mons Regalis/aš-Šaubak in Transjordanien. Das Jahr 1172 über verhielt sich Saladin vermutlich passiv, im Sommer 1173 wandte er sich gegen die mit den Franken verbündeten Beduinen östlich des Jordans [186]. Mit diesen Feldzügen blieb Saladin ebenso wie mit der Höhe der Zahlungen, die er der zengīdischen Kriegskasse aus dem ägyptischen Fiskus zufließen ließ, weit hinter den Erwartungen seines Oberherrn Nūr ad-Dīn zurück. Die Spannungen zwischen beiden führten bekanntlich so weit, daß Nūr ad-Dīn im Frühjahr 1174 die ägyptischen Finanzen revidieren ließ und ein bewaffnetes Eingreifen in Ägypten plante [187]. Nūr ad-Dīn erkannte Saladin offensichtlich nie als fāṭimidischen Wesir oder

---

[184] Vgl. oben S. 228-230.

[185] Vgl. bes. H.A.R. Gibb, The Achievement of Saladin, in: Saladin: Studies in Islamic History, ed. Y. Ibish, Beirut 1974, S. 158-176, hier 165, und A. Ehrenkreutz, Saladin, S. 105-108, die die objektiven Probleme Saladins betonen. N. Elisséeff, Nūr ad-Dīn, Bd. 2, S. 682-684, folgt dagegen b. al-Aṯīr. Skeptisch zeigt sich auch H. Möhring, bes. in seiner Miszelle: Saladins Politik des Heiligen Krieges, in: Der Islam 61 (1984), S. 322-326.

[186] Vgl. A. Ehrenkreutz, Saladin, S. 83-84 und 100; M.C. Lyons/D.E.P. Jackson, Saladin, S. 42-43, 48-49 und 62-63; H. Möhring, Salahadinus, S. 425-427.

[187] M.C. Lyons/D.E.P. Jackson, Saladin, S. 68-69; H. Möhring, Salahadinus, S. 429-430. Der Šīʿit b. a. Ṭaiyiʾ (bei Abū Šāma, Rauḍatain, I, Bd. 2, S. 441) überliefert eine wohl apokryphe Anekdote, nach der Nūr ad-Dīn vor seinem Tod nichts so sehr bedauert haben soll wie die Entsendung des Šīrkūh nach Ägypten, nachdem er um dessen Eroberungspläne gewußt habe. Er soll wegen der düsteren Vorahnungen über das künftige Verhalten Saladins gegenüber seiner Familie traurig gestimmt gewesen sein.

gar als eine Art zengīdischen Vizekönig in Ägypten an. Offizielle Schreiben an ihn wurden zumindest 1169 als an den „Emir, den Oberbefehlshaber (*isfahsallār*) Ṣalāḥ ad-Dīn und alle Emire in Ägypten" adressiert [188]. Während Saladin seinerseits seinen Oberherrn noch von seinen Expansionsprojekten im islamischen Raum, z. B. der Entsendung seines Bruders Tūrānšāh in den Jemen Ende Februar 1174, zu unterrichten bereit war, scheint er bei Beziehungen zu christlichen Staaten gänzlich als unabhängiger Herrscher aufgetreten zu sein. Am deutlichsten wird dies bei dem längerfristigen Bündnis, das er zwischen 1171 und 1173 auf Initiative Friedrich Barbarossas mit dem Kaiser schloß und das sich wahrscheinlich gegen Byzanz richtete [189]. 1173 ist wohl auch eine gegen die Normannen zielende Allianz mit Pisa zustandegekommen [190]. Nūr ad-Dīn hat von diesen diplomatischen Aktivitäten vermutlich nichts gewußt. Im lateinischen Wortlaut des Handelsvertrages mit Pisa wird Saladin als *rex* bezeichnet; dem Kanzler und Chronisten Wilhelm von Tyrus galt er seit 1171 als *calipha et soldanus* [191]. Erklärt sich der Begriff *rex* vielleicht noch aus Saladins 1169 mit dem Wesirat verliehenen Ehrennamen al-Malik an-Nāṣir (der siegreiche König) und deutet *soldanus* eher auf das Wesirsepitheton *sulṭān al-ǧuyūš* (Chef der Heere) [192] als auf den seldschukischen Sultanstitel hin, so läßt sich die Bezeichnung *calipha* nur als Hinweis darauf erklären, daß Saladin von den Franken als unabhängiger Herrscher betrachtet wurde. Doch nicht nur nach Europa unterhielt Saladin Beziehungen. Ohne daß Genaues über

---

188 b. al-Aṯīr, Kāmil, Bd. 11, S. 344.

189 Dazu bes. H. Möhring, Saladin und der dritte Kreuzzug. Aiyubidische Strategie und Diplomatie im Vergleich vornehmlich der arabischen mit den lateinischen Quellen, Wiesbaden 1980 (Frankfurter Historische Abhandlungen, 21), S. 125-135. Möhring ist es nicht nur überzeugend gelungen, das bei R. Röhricht, Zur Geschichte der Kreuzzüge, in: NA 11 (1886), S. 571-579, bes. 575-577, edierte lateinische Schreiben Saladins an Barbarossa statt auf 1180-1182 auf 1171-1173 zu datieren. Er weist auch als erster ausführlich auf das arabisch erhaltende Credentiale des aiyūbidischen Gesandten Abū Ṭāhir Ismā'īl hin: Vgl. Al-Qāḍī al-Fāḍil, ad-Durr an-naẓīm, S. 37-42.
Eine Zusammenfassung der Beziehungen Saladins zu Barbarossa und den europäischen Staaten (nach älterem Forschungsstand!) findet sich bei J. Hartmann, Die Persönlichkeit des Sultans Saladin im Urteil der abendländischen Quellen, Berlin 1933 (Historische Studien, 239), S. 55-59, 96-97.

190 Vgl. W. Heyd, Commerce, Bd. 1, S. 398. Der Text des Handelsvertrages findet sich bei M. Amari, Diplomi, Bd. 2, Nr. VII, S. 257-261. Vgl. auch Nr. VIII-IX, S. 262-263.

191 Vgl. Anm. 190 und Wilhelm v. Tyrus, XX, XI, S. 958. Vgl. H. Möhring, Salahadinus, S. 428.

192 So H.A.R. Gibb, The Life of Saladin ..., Oxford 1973, S. 7, Anm. 1.

etwaige Vertragsinhalte bekannt wäre, gibt es doch Anzeichen für Kontakte zwischen Jerusalem und Kairo um 1171 und wieder im Jahre 1174:

Für den 11. September 1171, knapp zwei Jahre nach dem Abschluß des Geheimvertrages zwischen Amalrich und den Ägyptern von Damiette/Dumyāṭ, ist die Anwesenheit fränkischer und byzantinischer Gesandter vor Kairo bezeugt [193]. Ihr Anliegen ist unklar. Aber bis zum April 1173 scheint Saladin keine Vorstöße gegen die Franken unternommen zu haben — vielleicht ein Ergebnis dieser Verhandlungen. Stattdessen plante er Unternehmungen gegen Barqa in der Cyrenaika und das nubische Reich. Zweieinhalb Jahre später behauptete al-Qāḍī al-Fāḍil in einem Brief an Nūr ad-Dīn, daß die profāṭimidischen Verschwörer um 'Umāra al-Yamanī (1174) über einen Schreiber des fränkischen Königs namens Georges (Ǧurǧ) positive Antwort auf ihre Hilfsbitte an Amalrich erhalten hätten. Nach außen habe Georges als Gesandter zu Saladin fungiert, insgeheim aber die Verbindung zu den Konspiratoren gesucht [194]. Einen weiteren Beleg für fränkisch-aiyūbidische Beziehungen bietet der Umstand, daß Saladin vom Tod des Nūr ad-Dīn am 15. Mai 1174 offensichtlich von fränkischer Seite erfuhr [195].

Den deutlichsten Beweis für Kontakte zwischen Saladin und dem Königreich Jerusalem aber liefert das in dem Kanzleihandbuch des al-Qalqašandī (756-821 a.h./1355-1418) erhaltene Fragment eines Kondolenzbriefes aus der Feder des Qāḍī al-Fāḍil, in dem vermutlich König Balduin IV. das Beileid Saladins zum Tod seines Vaters Amalrich (11. Juli 1174) ausgedrückt und zur Thronbesteigung gratuliert wird [196]. Balduin wird in diesem Schreiben als Bewahrer (*ḥāfiẓ*) Jerusalems bezeichnet und mit guten Wünschen bedacht: Gott möge ihm Glück, Vergnügen und Erfolg gewähren und ihm bei seiner Herrschaft wohlgesonnen sein. Saladin habe das Beileidschreiben zu Händen des *ra'īs* al-'Amīd Muḫtār ad-Dīn unmittelbar „bei der Ankunft dessen, das die Herzen der Freunde traurig stimmt, und der Todesmeldung, von der wir wünschen, daß der, der sie ausspricht, unglaubwürdig sei", abgehen lassen. Er betrauert den verstorbenen König, „den Gott das Beste treffen ließ, was er sei-

[193] al-Maqrīzī, Ḫiṭaṭ, Bd. 1, S. 86.

[194] al-Qāḍī al-Fāḍil bei b. a. Ṭaiyi' bei Abū Šāma, Rauḍatain, I, Bd. 2, S. 563. Vgl. b. al-Aṯīr, Kāmil, Bd. 11, S. 399.

[195] Ders. bei Abū Šāma, Rauḍatain, I, Bd. 2, S. 587. Vgl. M.C. Lyons/D.E.P. Jackson, Saladin, S. 73. Den gesamten Brief enthält die Handschrift Brit. Mus. or. Add. 25757, fol. 7v-8r.

[196] Die folgenden diversen Zitate stammen aus: al-Qalqašandī, Bd. 7, S. 115-116. Teilübersetzung bei H. Möhring, Salahadinus, S. 433-434.

nesgleichen treffen läßt", und bezeichnet ihn, also vermutlich Amalrich, als *al-Malik al-ʿĀdil al-Aʿazz* („den gerechten, allerstärksten König"). Gott habe indessen den Schicksalsschlag durch die Einsetzung des Sohnes als Erben, damit der Beibehaltung der dynastischen Abkunft, erleichtert und diesem mit Jugend und Herrschaft zwei Gunstbeweise gewährt. Der Gesandte solle „das Beileid ausdrücken und ... beschreiben, was uns der Abschied dieses Freundes und das Vakantwerden seines Platzes an Einsamkeit einbrachte — und wie wird der Herr des Hauses nicht traurig gestimmt durch die Trennung von seinen Nachbarn?" Es folgt der eigentliche politische Inhalt des Schreibens: Saladin versichert Balduin wiederum seiner Freundschaft und erneuert seine Bitte um Unterstützung: „Er soll wissen, daß wir für ihn haben, was wir für seinen Vater hatten: reine Zuneigung, eine vollkommene Glaubensüberzeugung, Liebe, deren Verknüpfung fest ist im Leben wie im Tod, und ein Herz, das im Diesseits richtet nach dem, was zu ihm kommt — trotz dessen, was, bezogen auf die Religion, an Widersprüchen existiert. Er möge mild und freundlich umgehen mit der Zuneigung dessen, der vertraut, der nicht aus Scham schweigt, und sich auf uns stützen mit dem Vertrauen des Sohnes, der nicht von seinem Vater das trägt, womit der beladen war". Der Brief wird mit Wünschen für das lange Leben, die Erhebung zur Befehlsgewalt und den göttlich gewirkten Erfolg Balduins abgerundet und endet mit den Worten: „Er (sc. Gott) inspiriere ihn mit dem Vertrauen in die Überzeugung des Freundes".

An diesem Brief fällt dreierlei auf: einmal die Tatsache einer aiyūbidischen Kondolenzmission an den Jerusalemer Hof überhaupt, zweitens die Betonung der Nachbarschaft und weiter die Bezeichnung Amalrichs mit Epitheta, wie sie von islamischen Kanzleien auch für islamische Herrscher verwendet wurden. Nūr ad-Dīn trug ebenfalls den Amalrich zugedachten Titel *al-Malik al-ʿĀdil*. Drittens aber ist unverhohlen von Freundschaft und Unterstützung, von einem Bündnis mithin, zwischen beiden Herrschern die Rede. H. Möhring hat es deshalb zurecht abgelehnt, den Text des Briefes als rein protokollarische Höflichkeit zu interpretieren; Möhring hat ihn in den historischen Kontext nach dem Tod des Nūr ad-Dīn eingeordnet [197]. Das Schreiben deutet in der Tat auf ein mehr oder weniger förmliches Einvernehmen zwischen Saladin und Amalrich gegen Nūr ad-Dīn hin. Die Bedeutung dieses Einvernehmens für Saladin wurde durch den Tod des Königs am 11. Juli 1174 keineswegs

[197] H. Möhring, Salahadinus, S. 434-439, gegen M.C. Lyons/D.E.P. Jackson, Saladin, S. 75 und 370.

vermindert, ergab sich daraus die Chance, die Franken nicht nur von der Unterstützung des normannischen Angriffs auf Alexandria (Ende Juli) abzubringen, sondern auch ihr Stillhalten bei dem geplanten Vorstoß nach Syrien gegen die Erben des Nūr ad-Dīn zu erkaufen. Vor dem Hintergrund dieses Abkommens erklärt sich sowohl die von Nūr ad-Dīn kritisierte Zurückhaltung Saladins gegenüber den Franken bis 1174 als auch der Umstand, daß sich Amalrich (vermutlich 1173) in dem Konflikt zwischen Bohemund III. von Antiochia und dem Armenier Mleh engagieren konnte, ohne einen ägyptischen Angriff befürchten zu müssen [198]. Die Franken ihrerseits setzten Saladin bis 1175 bei seiner Expansion in Syrien keinen Widerstand entgegen, ehe es unter dem Regenten Raimund III. von Tripolis zu einer Reorientierung der Bündnispolitik kam.

Die diplomatischen Kontakte zwischen Saladin und dem Königreich Jerusalem und seine Übereinkunft mit Amalrich und Balduin IV. von 1174 (oder schon früher) zeigen klar, daß von einer Einkreisung der Franken durch die muslimischen Herrscher Ägyptens und Syriens ab 1169 — wie es Wilhelm von Tyrus rückwirkend schien [199] — keine Rede sei kann. Die Betitelung Amalrichs als *al-Malik al-ʿĀdil* — und das impliziert wohl seine Anerkennung als in seinem Bereich unabhängigen Herrscher — fällt besonders ins Auge. Eventuell hat man es bei diesem Titel sogar mit einer Selbstbezeichnung des fränkischen Königs zu tun, die möglicherweise in seiner arabisch geführten Korrespondenz Verwendung fand [200]. Die Parallelen zwischen der „Außenpolitik" von Šāwar und Saladin, auf die H. Möhring hingewiesen hat, sind also evident [201]: 1171/1174 war das Ägypten Saladins nicht nur Bestandteil des Bündnissystems Friedrich Barbarossas gegen Byzanz, das übrigens auch das Sultanat Iconium/Qunya einschloß [202], es stand vermutlich auch in einer gegen die Zengīden gerichteten Allianz mit dem Königreich Jerusalem! Bedenkt man, daß Saladin die damaszenischen Emire nach dem Tod des

---

198 Wilhelm von Tyrus, XX, XXVI, S. 991-992. Vgl. R. Röhricht, Jerusalem, S. 357.

199 Vgl. oben S. 229-230.

200 Vergleichbar sind die Titel, die al-Idrīsī in seinem geographischen Werk auf den normannischen König Siziliens, Roger II., anwandte, dem vernutlich eine arabische Kanzlei zur Verfügung stand: *al-Malik al-Muʿaẓẓam Ruğār al-Muʿizz bi- 'l-llāh al-Muqtadir bi-qudratihī* (S.4), oder auch *al-Malik al-Ağall wa-'l-Humām al-Afḍal al-Muʿaẓẓam …* (S. 26.). Vgl. zur arabischen normannischen Titulatur dazu noch A. Noth, I documenti arabi di Ruggero II, in: C. Brühl, Diplomi e cancellaria di Ruggero II, Palermo 1983, S. 189-222, hier S. 211-213.

201 H. Möhring, Salahadinus, S. 435.

202 F. Chalandon, Comnène, Bd. 2, S. 592-597.

Nūr ad-Dīn trotz seiner eigenen Kontakte zu den Franken heftig wegen ihres Friedensvertrages (*muṣālaḥa*) mit König Amalrich kritisierte [203] und daß al-Qāḍī al-Fāḍil in einem Brief die Nachricht vom Tod Amalrichs von heftigen Verwünschungen begleiten ließ [204], so erscheint die aiyūbidische Politik tatsächlich doppelzüngig. Auf jeden Fall hatte der *ǧihād*-Gedanke für Saladin nicht mehr als propagandistischen Wert. Er dachte nicht daran, sich nach der Konsolidierung seiner ägyptischen Herrschaft dem Kampf gegen Jerusalem zu verschreiben.

Wie sah dagegen die Politik des Nūr ad-Dīn bis zu seinem Tod (1174) aus? Seit der Eroberung Ägyptens durch Šīrkūh wurden er und seine Propagandisten nicht müde, die Befreiung Jerusalems als politisches Ziel darzustellen. Nūr ad-Dīn ließ in Aleppo eine Kanzel (*minbar*) anfertigen, die in der Jerusalemer al-Aqṣā-Moschee nach ihrer Rückgewinnung aufgestellt werden sollte. Im selben Zeitraum versuchte er mehrfach, sich in Briefen und Gedichten des Kātib al-Iṣfahānī, die an den Bagdader Kalifen al-Mustaḍī'(1170-1180) adressiert wurden, als Kämpfer im Heiligen Kampf ins rechte Licht zu rücken [205]. Ziel dieser Initiativen war es allerdings in erster Linie, ein kalifales Diplom (*taqlīd*) zur Legitimierung seiner Herrschaft zu erlangen. Bemerkenswerterweise schloß das 1173 dann tatsächlich erteilte Diplom auch die Gebiete Nordmesopotamiens (al-Ǧazīra), Armeniens und Südanatoliens (Diyār Bakr, Ḫilāṭ, Iconium/Qunya) ein, die Nūr ad-Dīn gar nicht direkt beherrschte. Ob er darüberhinaus den Kalifen für den Kampf gegen die Franken interessieren wollte, wie E. Sivan meint, muß offen bleiben [206].

Diese diplomatischen Aktivitäten machen bereits deutlich, daß sich Nūr ad-Dīn auch in den letzten fünf Jahren seines Lebens nicht vorrangig dem Kampf gegen die Franken widmete. Er machte vielmehr dem *ǧihād*-Gedanken seinen allgemeinen politischen Zielen nutzbar. Denselben Eindruck vermittelt ein Blick auf die Unternehmungen, die Nūr ad-Dīn bis zu seinem Tod durchführte. Auf den byzantinisch-fränkischen Feldzug gegen Damiette/Dumyāṭ 1169 reagierte er mit Entlastungsangriffen auf das Königreich Jerusalem, belagerte Ende April 1170 einige Tage

---

[203] Bes. b. a. Ṭaiyi' bei Abū Šāma, Rauḍatain, I, Bd. 2, S. 594-595; b. al-Aṯīr, Kāmil, Bd. 11, S. 408; al-Bundārī, S. 33-35. Zu Belagerung und Vertrag vgl. auch Wilhelm v. Tyrus, XX, XXXI, S. 1000.

[204] Bei Abū Šāma, Rauḍatain, I, Bd. 2, S. 596.

[205] al-Kātib al-Iṣfahānī bei Abū Šāma, Rauḍatain, I, Bd. 2, S. 547-548, und b. al-Aṯīr, Kāmil, Bd. 11, S. 395. Auch Michael Syrus, S. 344-345, berichtet von zengīdischen Briefen an den Kalifen.

[206] E. Sivan, L 'Islam, S. 86-87. Vgl. Anm. 205.

lang Crac/al-Karak und zog sich dann vor einer fränkischen Streitmacht zurück[207]. Nach dem verheerenden Erdbeben vom 29. Juni 1170 wurde ein kurzzeitiger Waffenstillstand (*foedus*) mit dem Königreich abgeschlossen, dessen genaue Dauer nicht bekannt ist[208]. Zu direkten Kämpfen zwischen Nūr ad-Dīn und den Franken kam es jedenfalls erst wieder im Sommer 1171. In der Zwischenzeit regelte Nūr ad-Dīn die Nachfolge in Mossul und stabilisierte seine Vormachtstellung in Nordmesopotamien. Zumindest mit dem Fürstentum Antiochia aber muß in dieser Zeit ein Waffenstillstand existiert haben. Nūr ad-Dīn betrachtete nämlich das Aufbringen zweier ägyptischer Schiffe vor Laodicaea/al-Lāḏiqīya durch die Franken als Bruch des bestehenden Vertrages. Als sein Protest und die Forderung nach Rückgabe der konfiszierten Güter auf keine positive Resonanz stießen, eroberte er Archis/ʿArqa in der Grafschaft Tripolis und verwüstete die nördlich und östlich davon gelegenen Gebiete Tripolis' und Antiochias, bis die Franken nachgaben und der Vertrag erneuert wurde[209]. Vielleicht handelte es sich dabei noch um die nach dem Erdbeben von 1170 abgeschlossene Waffenruhe. Noch zweimal, im Oktober 1171 und Ende Mai 1173, bedrohte Nūr ad-Dīn Crac/al-Karak. Im November 1172 wies er einen fränkischen Angriff auf den Ḥaurān zurück und ließ Galiläa verwüsten. Während des Sommers 1173 kämpfte er gegen den Sultan von Iconium/Qunya und verbrachte dann das letzte halbe Jahr seines Lebens vorwiegend in Nordsyrien, ohne etwas gegen einen neuen fränkischen Streifzug in den Ḥaurān tun zu können[210].

Aus diesem in den Quellen dokumentierten Verhalten vermittelt sich der Eindruck, daß sich Nūr ad-Dīn von 1169 bis 1174 gegenüber den Franken in Nord- und Zentralsyrien friedlich verhielt — von der Strafexpedition im Sommer 1171 einmal abgesehen. Während des größten

---

207 Vgl. N. Elisséeff, Nūr ad-Dīn, Bd. 2, S. 652-653, und al-Bundārī, S. 47.

208 Wilhelm v. Tyrus, XX, XVIII, S. 973.

209 b. al- Aṯīr, Bāhir, S. 154-155, und Kāmil, Bd. 11, S. 373-374. Die Franken behaupteten, die Schiffe seien leckgeschlagen und damit legitimerweise Krongut gewesen. Das *ius naufragii* des Fürstentums Antiochia ist nicht überliefert, dafür aber das des Königreichs Jerusalem: Vgl. H.L. Zeller, Das Seerecht in den Assisen von Jerusalem ..., SB der Heidelberger Akademie der Wissenschaften, Phil.-hist. Kl. 1916, 16. Abh., bes. S. 21-22, ediert auch in: RHC Lois, ed. Beugnot, Bd. 2, bes. S. 47.
Auch Usāma b. Munqiḏ verlor (1155?) auf Grund dieses Gesetzes seine von Ägypten nach Syrien verschifften Besitztümer, vgl. I'tibār, S. 25. Ob beide Fälle Akte von Piraterie waren, wie die Muslime glaubten, oder die Schiffe wirklich leck waren, ist nicht überprüfbar.

210 Überblick bei N. Elisséeff, Nūr ad-Dīn, Bd. 2, S. 671-692.

Teils dieser Periode werden Waffenstillstandsverträge existiert haben, wie auch der Versuch des Nūr ad-Dīn beweist, den Konflikt mit Antiochia 1171 zuerst diplomatisch zu lösen. Obwohl die Existenz solcher Abkommen zwischen Nūr ad-Dīn und dem Königreich Jerusalem außer nach dem Erdbeben von 1170 nicht nachzuweisen ist, beschränkten sich die Kampfhandlungen auf fränkische Streifzüge in den Ḥaurān (1172, 1173/74) oder zengīdische Angriffe auf Crac/al-Karak. Mit diesen in weitem zeitlichen Abstand durchgeführten Feldzügen versuchte Nūr ad-Dīn, den *darb al-ḥağğ* — die Route zu den Heiligen Stätten des Ḥiğāz — und den Karawanenweg nach Ägypten zu sichern. Es handelte sich aber keineswegs um Unternehmungen, die das Königreich Jerusalem wirklich bedrohten. In Südanatolien und Nordmesopotamien, muslimisch beherrschten Gebieten, verfolgte Nūr ad-Dīn eine weit aktivere Politik.

Vor diesem Hintergrund erscheint — vorsichtig gesprochen — die Feststellung doch sehr fraglich, Nūr ad-Dīn habe energisch auf die Eroberung Jerusalems hingearbeitet und die Ressourcen seines Machtbereichs in erster Linie dazu verwendet. Die *ğihād*-Propaganda war für Nūr ad-Dīn zumindest a u c h ein Mittel, die Anerkennung des Kalifen zu erlangen und seine Vorherrschaft über die benachbarten islamischen Gebiete zu stärken. Diese Vorherrschaft nutzte er durchaus zur Verfolgung von Zielen aus, die mit dem Kampf gegen die Franken nur sehr bedingt zu tun hatten: Als er im Frühjahr 1174 Truppen konzentrierte, um in Ägypten einzumarschieren und Saladin abzusetzen, sollten Kontingente aus Mossul und Nordmesopotamien unter seinem Neffen Saif ad-Dīn Ġāzī II. in Syrien die Franken in Schach halten[211]. Die Waffenhilfe der Nachbaremire erfolgte denn auch nur selten aus freien Stücken[212]. Es wird berichtet, daß das Eintreffen der Nachricht vom Tod des Nūr ad-Dīn seinen Neffen Saif ad-Dīn Ġāzī von Mossul veranlaßte, die Bevölkerung zum Feiern und Alkoholtrinken aufzufordern[213]. So wenig das Engagement des Nūr ad-Dīn für eine Eindämmung der fränkischen Expansion zu leugnen ist, so wenig berechtigt ist es andererseits, den Kampf gegen die Franken als Hauptanliegen der zengīdischen Politik zu bewerten — auch wenn die Propaganda diesen Eindruck ver-

---

[211] b. al-Aṯīr, Bāhir, S. 161, und Kāmil, Bd. 11, S. 402.

[212] Vgl. E. Sivan, L 'Islam, S. 84-85. 1173 zwang Nūr ad-Dīn Qılıč Arslān von Iconium/Qunya in einem Friedensvertrag zum Kampf gegen die Christen (b. al-Aṯīr, Bāhir, S. 160-161, und Kāmil, Bd. 11, S. 392). Michael Syrus, S. 352-353, stigmatisiert den Hochmut des Zengīden. Auch Kappadozien und Kilikien seien ihm unterworfen gewesen; die Emire von Assyrien bis Ägypten hätten ihm wie Sklaven gehorchen müssen.

[213] al-Bundārī, S. 36, und Barhebraeus, S. 302.

mitteln wollte. Nūr ad-Dīn benutzte die religiöse Propaganda[214]. Den Konflikt zwischen Saladin und Nūr ad-Dīn mit Meinungsunterschieden über den besten Weg beim Kampf gegen die Franken zu begründen, wirkt deswegen nicht nur wegen der fränkischen Allianzen Saladins gewagt[215].

Abschließend bleibt zu fragen, welche Richtung die fränkische Allianzpolitik nach 1169 nahm:

Obwohl sich mit der Eroberung Ägyptens durch Šīrkūh 1169 das Kräfteverhältnis im Vorderen Orient also nominell zugunsten der Zengīden verschob, blieben die in Jerusalem befürchteten militärischen Konsequenzen aus. Von 1169 bis 1174 waren die fränkischen Gebiete sicherer als zuvor; territoriale Verluste in der Größenordnung von 1164 brauchten nicht hingenommen zu werden. Andererseits veranlaßte das Ende des Fāṭimidenstaates König Amalrich und die fränkische Nobilität zu einer Reihe diplomatischer Initiativen. Sie folgten großenteils vorgegebenen Bahnen. 1171 wurden Bittbriefe nach Europa geschickt, obwohl die 1169 abgesandte Delegation noch nicht zurückgekehrt war, und 1173 reisten der Bischof von Lydda und der Subprior des Heiligen Grabes mit Schreiben des Königs nach Westen[216]. Mehr als Subsidienzahlungen brachten diese Bemühungen aber nicht ein. Zu auf den ersten Blick konkreteren Ergebnissen führten die Verhandlungen der von König Amalrich selber geleiteten Gesandtschaft nach Konstantinopel 1171. Beide Seiten vereinbarten einen neuen Angriff auf Ägypten, und möglicherweise unterstellte sich Amalrich byzantinischer Oberhoheit[217]. Der rechtliche Gehalt dieses Aktes ist nicht völlig klar. Bedenkt man jedoch zusätzlich, daß seit Ende der 1160er Jahre der Einfluß byzantinischer Kultur in Zeremoniell, Herrschaftssymbolik und Baukunst des Königreichs und des Hofes seinen Höhepunkt erreichte[218], so läßt sich zumindest sagen, daß Amalrich nach 1169 verstärkt auf ein Zusammenwirken mit Byzanz gegen die Muslime setzte. Nach den Angriffen Saladins auf den Süden des

---

214 M.C. Lyons/D.E.P. Jackson, Saladin, S. 71.

215 So bes. H.A.R. Gibb, Life, S. 10-11, und N. Elisséeff, Nūr ad-Dīn, Bd. 2, S. 671.

216 Wilhelm v. Tyrus, XX, XX-XXI, S. 976-978 (ad 1171); RHGF, ed. Bouquet, Bd. 16, Nr. CXCVII-CXCVIII, S. 198-199 (RRH Nr. 497-498 und Jaffé-Löwenfeld, Bd. 2, Nr. 12247, S. 281). Vgl. R.C. Smail, Latin Syria, S. 16-17.

217 Ioannes Komnenos VI, 10, S. 280: δουλέιαν... βασιλεῖ διωμολόγηκεν. Vgl. bes. J.L. LaMonte, Extent, S. 263-264, und dagegen R.-J. Lilie, Byzanz, S. 194-200. Vgl. oben S. 266, Anm. 171.

218 Vgl. H.E. Mayer, Pontifikale, bes. S. 174-180.

Königreichs 1170/1171 mochte Amalrich eine Unternehmung gegen Ägypten dringlich geschienen haben, und die ließ sich zu dieser Zeit erfolgversprechend nur mit byzantinischer Hilfe durchführen. Es ist bereits darauf hingewiesen worden, daß ein offensichtlich großer Teil der fränkischen Nobilität dem König bei seiner byzantinischen Allianzpolitik nicht zu folgen bereit war.

Vielleicht lag es an dieser Opposition, daß der geplante Feldzug nicht verwirklicht wurde. Die Byzantiner versuchten später noch einmal (1177), Jerusalem zu einem Angriff auf Ägypten zu bewegen [219]. Möglicherweise war es aber auch die Annäherung an Saladin, die Amalrich ab 1173 einen Feldzug mit Byzanz gegen Ägypten hintanstellen ließ; vielleicht liegt der Grund sogar in dem Hilferuf der profāṭimidischen Kräfte in Kairo an die Franken und König Wilhelm von Sizilien. In jedem Fall gestaltete sich die Lage für die Franken in dieser Zeit trotz des Regierungsantritts Saladins wieder günstiger — nicht nur wegen der wachsenden Spannungen zwischen Saladin und Nūr ad-Dīn. Anscheinend bemühte sich auch Rāšid ad-Dīn Sinān, seit einem nicht näher bestimmbaren Zeitpunkt nach 1162 Oberhaupt der Assassinen/Bāṭinīya im zentralsyrischen Ǧabal Bahrā, um ein engeres Verhältnis zum Königreich Jerusalem. Bereits in den 1140er Jahren hatten die Assassinen/Bāṭinīya mit dem Fürsten von Antiochia gegen Nūr ad-Dīn gekämpft. Um die Mitte der 1160er Jahre trugen sie allerdings einen Konflikt mit der Grafschaft Tripolis aus [220]. Gegen Ende der Regierungszeit Amalrichs (1174?) soll Sinān Wilhelm von Tyrus zufolge angeboten haben, mit seinen Untertanen zum Christentum überzutreten, falls ihnen der Jahrestribut von 2000 Goldstücken an den Templerorden erlassen würde. Ihr Gesandter Boaldelle (Abū 'Abdallāh?) wurde jedoch auf dem Rückweg vom König trotz des gewährten freien Geleits von Templern ermordet, was zu einem ernsten Konflikt zwischen Amalrich und dem Orden führte [221]

Der Hintergrund dieses Berichtes ist nicht aufzuklären, da keine anderen Quellen von dem Ereignis berichten. Wilhelm erwähnt zwar auch,

---

[219] Wilhelm v. Tyrus, XXI, XVII, S. 1032-1035; Ioannes Kinnamos VII, 3, S. 300. Vgl. F. Chalandon, Comnène, Bd. 2, S. 551-552, und R.-J. Lilie, Byzanz, S. 205-208. Letzterer schreibt das Scheitern dieses Projektes der aus nichteingesessenen fränkischen Zuwanderern aus Europa geführten „Hofpartei" zu, glaubt aber auch an ein entsprechendes Interesse bei Raimund III. von Tripolis, der von 1174 bis 1176 die Regentschaft innehatte.

[220] Vgl. Benjamin v. Tudela, S. 21-22/hebr. S. 24-25, und M.G. Hodgson, Order, S. 187.

[221] Wilhelm v. Tyrus, XX, XXIX-XXX, S. 995-999. Vgl. M.-L. Bulst-Thiele, Magistri, S. 89-90.

daß Sinān die Seinen von der Befolgung der islamischen *šarī'a* entbunden habe und Moscheen niederreißen ließ, scheint aber wenig später Vorgefallenes mit dem Angebot des Assassinenoberhauptes zu verquicken[222]. Es ist nicht recht glaubhaft, daß das Konversionsangebot, von dem der Chronist spricht, in den Zusammenhang der Gesandtschaft von 1174 (?) gehört. Auch wenn der Vorgang insgesamt mysteriös bleibt, ist es doch unbestreitbar, daß sich zu der fraglichen Zeit eine Kooperation zwischen Franken und Assassinen/Bāṭinīya gegen Nūr ad-Dīn und später gegen Saladin anbahnte. Der Mord an dem Gesandten konnte daran nichts ändern. So wird ebenfalls den profāṭimidischen Verschwörern um 'Umāra al-Yamanī von 1174 in den Chroniken nachgesagt, neben Amalrich auch Sinān um Hilfe gegen Saladin ersucht zu haben. Sinān war als de facto unabhängiger Führer seiner Glaubensgemeinschaft in Syrien auch deshalb ein wichtiger Ansprechpartner, da es den Verschwörern darum ging, die 1094 von den Fāṭimiden abgespaltenen nizāritischen Ismā'īliten, zu denen die Assassinen gehörten, zur Beendigung des Schismas zu bewegen. Vermittelt wurde der Kontakt durch den Onkel eines der Führer der Konspiration, der sich zu dieser Zeit bei den Franken aufhielt[223]!

Insgesamt ergibt sich ein Bild vielschichtiger diplomatischer Aktivitäten, mit denen das Königreich Jerusalem ab 1169 auf das Scheitern seiner Bündnis- und Expansionsbestrebungen gegenüber Ägypten reagierte. Neben den sich regelmäßig fortsetzenden Hilferufen nach Europa gehörte dazu (um 1171) auch eine Annäherung an Byzanz. In den letzten beiden Regierungsjahren Amalrichs I. vermochten die Franken durch ein Abkommen mit Saladin und die Zusammenarbeit mit Sinān die drohende zengīdische Einkreisung zu verhindern. Die Pläne zur Eroberung Ägyptens wurden dennoch nicht fallengelassen, wie die positive Antwort auf die Angebote der ägyptischen Verschwörer von 1174

---

[222] b. al-'Adīm berichtet von nicht *šarī'a*gemäßen Verhaltensweisen der syrischen Assassinen/Bāṭinīya und der Vergöttlichung des Sinān erst ad 1176/1177: Buġya, in: B. Lewis, Three Biographies from Kamāl ad-Dīn, in: Mélanges F. Köprülü, Istanbul 1953, S. 325-344, bes. 336-344. Vgl. B. Lewis, Kamāl ad-Dīn's Biography of Rāšid ad-Dīn Sinān, in: Arabica 13 (1966) S. 225-267.
Auch der Reisende Ibn Ǧubair, S. 255 (1183 in Syrien), erzählt vom Abweichen der Assassinen/Bāṭinīya von der *šarī'a*. Dahinter stand das vom Oberhaupt der Gruppe im iranischen Alamūt, Ḥasan II., 1164 verkündete Ereignis der *qiyāma* (Auferstehung), durch das die Gläubigen von der Befolgung der *šarī'a* entbunden wurden. Sinān führte die *qiyāma*-Bräuche trotz seiner heftigen Spannungen mit Alamūt auch in Syrien ein.

[223] b. a. Ṭaiyi' bei Abū Šāma, Rauḍatain, I, Bd. 2, S. 565.

beweist. Unterstützung dabei erwartete man sich jedoch von den Normannen und nicht von Byzanz. Eine Blockbildung auf christlicher Seite — zwischen Jerusalem und Byzanz — kann daher ebensowenig konstatiert werden wie auf muslimischer.

* * * * *

Als Ergebnis der Untersuchung der Vertrags- und Bündnispolitik von 1150 bis 1174 kann damit folgendes festgehalten werden:

In keiner der drei historischen Phasen, in die sich der Untersuchungszeitraum gliedert, führten die politischen und strategischen Veränderungen im Vorderen Orient zu einer Frontenbildung zwischen den christlichen und den islamischen Staatswesen des Raumes, wie dies in Teilen der modernen Historiographie behauptet wird. Punktuell kamen zwar Allianzen und Kooperationsversuche in dieser Richtung zustande, letztlich divergierten aber die Interessen der Vertragspartner zu stark, um in längerfristigen Bündnissen zu resultieren. Was die christlichen Staaten anbetrifft, so verhinderten zunächst das byzantinische Interesse an einem zengīdisch-fränkischen Kräftegleichgewicht in Nordsyrien und die zumindest in Teilen der fränkischen Nobilität gehegte Furcht vor einer direkten byzantinischen Herrschaft in Antiochia oder wenigstens einer Hegemonie des Kaiserreiches eine dauerhafte Zusammenarbeit gegen Nūr ad-Dīn. Später war es die Angst vor dem Verlust eigener Beuteanteile und einem Festsetzen der Byzantiner am Nil, die die Bemühungen König Amalrichs I. um gemeinsame Unternehmungen gegen Ägypten zunichte machten. In verschiedenen nach Europa gesandten Briefen kommt deutlich zum Ausdruck, daß die Franken für die christlichen (wenn auch schismatischen) Griechen keine freundlicheren Gefühle als für die muslimischen Türken hegten. Analog dazu gab es auch zwischen muslimischen Herrschern keine dauerhaften gegen die Franken gerichteten Bündnisse. Nūr ad-Dīn ging nur kurzzeitig, während des byzantinisch-fränkischen Feldzugs von 1158, auf entsprechende ägyptische Avancen ein und verhielt sich später Kooperations- oder Interventionsangeboten der Fāṭimiden gegenüber reserviert. Es ist nicht zu erkennen, daß der *ǧihād* oder das Zusammenwirken muslimischer Staatswesen gegen die Franken für Nūr ad-Dīn vor einer auf die Ausweitung der eigenen Machtsphäre abzielenden Politik Priorität genossen hätte. Selbst das Ende des Fāṭimidenstaates am Nil führte nicht zu der von den Franken befürchteten Einkreisung, da Saladin sehr bald eine unabhängige Vertrags- und Bündnispolitik gegenüber den christlichen Staaten Europas und der Levante entwickelte. Die lebhafte diplomatische Aktivität, die ab 1169 vom Königreich Jerusalem ausging, bezog neben Byzanz und den europäischen

Monarchien auch Saladin und die Assassinen/Bāṭinīya ein.

Während des gesamten Untersuchungszeitraums kam es weiterhin zum Abschluß fränkisch-islamischer Waffenstillstands- und Kondominats-(*munāṣafa*-) Verträge. Aber auch ohne existierende Verträge herrschte an den fränkisch-zengīdischen Grenzen über längere Zeiten Ruhe. Wie wenig die Bündnispolitik mit den Begriffen *christlich* oder *islamisch* zu fassen ist, zeigen am deutlischsten die von den fāṭimidischen Wesiren Ḍirġām und Šāwar gegen die Franken oder gegen Nūr ad-Dīn angebotenen oder abgeschlossenen Allianzen. Sie wurden von finanziellen Zahlungen, unter Umständen auch Unterordnungsangeboten begleitet und waren durch den „Kein Platz (*lā maqām*)"-Gedanken motiviert. Die allein auf Machterhaltung ausgerichtete ägyptische Allianzpolitik verrät, daß die Führung des Fāṭimidenstaates keine besondere Affinität zu den islamischen Türken empfand. Wie in den Jahrzehnten zuvor wurde die fränkische Bündnispolitik auch von finanziellen Momenten beeinflußt und davon geprägt, daß der König — nicht zuletzt wieder aus finanziellen Gründen — den Interessen der Ritterschaft und europäischer Pilger Konzessionen machen mußte. Dies machte König Amalrich I. eine kontinuierliche Allianzpolitik unmöglich. Ob es sich bei den fränkisch-ägyptischen Allianzen wie bei dem Vertrag mit Damaskus ab 1140 um ein Eventualbündnis handelte, das nur in Geltung trat, wenn durch einen zengīdischen Angriff der Casus foederis gegeben war, läßt sich definitiv nicht entscheiden. Die Ereignisse von 1167/1168 deuten allerdings in diese Richtung. In jedem Fall scheuten die Vertragspartner nicht vor einer antagonistischen Politik zurück, sofern von dritter Seite keine Gefahr drohte. Auch darin gleicht die Reihe fāṭimidisch-fränkischer Bündnisse strukturell früheren Allianzen.

Am Beispiel der propagandistischen Begründungen besonders der ägyptischen Verträge mit den oder gegen die Franken unter Šāwar und auch Saladin ist schließlich der taktische, regierungsamtliche Charakter der *ǧihād*-Propaganda in Gedichten und Staatsschreiben zu Tage getreten. Auch Nūr ad-Dīn instrumentalisierte die Propagierung des Heiligen Kampfes bis zum Ende seines Lebens zur Festigung seiner Macht, um kalifale Legitimation zu erlangen und die Emire Südanatoliens und Nordmesopotamiens unter seine Vorherrschaft zu bringen. Direkte Vergleiche zwischen politischem Handeln und Propaganda haben in jedem Fall die taktische Funktion der Propaganda und somit ihre Irrelevanz für die Gestaltung der Beziehungen zu den Franken bewiesen. Die schärfsten Kritiker dieses Umstandes waren von den Höfen unabhängige islamische Rechts- und Religionsgelehrte selbst. Auf fränkischer Seite erlangte der Kreuzzugsgedanke für die Bündnispolitik nur dadurch Bedeutung, daß die Orientfranken durch ihre jeweiligen europäischen Verstärkungen zu einer aggressiven Politik gedrängt wurden. So scheint es jedenfalls 1168 beim Bruch des Bündnisses mit Ägypten der Fall gewesen zu sein.

III.3. Franken, Zengīden und Assassinen/Bāṭinīya: Die Staatswesen Syriens angesichts der Expansion des aiyūbidischen Herrschaftskomplexes (1174-1183)

Zwei Todesfälle, der des Nūr ad-Dīn am 15. Mai und der Amalrichs I. am 11. Juli, sind es, die das Jahr 1174 zur Epochenzäsur für die fränkisch-islamischen Beziehungen machen. Da die nominellen Nachfolger beider Herrscher, al-Malik aṣ-Ṣāliḥ Ismā'īl (11 Jahre) und Balduin IV. (13 Jahre), 1174 noch minderjährig waren, entbrannten sowohl in der zengīdischen Herrschaftssphäre als auch in Jerusalem sofort Streitigkeiten um die Regentschaft [224]. Sie veränderten schnell die Kräfteverteilung im Vorderen Orient und hatten nachhaltige Auswirkungen auf die Beziehungen zwischen Franken und Muslimen in Syrien:

Unmittelbar nach dem Tod des Nūr ad-Dīn und zum Teil als Folge des Konfliktes um die Regentschaft zwischen verschiedenen zengīdischen Würdenträgern zerfiel der Machtbereich, den Nūr ad-Dīn direkt oder indirekt beherrscht hatte, im Sommer 1174 in vier rivalisierende Teile: Damaskus unter einer Gruppe von Emiren und Verwaltungschefs mit Ibn al-Muqaddam als militärischem Befehlshaber, Aleppo, wo sich im Juli 1174 Gümüštegīn als Vormund des Thronfolgers und Chef einer zweiten Gruppe durchsetzen konnte, Ägypten unter Saladin und Mossul unter dem Onkel des Thronfolgers, Saif ad-Dīn Ġāzī II.. Letzterer nahm sofort nach dem Tod des Nūr ad-Dīn die Gebiete bis zum Euphrat in Besitz [225]. Saladin fand erst Monate später, nach der Abwehr des normannischen Angriffs auf Alexandria und der Unterdrückung eines profāṭimidischen Aufstands in Oberägypten, Gelegenheit zum Eingreifen. Ende Oktober 1174 besetzte er, nach einem Hilferuf des Ibn al-Muqaddam, Damaskus [226]. In zwei Phasen, 1174-1176 und 1182-1183,

---

[224] Vgl. A. Ehrenkreutz, Saladin, S. 121-122; M.C. Lyons/D.E.P. Jackson, Saladin, S. 72, 78-80; M.W. Baldwin, Raymond III. of Tripolis and the Fall of Jerusalem (1140-1187), Princeton 1936 (= ND 1969), S. 24-28; R.L. Nicholson, Joscelyn III, S. 59-61, 70-73.

[225] b. al-Aṯīr, Bāhir, S. 175-176; ders., Kāmil, Bd. 11, S., 406-407.

[226] Zu der Frage, wie der angebliche Hilferuf des Ibn al-Muqaddam an Saladin zu werten ist, vgl. M.C. Lyons/D.E.P. Jackson, Saladin, S. 79-80.

gelang es Saladin darauf, die zuvor von Nūr ad-Dīn beherrschten Gebiete sämtlich unter seine Kontrolle zu bekommen. 1182/1183 eroberte er weite Gebiete Nordmesopotamiens (al-Ǧazīra), und am 11. Juni 1183 fiel endlich auch Aleppo in seine Hand. Zumindest im Idealfall [227] stand Saladin nun das gesamte Kräftepotential des islamisch beherrschten Syriens und Nordmesopotamiens (al-Ǧazīra) zur Verfügung. Nur die Assassinen/Bāṭinīya in Zentralsyrien vermochten ihre Autonomie weiterhin zu wahren.

Erneut, wie in den letzten Regierungsjahren des Nūr ad-Dīn (1169-1174) sahen sich die Franken damit einem einzigen, expansiven Herrschaftskomplex gegenüber — nur mit dem Unterschied, daß Saladin anders als Nūr ad-Dīn Ägypten realiter und nicht nur nominell als Oberherr beherrschte. Aus fränkischer Sicht hatte sich damit die denkbar bedrohlichste Kräftekonstellation ergeben: „Jetzt wurden die Unseren von einer doppelten Furcht heimgesucht, denn was sie am meisten befürchtet hatten, war eingetroffen … . Das gesamte Gebiet der Unseren schien von allen Seiten, und gleichsam rundherum, durch seine (sc. Saladins) Macht und Leute wie durch eine Belagerung umgeben", heißt es bei Wilhelm von Tyrus [228]. Bis dahin aber, von 1174 bis 1183, ähnelte die Struktur der Machtverteilung in Syrien der zwischen 1128 und 1157/1158 gültigen, als Zengī und sein Sohn Nūr ad-Dīn von Aleppo aus die Ausweitung ihres Herrschaftsgebietes auf das gesamte islamisch regierte Syrien betrieben hatten. Nur wurde die Selbstständigkeit der syrischen Herrschaften diesmal nicht von Norden, sondern von Süden her bedroht. Es ist im vorangegangenen gezeigt worden, daß Konstellationen dieser Art häufig zu von der „Kein Platz (*lā maqām*)"-Theorie motivierten fränkisch-islamischen Allianzen geführt hatten. Wie stand es damit zwischen 1174 und 1183?

Bei der bisherigen Untersuchung der Verträge und Allianzen war deutlich geworden, daß es auf fränkischer Seite die Herrscher, insbesondere die Könige von Jerusalem gewesen waren, die Bündnisstrategien gegenüber islamischen Nachbarherrschaften verfolgt hatten. Gewiß war ihre Optionsfreiheit immer durch finanzielle Engpässe und die begrenzte Dienstpflichtig- und -willigkeit der Vasallen bei Unternehmungen ausserhalb des Reichsgebietes begrenzt worden. Als besonderes Problem für die Könige hatten sich zudem häufig die anders gelagerten Interessen

---

[227] Wichtige Zentren der Gebiete östlich des Euphrats wie Sinǧār und Āmid hatte Saladin an zengīdische und artuqidische Gefolgsleute vergeben. In Mossul war er bis 1186 nicht einmal als Oberherr anerkannt.

[228] Wilhelm v. Tyrus, XXII, XXIV, S. 1114. Vgl. auch XXXIII, S. 1109-1110.

der Kontingente europäischer Pilger und der nichtritterlichen Heeresangehörigen erwiesen. Dennoch hatten die Könige von Jerusalem bislang einen dominanten Einfluß auf die Gestaltung der Politik gegenüber den islamischen Nachbarstaaten gehabt. Damit war es allerdings nach dem Tod Amalrichs I. 1174 vorbei. Sein Sohn Balduin IV. (1174-1185) stand bis 1176 unter Regentschaft und war danach in Folge seiner Leprakrankheit nur sehr eingeschränkt regierungsfähig. 1183 sah er sich gezwungen, die Verwaltung des Reichs vorerst seinem Schwager Guido von Lusignan zu übergeben [229]. Gleichzeitig geriet die Macht im Königreich seit 1174 zunehmend zum Streitobjekt zwischen einer Partei eingesessener Barone und einer zumeist aus abendländischen Homines novi zusammengesetzten *Hofpartei* [230]. Das jeweilige Kräfteverhältnis zwischen diesen Gruppierungen bestimmte über die Besetzung der Regentschaft, nach 1176 der Reichsverweserschaft [231], und über die Nachfolgeregelungen, also die Positionen, die bei der Gestaltung der Politik gegenüber muslimischen Nachbarstaaten weitgehend an die Stelle des Königtums traten. Es war eine weitere Folge dieser Entwicklung, daß das Jerusalemer Königtum nach 1174 ebenfalls praktisch keinen Einfluß mehr auf die Vertragspolitik der Grafschaft Tripolis und des Fürstentums Antiochia auszuüben vermochte. Im Königreich selber erhielten die zentrifugalen Kräfte merklichen Auftrieb. Namentlich Rainald von Châtillon betrieb spätestens ab 1181/1182 in seiner Herrschaft Transjordanien eine von der Zentralgewalt unabhängige Politik gegenüber den Muslimen. Es stellt sich also die Frage, welche Konsequenzen der Machtverlust der Krone und der Machtzuwachs einzelner Vasallengruppierungen nach 1174 für die Allianzpolitik hatte.

Es wird daher das Ziel des folgenden Abschnitts sein, zu untersuchen, ob es eine koordinierte Politik der fränkischen Staaten Syriens und ihrer islamischen Nachbarn, der Zengīden und der Assassinen/Bāṭinīya, gegen Saladin gab und welche Bedeutung die Schwäche des Jerusalemer Königtums für die Bündnispolitik hatte. Aber auch die vertraglich

---

[229] Wilhelm v. Tyrus, XXII, XXV, S. 1116: ... *regni constituit procuratorem* (ed. Huygens, S. 1049: ... *constituens*...).

[230] Bes. M.W. Baldwin, Raymond, S. 24-28 et passim; J. Riley-Smith, The Feudal Nobility and the Kingdom of Jerusalem, 1174-1277, London-Barsingstoke 1973, S. 101-111.

[231] So 1177, als Rainald von Châtillon, der Fürst von Transjordanien und später einer der Exponenten der „Hofpartei", *procurator* und Oberbefehlshaber wurde: Wilhelm v. Tyrus, XXI, XV, S. 1028.

und nicht ausdrücklich vertraglich fixierten Beziehungen zwischen Saladin und den fränkischen Staaten müssen im Blick bleiben. Saladin bemühte sich nämlich seit 1174, seine Machtausweitungspolitik auf Kosten der Zengīden unter anderem dadurch zu legitimieren, daß es die Muslime vor den Franken zu schützen gelte. Diese Position fand besonders in den Schreiben der aiyūbidischen Kanzlei beredten Widerhall [232]. Ab 1175 gehörte es zum permanenten Repertoire ihrer Propaganda, Saladin insbesondere gegenüber dem Kalifen als Protagonisten des *ǧihād* auszuweisen und seine Gegner wegen angeblicher Verbindungen zu den Franken zu diffamieren [233]. Ziel dieser Aktivität war es, die Usurpation Saladins vergessen zu machen und kalifale Einsetzungsdiplome (*taqālīd*) für die islamischen Gebiete zu erlangen, in die der aiyūbidische Expansionsdrang gerade wies. Saladin übernahm von Nūr ad-Dīn nicht nur Themen und Verbreitungswege der *ǧihād*-Propaganda, sondern stellte die Vereinigung des Islams — implicite unter seiner Herrschaft natürlich — sogar als unerläßliche Prämisse zur Befreiung Jerusalems dar [234]! Er verknüpfte, anders gesprochen, die Frage der Legitimität seiner Herrschaft mit dem Kampf gegen die Franken. Es fragt sich also, ob Saladin mit dem Beginn seines Vordringens nach Syrien die bis 1174 engen Kontakte zu den Franken zugunsten einer aggressiveren Linie aufgab.

* * * * *

Am 29. Juli 1176 schloß ein Friedensvertrag (*ṣulḥ*) zwischen Saladin und seinen zengīdischen und artuqidischen Gegnern die erste Phase der aiyūbidischen Expansion von Ägypten nach Syrien ab [235]. Bereits 1175 war Saladins Herrschaft über Ägypten und weite Teile Syriens vom Bagdader Kalifen al-Mustaḍī' (1170-1180) offiziell bestätigt worden [236].

---

[232] Vgl. u.a. Abū Šāma, Rauḍatain, I, Bd. 2, S. 594-595, 597-598 (verschiedene 1174 verfaßte Briefe an geistliche und militärische zengīdische Würdenträger in Syrien).

[233] Vgl. ad 1175 z.B. al-Qāḍī al-Fāḍil, bei Abū Šāma, Rauḍatain, I, Bd. 2, S. 623-624; und al-Qāḍī al-Fāḍil, Murāsalāt, Ms. Mossul 93, 3, fol. 49 (diese Handschrift war mir nicht zugänglich. Zitat nach M. C. Lyons/D.E.P. Jackson, Saladin, S. 91). Zu ähnlichen Vorwürfen 1181-1182 vgl. ebda. S. 162-163, S. 175, S. 182-183 und S. 193-194.

[234] E. Sivan, L'Islam, S. 115-116. Das deutete sich schon Anfang 1176 in einem Schreiben an, in dem Saladin den Kalifen u.a. bat, den Herrn von Mossul vor einem Angriff auf ihn zu warnen und gewissen islamischen Fürsten die Unterstützung Saladins zur Eroberung von Jerusalem zu befehlen: al-Qāḍī al-Fāḍil bei Abū Šāma, Rauḍatain, I, Bd. 2, S. 648-649.

[235] Bes. b. al-Aṯīr, Kāmil, Bd. 11, S. 431, und Abū Šāma, Rauḍatain, I, Bd. 2, S. 668-669. Vgl. M.C. Lyons/D.E.P. Jackson, Saladin, S. 107-108.

[236] al-Qalqašandī, Bd. 10, S. 135-144.

Wie hatten die Franken und die Nachfolger des Nūr ad-Dīn bis dahin auf das Vordringen Saladins reagiert?

Unmittelbar nach dem Tod des Nūr ad-Dīn hatten die Franken unter König Amalrich mit der Belagerung der Grenzfestung Paneas/Bāniyās begonnen. Nach fünfzehn Tagen einigten sich Amalrich und die zengīdische Gruppe um den minderjährigen aṣ-Ṣāliḥ Ismā'īl in Damaskus jedoch auf einen Waffenstillstand (*pax temporalis*[237], *hudna*[238]). Die Franken rückten wieder ab und erlangten als Gegenleistung neben Geldzahlungen (*qaṭī'a*) die Freilassung von 20 Rittern. Ganz eindeutig hatten die Damaszener auf die rasche Beendigung der Feindseligkeiten gedrängt, um weder Ġāzī von Mossul noch Saladin einen Grund zum Eingreifen zu geben. Ibn al-Aṯīr (555-630 a.h./1160-1233) drückt ihre Motive prägnant aus:„Sie hielten den Frieden (*ṣulḥ*) mit den Franken für besser, als daß dieser von Westen und jener von Osten käme, während sie selber mit ihrer Abwehr (sc. der der Franken) beschäftigt wären". Den islamischen Quellen nach hatten die damaszenischen Unterhändler die Franken davor gewarnt, daß die Ablehnung des Vertragsangebotes unweigerlich einen Angriff aller zengīdischer Fürsten, insbesondere aber Saladins nach sich ziehen würde[239].

Auch wenn der Begriff selber in diesem Zusammenhang nicht fällt, so wird doch deutlich, daß die damaszenische Emirsgruppe unter Ibn al-Muqaddam (zusammen mit der Witwe des Nūr ad-Dīn) gegenüber den Franken an den „Kein Platz (*lā maqām*)"-Gedanken appellierte — und damit auch Erfolg hatte. Die Damaszener gaben der Erhaltung des Status quo Priorität vor dem *ǧihād*, weil nur auf diese Art ihre Eigenständigkeit zu wahren war. Sie mußten mit Recht fürchten, der Kampf gegen die Franken könnte außersyrischen Fürsten als Vorwand zur Machtübernahme im eigenen Herrschaftsbereich dienen. Genau dies warf die zengīdische Emirsgruppe in Aleppo übrigens Saladin vor, nachdem er im Oktober 1174 Damaskus besetzt hatte[240]. Für den Augenblick hatten die Damaszener diese Gefahr durch ihren Vertrag mit Amalrich gebannt. Saladins harsche Kritik an diesem Abkommen ist daher verständlich. Ihm schien nun ein Eingreifen unter dem Titel „Schutz der

---

[237] Wilhelm v. Tyrus, XX, XXXI, S. 1000-1001.

[238] b. al-Aṯīr, Kāmil, Bd. 11, S. 408; al-Bundārī, S. 33: darin nennt al-Kātib al-Iṣfahānī den Vertrag *hudna* und *muṣālaḥa*. Vgl. auch b. a. Ṭaiyi' bei Abū Šāma, Rauḍatain, I, Bd. 2, S. 594.

[239] Bes. b. al-Aṯīr, Kāmil, Bd. 11, ebda..

[240] b. a. Ṭaiyi' bei Abū Šāma, Rauḍatain, I, Bd. 2, S. 607; al-Bundārī, S. 82.

Muslime " gegen die Franken verwehrt zu sein[241].

In den Sommermonaten des Jahres 1174 änderte sich die Lage allerdings grundlegend. Am 11. Juli starb Amalrich; von fränkischer Seite war deshalb zunächst keine Initiative mehr zu erwarten. Kurz darauf brachten einige Mitglieder der damaszenischen Emirsjunta den minderjährigen Sohn des Nūr ad-Dīn nach Aleppo und übernahmen dort zusammen mit dem Eunuchen Gümüštegīn die Macht. Ibn al-Muqaddam in Damaskus fühlte sich von dieser Gruppe bedroht. Wie man sieht, hatte die Herrschaft des Nūr ad-Dīn die alte, historisch und konfessionell begründete Rivalität zwischen Aleppo und Damaskus nicht beseitigt. Als die Aleppiner sich auch noch mit Saif ad-Dīn Ġāzī II. von Mossul — auf dessen Hilfe man in Damaskus gesetzt hatte — verbündeten, entschloß sich Ibn al-Muqaddam, Saladin nach Damaskus zu rufen[242]. Im Oktober übernahm Saladin die Herrschaft in der Stadt. Nach einem diplomatischen Intermezzo begann Saladin seinen Angriff auf Aleppo. Im Dezember besetzte er Ḥimṣ — allerdings nur die Stadt und nicht die Zitadelle — und Ḥamāh. Am 30. Dezember stand er vor Aleppo. Da er nichts Entscheidendes ausrichten konnte, zog Saladin am 26. Januar 1175 wieder ab. Im März erwarb er die Zitadelle von Ḥimṣ, danach Ba'labakk und am 13. April 1175 schlug er das vereinigte zengīdische Heer aus Mossul und Aleppo bei Ḥamāh. Ein Friedensvertrag mit seinem nominellen Oberherrn aṣ-Ṣāliḥ Ismā'īl von Aleppo am 6. Mai beendete vorerst die Feindseligkeiten[243].

Welcher Art waren die Gegenmaßnahmen Aleppos in diesen Monaten gewesen? Die aleppinischen Chefs um Gümüštegīn hatten sich nicht darauf beschränkt, die Bevölkerung — offensichtlich erfolgreich — zum Kampf für aṣ-Ṣāliḥ Ismā'īl gegen den Usurpator Saladin zu motivieren[244]. Man hatte vor allem versucht, Verbündete zu gewinnen: Zuerst soll ein im Sinne des „Kein Platz (*lā maqām*)"-Gedankens formulierter Hilferuf an Saif ad-Dīn Ġāzī II. gegangen sein[245]. Aber auch Rāšid ad-

[241] Vgl. A. Ehrenkreutz, Saladin, S. 123-124.

[242] Vgl. A. Ehrenkreutz, Saladin, S. 121-122, 126, und M.C. Lyons/D.E.P. Jackson, Saladin, S. 78-80.

[243] Vgl. bes. A. Ehrenkreutz, Saladin, S. 126-139, und M.C. Lyons/D.E.P. Jackson, Saladin, S. 82-95.

[244] b. a. Ṭaiyi' bei Abū Šāma, Rauḍatain, I, Bd. 2, S. 609; b. al-Aṯīr, Kāmil, Bd. 11, S. 418-419.

[245] Barhebraeus, S. 304: „Wenn Du Ṣalāḥ ad-Dīn erlaubst, Aleppo zu nehmen, so glaube nicht, daß Mossul Dein bleiben wird".

Dīn Sinān, das Oberhaupt der syrischen Assassinen/Bāṭinīya[246], und Graf Raimund III. von Tripolis wurden um Unterstützung gebeten. Raimund war erst wenige Monate zuvor aus langjähriger zengīdischer Gefangenschaft freigekommen und hatte im Spätherbst 1174 im Königreich Jerusalem die Regentschaft übernommen[247]. Raimund reagierte auf den Hilferuf, indem er Saladin zunächst auf diplomatischem Wege drohte[248] und ihn dann mit einem Marsch nach Ḥimṣ zwang, von Aleppo abzurücken. Islamische Qellen führten Raimunds Angriff auf eine entsprechende Bitte aus Aleppo, Wilhelm von Tyrus auf eine der in Ḥimṣ eingeschlossenen zengīdischen Garnison zurück[249]. Anscheinend versuchten Aleppo und Mossul nach dem Abzug Saladins ein festes Bündnis mit den Franken abzuschließen. Saladins Kanzleichef al-Qāḍī al-Fāḍil (526-596 a.h./1131-1200) jedenfalls erwähnte in einem Brief an den Kalifen, daß sich die Zengīden bereiterklärt hätten, den Franken Harenc/Ḥārim und Cave de Tyron/Šaqīf Tīrūn auszuliefern. Außerdem seien Geiseln gestellt, fränkische Gefangene freigelassen und verhaftete Anhänger Saladins übergeben worden, mit denen die Franken ihre Gefangenen bei Saladin auslösen sollten[250]. Leider gibt es keinen fränkischen oder zengīdischen Beleg für dieses Bündnis. Sicher aber ist, daß Raimund keine Aktion gegen Saladin mehr unternahm, sondern, während ein Heer aus Mossul und Aleppo gegen Saladin anrückte, mit ihm über einen Vertrag verhandelte[251]. Zum Abschluß kam es erst nach Saladin Sieg über die Zengīden am 13. April 1175[252].

Die Kontakte zwischen den Zengīden und Raimund sind für die fränkische Bündnispolitik ab 1174 besonders interessant. Ihr Widerhall in der lateinischen und arabischen Chronistik läßt nämlich recht genaue Rückschlüsse auf die Motive Raimunds und der Franken zu:

Wilhelm von Tyrus (um 1130-1186) hatte als Kanzler und Parteigänger Raimunds von Tripolis genauen Einblick in den Entscheidungsbildungs-

---

246 Zu deren gescheitertem ersten Mordversuch an Saladin 1175 vgl. M.C. Lyons/D.E.P. Jackson, Saladin, S. 87-88, und B. Lewis, Saladin and the Assassins, in: BSOAS 15 (1953) S. 239-245, hier 239.

247 M.W. Baldwin, Raymond, S. 14-15 und 26.

248 b. a. Ṭaiyi' bei Abū Šāma, Rauḍatain, I, Bd. 2, S. 611. Vgl. Barhebraeus, S. 304.

249 Z.B. b. al-Aṯīr, Kāmil, Bd. 11, S. 419; b. a. Ṭaiyi' bei Abū Šāma, Rauḍatain, I, Bd. 2, S. 611; Wilhelm v. Tyrus, XXI, VIII, S. 1017-1018.

250 M.C. Lyons/D.E.P. Jackson, Saladin, S. 91. Der dort zitierte Brief aus der Handschrift Mossul 93, 3, fol. 49, war mir nicht zugänglich.

251 Vgl. den Brief des al-Qāḍī al-Fāḍil, Epistolae, Ms. Brit. Mus. or. Add. 25757, fol. 144v. Saladin beteuert darin, nur den Nutzen (*maṣlaḥa*) der Muslime zu suchen.

252 M.C. Lyons/D.E.P. Jackson, Saladin, S. 99.

prozeß im Königreich[253]. Er berichtet, daß man in Jerusalem jeden Kräftezuwachs für Saladin argwöhnisch beobachtet habe, da dies jeweils gleichbedeutend mit einem Kräfteverlust für die Franken gewesen sei. Man habe Sorge tragen wollen, daß Saladin nicht mit (nach der Eroberung von Aleppo) verdoppelter Machtfülle um so heftiger angreifen würde. „Sicherer schien es, dem bisher noch minderjährigen Jungen (sc. aṣ-Ṣāliḥ Ismā'īl) Hilfe (*subsidium*) zu leisten — nicht seinetwegen ..., sondern um dem uns verdächtigeren Nebenbuhler einen Gegner zu erhalten", wodurch man hoffte, Saladins Angriffe auf die Franken abzuschwächen[254].

Raimund hielt sich daher mit seinen Streitkräften und denen Jerusalems zum Eingreifen bereit. Er zog aber nicht etwa nach Norden, um das belagerte Aleppo zu entsetzen, sondern wartete — nach dem Zeugnis des Chronisten Wilhelm — ab, welche der beiden rivalisierenden islamischen Seiten ihn zu Hilfe rufen würde! Den Ausschlag für die Zengīden gab schließlich die Chance, die Geiseln zu befreien, die Raimund den Zengīden für den noch nicht bezahlten Teil seines Lösegeldes gestellt hatte. Sie befanden sich in Ḥimṣ, dessen Garnison in der Zitadelle von einer aiyūbidischen Abteilung belagert wurde[255]. Nach 'Imād ad-Dīn al-Kātib al-Iṣfahānī (519-597 a.h./1125-1200), der zu dieser Zeit gerade als Sekretär in den Dienst Saladins getreten war, hatten die Zengīden ihren Hilferuf an Raimund wie folgt begründet: „... Du bist unser Freigelassener (*'atīq*), und unser Rechtsanspruch Dir gegenüber ist offenbar (*ḥaqqunā 'alaika muta'aiyin*)"[256]. Es wäre wohl übertrieben, diese Äußerung im Sinne eines Unterordnungsverhältnisses zu interpretieren. Vermutlich wird damit eher darauf angespielt, daß Raimund noch in der Schuld der Zengīden stand, da Teile des Lösegeldes noch nicht bezahlt worden waren. Es kam aber nicht zur Freilassung der Geiseln, da der Anmarsch eines Entsatzheeres aus Mossul der belagerten Garnison die Hoffnung gab, auf fränkische Hilfe verzichten zu können. Im März 1175 gelang es Saladin, die Zitadelle von Ḥimṣ einzunehmen und damit auch die Geiseln in seine Hand zu bekommen. Bezeichnenderweise beendete Raimund darauf sofort die Unterstützung der Zengīden und

---

[253] R. Hiestand, Zum Leben und zur Laufbahn Wilhelms von Tyrus, in: DA 34 (1978), S. 345-380, hier S. 355-357: Möglicherweise übte Wilhelm v. Tyrus danach die Kanzlerschaft zwischen 1175 und 1177 nicht voll aus.

[254] Wilhelm v. Tyrus, XXI, VI, S. 1012-1014.

[255] Wilhelm v.Tyrus, XXI, VIII, S. 1017-1018. Dort sollen sich auch Geiseln befunden haben, die Rainald von Sidon gestellt hatte.

[256] Bei al-Bundārī, S. 84.

verhandelte ohne Rücksicht auf den weiteren Verlauf des zengīdisch-aiyūbidischen Konflikts mit Saladin. Dieser hatte Raimund die Auslieferung der Geiseln im Gegenzug für die Einhaltung fränkischer Neutralität angeboten. Ein entsprechender Vertrag (*hudna, muṣālaḥa*) wurde vermutlich im April 1175 unter Mithilfe des wegen seiner guten Kontakte zu verschiedenen muslimischen Emiren bekannten Connétable des Königreichs Jerusalem, Humfred von Toron, abgeschlossen[257].

Aus all dem geht hervor, daß auf fränkischer Seite die Folgen des Vordringens Saladins nach Syrien klar analysiert wurden; und Ergebnis dieser Analyse war eine Neuorientierung der Bündnispolitik. Offensichtlich hatten die Franken aber Probleme bei der Beantwortung der Frage, mit wem man zusammenarbeiten solle[258]. Daß Saladin nicht behindert wurde, als er im Oktober 1174 mit schwachen Kräften Damaskus besetzte, braucht nicht mit bündnispolitischen Erwägungen (man hatte ja in den Monaten zuvor in engem diplomatischen Kontakt zu Saladin gestanden!) begründet zu werden. Vermutlich war Jerusalem nach dem Tod Amalrichs I. noch zu sehr mit Thronfolge- und Regentschaftsproblemen beschäftigt. Als Saladin Anfang 1175 Aleppo belagerte und das Übergewicht über seine Gegner errungen hatte, war man jedoch wieder handlungsfähig. Nun entschied sich Raimund III. dafür, zugunsten der Wiederherstellung des Kräftegleichgewichts den Zengīden zu helfen. Diese Entscheidung und der Marsch nach Ḥimṣ entsprachen allerdings seinem persönlichen politischen Interesse! Es ging ihm um die Befreiung seiner Geiseln. Ähnlich verhielt es sich im Frühjahr 1175: Zu dem Zeitpunkt, da ein überlegenes Heer aus Mossul und Aleppo gegen Saladin anrückte, als also wieder e i n e der muslimischen Seiten die Oberhand zu gewinnen drohte, gab Raimund die Unterstützung der Zengīden auf und einigte sich mit Saladin. Es ist also nicht zu verkennen, daß Raimund zwar strategisch dachte und verhindern wollte, daß eine Seite zur neuen Vormacht würde. Er suchte aber jeweils auch seinen persönlichen Vorteil, wobei unklar ist, ob für Raimund Strategie oder Eigeninteresse

---

[257] Wilhelm v. Tyrus, XXI, VIII-IX, S. 1018-1019; al-Bundārī, S. 90. Wilhelm erwähnt, Humfred sei zu großer *familiaritas* mit Saladin verdächtigt worden. Bei al-Bundārī findet sich die Bemerkung, zur fränkischen Verhandlungsdelegation habe ein Bediensteter (arab.: *ġulām*, ein Eunuch?) Humfreds namens Māǧid gehört, dem Saladin besonders vertraute (*yaṯiqu bi-qaulihī 's-sulṭān*). Aus dem Brief des al-Qāḍī al-Fāḍil (vgl. Anm. 250) wird klar, daß die Verhandlungen bereits vor der zengīdisch-aiyūbidischen Schlacht vom 13. April begonnen hatten.

[258] Wilhelm v. Tyrus, XXI, VIII, S. 1017.

das erstrangige Entscheidungskriterium war[259]. Erstmals seit der festen Etablierung des Königtums in Jerusalem im ersten Jahrzehnt des 12. Jahrhunderts wird hier deutlich, daß das Privatinteresse eines der großen Barone zur bestimmenden Größe für die Ausgestaltung der Vertragspolitik wurde. Das Verhalten des Regenten Raimund 1174/1175 ist aber nur der erste einer Reihe vergleichbarer Fälle, die nach dem Ende einer starken Jerusalemer Krongewalt 1174 auftraten. Diese Entwicklung soll im folgenden weiter beobachtet werden.

Über die fränkische Allianzpolitik während des Wiederaufflammens des zengīdisch-aiyūbidischen Konflikts im Sommer 1176 geben die Quellen nicht ganz so genaue Auskunft. Es scheint jedoch festzustehen, daß der Neutralitätsvertrag zwischen Saladin und Raimund zunächst befolgt wurde, obwohl Saladin Zweifel an seiner Dauerhaftigkeit hegte[260]. Bis zur Schlacht bei Tall as-Sulṭān am 22. April 1176, in der Saladin die vereinigten zengīdischen Streitkräfte aus Mossul und Aleppo erneut besiegte, ergriffen die Franken keine Initiative[261]. Die Zengīden hatten noch vor dieser Schlacht prominente fränkische Gefangene, darunter Rainald von Châtillon und Joscelin III., den Sohn des letzten Grafen von Edessa, entlassen[262] und sich dabei möglicherweise fränkische Hilfe gegen Saladin ausbedungen[263]. Wilhelm von Tyrus erwähnt davon allerdings nichts. Unbezweifelbar ist, daß Raimund von Tripolis und der eben volljährig gewordene König Balduin IV. erst n a c h der Schlacht von Tall as-Sulṭān aiyūbidisches Gebiet angriffen: Im Juli und Anfang August fanden ein Streifzug des Königs nach Damaskus und Unternehmungen beider Fürsten in der Biqā'-Ebene statt[264]. Diese Angriffe fielen in die Zeit, während derer Saladin Aleppo, Hasor/'Azāz und zuletzt das Assassinen/Bāṭinīya-Zentrum Maṣyāf belagerte und sein Friedensschluß mit

---

[259] Wilhelm v. Tyrus, ebda., S. 1019, kritisiert den Vertrag mit Saladin harsch, obwohl er Parteigänger Raimunds war. Aus der Situation im April 1175 heraus machte aber ein Abkommen mit Saladin nicht nur aus Raimunds privater Sicht, sondern auch strategisch Sinn.

[260] Brief des al-Qāḍi al-Fāḍil, Epistolae, Ms. Brit. Mus. or. Add. 25757, fol. 144v: *lā na'lamu hal yatimmūna 'l-hudna ad-dimašqīya au yafsaḫūnahā* ... .

[261] Zum zengīdisch-aiyūbidischen Konflikt bis dahin vgl. A. Ehrenkreutz, Saladin, S. 139-145, und M.C. Lyons/D.E.P. Jackson, Saladin, S. 97-105.

[262] al-Bundārī, S. 94 (zur Datierung). Vgl. Wilhelm v. Tyrus, XXI, XI, S. 1023.

[263] So al-Bundārī, ebda.; Barhebraeus, S. 305: „Er ließ sie schwören, daß sie allezeit Verbündete sein sollten". Dennoch mußten die Gefangenen sehr hohe Geldbeträge aufbringen, um sich auszulösen. Zu den Bedingungen vgl. R.L. Nicholson, Joscelyn III, S. 62-63.

[264] Bes. al-Bundārī, S. 106; b. al-Aṯīr, Kāmil, Bd. 11, S. 437; Wilhelm v. Tyrus, XXI, X-XI, S. 1020-1023.

den Zengīden und Artuqiden von Ende Juli im Süden vermutlich noch unbekannt war. Daß die fränkischen Streifzüge durch eine zengīdische Bitte mitveranlaßt wurden, ist letzten Endes nicht zu beweisen. Da die Aleppiner aber bei den Assassinen/Bāṭinīya (wie schon 1175) um einen Mordanschlag auf Saladin baten [265], gibt es Anlaß zu vermuten, daß auch Raimund von Tripolis erneut zur Hilfe aufgefordert wurde. Wieder griffen die Franken erst ein, als Saladin die Eroberung von Aleppo zu gelingen drohte. Möglicherweise war der fränkisch-aiyūbidische Waffenstillstand von 1175 zu dieser Zeit bereits ausgelaufen. Dies ist nicht zu klären, aber wahrscheinlich.

Der entscheidende Unterschied der fränkischen Politik von 1175/1176 zu den „Kein Platz (*lā maqām*)"-Allianzen früherer Jahre bestand, um zusammenzufassen, darin, daß es keinen starken Monarchen gab, der die Bündnispolitik gestaltete, und daß die Franken bei einem eindeutigen Sieg der Zengīden über Saladin genauso unangenehme Folgen zu befürchten hatten wie bei einem Sieg Saladins. Daraus erklärt sich der Umstand, daß die Franken immer erst dann eingriffen, wenn der Verlauf der Kämpfe einseitig zugunsten eines der Kontrahenten auszufallen schien, aber keine festen Allianzen mit den Zengīden abschlossen. Immerhin läßt sich doch sagen, daß die Aleppiner auf die Intervention Saladins in Syrien mit Bündnisavancen gegenüber Mossul, den Assassinen/Bāṭinīya und den Franken reagierten und dabei im Sinne der „Kein Platz (*lā maqām*)"-Theorie vorgingen. Das ist besonders interessant, weil es sich bei diesen Aleppinern um höchste Emire und Verwaltungschefs des Nūr ad-Dīn handelte, während dessen Herrschaft (bis 1174) der *ǧihād* so intensiv propagiert und Kooperationen mit den Franken nach Art derjenigen von 1175/1176 offiziell verpönt gewesen waren. In diesen Zusammenhang paßt, daß unter den Franken gegen Saladin — anders als gegen Nūr ad-Dīn — offiziell Ressentiments gehegt wurden, wiel er ein Usurpator war [266]. Raimund soll ihm 1175/1176 bestellt haben: „Das ist nichts, was getan werden sollte, denn Du fügst dem Haus Deines Herrn Schlechtes anstelle von Gutem zu" [267]. Diese Argumentation gleicht der der Zengīden gegenüber Saladin fast aufs Wort. Franken und Zengīden betrachteten sich demnach als *Legitimisten*, ihre

---

[265] Abū Šāma, Rauḍatain, I, Bd. 2, S. 658-662.

[266] Wilhelm v. Tyrus, XXI, VI, S. 1012-1013 passim. Vgl. R. Ch. Schwinges, Kreuzzugsideologie, S. 187-199 (Nūr ad-Dīn) und S. 201-208 (Nūr ad-Dīn und Saladin). Die Usurpation ist in allen westlichen Quellen ein Punkt besonderer Kritik an Saladin, vgl. J. Hartmann, Persönlichkeit, S. 27, 37-43.

[267] Barhebraeus, S. 304.

Herrschaft in Syrien war der Propaganda auf beiden Seiten zum Trotz anerkannt. Auch Saladin hatte ja mit seinem Kondolenzbrief zum Tod Amalrichs I. 1174 und der darin enthaltenen Titulatur gezeigt, daß er zumindest im diplomatischen Umgang nicht vor einer Art Anerkennung der fränkischen Herrschaft zurückscheute. *Legitimationsdenken* — wenigstens auf protokollarischer Ebene — war unzweifelhaft ein Element in den fränkisch-islamischen Beziehungen. Wenn man dennoch annimmt, daß islamisch-fränkische Beziehungen vor allem durch den *ǧihād* oder Kreuzzugsgedanken bestimmt worden seien, und gewillt ist, die Propaganda als alleinige genuine Äußerung der Grundlagen der Politik zu verstehen, gewinnt man notwendigerweise ein bestenfalls nur teilweise korrektes Bild.

Saladins Machtausdehnung nach Syrien fand mit seinem Vertrag mit den Zengīden im Juli 1176 ein vorläufiges Ende. Im September zog er nach Ägypten zurück. Nach dem bereits bekannten Modell lösten sich in Syrien in diesem Moment, da die allen gemeinsame Bedrohung wegfiel, die Bündnisse auf: 1177 wurde in Aleppo der Wesir von Assassinen/Bāṭinīya ermordet[268]. Artuqidische Gesandte, die 1176 nach Ägypten reisten, um Saladins Eid über das Dokument, das die Einstellung aller Feindseligkeiten regeln sollte, einzuholen, wurden von den Franken festgenommen[269]. Ihre Herren, die Artuqidenfürsten von Mārdīn und Ḥiṣn Kaifā, hatten wenige Monate zuvor noch zu jenen Gegnern Saladins gehört, die sich um fränkische Hilfe bemühten. Über das Verhältnis zwischen Antiochia und Aleppo ist nichts bekannt, aber es sind auch keine Kämpfe überliefert. In Damaskus hatte Saladin seinen Bruder Tūrānšāh mit der ausdrücklichen Weisung als Gouverneur (*wālī*) eingesetzt, die Kontakte zwischen Aleppo und den Franken im Auge zu behalten[270]. Stattdessen erlaubte sich Tūrānšāh — als Bruder Saladins — in Syrien eine recht unabhängige Politik. Er unterhielt freundliche Beziehungen zu aṣ-Ṣāliḥ Ismāʿīl von Aleppo[271] und schloß anscheinend auch einen Waffenstillstand mit den Franken ab, obwohl Saladin davon

---

[268] b. al-Aṯīr, Kāmil, Bd. 11, S. 445; Sibṭ b. al-Ǧauzī, ed. Ḥaidarābād, Bd. VIII, 1, S. 350. Allerdings wurde der Mord eventuell von Aleppos starkem Mann, Gümüštegīn, bestellt. Er stellte sich damit gegen andere Mitglieder der aleppinischen Führung.

[269] al-Bundārī, S. 122-123; b. a. Ṭaiyi' bei Abū Šāma, Rauḍatain, I, Bd. 2, S. 691-692.

[270] b. a. Ṭaiyi' bei Abū Šāma, Rauḍatain, I, Bd. 2, S. 665.

[271] al-Kātib al-Iṣfahānī, Barq, Ms. Bodleian Bruce 11, fol. 120r (= al-Bundārī, S. 162). Da al-Bundārī den „Barq" nur (verkürzt) kopiert, wird im folgenden für die Ereignisse, die die zwei bisher bekannten Handschriften des „Barq" enthalten, al-Bundārī nicht zitiert.

nicht besonders angetan war[272]. Auf jeden Fall exportierte er (1177?) während der Hungersnot in Syrien 1000 Ardabb Getreide in das fränkische Gebiet und wendete fränkische Razzien mit Geldzahlungen ab[273]. Vielleicht war dies in seinem Waffenstillstandsvertrag mit Jerusalem so bestimmt worden. Kurz: Die bestehenden Bündnisstrukturen lösten sich auf, da sie ohne den Druck Saladins den bestehenden Interessen und Konfliktlinien nicht entsprachen.

Die äußere Lage der fränkischen Staaten war also nicht schlecht, was auch daran abzulesen ist, daß aus den Jahren 1174 bis 1179 kein Hilferuf in den Westen bekannt ist. Die vom Papst in dieser Zeit betriebenen Anstrengungen für einen Frieden zwischen Frankreich und England und einen neuen Kreuzzug waren durch Bitten aus dem Orient angeregt worden, die noch zu Lebzeiten des Nūr ad-Dīn (Anfang der 1170er Jahre) ergangen waren[274]. Der Jerusalemer Hof bemühte sich allerdings, im Abendland einen Nachfolger für Balduin IV. zu finden. Es ist daher nicht verwunderlich, daß auch Graf Philipp von Flandern, als er im Herbst 1177 ins Königreich kam, die Regierungsgewalt und danach der Oberbefehl über eine fränkisch-byzantinischen Expedition zur Eroberung Ägyptens angeboten wurde[275]. Beides lehnte der Graf ab. Der Verlauf und die Folgen seines Aufenthalts im Orient werfen ein deutliches Schlaglicht auf die Art und Weise, wie nach 1174 Vertrags- und Bündnispolitik gestaltet wurde:

Ein genaues Verständnis der Verhandlungen über die Übernahme einer leitenden Funktion im Königreich durch den Grafen oder einen Angriff auf Ägypten mit flämischer Beteiligung läßt sich kaum gewinnen und soll hier gar nicht angestrebt werden. Die *Historia* des Wilhelm von Tyrus (um 1130-1186) ist die einzige wirklich aussagekräftige Quelle, die zur Verfügung steht, und Wilhelm war stark gegen den Grafen einge-

---

272 M.C. Lyons/D.E.P. Jackson, Saladin, S. 115.

273 al-Kātib al-Iṣfahānī, Barq, Ms. Bodleian Bruce 11, fol. 25r; al-Qāḍī al-Fāḍil, Mukātabāt, Ms. München Cod. arab. 402, fol. 3r-v. Es handelt sich um die Menge von 1000 Ardabb (1 Ardabb = ca. 176 ltr.). Zur schwierigen Frage der Bestimmung fränkischer und arabischer Hohlmaße vgl. J. Prawer, Etude de quelques problèmes agraires et sociaux d'une seigneurie croisée au XIIIe siècle, in: Byzantion 22 (1953), S. 5-61, hier S. 58-61. Saladin kritisierte den Handel selbst nicht, sondern nur die Vertragsbedingungen.

274 R.C. Smail, Latin Syria, S. 16-18.

275 Wilhelm v. Tyrus, XXI, XIV, S. 1027-1029. Zur Heerfahrt des Grafen und den verschiedenen währenddessen besprochenen Regentschafts- und Heiratsprojekten vgl. zuletzt: H. van Werveke, Filips van de Elzas en Willem van Tyrus..., in: Mededeelingen van den K. Vlaamse Academie voor Wetenschappen, Letteren en Schone Kunsten van Belgie, Kl. de Letteren, 33 (Brüssel 1971), Nr. 2, S. 3-35, bes. S. 10-15.

nommen[276]. Er führte als Kanzler für die fränkische Seite mit Philipp die Unterhandlungen über einen Angriff auf Ägypten, der zusammen mit einer byzantinischen Flotte vorgetragen werden sollte. Diese Flotte lag in Erfüllung eines entsprechenden Vertrages zwischen Amalrich I. und Manuel Komnenos von 1171 um die gleiche Zeit in Accon/'Akkā[277]. Wilhelm schreibt die Schuld am Scheitern der Feldzugspläne einseitig Philipp von Flandern zu. Da Wilhelms Engagement für eine probyzantinische Bündnispolitik gegen Ägypten seit den Tagen seines Mentors Amalrich I. bekannt ist, verbietet sich aber ein blindes Vertrauen in seine Darstellung, besonders in die Feststellung, der Jerusalemer Adel sei zum Angriff gerne bereit gewesen. Schon zu Zeiten Amalrichs war es um das Interesse des Adels an der königlichen Ägyptenpolitik — wie zu sehen war — eher mager bestellt gewesen. Unter seinem Nachfolger Balduin gewannen die Barone nun sogar bestimmenden Einfluß auf die Politik. Seit 1176 übten zwei Gegner der Anlehnung an Byzanz — Rainald von Châtillon, der frühere Fürst von Antiochia, und der Seneschall Joscelin III., beide Angehörige der *Hofpartei* — den eigentlich maßgeblichen Einfluß auf die Bündnispolitik aus. Auch Raimund III. von Tripolis und Bohemund III. von Antiochia wurde nachgesagt, Philipp von Flandern im Sinne einer Ablehnung eines Angriffs auf Ägypten beeinflußt zu haben, um Philipps Kontingent stattdessen zur Verfolgung eigener Expansionsabsichten in Syrien einsetzen zu können[278]. Wenn die Interpretation richtig ist, daß die Fürsten der nördlichen fränkischen Staaten und die Mitglieder der Jerusalemer *Hofpartei* insgeheim — um den Vertrag mit Byzanz nicht offen zu verletzen — und erfolgreich das Ägyptenprojekt verhinderten, so wäre dies nach der Politik Raimunds 1174 bis 1176 ein zweites Beispiel dafür, wie der Verfall der Königsgewalt die Vertrags- und Bündnispolitik veränderte.

Besser dokumentiert sind die 1177/1178 unter Beteiligung Philipps durchgeführten Operationen in Zentral- und Nordsyrien. Zusammen mit einem Jerusalemer Détachement, dem Grafen von Tripolis, dem Fürsten von Antiochia und mit armenischer Unterstützung griff Philipp das in Saladins Machtbereich gelegene Ḥamāh an, wurde zurückgeschlagen und belagerte dann Harenc/Ḥārim. Währenddessen unternahm Saladin einen Entlastungsangriff auf den Süden des Königreichs und wurde Ende November 1177 am Mons Gisardus bei Rames/ar-Ramla von den Fran-

[276] Vgl. Anm. 274 und R. Röhricht, Jerusalem, S. 370-374; R.-J. Lilie, Byzanz, S. 205-207.
[277] Wilhelm v. Tyrus, XXI, XVI-XVIII, S. 1030-1035.
[278] Wilhelm v. Tyrus, XXI, XVIII, S. 1034-1035.

ken entscheidend geschlagen[279]. Vor allem die mehrmonatige Belagerung von Harenc/Ḥārim verdient besondere Beachtung:

Harenc/Ḥārim gehörte 1177 zum Herrschaftsgebiet des aṣ-Ṣāliḥ Ismā'īl von Aleppo, der es dem Regenten Gümüštegīn als Steuerpachtbezirk (*iqṭā'*) ausgegeben hatte. Dessen Beziehungen zu seinem Herrn und der diesen umgebenden Gruppe waren allerdings äußerst gespannt. Gümüštegīn bereitete deswegen seine Flucht nach Harenc/Ḥārim vor. Ob zu recht oder nicht — er wurde verdächtigt, seine Burg an die Franken verkaufen zu wollen[280]. Gümüštegīn wurde verhaftet und vor der Festung zu Tode gefoltert, um die Auslieferung zu erzwingen. Vielleicht bat die Garnison erst danach um fränkische Hilfe. Eine zeitgenössische syrische Quelle spricht aber davon, daß Gümüštegīn bereits zuvor ein fränkisches Hilfsversprechen (als Gegenleistung für die Unterordnung unter den Fürsten von Antiochia) erhalten hatte[281]. Die Franken sollen sich mit einem Eid auf Kreuz und Evangelium zur Hilfe verpflichtet haben. Ein zunächst herbeigeeiltes Kontingent aus Antiochia konnte gegen die aleppinischen Belagerer nichts ausrichten[282]. Für die vor Ḥamāh soeben zurückgeschlagene Armee Philipps, Raimunds III. und Bohemunds III. eröffnete diese Lage allerdings neue Möglichkeiten. Anstatt aber den Vertrag mit der Garnison zu erfüllen und Hilfe zu leisten, belagerten die Franken auf Druck des Grafen von Flandern Harenc/Ḥārim nun ihrerseits — sie „traten ihre Eide mit Füssen", wie es eine Quelle ausdrückt[283]. Für Antiochia, das die fränkische Armee zu versorgen hatte, wurde die sich hinschleppende Belagerung bald zur Belastung. Dies dürfte mit ein Grund dafür gewesen sein, daß Bohemund III. sich für Friedensangebote aus Aleppo sehr offen zeigte. Aṣ-Ṣāliḥ Ismā'īl trug ihm für die Aufgabe der Belagerung einen Geldbetrag und die Hälfte der zur Burg gehörenden Dörfer — also ein Kondominium (*munāṣafa*) — an[284]. Ob das antiochenisch-aleppinische Kondominium über

---

[279] Bes. R. Röhricht, Jerusalem, S. 375-380; M.C. Lyons/D.E.P. Jackson, Saladin, S. 121-125.

[280] b. al-'Adīm , Zubda, Bd. 3, S. 34-35.

[281] So Michael Syrus, S. 375. Das Chronicon ad A.C. 1234 pertinens, trad. A. Abouna, Bd. 2, S. 142, spricht von einer Bitte der Garnison n a c h dem Tod ihres Chefs, bestätigt aber ihre Unterwerfung unter die Franken.

[282] b. al-'Adīm, Zubda, Bd. 3, S. 35.

[283] Michael Syrus, S. 375-376. Ähnlich das Chronicon ad A.C. 1234 pertinens, trad. A. Abouna, Bd. 2, S. 142.

[284] Ebda. S. 143; Michael Syrus, S. 376.

Šīḥ al-Ḥadīd, von dem wir aus einer anderen Quelle wissen, schon bestand oder ebenfalls in dem Ende März 1178 geschlossenen Frieden (*ṣulḥ*) vereinbart wurde, ist unbekannt[285]. Entscheidende Bedeutung für den schließlichen Abschluß dieses Abkommens hatte folgendes Argument der Aleppiner: Sie wiesen darauf hin, daß Saladin ein Eingreifen vorbereitete und sich, wenn die Belagerten Harenc/Ḥārim an ihn auslieferten, in unmittelbarer Nähe der Franken (und natürlich auch der Aleppiner) etablieren würde[286]. Um dies zu vermeiden, schloß Bohemund also vermutlich einen „Separatfrieden". Er rückte von Harenc/Ḥārim ab, und damit scheiterte die Belagerung. Wenig später übergab die Garnison ihre Festung den Aleppinern.

Das Beispiel dieser Unternehmung zeigt, daß die Franken nach wie vor territoriale Expansionspolitik betrieben und im Rahmen dessen bereit waren, mit muslimischen Machthabern zu kooperieren und Oberherrschaftsverhältnisse zu konstituieren. So war es bereits unter den ersten Fürsten von Antiochia und Grafen von Edessa geschehen. Es belegt wiederum, daß die Franken durch ihre europäischen Verbündeten zur Konfrontation gedrängt wurden und sich eingegangene vertragliche Bindungen unter deren Druck kaum aufrechterhalten ließen. Das Beispiel Harenc/Ḥārim unterstreicht aber auch die andauernde Bedeutung des „Kein Platz (*lā maqām*)"-Gedankens für die Bündnispolitik: In dem Moment, da der Konflikt durch die Konfrontationspolitik des Grafen von Flandern Saladin einen Vorwand zum Eingreifen zu bieten begann, was Aleppo und Antiochia akut bedroht hätte, suchten beide Seiten hinter dem Rücken der Europäer den Kompromiß. Erneut manifestiert sich hier die seit dem ersten Jahrzehnt des 12. Jahrhunderts immer wieder festzustellende Divergenz zwischen den Vertragsinteressen der Orientfranken und dem Willen zum Heidenkampf auf Seiten europäischer *Pilger*. Nicht Neid auf den Ruhm siegreicher Europäer, sondern „Kein Platz (*lā maqām*)"-Denken brachte Bohemund III. zum Abbruch des Feldzugs[287]. Für den Interessenausgleich stand ein Instrumentarium zur Verfügung, dessen hervorstechendstes Element die Errichtung von Kondominien (*munāṣafāt*) war. „Kein Platz (*lā maqām*)"-Denken bestimmte während des ganzen Untersuchungszeitraums auch die Politik Mossuls und der Assassinen/Bāṭinīya[288]. Im Zusammenhang mit den fränkisch-aiyūbidischen

---

[285] b. al-ʿAdīm, Zubda, S. 3, Bd. 48.

[286] Ebda., S. 37; b. al-Aṯīr, Kāmil, Bd. 11, S. 446; al-Kātib al-Iṣfahānī, Barq, Ms. Bodleian Bruce 11, fol. 26v.

[287] Von Neid spricht M.-L. Bulst-Thiele, Magistri, S. 92-93.

[288] Vgl. zur Entwicklung ihrer Beziehungen zu Saladin 1178/1179: M.C. Lyons/D.E.P. Jackson, Saladin, S. 129 und 133.

Kämpfen 1177/1178, dem Angriff auf Ḥamāh und der Niederlage Saladins bei Mons Gisardus, stößt man aber noch auf ein neues Element fränkisch-islamischer Vertragspolitik. Von Saladins Sekretär al-Kātib al-Iṣfahānī stammt folgende Bemerkung:

„Eine der Waffenstillstandsklauseln (*šurūṭ al-hudna*) der Franken besagte, daß sie, wenn von ihnen (? *lahum*) ein König oder Großer käme, wobei sie keine Möglichkeit hätten, ihn zurückzuhalten, ihm (dann) hälfen und sich nicht zu ihm in Widerspruch stellten, seine Verbündeten würden und nicht gegen ihn opponierten. Wenn er dann zurückkehrte, solle auch der Waffenstillstand wieder in Kraft treten, wie er zuvor gegolten hatte. Das feindselige Verhalten (*šidda*) wäre dann erledigt“ [289].

Diese Passage bestätigt noch einmal ganz deutlich die Existenz eines Waffenstillstandes bei der Ankunft der Flamen in Jerusalem. Vor allem aber zeigt sie, daß auf dem Feld der Vertragstechnik für die sich aus der Abhängigkeit der Franken von europäischer Hilfe und der Divergenz zwischen orientfränkischer Vertrags- und „europäischer“ Konfrontationspolitik ergebenden ständigen Konflikte eine instrumentelle Lösung gefunden wurde. Die *Suspensionsklausel* und die Kondominien (*munāṣafāt*) sind die beiden Elemente, die die Technik fränkisch-islamischer Verträge von der „innerfränkischer“ und „innerislamischer“ Abkommen im 12. und 13. Jahrhundert unterscheidet. Leider läßt sich nicht sagen, wann diese Klausel erstmals Eingang in einen Vertrag fand. Im 13. Jahrhundert begegnet man ihr des öfteren, für das 12. Jahrhundert aber gibt es keinen weiteren Beleg. Insbesondere muß man sich vor der Vorstellung hüten, sie habe ab einem bestimmten Zeitpunkt — vielleicht dem zweiten Kreuzzug — zum ständigen Vertragsrepertoire gehört [290]. Der Zuzug militärisch nicht weniger gewichtiger Pilgertruppen unter Heinrich dem Löwen und Stephan von Blois 1172 oder ähnlich auch 1186 führte nicht zu Kampfhandlungen; Waffenstillstände, sofern sie bestanden, wurden respektiert [291]. Und bemerkenswerterweise wurde der

---

289 Zuerst in Barq, Ms. Bodleian Bruce 11, fol. 25v; u.a. auch bei Abū Šāma, Rauḍatain, I, Bd. 2, S. 706.

290 So klingt es an bei R. Hiestand, Kreuzzug und Friedensidee, S. 52. Hiestand konnte die Stelle nicht aus dem arabischen Original und damit nicht aus ihrem historischen Kontext heraus interpretieren.

291 1172: J. Prawer, Histoire, Bd. 1, S. 548; 1186: R.C. Smail, Latin Syria, S. 19. Zur Einhaltung des Waffenstillstands von 1186 und der Enttäuschung der europäischen Pilger darüber vgl. bes. Gesta regis Henrici secundi, Bd. 1, S. 359-360 (Rolls Series, 49, 1).

nächste Vertrag zwischen Saladin und Jerusalem (1180) als Waffenstillstand (*treuga, induciae*), gültig zu Land und See, für Einheimische und Fremde, geschlossen [292]. Es scheint, als habe man mit dieser Regelung ausdrücklich von der *Suspensionsklausel* abgehen wollen. Da der Vertrag von 1180 ohnehin für die Franken ungünstig ausfiel, geschah dies sicherlich auf muslimischen Druck. Dennoch ist die *Suspensionsklausel* ein beredtes Beispiel dafür, wie in Syrien das zwischenstaatliche Miteinander trotz der ständig von europäischen Verstärkungen ausgehenden Probleme organisiert werden konnte. Insgesamt waren die fränkisch-islamischen Beziehungen weder friedlicher noch unfriedlicher als die zwischen Muslimen, etwa Zengīden und Aiyūbiden.

Die die *Suspensionsklausel* betreffende Passage bei al-Kātib al-Iṣfahānī erlaubt im übrigen einen Einblick in die Arbeitsweise der Propagandisten in der aiyūbidischen Kanzlei: Während der Sekretär Saladins hier expressis verbis darlegt, daß die fränkischen Feldzüge mit Philipp von Flandern kein Vertragsbruch waren, geißelte der Kanzleichef al-Qāḍī al-Fāḍil diese Kämpfe in einem Brief nach Bagdad offensichtlich wider besseres Wissen als Vertragsbruch (*fāsiḫīn li-ʿaqd kāna muḥkaman ġādirīn ġadran ṣarīḥan*) [293]. Bereits 1174 hatte letzterer ja gleichzeitig ein warmherziges Kondolenzschreiben an Balduin IV. geschickt und gegenüber einem muslimischen Adressaten unverhohlene Freude über den Tod des mit allerlei Verwünschungen stigmatisierten Amalrich I. gezeigt [294]. Ähnlich handelte auch al-Kātib al-Iṣfahānī. In seiner Chronik gibt er zwar freimütig zu, daß die Aleppiner 1178 aus Angst vor Saladin mit dem Fürsten von Antiochia Frieden schlossen [295]. In einem offiziellen Brief dagegen erweckte er den Eindruck, der Vertrag sei nur zustandegekommen, weil man in Aleppo noch nichts vom Herannahen des „rettenden“ Entsatzes unter Saladin gewußt habe [296]. Ein anderer Brief nach Bagdad behauptet, die Franken hätten den Frieden erbeten, eventuell, weil sie von Saladins Anmarsch gehört hatten [297]. Ganz offensichtlich nahm es die aiyūbidische Kanzlei mit der Wahrheit nicht genau, wenn es darum ging, Saladin als *muǧāhid* (Glaubenskämpfer) darzustellen und seine Interessen zu vertreten. Diese Erkenntnis wird bei der Untersuchung der

---

[292] Wilhelm v. Tyrus, XXII, I, S. 1063.
[293] Bei Abū Šāma, Rauḍatain, I, Bd. 2, S. 706.
[294] Vgl. oben S. 272-275.
[295] al-Kātib al-Iṣfahānī, Barq, Ms. Bodleian Bruce 11, fol. 26v.
[296] Ebda., fol. 42v.
[297] Ebda., fol. 45r (Kontakte); Michael Syrus, S. 379 (Unterwerfung).

später von den Aiyūbiden erhobenen Vorwürfe wegen angeblicher zengīdisch-fränkischer Allianzen in den Jahren 1181 bis 1183 und der sich anschließenden Interpretation der Bedeutung des *ǧihād* für Saladin im Auge zu behalten sein.

Die *Suspensionsklausel* scheint 1178 tatsächlich ihren Zweck erfüllt zu haben. Philipp kehrte nach Ostern (9. April) heim, und Saladin hielt sich zwar weiter in Syrien auf, unternahm aber keine feindseligen Handlungen. Als der ihm unterstellte Ibn al-Muqaddam rebellierte, weil Saladin von ihm die Auslieferung von Ba'labakk verlangte, griff Jerusalem nicht ein. Angeblich hatte Ibn al-Muqaddam Kontakt zu den Franken aufgenommen und — Michael Syrus (1126-1199) zufolge, der sich 1179 gerade in Accon/'Akkā aufhielt — den Franken seine Unterwerfung mit einem Eid versprochen [298]. Der Waffenstillstand wurde also beachtet. Ebenfalls in das Jahr 1178 (oder 1179?) fällt ein Streifzug gegen Ḥamāh. Von arabischen Quellen wird er als Waffenstillstandsbruch und deshalb als besonders frevelhaft dargestellt — ein Grund dafür, warum Saladin die gefangenen Franken öffentlich durch Homines religiosi niedermachen ließ [299]. Anscheinend war dieser Angriff aber kein „offizielles" Unternehmen des Königs oder des Grafen von Tripolis. Vieleicht handelte es sich bei den Angreifern um Hospitaliter, denen seit 1144 die tripolitanischen Gebiete südwestlich von Ḥamāh mit weitgehenden Autonomierechten übergeben worden waren. Insbesondere bedurften Waffenstillstandsverträge zwischen Tripolis und den Muslimen ihres Konsenses [300]. In Antiochia hatte der Orden seit 1168 ähnliche Privilegien. Es mag durchaus sein, daß sich die Ordensritter — falls sie 1178 die Angreifer waren — nicht an den nach der Beendigung der Kämpfe vor Harenc/Ḥārim wieder in Kraft getretenen Vertrag gebunden fühlten. Leider verraten lateinische Quellen nichts über die Bedingungen und den Geltungsbereich dieses Waffenstillstands, und auch arabische Quellen bleiben sehr vage. Inwieweit waren Tripolis und Antiochia in ihn einbezogen und wann lief er aus? Ist es möglich, daß es Interpretationsunterschiede über seinen Geltungsbereich gab?

Wie dem auch sei, es gibt noch andere Indizien dafür, daß die Ritterorden in dieser Periode begannen, gegenüber den Muslimen zunehmend unabhängig von den fränkischen Fürsten zu handeln: Als die Grafschaft Tripolis 1180 von Saladin angegriffen wurde, konnte Raimund III. nichts

---

[298] al-Kātib al-Iṣfahānī, Barq, Ms. Bodleian Bruce 11, fol. 103v.
[299] Ebda., fol. 96v-98v.
[300] J. Riley-Smith, Knights, S. 55-56 und S. 463-464.

dagegen tun, da die Ritterorden sich in ihren Burgen verschanzten und dem Grafen im freien Feld nicht helfen wollten [301]. Ein noch krasseres Beispiel schildert Ernoul, einer der altfranzösischen Fortsetzer der Chronik Wilhelms von Tyrus. Danach sollen die Templer den König um den Bau der später als Le Chastellet oder Bait al-aḥzān bekannten Burg bei der Jakobsfurt am oberen Jordan gebeten haben. Balduin IV. habe geantwortet, es sei ihm während des Waffenstillstandes nicht erlaubt, ein Kastell zu errichten. Darauf stellten die Ordensleute — nach Ernoul — klar, sie selbst wollten die Burg erbauen und baten lediglich um Begleitschutz gegen etwaige muslimische Störmanöver [302]. Unglücklicherweise ist der Wahrheitsgehalt dieser Passage nicht über jeden Zweifel erhaben. Ernouls Chronologie ist falsch: Er legt den 1178 begonnenen Bau der Festung in die Zeit nach dem Frieden zwischen Jerusalem und Saladin von 1180. Und Wilhelm von Tyrus (um 1130-1186) zufolge war der König der Bauherr. Er übergab die Burg den Templern erst nach ihrer Fertigstellung [303]. Andererseits spricht für Ernoul, daß auch 1178 zwischen Jerusalem und den Aiyūbiden Waffenruhe herrschte, gegen die der Burgenbau hätte verstoßen können. Er berichtet weiter, was Wilhelm von Tyrus ausläßt, korrekt darüber, daß Saladin wegen des Baus bei Balduin IV. intervenierte. Muslimische Quellen belegen, daß Saladin angeboten haben soll, mit 60000, später sogar mit 100000 Dīnāren die Ausgaben des Königs zu begleichen, wenn die Bauarbeiten abgebrochen würden [304]. Erstmals ist in diesem Zusammenhang von einem Befestigungsverbot während der Geltungszeit eines Waffenstillstandes die Rede. Wie die *Suspensionsklausel* ist auch dies eine Bestimmung, die sonst nur aus dem 13. Jahrhundert bekannt ist. Eventuell galt diese Klausel aber nicht für das ganze Königreich (obwohl es bei Ernoul heißt: *en nulle tiere*), sondern nur für die Kondominien (*munāṣafāt*). Dasjenige über den Sueth/as-Sawād hatte 1178/1179 mit Sicherheit noch Bestand [305]. Kurz: Es spricht einiges dafür, den Bericht des Ernoul als Beleg für die zunehmend unabhängige Politik der Ritterorden gegenüber den Muslimen ernst zu nehmen. Möglicherweise versuchten sie, die Rechte, die

---

[301] Wilhelm v. Tyrus, XXII, II, S. 1064.

[302] Ernoul, VII, S. 52: *Li rois dist „que castiel ne pooient il fremer en nulle tiere en trives...“*.

[303] Wilhelm v. Tyrus, XXI, XXVI, S. 1050-1051. Vgl. M.-L. Bulst-Thiele, Magistri, S. 93-94.

[304] Ernoul, VII, S. 52-53. Zu den islamischen Quellen vgl. M.C. Lyons/D.E.P. Jackson, Saladin, S. 133.

[305] Wilhelm v. Tyrus, XXII, XV, S. 1090. Gut 20 km. nördlich der Burg wurde in der Jordanebene zwischen Paneas/Bāniyās und Chastel Neuf/Hūnīn ebenfalls eine Art Kondominium (*munāṣafa*) praktiziert: b. Ǧubair, S. 300.

sie in Tripolis und Antiochia schon besaßen, nach 1174 angesichts der schwachen Krongewalt und ihrer zunehmenden eigenen Bedeutung auch im Königreich durchzusetzen. Von Saladin und Balduin IV. jedenfalls wurde der Vertrag nach Ostern 1178 wieder eingehalten.

Mit dem Konflikt um Le Chastellet/Bait al-aḥzān ging die Phase relativ friedlicher fränkisch-muslimischer Beziehungen in Syrien zuende. Wann die durch den Feldzug Philipps von Flandern außer Kraft gesetzte Waffenruhe ausgelaufen sein könnte, ist unbekannt. Die Monate von vermutlich April bis Oktober 1179 standen im Zeichen schwerer Kämpfe zwischen den Franken und Saladin. Ausgelöst wurden sie von fränkischen Angriffen, die allem Anschein nach nicht neuer Eroberungen wegen durchgeführt wurden: Saladins Sekretär kommentierte seinen Bericht über Razzien des Fürsten von Antiochia und des Grafen von Tripolis damit, daß die Franken Saladin zur Aufsplitterung seiner Streitkräfte zwingen wollten. Der Abschluß eines Waffenstillstandes hätte ihm erlaubt, seine Truppen anderswo gegen die Franken zu konzentrieren[306]. Vielleicht war den Franken bekannt, daß Saladin gegenüber dem Kalifen für 1179 die Eroberung von Jerusalem angekündigt hatte, wozu er nach der Beendigung der Rebellion des Ibn al-Muqaddam im Frühjahr 1179 freie Hand hatte[307]. Mit seinen wiederholten *ǧihād*-Ankündigungen hatte sich Saladin unter Zugzwang gesetzt. Ende April/Anfang Mai hielt sich ein Gesandter des Kalifen bei Saladin auf. Der Gesandte wird ihn, der sich zur gleichen Zeit in einer Territorialauseinandersetzung mit dem Rūmseldschukensultan Qılıč Arslān befand, an seine Versprechungen erinnert haben, und Saladin war bemüht, vor dem Gesandten als *muǧāhid* (Glaubenskämpfer) Eindruck zu machen[308]. Übrigens wurde auch von den Zengīden in Mossul Saladins Präsenz in Syrien als Gefahr empfunden, denn ihre zwischenzeitlich freundlichen Beziehungen zu ihm kühlten nun wieder ab. Saladin beschuldigte sie in einem Brief nach Bagdad neuer Kontakte zu Franken und Assassinen/Bāṭinīya[309]. Zum dritten Mal — nach den fränkisch-zengīdischen Allianzen von 1174-1176 und der Beendigung der Belagerung von Harenc/Ḥārim 1178 durch den Vertrag zwischen Bohemund III. und aṣ-Ṣāliḥ Ismāʿīl — innerhalb weniger Jahre kam es also aus Furcht vor Saladin zu einer Annäherung der Staaten und Herrschaften in Syrien und Nordmesopotamien (al-Ǧazīra). Ein Novum

---

306 al-Kātib al-Iṣfahānī, Barq, Ms. Bodleian Bruce 11, fol. 122r.

307 Ebda., fol. 46v.

308 Michael Syrus, S. 137-138.

309 al-Kātib al-Iṣfahānī, Barq, Ms. Bodleian Bruce 11, fol.104r-v.

dagegen stellt die Tatsache dar, daß ein islamischer Herrscher, Saladin, die *ǧihād*-Propaganda nicht mehr nur instrumentell einsetzte, sondern durch seine eigene, der Herrschaftslegitimation dienenden Propaganda unter massiven Druck geriet, wirklich etwas gegen die Franken zu unternehmen.

Die Wiederaufnahme der Konfrontation durch die Franken und der Bau der Burgen Le Chastellet/Bait al-aḥzān und Chastel Neuf/Hūnīn (1178/1179) müssen demzufolge als Präventivmaßnahmen gegen die aiyūbidische Bedrohung und im Kontext der bündnispolitischen Umorientierung auch der anderen syrischen und nordmesopotamischen Herrschaften verstanden werden. Die für die Franken äußerst verlustreich verlaufenden Kämpfe an der Nordostgrenze des Königreichs Jerusalem und in der Grafschaft Tripolis, insbesondere Niederlage und Tod des Connétable Humfried von Toron, die Schlacht von Marǧ ʻUyūn und die Zerstörung von Le Chastellet/Bait al-aḥzān, sind hier nicht von Interesse[310]. Viel aufschlußreicher dagegen ist es, daß Saladin trotz seiner Siege keinen Versuch unternahm, seinen Ankündigungen gemäß Jerusalem oder gar das Heilige Land insgesamt „für den Islam zu befreien". Schon Ende August 1179, während der Eroberung der neuerbauten fränkischen Burg, befand sich wieder ein Botschafter Raimunds III. von Tripolis in seinem Lager — ein weiterer Beleg für die von Jerusalem unabhängige Vertragspolitik des Grafen[311]. Außerdem steht fest, daß Saladin spätestens ab Ende desselben Jahres gewillt war, mit den Franken einen Vertrag zu schließen. Sein Kanzleichef al-Qāḍī al-Fāḍil sprach in einem Brief an Saladins Neffen Farroḫšāh aus dem ersten Vierteljahr 1180 vom Waffenstillstand mit den Franken schon wie von einer festen Tatsache — vielleicht hatte man die Präliminarien bereits ausgehandelt[312]. Ungeachtet einzelner aiyūbidischer Streifzüge war die Lage entspannt genug, um im Königreich Jerusalem im Frühjahr den Thronfolgekonflikt in voller Schärfe entbrennen zu lassen. Anlaß dafür war ein Einmarsch des Fürsten von Antiochia und des Grafen von Tripolis ins Königreich. Balduin IV. befürchtete eine Art Staatsstreich und

---

[310] Vgl. bes. R. Röhricht, Jerusalem, S. 382-388; J. Prawer, Histoire, Bd. 1, S. 557-563; M.C. Lyons/D.E.P. Jackson, Saladin, S. 136-143.

[311] Zuerst bei al-Kātib al-Iṣfahānī, Barq, Ms. Bodleian Bruce 11, fol. 144r, und al-Malik al-Manṣūr, Miḍmār, S. 29. Letzterer ist aber wohl vom „Barq" abhängig, vgl. A. Hartmann, al-Malik al-Manṣūr (gest. 617/1220), ein ayyūbidischer Regent und Geschichtsschreiber, in: ZDMG 136 (1986), S. 570-606, hier S. 599-602.

[312] al-Qāḍī al-Fāḍil, Epistolae, Ms. Brit. Mus. or. Add. 25757, fol 37v. und 38v.

regelte daher durch die Verheiratung seiner Schwester Sibylle mit dem Neuankömmling Guido von Lusignan hastig seine Nachfolge[313]. Saladin nützte die Friktionen unter den Franken nicht für sein verbales Ziel, den *ǧihād*, aus. Stattdessen bereitete er auf diplomatischem Wege einen Angriff auf den Rūmseldschukensultan Qılıč Arslān vor[314]. Wann genau Balduin IV. eine Delegation zu Saladin schickte, um über einen Waffenstillstand (*treuga*) zu verhandeln, weiß man nicht. Saladin stimmte jedenfalls einem Abschluß zu — nach Wilhelm von Tyrus wegen der Lebensmittelknappheit in Folge der jahrelangen Dürre in Syrien. Man einigte sich auf einen Vertrag ohne besondere Vorteile für die Franken mit vermutlich zweijähriger Laufzeit, gültig zu Land und See, für Einheimische und Fremde. Er wurde mit Eiden bekräftigt und war Anfang Juni bereits in Geltung[315]. Wenige Wochen danach vereinbarte Saladin nach kurzen, heftigen Einfällen einen anscheinend analogen Frieden (*foedus*) mit Tripolis[316].

Muslimische Quellen sowohl aiyūbidischer als auch zengidischer Provenienz lassen gar keinen Zweifel daran, daß nicht die schlechte wirtschaftliche Lage Syriens, sondern der Wille, die Rūmseldschuken anzugreifen, Saladin zum Waffenstillstandsabschluß brachte[317]. Diesem Ziel gab Saladin Priorität sowohl vor dem *ǧihād* als auch einem nach Ansicht seines Kanzleichefs zur Revision der desolaten Finanzverwaltung und zum Schutz vor Aufständen in Oberägypten dringend nötigen Rückmarsch an den Nil[318]. Mit einem erfolgreichen Feldzug ordnete er in der zweiten Jahreshälfte 1180 die Kräfteverhältnisse in Südanatolien und Nordmesopotamien (al-Ǧazīra) zu seinen Gunsten und und genügte mit einem kurzen Feldzug gegen das armenische Fürstentum formell der eigenen *ǧihād*-Propaganda. Erst danach zog Saladin wieder nach Ägypten, wo er Anfang 1181 eintraf. Die Verträge mit Jerusalem und Tripolis hielten.

---

313 Wilhelm v. Tyrus, XXII, I, S.1062.

314 al-Bundārī, S.175, und M.C. Lyons/D.E.P. Jackson, Saladin, S. 144-145. Letzterer wertet Briefe des al-Qāḍī al-Fāḍil aus mir nicht zugänglichen Handschriften aus.

315 Wilhelm v. Tyrus, XXII, I, S. 1063: *et hinc inde juramentis interpositis roboratae ... induciae*. Die fränkische Initiative bestätigt auch al-Kātib al-Iṣfahānī bei al-Bundārī, S. 175. Von der Vertragsdauer spricht Wilhelm v. Tyrus an anderer Stelle: XXII, VIII, S. 1076 (*composita usque ad completum biennium ... pace temporali*).

316 Wilhelm v. Tyrus, XXII, III, S. 1065-1066.

317 Vgl. M.C. Lyons/D.E.P. Jackson, Saladin, S. 144 (Paraphrase eines al-Qāḍī al-Fāḍil-Briefes an den Bagdader Kalifen); b. al-Aṯīr, Kāmil, Bd. 11, S. 464; vgl. b. Wāṣil, Bd. 2, S. 96-97. Ebenso auch Ernoul, VII, S. 51-52.

318 al-Qāḍī al-Fāḍil, Epistolae, Ms. Brit. Mus. or. Add. 25757, fol. 38r-v. Vgl. M.C. Lyons/D.E.P. Jackson, Saladin, S. 144-145.

Als Resultat der vorangegangenen Untersuchung für die Jahre von 1177 bis 1180 kann nunmehr also festgehalten werden, daß die dem in der ersten Hälfte des 12. Jahrhunderts entstandenen System syrischer Partikularstaatswesen eigenen Politikmuster, insbesondere die Orientierung an der „Kein Platz (*lā maqām*)"-Theorie und die Beilegung von Konflikten mit Hilfe des entwickelten Instrumentariums vertraglicher Regelungen, nach wie vor Anwendung fanden. Nach der *Suspensionsklausel*, die in dieser Periode erstmals nachweisbar ist, traten vor allem zwei Elemente, die für die Gestaltung der zwischenstaatlichen Beziehungen mehr und mehr Einfluß gewannen, auf den Plan: zum einen — angesichts der Schwäche der Jerusalemer Krone — die Interessen einzelner Fürsten, Barone und Ritterorden auf fränkischer Seite, zum anderen die Rolle der *ǧihād*-Propaganda für Saladin. Ersteres führte dazu, daß es immer schwieriger wurde, eine einheitliche Linie in die Jerusalemer Vertrags- und Bündnispolitik zu bringen — was sowohl eine mögliche byzantinische Allianz gegen Saladin als auch eine, von den Zengīden anscheinend auch 1178/1179 angestrebte koordinierte Reaktion der Staatswesen Syriens auf die aiyūbidische Expansion betraf. Das zweite Element bewirkte, daß Saladin durch seine eigene Propaganda zur Konfrontation gezwungen wurde, weil er die Ausweitung seiner Macht auf Kosten muslimischer Herrschaften durch *ǧihād*-Anstrengungen legitimierte. Saladin konnte gar nicht anders, als immer wieder *ǧihād*-Unternehmungen durchzuführen. Gerade aber das Beispiel der Kämpfe von 1179/1180 zeigt, daß sein eigentliches Interesse wenigstens in dieser Phase nicht dem Frankenkampf galt. Frühzeitig strebte er daher Verträge an. Mit der Existenz aiyūbidischer Herrschaft in Syrien an sich konnten sich Franken und Zengīden arrangieren, wie die spannungsfreien wechselseitigen Kontakte in den Friedensperioden der Jahre 1176-1178 zeigten, als Tūrānšāh Gouverneur (*wālī*) von Damaskus war. Zum Problem wurden die Aiyūbiden für ihre Nachbarn erst durch die machtpolitisch und der Herrschaftslegitimierung halber betriebenen Ausdehnungsbestrebungen Saladins selbst. Beide angesprochenen Elemente wirkten sich bis 1183, dem Jahr der Einnahme Aleppos und der Vereinigung des ehemals zengīdischen Syriens in der Hand Saladins, zunehmend deutlicher aus:

Die Laufzeit des Waffenstillstands (*treuga, induciae, hudna*) Saladins mit dem Königreich Jerusalem vom Frühjahr 1180 reichte vermutlich bis April 1182. Genau sind die Daten nicht bekannt, doch dürfte sich die Geltungsdauer auch diesmal am Osterfest orientiert haben, und das fiel 1182 auf den 28. März. Häufig liefen die Verträge bald nach Ostern aus. Die Franken konnten sich auf diese Weise mit bewaffneten

Pilgern verstärken, die die Festtage in Jerusalem verbrachten. Saladin wendete den Großteil dieser Zeit (nach seiner Rückkehr aus Nordsyrien) für verschiedene administrative, militärische und fiskalische Reorganisationsvorhaben auf[319]. Unter den Franken vertieften sich währenddessen die Machtkämpfe zwischen der *Partei der Barone* auf der einen und der *Hofpartei* mit König Balduin IV. und seiner Mutter Agnes von Courtenay auf der anderen Seite. Die Interna dieser Streitigkeiten sind hier nur soweit von Belang, als sie Einfluß auf die Beziehungen zu den Muslimen hatten. Ihr Ergebnis war, daß die *Partei der* (eingesessenen) *Barone* um Raimund III. von Tripolis, Rainald von Sidon und die Adelsfamilie Ibelin zeitweilig ihren Einfluß bei Hof verlor. Zur gegnerischen *Hofpartei* gehörten nicht nur die Inhaber der wichtigsten Hofämter sowie der Templergroßmeister und Rainald von Châtillon — der mächtigste Vasall —, sondern seit 1180 auch der Ehemann der präsumptiven Thronfolgerin — Guido von Lusignan[320]. Raimunds Verhältnis zum König war seit seiner und Bohemunds III. Intervention im Königreich 1180 dagegen so gespannt, daß er dem Königreich zwei Jahre lang fernblieb. Als er im Frühjahr 1182 sein zu Jerusalem gehöriges Fürstentum Galiläa aufsuchen wollte, verbot ihm Balduin IV. die Einreise[321]. Ein weiteres Zeichen für den schwindenden Einfluß Raimunds ist in der Niederlage seines Parteigängers Wilhelm von Tyrus bei der Patriarchenwahl von 1180 gegen den von der *Hofpartei* unterstützten Erzbischof Heraclius von Caesarea zu sehen[322]. Etwa gleichzeitig, Ende 1180, brach in Antiochia ein schwerer Konflikt zwischen Fürst Bohemund III. und der Kirche sowie einem Teil der Vasallität aus, da der Fürst seine Frau verstoßen hatte, um seine Mätresse zu heiraten. Als Folge davon verschlechterten sich die Beziehungen zwischen dem Fürsten und Jerusalem rapide. Im Königreich erwog man sogar eine gewaltsame Intervention, und nur die Furcht, Bohemund würde sich dann wohl türkischer — d.h. Sala-

---

[319] Vgl. A. Ehrenkreutz, Saladin, S. 167-169.

[320] R.C. Smail, The Predicaments of Guy of Lusignan, 1183-1187, in: Outremer, ed. B.Z. Kedar, H.E. Mayer, R.C. Smail, Jerusalem 1982, S. 159-176, bes. 160-161. Allgemeine Überblicke u.a. bei M.W. Baldwin, Raymond III., S. 35-46; J. Riley-Smith, Feudal Nobility, bes. 101-106; R.L. Nicholson, Joscelyn III, S. 88-96, und J. Prawer, Histoire, Bd. 1, S. 584-592.

[321] Wilhelm v. Tyrus, XXII, IX, S. 1077-1078.

[322] Estoire de Eracles, XXIII, XXXVIII, S. 57-59; Ernoul, VIII, S. 82-84. Vgl. zuletzt P.W. Edbury/J.G. Rowe, William of Tyre and the Patriarchal Election of 1180, in: EHR 93 (1978), S. 1-25, und B.Z. Kedar, The Patriarch Eraclius, in: Outremer ed. B.Z. Kedar, H.E. Mayer, R.C. Smail, Jerusalem 1982, S. 177-204, bes. S. 187-189.

dins — Unterstützung versichern, ließ dieses Projekt scheitern[323]. Im Laufe der Jahre 1180-1181 entstand also ein tiefer Dissens zwischen den beiden nördlichen fränkischen Herrschaften und Jerusalem, dessen König unter dem Einfluß der *Hofpartei*-Mitglieder stand. Dies bedeutet nicht nur, daß eine koordinierte fränkische Reaktion auf Saladins Expansion erschwert wurde, sondern auch, daß der Teil der Nobilität, der seit 1174 die „Kein Platz (*lā maqām*)"-Politik, wenn auch durch persönliche Interessen mitgeprägt, weitergeführt hatte, nunmehr zeitweise kaltgestellt war. In der Situation, in der sich Jerusalem befand, wirkte sich diese Entwicklung besonders schwerwiegend aus. Denn nach den schweren Niederlagen von 1179/1180, als erstmals seit Anfang des Jahrzehnts wieder ein Hilferuf nach Europa gesandt wurde[324], als ein Bündnis mit Byzanz nach dem Tod des Manuel Komnenos in Folge des Abschlusses eines byzantinisch-aiyūbidischen Vertrages unmöglich wurde[235] und die Franken die Initiative an Saladin verloren, wäre die Fortführung der traditionellen „Kein Platz (*lā maqām*)"-Allianzpolitik das beste Mittel zur Sicherung der fränkischen Staaten gewesen.

Welche Auswirkungen diese Entwicklung für das Verhältnis zwischen Jerusalem und Saladin hatten, zeigt die Geschichte des bis 1182 laufenden Waffenstillstands und des zengīdisch-aiyūbidischen Kampfes um Aleppo 1182/1183. Trotz des geltenden Waffenstillstands wurden nämlich mehrere fränkische Angriffe gegen aiyūbidisches Gebiet vorgetragen. Im Juli/August 1181 überfielen fränkische Schiffe die ägyptische Küste bei Tinnīs, im Oktober/November soll der Grenzort al-ʿArīš überrascht worden sein[326], und etwa zur selben Zeit unternahm Rainald von Châtillon einen Streifzug in den nördlichen Ḥiǧāz, nach Taimāʾ[327]. Was die beiden Unternehmungen gegen ägyptisches Territorium betrifft, so hören wir nichts davon, daß dadurch der bestehende Vertrag gebrochen worden sei. Sollte sich sein Geltungsbereich wie der des zwischendurch suspendierten Vertrags von 1176 etwa nur auf Syrien erstreckt haben[328]? Anders verhält es sich im Fall Rainalds. Fränkische Quellen be-

---

[323] Wilhelm v. Tyrus, XXII, VI-VII, S. 1071-1074. Eine Jerusalemer Vermittlungsdelegation erreichte keine dauerhafte Beilegung des Streits.

[324] Vgl. M.-L. Bulst-Thiele, Magistri, S. 94-95; Gesta regis Henrici secundi, Bd. 1, S. 272-275 (Rolls Series, 49,1); R.C. Smail, Latin Syria, S. 18.

[325] al-Maqrīzī, Sulūk, I, Bd. 1, S. 72 (Juni/Juli 1181). Vgl. dazu R.-J. Lilie, Byzanz, S. 213-215, mit einer Diskussion des Forschungsstandes.

[326] al-Maqrīzī, ebda., S. 72 und 74.

[327] Bes. al-Bundārī, S. 186-188; b. al-Aṯīr, Kāmil, Bd. 11, S. 470.

[328] Die aus einem al-Qāḍī al-Fāḍil-Brief bekannten, als Waffenstillstandsbruch stigmatisier-

richten, er habe sich der offenen Verletzung des Waffenstillstands schuldig gemacht, indem er eine reiche ägyptische Karawane abfing — unklar ist leider der genaue Termin [329]. Ernoul zufolge, einem Gefolgsmann der als Gegner Rainalds und der *Hofpartei* profilierten Ibelins, der im letzten Jahrzehnt des 12. Jahrhundert schrieb, forderte Balduin IV. Fürst Rainald durch eine aus Ordensrittern, Klerikern und Baronen zusammengesetzte Delegation zur Rückgabe der geraubten Güter auf. Rainald würde den König meineidig machen, denn dieser haben den Waffenstillstand beschworen. Der Fürst verweigerte aber die Herausgabe, und als Saladin dem König Vertragsbruch vorgeworfen habe, soll Balduin beteuert haben, er könne gegen die Obstinanz Rainalds nichts tun [330]. Auch Wilhelm von Tyrus (um 1130-1186) berichtet von der Intervention Saladins bei Balduin und daß Saladin gedroht habe, bei Nichterfüllung seiner Forderungen den Vertrag aufzulösen (*renuntiare*) [331]. Anscheinend wurde der Vertrag wirklich widerrufen [332]. Saladin rückte aber erst Anfang Mai 1182, also vermutlich nach Ablauf der regulären Vertragsfrist, nach Syrien. Hatten sich die Verhandlungen vielleicht so lange hingezogen?

Diese Episode macht die Folgen der Schwäche des Königtums und des vorläufigen Sieges der *Hofpartei* über die *Partei der Barone* für die fränkisch-islamischen Beziehungen besonders klar. Der König hatte keine Möglichkeit mehr, seine Autorität durchzusetzen. Davon, daß ein friedensbrecherischer Baron sich gegenüber seinen muslimischen Anklägern zu verantworten hatte, wie es Rainer Brus von Paneas/Bāniyās (nach 1140) tun mußte, und von der Haute Cour zu Entschädigungsleistungen

---

ten Akte fränkischer Piraterie könnten allerdings im Zusammenhang mit dem Angriff auf Tinnīs stehen, vgl. Abū Šāma, Rauḍatain, II, S. 26.

[329] Wilhelm v. Tyrus, XXII, XIV, S. 1087-1088; Ernoul, VII, S. 55. Nach Ernoul soll der Vorfall bei Crac/al-Karak stattgefunden haben, er steht demnach nicht im Zusammenhang mit dem Streifzug nach Taimā'.

[330] Ernoul, ebda. S. 55-56. Saladin warf Balduin vor, *qu'il ne tenoit mie bien convenant ne son serement, ne le trive que il li avoit fete*.

[331] Wilhelm v. Tyrus, XXII, XIV, S. 1087: *vellet ... renuntiare paci, de qua inter eos convenerat*. Kurz darauf spricht er von *soluto foedus*. Die Verhandlungen der aiyūbidischen Emissäre mit dem König hatten sich auch dieser Quelle gemäß aber hauptsächlich um die Herausgabe der festgehaltenen Passagiere und Güter eines großen fränkischen Schiffes durch Saladin gedreht, das bei Damiette/Dumyāṭ gesunken sein soll. Vermutlich war dieser Verstoß gegen den Vertrag aber nur eine Repressalie Saladins nach dem Überfall Rainalds. Vgl. bes. al-Bundārī, S. 194.

[332] al-Qāḍī al-Fāḍil, Ms. Bibl. Nat. arab. 6024, fol. 64r, schrieb an den Kalifen, Saladin habe die Frist e t w a eingehalten: *atamma 'l-ḫādim al-'ahd ilā muddatihī au kāda*.

gezwungen wurde [333], konnte nun keine Rede mehr sein. Rainald fühlte sich an den bestehenden Vertrag nicht gebunden. Das wird am Beispiel eines analogen Falls (1186) deutlich, als Rainald gegenüber König Guido argumentierte, er sei Herr seines Landes wie Guido Herr des seinen, und e r habe keinen Vertrag mit den Muslimen [334]. Offensichtlich versuchte Rainald, seine Herrschaft von Jerusalem so unabhängig zu regieren, wie es der Graf von Tripolis — auch er ein Lehnsmann des Königs, aber außerhalb des eigentlichen Reichsgebietes — tat. Darauf deutet ebenfalls der Umstand hin, daß Rainald als Herr von Transjordanien weiterhin den Titel *princeps* trug, den er in seiner Zeit als von Jerusalem unabhängiger Fürst von Antiochia (1153-1161?) geführt hatte. Rainald hielt sich aber nicht nur nicht an vom Königreich Jerusalem geschlossene Abkommen, sondern handelte offensichtlich auch ohne strategische Rücksichten aggressiv gegen die Muslime [335]. Für Saladin mußte der Abschluß weiterer Abkommen bei Vertragspartnern solcher Qualität mehr und mehr ohne echten Nutzen sein. Tatsächlich sicherte er sich zur Entrüstung der Franken nicht mit einem Friedensvertrag ab, als er Mitte September 1182 seine Angriffe gegen das Königreich Jerusalem beendete und sich gegen Aleppo wendete [336]. Ob für dieses Verhalten die Unberechenbarkeit Rainalds von Châtillon und seiner Parteigänger oder — wie noch anzusprechen sein wird — propagandistische Gründe den Ausschlag gaben, bleibt unbekannt.

Das fränkische Verhalten während der Unterwerfung weiter Teile Nordmesopotamiens (al-Ǧazīra) und schließlich Aleppos (September 1182-Juni/Juli 1183) durch Saladin ist daher besonders interessant. Anfangs dieses Kapitels ist bereits darauf hingewiesen worden. Als wie bedrohlich wurde die Einschließung der fränkischen Staaten in Jerusalem eingeschätzt, die mit der Einnahme von Aleppo am 11.6.1183 durch Saladin Wirklichkeit wurde [337]? Versuchten die Franken in diesen

---

[333] Usāma b. Munqiḏ, I'tibār, S. 48; vgl. oben S. 190.

[334] Estoire de Eracles, XXIII, XXIII, S. 34: *que aussi il estoit sires de la terre, comme il (sc. Guido) de la soe, et que il n'avoit point de trives as Sarrasinz.* Von einem zweiten derartigen Fall berichtet auch Ernoul, IX, S. 96-97.

[335] B. Hamilton, Elephant, S. 102-103, meint, Rainald habe mit dem Zug nach Taimā' Saladin „strategisch" von einem Zug nach Aleppo abhalten wollen. Aṣ-Ṣāliḥ Ismā'īl von Aleppo starb aber erst am 4.12.1181, als die Taimā'- Operation schon lief. Vgl. al-Maqrīzī, Ḫiṭaṭ, Bd. 1, S. 185.

[336] Wilhelm v. Tyrus, XXII, XX, S. 1102: *eoque amplius indignati (sc. rex et nobiles), quod tantam ejus qui abierat superbiam, quod, contemptis regni viribus, ut regna vindicaret extera, profisciens, cum rege nec treugam nec foedus inierat.*

[337] Wilhelm v. Tyrus, XXII, XXIV, S. 1114.

Monaten, die „Kein Platz (*lā maqām*)“-Politik von 1174-1175 wiederaufzunehmen?

Am 4. Dezember 1181 starb aṣ-Ṣāliḥ Ismā'īl von Aleppo, den Saladin bis 1176 als Oberherrn anerkannt hatte. Wie nach dem Tod des Nūr ad-Dīn versuchten die wichtigsten politischen Potenzen des Raumes, davon zu profitieren. Am 29. Dezember besetzte der Vetter und eingesetzte Erbe des Verstorbenen, 'Izz ad-Dīn Mas'ūd von Mossul, Aleppo. Vergeblich wurde er von den Aleppinern danach zum Angriff auf das aiyūbidische Syrien gedrängt, und in Ḥamāh brach tatsächlich auch ein prozengīdischer Aufstand gegen Saladins Neffen Taqīy ad-Dīn 'Umar aus. Gleichzeitig erhob aber auch 'Imād ad-Dīn Zengī II. von Sinǧār, ein Bruder des Herrn von Mossul, Ansprüche auf Aleppo und drohte, bei einer Ablehnung Sinǧār an Saladin zu übergeben. Er setzte sich durch, lieferte Sinǧār an 'Izz ad-Dīn aus und zog im Mai 1182 in Aleppo ein[338]. Mit dem Tod des aṣ-Ṣāliḥ Ismā'īl verlor auch der aleppinisch-antiochenische Vertrag (von 1178?) seine Gültigkeit. Aleppinische Truppen besetzten das Kondominium (*munāṣafa*) Šīḥ al-Ḥadīd[339], und die Franken griffen möglicherweise Harenc/Ḥārim an[340]. Saladin in Ägypten konnte persönlich nichts tun, ebensowenig wie sein Neffe Farroḫšāh, der Gouverneur in Damaskus, der sich wegen Rainald von Châtillons Taimā'-Angriff in Transjordanien aufhielt. Saladin forderte aber seine Gefolgsleute in Nord- und Zentralsyrien auf, zur Wahrung seiner angeblich vom Kalifen al-Mustaḍī' (1170-1180) garantierten Rechte auf Aleppo einzugreifen[341].

Der Tod des aṣ-Ṣāliḥ Ismā'īl hatte also die Fronten zwischen fast sämtlichen Staatswesen der Region wiederaufbrechen lassen. Spätestens als Saladin im September nach Beendigung der Angriffe verschiedener aiyūbidischer Armeen auf den Westen und Süden des Königreichs Jerusalem und auf Beirut nach Aleppo zog, änderte sich die Lage. Raimund III. von Tripolis erreichte im Gegensatz zu Jerusalem bei Saladin den Abschluß eines Waffenstillstands (*hudna*)[342]. Aleppo soll zu dieser Zeit bereits wieder einen — nachteiligen, weil mit Kondominien (*munāṣafāt*) verbundenen — Waffenstillstand (*hudna*) mit Antiochia und den Arme-

---

[338] Vgl. die Überblicke bei A. Ehrenkreutz, Saladin, S. 169-170 und M.C. Lyons/D.E.P. Jackson, Saladin, S. 159-162.

[339] b. al-'Adīm, Zubda, Bd. 3, S. 48: *kāna 'ṣ-ṣulḥ qad infasaḫa bi-maut* … .

[340] al-Kātib al-Iṣfahānī bei Abū Šāma, Rauḍatain, II, S. 23; b. Wāṣil, Bd. 2, S. 110.

[341] al-Bundārī, S. 185-186.

[342] al-Maqrīzī, Sulūk, I. Bd. 1, S. 77.

niern abgeschlossen gehabt haben[343]. Zeichnete sich damit eine neue Phase von „Kein Platz (*lā maqām*)"-Allianzen ab? Saladins Kanzlei verbreitete jedenfalls zwischen Anfang 1182 und Frühsommer 1183 diesen Eindruck in einer Reihe von Schreiben an zumeist hohe Würdenträger des Kalifenhofs:

Noch während Saladin in Ägypten weilte, behauptete al-Kātib al-Iṣfahānī in einem Brief, der Herr von Mossul habe sich Aleppo widerrechtlich angeeignet und zahle Gelder an die Ungläubigen. Seinen Herrn Saladin stellte der Sekretär dagegen als eifrigen Kämpfer gegen die Franken dar[344]. In einem zweiten Brief nach Bagdad wurden die Anschuldigungen konkreter: Mossul habe sich mit den Assassinen/Bāṭinīya in Verbindung gesetzt und ihnen islamische Festungen und Dörfer sowie eine *dār ad-da'wa* (ismā'īlitisches Missions- und Propagandazentrum) in Aleppo für ihre Mittlerdienste (*wāsiṭatan*) gegenüber den Franken versprochen. Ein Gesandter aus Mossul befände sich bei Sinān, dessen Gesandter bei Raimund von Tripolis und dessen Emissär schließlich bei König Balduin, wie jüngst angekommene Briefe bewiesen[345].

Die Kanzleischreiben, die Saladin während seines Feldzugs im Norden (September 1182 bis Mai 1183), der sich ausschließlich gegen muslimische — zengīdische und artuqidische — Gegner richtete, verfassen ließ, sind alle von demselben Tenor geprägt: Saladin gehorcht dem Kalifen, führt die schwarzen Fahnen der 'Abbāsiden bei seinen Eroberungen, er handelt als einziger der Pflicht zum *ǧihād* gemäß, seine islamischen Kontrahenten dagegen agieren gegen den Willen des Kalifen, entziehen sich dem *ǧihād* (wo die Franken gerade jetzt aus Europa verstärkt würden!)[346] und stehen sogar mit den Ungläubigen im Bunde: Im September 1182, vor Aleppo, berichtete Saladin an Bagdad, er wisse durch Augenzeugen von einem mossulitisch-fränkischen Abkommen (*'aqd*) auf elf Jahre. Jedes Jahr sollten den Franken 10000 Dīnār gezahlt, außerdem die islamischen Grenzfestigungen Paneas/Bāniyās, Cave de Tyron/Šaqīf Tīrūn und Cave de Sueth/Ḥabīs Ǧaldak und alle fränkischen Gefangenen in den Orten ausgeliefert werden, die man Saladin mit fränkischer Hilfe abnähme[347]. Ziel dieses Ver-

[343] al-Qāḍī al-Fāḍil, in: Ms. Bibl. Nat. arab. 6024, fol. 65v.
[344] al-Bundārī, S. 167.
[345] al-Qāḍī al-Fāḍil in: Ms. Bibl. Nat. arab. 6024, fol. 68r-v.
[346] Vgl. ders., bes. Ms. Bibl. Nat. arab. 6024, fol. 65r.
[347] Ebda. fol. 13r. In einer anderen Handschrift, Ms. Brit. Mus. or. Add. 25757, fol. 27v (= Abū Šāma, Rauḍatain, II, S. 31), ist auch von der Freilassung bei den Zengīden gefangener Franken die Rede.

trages seien koordinierte zengīdische Angriffe von Norden her und der Franken auf Syrien gewesen. Man habe in Mossul geglaubt, ohne einen Waffenstillstand mit den Franken könne es sich Saladin nicht leisten, die Zengīden anzugreifen. In einem zweiten Brief ist ebenfalls von der Auslieferung von Burgen und davon die Rede, daß die Assassinen/Bāṭinīya Gelder für einen Mordanschlag auf Saladin erhalten hätten [348]. In entscheidenden Phasen des aiyūbidischen Eroberungszuges wurden diese Behauptungen wiederholt: zuerst Ende Dezember 1182, als Saladin mit der Eroberung von Sinǧār die erste Phase seiner Offensive gegen Mossul beendete und das ganze Unternehmen unter anderem mit dem vorgeblichen zengīdisch-fränkischen Pakt begründete [349]. Eine zweite Serie von Lobpreisungen Saladins als pro'abbāsidischer *muǧāhid* (Glaubenskämpfer) und Vorwürfen, Mossul würde den *ǧihād* behindern, mit den Assassinen/Bāṭinīya in Verbindung stehen sowie die Franken zu Razzien anstacheln, entstand von Mai bis Mitte Juni 1183 [350]. Saladin plante zu dieser Zeit eine zweite Belagerung von Mossul. Die erste hatte er im Dezember 1182 auf Druck vom Kalifen entsandter Vermittler abbrechen müssen [351].

Folgt man diesen zahlreichen zeitgenössischen Berichten, so scheint sich eine Diskussion über die Existenz eines zengīdisch-fränkischen Bündnisses gegen Saladin auch 1182/1183 zu erübrigen. Zweifel sind indes aus einer Reihe von Gründen angebracht: Die Belege f ü r ein Bündnis sind sämtlich aiyūbidischer Provenienz. Fränkische Quellen wie Wilhelm von Tyrus oder Ernoul und Quellen zengīdenfreundlicher Tendenz wie Ibn al-Aṯīr lassen nichts dergleichen verlauten, obwohl sie das fränkisch-zengīdische Zusammenwirken zwischen 1174 und 1175 nicht unterschlagen. Gerade von Wilhelm von Tyrus, einem Befürworter von „Kein Platz (*lā maqām*)"-Allianzen, könnte man eine entsprechende Mitteilung auch für 1182/1183 erwarten. Weiter: Ein Mordanschlag auf Sa-

---

348 Ders., Ms. Bibl. Nat. arab. 6024, fol. 54v.

349 Bes., ebda., fol. 10r-v und 110r-v; und al-Kātib al Iṣfahānī, Barq, Ms. Bodleian Marsh 425, fol. 5v und 14v. Vgl. ebda., fol. 25v (Bericht des Feldzugs gegen Franken und Zengīden bis Ende 1182 an den Gouverneur von 'Adan im Jemen).

350 Vgl. bes. ebda., fol. 35r-v; al-Qāḍī al-Fāḍil, Ms. Bibl. Nat. arab. 6024, fol. 23v-25v; ders., Mukātabāt, Ms. München cod. arab. 402, fol 112v-115v. Vgl. Auszüge bei Abū Šāma, Rauḍatain, II, S. 49.

351 Der Kalif an-Nāṣir (1180-1225) versuchte ab 1182, Mossul als Pufferstaat zu erhalten und Saladins Machtausweitung nach Osten zu beenden. Vgl. E. Sivan, Saladin et le calife al-Nasir, in: Scripta Hierosolymitana 23 (Studies in History), ed. D. Asheri und J. Shatzmann, Jerusalem 1972, Bd. 2, S. 126-145, hier S. 129-130 et passim.

ladin, den die Zengīden 1182 angeblich bei den Assassinen/Bāṭinīya mit weitreichenden Konzessionen erkauft haben sollen, hat nicht stattgefunden. Auch der immer wieder vorgebrachte, durch ein kalifales Einsetzungsdiplom begründete Rechtsanspruch Saladins auf Aleppo ist eher unglaubwürdig. In der erhaltenen Abschrift der entsprechenden Urkunde aus dem Jahr 1175 wird Aleppo Saladins Machtbereich ausdrücklich entzogen [352]. Ganz offenkundig doppelzüngig ist die aiyūbidische Klage im ersten Brief nach Bagdad (Ende 1181/Anfang 1182) über aleppinische Angriffe auf Ravendel/ar-Rāwandān. Saladin hatte stattdessen seinerseits dem dortigen Stadtherrn befohlen, Aleppo Schaden zuzufügen [353].

Lassen sich vielleicht im fränkischen Verhalten während Saladins Feldzug gegen die Zengīden Anhaltspunkte für ein fränkisch-zengīdisches Bündnis finden? Tatsächlich entfaltete das Königreich Jerusalem in dieser Zeit vielfältige militärische Aktivitäten [354]. Empört über den Hochmut Saladins, ohne Waffenstillstand nach Norden gezogen zu sein — so Wilhelm von Tyrus — , beschlossen König und Adel, mit dem gesamten Heerbann einen Streifzug in die Gebiete südlich von Damaskus zu unternehmen. Das einzig greifbare Ergebnis dieser Unternehmung bestand in der Rückeroberung der Burg Cave de Sueth/Ḥabīs Ǧaldak, deren Besitz den Franken bis zum Sommer 1182 die Einkünfte aus dem Kondominium (*munāṣafa*) über Gebiete östlich des oberen Jordans gesichert hatte [355]. Auf dieses Unternehmen im Oktober 1182 folgte im Dezember ein ähnliches, auch ähnlich erfolgloses [356]. Im Frühjahr 1183 soll es einen fränkischen Angriff an der Südwestgrenze des Königreichs gegeben haben [357]. Und in den ersten drei Monaten 1183 versuchte eine von Rainald von Châtillon organisierte Flottille, die fränkische Herrschaft auf das Rote Meer auszudehnen, vielleicht sogar Mekka und Medina anzugreifen [358]. Es scheint aber, daß all diese Angriffe nicht auf zengīdische Initiative hin, sondern deswegen erfolgten, weil die Gelegenheit

[352] al-Qalqašandī, Bd. 10, S. 137.

[353] al-Bundārī, S. 185-186. Vgl. M.C. Lyons/D.E.P. Jackson, Saladin, S. 162-163.

[354] So die Wertung von J. Prawer, Histoire, Bd. 1, S. 616.

[355] Wilhelm v. Tyrus, XXII, XX-XXI, S. 1102-1107.

[356] Ebda., XXII, S. 1108-1109.

[357] al-Qāḍī al-Fāḍil, z.B. in: Ms. Berlin Weitzenstein 1264, fol 86r ff, und al-Maqrīzī, Sulūk, I, Bd. 1, S. 80.

[358] Zu diesem in der Literatur viel beachteten Unternehmen zuletzt: M.C. Lyons/D.E.P. Jackson, Saladin, S. 185-188, und G.L. Leiser, The Crusader Raid in the Red Sea in 578/1182-1183, in: Journal of the American Research Center in Egypt (Cairo) 14 (1977), S. 87-100.

zu Beutezügen und Ablenkungsmanövern während Saladins Abwesenheit einfach günstig schien. In Jerusalem, so macht es Wilhelm von Tyrus ganz deutlich, herrschte zunächst völlige Unklarheit über Saladins Ziele und Aktivitäten im Norden [359]. Immerhin waren die Franken über Saladins Erfolge dort so besorgt, daß im Februar 1183 die Erhebung einer Sondersteuer beschlossen wurde [360]. Mit den Geldern wurde aber weder ein Hilfsunternehmen für die Gegner Saladins im Norden noch auch nur ein weiterer Feldzug gegen Damaskus finanziert. Sie dienten allein der Landesverteidigung und wurden großenteils für verbesserte Befestigungsanlagen ausgegeben, als Saladin im Juni nach Syrien zurückkehrte und mit der Einnahme von Aleppo die Einkreisung der fränkischen Staaten abschloß [361]. Auf eine Allianz mit den Zengīden deutet nichts hin.

Sowohl die Überprüfung der Quellen für ein solches Bündnis als auch der Überblick über die fränkische Reaktion auf den Feldzug Saladins im Norden führen also zu dem Ergebnis, daß die Existenz eines zengīdisch-fränkischen Bündnisses 1182/1183 nicht beweisbar, wenn nicht sogar unwahrscheinlich ist. Die konkreteste aiyūbidische Belegstelle, die von einem Abkommen auf elf Jahre, der Auslieferung verschiedener Burgen und Gefangener spricht, ähnelt auf frappante Weise derjenigen für das Jahr 1175/1176, wo von einem zengīdischen Vertragsangebot fast gleichen Inhalts die Rede ist [362]. Man ist geneigt, in der Passage ad 1182 nicht mehr als eine Auffrischung älterer — und berechtigterer? — Vorwürfe zu sehen. Vielleicht haben die aiyūbidischen Angaben über die zengīdisch-fränkischen Kontakte dennoch einen historischen Kern, obwohl sie von Saladins Umgebung ohne Zweifel aufgebauscht wurden, um die eigene Expansion gegen Muslime zu legitimieren. Es ist durchaus nicht undenkbar, daß die Gegner Saladins auch 1182/1183 auf den Gedanken gekommen sind, analog zu ihrer erfolgreichen „Kein Platz (*lā maqām*)"-Politik von 1175/1176 Kontakt zu den Franken aufzunehmen. Entscheidend aber ist, daß es in jedem Fall nicht zu einem formellen Bündnis zwischen den Zengīden und Jerusalem kam: Obwohl man sich im Königreich Jerusalem der Gefahren eines weiteren Machtzuwachses für Saladin bewußt war, verhinderten Führungsschwäche und die Machtkämpfe offensichtlich, daß im Einvernehmen mit den Gegnern

---

[359] Wilhelm v. Tyrus, XXII, XIX, S. 1101-1102.
[360] Ebda. XXIII, S. 1109-1112.
[361] Ebda. XIV, S. 1114.
[362] Vgl. oben S. 289 und Anm. 251.

Saladins wirksame Gegenmaßnahmen getroffen wurden. Ob solche von Balduin IV. geplant, aber gegen die *Hofpartei* und die Ritterschaft nicht durchzusetzen waren oder ob der König sie gar nicht erst ins Auge faßte, muß man dahingestellt sein lassen. Erstmals seit Jahrzehnten verfolgte Jerusalem 1182/1183 keine „Kein Platz (*lā maqām*)"-Politik mehr und blieb in der Defensive. Ohne eine ergänzende Bündnispolitik konnten selbst die weitgespannten militärischen Operationen von 1182-1183 nichts gegen die Einschließung der fränkischen Staaten durch den aiyūbidischen Herrschaftskomplex ausrichten. Ibn al-Aṯīr (555-630 a.h./1160-1233) überliefert passend dazu einen angeblichen Ausspruch Saladins. Als ihn im Norden die Nachricht von den fränkischen Angriffen auf Damaskus überbracht wurde, soll er geäußert haben: „Sie zerstörten Dörfer, und wir erobern als Ersatz dafür Städte. Wenn wir zurückkehren, bauen wir sie wieder auf — und sind (dann gleichzeitig) stark (genug), ihre Länder anzugreifen" [363].

* * * * *

Im vorangegangenen ist beschrieben worden, wie die fränkischen Staaten die Veränderungen der Kräftekonstellation im Vorderen Orient vom Tod des Nūr ad-Dīn bis zur Einnahme Aleppos durch Saladin beurteilten und von welchen Faktoren die Art und Weise bestimmt wurde, in der sie reagierten. Nun muß ergänzend dazu noch ein Blick auf die Politik Saladins gegenüber den Franken geworfen und nach der Rolle des *ǧihād*-Gedankens für das fränkisch-aiyūbidische Verhältnis zwischen 1174 und 1183 gefragt werden.

Es ist bereits angeklungen, daß Saladin und seine Kanzlei die *ǧihād*-Propaganda zur Herrschaftslegitimierung benutzten und ihre muslimischen Gegner als angebliche Verbündete der Ungläubigen herabsetzten. In Wirklichkeit hatte Saladin ebensowenig Skrupel wie die Zengīden, mit den Franken zum Vertragsabschluß zu kommen. Während eines Großteils der Zeit von 1174 bis 1183 existierten Abkommen zwischen den Aiyūbiden einerseits sowie Jerusalem und Tripolis andererseits. Inhaltlich beschränkten sie sich nicht auf Waffenruhe, Gefangenen- und Geiselaustausch oder Getreidelieferungen. Offenbar blieben unter Saladins Herrschaft auch die fränkisch-islamischen Kondominien erhalten. Sicher nachzuweisen sind Kondominien (*munāṣafāt*) in der Ebene zwischen Paneas/Bāniyās und Chastel Neuf/Hūnīn im Norden [364], dem Sueth/as-

[363] b. al-Aṯīr, Kāmil, Bd. 11, S. 484.
[364] b. Ǧubair, S. 300 (ad 1184).

Sawād östlich des Jordan[365] und Teilen des Ḥaurān[366]. In einem Brief an den Kalifen, den al-Qāḍī al-Fāḍil vermutlich 1182 verfaßte, wird der bis dahin bestehende Vertrag mit den Franken sogar als besonders vorteilhaft für den Islam eingeschätzt, weil er *munāṣafa*-Charakter gehabt habe[367].

Wie unter Saladins Vorgängern regelten diese Abkommen den Modus vivendi in Syrien und ermöglichten zum Teil erst Saladins Machtausweitung auf Kosten der Zengīden. Sie kontrastierten allerdings scharf zu Saladins *ǧihād*-Anspruch, wie er nicht nur in den Briefen an den Kalifen, sondern auch in Bauinschriften oder der Beteiligung Freiwilliger (*mutaṭawwi'a*) am Kampf gegen die Franken zum Ausdruck kam[368]. Je länger Saladin Verträge mit den Franken schloß und gegen Muslime Krieg führte, desto dringender wurde es für ihn, der *ǧihād*-Propaganda Taten folgen zu lassen. Es bestand ein zunehmender Rechtfertigungsdruck, denn schon nach seinem ersten Feldzug gegen die Zengīden war Saladin 1175 in einem Einsetzungsdiplom des Kalifen al-Mustaḍi' nachdrücklich aufgefordert worden, mehr als nur Streifzüge gegen die Franken zu unternehmen und Jerusalem zu befreien[369]. Bis 1180 begegneten die Aiyūbiden dem besonders am Kalifenhof gegen ihre Beteuerungen gehegten Argwohn dadurch, daß ein Anspruch Saladins auf die Regentschaft für den minderjährigen aṣ-Ṣāliḥ Ismā'īl, ab 1176 auf die Herrschaft in Aleppo selbst erhoben wurde und die kurzen, dem Kampf gegen die Franken vorbehaltenen Phasen propagandistisch „optimal" als *ǧihād* dargestellt wurden[370]. Verträge mit Jerusalem oder Tripolis kennzeichnete man als von Nutzen (*maṣlaḥa*) für den Islam[371]. 1178, als Bagdad erneut auf Angriffe gegen die Franken drängte, erklärte Saladin sein Zögern wiederholt mit der durch eine Dürreperiode verursachten bekanntermaßen schlechten Wirtschaftslage Syriens, versprach aber die Erobe-

---

365 Wilhelm v. Tyrus, XXII, XV, S. 1090 (ad 1182).

366 al-Qāḍī al-Fāḍil, Ms. Cambridge Qq 232 (8), fol. 23v. Geteilt waren auch Teile des Ḥaurān, vermutlich aber nicht *an-nuqra ad-dimašqīya*, das Kerngebiet.

367 al-Qāḍī al-Fāḍil, Ms. Bibl. Nat. arab. 6024, fol. 64v: *kānat hāḏihī 'l-hudna mutāraka mubāraka bal murāǧama wa-munāṣafa …*

368 Zu Saladins Inschriften vgl. G. Wiet, Les inscriptions de Saladin, in: Syria 3 (1922), S. 307-328, dort auch ausführlich zu Titulatur und *ǧihād*-Epitheta Saladins.
Zu den Freiwilligen, bes. auch Homines religiosi, allg. E. Sivan, L 'Islam, S. 103-104.
Ad 1179 vgl. z.B. al-Kātib al-Iṣfahānī, Barq, Ms. Bodleian Bruce 11, fol. 143v.

369 Vgl. das Einsetzungsdiplom von 1175 bei al-Qalqašandī, Bd. 10, S. 142.

370 Dazu bes. E. Sivan, L 'Islam, S. 95-98.

371 Vgl. oben S. 289, Anm. 251 und S. 317, Anm. 367.

rung Jerusalems für 1179[372]. Eine Episode aus dem Jahr 1180 zeigt, daß das Rekurrieren auf den *ǧihād*-Gedanken für Saladin zunehmend zum Problem wurde: Während Saladins Feldzug in Nordsyrien ließ der Rūmseldschukensultan Qılıč Arslān dem Aiyūbiden duch einen Gesandten die Frage stellen, wie er es wohl vor Gott rechtfertigen wolle, mit den Franken Frieden geschlossen, das Wohl der Muslime aber vernachlässigt zu haben und Qılıč Arslān anzugreifen. Saladin blieb darauf nichts mehr übrig, als Frieden zu schließen[373]. Auch in Aleppo verfing die aiyūbidische Propaganda nicht, wie der erbitterte Widerstand der türkischen Militärs und der Stadtmilizen (*aḥdāṯ*) 1175 und 1183 gegen Saladin beweist. 1183 kämpften die Verteidiger Aleppos sogar, obwohl ihnen kein Sold mehr ausgezahlt wurde[374]

Als die Auseinandersetzungen zwischen Saladin und den Zengīden 1182/1183 nach dem Tod des aṣ-Ṣāliḥ Ismā'īl von Aleppo neu entbrannten, stellte sich das Problem der Glaubwürdigkeit der aiyūbidischen *ǧihād*-Beteuerungen mit größerer Schärfe denn je. Wieder richtete Saladin seine Machtausweitungsbestrebungen gegen Muslime und nicht gegen die Franken. Wie er versuchte, sein Verhalten in Bagdad zu rechtfertigen, verdient besondere Aufmerksamkeit:

Einmal wurden die fränkisch-aiyūbidischen Kämpfe unmittelbar vor und während Saladins Feldzug in Nordsyrien und Nordmesopotamien, besonders der Sieg seines Admirals Ḥusām ad-Dīn Lu'lu' über die Flotte Rainalds von Châtillon, propagandistisch und in Briefen an den Kalifen stark hervorgehoben. Vielleicht waren auch an Saladins Entschluß, 1182 vor seinem Angriff auf die Zengīden k e i n e n Waffenstillstand mit Jerusalem (wenn auch mit Tripolis) abzuschließen, Glaubwürdigkeitsgründe mitbeteiligt. Sich nach 1180 nochmals nachsagen zu lassen, er mache Frieden mit den Ungläubigen, um Muslime zu bekriegen, konnte sich Saladin wohl nicht leisten. Interessant ist aber vor allem, welchen Argumentationslinien die Kanzlei Saladins bei der Formulierung ihrer Briefe nach Bagdad folgte: Man bemühte sich nicht nur, die Zengīden des Paktierens mit den Franken zu beschuldigen — mit welch fraglicher Berechtigung, wurde bereits dargestellt. Wiederholt wurde betont, daß man der Truppen aus Mossul und Aleppo bedürfe, um den *ǧihād* führen

[372] Vgl. al-Kātib al-Iṣfahānī, Barq, Ms. Bodleian Bruce 11, fol. 46r-v.

[373] b. al-Aṯīr, Kāmil, Bd. 11, S. 365-366. Auch wenn diese Anekdote nur „ben trovato" ist, zeigt sie doch, was außerhalb Syriens von Saladins *ǧihād* gehalten wurde.

[374] Bes. b. al-'Adīm, Buġya, S. 288-289. Als 'Imād ad-Dīn Zengī II. Aleppo 1183 an Saladin übergab, wurde er von der Stadtbevölkerung deswegen verhöhnt.

zu können. Angeblich ginge es Saladin bei seinem Kampf gegen die Zengīden nicht um Gebietserwerb, sondern nur darum, neue Quellen für den Frankenkampf in die Hand zu bekommen[375]. Als für Saladin deutlich wurde, daß sich der Kalif an-Nāṣir (1180-1225) gegen seine Expansion in Nordmesopotamien (al-Ǧazīra) stellte und Vermittler zwischen Mossul und ihm einsetzte (Ende 1182), nahm die aiyūbidische Propaganda immer schrillere Töne an: Von Sororgia/Sarūǧ aus, Mitte Mai 1183, entwickelte al-Qāḍī al-Fāḍil in einem Schreiben an den Kalifenhof eine weitgespannte Vision. Er zieh die Zengīden nochmals der Usurpation in Aleppo, der Unterlassung des *ǧihād*, der Kooperation mit Franken und Assassinen/Bāṭinīya und der Bezahlung der Ungläubigen für Angriffe auf islamisches Gebiet und setzte dagegen Saladins Hoffnung, nach der Einnahme von Mossul nicht etwa nur Jerusalem und Palästina (as-sāḥil) befreien, sondern den *ǧihād* auch nach Konstantinopel, ins christliche Georgien und sogar das Almohadenreich in Nordafrika tragen zu können[376]. Die Zengīden dagegen ließ Saladin durch seine Kanzleisekretäre in Bagdad als illoyal und dem Kalifen potentiell gefährlich diffamieren: Sie hälfen nicht nur den Ungläubigen, sondern hielten sich lediglich bei Schwierigkeiten an den Kalifen, betrachteten das Diesseits als „Erbbesitz" (*iqṭā'*), nicht als Depositum (*īdā'*), seien dem Kalifen nur dem Namen nach gehorsam und sännen insgeheim auf eine Restauration des Seldschukensultanats[377].

Die Terminologie der Propagandisten Saladins bei der Aufstellung solcher Behauptungen ist ungewöhnlich interessant: Schon 1175 wurde Saif ad-Dīn Ġāzī II. von Mossul von al-Qāḍī al-Fāḍil, als *ḫāriǧī* bezeichnet, also als Abweichler, der die Oberhoheit des Bagdader Kalifen nicht anerkannte[378]. 1180, vor dem Feldzug gegen die Rūmseldschuken, schrieb der Kanzleichef an den Kalifen, Qılıč Ars-

---

375 Vgl. E. Sivan, L 'Islam, S. 96-98. Einzelne Beispiele: al-Qāḍī al-Fāḍil, Ms. Bibl. Nat. arab. 6024, fol. 18r-19r, 65r.

376 Ders., fol. 36r-v; Mukātabāt, Ms. München cod. arab. 402, bes. fol. 116r (=Abū Šāma, Rauḍatain, II, S. 49).

377 Die Seldschuken hatten den Kalifen ab etwa 1055 für über ein Jahrhundert jede weltliche Machtausübung außerhalb von Bagdad unmöglich gemacht. Vgl. bes. al-Kātib al-Iṣfahānī, Barq, Ms. Bodleian Marsh 425, bes. fol. 35v (Teilabdruck bei Abū Šāma, Rauḍatain, II, S. 49).
Allgemein: M.C. Lyons/D.E.P. Jackson, Saladin, S. 192-193.

378 M.C. Lyons/D.E.P. Jackson, Saladin, S. 98, nach al-Qāḍī al-Fāḍil, Ms. Mossul 93, 3, fol. 49 (war mir nicht zugänglich). Ähnliche Formulierungen klingen auch in dem in Anm. 377 zitierten Brief von 1183 an.
Zu *ḫāriǧīya* vgl. G. Levi della Vida, Khāridjites, in: EI 2, Bd. 4, S. 1074-1077.

lān habe „den Stab des Islam zerbrochen". Der Kalif solle jenem Befehle übersenden; würde er sie nicht befolgen, so mache er sich schuldig, und es sei rechtmäßig, ihn zu bekriegen [379]. Ab 1182 verschärfte sich dieser Tonfall. Al-Kātib al-Iṣfahānī schrieb in einem Brief an den Statthalter von ʻAdan in Jemen davon, Mossul und die Franken seien übereingekommen, „unser Land anzugreifen und zurückzuschlagen, was für sie überraschend kam an Angriff auf ihr Land und an *ǧihād* von unserer Seite" [380]. Der aiyūbidische Fürst al-Malik al-Manṣūr (567-617 a.h./1171 oder 1172 -1220) formulierte in seinem Geschichtswerk, Saladin sei 1182 nach Syrien gekommen, um Aleppo anzugreifen und *ǧihād* gegen seine Einwohner zu führen [381]. Al-Qāḍī al-Fāḍil nannte die Gegner Saladins in einem Brief an den Kalifen von Anfang 1183 sogar *munāfiqūn* (Heuchler), ein Terminus, der seit der islamischen Frühzeit potentiell illoyale Muslime, solche ohne innere Überzeugung, denen man Kooperation mit den Ungläubigen (*kuffār*) zutraut, bezeichnet [382]. Im Spätsommer oder Frühherbst 1183 schließlich erinnerte der Kadi Bagdad nochmals ausführlich an die Unverläßlichkeit der Unterordnung Mossuls unter den Kalifen und versprach, Saladin würde jetzt seiner Pflicht zum *ǧihād* gegen „den Ungläubigen (*kāfir*)" folgen, bevor er zum *ǧihād* gegen „den, der die Unterordnung aufgibt (*ḫāliʻ*)", schreite [383].

Saladin, so muß man aus diesen Belegen schließen, blieb nichts anderes übrig, als auch seine Kämpfe gegen Muslime als Heiligen Kampf (*ǧihād*) darzustellen, je länger er den *ǧihād*-Gedanken zur Herrschaftslegitimation benutzte, gegen die Franken aber nichts Entscheidendes unternahm. Auf seiner Seite standen angeblich die Muslime, auf der seiner Gegner Abweichler, Heuchler, Ungläubige, keine echten Muslime. Dieser Gedanke macht es noch wahrscheinlicher, daß die Behauptungen über ein ansonsten nicht zu beweisendes zengīdisch-fränkisches Bündnis 1182/1183 Propaganda waren. Saladin stand zunehmend unter dem Zwang, jede seiner kriegerischen Unternehmungen als *ǧihād* zu etikettieren und griff daher auch zu Verleumdungen. Gerade aber das Schreie-

---

379 M.C. Lyons/D.E.P. Jackson, Saladin, S. 144, nach dem mir nicht zugänglichen Ms. Top Kapu 2497, fol.86.

380 al-Kātib al-Iṣfahānī, Barq, Ms. Bodleian Marsh 425, fol. 25v.

381 al-Malik al-Manṣūr, Miḍmār, S. 96.

382 al-Qāḍī al-Fāḍil, Ms. Bibl. Nat. arab. 6024, fol. 10r. Zu *munāfiqūn* vgl. F. Buhl, Munāfiḳūn, in: Shorter Encyclopaedia of Islam, ed. H.A.R. Gibb und J.H. Kramers, ND Leiden 1974, S. 410-411.

383 al-Qāḍī al-Fāḍil, ebda., fol. 77v-78r.

rische der Propaganda und seine permanente Machtausdehnungspolitik bewirkten, daß die aiyūbidischen *ǧihād*- und Loyalitätsbeteuerungen am Kalifenhof und bei anderen muslimischen Mächten ohne Resonanz blieben. Unterstützung von seiten ihm nicht unterworfener Fürsten konnte Saladin nicht erwarten, auch nicht während des dritten Kreuzzugs (1190-1192)[384].

Für sein Verhalten gegenüber den Franken hatte dies zur Folge, daß Saladin nach der langerstrebten Einnahme von Aleppo 1183 unter gewaltigem Druck stand, nun endlich konsequent gegen die Franken vorzugehen. Die Quellen spiegeln diese Situation überdeutlich wider. So wurde in dem Austauschvertrag für Aleppo mit Zengī II., der als Ersatz Orte im Euphratgebiet erhielt, genau festgelegt, was für Kontingente Zengī II. gegen die Franken zur Verfügung zu stellen habe[385]. Die Einnahme Aleppos wurde als Präfiguration der Eroberung Jerusalems gewertet[386], die Öffnung des Antiochia-Tores in Aleppo als Vorankündigung der Einnahme der Stadt Antiochia/Anṭākiya[387]. In einem Brief aus dem Sommer 1183 heißt es: „Die Eroberung der Aqṣā-Moschee (sc. in Jerusalem) liegt uns näher als jede andere..." [388]; und in einem zweiten vom Herbst 1183, der die Angriffe Saladins gegen das Königreich Jerusalem beschreibt, lautet die Formulierung, die Eroberung von Aleppo habe Saladin aus Dank gegenüber Gott zur Razzia in das Land der Ungläubigen verpflichtet — „der *ǧihād* ... (ist) die verdienstvollste aller Tätigkeiten" [389]. Praktisch alle Staatsschreiben und Einsetzungsdiplome aus dieser Phase rekurrieren auf den *ǧihād*[390]. Eine Entschuldigung, um den Frankenkampf zu unterlassen, gebe es jetzt nicht mehr[391], ließ Saladin selbst verlauten.

Es ist vermutlich nicht verfehlt, die aiyūbidischen Angriffe auf das Königreich Jerusalem und insbesondere die Herrschaft Rainalds von Châtillon ab der zweiten Jahreshälfte 1183 auf den durch Saladin selbst erzeugten *ǧihād*-Druck zurückzuführen. Von Ende September bis Mitte

---

[384] Zu den gespannten Beziehungen Saladins zum Kalifen ab 1180 und der Wirkung seiner Propaganda vgl. E. Sivan, L 'Islam, S. 120-123, und der., Saladin, S. 126 ff.

[385] Z.B. b. al-ʿAdīm, Buġya, S. 289.

[386] al-Kātib al-Iṣfahānī, Barq, Ms. Bodleian Marsh 425, fol. 85v.

[387] Ebda., fol. 88r.

[388] Ebda., fol. 108r.

[389] Ebda., fol. 114v.

[390] Vgl. ebda., fol. 91v f. passim, und M.C. Lyons/D.E.P. Jackson, Saladin, S. 201-205.

[391] So al-Kātib al-Iṣfahānī, ebda., fol. 134v (Saladin an seinen Neffen Taqīy ad-Dīn ʿUmar): *lam yabqa lanā ʿuḏr fī tark al-ǧihād.*

Oktober standen sich die Kontrahenten — die Franken geführt von Guido von Lusignan als Reichsverweser und Gatten der Thronfolgerin — in Galiläa gegenüber. Mehr als die Plünderung einiger Ortschaften, darunter Bethsan/Baisān, gelang Saladin nicht. Ab Ende Oktober bis Mitte Dezember 1183 und einmal mehr im August/September 1184 belagerte er Crac/al-Karak, unternahm Streifzüge westlich des Jordans und wurde jeweils durch fränkische Entsatzheere zum Abrücken gezwungen[392]. Saladin m u ß t e seiner Reputation wegen nach dem Feldzug in Nordmesopotamien (al-Ǧazīra) und der Einnahme von Aleppo *ǧihād* führen. Ob er allerdings nach 1183 allen Ernstes Jerusalem erobern wollte, darf bezweifelt werden. Seine Angriffe richteten sich vor allem gegen Rainald von Châtillon, der sich wiederholt als unzuverlässig in seiner Vertragstreue gezeigt hatte. Als Herr von Transjordanien gefährdete Rainald die Verbindungslinien zwischen Ägypten und Syrien. Daher mußte Saladin an der Eroberung von Crac/al-Karak gelegen sein. Auch der Feldzug Saladins im Königreich Jerusalem 1183 war nicht als Unternehmung zur propagandistisch immer wieder versprochenen Befreiung Jerusalems angelegt, sondern hatte offensichtlich finanzielle Ursachen. Al-Malik al-Manṣūr (567-617 a.h./1171 oder 1172-1220), immerhin ein Mitglied der Aiyūbidenfamilie, begründete ihn damit, daß den Truppen Gelegenheit zum Beutemachen gegeben werden mußte[393]. Während all dieser Kriegshandlungen bestanden außerdem die fränkisch-islamischen Kondominien (*munāṣafāt*) im Norden und an den Grenzen Jerusalems weiter. Der Handel war keineswegs unterbrochen, wie die bekannte Passage des Reisenden Ibn Ǧubair zeigt[394].

Saladin war aber auch nicht uninteressiert am Abschluß neuer Verträge. Noch im Sommer 1183 entsprach er der Bitte Bohemunds III. von Antiochia um einen Waffenstillstand (*temporalis pax*[395], *ṣulḥ*, *muhādana*[396]). Da dieser Vertrag zur Freilassung islamischer Gefangener führte und Saladin erlaubte, sich auf einen Angriff auf Jerusalem zu konzentrieren, mag er aus der Sicht der *ǧihād*-Propagandisten noch zu recht-

[392] Vgl. R. Röhricht, Jerusalem, S. 404-412; J. Prawer, Histoire, Bd. 1, S. 619-627, 630-632; M.C. Lyons/D.E.P. Jackson, Saladin, S. 206-210, 216-220.

[393] al-Malik al-Manṣūr, Miḍmār, S. 152.

[394] b. Ǧubair, S. 298-299, übers. als Ibn Jobair, Voyages, trad. et. ann. M. Gaudefroy-Demombynes, 1-3e partie 1949-1953, (Documents relatif à l'histoire des croisades, 4-6), hier Bd. 3, S. 334-335.

[395] Wilhelm v. Tyrus, XXII, XXIV, S. 1024; Michael Syrus, S. 396.

[396] *ṣulḥ*: al-Kātib al-Iṣfahānī, Barq, Ms. Bodleian Marsh 425, fol. 90r und 108r; *muhādana*: al-Malik al-Manṣūr, Miḍmār, S. 151.

fertigen gewesen sein. Möglicherweise unterstellte sich Bohemund dabei einer wie auch immer gearteten aiyūbidischen Oberhoheit, denn al-Malik al-Manṣūr spricht davon, Bohemund habe sich den Befehlen des Sultans unterstellt und sich ihm unterworfen (*ba'da ... duḫūl ... taḥta awāmir as-sulṭān wa-ḍarā'atihī*). Da über die Art dieser Unterwerfung, über symbolische Gesten etwa, nichts bekannt ist, sollte man diese Passage besser nicht zu streng auslegen. Immerhin ist es bemerkenswert, daß Saladin sofort nach der Machtübernahme in Aleppo die Serie aleppinisch-antiochenischer Verträge fortsetzte und an der Weiterexistenz der dort bestehenden Kondominien (*munāṣafāt*) nichts änderte[397]. Ein Brief vom 6. Mai 1183 aus dem Lager vor Aleppo belegt aber, daß Saladin kurz vor dem Höhepunkt seiner *ǧihād*-Propagandakampagne auch damit liebäugelte, sogar mit Tripolis und Jerusalem einen Vertrag zu schließen. In dem Schreiben wird der nach Damaskus abgeordnete Emir 'Izz ad-Dīn Čāvlī von den bisherigen fränkischen Angeboten unterrichtet und vor der bekannten Vertragsuntreue und Unberechenbarkeit der Franken gewarnt. Gerade sei ein aiyūbidischer Gesandter von Raimund III. von Tripolis zusammen mit dessen Botschafter zurückgekehrt. Raimund wolle ein Abkommen schließen und ein analoges mit Jerusalem vermitteln. Nur deshalb, so habe er beteuert, sei er nach Jerusalem gezogen. Raimunds doppelzüngige Natur sei bekannt, dennoch solle Čāvlī einen Waffenstillstand (*hudna*) vereinbaren, wenn es möglich sei und der Großneffe Saladins, Šāhānšāh, dabei freikäme[398]. Nur falls die Franken höhere Forderungen als bisher gestellt erhöben, habe Čāvlī noch-

[397] Nach al-Malik al-Manṣūr, ebda., S. 146, stellte der Vertrag die unmittelbare Verlängerung eines zur selben Zeit auslaufenden Abkommens zwischen Antiochia und Aleppo (vermutlich von 1181) dar.
Zum besonderen Rechtsverhältnis, einer nicht näher definierbaren Unterordnung, zwischen Bohemund und Saladin und den Kondominien vgl. (ad 1192/1193) al-Kātib al-Iṣfahānī, Fatḥ, S. 446, und Bahā' ad-Dīn b. Šaddād, S. 240.

[398] Er befand sich seit 1177 in der Hand der Templer: al-Bundārī, S. 130. Ernoul, XXII, S. 255-256, und Estoire de Eracles, XXIV, XII, S. 123, bestätigen in anderem Zusammenhang die Mitteilung des al-Bundārī. Šāhānšāh hatte sich von einem fränkischen Überläufer namens Jehan Gales überreden lassen, zu den Franken überzutreten. Ihm war Hoffnung gemacht worden, bei ihnen „Besitz" (oder: „Herrschaft") zu erhalten, wurde aber gefangengenommen. Allein die Tatsache aber, daß ein Mitglied der Aiyūbidenfamilie damit rechnete, in fränkischen Diensten eine Herrschaft erlangen zu können, zeigt, wie entspannt die Beziehungen zeitweilig waren. Die Gefangennahme des Šāhānšāh ist vermutlich in die Amtszeit des Tūrānšāh als Gouverneur (*wālī*) von Damaskus zu setzen, der sich — wie gezeigt — um friedliche Beziehungen und Handel zu Jerusalem bemühte.

mals Rücksprache mit Saladin zu halten[399].

Warum es schließlich zum Abschluß dieses Vertrages nicht kam, ist unbekannt. Ein möglicher Grund wäre, daß Saladin zur Erhaltung seines Heeres weiter Krieg führen mußte und auf Beute angewiesen war, die in Aleppo nicht gemacht werden konnte, da die Stadt nicht gewaltsam erobert worden war. Vielleicht spielte auch wirklich Argwohn gegen die Vertragsmoral der Franken eine Rolle. Vor allem aber hätte Saladin jede Glaubwürdigkeit in den Augen des Kalifen und damit auch seine Legitimität als Herrscher verloren, wenn er nach der mit *ǧihād* Notwendigkeiten begründeten Einnahme von Aleppo als erstes Frieden mit den Franken geschlossen hätte. An dieser Stelle wird deutlicher als irgendwo sonst, daß Saladin anders als seine Vorgänger und besonders als Nūr ad-Dīn den *ǧihād*-Gedanken nicht einfach problemlos für eigene Ziele instrumentalisieren konnte. Saladins Aufstieg als Usurpator und daher seine überzogene *ǧihād*-Propaganda zwangen ihn zum Kampf gegen die Franken. Jeder Vertragsabschluß mit ihnen konnte für Saladin zum Legitimationsproblem werden. Daß er grundsätzlich auch 1183 an Abkommen interessiert war, zeigen nicht nur der Vertrag mit Antiochia und der Brief an Čāvlī. Allem Anschein nach war er auch Vorschlägen der Päpste Alexander III. und Lucius III. für einen Gefangenenaustausch und einen Friedensschluß gegenüber nicht abgeneigt. Der Papst solle den Franken entsprechende Befehle erteilen, ließ er antworten. Hielten sie sich nicht daran, so seien die Muslime frei, das Abkommen nicht zu befolgen. Diese Klausel beweist ein weiteres Mal, daß Jerusalem seit der Machtübernahme der *Hofpartei* und Rainalds von Châtillon für Saladin ein problematischer Vertragspartner war[400].

* * * * *

Die Ergebnisse der Untersuchung in diesem Abschnitt lassen sich nunmehr zusammenfassen:

Das Auseinanderfallen der von Nūr ad-Dīn beherrschten Gebiete nach dessen Tod 1174 und die sich anschließenden Erbfolgeauseinandersetzungen hatten zur Folge, daß alte, bereits vor dem ersten Kreuzzug

---

[399] Den ganzen Brief des al-Qāḍī al-Fāḍil enthält das Ms. Berlin Weitzenstein 1264, fol. 67r-69r, eine englische Zusammenfassung M.C. Lyons/D.E.P. Jackson, Saladin, S. 197-198.

[400] Briefe darüber sind erhalten bei Radulph de Diceto, Ymagines, Bd. 2, S. 26-27 (Rolls Series, 68, 2), vgl. RRH Nr. 626. Zum Kontext vgl. R. Röhricht, Zur Korrespondenz der Päpste mit den Sultanen und Mongolenchanen des Morgenlandes im Zeitalter der Kreuzzüge, in: Theologische Studien und Kritiken 64 (1891), S. 359-369, hier S. 360-361.

bestehende Gegensätze (etwa zwischen Damaskus und Aleppo, Sunniten und Šī'iten in Aleppo) neu aufbrachen. Zugleich rivalisierten Saladin und Saif ad-Dīn Ġāzī II. von Mossul um die Macht in Syrien. Damit erlebte die für den Abschluß von „Kein Platz (*lā maqām*)"-Allianzen typische Konstellation eine Renaissance. 1175-1176 kam es zu einer Reihe fränkisch-zengīdischer Absprachen, die eindeutig vor dem von Wilhelm von Tyrus klar beschriebenen Hintergrund der „Kein Platz (*lā maqām*)"-Theorie abgeschlossen wurden. Wie bisher auch handelte es sich um ad hoc-Bündnisse, die von den Muslimen angeregt und meist mit besonderen Leistungen von muslimischer Seite verbunden waren.

Im Unterschied zu den Jahrzehnten zuvor wurden diese Allianzen auf fränkischer Seite nach dem Tod Amalrichs 1174 jedoch nicht mehr von einer starken Persönlichkeit auf dem Jerusalemer Thron durchgesetzt. Die Gestaltung der Jerusalemer Politik gegenüber muslimischen Nachbarstaaten unterlag in wachsendem Maß den jeweiligen Interessen und der Vertragsbereitschaft der im Königreich gerade dominierenden Adelspartei. Die dort stattfindenden Machtkämpfe und die Haltung der 1180 vorerst siegreichen *Hofpartei* trugen dazu bei, daß 1182/1183 entgegen den Behauptungen der Kanzlei Saladins während der entscheidenden Phase der Einschließung der fränkischen Staatswesen durch die aiyūbidische Herrschaftssphäre anscheinend keine „Kein Platz (*lā maqām*)"-Bündnisse mit Mossul oder Aleppo existierten. Die Franken erkannten zwar die mit weiteren Gebietsgewinnen Saladins für sie entstehenden Gefahren und reagierten mit Angriffen auf aiyūbidisches Territorium, ordneten ihre Unternehmungen aber nicht mehr in eine Bündnispolitik ein. Nicht nur Fürst Bohemund III. von Antiochia gestaltete seine Politik gegenüber Aleppo und — nach dessen Einnahme 1183 — gegenüber Saladin unabhängig von den Jerusalemer Interessen[401]. Auch der Graf von Tripolis, ein Lehnsmann des Königs, verfolgte eine eigenständige Vertragspolitik. Im Königreich selber hatten ab etwa 1178/1179 die Ritterorden und Rainald von Châtillon als Herr Transjordaniens eine derart starke Position, daß sie sich an von König Balduin IV. beschworene Verträge nicht mehr unbedingt gebunden fühlten. Der König konnte die Einhaltung von Verträgen nicht mehr durchsetzen. Als die Erfolge Saladins 1182/1183

---

[401] Weitere Beispiele sind etwa die Flucht des seldschukischen Fürsten von Melitene/Malaṭya zu Bohemund 1175, vgl. Michael Syrus, S. 362, und das angebliche Auslieferungsangebot des Garnisonschefs von Harenc/Ḥārim 1183, dessen Ausführung ein Aufstand seiner Soldaten und das Eingreifen Saladins verhinderte, vgl. Abū Šāma, Rauḍatain, II, S. 48, und M.C. Lyons/D.E.P. Jackson, Saladin, S. 201-202.

schließlich alle zengīdischen Besitzungen in Syrien in aiyūbidische Hände gebracht hatten, war jeder weiteren „Kein Platz (*lā maqām*)“-Politik der Boden entzogen. Das verhinderte zwar nicht die Vereinbarung neuer Verträge. Das „Kein Platz (*lā maqām*)“-Argument, die Begründung der wichtigsten fränkisch-muslimischen Allianzen seit dem ersten Jahrzehnt des 12. Jahrhunderts, fand nun aber keine Anwendung mehr.

Während die Franken also weniger denn je einen Block bildeten, gewann Saladin bis 1183 alle muslimischen Gebiete Syriens bis auf die Assassinen/Bāṭinīya-Herrschaft. Saladin scheute während dieses Prozesses nicht vor Vertragsabschlüssen mit fränkischen Partnern zurück. In ihnen finden sich neue Bestimmungen wie die *Suspensionsklausel* und möglicherweise auch ein Befestigungsverbot. Verträge sicherten Saladins Expansionspolitik ab, hatten wirtschaftliche Gründe oder gaben ihm Ruhepausen, um die Verwaltung Ägyptens zu reformieren. Propagandistisch ließen sich Verträge und Unterbrechungen des *ǧihād* aber zunehmend schwerer erklären. Spätestens seit 1182/1183 stand Saladin unter solchem Druck, seiner Herrschaftslegitimation wegen gegen die Franken zu kämpfen, daß ihm ein Vertragsabschluß wenigstens mit Jerusalem kaum mehr möglich war. Er mußte die Auseinandersetzung mit dem Königreich suchen. Die aiyūbidischen Angriffe von 1183/1184 waren aber nicht so organisiert, daß — wie es die Propaganda glauben machen wollte — die Eroberung Jerusalems oder der Küstenstädte möglich gewesen wäre. Hauptziel Saladins war Crac/al-Karak, das die Verbindungen zwischen Ägypten und Syrien bedrohte. Da aus dem Brief des al-Qāḍī al-Fāḍil an Čāvlī bekannt ist, daß Saladin auch 1183 einen Vertrag schließen wollte, muß man annehmen, daß seine Angriffe auf die Franken — die finanziellen Aspekte eines solchen Unternehmens, z.B. die Erhaltung der Truppen durch Beute, einmal außer acht gelassen — nur dazu dienten, die durch die übersteigerte *ǧihād*-Propaganda hochgespannten Erwartungen am Kalifenhof, bei den islamischen Nachbarfürsten und unter den aiyūbidischen Untertanen zu beschwichtigen[402].

In den Jahren 1174 bis 1183 veränderten sich folglich die Grundlagen der fränkisch-islamischen Beziehungen grundlegend. Die Ursache dafür ist weniger in dem äußerlichen Element der Einkreisung der fränkischen Staaten, sondern in den Friktionen in der fränkischen Nobilität und Saladins selbst hervorgerufenem Zwang zum *ǧihād* zu sehen.

---

[402] Vgl. A. Ehrenkreutz, Saladin, S. 184.

III.4. Zwischen Vertragspolitik und Konfrontation, Unterordnung und ǧihād: Die fränkisch-aiyūbidischen Beziehungen vom Höhepunkt der Parteienauseinandersetzungen in Jerusalem bis zum Lebensende Saladins (1184-1193)

1183/1184 bot die Kräftekonstellation zwischen Franken und Muslimen in Syrien ein neues, bislang unbekanntes Bild. Die drei fränkischen Staaten waren von Saladins Machtbereich fast vollständig umgeben. Die innere Entwicklung im Königreich Jerusalem hatte nicht allein dazu geführt, daß Saladin während der entscheidenden Phase der aiyūbidischen Expansion im Norden (1182/1183) nicht durch zengīdisch-fränkische Bündnisse nach dem Muster der traditionellen „Kein Platz (*lā maqām*)"-Politik behindert wurde, sie hatte auch zur Konsequenz, daß die Vertragstreue der Franken für die muslimischen Vertragspartner zur unberechenbaren Größe wurde. Den in eine *Partei der Barone* und eine *Hofpartei* zerfallenen Franken stand ein muslimischer Machtbereich expansiven Charakters gegenüber, dessen offizielle Raison d'etre der *ǧihād* war. Für die Lage aus fränkischer Sicht liefert wiederum Wilhelm von Tyrus (um 1130-1186) das lebendigste Zeugnis:

> „Unter den Taten unserer Fürsten ist nichts zu finden, das einem klugen Mann der Aufzeichnung würdig scheinen würde … . Wir haben jetzt den Zeitpunkt erreicht, wo wir weder unsere Fehler noch die Heilmittel dafür ertragen könnten, daher haben unsere Feinde unserer Sünden halber die Oberhand gewonnen" [403].

Zu dieser pessimistischen Wertung aus der Feder des Chronisten und Kanzlers Wilhelm, der in den zwei Jahrzehnten zuvor immer ein eifriger Befürworter fränkisch-byzantinischer Bündnisse und fränkisch-muslimischer „Kein Platz (*lā maqām*)"-Allianzen gewesen war, steht die Siegesgewißheit der aiyūbidischen *ǧihād*-Propaganda seit der Einnahme von Aleppo (1183) in scharfem Kontrast. Der Sieg Saladins in der Schlacht von Ḥaṭṭīn am 3./4. Juli 1187, der das Ende des ersten lateinischen Königreichs Jerusalem einläutete, scheint auf den ersten Blick die logische Folge der seit 1183 eingeleiteten Entwicklung darzustellen.

Allerdings ist im vorangegangenen auch deutlich geworden, daß die *ǧihād*-Bekundungen der aiyūbidischen Propaganda nicht in jedem Fall für bare Münze zu nehmen sind. Saladin erklärte sich selbst 1183 zum Abschluß von Verträgen mit den Franken bereit, nur wurde es zuneh-

---

403 Wilhelm v. Tyrus, XXIII, Praefatio, S. 1132.

mend problematischer, diese Abkommen vor dem Kalifen, den islamischen Nachbarfürsten und den Homines religiosi zu rechtfertigen. Auf fränkischer Seite waren es insbesondere Bohemund III. von Antiochia und Raimund III. von Tripolis, die sich um Abkommen bemühten. Gab es nach 1183 im Spannungsfeld zwischen Saladins *ǧihād*-Verpflichtungen und der durch den Parteienstreit in Jerusalem verursachten Instabilität der fränkisch-muslimischen Beziehungen noch Raum für Verträge oder gar Bündnisse?

Im folgenden Abschnitt soll ausgehend von dieser Frage erörtert werden, welche Entwicklung die fränkisch-aiyūbidischen Vertragsbeziehungen nach dem Ende der „Kein Platz (*lā maqām*)"-Politik unter dem Einfluß der Parteienstreitigkeiten in Jerusalem und dem auf Saladin lastenden Zwang zum *ǧihād* nahmen. Den zeitlichen Schlußpunkt der folgenden Untersuchung setzt nicht das Jahr 1187, sondern 1192. Das heißt, daß die zahlreichen fränkisch-aiyūbidischen Verhandlungsrunden und Abkommen insbesondere während des dritten Kreuzzuges und der Waffenstillstand von 1192 einbezogen werden. Sie finden in den Darstellungen, die über die Jahre 1187 bis 1192 berichten, zwar Erwähnung, werden aber in der Regel nicht näher auf Rechtsbeziehungen hin befragt[404]. Was die Motive und Techniken der Vertragspolitik anbelangt, waren die Schlacht von Ḥaṭṭīn 1187 und der Verlust des größten Teiles der fränkisch beherrschten Gebiete als historische Zäsur ohne Bedeutung. Denn wenigstens einige der Protagonisten der beiden fränkischen Adelsparteien nahmen noch bis 1192 maßgeblichen Anteil an der Entwicklung der Beziehungen zu Saladin; und auch inhaltlich stehen die bis 1192 ins Auge gefaßten oder sogar realisierten Vertragsprojekte trotz einiger neuer, besonders von Richard Löwenherz eingebrachter Elemente in der Kontinuität der Jahre vor 1187. Einen deutlichen Einschnitt in der Geschichte der fränkisch-aiyūbidischen Beziehungen bezeichnet erst der

[404] Vgl. bes. R. Röhricht, Jerusalem, S. 473-654; R. Grousset, Histoire, Bd. 1, S. 1-120; St. Runciman, History, Bd. 3, S. 4-77; J. Prawer, History, Bd. 2, S. 9-69; M.C. Lyons/D.E.P. Jackson, Saladin, S. 267-363. Bei W.B. Stevenson, Crusades, bes. S. 243-287, finden die Vertragsverhandlungen noch die breiteste Darstellung.
Zu einzelnen Zeitabschnitten zwischen 1187 und 1192 vgl. J. Kraemer, Der Sturz des Königreichs Jerusalem (583/1187) in der Darstellung des ʿImād ad-Dīn al-Kātib al-Iṣfahānī, Wiesbaden 1952 (ad 1187); F. Groh, Der Zusammenbruch des Reiches Jerusalem (1187-1189), Diss. phil. Jena 1909; A. Cartellieri, Philipp II. August, König von Frankreich, Bd. 2, Leipzig 1906 (ND Aalen 1969), bes. S. 206-230 (ad 1191); ders., Richard Löwenherz im Heiligen Lande, in: HZ 101 (1908), S. 1-27 (ad 1191-1192), und K. Norgate, Richard the Lion-Heart, London 1924, S.152-263.

Tod Saladins (4. März 1193). Ihm folgte eine fast ein halbes Jahrhundert währende Periode über weite Strecken relativ friedlicher fränkisch-aiyūbidischer Beziehungen, eine Phase *levantinischen Friedens*[405].

* * * * *

Die Zeit vom Herbst 1184 bis Sommer 1187 in der Geschichte des Königreichs Jerusalem zerfällt in zwei Phasen: In der ersten, die bis September 1186 andauerte, hatte die *Partei der Barone* maßgeblichen Anteil an der Führung der Regierungsgeschäfte. Dann aber, nach dem Tod des minderjährigen Königs Balduin V., verlor sie ihre Position an die *Hofpartei*, deren Protagonisten es gelang, in handstreichartiger Weise Guido von Lusignan, den Ehemann der Tochter König Amalrichs I., auf den Thron zu heben. Der Streit dieser beiden Gruppierungen beeinflußte das fränkisch-aiyūbidische Verhältnis ganz erheblich. An dem Lauf, den diese Beziehungen bis 1187 nahmen, ist aber auch Saladins Einstellung zum *ǧihād* und der Charakter seiner „Frankenpolitik" im allgemeinen ablesbar:

Noch während Saladin im Spätherbst 1183 Crac/al-Karak belagert hatte, war im Königreich Jerusalem eine innenpolitische Wende zugunsten der seit 1180 im Hintertreffen befindlichen *Partei der Barone* erfolgt. Auf einer Reichsversammlung wurde Guido von Lusignan als Reichsverweser (*procurator*) abgesetzt und durch die Krönung des kaum fünfjährigen Balduin V. — noch zu Lebzeiten seines Onkels, König Balduin IV.! — von der Thronfolge ausgeschlossen[406]. Die Aufgaben Guidos übernahm nun Raimund III. von Tripolis, der Kopf der *Partei der Barone*. Schon Ende November/Anfang Dezember 1183 übergab ihm König Balduin IV. die Leitung der Entsatzarmee für Crac/al-Karak, und wenig später wurde er in Accon/'Akkā auf die Dauer von zehn Jahren zum Reichsverweser (*bailli*) bestellt[407]. Offensichtlich bemühte sich

---

405 So J.H. Niermann, Levantine Peace Following the Third Crusade: A New Dimension in Frankish-Muslim Relations, in: MW 65 (1975), S. 107-118. Vgl. auch unten S. 357-369.

406 Wilhelm v. Tyrus, XXII, XXIX, S. 1127-1128. Zum Hintergrund vgl. M.W. Baldwin, Raymond, S. 51-56; R.L. Nicholson, Joscelyn III, S. 118-122. Ausschlaggebend für Guidos Absetzung waren seine unentschlossene Kriegsführung gegen Saladin als Oberbefehlshaber der fränkischen Truppen im Herbst 1183 und eine starke Entfremdung zwischen ihm und König Balduin IV.. Offensichtlich benutzten Bohemund III. von Antiochia, Raimund III. von Tripolis, Rainald von Sidon und die Ibelin-Brüder Balduin und Balian die allgemeine Unzufriedenheit mit Guidos Feldherrnschaft, um ihn und die *Hofpartei* von der Macht zu verdrängen. R.C. Smail, Predicaments, S. 153-176 passim.

407 Wilhelm v. Tyrus, XXII, XXX, S. 1130 (Oberbefehl), und XXIII, I, S. 1134 (*regni curam et generalem administrationem*). Ernoul, X, S. 116 (*baillie*); Estoire de Eracles, I-II, S. 1-4.

Raimund bald um ein friedliches Verhältnis zu Saladin. Die letzten Kriegshandlungen, von denen wir hören, resultierten aus einem fränkischen Angriff auf Fāqūs im Osten des Nildeltas (September 1184)[408]. Über seine Initiatioren — Templer aus Daron/ad-Dārūm oder Guido von Lusignan als Graf von Ascalon und Jaffa? — ist nichts bekannt. Danach fanden bis zum Sommer 1187 keine Kämpfe mehr statt. Es ist gut möglich, daß schon ab Herbst 1184 ein Abkommen mit Saladin existierte. Mit Sicherheit aber schloß Raimund III. nach dem Tod des leprakranken Königs Balduin IV. als Regent für Balduin V. einen vermutlich sogar längerfristigen Waffenstillstand (*trives*), möglicherweise im April 1185[409]. Dieser Vertrag ist in mehrererlei Hinsicht interessant: Er ging auf einen fränkischen Vorschlag zurück und wurde offensichtlich von einer hohen fränkischen Geldleistung begleitet[410]; er wurde von Raimund nach Konsultationen mit den Ritterorden, den Baronen und dem Klerus geschlossen[411]. Sein wichtigster Anlaß schließlich war die durch eine Dürre im fränkischen Gebiet ausgelöste Hungersnot. Mit Vertragsabschluß begannen sofort aiyūbidische Getreidelieferungen, die die Notlage zu überwinden halfen[412].

Das heißt, daß sich die Franken unter Führung Raimunds III. von Tripolis und der *Partei der Barone* um Frieden mit Saladin bemühten. Die Art, wie die Übereinkunft zustande kam, belegt erneut, daß es nach dem Ende einer starken Krongewalt in Jerusalem unerläßlich geworden war, daß die Vertragspolitik von den wichtigsten politischen Potenzen unter den Franken (Adelsparteien, Ritterorden, Hochklerus) mitgetragen, möglicherweise sogar mitvereinbart wurde. Der Vertrag beleuchtet aber auch Saladins Position gegenüber den Franken nach 1183: Gleichgültig,

---

[408] al- Maqrīzī, Sulūk, I, Bd. 1, S. 88.

[409] Laut Ernoul, XI, S. 124 (vgl. Estoire de Eracles, XXIII, VIII, S. 12-13) auf 4 Jahre. In der englischen Chronistik (Gesta regis Henrici secundi, Bd. 1, S. 342 und S. 359-360 (Rolls Series, 66, 1) und danach leicht verändert Roger de Hoveden, Chronica, Bd. 2, S. 307 und 316 (Rolls Series, 51, 2)) ist von einer *treuga* für ein Jahr bis zum nächsten Osterfest die Rede, die danach um drei Jahre verlängert worden sei. Die Cont. Guil. Tyr., I, V, S. 56, erwähnt eine Verlängerung nicht. Zur Datierung des Vertrages vgl. bes. M.W. Baldwin, Raymond, S. 70, Anm. 3.

[410] Gesta und Roger sprechen von 60000, Cont. Guil. Tyr. von 40000 Gold-Bezants; vgl. Anm. 409. Fränkische Zahlungen erwähnt auch al-Qāḍī al-Fāḍil in seinem Brief an Taqīy ad-Dīn 'Umar vom April 1185, in: Ms. Cambridge Qq 232 (8), fol. 23r.

[411] Vgl. Anm. 409. Gesta und Roger sprechen sogar von einem Vertragsabschluß durch die Orden und die Fürsten.

[412] So Ernoul und Eracles (wie Anm. 409). Von der Hungersnot berichtet auch al-Qāḍī al-Fāḍil (wie Anm. 410), fol. 23v.

ob das Abkommen, wie die Quellen der Ernoul-Gruppe melden, auf vier Jahre abgeschlossen oder, den englischen Chroniken zufolge, auf ein Jahr vereinbart und dann, einer Bitte Saladins gemäß, um drei weitere Jahre verlängert wurde [413]; offensichtlich ist, daß Saladin 1185 k e i n e Politik des *ǧihād* verfolgen wollte. Er versuchte nicht, die inneren Probleme des Königreichs (Parteistreit und Hungersnot) für die Eroberung Jerusalems zu nutzen - auch nicht während des „Staatsstreichs" der *Hofpartei* im Sommer 1186, wie fränkische Quellen überrascht vermerken [414]. Zur selben Zeit existierten Kondominien (*munāṣafāt*) im gesamten fränkisch-aiyūbidischen Grenzgebiet vom Yarmuk-Fluß bis zum Antilibanon im Norden [415], ferner an den Grenzen des Fürstentums Antiochia zwischen Rochefort/Burzīya und Apamea/Fāmiya [416], offensichtlich ebenfalls bei Arcican/Arzaġān am Orontes und im ʻAmq am ʻAfrīn-Fluß nordöstlich von Antiochia/Anṭākiya [417]. Saladin verhandelte im Frühjahr 1185 aber nicht nur mit Raimund III. und befand sich im Waffenstillstand mit Antiochia, sondern er entsprach auch den armenischen Bitten um ein Abkommen [418]. Saladin war am Abschluß dieser Verträge interessiert, da er nach dem Scheitern einer weiteren Gesprächsrunde mit den vom Kalifen bestellten Vermittlern über einen Frieden mit ʻIzz ad-Dīn Masʻūd von Mossul einen neuen Feldzug in Nordmesopotanien (al-Ǧazīra) vorbereitete. Auf diese Unternehmung näher einzugehen, erübrigt sich hier [419]. Es ist aber bezeichnend, daß die aiyūbidische Kanzlei das Vorgehen Saladins mit Argumenten verständlich

---

413 Vgl. Anm. 409. Den Vertrag soll Guido von Lusignan verlängert haben. Er war im Frühjahr 1186 aber noch nicht König. Ist die Nachricht also falsch oder bezieht sie sich auf 1187?

414 So die Cont. Guil. Tyr., I, VI, S. 57: *Potuisset tunc temporis illud ex facili occupasse Saladinus nisi treugarum et inite confoederationis eum referentia teneret*. Auch noch Ernoul, XI, S. 135.

415 Vgl. Anm. S. 317, 364-366 und b. Wāṣil, Bd. 2, S. 195. Danach bezogen sich Teilungsverträge auf Tiberias/Ṭabarīya, aṣ-Ṣalt, al-Balqā', Ǧabal ʻAuf, Sueth/as-Sawād, al-Ǧaulān bis in den Ḥaurān. Zu Verwaltungsstreitigkeiten über die Besiedlung des Kondominiums zwischen Raimund III. und den Aiyūbiden während der Hungersnot von 1185 vgl. al-Qāḍī al-Fāḍil, in: Ms. Cambridge Qq 232 (8), fol. 23v.

416 b. al-Aṯīr, Kāmil, Bd. 12, S. 14.

417 Vgl. oben S. 323, Anm. 397.

418 Die einzige Quelle, die darüber berichtet, ist der al-Qāḍī al-Fāḍil-Brief an Taqīy ad-Dīn ʻUmar, in: Ms. Cambridge Qq 232 (8), fol. 22v-24r (in Teilen paraphrasiert und interpretiert, aber ohne Hinweis auf die Kondominien, bei M.C. Lyons/D.E.P. Jackson, Saladin, S. 221-223). Unterhändler war Saladins Gesandter al-ʻAdl, der als Diplomat auch 1191/1192 eine Rolle spielte.

419 Vgl. bes. M.C. Lyons/D.E.P. Jackson, Saladin, S. 222-241; E. Sivan, Saladin, S. 130-133 (bes. zu den Vermittlungsbemühungen des Kalifen).

zu machen versuchte, die zum Teil mit denen von 1182/1183 identisch waren. So wurde der Gesandte an den Kalifen, Ibn aš-Šahrazūrī, angewiesen, den aiyūbidischen Angriff unter anderem damit zu begründen, daß die Zengīden die Franken zu Überfällen auf Saladins Machtbereicht aufgefordert hätten, um ihn zur Aufsplitterung seiner Kräfte zu zwingen [429]. Daran ist offenbar nichts Wahres. Nicht nur, daß keine andere Quelle dergleichen andeutet, der Kanzleichef al-Qāḍī al-Fāḍil bestätigt in einem Brief von 1186 sogar ausdrücklich, daß die Franken den Waffenstillstand treu eingehalten hätten. [421].

Saladins Politik und seine Propaganda folgten also auch nach der mit *ǧihād*-Notwendigkeiten begründeten Einnahme von Aleppo 1183 bekannten Linien, selbst wenn sein Feldzug in Nordmesopotanien (al-Ǧazīra) nicht vorrangig Expansionszwecken gedient haben, sondern als Präventivmaßnahme zu verstehen gewesen sein sollte [422]. Saladin schloß Frieden mit den „Ungläubigen", auf deren Vertragstreue unter Führung des Chefs der *Partei der Barone* Verlaß war, und kämpfte gegen muslimische Fürsten — und das, obwohl die aiyūbidische *ǧihād*-Propaganda 1183/1184 besonders vollmundig vorgebracht und zur Stabilisierung der Oberherrschaft Saladins über Teile Nordmesopotamiens (al-Ǧazīra) verwendet worden war [423]. Hatte es bereits bis 1183 enorme Schwierigkeiten gegeben, diese Politik zu rechtfertigen und mit der *ǧihād*-Propaganda in Einklang zu bringen, so ergaben sich daraus für Saladin 1185/1186 sogar Probleme im eigenen Lager. Es war nichts Neues, daß die *ǧihād*-Bekundungen Saladins außerhalb seines Machtbereichs auf wenig Resonanz stießen. So wurde ihm 1185 von der Bevölkerung Mossuls (*'āmma*) ebenso erbitterter Widerstand entgegengesetzt wie 1183

---

420 al-Kātib al-Iṣfahānī bei al-Bundārī, S. 257. Auch ansonsten wiederholten sich frühere Behauptungen: Es gehe Saladin nicht um Gebietsgewinn, sondern die Unterordnung Mossuls unter den Kalifen etc. (vgl. die Zusammenfassung bei b. Wāṣil, Bd. 2, S. 166).

421 al-Qāḍī al-Fāḍil, Mukātabāt, Ms. München Cod. arab. 402, fol. 82v-83r: *lam yaẓhar ... min ǧānib bilād al-kuffār illā 'l-wafā' bi-'l-'uhūd wa-'l-baqā' 'alā 'l-'uqūd.*

422 So M.C. Lyons/D.E.P. Jackson, Saladin, S. 223. Der Herr von Mossul hatte sich mit den Seldschukensultan Ṭoġrıl (Ṭuġrul) II. und Pahlawān von Aḏarbaiǧān verbündet. Letzteren erkannte er als Oberherrn an.

423 Vgl. al-Bundārī, S. 235, 240 und 246. Zur Verwendung des *ǧihād*-Gedankens als Legitimationsinstrument in der Korrespondenz mit anderen Fürsten vgl. al-Kātib al-Iṣfahānī bei Abū Šāma, Rauḍatain, II, S. 60. Auch das Einsetzungsdiplom des Kalifen für Saladin von 1184 dürfte die Verpflichtung zum *ǧihād* wieder lebhaft ausgedrückt haben, vgl. M.C. Lyons/D.E.P. Jackson, Saldin, S. 204.

von den Aleppinern[424]. 1185/1186 aber mehrten sich erstmals auch Anzeichen einer Opposition unter den höchsten aiyūbidischen Würdenträgern! Insbesondere der Kanzleichef al-Qāḍī al-Fāḍil (526-596 a.h./1131-1200) war nicht länger bereit, Ägypten finanziell ausbluten zu lassen und statt der Franken Muslime zu bekriegen [425]. Während Saladins schwerer Erkrankung 1186 bewog der Kadi seinen Herrn deswegen zu schwören, daß er sich nach seiner Genesung ganz dem *ǧihād* und der Befreiung Jerusalems widmen werde [426]. Doch es gab auch noch weitere Faktoren, die es geraten scheinen ließen, den *ǧihād* jetzt ernsthafter zu betreiben. In dem Friedensvertrag (*ṣulḥ*), der den insgesamt nicht sehr erfolgreichen Feldzug 1186 in Nordmesopotamien (al-Ǧazīra) abschloß, verpflichtete Saladin ʿIzz ad-Dīn Masʿūd von Mossul zur Hilfeleistung gegen die Franken[427]. Da es schon jahrelang zu Saladins Propaganda-Repertoire gehört hatte, die Unterstützung Mossuls beim *ǧihād* als unerläßlich darzustellen, mußte der Heilige Kampf nunmehr auch geführt werden. Um dieselbe Zeit, während Saladins Krankheit, machten sich außerdem erste Auflösungserscheinungen im Aiyūbidenreich bemerkbar[428]; und als sich wenig später sein Neffe Taqīy ad-Dīn ʿUmār dem Befehl, von Ägypten nach Syrien zu kommen, widersetzen und lieber Nordafrika (al-Maġrib) erobern wollte, fürchtete er schon, nun würden die Mittel zum *ǧihād* fehlen. „Die Eroberung des Maghreb ist wichtig", bemerkte Saladin, „die von Jerusalem aber ist wichtiger und der Nutzen (*fā'ida*), der darin liegt, ist vollkommener" [429]. Kurzum, 1186, nach seinem zweiten Versuch, sich Nordmesopotamien (al-Ǧazīra) zu unterwerfen, lastete auf Saladin ein stärkerer Druck den je, der Legitimierung seiner Herrschaft nach außen und ihrer Stabilisierung nach innen wegen gegen die Franken vorzugehen. Darin, und nicht ausschließlich in religiösen Verdiensten, dürfte der mit der Eroberung von Jerusalem verbundene „Nutzen (*fā'ida*)" zu sehen sein, von dem Saladin 1186 sprach.

Vor diesem Hintergrund scheint es, daß der fränkisch-aiyūbidische Konflikt für Saladin ab 1186 um der eigenen Glaubwürdigkeit willen un-

---

424 b. al-Aṯīr, Kāmil, Bd. 11, S. 513.

425 Vgl. dazu bes. H. Dajani-Shakeel, al-Qāḍī al-Fāḍil, S. 94; dies., Jihād, S. 111; E. Sivan, L'Islam, S. 104-105, und A. Ehrenkreutz, Saladin, S. 185-188.

426 al-Bundārī, S. 268.

427 al-Kātib al-Iṣfahānī bei Abū Šāma, Rauḍatain, II, S. 66.

428 A. Ehrenkreutz, Saladin, S. 192-193.

429 al-Bundārī, S. 280.

ausweichlich wurde. Zielte er aber schon vor der Schlacht von Ḥaṭṭīn am 3./4. Juli 1187 darauf ab, das Königreich Jerusalem zu zerstören? Zur Beantwortung dieser Frage bietet das Verhalten Saladins während des im Spätsommer 1186 in Jerusalem ausbrechenden Thronfolgekonfliktes wichtige Hinweise. Die Vorgänge im Laufe des dreiviertel Jahres vor der Schlacht von Ḥaṭṭīn beleuchten aber auch die Position der fränkischen Adelsparteien gegenüber ihren muslimischen Nachbarn. Zur Vorgeschichte:

Vermutlich Ende August 1186 starb der minderjährige König Balduin V., für den Raimund III. von Tripolis die Regentschaft führte. Entsprechend der Thronfolgeregelung von Anfang 1184 hätte Raimund in diesem Fall die Verwaltung des Reiches fortführen sollen, bis die Erbfolge vom Papst, dem Römischen Kaiser und den Königen von England und Frankreich geregelt worden wäre[430]. Daraus wurde aber nichts, da es den Führern der *Hofpartei* — Rainald von Châtillon, dem Joscelin III. und dem Templergroßmeister — in einem Überraschungscoup gelang, Sibylle, die Tochter König Amalrichs I., von Patriarch Heraclius krönen zu lassen. Diese setzte ihrerseits ihrem Gatten Guido von Lusignan die Krone aufs Haupt[431]. Der Widerstand der gegnerischen *Partei der Barone*, die sich in Neapolis/Nāblus versammelt hatte, brach kurz darauf zusammen. Ihr Gegenkandidat, Humfred IV. von Toron (der Ehemann der anderen Tochter Amalrichs, Isabella), war nämlich auf die Nachricht von der Krönung Guidos hin sofort zur *Hofpartei* übergelaufen. Die unterlegenen Barone unterwarfen sich danach ebenfalls — bis auf Balduin von Rames, der seine Lehen aufgab und nach Antiochia ging, und Raimund III. von Tripolis, der sich nach Tiberias/Ṭabarīya zurückzog[432]. Spätestens ab September 1186 befand sich die Macht also (wie schon von 1180 bis Ende 1183) in Händen der gegenüber fränkisch-muslimischen Vertragsbeziehungen indifferenten Gruppe. Raimund III. dagegen, seit 1174 der Vertreter einer auf Vertragsabschlüsse und -einhaltungen bedachten Linie, war isoliert. Welche Auswirkungen die erneute Machtübernahme der *Hofpartei* für das zwischenstaatliche Verhältnis hatte, zeigen auf der einen Seite die Beziehungen zwischen

---

[430] Vgl. Ernoul, X, S. 116-117; Estoire de Eracles, XXIII, IV, S. 7-8.

[431] Vgl. H.E. Mayer, Pontifikale, S. 157-158.

[432] Zur Geschichte dieses Konfliktes vgl. am besten M.W. Baldwin, Raymond, S. 71-82, und R.L. Nicholson, Joscelyn III, S. 132-146.

Raimund III. und Saladin, auf der anderen Seite diejenigen König Guidos und Rainalds von Châtillon zu den Aiyūbiden:

Der Zeitgenosse Ernoul berichtet, daß schon bei den Planungen der in Neapolis/Nāblus versammelten *Partei der Barone* über eventuelle islamische Hilfe beim Kampf gegen Guido und die *Hofpartei* gesprochen worden sein soll. Raimund III. habe darauf hingewiesen, daß er einen Waffenstillstand (*trives*) geschlossen habe und von den Muslimen keine Einmischung zu befürchten sei. Im Gegenteil, man könne sogar auf Unterstützung von muslimischer Seite hoffen[433]. Zu konkreteren Schritten kam es in den Monaten darauf: Nachdem sich die *Hofpartei* mit der Krönung Guidos durchgesetzt hatte und Raimund (weil er es ablehnte, seinen Widerstand aufzugeben) mit einem Angriff des neugekrönten Königs rechnen mußte, wandte sich Raimund mit der Bitte um Unterstützung an Saladin. Saladin sagte dem Grafen jede Hilfe zu und versprach offenbar sogar, ihn als „unabhängig regierenden König über die Franken in toto“ (*malikan mustaqillan li-'l-Faranǧ qāṭibatan*) einzusetzen![434] Saladin ließ nicht nur eine Anzahl gefangener Ritter Raimunds III. ohne Lösegeldzahlungen frei[435], sondern verstärkte den Grafen in Tiberias/Ṭabarīya Ende 1186 anscheinend auch mit Truppen und Ausrüstung, als dieser wegen des bevorstehenden Angriffs König Guidos um Hilfe bat[436]. Die Übereinkunft zwischen Raimund III. und Saladin, deren rechtliche Qualität noch zu untersuchen sein wird, zwang König Guido dazu, seine Angriffsabsichten aufzugeben. Zur Versöhnung zwischen den fränkischen Kontrahenten und zum Bruch mit Saladin kam es erst Anfang Mai 1187. Unmittelbar davor (vermutlich am 1. Mai) hatte Raimund, wenn man den Quellen der Ernoul-Gruppe glaubt, noch einem aiyūbidischen Kontingent gestattet, seine Gebiete zu einer Razzia gegen das Königreich zu durchziehen. Die Auflagen des Grafen — Dörfer und Städte zu verschonen und bis Sonnenuntergang den Jordan wieder in östlicher Richtung zu überqueren — sollen eingehalten

433 Ernoul, XI, S. 135: *Et si ai trives as Sarrasins, (et aurai tant come je voudrai); ne point ne serai grevés d'iaus, ains nous aideront, se mestier en avons.*

434 b. al-Aṯīr, Kāmil, Bd. 11, S. 527.

435 al-Bundārī, S. 289.

436 Ernoul, XII, S. 141 (dort verspricht Saladin: *s'on l'assaloit le matinée, al vespre le secourroit, et s'on l'asséoit au viespre, l'endemain, al matin, seroit secourus.* Vgl. Estoire de Eracles, XXIII, XXIV, S. 34-36.

worden sein[437]. Die Raimund zur Verfügung gestellten aiyūbidischen Truppen hielten sich bis zum Bruch mit Saladin in Tiberias/Ṭabarīya auf[438].

Die Anlehnung Raimunds und seiner Gefolgsleute an Saladin war ein so singuläres Phänomen nicht. Wie erinnerlich, war etwa 1180 in einer nicht unähnlichen Situation befürchtet worden, daß sich Bohemund III. von Antiochia, der sich auf Seiten der *Partei der Barone* befand, bei einer bewaffneten Intervention Jerusalems in seinem Fürstentum türkischer Hilfe versichern würde[439]. Beide, Bohemund und Raimund, schlossen immer wieder Abkommen mit ihren muslimischen Nachbarn; und was Bohemund betrifft, so ist bereits angeklungen, daß er sich (1183) möglicherweise im Rahmen eines solchen Abkommens aiyūbidischer Oberhoheit unterstellt hatte[440]. Das Verhalten der ab September 1186 in Jerusalem dominierenden *Hofpartei* steht dazu in schärfstem Gegensatz:

Noch vor Beginn des Jahres 583 a.h. (am 13. März 1187) überfiel Rainald von Châtillon eine auf dem Weg von Ägypten nach Syrien befindliche Karawane und brach damit den seit 1185 bestehenden Waffenstillstand. Fränkische und muslimische Quellen geben von den Hintergründen und Folgen dieses Überfalls unterschiedlich Zeugniss ab. Den fränkischen Berichten gemäß[441] soll Saladin nach diesem Übergriff, zu dem Rainald offenbar durch seine hohe Verschuldung getrieben worden war[442], bei König Guido die Wiedergutmachung des Schadens verlangt haben. Rainald beachtete aber entsprechende Aufforderungen Guidos nicht und brachte — wie bereits erwähnt — vor, er sei Herr seines Landes so wie Guido der des seinen und stehe in keinem Vertragsverhältnis mit den Muslimen[443]. Der König bedauerte gegenüber Saladins Gesandten, er könne nichts tun, worauf

437 So Ernoul, XII, S. 144-148; Estoire de Eracles, XXIII, XXVI-XXVII, S. 37-40. Zum Konflikt zwischen Raimund und Guido vgl. bes. M.W. Baldwin, Raymond, S. 82-95, und R.L. Nicholson, Joscelyn, S. 149-155. Der Bericht der Ernoul-Gruppe ist von J. Kraemer, Sturz, S. 35-36, bezweifelt worden, weil die arabischen Quellen die Durchmarscherlaubnis Raimunds nicht wiedergeben. Da Ernoul Raimund positiv gegenübersteht, sind Zweifel an seiner Mitteilung nur dann denkbar, wenn es sich bei der betreffenden Passage um einen späteren Zusatz handeln sollte (so auch H. Möhring, Saladin, S. 13).

438 Ernoul, XII, S. 152; Estoire de Eracles, XXIII, XXIX, S. 44-45.

439 Vgl. oben S. 307-308.

440 Vgl. oben S. 323.

441 Einen Überblick über die bestehenden Quellen gibt J. Hartmann, Persönlichkeit, S. 69-73.

442 So die Historia peregrinorum, S. 118 (verf. um 1194).

443 Vgl. oben S. 309-310 mit Anm. 330 und 334.

dieser den Waffenstillstand für gebrochen erklärte (*treugas denuciavit fractas*)[444]. Arabische Berichte stellen das Geschehen dagegen so dar, daß Rainald selber in Vertragsbeziehungen zu Saladin gestanden und eine Sicherheitsgarantie für sein Land und seine Leute erhalten habe (*ǧanaḥa li-'s-silm wa-aḫaḏa 'l-amān li-baladihī wa-ahlihī*). Die Wiedergutmachungsforderungen sollen an Rainald selbst und nicht an Guido gerichtet worden sein[445]. Als diese Vorstellungen nichts fruchteten, schwor Saladin, Rainald im Falle seiner Gefangennahme zu töten[446], und bereitete den Krieg vor.

Obwohl sich die Ausführungen der beiden Quellengruppen nicht ohne weiteres harmonisieren lassen, wird doch klar, daß Rainald sich nicht an die Verträge des Königs gebunden fühlte und das Recht auf eine eigenständige Rolle beanspruchte. Am deutlichsten wird dies in der Antwort, die er kurz vor seiner Hinrichtung nach der Schlacht von Ḥaṭṭīn auf Saladins Frage nach dem Warum seines Vertragsbruches gegeben haben soll: „So tun es die Könige gewöhnlich, ich bin lediglich den üblicherweise eingeschlagenen Wegen gefolgt"[447]. Aber nicht nur Rainald schenkte den im Namen des Königs von Jerusalem abgeschlossenen Verträgen keine Beachtung. Auch Guido von Lusignan hatte Anfang 1184 nach seiner Absetzung als Reichsverweser zur Vergeltung muslimische Beduinen angegriffen, die sich unter königlichen Schutz gestellt hatten[448]. Vielleicht ist ihm ebenfalls die Razzia auf einige durch den Waffenstillstand von 1185 geschützte Beduinen zuzuschreiben, von der im Sommer 1186, wenige Wochen vor Guidos Krönung, in Ägypten gerüchteweise die Rede war[449]. Oder hatten diesen Vertragsbruch die Templer in Daron/ad-Dārūm zu verantworten? Für das Verhältnis zu den Muslimen — ob Verträge etwa geschlossen und beachtet wurden oder nicht —, dessen Gestaltung seit 1174 mehr und mehr von der Kräftekonstellation zwischen den beiden Jerusalemer Adelsparteien bestimmt

---

444 Cont. Guil. Tyr., I, IX, S. 62.

445 So al-Bundārī, S. 289. Vgl. ähnlich b. al-Aṯīr, Kāmil, Bd. 11, S. 528 (er spricht von einem Friedensvertrag (*ṣulḥ, hādanahū*) zwischen Saladin und Raimund), und Sāwīrus b. al-Muqaffa', Bd. 3, 2, S. 121/arab. S. 72.

446 U.a. al-Bundārī, S. 289-290. Bahā' ad-Dīn b. Šaddād, S. 78; b. al-Aṯīr; Kāmil, Bd. 11, S. 528 und 537.

447 al-Kātib al-Iṣfahānī, Fatḥ, S. 25: *qad ǧarat bi-ḏālika 'ādat al-mulūk wa-mā salaktu ġaira sannan al-maslūk*.

448 Wilhelm v. Tyrus, XXIII, I, S. 1134: *a rege habentes securitatem et sub ejus fiducia commorantes securi*.

449 al-Qāḍī al-Fāḍil, in: Ms. München Cod. arab. 402, fol. 62v-63r. Vgl. M.C. Lyons/D.E.P. Jackson, Saladin, S. 244.

worden war, spielte die Zentralgewalt 1186 folglich überhaupt keine Rolle mehr. Die Führer der Adelsparteien, vielleicht auch die Ritterorden, respektierten den König nicht mehr als maßgebende Instanz für die Vertretung des Reiches gegenüber Saladin. Vertragsbereitschaft, -treue und -untreue waren jeweils abhängig von innerfränkischen Zuständen und Entwicklungen: Der Waffenstillstand von 1185 erklärt sich aus der Hungersnot im Königreich, die Annäherung Raimunds III. an Saladin 1186 aus dem Staatsstreich der *Hofpartei* und der Vertragsbruch Rainalds 1186 oder 1187 — ein seit Gründung der fränkischen Staaten immer wieder zu beobachtendes Element — aus finanziellen Problemen.

Die Qualität der fränkisch-aiyūbidischen Beziehungen, soviel kann festgehalten werden, unterlag nach 1184 in noch stärkerem Maß als von 1174 bis 1183 den Schwankungen der inneren Lage in den sich gegenüberstehenden Herrschaftskomplexen. Daß Saladin im April 1187 den Kampf gegen die Franken aufnahm, erklärt sich sowohl aus der für ihn bestehenden Notwendigkeit, *ǧihād* zu führen, als auch durch den Waffenstillstandsbruch Rainalds von Châtillon. Auf das Scheitern seiner Wiedergutmachungsforderungen hin rief Saladin in seinem gesamten Machtbereich zum *ǧihād* auf. Daß er zu diesem Zeitpunkt aber schon den großen Vernichtungsfeldzug gegen die Franken plante, zu dem sich seine Angriffe nach dem Sieg von Ḥaṭṭīn schließlich entwickelten, darf bezweifelt werden. Obwohl die im Umkreis Saladins entstandenen Quellen den Ḥaṭṭīn-Feldzug in der Retrospektive glorifiziert haben, gibt es doch immerhin Indizien, die eine solche Konzeption fraglich erscheinen lassen. So richtete sich die erste Phase des Feldzugs von 1187 wieder gegen Rainalds Herrschaft Transjordanien, nicht das Jerusalemer Kerngebiet[450]. Noch am Vorabend der Schlacht von Ḥaṭṭīn soll im Kriegsrat der Muslime die Mehrheit zur Vermeidung einer Schlacht und stattdessen zu einzelnen Streifzügen geraten haben. Die Entscheidung zum Kampf fiel wohl deshalb, weil einer der Emire darauf hinwies, daß es im Osten (al-Mašriq) Verfluchungen und Anschuldigungen des Inhalts gebe, Saladin unterließe den Kampf gegen die Ungläubigen, um die Muslime zu bekriegen[451]. Schließlich muß daran erinnert werden,

[450] F. Groh, Zusammenbruch, S. 3-4.

[451] b. al-Aṯīr, Kāmil, Bd. 11, S. 532. Der Autor war Saladin gegenüber kritisch eingestellt. J. Prawer, Histoire, Bd. 1, S. 642, erwägt, ob Saladin den Konflikt nicht suchte, weil die angeforderten islamischen Hilfstruppen diesmal (unerwartet?) dem Ruf zum *ǧihād* Folge leisteten, vgl. al-Bundārī, S. 292-294. Die fränkischen Quellen sind verschiedener Meinung darüber, ob Saladin die Schlacht erzwingen wollte oder nicht, vgl. M.W. Baldwin, Raymond, S. 111, Anm. 37.

daß es vermutlich nicht zur Schlacht gekommen wäre, wenn König Guido nicht auf Betreiben des Templergroßmeisters angegriffen hätte[452]. Ob Saladin 1187 die Entscheidungsschlacht nun suchte oder lediglich eine *ǧihād*-Demonstration beabsichtigte und weiter hauptsächlich an der Ausschaltung Rainalds von Châtillon interessiert war, ganz gewiß dachte er nicht an die völlige Vertreibung der Franken aus Syrien. Dafür spricht neben dem Friedensschluß (*muṣālaḥa*) mit Antiochia von Anfang Juni 1187 auch ein vermutlich wenige Wochen nach Ḥaṭṭīn abgefaßter al-Qāḍī al-Fāḍil-Brief, der klar macht, daß Saladin zumindest 1187 nicht auf die Eroberung von Tripolis und Antiochia abzielte[453]. Als er 1188 seine Eroberungszüge doch nach Norden ausdehnte, dann sehr wahrscheinlich deswegen, um dem Durchzug des zu befürchtenden Kreuzzuges vorzubeugen[454]. War das Jahr 1187 also nicht der Zeitpunkt der großen abschließenden Auseinandersetzung zwischen Islam und Christentum, auf die die Entwicklung — folgt man der „Gegenkreuzzugstheorie" — seit Jahrzehnten zugelaufen war, und wie es, nimmt man den dritten Kreuzzug noch hinzu, ex eventu schien? Die nähere Untersuchung des Verhältnisses zwischen Raimund III. und Saladin 1186/1187 hilft hier weiter:

Eine Anzahl fränkischer Quellen und alle maßgeblichen arabischen Berichte behaupten, daß Raimund schon während seiner Regentschaft für Balduin V. (1185/86) darauf hingearbeitet habe, selber die Krone zu übernehmen[455]. Wie schon gezeigt wurde, rechnete Raimund auf dem Höhepunkt der Thronfolgekrise (im September 1186) während der Konferenz der Barone in Neapolis/Nāblus damit, Saladins Unterstützung erhalten zu können[456]. Nach der Krönung Guidos von Lusignan und dem Zusammenbruch des Widerstandes von seiten der *Partei der Barone* wandte sich Raimund erneut an Saladin um Hilfe mit dem Ziel, auf diese Weise die (Königs-?) Herrschaft (arab.:*mulk*)

---

452 Zur Interpretation von Guidos Verhalten zuletzt R.C. Smail, Predicaments, S. 159-174.

453 Muslim b. Maḥmūd aš-Šaizarī, Ǧamharat al-Islām, Ms. Leiden or. 287, fol. 242r, zitiert nach H. Möhring, Saladin, S. 43-44. Die Handschrift stand mir nicht zur Verfügung.

454 Dazu zuletzt H. Möhring, Saladin, S. 139 und 152-153.

455 So Regni Iherosolymitani Brevis Historia, S. 139; Arnold von Lübeck, Chronica Slavorum, in: MGSS Bd. 21, IV, S. 166; Epistola ep. Wilhelmi, ed. Röhricht, S. 189-190 (verfaßt 1188?). Vgl. auch Michael Syrus, S. 404, und b. Ǧubair, S. 309. Wichtigster arabischer Beleg dafür, daß Raimund Saladin schon vor dem „Staatsstreich" der *Hofpartei* (September 1186) um Hilfe bei der Machtübernahme gebeten habe, ist Saladins Sekretär al-Kātib al-Iṣfahānī, Fatḥ, S. 17-18.

456 Vgl. S. 335, Anm. 433.

(zurück)zu erhalten[457]. Das Rechtsverhältnis zu rekonstruieren, das beide 1186 eingingen, fällt schon wesentlich schwerer, da es in der westlichen Chronistik meist polemisch verzeichnet worden ist. Einige Quellen erlauben es aber, den juristischen Gehalt der Abmachnung enger zu fassen. So berichtet die *Historia peregrinorum* (um 1194), der Graf habe sich zum *familiaris* Saladins gemacht — eine Formulierung, die ungefähr dem Ausdruck des Ibn al-Aṯīr (555-630 a.h./1160-1233) entspricht, er habe sich Saladin (in abhängiger Position) affiliiert (*intamā ilaihi*) und Gehorsam (*ṭā'a*) gezeigt[458]. Die weitestgehenden Aussagen macht die *Continuatio Guilelmi Tyrii*. Danach habe sich Raimund bereiterklärt, zum Islam zu konvertieren und Syrien von Saladin als erbliches Lehen zu halten (*iure hereditario teneret de Salaadino*). Auf Vermittlung von Saladins Neffen (Taqīy ad-Dīn 'Umār ?) soll es zur Übereinkunft gekommen sein, und der Muslim erhielt angeblich Raimunds *homagium* für Syrien[459].
Diesem Bericht mit seinen verschiedenen legendenhaften Zügen allein wäre wohl nicht zu trauen, zumal er um 1194 in England entstanden sein dürfte[460] und die zitierten Passagen wahrscheinlich zu einem späteren Zusatz gehören[461]. Sie passen allerdings frappierend gut zu den Darstellungen zweier arabischer Beobachter, die bestens informiert waren. Bei Saladins Sekretär al-Kātib al-Iṣfahānī heißt es, Raimund „suchte bei unserem Sultan Zuflucht, schickte seine Gesandten, um die Möglichkeit des Gehorsams anzubieten" (*bi-baḏl al-istiṭā'a fī 'ṭ-ṭā'a*). Nur die Angst vor seinen Glaubensgenossen habe

---

[457] al-Kātib al-Iṣfahānī, Fatḥ, S.18: „Er spornte das Trachten des Sultans dahingehend an, sie anzugreifen, um ihm die Herrschaft (*mulk*) zurückzugeben". b. al-Aṯīr, Kāmil, Bd. 11, S. 527 (der Autor war 1188 selber in Syrien): „Er (sc. Raimund) forderte von ihm (sc. Saladin) Hilfe zur Erreichung seines Zieles ... an. ... Saladin ... garantierte ihm (*ḍaminahū*), daß er ihn zum unabhängigen König (*malikan mustaqillan*) über die Franken in toto einsetzen werde".

[458] Historia peregrinorum, S. 119; b. al-Aṯīr, Kāmil, Bd. 11, S. 527.

[459] Cont. Guil. Tyr., I, XI, S. 66.

[460] Dazu zuletzt H.E. Mayer, Das Itinerarium peregrinorum ..., hrsg. und kritisch untersucht von H.E. Mayer, Stuttgart 1962 (Schriften der MGH, 18), S. 160-161. Die Ernoul-Gruppe dagegen erwähnt nur eine Beistandsbitte Raimunds (vgl. oben S. 335, Anm. 436), und Ambroise, V. 2447-2450, Sp. 66, der am dritten Kreuzzug teilnahm, spricht von einer *aliance, dont en Sulie ot grant parlance*.

[461] So die Herausgeberin M. Salloch in der „Quellenkritischen Untersuchung" ihrer Edition, S. 13-14.

einer Konversion entgegengestanden[462]. Und Saladins Kanzleichef al-Qāḍī al-Fāḍil schrieb noch vor der Schlacht von Ḥaṭṭīn an den byzantinischen Basileus Isaak Angelos, Raimund habe sich unterworfen (*alqā bi-yadihī ilainā,* d.i. wörtlich etwa: „er bot sich uns mit seiner Hand dar"), und die Unterwerfung sei angenommen worden (*aḫadnā bi-yadihī,* d.i. wörtlich etwa: „wir nahmen (ihn) bei seiner Hand"). Raimund bezweckte diesem Brief nach aber nur, die Franken einzuschüchtern[463]. Man ist durch die Wendungen im arabischen Text — legt man die wörtliche Übersetzung zugrunde — versucht, in den Worten des Qāḍī eine Beschreibung des Aktes der Mannschaftsleistung oder zumindest eines Handschlags zu sehen, doch eine solch weitgehende Deutung sollte vermutlich besser unterbleiben. Beide Formulierungen sind im Arabischen in der Bedeutung „sich unterwerfen/sich ausliefern" und „helfen" festgelegt. Ob diese terminologische Übersetzung auch den Sprachgebrauch einer Hofkanzlei des 12. Jahrhunderts wiedergibt, ist freilich kaum zu entscheiden. Auf jeden Fall ordnete sich Raimund Saladin in nicht ganz eindeutig festzulegenden Formen unter, und glaubt man dem Reisenden Ibn Ǧubair, so war Raimund dem Aiyūbiden bereits 1184 durch „knechtschaftliche Bindung " (*'ubūdīya*) und „Manumission" (*'itq*) verbunden[464].

Daraus lassen sich nun Schlüsse in zweierlei Richtung ziehen:

— Saladin war noch kurze Zeit vor Ḥaṭṭīn 1187 bereit, die fränkische Herrschaft — nicht nur in Antiochia und Tripolis, sondern auch im Königreich Jerusalem (oder Teilen desselben) — zu respektieren, unter der Voraussetzung der Unterordnung des von ihm geförderten Kronprätendenten Raimund. Obwohl sein Triumph über die Franken 1187, was die meisten Quellen nicht vergessen, durch den innerfränkischen Konflikt wesentlich erleichert wurde[465], deutet nichts darauf hin, daß Saladin sich nur mit Raimund eingelassen habe, um die Franken zu spalten: Als Nūr ad-Dīn 1168/1169 den christlich-armenischen Prinzen Mleh in Dienst genommen (*istaḫdama*) und ihm einen Steuerpachtbezirk (*iqṭā'*) verliehen hatte, hatte er sich gegenüber Vorwürfen aus den eigenen Reihen

---

462 Bei al-Bundārī, S. 289.

463 al-Qāḍī al-Fāḍil, Morasalat Fadhli, Ms. Brit. Mus. or. Add. 7465, fol. 54v (vgl. auch 55r).

464 b. Ǧubair, S. 309. Schon 1175 hatten die Aleppiner aus der Manumission (*'itq*) Raimunds besondere Rechte hergeleitet, vgl. oben S. 290. Spielt die Formulierung bei b. Ǧubair darauf an, daß er die für seine Freilassung 1173 oder 1174 den Zengīden gestellten Geiseln 1175 von Saladin wiederbekam?

465 Vgl. J. Hartmann, Persönlichkeit, S. 67-69; für die arabischen Quellen vgl. etwa b. al-Aṯīr, Kāmil, Bd. 11, S. 387; al-Bundārī, S. 290.

damit gerechtfertigt, daß er Mleh schließlich zum Kampf gegen die Christen in Dienst nehme und so von einem Teil seiner Verteidigungsaufgaben entlastet werde [466]. Von einer solchen Strategie ist bei Saladin nichts zu hören. Im Gegenteil: Die ersten Verbindungen zwischen beiden Seiten waren ja, den arabischen Quellen zufolge, schon vor der Machtübernahme der *Hofpartei* und Guidos im September 1186 aufgenommen worden, und die arabischen Berichte belegen, daß Saladin 1187 erst nach dem Vertragsbruch Rainalds von Châtillon zum *ǧihād* gerüstet hat. Er respektierte also den Frieden mit Jerusalem, obwohl sich Raimund III. ihm schon untergeordnet hatte. Hoffte der Aiyūbide vielleicht, das Königreich Jerusalem (mit einem König Raimund) möglicherweise nach Abtretung der für ihn so wichtigen transjordanischen Burgen und gegen gewisse Konzessionen in Jerusalem als Oberherr kontrollieren zu können? Seine Nachfolger machten den Franken im 13. Jahrhundert jedenfalls mehrfach nicht ganz unähnliche Angebote [467].
— Raimund III., der Protagonist der *Partei der Barone*, wollte nicht nur islamische Hilfe gegen die *Hofpartei* in Anspruch nehmen, sondern er war spätestens nach dem Sieg seiner Gegner in der Thronfolgefrage 1186 bereit, Saladins Gefolgsmann zu werden. Seine Subordination vollzog sich sicher nicht in westlich-vasallitischen, sondern islamischen Formen, die aber den europäischen Beobachter an das *homagium* erinnerten.

Daß die Verbindung zwischen Raimund und Saladin keine weiterreichenden Konsequenzen zeitigte, verhinderte die Versöhnung zwischen dem Grafen und König Guido im Mai 1187. Über deren tieferliegenden Gründe läßt sich nur spekulieren. Ibn al-A̱ṯīr (555-630 a.h./1160-1233) deutet an, der Patriarch von Jerusalem habe Raimund mit Exkommunikation und Zwangsauflösung seiner Ehe gedroht, falls er die Kollaboration nicht aufgebe; und al-Kātib al-Iṣfahānī (519-597 a.h./1125-1201)

---

[466] b. al-Aṯīr, Kāmil, Bd. 11, S. 387.

[467] Vgl. unten S. 364-365. Einer späteren christlich-arabischen Quelle zufolge, Sāwīrus b. al-Muqaffa', Bd. 3, 2, S. 121/arab. 72, soll Saladin nach Ḥaṭṭīn dem gefangenen König Guido nach der Hinrichtung Rainalds von Châtillon gesagt haben, er brauche nicht um sein Leben zu fürchten: „Wäre von Deinem Volk ein Rest geblieben, so würde ich Dich zum König über sie einsetzen und Dir Dein Leben lang mit meinem Geld und meinen Leuten helfen". Diese Passage ist vermutlich Anekdote. Aber auch sie deutet daraufhin, daß Saladin 1187 wegen des Vertragsbruchs Rainalds angriff und nicht daran dachte, die fränkische Herrschaft ganz zu beseitigen. Ob Saladin gegenüber Guido wirklich ein Oberherrschaftsverhältnis konstituiert hätte, wenn sein Sieg nicht derart vollständig ausgefallen wäre, bleibt der Spekulation überlassen.

meint, die Parteigänger des Grafen hätten dessen *impium foedus* abgelehnt[468]. Vielleicht vermochte Raimund also für sein Vorgehen bei den eigenen Leuten keine Sympathie gewinnen. Trotz des Scheiterns dieses Projektes kann man nicht behaupten, daß die Konstituierung islamischer Oberherrschaften über fränkische Gebiete Ende des 12. Jahrhunderts in Syrien unmöglich gewesen sei. Gerade für die Jahre 1187 bis 1192 enthalten die Quellen eine ganze Anzahl von Hinweisen darauf, daß über entsprechende Rechtskonstruktionen auf beiden Seiten nachgedacht wurde. Die meisten dieser Fälle betreffen bezeichnenderweise prominente Mitglieder der *Partei der Barone*:

— 1188 soll Saladin vor Tripolis versucht haben, einen besonders tüchtigen, als „Grüner Ritter" bekannten Franken auf seine Seite zu ziehen. Den Berichten der Ernoul-Gruppe gemäß soll er dem Ritter in einem persönlichen Gespräch angeboten haben, in seinen Dienst zu treten und dafür *grant tiere et grant avoir*, also — in islamische Termini übersetzt — unter anderem einen Steuerpachtbezirk (*iqṭā'*) zu erhalten[469]. Der Ritter lehnte ab.

— 1188 schlug der sizilianische Admiral Margarit Saladin in Laodicaea/al-Lāḏiqīya vor, mit den Franken Frieden zu schließen und das eroberte Gebiet zurückzugeben: „Dann würden sie Dir zu Sklaven (*'abīdan*) und Dir gegenüber überall Gehorsam beachten (*aṭā'ūka qarīban wa-ba'īdan*)[470]. Saladin wies dies zurück, weil der *ǧihād* seine Pflicht sei, obwohl der Admiral erklärte, daß dann ein Kreuzzug die Folge wäre.

— 1189, vermutlich im April, plante Saladin nach seiner Rückkehr aus Nordsyrien die Einnahme von Beaufort/Šaqīf Arnūn. Es befand sich im Besitz Rainalds von Sidon, eines der Chefs der *Partei der Barone*. Die Darstellungen von Saladins Sekretär al-Kātib al-Iṣfahānī, seines Heereskadis und Biographen Ibn Šaddād und von Ibn al-Aṯīr stimmen darin überein, daß sich Rainald zur Auslieferung der Burg bereit erklärte, wenn ihm eine Frist bis Ende Ǧumādā II. (14.8.1189) gewährt würde, binnen derer er seine Familie aus Tyrus/Ṣūr heraus-

---

[468] b. al-Aṯīr, Kāmil, Bd. 11, S. 532; al-Kātib al-Iṣfahānī, Fatḥ, S. 18. Zur Versöhnung nach westlichen Quellen, die über Motive des Grafen nichts sagen, M.W. Baldwin, Raymond, S. 87-88, 92-94.

[469] Ernoul, XI, S. 252; ähnlich Estoire de Eracles, XXIV, XI, S. 120. Zum Hintergrund vgl. H. Möhring, Saladin, S. 141.

[470] al-Kātib al-Iṣfahānī, Fatḥ, S. 143; ähnlich b. al-Aṯīr, Kāmil, Bd. 12, S. 10: „Laß sie Deine Mamlūken und Soldaten sein, mit denen Du das Land und die Reiche (*mamālik*) eroberst, und gib ihnen ihr Land zurück".

schleusen wollte. Tyrus/Ṣūr befand sich in der Hand Konrads von Montferrat, mit dem Rainald 1189 noch verfeindet war, und Rainald befürchtete bei einer Auslieferung seiner Burg Repressalien. Rainald, der Arabisch sprach und über Kenntnisse in islamischer Geschichte und *ḥadīṯ*-Kunde verfügte, soll sich als Sklave (*mamlūk*[472]) des Sultans, einer anderen, literarischeren Quelle nach als Sklave und Freigelassener (sic!) des Wohlwollens Saladins bezeichnet haben (*raqīq al-imtinān, 'atīq al-iḥsān, 'abd al-qinn*[472]). Er versprach, in Saladins Dienst (*ḫidma*) zu treten, ihm gehorsam (*taḥta ṭā'atihī*) zu sein, erbat eine Wohnung in Damaskus und ein *iqṭā'* zur Bestreitung seines Unterhalts[473]. Saladin war also bereit, einen der Führer der *Hofpartei* als Christen in Dienst zu nehmen und ihn in islamischen Formen (wohl mit Land) auszustatten. Das Projekt scheiterte jedoch, als Saladin den Eindruck gewann, Rainald wolle nur Zeit gewinnen und betrüge ihn. Er ließ Rainald festnehmen, als die Garnision bei Fristende die Auslieferung verweigerte. Die Burg gab ihren Widerstand erst am 22.4.1190 auf, und Rainald wurde freigelassen[474].

Unterordnungs- und Indienstnahmeprojekte spielten auch bei den zahlreichen diplomatischen Initiativen und Gesprächsrunden zwischen 1191 und September 1192, die der Beendigung des dritten Kreuzzuges dienen sollten, eine bedeutsame Rolle:

— Quellen englischer Herkunft sprechen davon, daß Saladin am 6. Juli 1191 unmittelbar vor der Rückgewinnung von Accon/'Akkā durch die Kreuzfahrer angeboten habe, alle seine Eroberungen außer Ascalon/'Asqalān und Transjordanien sowie das Heilige Kreuz herauszugeben. Dafür sollten Richard Löwenherz und Philipp II. August von Frankreich für ein Jahr in seinen Dienst treten und gegen den zengīdischen Fürsten von Mossul kämpfen oder zu diesem Zweck 1000 Ritter und 5000 berittene Sergeanten abordnen[475]. In dieser

---

471 Bahā' ad-Dīn b. Šaddād, S. 97.

472 al-Kātib al-Iṣfahānī, Fatḥ, S. 177-178. Vgl. b. al-Aṯīr, Kāmil, Bd. 12, S. 27.

473 Bahā' ad-Dīn b. Šaddād, S. 97. al-Kātib al-Iṣfahānī und b. al-Aṯīr (wie Anm. 472) gebrauchen die gleichen oder synonyme Wendungen.

474 Bes. al-Kātib al-Iṣfahānī, Fatḥ, S. 238-239.

475 So die Version der Gesta regis Henrici secundi, Bd. 2, S. 175-176 (Rolls Series, 49, 2), mit genauen, aber unglaubwürdig hohen Angaben über Höhe der von Saladin versprochenen Sold- und Entschädigungsleistungen. Vgl. auch Roger de Hoveden, Chronica, Bd. 3, S. 114 (Rolls Series, 51, 3). Danach habe Saladin Jerusalem und Transjordanien behalten wollen. Ein entsprechendes Koalitionsangebot g e g e n Saladin soll den Chri-

Form kann das Angebot, das nach dem Fall von Accon/'Akkā etwas erweitert wiederholt worden sein soll[476], nicht stimmen. Islamische Quellen wissen nichts davon und berichten, daß die Kreuzfahrer ihrerseits die Rückgabe des Königreiches Jerusalem verlangt hätten[477]. Mit Mossul war Saladin nicht verfeindet, sondern der Sohn des Stadtherrn, 'Izz ad-Din Mas'ūd befand sich sogar in Saladins Heer. Die lateinische Fortsetzung Wilhelms von Tyrus (um 1194) weist im übrigen darauf hin, daß Saladin dieses und andere Angebote nur aus taktischen Gründen gemacht habe[478]. Vor diesem Hintergrund allerdings — und bedenkt man, daß Saladin zwar keine Probleme mit Mossul, aber mit dem Herrn von Sinǧār und wegen der gleichzeitigen Eroberungen seines Neffen Taqīy ad-Dīn 'Umar in Armenien auch mit seinen östlichen Nachbarn und dem Kalifen hatte[479] — erscheint der Bericht der englischen Quellen so unhistorisch denn doch nicht. Der Gedanke, Kreuzfahrer in Dienst zu nehmen und fränkische Staatswesen (unter aiyūbidischer Oberhoheit) zu respektieren, war für beide Seiten offensichtlich zumindest nicht undenkbar.

— Von einem Akt der Unterordnung ist auch die Rede bei den ersten Kontakten zwischen Konrad von Montferrat in Tyrus/Ṣūr und Saladin etwa Anfang Oktober 1191. Um Konrad scharten sich nach der Rückreise Philipps II. August nach Frankreich (August 1191) die Reste der *Partei der Barone*, unter anderem auch Balian von Neapolis und Rainald von Sidon, der 1189 noch mit Konrad verfeindet gewesen war. Guido von Lusignan und Humfred IV. von Toron, der seit September 1186 ebenfalls eher der *Hofpartei* zuzurechnen war, standen dagegen auf seiten von Richard Löwenherz[480]. Der Konflikt zwischen beiden Lagern gedieh so weit, daß sich Konrad, der die Jerusalemer Krone beanspruchte, an Saladin wandte und ihm für die

sten den zitierten Quellen zufolge auch von dem ominiösen *frater Noradini, dominus Muscae* (sc. Mossul) gemacht worden sein.

476 Gesta, ebda., S. 180; Roger, ebda., S. 122 (am 14.7.; Accon/'Akkā wurde zwei Tage vorher ausgeliefert).

477 Bahā' ad-Dīn b. Šaddād, S. 170; al-Kātib al-Iṣfahānī, Fatḥ, S. 356-357, deutet dergleichen an. So auch Gesta, ebda., S. 171, und Roger, ebda., S. 116-118.

478 Cont. Guil. Tyr., III, XXIII, S. 140. *Salahadinus ... nunc pecuniam nunc partem terre sancte, nunc totam citra Jordanem promittit. Que omnia magis protrahendo negocium quam in veritate eum fecisse post facto claruit.*

479 Vgl. A. Ehrenkreutz, Saladin, S. 218; M.C. Lyons/D.E.P. Jackson, Saladin, S. 324-325.

480 Zum Hintergrund vgl. K. Norgate, Richard, S. 167-168, 194, 200, 212. Die Muslime differenzierten scharf zwischen den einheimischen Franken bei Konrad und den Europäern bei Richard, vgl. Bahā' ad-Dīn b. Šaddād, S. 202 und 203-204.

Auslieferung von Beirut und Sidon/Ṣaidā ein Bündnis gegen Richard antrug. Al-Kātib al-Iṣfahānī schreibt, Konrad habe in einem von Rainald von Sidon überbrachten Brief angeboten, Frieden zu schließen und ihm (wörtlich:) jemand zu sein, der „ihm in der Art des (oder: zum) Gehorsam(s) die Hand reicht“ [481]. Rainald soll mit dem schon 1186 als Gesandter zu Raimund III. von Tripolis geschickten al-ʿAdl zu Konrad zurückgekehrt sein und präzise formulierte Eidesabschriften mitgeführt haben. Im Gedicht des normannischen Augenzeugen Ambroise ist zwar nicht von Unterordnung, aber von einer Lehnsbeziehung die Rede. Konrad habe geschworen, die Hälfte Jerusalems von Saladin halten zu wollen [482]. Ein endgültiger Vertrag kam aber bis zu Konrads Ermordung Ende April 1192 nicht zustande [483].
— Nach dem Tode Konrads übernahm Heinrich von Champagne, der wichtigste Anhänger Richards unter den Kreuzfahrern, in Tyrus/Ṣūr die Macht. Er heiratete Konrads Witwe Isabella, die letzte lebende Tochter König Amalrichs I. (gest.1174), und wurde (am 5.Mai 1192?) zum König gewählt. Die Anhänger Konrads aus der früheren *Partei der Barone* gingen jetzt zu Heinrich über [484]. Nach dem Ende des Kreuzzuges soll Heinrich als Electus Verbindung zu Saladin aufgenommen und um ein Ehrenkleid (*ḫilʿa*) gebeten haben, das er anlegte, obwohl dieses Verhalten unter den Franken als schändlich galt [485]. Ibn Šaddād (539-632 a.h./ 1145-1234) gemäß, dem Heereskadi, hatte Heinrich Saladin bereits im Mai 1192 davon informiert, daß ihm von Richard Löwenherz das fränkische Syrien übergeben worden sei. Er forderte Saladin auf: „Gib mir mein Land zurück,

---

[481] al-Kātib al-Iṣfahānī, Fatḥ, S. 397: *an yakūna li-'s-sulṭān muṣāliḥan wa-lahū ʿalā 'ṭ-ṭāʿa muṣāfiḥan*. Bahā' ad-Dīn b. Šaddād, S. 190-208 passim, der genau über die Verhandlungen berichtet, erwähnt aber eine Unterordnung nicht direkt.

[482] Ambroise, V. 8682f, Sp. 232: *E qu'il devoit de lui tenir/De Jerusalem la moitié*. Der Bericht entspricht dem des Bahā' ad-Dīn b. Šaddād ansonsten genau.

[483] al-Kātib al-Iṣfahānī, Fatḥ, S. 398. Zur Ermordung zuletzt: P.A. Williams, The Assassination of Conrad of Montferrat: Another Suspect?, in: Traditio 26 (1970), S. 381-389.

[484] Rainald von Sidon und Balian von Ibelin waren noch im April 1192 Zeugen in einer Urkunde Konrads, vgl. Liber iurium, Nr. CCCCI, S. 400-401 (RRH Nr. 704), bezeugten bald danach aber eine Heinrichs, vgl. Liber iurium, Nr. CCCCV, S. 405-407 (RRH Nr. 707). Balian und Rainald wurden im April 1192 auf dem Rückweg von Saladin zu Konrad von einem Vasallen von Richard gefaßt, aber wieder freigelassen. Vgl. Ambroise, V. 8705ff Sp. 233 (entspr. Intinerarium peregrinorum V, XXIV, S. 337 (Rolls Series, 38, 1)).

[485] b. al-Aṯīr, Kāmil, Bd. 12, S. 79. Der Chronist schildert Heinrich äußerst positiv, z.B. als „Genossen (*rafīq*) der Muslime“.

auf daß ich mit Dir Frieden schließe und ich (wie) eines Deiner Kinder werde" — ein Gedanke, der Saladin auf äußerste erzürnte[486]. In diesem Zusammenhang ist daran zu erinnern, daß Saladin die älteren seiner Söhne als Statthalter einsetzte. Am 9. Juli 1192 schlug Richard Saladin dann vor, die Länder Heinrichs dergestalt zu übergeben, daß Heinrich und sein Heer Saladin zu Gebote ständen und bei einem Zug in den Osten Heerfolge leisteten[487]. Ein weiteres Angebot, aus den ersten Tagen des Augusts 1192, läßt nun überhaupt keinen Zweifel mehr daran, daß Richard Löwenherz an die Konstituierung einer lehnrechtlich-vasallitischen Beziehung zu Saladin dachte, um Frieden schließen zu können. Nach der erfolgreichen Verteidigung von Jaffa/Yāfā ließ er Saladin mitteilen: „Es ist ein Grundsatz (*qāʻida*) der Franken, daß, wenn einer einem anderen einen Ort (*balad*) gibt, dieser sein Gefolgsmann und Bediensteter (*tabaʻuhū wa-ġulāmuhū*) wird". Richard bat Saladin um die Verleihung von Jaffa/Yāfā und Ascolon/ʻAsqalān und versprach: „Die Streitkräfte beider (Orte) bleiben ständig in Deinem Dienst (*ḫidma*), und wenn Du mich benötigst, komme ich zu Dir in kürzester Zeit und diene Dir"[488]. Saladin ging auf alle diese Vorschläge nicht ein. Daß er aber nicht grundsätzlich gegen Belehnungen bzw. die Vergabe von Land an Franken in islamischen Formen (*iqṭāʻ*?) war, zeigt folgendes letztes Beispiel:
— Die altfranzösischen Fortsetzer Wilhelms von Tyrus überliefern, daß Saladin nach Abschluß des Vertrages vom 2. September 1192, der den dritten Kreuzzug beendete, „Mitleid mit den hohen Herren des Landes, die er enterbt hatte und die noch lebten" gezeigt habe. Rainald von Sidon konzedierte er die Hälfte der Einkünfte von Sidon/Ṣaidā sowie den Ort Sarphent/Ṣarfand, Balian von Neapolis die Burg Caymont/ Tall Qaimūn bei Accon/ʻAkkā[489]. Es ist nicht die Rede davon, ob dadurch ein Dienstverhältnis geschaffen wurde, aber die genannten Orte gehörten eindeutig zu den laut Vertrag vom 2. September muslimischen Gebieten.

Natürlich läßt sich im Einzelfall nicht sagen, ob die arabischen, altfranzösichen oder lateinischen Wendungen den rechtlichen Gehalt der von der jeweils anderen Seite gemachten Angebote auch korrekt wie-

---

486 Bahā' ad-Dīn b. Šaddād, S. 218: *aʻid ʻalaiya bilādī ḥattā uṣāliḥaka wa-akūna aḥad aulādika*.

487 Bahā' ad-Dīn b. Šaddād, S. 219: *sallamtuhū* (sc. das Land) *ilaika yakūnu huwa* (sc. Heinrich) *wa-ʻaskaruhū bi-ḥukmika wa-lau 'stadʻaitahum ilā 'š-šarq samiʻū wa-aṭāʻū*.

488 Bahā' ad-Dīn b. Šaddād, S. 228. Richard hätte sich dabei vertreten lassen müssen.

489 Ernoul, XXV, S. 293; ähnlich und genauer Estoire de Eracles, XXIV, XXVII, S. 199.

dergeben. Es ist auch nicht in jedem Einzelfall zu klären, ob es sich um eine Errichtung von Oberherrschaftsverhältnissen islamischer Prägung, westliche Lehnsbeziehungen, einfache Allianzen oder nur (wie im Fall des „Grünen Ritters" zu vermuten wäre) die Anwerbung von Söldnern handelt, was in den Quellen beschrieben wird [490]. Eindeutig ist auf jeden Fall, daß die verschiedenen Projekte auf Initiativen b e i d e r Seiten zurückgingen. Zu den Angeboten, westlich-vasallitische Rechtsbeziehungen einzugehen, wie sie von Heinrich von Champagne, Richard Löwenherz und vielleicht auch Konrad von Montferrat vorgeschlagen wurden, gab Saladin sein Placet nicht. Er war aber offensichtlich bereit, sich in islamischen Formen mit den Franken zu einigen. Vor allem aber fällt eines auf: In den meisten der Fälle waren Mitglieder der *Partei der Barone* beteiligt, vor allem Rainald von Sidon und Balian von Neapolis, die nach dem Tod Raimunds III. von Tripolis im Herst 1187 [491] prominentesten noch lebenden Führer der Partei: Rainald und Balian waren die wichtigsten Gefolgsleute Konrads von Montferrat und, ab Mai 1192, Heinrichs von Champagne. Sie dürften deren Initiativen mitbeeinflußt haben. Von Saladin ist bekannt, daß er im November 1191 bei der Wahl zwischen einem Vertragsabschluß mit Richard oder Konrad letzterem zugeneigt haben soll, da sich unter anderem auf seiner Seite die eingesessenen Franken befanden [492]. Bei Saladins Landvergabe an fränkische Führer im September 1192 wurden allem Anschein nach nur Angehörige der *Partei der Barone* berücksichtigt, obwohl z.B. Humfred IV. von Toron bei der Aushandlung des Waffenstillstands, der den Kreuzzug abschloß, als Gesandter und Dolmetscher ebenso wertvolle Dienste geleistet hatte wie Balian oder Rainald. Nur hatte Humfred seit September 1186 und während des Kreuzzuges auf seiten der Gegner der *Partei der Barone* gestanden. Es paßt in das Bild besonders intensiver Kontakte zwischen Saladin und Mitgliedern der *Partei der Barone*, daß Bohemund III. von Antiochia Saladin 1192 in Beirut besuchte. Bei al-Kātib al-Iṣfahānī heißt es: „Er kam in den Dienst (sc. Saladins) als jemand, der die Bande der

---

[490] Zu Christen als Söldnern in islamischen Diensten, bes. bei den Nachbarn der fränkischen Staaten, vgl. J. Richard, An Account of the Battle of Hattin Referring to the Frankish Mercenaries in Oriental Moslem States. The Battle of Hattin according to MS REG. LAT. 598, in: Speculum 27 (1952), S. 168-177.
Zu einem englischen Ritter bei Saladin vgl. zuerst Gesta regis Henrici secundi, Bd. 1, S. 341 (Rolls Series, 49, 1).
Zu einem Muslim im Dienste der Hospitaliter vgl. b. al-Aṯīr, Kāmil, Bd. 12, S. 32-33.

[491] Zum Todesdatum, das nicht genau festzulegen ist, vgl. M.W. Baldwin, Raymond, S. 138.

[492] Bahā' ad-Dīn b. Šaddād, S. 203-204. Vgl. Ambroise, V. 8691-8694, Sp. 232 (entspr. Itinerarium peregrinorum, V, XXIV, S. 336).

Protektion ergreift und sich dem Regime des Schutzes (*ḏimma*) unterordnet" [493]. Auch Bohemund, dessen Frau Saladin offenbar wichtige Informationen über die europäischen Kreuzzugsrüstungen gegeben hatte [494], konnte auf das Entgegenkommen Saladins rechnen und erlangte finanzielle Konzessionen in den antiochenisch-aiyūbidischen Kondominien (*munāṣafāt*) [495]. Bohemund ging also spätestens 1192 eine Art Unterordnungsverhältnis ein, und seine guten Beziehungen zu den Aiyūbiden blieben über Saladins Tod (1193) hinaus erhalten. 1197 z.B. traf er sich mit den Feldherren des Saladin-Sohnes al-Malik aẓ-Ẓāhir von Aleppo und gab ihnen wertvolle Hinweise über die Aktivitäten der von Kaiser Heinrich VI. nach Syrien gesandten Kreuzfahrer [496].

Die Landvergabe Saladins an Mitglieder der *Partei der Barone* steht am Ende einer langen Reihe von Verträgen und Rechtsverhältnissen begründenden Kontakten zwischen dieser Adelspartei und den Aiyūbiden. Die Allianz und Unterordnung Graf Raimunds III. von Tripolis mit und unter Saladin 1186 war mithin kein Einzelfall. Anders als die Führer der *Hofpartei* (Rainald von Châtillon, Guido von Lusignan, der Templergroßmeister Gerhard von Ridefort und der Seneschall Joscelin III.) waren die *Barone* auch in den Jahren ab 1184 — nach dem Ende der „Kein Platz (*lā maqām*)"-Politik — bereit, Beziehungen zu Saladin aufzunehmen und Verträge zu erfüllen. Daß eine große Anzahl der angesprochenen Projekte nicht realisiert oder während des Kreuzzuges (1191-1192) nur aus taktischen Gründen vorgeschlagen wurde, spricht nicht gegen die Feststellung, daß auf Seiten der Muslime wie der Franken auch auf dem Höhepunkt der aiyūbidischen *ǧihād*-Propaganda und der Parteikämpfe im Königreich Jerusalem grundsätzliche Bereitschaft zu Verträgen, Landvergabe und Oberherrschafts- bzw. Protektoratsverhältnissen gab.

Zumindest einige der Unterordnungsprojekte, besonders die Vorschläge von Heinrich von Champagne und Richard Löwenherz, standen im größeren Zusammenhang der Bemühungen, den dritten Kreuzzug mit

---

[493] al-Kātib al-Iṣfahānī, Fatḥ, S. 446: *qad waṣala ilā 'l-ḫidma mustamsikan bi-ḥibal al-'iṣma dāḫilan fī ḥukm aḏ-ḏimma.*
Nach b. al-Aṯīr, Kāmil, Bd. 12, S. 87, „diente" Bohemund Saladin (*ḫadamahū*) und bekam ein Ehrenkleid (*ḫil'a*).

[494] H. Möhring, Saladin, S. 139.

[495] al-Kātib al-Iṣfahānī (wie Anm. 493); Bahā' ad-Dīn b. Šaddād, S. 240.

[496] b. al-'Adīm, Zubda, Bd. 3, S. 140-141. Zu den antiochenisch-aiyūbidischen Beziehungen nach 1193 vgl. Cl. Cahen, Syrie, bes. S. 590-623. Zur Frage, ob sich Bohemund bereits 1183 Saladin unterordnete vgl. oben S. 323.

einem Verhandlungsfrieden zu beenden. Bald nach der Rückgewinnung von Accon/'Akkā durch die Franken am 12. Juli 1191 hatte sich zwischen beiden Seiten ein Kräftegleichgewicht ergeben. Den Kreuzfahrern war die Herrschaft über die Ortschaften der palästinensischen Küstenebene nicht streitig zu machen; sie waren ihrerseits nicht in der Lage, Jerusalem und den Hauptteil des an Saladin verlorengegangenen Gebietes zurückzugewinnen. Vor diesem Hindergrund kam es zu verschiedenen Verhandlungsrunden zwischen Richard Löwenherz, dem Führer des Kreuzzugs, und Saladins Bruder al-Malik al-'Ādil bzw. beider Gesandten. Der gesamte Verlauf dieser Gespräche braucht, weil er in der modernen Historiographie ausreichende Beachtung gefunden hat, hier nicht näher dargestellt zu werden [497]. Anders verhält es sich mit einzelnen Aspekten der 1191 angewendeten Vertragstechnik und der Rechtsinstitute, die eine Einigung schließlich ermöglichten. Auf sie soll im folgenden noch eingangen werden:

Am 12. Juli 1191 wurde Accon/'Akkā den Kreuzfahrern nach einer beinahe zwei Jahre währenden Belagerung von den Garnisonskommandanten Saladins übergeben. An den Modalitäten der Auslieferung und den sich bis zur Hinrichtung des Großteils der muslimischen Gefangenen am 20. August hinziehenden Unterredungen über die Erfüllung des Auslieferungsvertrags ist zweierlei besonders interessant [498]:

— Die arabischen Quellen berichten, daß Konrad von Montferrat für seine Mittlerdienste bei der Aushandlung des Vertrages 10000 Dīnāre und 4000 für seine Gefolgsleute erhalten sollte. Konrad war es auch, der am 12. Juli christliche Fahnen auf die Türme und Mauern der Stadt pflanzte [499].

---

[497] Die Verhandlungsphasen sind bequem zusammengestellt bei L. Landon, The Itinerary of King Richard I..., London 1935 (ND Neudeln 1974), S. 51-68. Die wichtigste Quelle ist Bahā' ad-Dīn b. Šaddād, daneben bieten al-Kātib al-Iṣfahānī (Fatḥ), Ambroise und das Itinerarium peregrinorum II, das weitgehend eine lateinische Übersetzung des Ambroise darstellt, wichtige Informationen. Angaben zum Vertrag vom 2. September 1192 enthält fast die gesamte westliche und islamische Chronistik der Zeit.
Zur Sekundärliteratur vgl. bes.: R. Röhricht, Jerusalem, S. 572-654 passim; R. Grousset, Histoire, Bd. 3, S. 60-120 passim; J. Pawer, Histoire, Bd. 2, S. 69-99 passim, und in erster Linie K. Norgate, Richard, S. 176-263, sowie M.C. Lyons/D.E.P. Jackson, Saladin, S. 329-360.

[498] Eine differenzierte Darstellung der Vertragsklauseln (nach den unterschiedlichen Angaben in zahlreichen Quellen) findet sich bei A. Cartellieri, Philipp II. August, König von Frankreich, Bd. 2, Der Kreuzzug (1187-1191), Leipzig 1906 (ND Aalen 1969), S. 218-219.

[499] Bahā' ad-Dīn Šaddād, S. 171; al-Kātib al-Iṣfahānī, Fatḥ, S. 357-358; b. al-Aṯīr, Kāmil, Bd. 12, S. 67.

— Am 3. August kam es zu Streitigkeiten zwischen den fränkischen Gesandten und Saladin über die Festlegung der einzelnen Raten für den Austausch der gefangenen islamischen Garnison gegen die im Vertrag festgelegten 200000 Dīnāre, 1600 fränkischen Gefangenen und das Heilige Kreuz.

Saladin schlug dabei vor, die Kreuzfahrer sollten alle ihre Gefangenen entlassen. Als jene nur einen Teil freigeben wollten, verlangte Saladin für die vertragsgemäße gute Behandlung der restlichen Gefangenen eine Garantieerklärung der Templer. Diese lehnten aus Angst vor einem Vertragsbruch durch die Kreuzfahrer ab [500]. In den Zelten der Templer war übrigens am 12. Juli der Auslieferungsvertrag gegenseitig beschworen worden [501].

Allem Anschein nach dienten Konrad, dem sich die Reste der *Partei der Barone* angeschlossen hatten, der möglicherweise Arabisch und wahrscheinlich Griechisch sprach [502], und die Templer also als Vermittler. Daß muslimisch-fränkische Verträge oft unter Beteiligung neutraler Mediatoren zustande kamen, ist im vorangegangenen des öfteren gezeigt worden. Raimund III. von Tripolis hatte z.B. 1183 versucht, einen Vertrag zwischen Saladin und Jerusalem zu vermitteln [503]. Neben dem für die fränkisch-islamische Vertragspolitik im 12. Jahrhundert typischen Phänomen der Vertragsvermittlung findet sich in den Verhandlungen bis zum September 1192 noch ein anderes, schon traditionelles Element der Vertragspolitik in Syrien: die Errichtung von Kondominien (*munāṣafāt*). Es spielte sowohl in den Friedensvorschlägen Richards und Konrad als auch Saladins eine Rolle:

— Richard Löwenherz hatte sich bereits unmittelbar nach seiner Ankunft vor Accon/'Akkā am 7. Juni 1191 um ein Treffen mit Saladin bemüht und Friedensverhandlungen angeregt [504]. Noch bis zu seinem Gespräch mit den Gesandten von Saladins Bruder al-'Ādil, der zur Verhandlungsführung und zum eventuellen Abschluß eines Vertrages von Saladin bevollmächtigt worden war, am 17. Oktober erhoben die Kreuzfahrer in diesen teils durch Gesandte, teils zwischen

---

500 al-Kātib al-Iṣfahānī, Fatḥ, S. 371; b. al-Aṯīr, Kāmil, Bd. 12, S. 67.

501 A. Cartellieri, Philipp, S. 217.

502 Vgl. Zur Rolle Konrads als Caesar des byzantinischen Reiches vor 1187 Niketas Choniates, Isaakios Angelos, I, 7, S. 382.

503 Vgl. oben S. 323, daneben S. 311 (ad 1182). Möglicherweise vermittelten 1175 und 1176 auch die Assassinen/Bāṭinīya zwischen Franken und Zengīden. Zur Mittlerfunktion der Emire von Šaizar und Qal'at Ǧa'bar vgl. oben S. 158-162.

504 Bahā' ad-Dīn b. Šaddād, S. 163; al-Kātib al-Iṣfahānī, Fatḥ, S. 348.

Richard und al-ʿĀdil persönlich geführten Unterredungen die Forderung nach der Rückgabe ganz Palästinas (as-sāḥil) bzw. aller von Saladin eroberten Gebiete[505]. Dies wurde von der Gegenseite nicht akzeptiert, obwohl Saladin nach seiner schweren Niederlage bei Arsur/Arsūf am 7. September nahe daran war zuzustimmen[506]. — Mitte September verschlechterte sich die Verhandlungsposition Richards allerdings, weil sich Konrad von Montferrat mittlerweile so mit Richard überworfen hatte, daß er selber mit Saladin verhandelte. Richard zeigte sich darauf erstmals kompromißbereit und machte das berühmte Angebot, seine Schwester Johanna, die Königin-Witwe von Sizilien, solle al-ʿĀdil heiraten und mit diesem zusammen von Jerusalem aus die fränkischen und muslimischen Teile Palästinas regieren[507]. Saladin war damit einverstanden, ging aber davon aus, daß der Vorschlag des Königs nicht ernst gemeint sei. Nach außen wurde das Scheitern des Heiratsprojektes — das übrigens dem kanonischen und dem Eherecht des Königreichs Jerusalem widersprochen hätte[508] — auf die Weigerung Johannas zurückgeführt, einen Muslim zu heiraten; doch vermutlich beabsichtigte Richard mit diesem Angebot lediglich, die schon weit gediehenen Verhandlungen zwischen Saladin und Konrad von Montferrat zu stören[509]. Obwohl das *Itinerarium peregrinorum* vermeldet, Richard habe noch im November auf der Restauration des Königreichs in den Grenzen wie unter Balduin IV. und der Weiterzahlung des ägyptischen Tributes aus der Fāṭimidenzeit bestanden[510], scheint der englische König schon in dieser Verhandlungsphase Kompromißformeln angeboten zu haben:

---

505 Vgl. oben S. 345, Anm. 477 (Juni bis August 1191); Bahāʾ ad-Dīn b. Šaddād, S. 182, und al-Kātib al-Iṣfahānī, Fatḥ, S. 382-383 (ad 4.9.); Bahāʾ ad-Dīn b. Šaddād, S. 187 (ad 11.9.: Richard will das ganze Küsten (*sāḥilīya*)-Land, vermutlich Palästina bis zum Jordan); Bahāʾ ad-Dīn b. Šaddād, S. 193-194 (ad 17.10.: Richard verlangt Jerusalem, Palästina bis zum Jordan und das Heilige Kreuz).

506 Bahāʾ ad-Dīn b. Šaddād, S. 187.

507 Bahāʾ ad-Dīn b. Šaddād, S. 195; b. al-Aṯīr, Kāmil, Bd. 12, S. 72, Vgl. L. Landon, Itinerary, S. 56-57. Vgl. bes. R. Röhricht, Jerusalem, S. 597; K. Norgate, Richard, S. 197 und 200.

508 Vgl. J.A. Brundage, Marriage Law in the Latin Kingdom of Jerusalem, in: Outremer, ed. B.Z. Kedar, H.E. Mayer, R.C. Smail, Jerusalem 1982, S. 258-271, bes. S. 262-263. Richard wollte deshalb einen päpstlichen Dispens einholen.

509 So K. Norgate, Richard, S. 200; al-Kātib al-Iṣfahānī, Fatḥ, S. 422 deutet dies an. Vgl. Bahāʾ ad-Dīn b. Šaddād, S. 196, 203-205.

510 Itinerarium peregrinorum, IV, XXXI, S. 295-297 (Rolls Series, 38,1). Die Verhandlungen sollen an der Frage der Schleifung von Mons Regalis/aš-Šaubak gescheitert sein.

Ibn Šaddād (539-632 a.h./1145-1234) zufolge, der an den Beratungen der muslimischen Führung direkt beteiligt war, schlug Richard vor festzulegen, welche Dörfer fränkisch, welche aiyūbidisch sein sollten, oder sie alle zu Kondominien (*munāṣafāt*) zu machen [511]. Wenige Tage später übertrug Saladin al-ʻĀdil erneut die Vollmacht, mit Richard einen Frieden auszuhandeln. Auf seine Bitte hin erhielt al-ʻĀdil ein Aide-Memoire (*taḏkira*), das die möglichen Konzessionen Saladins und die als Kondominium (*munāṣafa*) in Aussicht genommenen Gebiete festlegte [512]. Seit diesem Zeitpunkt spielten Kondominien in jeder Verhandlungsrunde bis zum Friedensschluß am 2. September 1192 eine wichtige Rolle:

— Ende 1192, ein Vierteljahr nach dem Scheitern des ersten Vormarsches der Kreuzfahrer auf Jerusalem, gab Richard gegenüber dem Gesandten Abū Bakr al-Ḥāǧib seinen Anspruch auf g a n z Jerusalem auf und schlug vor, die Zitadelle und der Felsendrom sollten islamisch bleiben, die Stadt Jerusalem und die Dörfer ringsherum aber zum Kondominium (*munāṣafa*) gemacht werden [513].

— Ähnliche Konzeptionen verfolgte auch Konrad von Montferrat. In den sich bis zum 21. April 1192 (sieben Tage vor seiner Ermordung) hinziehenden Gesprächen zwischen seinen Gesandten und Saladin war sowohl von einer Kondominatsregelung für Jerusalem [514] als auch für die Dörfer zwischen dem fränkischen und dem islamischen Gebiet die Rede [515].

— In den Friedensberatungen vom 9. bis zum 19. Juli 1192, kurz nach dem Scheitern des zweiten Marsches auf Jerusalem, in denen es um eventuelle fränkische Garnisonsrechte in Jerusalem sowie die Schleifung von Ascalon/ʻAsqalān und Daron/ad-Dārūm ging, kam die Konstituierung von Kondominien in Grenzgebieten und den Pertinenzien der zu zerstörenden Städte erneut zur Sprache [516].

— Im abschließenden Friedensvertrag (*ṣulḥ*) vom 2. September 1192 wurde folgendes stipuliert: Das Gebiet von Jaffa/Yāfā bis Tyrus/Ṣūr sollte mit Ausnahme der weiter landeinwärts gelegenen Orte frän-

---

511 Bahā' ad-Dīn b. Šaddād, S. 203. Der Vorschlag wurde etwa am 11. November 1191 in Saladins Kriegsrat angenommen.

512 Ebda., S. 205: Beirut und Caymont/Tall Qaimūn sollten geschleift, das Heilige Kreuz herausgegegen und lateinische Priester in der Jerusalemer Grabeskirche zugelassen werden.

513 Bahā' ad-Dīn b. Šaddād, S. 205.

514 Ambroise, wie S. 346, Anm. 482 (=Itinerarium peregrinorum, V, XXIV, S. 336).

515 Bahā' ad-Dīn b. Šaddād, S. 206.

516 Bahā' ad-Dīn b. Šaddād, S. 219-220.

kisch bleiben, Lydda/Ludd und Rames/ar-Ramla Kondominium (*munāṣafa*) werden. Der Vertrag sollte für drei Jahre und acht Monate, bis Ostern 1196, gelten, alle islamischen Gebiete (auch die der Assassinen/Bāṭinīya) einbeziehen und, falls er vom Grafen von Tripolis und vom Fürsten von Antiochia beschworen würde, auch die nördlichen fränkischen Staaten berücksichtigen[517].

In den Verhandlungen zur Beendigung der Kämpfe der Kreuzfahrer mit Saladin (1191-1192) taucht, wie die vorangegangenen Ausführungen ergeben haben, eine ganze Reihe von Praktiken und Vorschlägen auf, die in den fränkisch-islamischen Beziehungen bis dahin keine Rolle gespielt hatten. Dazu gehören die wiederholten Versuche Richard Löwenherz', sich persönlich mit Saladin zu treffen[518], ebenso wie die von seiner Seite auf den Verhandlungstisch gebrachten Projekte einer Heiratsverbindung oder einer Belehnung durch Saladin mit Jaffa/Yāfā und Ascalon/'Asqalān. Bezeichnenderweise ging Saladin auf entsprechende Vorschläge nicht oder nur aus taktischen Gründen ein. Das Rechtsinstitut, das aus seiner Sicht strittige Territorialfragen lösen konnte, war das seit Beginn des 12. Jahrhunderts bekannte fränkisch-islamische Kondominium. Die Errichtung von Kondominien in Lydda/Ludd, Rames/ar-Ramla, Sidon/Ṣaidā im Jahre 1192 und der Fortbestand derjenigen an den Grenzen des Fürstentums Antiochia[519] zeigen, welche Kompromißmöglichkeiten in einer Situation militärischen Patts zur Verfügung standen. Daß allerdings auch ganze Städte und nicht nur rurale Zonen zu Kondominien erklärt wurden, ist im 12. Jahrhundert ohne Präzedenzfall — hier wurde 1192 juristisches Neuland betreten. Die in Samtherrschaft regierten Orte waren besiedelt, aber „offene Städte" ohne Befestigungen. Die Kondominien (*munāṣafāt*) waren nicht als langfristige Lösung gedacht; ihre Geltungsdauer richtete sich nach den Fristen des abgeschlossenen Vertrages. Das Abkommen von 1192 hatte aus der

---

[517] Bahā' ad-Dīn b. Šaddād, S. 233-234. R. Röhricht, Jerusalem, S. 648, stellt die Fristangaben der zeitgenössischen Chronistik zusammen. Da Bahā' ad-Dīn b. Šaddād den Vertragstext vermutlich selber abfaßte, genießt seine Darstellung höchste Autorität. Die wichtigsten westlichen Quellen berichten von der Geltung des Vertrages zu Land und zu See, freier Pilgerfahrt (ohne Besteuerung) und einer Freihandelsklausel: Ambroise, V. 11785-11794, Sp. 316 (=Itinerarium peregrinorum, VI, XXVII, S. 429). Der Vertrag erlaubte offenbar Befestigungen ausdrücklich: Richard de Devizes, De rebus gestis Ricardi primi, S. 449 (Rolls Series, 82,3).

[518] Bahā' ad-Dīn b. Šaddād, S. 163 und 201. Richard hatte auch bei seinen Kämpfen vor und nach dem Kreuzzug eine Vorliebe für direkte Gespräche mit seinen Gegnern, besonders dem König von Frankreich, vgl. K. Norgate, Richard, S. 323 et passim.

[519] Vgl. oben S. 322-323 und S. 331.

Sicht beider Seiten den Charakter eines Waffenstillstandes, der durch die militärische Erschöpfung sowohl der Franken als auch der Muslime und die internen Probleme der jeweiligen Anführer in ihren Reichen unabdingbar geworden war. Richard und Saladin wollten die Feindseligkeiten auf jeden Fall nach Ablauf des Vertrages wieder aufnehmen [520]. In einer solchen Situation war die Konstituierung von Kondominien (*munāṣafāt*) das Mittel der Wahl. De facto bestanden die Kondominien von 1192 dann jedoch wesentlich länger: Denn Saladin starb am 4. März 1193, und Richard wurde infolge seiner Gefangennahme durch Herzog Leopold V. von Österreich an neuen Kreuzzugsplänen gehindert. Er fand am 6. April 1199 den Tod. Lydda/Ludd und Rames/ar-Ramla blieben bis 1204 Kondominium, Sidon/Ṣaidā eventuell sogar bis 1228/1229 [521].

* * * * *

---

[520] Ambroise, V. 11810-11814, Sp. 316-317; V. 12295-12299, Sp. 330; al-Kātib al-Iṣfahānī, Fatḥ, S. 435-436.

[521] b. al-Aṯīr, Kāmil, Bd. 12, S. 195. Nach b. Naẓīf, S. 62/arab. 29, sollen im Frieden von 1222 alle *munāṣafāt* aufgehoben worden sein. Vielleicht war aber Sidon/Ṣaidā 1228 noch oder wieder geteilt, wie R. Röhricht, Jerusalem, S. 777 und 785, meint.
Die Geschichte der Hoheitsansprüche über Sidon/Ṣaidā zwischen 1192 und 1228/1229 zu rekonstruieren, ist schwierig. Von der in den Quellen der Ernoul-Gruppe (vgl. Anm. 489) wiedergegebenen Teilung Sidons/Ṣaidās erwähnen islamische Quellen nichts. In der historischen Geographie des ʿIzz ad-Dīn b. Šaddād, Aʿlāq (Lubnān ...), S. 99, ist davon die Rede, die Stadt sei als Steuerpachtbezirk (*iqṭāʿ*) unter die Emire Fāris ad-Dīn Mai'mūn al-Qaṣrī und Šams ad-Dīn Sunqur al-Kabīr aufgeteilt worden. 1193 wurde diese Regelung nach dem Tod Saladins bestätigt, vgl. R. St. Humphreys, From Saladin, S. 78 und 93. Vielleicht betraf diese Teilung nur die islamische Hälfte der Stadt oder der Herrschaft. Die christlich-arabische Patriarchenchronik von Alexandria (Sāwīrus b. al-Muqaffaʿ, Bd. 3, 2, S. 159/arab. S. 94) erwähnt ad 1192, daß daneben auch Beirut, Byblus/Ǧubail, Gabula/Ǧabala und andere Gebiete und Burgen zwischen Franken und Muslimen geteilt worden seien. Das erscheint kaum als möglich, denn die Küste zwischen Beirut und Laodicaea/al-Lāḏiqīya befand sich 1192 unangefochten in aiyūbidischen Händen, und zeitgenössische Quellen erwähnen dort von Kondominien nichts. Im Waffenstillstand von 1198 scheint die Teilung von Sidon/Ṣaidā erneuert worden zu sein, vgl. R.St. Humphreys, S. 108 (mit Anm. 45), obwohl deutsche Kreuzfahrer 1197 die unverteidigte Stadt einnehmen konnten. 1212 war der Ort den Angaben des Pilgers Wilbrand von Oldenburg nach wohl noch geteilt (Wilbrand, Peregrinatio, I, IV, S. 165). Jakob von Vitry, Lettres, S. 92, der den Ort 1216 oder 1217 besuchte, sagt, die „Sarrazenen" hielten Sidon/Ṣaidā. Dies widerspricht Wilbrand nicht, der von einer hauptsächlich muslimischen Einwohnerschaft redet, die den Franken Zahlungen leistete. Auf jeden Fall wurde Sidon/Ṣaidā 1229 in dem Vertrag zwischen Friedrich II. und al-Malik al-Kāmil den Franken zugesprochen, vgl. den Brief des Deutschordensmeisters Herrmann an Papst Gregor IX., in: Historia diplomatica Friderici secundi, Bd. 3, S. 92.

Am Ende der Betrachtung fränkisch-islamischer Beziehungen von 1184 bis 1192 lassen sich die Ergebnisse wie folgt zusammenfassen:

Das Verhältnis zwischen Saladin und dem Königreich Jerusalem unterlag in noch stärkerem Maß als zwischen 1174 und 1183 den Auswirkungen der innerfränkischen Parteienstreitigkeiten und den Konsequenzen, die die *ǧihād*-Propaganda für Saladins Frankenpolitik hatte. Saladin war auch nach seiner Machtübernahme in Aleppo (1183) nicht dazu entschlossen, sich ganz dem *ǧihād* zu widmen. In Raimund III. von Tripolis und der *Partei der Barone* fand er Vertragspartner, die bereit und in der Lage waren, Abkommen zu schließen und zu erfüllen.

Im Laufe des Jahres 1186 kam es aber auf aiyūbidischer wie auf Jerusalemer Seite zu Entwicklungen, die einen Konflikt unausweichlich werden ließen: Saladin war nach seiner Unternehmung in Nordmesopotamien (al-Ǧazīra) (1185/1186) massivem Druck von innen und außen ausgesetzt, sich endlich gegen die Franken zu wenden. Im Königreich verdrängte nach dem Tod Balduins V. die *Hofpartei* die *Partei der Barone* von der Macht. Damit lebten die zentrifugalen Kräfte unter den Baronen erneut und verstärkt auf. Der König hatte keine Autorität mehr, Vertragsbrüche — bei denen neben politischen vermutlich wieder finanzielle Gründe eine Rolle spielten — zu verhindern oder Wiedergutmachung zu leisten. Graf Raimund III. dagegen suchte vor dem von König Guido drohenden Angriff Zuflucht in einer Anlehnung an Saladin, im Zug derer vermutlich ein aiyūbidisches Oberherrschaftsverhältnis konstituiert wurdc.

Nach dem Vertragsbruch Rainalds von Châtillon rief Saladin 1187 zum *ǧihād* auf. Es ist allerdings sehr zu bezweifeln, ob er mit seinem Angriff — den er unternehmen mußte, um seine Glaubwürdigkeit als Glaubenskämpfer nicht ganz zu verlieren — beabsichtigte, die fränkische Herrschaft über die Küstenregion zu beenden. Wirklich interessiert dürfte er nur daran gewesen sein, Transjordanien unter seine Kontrolle zu bringen. Die Politik, die er gegenüber Raimund III. von Tripolis verfolgte, belegt, daß Saladin bereit war, fränkische Staatswesen unter einer aiyūbidenfreundlichen Führung und vermutlich unter aiyūbidischer Oberherrschaft zu respektieren. Ob er dafür die Abtretung von Transjordanien und Jerusalem oder besondere Rechte in Jerusalem beansprucht hätte, läßt sich nicht definitiv entscheiden, da sich Raimund auf Grund des Drucks von seiten seiner Anhänger und des Klerus 1187 mit König Guido versöhnen und mit Saladin brechen mußte.

Seine Konzeption, sich mit muslimischer Hilfe die Macht sichern zu wollen und Saladins Oberherrschaft anzuerkennen, ist im Zusammenhang einer Reihe anderer Kontakte von Mitgliedern oder Sympathisanten der *Partei der Barone* (Bohemund III. von Antiochia, Rainald von Sidon, Balian von Neapolis) zu Saladin zu sehen, von denen in den Quellen zwischen 1183 und 1192 die Rede ist. Bei allen diesen Projekten ging es um die Indienstnahme fränkischer Herren durch Saladin, Landvergabe an Franken oder sogar die Etablierung einer aiyūbidischen Oberherrschaft. An ihnen wird erkennbar, Beziehungen welcher Qualität Ende des 12. Jahrhunderts zwischen eingesessenen fränkischen Baronen, von denen die meisten Arabisch sprachen, und den Muslimen — ungeachtet aller *ǧihād*- und Kreuzzugspropaganda — möglich waren. Mitglieder der *Partei der Barone* waren 1191-1192 auch maßgeblich an den verschiedenen Verhandlungsrunden während und zur Beendigung des dritten Kreuzzuges beteiligt. Diese Gespräche machen schließlich deutlich, daß Saladin bei der Suche nach rechtlichen Instrumentarien für einen Ausgleich mit den Franken nicht bereit war, auf „westliche" Lösungen wie die von Richard Löwenherz vorgeschlagenen Heirats- oder Vasallitätsprojekte zurückzugreifen. Alle besprochenen Rechtsverhältnisse, z.B. die Verleihung von Steuerpachtbezirken (*iqṭāʿāt*), waren islamischer Herkunft oder hatten, wie die Errichtung von Kondominien (*munāṣafāt*) in der Geschichte fränkisch-islamischer Beziehungen im Orient lange Tradition. Sowohl was die Vertragsinhalte als auch was die handelnden Personen betrifft, war also 1192 und nicht 1187 die historische Zäsur in den fränkisch-islamischen Beziehungen am Ende des 12. Jahrhunderts.

III.5. Ausblick auf die fränkisch-islamischen Beziehungen im 13. Jahrhundert

Unter bündnispolitischen Gesichtspunkten stand die Geschichte des sogenannten zweiten lateinischen Königreiches von Jerusalem (1192-1291) unter gänzlich anderen Vorzeichen als die fränkisch-islamischen Beziehungen im 12.Jahrhundert. Die politische Geschichte Syriens im 12. Jahrhundert war dadurch gekennzeichnet gewesen, daß es in einer Phase zunehmender Dezentralisierung politischer Herrschaft (von etwa 1070 bis 1128) nach einzelnen türkischen Söldnerführern und Gouverneuren auch denjenigen Führern des ersten Kreuzzugs, die zur Herrschaftsbildung entschlossen waren, gelang, sich in den traditionellen Zentren Syriens festzusetzen und unabhängig zu machen. Es bildete sich in der Folge ein System (fränkischer, türkischer und arabischer) syrischer Staatswesen heraus, die gründsätzlich antagonistische Interessen verfolgten, sich aber gemeinsam gegen jeden Versuch einer Macht von außerhalb Syriens wandten, in Syrien Fuß zu fassen. Der dieser Politik zugrunde liegende Gedanke ist im vorangegangenen als „Kein Platz (*lā maqām*)"-Theorie bezeichnet worden. Diese Theorie bestimmte die Vertrags- und Bündnispolitik vom ersten Dezennium des 12. Jahrhunderts bis zum Abschluß der Inkorporierung fast aller vormals eigenständigen islamischen Herrschaften Syriens in den zengīdischen Machtbereich des Nūr ad-Dīn (1157/1158) und in erweiterter Form — unter Einbeziehung des fāṭimidischen Ägyptens und der zengīdischen und artuqidischen Herrschaftskomplexe in Nordsyrien und Nordmesopotamien (al-Ǧazīra) — bis in die siebziger Jahre des Jahrhunderts. Spätestens nach der Einnahme von Aleppo durch Saladin 1183 wurde der „Kein Platz (*lā maqām*)"-Gedanke für die Bündnispolitik jedoch obsolet, da die fränkischen Staaten nun nicht mehr Bestandteil eines Systems unabhängiger Staatswesen in Syrien waren, sondern einem einzigen aiyūbidischen Machtkomplex unter Führung Saladins gegenüberstanden, der sich zur Legitimierung seiner Herrschaft und bei der Durchführung seiner Machtausweitungsbestrebungen des *ǧihād*-Gedankens bediente. Die Funktion des *ǧihād*-Gedankens, der, wie zu sehen war, schon von ʿImād ad-Dīn Zengī (gest. 1146) und Nūr ad-Dīn (gest. 1174) zum Instrument der Expansionspolitik gemacht worden war, für Saladin trug neben der inneren Entwicklung im Königreich Jerusalem schließlich maßgeblich dazu bei, daß der Konflikt mit den Franken für Saladin unausweichlich wurde, auch wenn er zum Abschluß von Abkommen besonders mit Mitgliedern der *Partei der Barone* im Prinzip bereit blieb.

Diese beiden für das fränkisch-islamische Verhältnis im 12. Jahrhundert grundlegenden Elemente, „Kein Platz (*lā maqām*)"-Theorie und *ǧihād*-Gedanke als Mittel der Machtpolitik, spielten nach Saladins Tod 1193 und bis zum Ende fränkischer Herrschaft in Syrien (1291) aber kaum eine Rolle mehr. Nach dem Tod Saladins brachen im Rahmen der aiyūbidischen Erbfolgekämpfe die von 1186 bis 1192 vom Kampf gegen die Franken mühsam überdeckten Gegensätze im Vorderen Orient wieder auf. Saladin selbst soll noch unmittelbar vor seinem Tod (4. März 1193) neue expansionistische Pläne verfolgt haben, die sich allerdings keineswegs gegen Konstantinopel oder gar Festlandseuropa richteten — wie er 1182 dem Kalifen gegenüber noch vollmundig versprochen hatte [522] — sondern wieder gegen islamische Nachbarfürsten. Ibn al-Aṯīr (555-630 a.h./1160-1233), der trotz seiner Bewunderung für Saladin als

---

[522] Siehe oben S. 319.

muğāhid (Glaubenskämpfer) als prozengīdischer Chronist den expansionistischen Zug der aiyūbidischen Politik nicht aus den Augen verlor, berichtet als einziger über ein Gespräch Saladins mit seinem Sohn al-Afḍal und seinem Bruder al-ʻĀdil nach Beendigung der Kämpfe mit den Franken (1193?):

„Wir sind jetzt fertig mit den Franken und haben in diesem Land nichts mehr zu tun. In welche Richtung sollen wir uns wenden?", soll Saladin gefragt haben. Als Ergebnis der verschiedenen Vorschläge legte er schließlich fest: „Du (sc. al-ʻĀdil) nimmst einige (oder: einen) meiner Söhne und einen Teil des Heeres und greifst Ḫilāṭ an, und wenn ich mit dem Land der Rūm (sc. dem rūmseldschukischen Anatolien) fertig bin, komme ich zu Dir, und wir dringen von dort in Aḏarbaiğān ein. Dann haben wir Anschluß an das Land der ʻağam (sc. Iran), und darin gibt es niemanden, der uns davon zurückhalten könnte[523].

Es mag sein, daß diese Anekdote nicht mehr ist als der Ausdruck dessen, was man von seiten Saladins nach Ende des dritten Kreuzzuges erwartete. Sie zeigt aber erneut, wie das Verhältnis zwischen *ğihād* und Expansionspolitik außerhalb der unmittelbaren aiyūbidischen Herrschaftssphäre eingeschätzt wurde. Saladins baldiger Tod, schon ein halbes Jahr nach dem Ende des dritten Kreuzzuges, macht es unmöglich, Genaueres über seine 1193 gehegten Zukunftspläne in Erfahrung zu bringen. Aber schon während seines letzten Lebensjahrzehnts hatte Saladin mehrfach weitere Feldzüge gegen muslimische Gegner — die Almohaden in Nordafrika oder die Herrscher des islamischen Ostens — als wünschenswert angedeutet[524].

Unter Saladins Nachfolgern kam der *ğihād* jedenfalls de facto über weite Strecken so sehr zum Erliegen, daß Ibn ʻabd aẓ-Ẓāhir (620-692 a.h./1223-1293), der Geheimsekretär (*kātib as-sirr*) der Mamlukensultane Baibars und Qalāwūn, die ganze Epoche als Zeit der Schwäche oder Indifferenz (*taḫāḏul* ... *ʻalā fatra*) bezeichnen konnte[525]. In einem Anfang des 14. Jahrhunderts entstandenen Werk der Kanzleiliteratur heißt es sogar: „Wäre es so weiter gegangen" mit dem vergleichsweise konfliktfreien islamisch-fränkischen Verhältnis im Anschluß an den letzten großen muslimischen Triumph vor der Machtübernahme der Mamluken in Ägypten (1250), den Sieg über den Damiette-Kreuzzug (1218-1221), „so wären die Leute abgefallen und zu Ungläubigen (*kuffār*) gewor-

---

[523] b. al-Aṯīr, Kāmil, Bd. 12, S. 75-96.

[524] Siehe oben S. 319 und 333.

[525] b. ʻabd aẓ-Ẓāhir, Rauḍ, S. 46.

den..." [526]. Bis etwa 1240, also rund ein halbes Jahrhundert nach Beendigung des dritten Kreuzzuges, herrschte zwischen Franken und Aiyūbiden ein Zustand „levantinischen Friedens" [527], unterbrochen nur für meist kurz währende Feindseligkeiten in der Zeit jeweils zwischen dem Ablauf eines Vertrages und dem Abschluß eines neuen Abkommens und gelegentlich auch durch die Ankunft neuer europäischer Kreuzfahrer. 1196, nach Saladins Tod, erneuerten der gerade zum König von Jerusalem gewählte, aber nie gekrönte Heinrich von Champagne und Saladins Sohn al-Malik al-'Azīz von Ägypten (gest. 595 a.h./1198) den Waffenstillstand von 1192 und verlängerten ihn nochmals [528]. Weitere Verträge, jeweils nach kurzen Kämpfen abgeschlossen, kamen 1198, 1204 und 1211 zustande. In diesen Vereinbarungen, die alle den Charakter von Waffenstillständen hatten (*treugae, hudan*), wurden den Franken territoriale Konzessionen gemacht und ihnen die zuvor zurückgewonnenen Orte an der Küste (Beirut, möglicherweise Sidon/Ṣaidā und Byblus/Ǧubail) zugesprochen [529]. Insgesamt gesehen verfolgten die Aiyūbiden eine defensive Politik gegenüber den fränkischen Staaten Syriens. Statt den Kampf gegen die Franken zu suchen, bemühten sie sich um den Ausbau ihrer Handelsbeziehungen zu den italienischen Seestädten [530].

Kriegshandlungen zwischen Franken und Aiyūbiden — soweit es überhaupt dazu kam — gingen fast immer auf fränkische Angriffe zurück und standen meist im Zusammenhang mit der Ankunft europäischer Kreuzfahrer. Schon während des 12. Jahrhunderts hatte sich wiederholt, am deutlichsten vielleicht während des zweiten Kreuzzugs 1148, eine Diskrepanz zwischen den Interessen dieser Europäer und denen der eingesessenen Orientfranken gezeigt. Nach 1192 gewann diese Spannung deutlich an Schärfe. Dies macht vor allem die *Historia orientalis* des Jakob von Vitry, der seit 1216 als Bischof von Accon/'Akkā amtierte, anschaulich [531]. Anders als ihre europäischen Verbündeten, anders auch

---

[526] b. Faḍlallāh al-'Umarī, ed. und tras. M. Amari, S. 101 arab./85 ital.. Vgl. E. Sivan, L'Islam, S. 131-132.

[527] Der Ausdruck stammt von H.J. Nierman, Levantine Peace, S. 107 et passim.

[528] b. al-Aṯīr, Kāmil, Bd. 12, S. 126.

[529] Vgl. R. Röhricht, Jerusalem, S. 669-679; 694, 700-702. Die muslimischen Quellen wurden ausgewertet vor allem von F.-J. Dahlmanns, al-'Ādil, S. 69-79; 119-122, 131.

[530] Überblicke bei W. Heyd, Commerce, Bd. 1, S. 310ff und 401ff; F.-J. Dahlmanns, ebda., S. 175-182 (zur Regierungszeit von al-'Ādil, 1200-1218). Die Beziehungen Pisas zu Ägypten hat K.-H. Allmendinger, Die Beziehungen zwischen der Kommune Pisa und Ägypten im Hohen Mittelalter..., Wiesbaden 1967 (Vierteljahrschrift für Sozial- und Wirtschaftsgeschichte, Beiheft 54) dargestellt.

[531] Jakob v. Vitry, Historia orientalis, LXXII, S. 1088: *ipsi* (sc. die einheimischen Franken) *autem cum Sarracenis foedus ineuntes, et inimicorum Christi pace gaudentes*. All-

als Papst Innozenz III., der bei seinen Kreuzzugsvorbereitungen 1199 ausdrücklich erklärte, auf den bestehenden Waffenstillstand keine Rücksicht nehmen zu wollen [532], waren die Franken Syriens an einem friedlichen Verhältnis zu den Muslimen interessiert. So sollen 1198 syrisch-fränkische Barone der (von ihnen und den von Kaiser Heinrich VI. nach Palästina gesandten Kreuzfahrern) belagerten muslimischen Besatzung von Toron/Tibnīn sogar davon abgeraten haben zu kapitulieren, da sich die Deutschen nicht an die Bedingungen eines Auslieferungsvertrages halten würden [533]! Und noch 1268 begründeten die Hospitaliter des Crac des Chevaliers/Ḥiṣn al-akrād den Umstand, daß sie die Tore ihrer Festung trotz eines bestehenden Vertrages vor Sultan Baibars geschlossen hielten, damit, daß sie fürchteten, die bei ihnen befindlichen „Westfranken" könnten sich todesmutig auf die Muslime stürzen [534]. Die Franken waren zwar auf Verstärkungen aus dem Westen angewiesen, und deshalb findet sich in den Verträgen noch 1192 auch immer wieder ein der *Suspensionsklausel* von 1177 analoger Passus [535], vermieden aber wenn möglich größere Konflikte.

In Nord- und Zentralsyrien kam es im Zuge der Auseinandersetzungen zwischen Bohemund IV. von Tripolis-Antiochia und dem armenischen König Leon II. dagegen sogar wieder zu einem fränkisch-aiyūbidischen Bündnis. Als Bohemund IV. Ende Dezember 1203 von Leon in Antiochia/Anṭākiya überrascht und in der Zitadelle belagert wurde, proklamierte er seine Unterstellung (*nādā bi-šiʿār...*) unter den Sohn Saladins, al-Malik aẓ-Ẓāhir von Aleppo, verständigte die-

---

gemein resümiert er, ebda.: *et plerumque ab inimicis fidei nostrae, contra Christianos auxilium postulantes, vires et expensas, quos ad honorem Dei in pagani convertere debuissent* ... Über die Spannungen mit den Kreuzfahrern, ebda., S. 1089: *His autem, qui de remotis partibus ... longinquis causa devotionis, et ad eorum subsidium ... non solum ingrati, sed multifarie molesti existunt. Mallent enim otio semper torpere ... quam ruptis et deficientibus treugis conflictum cum Sarracenis habere*. Als nach dem Waffenstillstand (*treuga*) von 1198 französische Pilger zum Heidenkampf in Accon/ʿAkkā erschienen, weigerten sich die Franken, den Vertrag zu brechen, so daß die Pilger nach Antiochia ausweichen mußten, vgl. ebda., CII, S. 1124.

532 Vgl. H. Roscher, Papst Innozenz III. und die Kreuzzüge, Göttingen 1969, S. 286.

533 b. al-Aṯīr, Kāmil, Bd. 12, S. 128.

534 Zuerst bei b.ʿabd aẓ-Ẓāhir, Rauḍ, S. 306.

535 Zuerst ad 1198 lt. Roger v. Hoveden, Chronica, Bd. 4, S. 68: *nisi aliquis rex christianorum potens in illas partes veniret*; vgl. auch ad 1221 (Oliver Scholasticus LXXIX, S. 276): *nisi rex coronatus veniens ipsam rumpere vellet*; ad 1255 (Chronicon de Lanercost, S. 61): *nisi gens fortis de mare venerit saltem D milites*. Die letzte mir bekannt gewordene Suspensionsklausel enthält der arabisch erhaltene Vertrag zwischen Sultan Baibars und den Hospitalitern von 1271 (al-Qalqašandī, Bd. 14, S. 50).

sen durch Brieftaubenpost und erhielt tatsächlich auch Hilfe aus Aleppo[536]. Etwa zwei Jahre später soll aẓ-Ẓāhir zu einem Feldzug gegen die Armenier 10000 Infanteristen aus Antiochia in Dienst genommen haben[537], und 1216, als der Konflikt schließlich zugunsten von Leon II. entschieden wurde, schrieb dieser in einem Brief an aẓ-Ẓāhir von Aleppo: „Der Fürst (sc. von Antiochia) stand im Dienst des Sultans (*ḫadama...*), doch mein Dienst ist mehr (wert) als der seine... . Ich habe meinen Neffen, den ich in Antiochia eingesetzt habe, angewiesen, weiterhin in seinem (sc. aẓ-Ẓāhirs) Dienst zu stehen"[538]. Es ist durchaus denkbar, daß sich in diesen Wendungen ein Oberherrschaftsverhältnis Aleppos über Antiochia ausdrückt, wie es sich schon zu Zeiten der Verträge Bohemunds III. mit Saladin (1183 und 1192) angedeutet hatte.

Wie eng die Beziehungen zwischen den fränkischen Staaten und den Teilherrschaften des Aiyūbidenreiches nach 1192 ungeachtet der krisenhaften Zuspitzung des beiderseitigen Verhältnisses während einzelner Kreuzzüge sein konnte, zeigen auch zwei Nachrichten des Zeitgenossen Ibn Naẓīf al-Ḥamawī, deren erste davon spricht, daß die Assassinen/Bāṭinīya unmittelbar vor der Ankunft Kaiser Friedrichs II. in Syrien (1228) in Aleppo angefragt haben sollen, wie man es mit dem Kaiser halten wolle. Sie sollen darauf hingewiesen haben, daß es möglich sei, dem Kaiser erfolgreich Widerstand zu leisten, wenn man mit den Orientfranken (*as-sāḥiliyūn*) ein Abkommen gegen ihn schlösse[539]. Wurden zwischen den guelfischen Gegnern Friedrichs unter den syrischen Franken und ihren muslimischen Nachbarn vielleicht Gespräche über eine Allianz gegen den vom Papst exkommunizierten Kaiser geführt? Wenig später berichtet der Autor davon, der aiyūbidische Fürst von Ḥimṣ, al-Malik al-Muǧāhid, habe 1233 beim Tod Bohemunds IV. in Antiochia/Anṭākiya offiziell kondoliert[540]. Beide Nachrichten sprechen als Belege für die Qualität der orientfränkischen-aiyūbidischen Beziehungen in der ersten Hälfte des 13. Jahrhunderts für sich.

---

[536] b. Wāṣil, Bd. 3, S. 154-155.

[537] Ebda., S. 170-171.

[538] Ebda., S. 235. Zum Gesamtkomplex der antiochenisch-aleppinischen Beziehungen von 1201 bis 1216 vgl. Cl. Cahen, Syrie, S. 598-623. Papst Innozenz III. hatte aẓ-Ẓāhir dagegen gebeten, gegen Bohemund IV. und für den von ihm verhafteten Patriarchen von Antiochia Partei zu ergreifen, vgl. K.-E. Lupprian, Die Beziehungen der Päpste zu islamischen und mongolischen Herrschern im 13. Jahrhundert anhand ihres Briefwechsels, Città del Vaticano 1981 (Studi e Testi, 291), S. 30-31, ed. 108-109.

[539] b. Naẓīf, S. 50/arab. 103.

[540] Ebda., S. 178/arab. 82.

Der Locus classicus für die aiyūbidische Position gegenüber den Franken in den ersten Jahrzehnten des 13. Jahrhunderts findet sich wieder bei Ibn Wāṣil (604-697 a.h./ 1208-1298). Er berichtet, Sultan al-Kāmil von Ägypten habe sich 1221, vor die Frage gestellt, ob er den Resten des Damiette-Kreuzzuges freien Abzug gewähren oder Damiette/Dumyāṭ gewaltsam erobern und alle Franken niedermachen solle, für den Vertragsweg entschieden und dabei folgendermaßen argumentiert:

„Diese hier sind nicht alle Franken. Wenn wir sie eliminieren, können wir Damiette/Dumyāṭ (doch erst) nach längerer Dauer... erobern. Die Könige der Franken jenseits des Meeres und der Papst hören, was mit den Franken geschieht...", und dann würden nur weitere fränkische Verstärkungen nach Ägypten gesandt werden [541].

Argumente wie dieses standen hinter dem aiyūbidischen Bemühen, das Verhältnis zu den Franken möglichst ruhig zu halten. Eine neue längerfristige Auseinandersetzung mit den Franken hätte, nach den Erfahrungen von 1187 bis 1192, nur einen neuen Kreuzzug hervorgerufen und die aiyūbidische Herrschaftssphäre gefährdet, die als Komplex halbautonomer, von Mitgliedern des Herrscherhauses regierter Herrschaften unter der oft genug angefochtenen Führung eines Oberherrn und Familienoberhauptes recht locker organisiert war [542]. Für den Frieden mit den Franken und um, wie 1227 bis 1228, bei der Durchsetzung eigener Herrschaftsansprüche gegen konkurrierende Aiyūbidenfürsten nicht an zwei Fronten zugleich kämpfen zu müssen, waren die aiyūbidischen Herrscher, deren Titulaturen in der Tradition Saladins und der Herrscher des 12. Jahrhunderts durch dieselben *ǧihād*-Epitheta geziert wurden und deren Panegyriker mit derselben Intensität *ǧihād*-Lyrik verfaßten wie zu Zeiten Saladins [543], sogar zur Abtretung Jerusalems bereit:

Es ist oben gezeigt worden, daß bereits während des dritten Kreuzzuges über den Status von Jerusalem verhandelt worden war. Während des nächsten großen Kreuzzugsunternehmens, das sich gegen muslimische Gegner richtete, dem Damiette-Kreuzzug 1218-1221, bot al-Malik al-Kāmil von Ägypten den Kreuzfahrern, die sich in Damiette/Dumyāṭ festgesetzt hatten, 1219 im Austausch für ihren Abzug die Restituierung des gesamten Königreichs Jerusalem mit Ausnahme von Crac/al-Karak und Mons Regalis/aš-Šaubak an, zusätzlich das Heilige Kreuz, 15000 Geldbezants Jahrestribut für Transjordanien sowie Gelder zur Wieder-

---

541 b. Wāṣil, Bd. 3, S. 97.
542 H. Gottschalk, Kāmil, S. 21-23.
543 E. Sivan, L'Islam, S. 133-135.

befestigung von Jerusalem. Derselbe Vorschlag — oder eine leicht modifizierte Variante — wurde nochmals im Juni 1221 unterbreitet, allerdings ohne Erfolg [544].

624 a.h./1226-1227 nun trug Sultan al-Malik al-Kāmil Kaiser Friedrich II. für eine Allianz gegen seinen Bruder al-Malik al-Mu'aẓẓam von Damaskus, der mit dem Ḫwārizmšāh Ǧalāl ad-Dīn im Bunde stand, Jerusalem und einen Teil der Eroberungen Saladins an, offensichtlich ein mit den Offerten von 1219 und 1221 identisches Angebot [545]. Friedrichs Gesandte Thomas von Acerra und Balian von Sidon jedenfalls rekurrierten allem Anschein nach während der ersten Verhandlungen auf das Angebot von 1221 [546]. Da sich für al-Kāmil mit dem Tod seines Bruders und Rivalen al-Mu'aẓẓam am 12. November 1227 bald danach aber die Causa foederis erledigte und er zur Abtretung des ganzen westjordanischen Küstenstreifens nicht mehr bereit war, kam es im Vertrag vom 11. Februar 1229 zu dem berühmten Kompromiß, der Jerusalem wieder unter fränkische Kontrolle brachte, den *ḥaram* mit den dem Islam heiligen Stätten aber ausnahm sowie kleinere territoriale Konzessionen an der Straße von Jaffa/Yāfā und den fränkischen Alleinbesitz von Sidon/Ṣaidā vorsah [547]. Als nach Ende dieses Vertrages, dessen Geltungsdauer zehn Jahre, fünf Monate und 40 Tage ab 24.2.1229 betragen haben soll [548], französische Kreuzfahrer unter Führung Theobalds von der Champagne die Kämpfe wieder aufnahmen, wurde Jerusalem von al-Malik an-Nāṣir Dāwūd von Crac/al-Karak zurückerobert (7.Dezember 1139). Es kam jedoch schon ein gutes halbes Jahr später im Zuge des Bündnisvertrages zwischen Theobald und al-Malik aṣ-Ṣāliḥ Ismā'īl von Damaskus, der sich gegen Ägypten richtete, bis 1244 wieder in fränkische Hände, diesmal unter Einschluß des *ḥaram*-Bezirkes [549]. Westlichen Quellen zufolge soll auch während des Kreuzzuges des französischen

---

[544] Auf eine eingehende Quellenstudie wird hier verzichtet. Vgl. H. Gottschalk, Friedensangebote, S. 68-68.

[545] Ebda., S. 72-82; ders., al-Kāmil, bes. S. 152-160.

[546] b. Naẓīf, S. 105/arab. S. 51.

[547] Vgl. einführend R. Röhricht, Jerusalem, S. 783-790; H. Gottschalk, Friedensangebote, S. 76-82; R. St. Humphreys, From Saladin, S. 202-203. Die beste arabische Quelle ist b. Wāsil, Bd. 4, S. 241-251.

[548] al-Maqrīzī, Sulūk I, Bd. 1, S. 201.

[549] R. St. Humphreys, From Saladin, S. 261 und 266. Auch die ehemals fränkischen Gebiete in Galiläa und Südlibanon wurden restituiert. Möglicherweise wurden diese Länder nicht in toto, sondern in Form eines Kondominiums (*munāṣafa*), konzediert, so b. Duqmāq, fol. 48v-49r.

Königs Ludwigs des Heiligen (1249-1254) mehrfach die Rückgabe Palästinas und Jerusalems angeboten worden sein: zuerst 1249 oder 1250 im Gegenzug gegen die Auslieferung des von den Kreuzfahrern besetzten Damiettes/Dumyāṭ [550], danach 1250 im Rahmen eines von al-Malik an-Nāṣir Yūsuf von Aleppo und Damaskus vorgeschlagenen Bündnisses gegen die Mamluken in Ägypten [551] und schließlich im Frühjahr 1252 als Bestimmung im Allianzabkommen Ludwigs IX. mit den Mamluken g e g e n an-Nāṣir Yūsuf [552]. Alle diese Angebote führten aber zu nichts, weil sie entweder — falls überhaupt historisch — wie das erste von Ludwig abgelehnt oder wie das Vertragsangebot von 1250 und der Vertrag von 1252 nicht ausgeführt wurden.

Diese Fälle, auch wenn nicht jeder der Jerusalem und die anderen Eroberungen Saladins betreffenden Vorschläge in die Realität umgesetzt wurde, belegen den geringen Stellenwert des *ǧihād* und auch Jerusalems als Stadt für die Herrscher des Vorderen Orients nach Saladin. In einem Rundschreiben an die islamischen Fürsten ließ Sultan al-Kāmil die Auslieferung Jerusalems ohne den *ḥaram* an Friedrich II. folgendermaßen rechtfertigen:

> „Die religiösen Übungen (*ʿibāda*) der Muslime und der Ungläubigen in Jerusalem sind ein gewaltiger Glaubensartikel, der jene zum Angriff auf die Muslime und ihre Länder bringt... . Ein vernünftiges Ziel ist das Hin- und Herziehen zur Pilgerfahrt zur Ausführung der religiösen Übungen gemäß dem Dogma b e i d e r Religionsgemeinschaften". Daher habe der Sultan den Franken Jerusalem zerstört und unbefestigt überlassen. „Dadurch wurde von den Muslimen gewaltiger Schaden und Furcht abgewendet, und Sicherheit wurde für die Dauer des Waffenstillstandes (*hudna*) hergestellt. Kein Nutzen (*maṣlaḥa*) für die Muslime und kein Glück für sie könnte vollkommener sein" [553].

Auch wenn die Homines religiosi in Damaskus gegen diese Politik Sturm liefen, verhindern konnten sie sie nicht [554]. Als al-Malik aṣ-Ṣāliḥ Ismāʿīl von Damaskus im Rahmen seines Bündnisses mit den Fran-

[550] Bei Matthaeus Parisiensis, Bd. 5, S. 143, und Bd. 6, S. 196. Handelt es sich bei dieser Passage nur um eine Reminiszenz der 1219 und 1221 in fast gleicher Lage gemachten muslimischen Angebote?

[551] Jean de Joinville, LXXVII, S. 242, und XCI, S. 254.

[552] Matthaeus Parisienses, Bd. 6, S. 205-206; Rothelin, LXXIV, S. 628. Muslimische Quellen berichten über diese drei Angebote nichts.

[553] b. abī 'd-Dam, fol. 172v.

[554] Zur Opposition der *religiosi* gegen die aiyūbidische Politik nach Saladin vgl. E. Sivan, L'Islam, S. 141-155.

ken gegen seinen Neffen, Sultan aṣ-Ṣāliḥ Aiyūb von Ägypten, fünfzehn Jahre später den Franken gestattete, in Damaskus Waffen zu kaufen und einige „Fromme“ (*mutadaiyinūn*) den Šaiḫ Ibn ‘abd as-Salām aus der prominenten Juristen- und Glaubenskämpferfamilie Banū as-Sulamī um ein Rechtsgutachten (*fatwā*) darüber baten, das den Handel natürlich für verboten erklärte und die Unterlassung der Namensnennung des Herrschers in der *ḫuṭba* (der Nennung in der Freitagspredigt) verfügte, ließ Ismā‘īl den Rechtsgelehrten und einen seiner Kollegen entlassen und verhaften und begnadigte as-Sulamī erst einige Zeit später zu Hausarrest. Beide inkriminierten Scheichs emigrierten später nach Ägypten [555]. Der islamische Festungskommandant von Beaufort/Šaqīf Arnūn, der sich weigerte, seine Burg vertragsgemäß an die Franken auszuliefern, wurde von Ismā‘īl hingerichtet, die Festung nach ihrer Eroberung wie vereinbart übergeben [556].

Insgesamt ergibt sich für die erste Hälfte des 13. Jahrhunderts also ein Bild des Nebeneinanderlebens fränkischer und islamischer Staaten während durch Waffenstillstände in der Dauer von zwischen fünf und zehn Jahren geschützter Perioden, die jeweils nur kurz von Kreuzzügen unterbrochen wurden. Der „Geist des *ǧihād*“ blieb unter den *religiosi* zwar wach, bestimmte aber die Politik nur dann, wenn er — wie während des Damiette-Kreuzzugs 1218-1221 — auf Geheiß der Machthaber angefacht oder, wie 1229, als al-Malik an-Nāṣir Dāwūd von Damaskus den Vertrag al-Kāmils mit Friedrich II. von der Kanzel der Umaiyadenmoschee herab verdammen ließ, zum Instrument der internen Auseinandersetzungen der Aiyūbidenfürsten gemacht werden konnte [557]. Bündnispolitische Doktrinen lassen sich bis 1240 im Verhältnis Jerusalems zu den Aiyūbidenherrschaften nicht erkennen. Bezeichnenderweise griffen die Franken in keinen der internen muslimischen Machtkämpfe während der ersten vier Jahrzehnte des Jahrhunderts ein, obwohl die Zerstrittenheit der Aiyūbiden nach Saladins Tod bekannt war und — jedenfalls in Europa — als Chance für die Rückgewinnung der 1187/1188 verlorengegangenen Gebiete gewertet wurde [558]. Allianzen, die mit der

---

[555] b. Duqmāq, fol. 49r-v. Vgl. E. Sivan, L'Islam, S. 150.

[556] Zuerst bei Sibṭ b. al-Ǧauzī, ed. Jewett, S. 493-494 (erst ad 642 a.h./1244). ‘Izz ad-Dīn b. Šaddād, A‘lāq (Lubnān ...), S. 155-156.; vgl. R.St. Humphreys, From Saladin, S. 266; R. Röhricht, Jerusalem, S. 848 (mit den westlichen Quellen; seine arabische Vorlage ist b. al-Furāt, der Sibṭ und b. Šaddād auswertet).

[557] Vgl. E. Sivan, L'Islam, S. 148-149.

[558] Quellen bei R. Röhricht, Jerusalem, S. 683. H. Roscher, Innozenz, S. 99 und 137, ist allerdings der Meinung, daß zumindest der Papst die aiyūbidischen „Diadochenkämp-

„Kein Platz (*lā maqām*)“-Theorie begründet wurden, gab es nicht, obwohl ähnliche Gedankengänge im Verlauf der Thronfolgekämpfe nach Saladins Tod bei den wechselnden Bündnissen zwischen der Aiyūbidenfamilie angehörigen Herrschern durchaus zu finden gewesen waren [559]. Sie bezogen sich aber nicht auf Allianzbeziehungen zu den Franken, sondern allein auf die Notwendigkeit des Zusammenhalts der syrischen Aiyūbiden gegen die Ägypter.

Regelrechte fränkisch-islamische Bündnisse, sieht man einmal von der Allianz, vielleicht Unterordnung, Bohemunds IV. unter al-Malik aẓ-Ẓāhir von Aleppo (bis 1216) ab, existierten lediglich in der kurzen Phase von 1240 bis 1244 und andeutungsweise (da nie realisiert) 1252, während sich Ludwig der Heilige in Palästina aufhielt [560]. Für die Franken ging es bei diesen Abkommen lediglich um Gebietsgewinne. Sie waren nicht notwendig zum Erhalt ihres Gebietsbestandes und lassen sich nicht aus weitergehenden bündnispolitischen Erwägungen erklären. Die Verbindung mit Damaskus 1240-1244 endete am 17. Oktober 1244 mit einem der schlimmsten militärischen Desaster der Franken, mit der Niederlage der verbündeten syrischen Aiyūbiden und der Franken gegen die Armee des Sultans aṣ-Ṣāliḥ Aiyūb von Ägypten bei Gaza/Ġazza. Die Bündnispolitik Ludwigs des Heiligen 1252 bis 1254 blieb ohne Wirkung, da sich Ägypten und Damaskus schließlich ohne fränkische Beteiligung einigten.

Die letzten knapp vier Jahrzehnte fränkisch-islamischer Beziehungen in Syrien (bis 1291) standen ganz im Zeichen der wachsenden Macht des Reiches des ägyptischen Mamluken, die 1250 die Aiyūbiden am Nil abgelöst hatten, der Ausdehnung ihrer Herrschaftssphäre nach Syrien sowie des auch im welthistorischen Rahmen bedeutsamen Kampfes zwischen Mamluken und Mongolen. In den Jahren 1255 bis 1285 wurde eine Fülle von Verträgen zwischen den Franken und dem letzten Aiyūbidensultan in Syrien, an-Nāṣir Yūsuf (bis 1260), und, ab 1261, den

---

fe“ nicht ausnutzte und — jedenfalls 1211 — zur Befreiung des Heiligen Landes auf Bekehrungsversuche und friedliche Beziehungen zu den Aiyūbiden setzte.

[559] Vgl. b. al-Aṯīr, Kāmil, Bd. 12, S. 109-110 (ad 1194).

[560] R. Röhricht, Jerusalem, S. 845-867; R.St. Humphreys, From Saladin, S. 265-281. Zu 1240 daneben insbesondere: M.-L. Bulst-Thiele, Zur Geschichte der Ritterorden und des Königreichs Jerusalem im 13. Jahrhundert bis zur Schlacht bei La Forbie am 17. Oktober 1244, in: DA 22 (1966), S. 197-226. Zur Bündnispolitik Ludwigs des Heiligen, von der nur in westlichen Quellen die Rede ist: L. Dressaire, St. Louis en Palestine (1250-1254), II, in: Echos d'Orient 16 (1913), S. 221-231, und J. Richard, La politique orientale de saint Louis. La croisade de 1248, in: Septième centenaire de la mort de saint Louis, Actes des colloques de Royaumont et de Paris (21.-27. mai 1970), Paris 1976, S. 197-207.

in Kairo residierenden mamlukischen Herrschern Baibars und Qalāwūn geschlossen. Hauptcharakteristikum dieser in ihren vertragstechnischen Einzelheiten äußerst interessanten Abkommen ist es, daß sie nicht mehr zwischen d e m Königreich Jerusalem und den muslimischen Staaten allein abgeschlossen wurden, sondern daß als Vertragspartner neben den Baillis des Königs in Accon/ʿAkkā zumindest die Ritterorden, oft genug aber auch einzelne fränkische Barone wie der Graf von Jaffa oder die „Damen" von Beirut und Tyrus auftraten [561]. Trotz der relativ langen Geltungsdauer dieser Verträge, in der Regel zehn Jahre oder mehr, gingen die einzelnen fränkischen Herrschaften bis 1291 sukzessive an die Mamluken verloren. Von einer Bündnispolitik zwischen diesen an Macht denkbar ungleichen Partnern kann man nicht mehr sprechen, obwohl einige fränkische Barone versuchten, ihre Herrschaft durch Anlehnung an die Sultane zu sichern. Dies gilt besonders für Johann von Ibelin, den Grafen von Jaffa (gest. 1266), vielleicht auch für Philipp von Montfort, den Herrn von Tyrus/Ṣūr. Interessant sind auch die Beziehungen zwischen der „Dame" von Beirut zu Baibars [562]. Das Verhältnis zwischen Franken und Mamluken in dieser Periode en detail zu untersuchen, wiese allerdings über den dieser Arbeit gesteckten Rahmen hinaus.

* * * * *

Es läßt sich also festhalten, daß die Vertrags- und Bündnispolitik zwischen Franken und Muslimen im 13. Jahrhundert unter gänzlich anderen Voraussetzungen stand als in den Jahrzehnten nach dem ersten Kreuzzug. Im 13. Jahrhundert waren die fränkischen Staaten fest etabliert, aber politisch und militärisch über weite Strecken viel zu unbedeutend, als daß sie in den Auseinandersetzungen im Vorderen Orient

---

561 Eine umfassende Geschichte der letzten Jahrzehnte des Königreiches Jerusalem unter voller Berücksichtigung der islamischen Quellen ist noch nicht geschrieben. Vgl. einführend R. Röhricht, Jerusalem, S. 906-1032; ders., Etude sur les derniers temps du Royaume de Jérusalem, in: AOL 2,1 (1884), S. 365-405; A.-A. Khowaiter, Baibars the First: His Endeavours and Achievements, London 1978, und P. Thorau, Sultan Baibars I, passim. Zu den Verträgen einführend P.M. Holt, Early Treaties.

562 Johann von Ibelin erhielt anläßlich seines Vertrages mit Baibars 1261 vom Sultan ein Einsetzungsdiplom (*manšūr*), vgl. b. ʿabd aẓ-Ẓāhir, Rauḍ, S. 117-118; Philipp von Montfort soll zusammen mit den Genuesen 1263 ein Bündnis mit Baibars zur Eroberung von Accon/ʿAkkā abgeschlossen haben (zuerst ebda., S. 255). Diese Mitteilung des Geheimsekretärs Baibars' ist in der Sekundärliteratur ohne durchschlagende Gründe angezweifelt worden, vgl. R. Röhricht, Jerusalem, S. 921, und künftig P. Thorau, Baibars I.. Zum „Protektorat" desselben Sultans über Beirut ab 1269 vgl. P.M. Holt, Treaty with Beirut, S. 243-244.

noch eine Rolle hätten spielen können. Bezeichnend dafür ist der Umstand, daß keine der arabischen Quellen über die Bündnispolitik Ludwigs des Heiligen in Palästina (1250-1254) auch nur ein Wort verliert. Bis auf das kurze Intervall von 1240 bis 1244 war die Geschichte fränkisch-islamischen zwischenstaatlichen Zusammenlebens nach 1192 eine Geschichte eher des Nebeneinanderherlebens. So wenig die Franken bis 1240 versuchten, die inneraiyūbidischen Auseinandersetzungen zu nutzen, so wenig griffen die muslimischen Nachbarherrscher in die Kämpfe ein, die sich im Rest-Königreich Jerusalem zwischen guelfischen und ghibellinischen Parteigängern abspielten. Erst der Machtantritt der Mamluken veränderte dieses Bild. Der Expansionspolitik der Mamlukensultane, die, möglicherweise aus ähnlichen legitimatorischen Gründen wie bei Saladin, wieder eine regere *ǧihād*-Propaganda entfalteten [563], fielen aber nicht nur nacheinander die fränkischen Staaten und Seigneurien, sondern auch die Assassinen/Bāṭinīya-Gebiete, fast alle Aiyūbidenherrschaften und schließlich auch das Königreich Armenien zum Opfer. Nicht der *ǧihād*-Gedanke, sondern die Machtpolitik eines neuen, zentralstaatlich organisierten Großreiches war es, die die beinahe zweihundert Jahre währende Existenz fränkischer Staaten in Syrien beendete.

---

[563] E. Sivan, L Islam, S. 171-180.

IV. Instrumentarien und Implikationen fränkisch-islamischer Rechtsbeziehungen im Vorderen Orient während des 12. und 13. Jahrhunderts

IV.1. Zur Frage der Existenz und Rechtsqualität fränkisch-islamischer Oberherrschaftsverhältnisse, Lehns- und Steuerpachtbezirk (*iqṭā'*) - Vergaben

Die Einbeziehung von Nichtchristen, insbesondere von Muslimen, in das abendländische Rechtssystem stellt ein besonders interessantes Problem mittelalterlicher Rechts- und Institutionengeschichte dar. Dies gilt vor allem für die Beziehungen christlicher Staaten und Herrscher zu Muslimen, die nicht in den Status von Unterworfenen (*subditi*) oder sogar Hörigen (*servi*) herabgedrückt waren, sondern als Herrscher noch einen gewissen Grad an Autonomie besaßen [1]. Seit dem 8. bis 9. Jahrhundert vollzogen sich im Abendland, wie G. Tellenbach festgestellt hat, Unterordnungsverhältnisse auch staatsrechtlicher Natur in lehnrechtlichen Formen, wobei der christliche Status confessionis des untergeordneten Vertragspartners — noch im 10. Jahrhundert gab es ungetaufte „Vasallen" oder, juristisch neutraler ausgedrückt, Gefolgsleute — zunehmend als unerläßlich angesehen wurde [2]. Spätantike römischrechtliche Kategorien wie die *amicitia* zwischen ungleichen Partnern oder die *deditio in fidem* [3], die Oberherrschaftsverhältnisse ohne Rücksicht auf

---

[1] Zur Lage der Muslime im Orient u n t e r fränkischer Herrschaft, bes. der Kompetenz der fränkischen Gerichtsbarkeit für sie, vgl. Cl. Cahen, Notes sur l 'histoire des croisades et de l 'orient latin, II.. Le régime rural syrien au temps de la domination franque, in: BFLUS 29 (1951), S. 286-310, hier bes. S. 289-310; H.E. Mayer, Latins, Muslims and Greeks in the Latin Kingdom of Jerusalem, in: History 63 (1978), S. 175-192, bes. S. 175-185; J. Prawer, Serfs, Slaves and Bedouin, in: ders., Crusader Institutions, S. 201-214. Zur Situation in Sizilien: D. Schack, Die Araber im Reich Rogers II., Diss. phil. FU Berlin 1969.
Zur Behandlung unterworfener Muslime in der Kanonistik vgl. einführend E. Bussi, La Condizione Giuridica dei Musulmani nel Diritto Canonico, in: Rivista di Storia del Diritto Italiano 8 (1935), S. 459-494, und H. Herde, Christians and Saracens at the Time of the Crusades, in: Studia Gratiana 12 (1967), S. 361-376.

[2] G. Tellenbach, Zusammenleben, S. 6 und 24. Der vielleicht bekannteste ungetaufte Vasall war der Normanne Rollo, der 911 mit der Normandie belehnt wurde, vgl. L. Buisson, Formen normannischer Staatsbildung, in: Studien zum mittelalterlichen Lehenswesen, Sigmaringen 1960 (ND 1972) (Vorträge und Forschungen, 5), S. 95-184, hier S. 124.

[3] B. Paradisi, Storia del Diritto Internazionale nel Medio Evo. L'Età di Transizione, 2. erw. Aufl. Napoli 1954, S. 251-257, 262-264.

die Religionszugehörigkeit des sich Unterordnenden ebenso begründeten wie dies bei der germanischrechtlichen *amicitia*, die den Charakter einer Schwurfreundschaft hatte [4], möglich war, wurden weitgehend in den Hintergrund gedrängt. Unterhalb der Ebene der Kommendation konnte sich ein Abhängigkeitsverhältnis in zwei Formen ausdrücken: als „leichte Unterwerfung" durch eine eventuell durch Geiseln abgesicherte Tributpflicht und als „schwere Unterwerfung", die in der Regel ein Besatzungsrecht sowie die Einsetzung von Exekutivbeamten durch den Oberherrn implizierte [5].

Daß diese Formen auch gegenüber Muslimen angewandt wurden, hat L. Buisson am Beispiel der normannischen Staatsbildung in Unteritalien und besonders, ab 1061, in Sizilien gezeigt [6]. Grundsätzlich ergab sich für die fränkisch-muslimischen Beziehungen im Vorderen Orient aber dennoch die Schwierigkeit, daß die im Hochmittelalter im Abendland üblichen lehnrechtlich-vasallitischen Formen der Unterordnung der Theorie nach schwerlich auf Nichtchristen, zumal Angehörige eines nicht lehnrechtlichen geprägten Rechtskreises, anzuwenden waren.

Für den islamischen Bereich stellt sich ein ähnliches Problem. Die islamische Rechtstheorie scheidet die Welt in eine Sphäre, in der das islamische Recht volle Anwendung findet (*dār al-Islām*), und den als „Sphäre des Krieges" (*dār al-ḥarb*) bezeichneten restlichen Bereich, mit dem es keinen Frieden auf Dauer geben darf. Nichtmuslimen innerhalb der islamischen Oikumene wird entweder der Status eines *musta'min* zugewiesen, d.h. es handelt sich um Angehörige des *dār al-ḥarb*, die sich als Händler, Gesandte oder in anderer Funktion für maximal ein Jahr unter dem Schutz einer Sicherheitszusage (*amān*) in islamischem Gebiet aufhalten [7], oder sie leben, sofern sie einer der Schriftreligionen angehören, als *ahl aḏ-ḏimma* (Leute der *ḏimma*, d.h. des Schutzes) ständig unter muslimischer Hoheit und zahlen Kopfsteuer (*ǧizya*). An und für sich ist die islamische Oikumene ein ebenso abgeschlossener Rechtskreis wie die Respublica christiana. Innerhalb des islamischen Rechtskreises herrscht der Theorie nach eine permanente Pax islamica.

---

[4] M. Wielers, Beziehungsformen, S. 81-88.

[5] G. Tellenbach, Zusammenleben, S. 7-10.

[6] L. Buisson, Formen normannischer Staatsbildung, S. 168-170 und 181-182.

[7] Vgl. W. Heffening, Das islamische Fremdenrecht bis zu den islamisch-fränkischen Staatsverträgen, Hannover 1925 (Beiträge zum Rechts- und Wirtschaftsleben des islamischen Orients, 1) bes. S. 15-86.

Teile der muslimischen Jurisprudenz, besonders die šāfi'ītische Rechtsschule, kennen außer *dār al-Islām* und *dār al-ḥarb* zusätzlich noch eine dritte Kategorie: die „Sphäre des Vertrages" (*dār al-'ahd, oder: aṣ-ṣulḥ*), ein Ausdruck, mit dem nichtmuslimisch regierte Gebiete bezeichnet werden, die durch Jahrestribute oder Gebietskonzessionen Frieden erkaufen [8]. Ob mit dem Status der *dār al-'ahd* automatisch die Anerkennung muslimischer Oberhoheit verbunden war, muß wohl von Fall zu Fall entschieden werden. Bei der Mehrzahl der islamischen Juristen, insbesondere den Ḥanafiten, der für die türkischen Herrscher des 12. und 13. Jahrhunderts maßgebenden Rechtsschule, stieß dieses Konzept allerdings auf Ablehnung; sie blieben bei der scharfen Trennung zwischen *dār al-Islām* und *dār al-ḥarb*, mit der lediglich zeitlich befristete Friedens- oder Waffenstillstandsverträge geschlossen werden durften, wenn dies dem Nutzen (*maṣlaḥa*) der Muslime diente [9]. Dafür, wie sich Oberherrschaftsverhältnisse i n n e r h a l b der *dār al-Islām* im 12. Jahrhundert ausdrückten, seien hier zwei Beispiele angeführt:

— Im April 1150 unterstellte sich das būrīdische Damaskus der Oberhoheit von Nūr ad-Dīn von Aleppo. Ibn al-Qalānisī (465-555 a.h./1073-1160) beschreibt den Vorgang wie folgt: „Die Herren von Damaskus... kamen überein, ihm (sc. Nūr ad-Dīn) Gehorsam (*aṭ-ṭā'a*) zu leisten und ihm die *ḫuṭba* auf der Kanzel von Damaskus nach dem Kalifen und dem Sultan (sc. die Nennung des Kalifen und Oberherrn in der islamischen Freitagspredigt) sowie die Münze (*sikka*) zukommen zu lassen. Darüber wurden die Eide geschworen, und Nūr ad-Dīn verlieh Muǧīr ad-Dīn (sc. Uvaq, dem Herrn von Damaskus) ein vollständiges Ehrenkleid mit Kragen (?: *ḫil'atan kāmilatan bi-'ṭ-ṭauq*)... [10].

— Anfang 1186 unterstellte sich Mossul der Oberhoheit Saladins. Saladins Sekretär al-Kātib al-Iṣfahānī (519-597 a.h./1125-1201) berichtet darüber: „Dann wurde der Frieden (*ṣulḥ*) hergestellt... : Im ganzen Land Mossul (*bilād al-Mauṣil*) wurde nach der Ablösung (*qaṭ'*) der seldschukischen *ḫuṭba* der Sultan (sc. Saladin) in der *ḫuṭba* genannt, in den Diyār Bakr und den artuqidischen Gebieten ebenfalls. Und

---

[8] M. Khadduri, War, S. 144-145. Saladins Aiyūbidenfamilie, die kurdischen Ursprungs war, folgte nicht der ḥanafītischen, sondern der šāf'ītischen Rechtsschule.

[9] Eine kurze Auflistung der Vertragsgründe und in der *šarī'a* erlaubten Vertragsbedingungen für den praktischen Gebrauch findet sich im Kanzleihandbuch des al-Qalqašandī, Bd. 14, S. 7-8.

[10] b. al-Qalānisī, S. 309-310.

der Dīnār und der Dirham wurden mit seinem Namen geprägt“ [11]. In diesen beiden Fällen handelt es sich um die Errichtung einer Oberherrschaft, die auf der Grundlage eines bilateralen Vertrages zustande kam. Damit konnte auch die Pflicht zur Heerfolge verbunden sein, aber nicht kraft des Oberherrschaftsverhältnisses, sondern in Folge einer besonderen Bestimmung im Vertrag. Ob dies im April 1150 zwischen Damaskus und Nūr ad-Dīn so vereinbart wurde, ist unbekannt. Nūr ad-Dīn forderte kurz vor diesem Vertrag und drei Jahre später jedenfalls damaszenische Hilfstruppen gegen die Franken an. Einen besonderen Rechtstitel dafür scheint er jedoch nicht besessen zu haben, denn sein entsprechender Aufruf an Damaskus bezog sich auf die für jeden Muslim verbindliche *ǧihād*-Pflicht [12]. Das Rechtsverhältnis zwischen Saladin und Mossul, das Anfang 1186 konstituiert wurde, implizierte dagegen Mossuls Hilfe beim *ǧihād* ausdrücklich, aber nur deswegen, weil dies in dem bilateralen Vertrag, der das Oberherrschaftsverhältnis begründete, so stipuliert worden war. In beiden Fällen wurde die Erfüllung der Abkommen beschworen. Von einem Treueid des sich Unterordnenden unter den Oberherrn oder einer Huldigung ist aber nicht die Rede.

Neben dieser Form der Unterordnung findet sich im islamischen Vorderen Orient zur Zeit der Kreuzzüge noch eine weitere Art, die nicht zweiseitig vereinbart wurde, sondern auf einem einseitigen Rechtsakt beruhte. Auch dafür wieder einige Beispiele:

Im Juli 1147 wurde dem Regenten Önör von Damaskus vom Bagdader Kalifen al-Muqtafī auf seine Bitte hin ein Einsetzungsdiplom (*tašrīf*), ein Ehrengewand (*libās*) und ein Ehrentitel (*laqab*) verliehen [13]. Saladin erlangte 1175 vom Kalifen al-Mustaḍī' ein Einsetzungsdiplom (*taqlīd*) für Ägypten und seine syrischen Gebiete, dessen Text vollständig erhalten ist [14]. Wieder war die Übersendung des Diploms mit der Verleihung eines Ehrengewandes (*ḫil'a*) in den

[11] Bei al-Bundārī, S. 267.

[12] Siehe oben, S. 214-215.

[13] b. al-Qalānisī, S. 294; siehe oben S. 193.

[14] al-Qalqašandī, Bd. 10, S. 135-144. Zu Begriffen wie *tašrīf*, *taqlīd*, *manšūr* oder *siǧill*, die im — nicht einheitlichen — Sprachgebrauch der islamischen Kanzleien verschiedene Grade von Einsetzungsdiplomen bezeichneten, vgl. W. Björkmann, Beiträge zur Geschichte der Staatskanzlei im islamischen Ägypten, Hamburg 1928 (Abhandlungen aus dem Gebiet der Auslandskunde, 28. Reihe B. Völkerkunde, Kulturgeschichte und Sprachen, 16), siehe Index.

schwarzen Farben der 'Abbāsidenkalifen verbunden [15].

War dies die Art, wie oberherrschaftliche Rechtsbeziehungen zwischen dem Kalifen und islamischen Herrschern hergestellt und faktische Herrschaftsverhältnisse kalifal legitimiert wurden, so dominierte, was die Indienstnahme großer Emire oder bislang de facto selbständiger Fürsten betrifft, die Verleihung von Steuerpachtbezirken (*iqṭā'āt*): Als Damaskus 1154 von Nūr ad-Dīn eingenommen wurde, befahl er dem bisherigen Stadtherrn Muǧīr ad-Dīn Uvaq, nach Ḥimṣ zu gehen, und ließ ein Diplom (*manšūr*) abfassen, mit dem Uvaq und seinem Gefolge eine Anzahl von Steuerpachtbezirken (*iqṭā'āt*) zugewiesen wurde [16]. Anscheinend auch als *iqṭā'* wurde Ibn al-Muqaddam, der 1174 als Chef der die Macht ausübenden Emirs- und Verwaltungschefgruppe Damaskus an Saladin übergeben hatte, im Frühjahr 1175 die Stadt Ba'labakk ausgehändigt [17].

Aus diesem Überblick ergibt sich ein Kanon von Formen westlichen und islamischen Ursprungs, der den Franken einerseits und den Muslimen andererseits zur Verfügung stand, um Rechtsbeziehungen zwischen einzelnen, ungleichen Partnern — Einzelpersonen oder Staaten — zu konstituieren. Dazu gehören die einfache, unter Umständen mit einem Treueid verbundene Tributabhängigkeit oder die „schwere Unterwerfung", die beide, wie erwähnt, in Unteritalien und Sizilien gegenüber den Muslimen Anwendung gefunden hatten und anscheinend auch zum byzantinischen Vertragsinstrumentarium gegenüber muslimischen Partnern gehörten [18]. Es wurden aber auch rechtliche Modelle erwähnt, die die gleiche Konfession beider Partner zur Voraussetzung hatten oder dem

---

[15] Vgl. M.C. Lyons/D.E.P. Jackson, Saladin, S. 98.

[16] b. al-Qalānisī, S. 328.

[17] al-Kātib al-Iṣfahānī bei al-Bundārī, S. 148, gebraucht den Ausdruck *an'ama* (er gewährte); b. al-Aṯīr, Kāmil, Bd. 11, S. 450, spricht von einer Auslieferung der Stadt (*sallamahā*). Daraus, daß Saladin weiterhin direkte Befehlsgewalt über b. al-Muqaddam ausübte und ihm 1178 befahl, Ba'labakk wieder aufzugeben, ergibt sich, daß die Form dieser Übergabe ein *iqṭā'* gewesen sein dürfte.

[18] Vgl. G. Vismara, Bisanzio e l'Islam per la Storia dei Trattati trà la Christianità orientale e le Potenze Mussulmane, Milano 1950, bes. S. 19-21 (Unterordnung der Ḥamdāniden von Aleppo unter Byzanz als Tributäre und zur Heerfolge Verpflichtete ab 969; Tributpflicht von Damaskus und verschiedenen palästinensischen Städten, die byzantinische Garnisonen erhalten ab 975) und S. 47-53 (Beziehungen der Komnenen zu den türkischen Herrschern Kleinasiens 1081-1173). Vismaras Darstellung leidet an einer zu einseitigen Benutzung byzantinischer Quellen, so daß meist nur die byzantinische Interpretation der Rechtsverhältnisse dargestellt wird, und an einer sehr unklaren Begrifflichkeit. Beinahe jede Tributzahlung an Byzanz konstituiert für ihn „vasallagio".

Denken des anderen Rechtskreises grundsätzlich fremd waren wie lehnrechtlich-vasallitische Bindungen oder die *iqṭā'*-Verleihung. Es soll im folgenden untersucht werden, welche dieser Formen sich in den fränkisch-muslimischen Beziehungen im Vorderen Orient im 12. und 13. Jahrhundert wiederfanden und ob Rechtsinstitute abendländischer oder islamischer Prägung auch auf Personen oder Staaten angewendet wurden, die nicht dem Rechtskreis zugehörten, aus dem das jeweilige Rechtselement stammte.

Eine Form, Unterordnung auszudrücken, muß dabei von vornherein außer acht bleiben: *ḫuṭba* und *sikka*: In keinem islamischen Gebiet, das Rechtsbeziehungen zu einem der fränkischen Staaten des Vorderen Orients unterhielt, hat es, soweit die bisher bekannten Quellen davon berichten, die Nennung eines fränkischen Herrschers in der Freitagspredigt (*ḫuṭba*) gegeben. Ob in den wenigen Moscheen und islamischen Betplätzen in christlichen Staaten, von denen vor allem der Reisende Ibn Ǧubair (1184) erzählt, Prediger (*ḫuṭabā'*) wirkten [19], und ob es vielleicht in Sororgia/Sarūǧ oder anderen von Muslimen besiedelten Teilen der Grafschaft Edessa unter fränkischer Herrschaft Moscheen und Prediger gab oder nicht, läßt sich auf Grund der Quellenlage nicht feststellen. Gleiches gilt für die Münzprägung (*sikka*). Islamische Münzen, die in ihrer Legende fränkische Herrscher nennen, sind im Vorderen Orient unbekannt. So bleiben als Untersuchungsgegenstände allein der Rechtsgehalt von Tributabhängigkeiten, die eventuelle Aufnahme von Muslimen in den Lehnsnexus fränkischer Staaten, die Rechtsqualität der Verleihung von Ehrenkleidern (*ḫila'*), Einsetzungsurkunden oder die Vergabe von Land in Form eines Steuerpachtbezirks (*iqṭā'*).

* * * * *

Die ersten Fälle von Tributzahlungen muslimischer Emire an Franken begegnen uns bereits auf dem ersten Kreuzzug. Zahlungen in Geld erhielten die Kreuzfahrer 1099 auf dem Weg von Antiochia/Anṭākiya nach Süden unter anderem aus Gabula/Ǧabala [20] und Šaizar [21]. Diese Tribute dienten dazu, den Abzug der Franken zu erkaufen. Anders verhält es sich allerdings mit den Fällen, in denen die Quellen ausdrücklich erklären, die Emire oder Gouverneure hätten nicht nur Zahlungen ge-

---

19 b. Ǧubair, S. 303-306.

20 Raim. Aguil., S. 112.

21 Gesta Francorum, XXXIV, 4-5, S. 415; Raim. Aguil., S. 102: verschiedene arabische *nobiles* der Gegend schwören, *nunc et deinceps tributarii* der Franken zu sein.

leistet, sondern auch fränkische Fahnen in Empfang genommen. Dies scheint besonders in Zentralsyrien, während der Belagerung von Archis/'Arqa im Frühjahr 1099 vorgekommen zu sein[22]. Raimund von Aguilers berichtet, daß verschiedene „Einwohner jener Region" Geschenke an Graf Raimund von Toulouse gesandt und um seine Feldzeichen und Siegel (?) (*signa et sigilla*) gebeten hätten, und erläutert: „Es war nämlich Sitte im Heer, daß, wenn ein Feldzeichen (*signum*) irgendeines Franken in einer Stadt oder Burg gefunden wurde, diese von keinem danach mehr erobert wurde"[23].

Hier handelt es sich offensichtlich um die Unterwerfung unter fränkische Oberhoheit, die nach fränkischer Lesart nur eine Vorstufe zur späteren Auslieferung der betreffenden Orte darstellte. So heißt es in dem 1099 aus Laodicaea/al-Lāḏiqīya vom Legaten Daimbert von Pisa, Gottfried von Bouillon und Raimund von Toulouse an den Papst adressierten Schreiben: „Die Bürger (*cives*) und Burgherren der Region, durch die wir vorgerückt sind, schickten Gesandte mit vielen Dīnāren zu uns, bereit, uns zu dienen und ihre Orte auszuliefern. Weil aber unser Heer nicht zahlreich war, und sie (sc. die Kreuzfahrer) einmütig nach Jerusalem eilten, haben wir diese nach dem Empfang von Sicherheiten zu Tributären gemacht"[24]. Weitere Berichte in den erzählenden Quellen fränkischer Provenienz scheinen dies zu bestätigen: So soll sich Kadi Ǧalāl al-Mulk von Tripolis in seinem Vertrag mit den Kreuzfahrern nicht nur zur Freilassung von Gefangenen, zur Zahlung eines Tributes in Geld und Pferden sowie zur Öffnung der Märkte für die Kreuzfahrer bereiterklärt haben, sondern ebenfalls dazu, nach einer eventuellen Eroberung Jerusalems auch zu konvertieren und fränkische Oberherrschaft anzuerkennen (*terram... ab eis recognosceret*)[25]. Der Gouverneur (*wālī*) von Accon/'Akkā (*rex Achon*) versprach nach Raimund von Aguilers, „sich und seine Stadt" auszuliefern, wenn die Kreuzfahrer Jerusalem nähmen, zwanzig Tage in „Judäa" blieben, ohne daß Ägypten sie angreife oder sie die Ägypter schlügen. Wie weit es mit der Bereitschaft, dieses Versprechen einzuhalten, her war, habe aber — so der Chronist — ein abgefangener Brief des Gouverneurs an den Gouverneur von Caesaraea/Qaisārīya (*dux Caesarie*) gezeigt, in dem letzterer zur Tö-

---

22 Gesta Francorum, XXXIV, 14, S. 428 (zu Maraclea/Maraqīya): *Amiralius ... pactus est cum nostris et misit nostros in civitatem, nostraque vexilla.*

23 Raim. Aguil., S. 107.

24 H. Hagenmeyer, Epistulae, S. 170.

25 Gesta Francorum, XXXVI, 1, S 438.

tung der Christen aufgefordert wurde [26].

Die Kreuzfahrer waren also allem Anschein nach der Meinung, mit diesen Tributverträgen Oberherrschaft zu konstituieren. Andererseits hören wir aber in keiner der islamischen Quellen etwas von Oberherrschaften, und auch in den fränkischen Chroniken und Reiseberichten findet sich kein Hinweis darauf, daß man nach der Eroberung von Jerusalem und dem Sieg über die Ägypter nochmals oberherrliche Ansprüche geltend gemacht oder sogar die Auslieferung von Ortschaften verlangt habe. Fränkische Quellen berichten zwar, daß einzelne fränkische Truppenkontingente 1099 nach der Eroberung von Jerusalem aus den Küstenstädten versorgt worden seien, aber in keinem der betreffenden Berichte wird dafür ein Oberherrschaftsverhältnis als rechtliche Begründung angegeben [27]. Nur im Einzugsbereich der entstehenden Grafschaft Edessa kam es im übrigen dazu, daß sich ein muslimisch besiedelter Ort fränkischer Herrschaft unterstellte, zu Tributen verpflichtete und eine fränkische Garnison aufnehmen mußte. Es handelt sich um Sororgia/Sarūǧ, das sich vermutlich noch 1098 an Balduin I. auslieferte [28]. Auch wenn die Bevölkerung in diesem Fall gewisse Autonomierechte behalten haben sollte — hier handelt es sich um eine Unterwerfung und nicht nur um eine Oberherrschaft. Der Tribut, von dem bei Albert von Aachen die Rede ist, entsprach vermutlich der *capitatio* der nichtlateinischen Einwohner der fränkischen Staaten im 12. und 13. Jahrhundert (dem orientfränkischen Pendant zur islamischen *ǧizya* für Nichtmuslime unter dem Status der *ḏimma*); und bereits 1104 war der Bürgervorsteher (*ra'īs*) der Stadt ein Christ, wenn auch ein islamischer Renegat [29].

Im Verlauf der fränkisch-islamischen Beziehungen im Vorderen Orient nach dem ersten Kreuzzug ist ebenfalls des öfteren von Tributen islamischer Gemeinschaften oder Städte an fränkische Herren die Rede. So sahen die Verträge Gottfrieds von Bouillon und König Balduins I. von Jerusalem mit den fāṭimidischen Städten der palästinensischen Küste beispielsweise Tribute an dieFranken vor. 1106 konnte Sidon/Ṣaidā den Abzug der fränkischen Belagerer mit Geldzahlungen erkaufen. Während des ersten Jahrzehnts der 1120er Jahre zahlte Damaskus für einen Waffenstillstand Gelder an Jerusalem, und die gegen Zengī und Nūr ad-Dīn gerichteten Allianzen zwischen den Būrīden von Damaskus und dem

---

[26] Raim. Aguil., S. 135.

[27] Siehe oben S. 100-101.

[28] Albert von Aachen, III, XXV, S. 356-357; vgl. oben S. 44.

[29] Siehe oben S. 89.

Königreich kamen ebenso unter der Bedingung muslimischer Zahlungen an den fränkischen Fiskus zustande wie die Bündnisse mit dem fāṭimidischen Wesir Šāwar ab 1164 [30]. Die Beispiele ließen sich noch vermehren. Für die meisten dieser Zahlungen gilt allerdings, daß sie im Zusammenhang mit einem Waffenstillstandsvertrag vereinbart wurden, daß — mit anderen Worten — der Waffenstillstand mit Geld erkauft wurde. Auch fränkische Zahlungen an Muslime sind bekannt. Das prominenteste Beispiel ist der Geldbetrag, den das Königreich Jerusalem 1185 an Saladin zahlte, um einen Waffenstillstand gewährt zu bekommen [31], ohne daß deswegen von einer aiyūbidischen Oberherrschaft über Jerusalem die Rede sein könnte. Darauf, daß mit dem Tribut eine Unterordnung verbunden gewesen wäre, findet sich nur ein einziges Mal ein Hinweis, nämlich in den Worten, mit denen Wilhelm von Tyrus (ca. 1130-1186) das Ende der būrīdischen Herrschaft und die Inkorporierung von Damaskus in die Herrschaftssphäre des Nūr ad-Dīn beklagt: Es bezeichnet Uvaq, den letzten būrīdischen Herrn von Damaskus als „den Unseren preisgegeben, dergestalt, daß er wie ein Unterworfener Jahrestribute zahlte" [32]. Aber abgesehen davon, daß sich der Chronist Wilhelm zur Zeit der Allianz mit Uvaq in Europa aufhielt und die Informationen, die er gibt, daher nicht aus erster Hand stammen, v e r g l e i c h t er die Position des Uvaq nur mit der eines Unterworfenen, spricht aber weder direkt von einer damaszenischen Unterwerfung noch von einer fränkischen Oberherrschaft. Im selben Zeitraum akzeptierte Damaskus im übrigen zumindest zeitweise die in der *ḫuṭba* ausgedrückte Oberhoheit des Nūr ad-Dīn [33].

Es läßt sich also festhalten, daß mit den Tributabhängigkeiten einzelner islamischer Herrschaften gegenüber den Franken außer — jedenfalls nach fränkischer Interpretation — in den Jahren der Etablierung der fränkischen Staaten allem Anschein nach keine Unterwerfung unter fränkische Oberherrschaft verbunden war. Wenn es überhaupt fränkische Oberherrschaft über islamische Staatswesen gab, dann allein während des ersten Kreuzzugs und in dem Zeitraum unmittelbar danach. Zu den Beispielen, die dafür in Frage kommen, gehören neben den Tribut- und

---

[30] Siehe oben S. 97-99 (Tribute der Küstenstädte), 105 (Sidon/Ṣaidā), 135 (1120er Jahre), 185-186, 214ff. (damaszenische Zahlungen), 249f, 257f. (ägyptische Zahlungen).

[31] Vgl. oben S. 330 und Anm. 410.

[32] Wilhelm v. Tyrus, XVII, XXVI, S. 803: *nostris erat obnoxius, eatenus, ut tamquam subjectus, annua tributa persolveret.*

[33] Vgl. oben S. 214.

Unterwerfungsversprechen, die die Kreuzfahrer 1099 auf dem Weg nach Jerusalem entgegennahmen, noch die Beziehung Gottfrieds von Bouillon und Balduins I. von Edessa 1098 zu ʻUmar von Hasor/ʻAzāz [34] und der Vertrag zwischen Bohemund I. von Antiochia und Aleppo 1103, der Jahrestribute und die Installierung einer Glocke und eines Kreuzes an aleppiner Moscheen vorsah [35]. Die Formen, in denen diese Verträge abgeschlossen wurden, deuten ganz auf die Anerkennung fränkischer Oberherrschaft hin — übrigens ist im Fall von Hasor/ʻAzāz von Tributzahlungen keine Rede! Da die Quellen aber keinerlei Mitteilungen darüber machen, in welcher Weise die Franken die oberherrlichen Ansprüche geltend machten, die sie eventuell besaßen, muß offen bleiben, was es mit diesen Verträgen auf sich hatte. Die Bündnisverträge zwischen König Amalrich I. und Ägypten 1164 und 1167 scheinen jedenfalls keine fränkische Oberherrschaft begründet zu haben, obwohl Tribute gezahlt wurden, es 1167/68 zur Installierung einer fränkischen Truppe in Kairo kam (deren Aufgabe in der Eintreibung der Gelder und der Bewachung der Tore bestand) und den Franken — Wilhelm von Tyrus zufolge — kurz zuvor (1163) im Gegenzug für Waffenhilfe gegen die Truppen des Nūr ad-Dīn *subjectio* angeboten worden war. Die Verträge, die dann 1164 und 1167 zustande kamen, waren de iure aber Allianzen zwischen gleichberechtigten Partnern, die von beiden Seiten beschworen wurden. Von einem Treueid des fāṭimidischen Wesirs oder gar des Kalifen gegenüber König Amalrich oder der Stellung von Geiseln ist nirgendwo die Rede [36].

Will man nicht davon ausgehen, daß schon die Zahlung von Tributen allein (ohne Treueid oder gar Heerfolge der Tributäre) einen derart weitreichenden Akt der Unterwerfung darstellt, so muß konstatiert werden, daß oberherrliche Beziehungen fränkischer Herrscher zu muslimischen Fürsten für die Geschichte des Vorderen Orients im 12. und auch im 13. Jahrhundert kaum oder nur eine geringe Rolle gespielt haben. Rechtsbeziehungen, wie sie zwischen christlichen und islamischen Staaten in Spanien existierten, wird man im Orient vergebens suchen. Schon im 11. Jahrhundert hatten dort die christlichen Staaten des Nordens mit einzelnen islamischen Teilfürsten (*reyes de taifas/mulūk aṭ-ṭawāʼif*) Verträge abgeschlossen, in denen die Oberhoheit christlicher Herrscher

---

34 Vgl. oben S. 45-46.

35 Vgl. oben S. 80-81.

36 Zur Darstellung der Vertragsmodalitäten und der ägyptischen Wertung des Vertrages vgl. oben S. 246-253.

anerkannt, Tribute versprachen und dafür Schutz und Hilfe der Christen zugesichert wurde [37]. Das vielleicht beste Beispiel fränkischer Oberhoheit über eine muslimische Herrschaft stammt aus dem 13. Jahrhundert. Es handelt sich dabei um den Vertrag zwischen dem islamischen Murcia und Ferdinand III. von Kastilien von 1243: Murcia erkannte kastilianische Oberhoheit an, trat die Hälfte der Einkünfte an die kastilianische Krone ab und akzeptierte fränkische Garnisonen in den wichtigsten Festungen. Verhandlungen mit anderen Mächten bedurften kastilianischer Zustimmung, Murcia mußte im Kriegsfall Truppen stellen und erhielt die Zusicherung kastilianischer Hilfe gegen das islamische Granada. Zu den kastilianischen Gegenleistungen gehörten die Garantie der bestehenden Eigentumsverhältnisse, der Religions- und Sprachausübung sowie der Kontinuität in der Rechtspflege [38].

Im Orient blieb es dagegen vor allem bei Tributabhängigkeiten; die zahlreichen fränkisch-islamischen Abkommen wenigstens nach der Phase der Etablierung der fränkischen Staaten wurden zwischen de facto an Macht zwar oft ungleichen, de iure aber gleichen Parteien abgeschlossen.

Auf der anderen Seite muß aber auch die Frage beantwortet werden, ob sich fränkische Staaten muslimischer Oberhoheit unterwarfen. Der erste Fall, der in dieser Hinsicht Interesse erregt, ist die Freilassung Bohemunds I. von Antiochia aus dānišmandidischer Haft im Jahr 1103:

Albert von Aachen berichtet darüber, daß Bohemund Ibn Dānišmand für seine Freilassung eidlich die Knechtschaft (*servitudo*), Freundschaft (*amicitia*) und den Kriegsdienst (*militare obsequium*) seiner „Mitbrüder" (*confratres*) in aller Treue und Unterwerfung (*in omni fide et subjectione*) versprochen habe [39]. Da Bohemund den Vorderen Orient aber schon 1104 für immer verließ, läßt sich nicht feststellen, ob er sich Ibn Dānišmand wirklich unterstellte oder nicht. Eventuell begründete in islamischen Augen die Freilassung eines Kriegsgefangenen (*'itq*, d.h. Manumission) eo ipso schon eine Art Klientelverhältnis, wie dies bei der

[37] R. Konetzke, Probleme der Beziehungen zwischen Islam und Christentum im spanischen Mittelalter, in: Antike und Orient im Mittelalter, hrsg. v. P. Wilpert, Berlin 1962 (Miscellanea Medievalia, 1) S. 219-238, bes. S. 229.

[38] Vgl. J. Torres Fontes, La Reconquista de Murcia en 1299 por Jaime I. de Aragon, Murcia 1967, S. 29-30. Dieser bei al-Qalqašandī, Bd. 14, S. 24-26, in Arabisch erhaltene Vertrag (oder Auszug) erwähnt lediglich die Tributzahlung und ein Befestigungsverbot (Übersetzung bei W. Hoenerbach, Islamische Geschichte Spaniens, Zürich 1970, S. 493-495). Die restlichen Bestimmungen entnimmt Torres der christlich-spanischen Chronistik.

[39] Albert v. Aachen, IX, XXXV, S. 612. Vgl. oben S. 85-86.

Freilassung von Sklaven ganz sicher der Fall war und in arabischen Quellen anscheinend auch für Raimund III. von Tripolis angedeutet wird [40]. In Anbetracht der Quellenlage lassen sich in dieser Frage ebenfalls nur Vermutungen anstellen. Es scheint, daß die Freilassung eines Gefangenen wie hier die Bohemunds aus islamischer Sicht ein besonderes Rechtsverhältnis konstituierte, ob dieses aber Klientel- oder Oberherrschaftscharakter hatte und ob dieses von den Franken ebenso gesehen wurde oder nicht, muß dahingestellt bleiben. Interessanter für die Frage nach islamischen Oberherrschaften über fränkische Herrscher sind zwei Elemente orientalischen Ursprungs, die in den arabischen Quellen eine wichtige Rolle spielen: die Verleihung eines Ehrengewandes (*ḫil'a*) und der „Eintritt in den Gehorsam" (*duḫūl fī 't-ṭā'a*):

In arabischen Chroniken ist mehrfach beim Abschluß von Verträgen von der Vergabe eines Ehrengewandes (*ḫil'a*) an fränkische Fürsten die Rede: König Fulko wurde 1137 ein Ehrenkleid verliehen, als er Zengī die Burg Mons Ferrandus/Ba'rīn übergab und sich zu einer Geldzahlung verpflichtete [41]. Joscelin II. von Edessa erhielt 1148/1149 ein Ehrenkleid, als er Nūr ad-Dīn um einen Waffenstillstand bat [42]. Bohemund III. von Antiochia bekam 1192 ein Ehrenkleid Saladins [43]. Mehrfach wird berichtet, daß gefangene Franken bei ihrer Freilassung aus der Kriegsgefangenschaft eingekleidet worden seien [44]. Auch von König Guido von Lusignan ist bekannt, daß er ein Ehrenkleid Saladins bei seiner Freilassung 1187 empfing [45]. Der spektakulärste Fall einer *ḫil'a*-Verleihung ist sicher derjenige an Heinrich von Champagne 1192, der Saladin ausdrücklich um ein Ehrenkleid bat, obwohl unter den Franken das Tragen solcher Kleider als Schande gelte [46].

---

40 Vgl. oben S. 290, 341, 344. Zu den rechtlichen Implikationen der Sklavenmanumission vgl. J. Schacht, An Introduction to Islamic Law, Oxford 1964 (Paperback 1984), S. 129-130.

41 b. al-'Adīm, Zubda, Bd. 2, S. 262; vgl. oben S. 177.

42 Vgl. oben S. 211.

43 Vgl. oben S. 348-349 und Anm. 493.

44 So der Ritter Gerhard von Avesnes 1100: Albert v. Aachen, VII, XV, S. 516: *honorifice vestibus indutum, equo optimo residentum.* Vgl. auch oben S. 145 zur Einkleidung König Balduins II. bei seiner Freilassung. Zahlreiche Pelze und Ehrengewänder verlieh Saladin an fränkische Gefangene während des III. Kreuzzugs, vgl. Bahā' ad-Dīn b. Šaddād, S. 151.

45 Sāwīrus b. al-Muqaffa', Bd. 3, 2, S. 122/arab. 72.

46 Vgl. oben S. 346. Zur Verleihung von Ehrenkleidern an Franken im 13. Jahrhundert vgl. an-Nuwairī, Ms. Bibl. Nat. arab. 1579, fol. 21v (nach al-Yūnīnī ad 1289), und al-Ǧuwainī, S. 331 (ad 1247).

Ehrenkleider hatten meist einen bedeutenden Wert und wurden im Vorderen Orient neben Bargeld als Zahlungsmittel benutzt [47]; diese Verwendung ist in den zitierten Fällen allerdings auszuschließen. Besonders die Vergabe von Ehrenkleidern des Kalifen an Sultane und Emire hatte den Sinn, die Beschenkten nicht nur auszuzeichnen, sondern mit diesem Symbolakt, der von der Übergabe einer Einsetzungsurkunde begleitet werden konnte, aber nicht mußte, deren Herrschaft auch zu legitimieren und sie dem Kalifen unterzuordnen. In Staaten mit einer gefestigten Bürokratie wie Byzanz oder Ägypten fanden Ehrenkleider vor allem als Geschenke und Symbole bei der Bestallung von Amtsträgern Verwendung und wurden im Rahmen der Einsetzungszeremonien übergeben. So existierte im mamlukischen Ägypten eine genaue Ordnung für die den Inhabern der Staatsämter jeweils zustehenden *ẖila'*, deren Verwaltung und Registrierung dem Inspektor der öffentlichen Finanzen (*naẓīr al-ẖizāna al-kubrā*) oblag [48].

Welche staatsrechtliche Bedeutung die Verleihung eines Ehrenkleides im behandelten Untersuchungszeitraum haben konnte, zeigt der Fall der Unterstellung des türkischen Herrn von Arzan ar-Rūm unter die Oberhoheit des christlichen Königs von Georgien vermutlich in den 1220er Jahren. Sie vollzog sich in der Form, daß der Türke ein Ehrenkleid (*ẖil'a*) des Königs anlegte, eine Kreuzesflagge hissen ließ und seinem Sohn die Konversion zum Christentum befahl, um eine Heiratsverbindung mit der Familie des Königs zu ermöglichen [49]. Die Verleihung eines Ehrenkleides kann also eine regelrechte Indienstnahme bedeuten. Auf jeden Fall hat aber derjenige, der ein Ehrenkleid vergibt, eine dem Beschenkten übergeordnete Position inne. Dies wurde auf fränkischer Seite auch so verstanden: Ludwig der Heilige lehnte deswegen z.B. 1250 selbst noch in der Gefangenschaft in Ägypten als einziger Franke ein Ehrenkleid des

---

[47] Vgl. zu dieser Verwendung der *ẖila'* in Ägypten: G. Frantz-Murphy, A New Interpretation of the Economic History of Medieval Egypt. The Role of the Textile Industry 254-567/868-1171, in: Journal of the Economic and Social History of the Orient 24 (1981), S. 274-297. Zur Verwendung von *ostra* durch Balduin I. von Edessa als Zahlungsmittel vgl. Albert v. Aachen, III., XXIV, S. 355.

[48] Vgl. N.A. Stillmann, K̲hil'a, in: EI 2, Bd. 5, S. 6-7. W. Björkmann, Beiträge, S. 25, 48-49, 122, 138-139, 156. Zu Ehrenkleidern in Byzanz: F. Dölger, Vom Altertum zum Mittelalter, in: ders., Paraspora, Ettal 1961, S. 54-72, hier S. 70-71. Der fāṭimidische Kanzleichef b. aṣ-Ṣairafī gebraucht in seiner Wesirsgeschichte al-Išāra die Wendung „es wurde ihm das Ehrenkleid vergeben zu..." (*ẖuli'a 'alaihi li- ...*) sogar terminologisch für die Amtsbestellung jedes Wesirs oder Gouverneurs, vgl. ebda., S. 65, 73 et passim.

[49] b. al-Aṯīr, Kāmil, Bd. 12, S. 451.

Sultans Tūrānšāh mit der Begründung ab: „Mein Land ist größer als das seine: Wie könnte ich sein Kleid tragen?“ [50]

Die Verleihung und Annahme von *ḫila'* an fränkische Herren ist folglich mehr als ein weiterer Beweis für das Bewußtsein von Standesgleichheit zwischen den fränkischen und muslimischen Nobilitäten, mehr als nur ein Akt der Höflichkeit. Ob dadurch in jedem Fall ein Oberherrschaftsverhältnis ausgedrückt wurde, muß hier offen bleiben. Recht sicher scheint die Konstituierung einer Oberherrschaft allerdings dann zu sein, wenn davon die Rede ist, daß der mit einem *ḫil'a* Beschenkte auch „in den Gehorsam“ (*duḫūl fī 'ṭ-ṭā'a*) oder den „Dienst“ (*ḫidma*) des Schenkenden eingetreten sei. Von Gehorsamsleistung (*ṭā'a*) sprechen die arabischen Quellen, wie gezeigt werden konnte, mehrfach im Zusammenhang mit den Kontakten zwischen Saladin und Mitgliedern der *Partei der Barone*, insbesondere mit Raimund III. von Tripolis (1186/1187), Bohemund III. von Antiochia (1183; 1192 „diente“ er danach dem Sultan und bekam ein Ehrenkleid) oder Rainald von Sidon (1189) [51]. In welchen Formen der Akt der Gehorsamsleistung vorgenommen wurde, ob es sich etwa um einen Treueid handelte, ist leider nicht zu sagen. Aber zumindest im Fall Graf Raimunds III. erschien die *ṭā'a* des Grafen abendländischen Quellen ja als Unterwerfung oder sogar als lehnrechtliche Kommendation [52].

Falls es also regelrechte Unterordnungen fränkischer Herrscher unter islamische Sultane oder Emire gegeben haben sollte, so dürften sie sich in diesen Formen vollzogen haben. Von fränkischen Tributen an islamische Staaten hören wir jedenfalls nicht viel. Das wichtigste Beispiel dafür ist die Zahlung, mit das Königreich Jerusalem 1185 einen Waffenstillstand mit Saladin erkaufte; aber keine der Quellen wertet diese Zahlung als Beweis fränkischer Unterstellung [53]. Es muß in diesem Zusammenhang betont werden, daß sich auch die überlieferten Fälle fränkischer Gehorsamsleistung, fränkischen „Dienstes“ (*ḫidma*) oder die Annahme von Ehrenkleidern im Vergleich zur großen Anzahl fränkisch-islamischer Verträge vor allem im 12. Jahrhundert an Zahl verschwindend gering ausnehmen. Auch wenn mit der Vergabe eines Ehrenklei-

---

[50] al-Ǧuwainī, S. 333.

[51] Siehe oben S. 323 (ad 1183), 339-349 (ad 1186-1192). Vgl. auch S. 177 und Anm. 368 (zu *ḫil'a* und *ṭā'a* im Verhältnis von Zengī zu König Fulko) und S. 361-362 (zum möglichen Oberherrschaftsverhältnis des Saladin-Sohnes aẓ-Ẓāhir über Bohemund IV. von Antiochia ab 1203).

[52] Siehe oben S. 340-341.

[53] Siehe oben S. 330.

des oder dem in den arabischen Quellen mit dem Ausdruck „Eintreten in den Gehorsam" bezeichneten Rechtsakt ein Unterordnungsverhältnis geschaffen wurde, wie dies unter Vertragspartnern muslimischer Religionszugehörigkeit ohne Zweifel geschah, so erlaubt es die Quellenlage dennoch nicht, sich ein genaueres Bild von den Implikationen und rechtlichen Folgen einer auf diese Art zustande gekommenen Rechtsbeziehung zu machen. Der Fall, über den wir am genauesten unterrichtet sind — die Unterordnung Raimunds III. unter Saladin 1186/1187 —, dauerte zu kurz, um weiterreichendere Folgen als die Stationierung muslimischer (Hilfs-) Truppen in Tiberias/Ṭabarīya zu zeitigen; und diese Stationierung allein wäre noch kein Beweis für eine aiyūbidische Oberherrschaft: Sie könnte auch ganz einfach im Zusammenhang mit einer normalen, bilateral vereinbarten Allianz erklärt werden. Über das Verhältnis Bohemunds III. zu Saladin, wo für einen längeren Zeitraum von „Gehorsam" (*ṭā'a*) und „Dienst" (*ḫidma*) die Rede ist, geben Quellen westlicher Herkunft leider keine Auskunft. Über eventuelle Treueide, Heerfolgeverpflichtungen oder andere Elemente, die auf ein Oberherrschaftsverhältnis hinweisen würden, ist deswegen nichts weiter zu erfahren. Trotz dieser Einschränkungen gilt es festzuhalten, daß *ḫil'a* und *ṭā'a* — zumindest muslimischen Quellen zufolge — in den fränkisch-islamischen Beziehungen eine gewisse Rolle gespielt haben und vermutlich gelegentlich Ausdruck von Oberherrschaftsverhältnissen waren.

Dagegen besaßen westliche, aus dem Lehnrecht stammende Rechtselemente für die Geschichte zwischen einzelnen fränkischen und islamischen Staaten im Vorderen Orient anscheinend keine Bedeutung. Das deutlichste Beispiel dafür ist die Ablehnung, die Saladin 1192 dem Vorschlag des Richard Löwenherz gegenüber an den Tag legte, als dieser vorschlug, Jaffa/Yāfā und Ascalon/'Asqalān von Saladin zu Lehen zu nehmen [54]. Quellen westlicher Herkunft beschreiben tatsächliche oder projektierte fränkisch-islamische Herrschaftsverhältnisse einige Male in Wendungen, die aus der lehnrechtlichen Terminologie zu stammen scheinen. So soll der *Historia belli sacri* (nach 1140) zufolge der ägyptische Wesir al-Afḍal im Zuge seiner Verhandlungen mit dem ersten Kreuzzug angeboten haben, seine Gebiete in Zukunft entweder *communiter* mit den Franken zu besitzen oder sie von ihnen (als Lehen) zu halten (*ab ipsis eas ex tunc se tenere*) [55]. 1168 soll der „Mulane", der Fāṭimidenkalif, nach Meinung von Ernoul angeboten haben, für fränkische

---

[54] Siehe oben S. 347.

[55] Historia belli sacri, XCIX, S. 212.

Hilfe gegen Nūr ad-Dīn „sein Land von ihnen zu halten“ (*il tenroit se tiere de lui*)[56], und von Konrad von Montferrat heißt es, er habe die Hälfte Jerusalems von Saladin „halten“ wollen[57]. Da besonders die dem Orient fremden Kreuzfahrer, Pilger und Chronisten versucht waren, die Rechtsstrukturen der islamischen Welt in einer aus dem Lehnrecht entnommenen Begrifflichkeit zu beschreiben, vielleicht auch weil ihnen eine andere als lehnrechtliche Terminologie nicht zu Gebote stand, sind diese Passus wohl nicht wörtlich zu verstehen. Islamische Staaten — das einzige derartige Projekt, die Installierung des Dubais b. Ṣadaqa in Aleppo durch die Franken 1123, scheiterte am Fehlschlagen der Operation gegen Aleppo — unter fränkischer Lehnsoberhoheit gab es im Vorderen Orient ebensowenig wie Unterwerfungen fränkischer Staaten unter islamische in lehnrechtliche Formen[58].

Spielten aber Lehnrecht, Vasallität oder Steuerpachtbezirks (*iqṭāʿ*) - Vergaben eine Rolle bei der Indienstnahme einzelner Muslime durch Franken et vice versa? In Spanien hat es jedenfalls im 13. Jahrhundert durchaus eine größere Anzahl von Muslimen gegeben, die in den Lehnsnexus der christlichen Staaten einbezogen waren und in den Quellen mit dem Begriff „Vasallen“ bezeichnet werden[59], obwohl auch hier zu fragen wäre, ob die „Vasallität“ dieser Muslime mit einem Akt der Kommendation begründet wurde.

Es ist bei der Darstellung der Motive und historischen Entwicklung fränkisch-islamischer Vertragspolitik bereits mehrfach angeklungen, daß sich Muslime als Kämpfer in fränkischen Diensten befanden. Davon wissen arabische Quellen wie Ibn al-Qalānisī, Usāma b. Munqiḏ oder Ibn al-Aṯīr[60] im Fall des Fürstentums Antiochia und der Ritterorden. Mehrfach wird zwischen 1157 und 1229 außerdem davon berichtet, daß die Muslime des südlibanesischen Ǧabal ʿĀmila den Franken Waffenhilfe leisteten, es ist aber unklar, ob sie sich regelrecht in fränkischem Dienst befanden[61]. Lateinische Urkunden schließlich nennen wiederholt Ritter,

---

56 Ernoul, III, S. 24.

57 Ambroise, V. 8682f, Sp. 232.

58 Vgl. oben S. 147-148.
Das einzige andere theoretisch denkbare Beispiel einer fränkischen Mannschaftsleistung gegenüber einem Muslim wäre die Unterstellung Raimunds III. von Tripolis unter Saladin, vgl. oben S. 339-349.

59 Vgl. R.I. Burns, The Muslim in the Christian Feudal Order: The Kingdom of Valencia, 1240-1280, in: ders., Moors and Crusaders in Mediterranean Spain, London 1978, Nr. XI.

60 Siehe oben S. 87 und b. al-Aṯīr, Kāmil, Bd. 12, S. 32-33.

61 b. al-Qalānisī, S. 339 (ad 1157); al-Kātib al-Iṣfahānī, Fatḥ, S. 36 (ad 1187); b. al-Aṯīr, Kāmil, Bd. 12, S. 482 (ad 1228/1229).

die orientalische Namen tragen wie „Muisse Arrabi" oder „Walter Qelbe Arab"[62] oder die als *arabicus miles* bezeichnet werden[63]. Daß es sich dabei aber um Muslime und nicht im Konvertiten handelt, erscheint höchst unwahrscheinlich, denn Muslime konnten im Königreich Jerusalem nicht zu Gericht sitzen. Das *consilium* im Gericht gehörte aber zu den wesentlichen Rechten und Pflichten der Lehnsritter, die in Lehnrechtsfällen bekanntlich als *pares* der Angeklagten zu urteilen hatten. Im übrigen führen die erwähnten arabischen Ritter meist christliche Taufnamen. Wie die Araber in fränkischen Diensten — darunter neben muslimischen Kriegsleuten auch nichtkämpfende Verwaltungsangehörige wie der Kadi von Gabula/Ǧabala[64] oder der Schreiber und Wesir, der in den 1150er Jahren in Neapolis/Nāblus gewirkt haben soll[65] — bezahlt wurden, ist nicht genau zu sagen. Von Landvergabe an Muslime ist, soweit es mir bekannt geworden ist, überhaupt nur in drei Fällen die Rede:
— 1106, als Tankred als antiochenischer Regent die Söhne des ermordeten Herrn von Apamea/Fāmiya, Ibn Mulā'ib, *plurimis praefecit locis*[66],
— 1168, als König Amalrich versuchte, den Gesandten des fāṭimidischen Wesirs auf seine Seite herüberzuziehen und ihm, nach Ibn abī Ṭaiyi' (575-630 a.h./1180-1233), dreizehn Dörfer als Steuerpachtbezirk (*iqṭā'*) versprach[67],
— 1177, als der Großneffe Saladins mit dem Versprechen zu den Franken gelockt wurde, *milk* (Besitz) oder *mulk* (Herrschaft) zu erhalten[68].

Alle drei Beispiele sind nicht eindeutig. Die Söhne des Ibn Mulā'ib könnten als *ru'asā'* (Plur. von *ra'īs*, Bürgervorsteher) eingesetzt worden sein; der Terminus *praefecit* deutet nicht unbedingt auf eine Belehnung hin. Bei Šāhānšāh, dem Großneffen Saladins, handelt es sich um eine List, denn er wurde von den Templern verhaftet, als er fränkisches Gebiet betrat. Unklar ist, ob mit *milk/mulk* Herrschaft, Besitz oder Land gemeint ist. Und auch die *iqṭā'*-Vergabe Amalrichs führt zu Verständnis-

---

[62] Vgl. J. Riley-Smith, Feudal Nobility, S. 10. (Vgl. RRH Nr. 43, 52, 76b, 79-80, 115, 130 et passim).

[63] J. Prawer, Serfs, S. 208.

[64] Zuerst al-Kātib al-Iṣfahānī, Fatḥ, S. 132 (Manṣūr b. Nabīl).

[65] Ein Ibn Tusair, Vgl. M.b. Ṭūlūn, S. 27. Vielleicht war er auch Christ.

[66] Siehe oben S. 87.

[67] b. a. Ṭaiyi' bei Abū Šāma, Rauḍatain, I, Bd. 2, S. 430.

[68] Vgl. oben S. 323, Anm. 398.

problemen: Wollte Amalrich Land als islamischen *iqṭā'* vergeben oder einen Muslim wirklich belehnen, nur daß die islamische Quelle diesen Vorgang mit dem Begriff *aqṭa'ahū* („er gab ihm ein *iqṭā*") umschreibt? Selbst wenn die geschilderten Fälle eindeutige Beispiele für Belehnungen von Muslimen darstellten, so scheint es — über die gesamten fast zwei Jahrhunderte fränkischer Herrschaft im Vorderen Orient — Belehnungen von Muslimen mit Land nur in verschwindend geringem Maß gegeben zu haben. Ob bei der Besoldung von Muslimen Geldlehen eine Rolle spielten, läßt sich nicht sagen. War die *recompensatio*, die der frühere muslimische Gouverneur von Paneas/Bāniyās 1140 in Gestalt von Teilen der Einkünfte aus Bädern und Obstplantagen erhielt, etwa ein Geldlehen [69]?

Der Gesamteindruck spricht eher dafür, daß sich die Indienstnahme von Muslimen durch fränkische Herren und Orden, die es sicher in grösserer Anzahl gegeben hat, nicht in lehnrechtlichen Formen, sondern auf der Basis von Soldzahlungen vollzog. Über die Vasallität von Muslimen wie in Spanien hören wir im Orient nichts. Der Ritterschlag, den einzelne Muslime von fränkischen Herrschern erhielten — wie al-Malik al-Kāmil 1192 von Richard Löwenherz und der Emir Faḫr ad-Dīn 1229 von Friedrich II. — hatte immer den Charakter des Exzeptionellen und begründete im übrigen kein Rechtsverhältnis [70]. Ludwig der Heilige soll sich dagegen in mamlukischer Gefangenschaft ausdrücklich geweigert haben, einen Emir zum Ritter zu schlagen, wenn dieser nicht bereit sei, Christ zu werden, ihm nach Frankreich zu folgen und dort allerdings *grant terre* zu empfangen [71]. Auch wenn Ludwig der Heilige besonders rigide in seiner Ablehnung enger Kontakte zu den „Ungläubigen" war, so dürfte diese Haltung doch den Normalfall repäsentieren. Die Ritterschläge, die Richard Löwenherz und Kaiser Friedrich II. erteilten, waren die Ausnahme und wurden von Fürsten vorgenommen, die auch sonst unkonventionelle Wege beim Abschluß und beim Eingehen rechtlicher Bindungen gegenüber islamischen Herrschern zu gehen bereit waren.

Über Landvergabe in muslimischen Formen vermelden die Quellen ebenfalls wenig. Einige Fälle sind aber immerhin glaubwürdig belegt:

---

69 Wilhelm v. Tyrus, XV, XI, S. 675.

70 Itinerarium peregrinorum, V, XII, S. 325 (al-Kāmil); Jean de Joinville, XLI, S. 108 (Faḫr ad-Dīn). Zu den Gerüchten über einen Ritterschlag für Saladin vgl. R. Röhricht, Sagenhaftes und Mythisches aus der Zeit der Kreuzzüge, in: Zeitschrift für Deutsche Philologie 23 (1891), S. 412-421, hier S. 418-419.

71 Confesseur, S. 68.

So bat Rainald von Sidon 1189, von Saladin belagert, um einen Steuerpachtbezirk (*iqṭā'*) Saladins für die Auslieferung von Beaufort/Šaqīf Arnūn; und der „Grüne Ritter", den Saladin 1188 vor Tripolis sprach, erhielt, wie oben erwähnt, das Angebot, mit Ländern begabt zu werden [72].

Von *iqṭā'*-Verleihungen an Franken ist interessanterweise immer nur in Zeiten intensiver fränkisch-islamischer Kämpfe die Rede. Im 13. Jahrhundert beispielsweise berichten islamische Quellen von der Vergabe eines Steuerpachtbezirks (*iqṭā'*) an Franken nach der Einnahme von Caesarea/Qaisārīya durch Sultan Baibars (1265) [73] und der von Tripolis (1289), als Sultan Qalāwūn einem Verwandten des fränkischen Grafen von Tripolis zwei Dörfer beließ. Dort soll Qalāwūn auch dem Sohn des früheren fränkischen Herrn von Byblus/Ǧubail, Guido, denselben Ort als *iqṭā'* gegeben und ihm ein Ehrenkleid verliehen haben [74]. Der späte Kompilator Ibn al-Furāt (735-807 a.h./1334-1405) berichtet im Zusammenhang der schon mehrfach erwähnten Konzessionen Saladins an Bohemund III. in dem Kondominium (*munāṣafa*) zwischen beiden Seiten (1192) von *iqṭā'āt*: Saladin habe vierzehn „Baronen" (*nafaran barūnīyatan*) in den *munāṣafāt*-Gebieten ein *iqṭā'* mit einem Jahreseinkommen von 14000 Dīnāren vergeben [75]. Ob dadurch ein direktes Dienstverhältnis der Barone gegenüber Saladin begründet wurde, wird nicht gesagt, aber es spricht — wie schon mehrfach erwähnt — einiges für eine aiyūbidische Oberherrschaft über Bohemund III. und damit das Fürstentum Antiochia generell. Bemerkenswert ist schließlich auch, daß Sultan Baibars 1263 Graf Johann von Jaffa nach dem Abschluß eines Waffenstillstandes ein Einsetzungsdiplom (*manšūr*) übergeben ließ, daß also die Grafschaft Jaffa in den letzten Jahren ihres Bestehens (bis 1268) möglicherweise mamlukischer *iqṭā'* war. Es ist in diesem Zusammenhang auch davon die Rede, daß der Graf „Gehorsam" angeboten habe (*yabḏilu 'ṭ-ṭā'a)* [76] . Jaffa/Yāfā hatte offenbar bereits seit dem Ende des Kreuzzugs Ludwigs des Heiligen (1254) eine Sonderposition inne. Schon in den Waffenstillstandsvertrag von 1255 oder 1256 zwischen dem Königreich Jerusalem und Damaskus war die Grafschaft nicht mehr einbezogen gewesen [77], und Anfang der 1260er Jahre wurde der Nachschub

---

72 Siehe oben S. 343-344.
73 b. 'abd aẓ-Ẓāhir, Rauḍ, S. 235: *a'ṭāhum al-iqṭā'āt*.
74 an-Nuwairī, Ms. Bibl. Nat. arab. 1579, fol. 20r (nach al-Yūnīnī).
75 b. al-Furāt, Ayyubids, Bd. 2, S. 120/arab. Bd. 1, S. 152.
76 Zuerst: b.'abd aẓ-Ẓāhir, Rauḍ, S. 117-118.
77 Estoire de Eracles, XXXIV, III, S. 442; Rothelin, LXXVII, S. 632-633.

für die mamlukische Armee von Ägypten nach Syrien über Jaffa/Yāfā verschifft[78].

So bemerkenswert dieser Fall ist — es ist unmöglich zu sagen, ob hier eine islamische Oberhoheit über Jaffa konstituiert wurde oder es sich sogar eine regelrechte *iqṭā'*-Vergabe handelte —, er stellt doch eine Ausnahme dar. Obwohl es gar nicht selten vorgekommen sein dürfte, daß Franken als Kämpfer in islamische Dienste traten[79], scheinen diese in der Regel nicht mit Steuerpachtbezirken (*iqṭā'āt*), sondern mit Bargeld entlehnt worden zu sein. Immerhin läßt sich feststellen, daß es über *iqṭā'*-Vergaben an christliche Franken anders als über eventuelle Lehnsvergaben an Muslime gesicherte Erkenntnisse gibt. Ob auch fränkische Herrscher (an Muslime) Land in islamischen Formen vergeben haben, wofür der zitierte Fall von 1168 der einzige Beleg wäre, oder nicht, muß wohl weiterhin offen bleiben. Der wichtigste Grund dafür, daß Lehnsbeziehungen zwischen Franken und Muslimen im Vorderen Orient keine Rolle spielten, dürfte darin zu sehen sein, daß sich der germanische Treuebegriff und die christlichen Elemente des Ritterethos nicht problemlos auf Angehörige eines anderen, nichtchristlichen Rechtskreises übertragen ließen, daß es aber andererseits im Söldnerwesen des geldwirtschaftlich wesentlich weiter entwickelten Orients und in den dort vorgefundenen Formen für Unterordnungs- und Indienstnahmeverhältnisse genügend einfacher zu handhabende Möglichkeiten gab, um sich Angehörige einer anderen Religion und eines anderen Rechtssystems zu verpflichten. Die Verleihung eines *iqṭā'* war eine solche Möglichkeit. Da es keinen spezifisch islamischen Gehalt hatte, war seine Vergabe auch an Nichtmuslime relativ problemlos. So hielten die christlich-maronitischen Buḥturidenemire fast das gesamte 12. und 13. Jahrhundert lang den libanesischen Ġarb als damaszenischen und später mamlukischen *iqṭā'*. Andererseits scheinen sie — teilweise gleichzeitig — Lehnsleute der fränkischen Herren von Beirut gewesen zu sein. Dieser Umstand machte ihre Situation zumindest Ende des 13. Jahrhunderts reichlich prekär, da die Sultane

[78] Vgl. oben Anm. 76.

[79] Dazu J. Richard, Account, passim. Im Jerusalemer Recht findet sich sogar ein Paragraph, der regelt, unter welchen Bedingungen die Lehen solcher Vasallen konfisziert werden können, die ohne Erlaubnis ihrer Herren zu den Muslimen übergehen. Vgl. Le Livre au Roi, XVI, S. 617, und J. Prawer, Etude sur le droit des Assises de Jérusalem: Droit de confiscation et droit d'exhérédation, in: RHDFE 4. sér., 39 (1961), S. 520-551, und 40 (1962), S. 29-42, hier S. 525-526.

ihnen doppeltes Spiel vorhielten[80].

Zusammenfassend läßt sich sagen, daß Oberherrschaftsverhältnisse zwischen Franken und Muslimen im 12. und 13. Jahrhundert im Vorderen Orient nicht d i e Rolle spielten, die sie zum Beispiel in Spanien hatten. Die Verträge, die zum Abschluß kamen, wurden in der Regel zwischen de iure gleichberechtigten Partnern geschlossen, wenn deren tatsächliche Macht auch durchaus sehr unterschiedlich sein konnte. Wenn aber Oberherrschaftsverhältnisse oder Indienstnahmen konstituiert wurden, so vollzog sich dieses allem Anschein nach eher in den im Orient üblichen Formen (*ḫil'a, ṭā'a, iqṭā'*). Westliche Rechtselemente scheinen auf der Ebene der Oberherrschaften und der Indienstnahme andersreligiöser Staaten und Personen keine Anwendung gefunden zu haben. Ob sich die Franken ihrerseits islamischer Formen bei ihren Rechtsgeschäften mit Muslimen bedienten, bedürfte einer eingehenderen Klärung, die allein auf Grund der Auswertung der bislang bekannten chronistischen und urkundlichen Quellen kaum zu leisten sein kann.

IV.2. Technik und Gültigkeit fränkisch-muslimischer Verträge im 12. und 13. Jahrhundert

Schon der vorangegangene Abschnitt hat gezeigt, wie schwierig es auf Grund der Quellenlage ist, gesicherte Aussagen über die Rechtsqualität der Beziehungen zu machen, die die Vergaben von Land, von Ehrenkleidern, Geschenken oder die Zahlung von Tributen von Franken an Muslime und umgekehrt begründeten bzw. die hinter den in arabischen Quellen mit Wendungen wie „Eintritt in den Gehorsam" (*duḫūl fī 'ṭ-ṭā'a*) und in der fränkischen Historiographie mit Termini wie *subjectio* umschriebenen Akten standen. Dennoch ist deutlich geworden, daß die Einrichtung von Oberherrschaftsverhältnissen im 12. und 13. Jahrhundert gelegentlich und unter jeweils vergleichbaren Rahmenbedingungen als ordnungspolitisches Modell erwogen oder sogar realisiert wurde — wobei dies zumeist in den im Orient bereits geläufigen Formen geschah —, daß fränkisch-islamische Beziehungen normalerweise aber auf der Grundlage bilateraler Verträge konstituiert wurden.

---

[80] Ṣāliḥ b. Yaḥyā, bes. S. 47-48 und 73-74; vgl. Cl. Clermont-Ganneau, Deux chartes des croisés dans des archives arabes, in: ders., Recueil d 'Archéologie orientale, Bd. 6, Paris 1903, S. 1-30 (zu Lehnsbeziehungen zu Beirut um 1280). Bereits in der ersten Hälfte des 12. Jahrhunderts hielten die Buḥturiden eine Burg als Lehen der fränkischen Herren von Beirut, vgl. M.E. Nickerson, Beirut, S. 149.

Untersucht man nun die technischen Aspekte dieser Verträge, so stellen sich die Quellenprobleme in noch schärferer Form, da keine der zwischen Franken und Muslimen im 12. und 13. Jahrhundert im Vorderen Orient abgeschlossenen Vertragsurkunden im Original überliefert worden ist. Für das 12. Jahrhundert ist man, was die zwischen den in der Folge des ersten Kreuzzugs entstandenen fränkischen Herrschaften und ihren islamischen Nachbarn vereinbarten Abkommen angeht, ganz auf die Angaben der zumeist erzählenden Quellen angewiesen. In ihnen finden sich aber nur in den seltensten Fällen nähere Angaben über die Rechtsqualität, über Geltungsbereiche, Fristen, Ende und Modalitäten der Vertragsvereinbarungen. Die Vertragsabschlüsse des 13. Jahrhunderts, jedenfalls diejenigen, die 1221, 1229, 1250 und 1270 die Unternehmungen der Damiette-Kreuzfahrer, Friedrichs II., die erste Phase des Ägypten-Zuges Ludwigs des Heiligen und seinen Kreuzzug nach Tunis beendeten, sind im Vergleich dazu schon detaillierter dokumentiert. Die einzigen vollständig erhaltenen Vertragstexte finden sich in der Kanzleiliteratur und der Chronistik der frühen Mamlukenzeit. In Quellen dieses Genres ist der Wortlaut von insgesamt sieben Verträgen überliefert, die in der Zeit von 1267 bis 1285 zwischen den Mamlukensultanen Baibars (1260-1277) und Qalāwūn (1280-1290) mit einzelnen fränkischen Herrschaften, den Hospitalitern und Templern ausgehandelt wurden [81]. Von einem dieser Abkommen, der Übereinkunft zwischen Sultan Qalāwūn und der „Dame“ Marguerite von Tyrus (1284 bis 1291 Herrin von Tyrus/Ṣūr) von 1285, sind zumindest Teile der Expositio in einer altfranzösischen Übersetzung erhalten [82]. Der Verfasser des wichtigsten Werkes für Kanzleiwesen und Staatswissenschaften aus der Mamlukenzeit, al-Qalqašandī (756-821 a.h/1355-1418), hat vier der erwähnten Verträge als Anschauungsmaterial für die Anfertigung bilateraler Abkommen in das Vertrags (*hudan*)-Kapitel seines Kompendiums *Ṣubḥ al-a'šā fī ṣinā'at al-inšā'* („Die Morgendämmerung für den Nachtblinden bezüglich der Anfertigung von Staatsschreiben“) übernommen. Einleitend äußert er sich zum Problem des Vertrags mit Nichtmuslimen aus islamrechtlicher Sicht, bespricht protokollarische Fragen, die Anordnung des Vertragsformulars und gibt Hinweise auf die Verhandlungstechnik und diplomatische Details [83]. Ebenfalls bei al-Qalqašandī finden sich an anderer Stelle Beispiele für die zu den Vertragswerken gehörigen Ratifikationseide [84]. Auch die

[81] Vgl. P.M. Holt, Treaties, S. 69.

[82] G.L.F. Tafel/G.M. Thomas, Urkunden, Bd. 3, Nr. CCCXCII, S. 398-400. Dazu J. Richard, Partage, S. 72-82.

[83] al-Qalqašandī, Bd. 14, S. 2-78.

[84] Ders., Bd. 13, S. 311-315.

sonstigen Ausführungen des Autors zum Thema „Eid", die weitgehend von dem ebenfalls erhaltenen Kanzleihandbuch des Šihāb ad-Dīn aus der Kanzlisten (*kuttāb*)- Familie der Banū Faḍlallāh al-ʿUmarī abhängig sind, deren Mitglieder sich vom Ende des 13. Jahrhunderts an für fast hundert Jahre immer wieder in den Listen der Schreiber des ägyptischen *dīwān al-inšāʾ* finden, verdienen unsere Aufmerksamkeit. Šīhāb ad-Dīn selber arbeitete bis zu seinem Bruch mit Sultan an-Nāṣir Muḥammad im Jahre 738 a.h./1337-1338 als Kanzleibeamter [85].

Jede Darstellung der im 12. und 13. Jahrhundert zwischen Franken und Muslimen entwickelten Vertragstechnik steht folglich vor der Schwierigkeit, sich bestenfalls auf die regestenhaften Angaben der erzählenden Quellen sowie einige wenige, nur literarisch überlieferte bilaterale Verträge aus den letzten drei Jahrzehnten fränkischer Herrschaft im Vorderen Orient stützen zu können, die sämtlich vorwiegend arabisch erhalten sind. Dies macht es besonders problematisch, Aussagen über die Korroboration der Abkommen zu machen. Siegel, Unterschriften oder Monogramme sind dabei nicht erhalten, *ṭuġra* oder *ʿalāma* — islamische Bekräftigungsformen [86] — nur selten erkennbar. Vor allem aber lassen sich kaum durchgängige Entwicklungslinien fränkisch-muslimischer Vertragstechnik ziehen. Die Überlieferung einseitiger Rechtsakte, sofern sie überhaupt klar als unilateral erkennbar sind, wie Schenkungen oder die Zusicherung freien Geleits (*amān*) für Gesandte, Händler und gelegentlich auch abziehende Bevölkerungsteile im Rahmen von Städteauslieferungen ist sogar noch schlechter. Die zwei aussagekräftigsten Beispiele hierfür finden sich in der Buḥturiden-Chronik des Ṣāliḥ b. Yaḥyā (gest. 840 a.h./1436): eine Schenkungsurkunde Julians von Sidon für den maronitischen Buḥturiden-Emir des libanesischen Ġarb, Ḥaǧǧī b. Karāma, von 1255 und eine zweite, ausgestellt von Humfred von Montfort-Beirut an den Emir Ṣāliḥ b. ʿAlī aus derselben Familie von 1280 [87]. Auch hier ist man also fast ganz auf arabisches Material angewiesen.

In der Sekundärliteratur sind Vertragsbeziehungen des germanisch- und römischrechtlich geprägten und des islamischen Rechtskreises zu-

---

85 W. Björkmann, Beiträge, S. 67-69. Zu seinem Werk at-taʿrīf bi-ʾl-muṣṭalaḥ aš-šarīf vgl. das Quellenverzeichnis sub b. Faḍlallāh.

86 Zu *ṭuġra* und *ʿalāma* H.-A. Hein, Beiträge zur ayyubidischen Diplomatik, Freiburg i. Br. 1971 (Islamkundliche Untersuchungen, 8), S. 30-36 und 46-47; vgl. W. Björkmann, Beiträge, zum Stichwort Index S. 178 und 191.

87 Ṣāliḥ b. Yaḥyā, S. 47-48 und 73-74. Beide Urkundenexzerpte hat Ch. Clermont-Ganneau, Deux chartes, S. 2-20, ausführlich untersucht. Vgl. auch oben S. 390 mit Anm. 80.

einander in Folge der wenig ergiebigen Quellenanlage daher vorwiegend aus der Sicht der wesentlich reichhaltigeren Quellen der Rechtstheorie beschrieben worden [88]; daneben war es möglich, sich auf die vor allem in italienischen und spanischen Archiven gefundenen Handels-, Friedens- und Allianzverträge italienischer Stadtrepubliken oder spanischer Könige mit den muslimischen Herrschern Nordafrikas zu stützen [89]. Die Ergebnisse rechtstheoretischer Studien dürfen allerdings — und das gilt auch für die Analysen der Handelsverträge des 12. und 13. Jahrhunderts — keinesfalls ohne weiteres zur Grundlage der Darstellung fränkisch-muslimischer Rechtsbeziehungen im geographischen und zeitlichen Raum der vorliegenden Arbeit gemacht werden, wie dies nicht nur in den Standardwerken der Völkerrechtsgeschichte immer wieder geschehen ist [90].

Auch Autoren, die sich in erster Linie um die Beschreibung der

---

[88] So etwa bei J.A. Brundage, Holy War and the Medieval Lawyers, in: The Holy War, ed. Th.P. Murphy, Columbus 1976; S. 99-140; F.H. Russell, The Just War in the Middle Ages, Cambridge u.a. 1975; E. Bussi, Condizione, S. 459-494; P. Herde, Christians, S. 361-376, für die Sicht des kanonischen Rechts. Zum islamischen Pendant zum ius gentium, den *siyar* vgl. M. Hamidullah, Muslim Conduct of State, 3. Aufl. Lahore 1953; M. Khadduri, War and Peace; ders., The Islamic Law of Nations. Shaybānī's Siyar, Baltimore 1966 und H. Kruse, Islamische Völkerrechtslehre. Der Staatsvertrag bei den Hanefiten des 5./6. Jahrhunderts d.H. /11./12 Jahrhundert n.Chr., Masch. schriftl. Diss. iur. Göttingen 1953, sowie ders., Die Begründung der islamischen Völkerrechtslehre, in: Saeculum 5 (1954), S. 221-241.

[89] Die bedeutendste Quellensammlung dazu ist M.L. de Mas-Latrie, Traités de paix. Auf die Angabe der wichtigsten entsprechenden Quelleneditionen kann hier verzichtet werden. Es mag genügen, auf die hervorragende Bibliographie bei J. Fisch, Krieg und Frieden im Friedensvertrag, Stuttgart 1979, zu verweisen. Fisch sind allerdings sowohl die bei al-Qalqašandī erhaltenen Verträge der Mamluken mit den fränkischen Herrschaften, mit Aragon, Genua und Byzanz als auch die Arbeiten aus der Feder von J. Wansborough unbekannt geblieben: A Maroccan Amīr's Commercial Treaty with Venice of the Year 913/1508, in: BSOAS 25 (1962), S. 449-471; A Mamluk Ambassador to Venice in 913/1507, in: BSOAS 26 (1963), S. 503-530; Venice and Florence in the Mamluk Commercial Privileges, in: BSOAS 28 (1965), S. 483-523; A Mamluk Commercial Treaty with the Republic of Florence, 894/1489, in: Documents from Islamic Chanceries, ed. S.M. Stern, Oxford 1965 (Oriental Studies, 3), S. 39-79, und The Safe-Conduct in Muslim Chancery Practise, in: BSOAS 34 (1971), S. 20-35. Die Arbeiten von P.M. Holt (vgl. Einleitung, S. III., Anm. 7) über die fränkisch-mamlukischen Verträge in Syrien konnten Fisch wenigstens teilweise noch nicht bekannt sein.

[90] So in unterschiedlichem Maß bei M. Zimmermann, La crise de l'organisation internationale, in: Recueil des cours 44 (1933), S. 319-437, hier S. 333ff; G. Stadtmüller, Geschichte des Völkerrechts, Teil I, Hannover 1951, S. 47-51; Frhr. A. v.d. Heydte, Die Geburtsstunde des souveränen Staates, Regensburg 1952, bes. S. 240-258; A. Nussbaum, Geschichte des Völkerrechts, München und Berlin 1960, S. 20-23 und 59-66.

Rechtspraxis bemühen, räumen der Rechtstheorie in der Regel einen verhältnismäßig großen Spielraum ein [91]. Ein solches methodologisches Vorgehen ist auf mehrfache Weise problembeladen: Abgesehen davon, daß sich in der katholischen Kanonistik im Mittelalter keine einheitliche Position zur Frage der Legimität „heidnischer" Herrschaft und der Gültigkeit von Rechtsbeziehungen zu außerhalb der Respublica christiana lebenden Muslimen herausbildete, sind die Diskussionen der islamischen und kanonistischen Jurisprudenz für die Rechtsbeziehungen im Vorderen Orient selbst von keiner besonderen Bedeutung. Dies gilt nicht allein wegen der hier wie zu allen Zeiten existierenden Diskrepanz zwischen Rechtspraxis und Rechtstheorie, sondern insbesondere auch deswegen, weil die Diskussionen der Rechtstheoretiker zu den hier interessierenden Verträgen in einem anachronistischen Verhältnis stehen: Das islamische Fremden- und *siyar*-Recht war bereits vor dem ersten Kreuzzug voll ausgeprägt — es wäre im übrigen zu fragen, welche Bedeutung die Lehrmeinungen der verschiedenen sunnitischen Rechtsschulen etwa für Position der šīʿitischen Fāṭimiden gegenüber den Franken hatten. Die kirchliche Kanonistik begann sich dagegen erst im Laufe des 12. und vor allem im 13. Jahrhundert mit entsprechenden Fragen zu beschäftigen, zu einem Zeitpunkt also, als fränkisch-islamische Abkommen im Vorderen Orient bereits gängige Praxis waren. In den meist privaten Rechtswerken der fränkischen Staaten schließlich — Jerusalems und Zyperns — spielen die Beziehungen zu muslimischen Nachbarherrschaften eine verschwindend geringe Rolle, und über Vertragstechnik, Sprache, Schriftlichkeit, Ratifikationsmodelle oder das Archivwesen finden sich — das lehnrechtlich geregelte Geiselwesen ausgenommen — keinerlei Hinweise [92]. Selbst wenn das Anachronismusproblem entfiele, weil die zur Verfügung stehenden Rechtswerke zeitgenössisch wären, so würde doch eine Untersuchung der fränkisch-muslimischen Vertragstechnik und der Gültigkeit der Verträge (nach dem Dafürhalten der Vertragspartner) ständig mit der Gefahr konfrontiert sein, zu stark von der Rechtstheorie auszugehen und die in den oft von nicht juristisch denkenden

[91] Z.B. K.-H. Allmendinger, Beziehungen, S. 26-36; J.S.C. Riley-Smith, Peace, passim; R.Ch. Schwinges, Kreuzzugsideologie, S. 214-261.

[92] Vgl. Livre au Roi, ed. Beugnot, in: Lois, Bd. 1, VII, S. 611 (zum „Einlager", der Pflicht der Königin und der Vasallen, sich im Fall der Kriegsgefangenschaft des Königs als Geiseln zur Verfügung zu stellen); XVI, S. 617 (Lehnsentzug nach Jahr und Tag beim Übergehen zu den Muslimen; vgl. auch XXII; S. 622); Livre de Geoffroy de Tort, XXXII, S. 443 (kein Zeugnis (*garantie*) -Recht gegen Franken für die, die länger als Jahr und Tag den „Sarrazenen" und anderen Ungläubigen Waffenhilfe gegen Christen gegeben haben).

Autoren in den erzählenden Quellen verwendete Terminologie in der streng normativen Bedeutung zu verstehen, die den betreffenden Begriffen von den Rechtstheoretikern beigemessen wurde.

Grundlage der folgenden Untersuchung sind deswegen nicht die Ausführungen der juristischen Quellen, sondern die Angaben der Quellengattungen (Chroniken, Biographien, Briefe, Kanzleiliteratur etc.), die bereits den vorangegangenen Kapiteln zugrunde gelegen haben. Die Quellenlage macht es erforderlich, sich dabei besonders auf die Ende des 13. und im 14. Jahrhundert schreibenden mamlukischen Historiographen und Verwaltungsfachleute zu stützen.

* * * * *

Inhaltlich lassen sich Übereinkünfte, die Franken und Muslime im 12. und 13. Jahrhundert im Vorderen Orient miteinandern schlossen, in Friedens- bzw. Waffenstillstands-, Bündnis-, Auslieferungs- bzw. Übergabeverträge und Abkommen zur Freilassung von Kriegsgefangenen differenzieren. Reine Handelsverträge finden sich nicht, obwohl bereits die Abkommen des 12. Jahrhunderts wahrscheinlich des öfteren kommerzielle Klauseln enthalten haben. Wie gezeigt werden konnte, dienten besonders die ersten Verträge Gottfrieds von Bouillon und König Balduins I. von Jerusalem mit den fāṭimidisch beherrschten Hafenstädten der palästinensischen Küste der Reetablierung der Handelsbeziehungen [93]. Ähnliche Bestimmungen mögen auch in den Abkommen Jerusalems mit Damaskus und Ägypten eine Rolle gespielt haben. Im Zusammenhang des Vertrages Saladins mit dem Königreich Jerusalem von 1185 wird beispielsweise erwähnt, daß die Getreideimporte aus dem muslimischen Gebiet, die nach seinem Abschluß aufgenommen wurden, angeblich zur Überwindung der Hungersnot im Königreich beitrugen [94]. Erst aus dem Waffenstillstand zwischen Richard Löwenherz und Saladin von 1192 ist allerdings eine explizite Handelsbestimmung bekannt: *E que sans treu par la terre/iroient les marcheandises* [95]. In den Verträgen der Mamlukensultane mit einzelnen fränkischen Herrschaften und den Ritterorden aus den Jahren zwischen 1267 und 1287 nehmen kommerzielle, zollpolitische Regelungen und das *ius naufragii* dann meist

---

[93] Siehe oben bes. S. 97-101.

[94] Ernoul, XI, S. 124; siehe oben S. 330 (vgl. auch oben S. 295 zu Getreideexporten 1177?).

[95] Ambroise, V. 11787-11791, Sp. 316 (=Itinerarium peregrinorum, ed. Stubbs, VI, XXVII, S. 429: *et cum libertate transitum deducendarum per omnem terram quarumcunque rerum venalium, et exercenda libere commercia*). Subjekt sind vermutlich die Pilger, denen im Satz zuvor freie Pilgerfahrt nach Jerusalem ohne Abgaben zugesichert wird.

breiten Raum ein, so in dem Abkommen des Sultans Baibars mit den Hospitalitern (1267), der „Dame" von Beirut (1269) nochmals den Hospitalitern (1271)[96] und den Verträgen seines Nachfolgers Sultan Qalāwūn, mit den Templern (1282)[97], mit Accon/'Akkā bzw. dem Königreich Jerusalem (1283)[98] und der „Dame" von Tyrus/Ṣūr (1285)[99].

Die inhaltliche Unterscheidung der Abkommen ist aber in vertragstechnischer Hinsicht bedeutungslos. Sowohl in den erzählenden Quellen als auch den erhaltenen Vertragstexten selber werden sämtliche Vereinbarungen als Friedens- oder Waffenstillstandsverträge — wenn es sich um bilaterale Vereinbarungen handelt — und ansonsten als „Pardon", Zusicherung freien Geleits (*amān*), bezeichnet. Auch die Verträge der muslimischen Herrscher Nordafrikas und Spaniens mit den italienischen Stadtrepubliken, die hauptsächlich handelspolitische Paragraphen enthielten, waren der Form nach Friedensschlüsse auf Zeit und werden im Kanzleihandbuch des al-Qalqašandī im selben Abschnitt wie die Verträge mit den fränkischen Herrschern Syriens behandelt[100]. Handelsabmachungen konnten allerdings auch in der Art einseitiger Privilegien als *amān* (lat.: *securitas*) getroffen werden[101].

Die geläufigsten Bezeichnungen, mit denen fränkisch-muslimische Abkommen in den erzählenden Quellen, Briefen und Biographien — also Quellen nichtjuristischer Provenienz — bezeichnet werden, sind im Lateinischen *pax*, *treuga*, *pax temporalis/ad tempus*, aber auch einfach *foedus*, *pactum*, *amicitia* oder, seltener, *induciae*. Diesen Termini entsprechen im Altfranzösischen die Begriffe *pais* oder *trives* und im Arabischen *ṣulḥ*, *hudna*, *muwāda'a* sowie grammatisch verwandte Ausdrücke wie *musālama*, *mu'āhada*, *muhādana*, *muṣālaḥa*, *mu'āqada* oder sel-

96 Vgl. al-Qalqašandī, S. 37, 41, 47.

97 b. 'abd aẓ-Ẓāhir, Tašrīf, S. 22.

98 al-Qalqašandī, S. 57-59.

99 b. 'abd aẓ-Ẓāhir, Tašrīf, S. 108.

100 Für viele Beispiele vgl. die Verträge Genuas mit Abū Ibrāhīm Isḥāq von Mallorca (1181) und seinem Sohn und Nachfolger Abū Muḥammad 'Abdallāh (1188) siehe S. de Sacy, Piecès, S. 7-18 (M.L. de Mas-Latrie, Traités, Bd. 2, S. 109-115); vgl. auch den Vertrag Genuas mit den Mamluken von 1290: S. de Sacy, ebda., S. 33-52 (b. 'abd aẓ-Ẓāhir, Tašrīf, S. 166-169), vgl. P.M. Holt, Treaty with Genua, S. 101-108.

101 M.L. de Mas-Latrie, Traités, Supplement, S. 70-72, 73-76 (aiyūbidische Privilegien für Venedig aus den Jahren 1205-1218 und 1238), 81-87 (drei mamlukische Privilegien für Venedig von 1205-1218 und 1302). Auch die byzantinischen Kaiser kleideten die Verträge oft in die Form eines Privilegs, vgl. z.B. den als Chrysobulle gestalteten Vertrag des Manuel Komnenos mit Genua von 1169 bei G. Bertolotto, Nuova Serie di Documenti, III, S. 352-364.

tener *mutāraka* und *muwāṣafa*. Eine einheitliche Sprachregelung läßt sich in aller Regel weder bei den fränkischen noch den arabischen Autoren feststellen, und ebensowenig wird die Terminologie nach Rechtsqualität oder Geltungsdauer der Verträge differenziert verwendet: Die Koalition der fränkischen Staaten Syriens mit Ṭuġtegīn von Damaskus gegen die türkische Koalitionsarmee unter Borsuq b. Borsuq von 1115 z.B. nennt Fulcher von Chartres *pax* und Galter Cancellarius *foedus amicitiae*, danach spricht er von *simulata pax* und *conventio*, während Albert von Aachen ganz einfach erwähnt, Ṭuġtegīn sei König Balduin I. *fide alligatus* gewesen [102]. Wilhelm von Tyrus (um 1130-1186, also kein Zeitgenosse) spricht von einer *pax ad certum tempus* unter Eidesleistung und Geiselstellung, gebraucht aber auch den Ausdruck *foedus* [103]. Ähnlich verhält es sich in den islamischen Quellen: Der Vertrag zwischen König Amalrich und Ibn al-Muqaddam, dem Führer der nach dem Tode des Nūr ad-Dīn in Damaskus herrschenden Gruppe, heißt bei Ibn al-Aṯīr (555-630 a.h./ 1160-1233) *hudna*, der Chronist benutzt zur Charakterisierung des Vertragsabschlusses aber die Verbalform *ṣālaḥa* (einen *ṣulḥ* (=Friedensvertrag) machen) und nicht *hādana* (eine *hudna*, (= Waffenstillstand) schließen) [104]. Die Bedeutungen der verschiedenen denkbaren Möglichkeiten, einen Vertragsabschluß zu bezeichnen, erschienen den Historiographen als so identisch, daß die Verwendung und Nichtverwendung bestimmter Begriffe mehr als Frage des Stilempfindens denn als Ausdruck rechtlicher Implikationen gewertet werden muß. Der Vertrag zwischen Graf Raimund III. von Tripolis (als Jerusalemer Regent) und Saladin von 1175 wird in einer arabischen Quelle beispielsweise in kurzer Reihenfolge hintereinander mit folgenden Termini beschrieben: „Sie neigten dem Frieden zu" (*ǧanaḥū li-'s-silm*), *hudna* (Waffenstillstandsvertrag), *muṣālaḥa* (bilateraler Friedensvertrag) und wieder *hudna* [105]. Die Beispiele ließen sich fast beliebig vermehren.

Aus der in den Quellen verwendeten Begrifflichkeit dürfen daher besser keine zu weitreichenden Schlüsse auf den Rechtscharakter gezogen werden. Mit einiger Vorsicht läßt sich sagen, daß sich in den lateini-

---

[102] Fulcher Carnot., II, LIII, 2, S. 582; Galter Canc., I, II, 5-6, S. 66-67; Albert v. Aachen, XII, XIX, S. 701.

[103] Wilhelm v. Tyrus, XI, XXIII, S. 492-493.

[104] b. al-Aṯīr, Kāmil, Bd. 11, S. 408. al-Kātib al-Iṣfahānī bei al-Bundārī, S. 33, spricht von *hudna*; Wilhelm v. Tyrus, XX, XXXI, S. 1000-1001, von *pax temporalis*.

[105] al-Bundārī, S. 90.

schen Quellen zum ersten Kreuzzug und den Jahren der Etablierung der fränkischen Staaten im Vorderen Orient eher „neutrale“ Ausdrücke wie *pactum* und *foedus* oder, besonders bei Albert von Aachen, der römischrechtliche Terminus *amicitia* finden, während Wilhelm von Tyrus mehr von *pax*, *pax temporalis*, *treuga* bzw. altfranzösisch *trives* spricht. Die Rechtsqualität, die sich hinter derartigen Worten verbirgt, unterlag einem ständigen Wandel; auch aus diesem Grund kann allein ausgehend von dem in der jeweiligen Quelle genannten Begriff nichts Genaues über Art und Umstände des entsprechenden Vertragsabschlusses gesagt werden. M. Wielers hat etwa festgestellt, daß *pax* und *induciae* im Frühmittelalter weitgehend als Synonyma verwendet wurden, daß eine *pax perpetua* dagegen keineswegs auf ewig, sondern auf Lebenszeit der Partner bzw. bis auf weiteres vereinbart wurde [106]. Eine schärfere Unterscheidung zwischen *pax* als unbegrenztem und *treuga* als befristetem Frieden wurde auch in Europa erst im 13. Jahrhundert durchgehalten [107].

Was die Begrifflichkeit der arabischen Quellen betrifft, so ist es ebenfalls kaum möglich, die Kriterien herauszufinden, nach denen die Chronisten einen Vertrag als *ṣulḥ* oder vielleicht als *hudna* bezeichneten. Es fällt aber auf, daß in den erzählenden Quellen häufig, in den erhaltenen Vertragstexten sogar fast ausschließlich Termini benutzt werden, die grammatikalisch dem dritten Verbalstamm im Arabischen zugehören, der Reziprozität, in diesem Fall Bilateralität ausdrückt: z.B. *muwāda'a* (etwa: gegenseitige Sicherheitszusage), *mu'āqada* (gegenseitige vertragliche Einigung) oder *mu'āhada* (etwa: gegenseitige beeidete Vereinbarung). Al-Qalqašandī (756-821 a.h./1355-1418) bemerkt im *hudna*-Kapitel seines Kanzleihandbuches, das die Verträge mit nichtmuslimischen Mächten beschreibt, die Worte *muṣālaḥa*, *muwāda'a*, *musālama*, *muqāḍāh* und *muwāṣafa* seien substantiell synonyme Begriffe. Auch eine *hudna* — eigentlich eine von der stärkeren Partei der schwächeren gewährte Waffenruhe — sei in der Regel bilateral vereinbart [108]. Die vier Verträge, die in seinem Kanzleihandbuch wiedergegeben werden, sind alle formal bilaterale Abkommen, wenn die Vertragspartner an Macht auch völlig ungleich waren. Der prominente zeitgenössische ḥanafitische

---

[106] M. Wielers, Beziehungsformen, S. 4-5. Vgl. J. Fisch, Krieg, S. 349-352.

[107] J. Fisch, Krieg, S. 351-352. Vgl. L. Huberti, Studien zur Rechtsgeschichte der Gottesfrieden und Landfrieden, 1. Buch, Friedensordnungen in Frankreich, Ansbach 1892, S. 257-265 (auch zum *treuga*-Begriff allgemein).

[108] al-Qalqašandī, Bd. 14, S. 2-3.

Jurist al-Kāsāni vertrat sogar die Meinung, eine entsprechende Vereinbarung mit Nichtmuslimen habe nur Rechtskraft, wenn darin Begriffe wie *muwāda'a*, *musālama* und ähnlich erschienen [109]. In der Tat scheint diese Regel in den tradierten Verträgen — sowohl den bilateralen Übereinkünften muslimischer Herrscher mit europäischen Mächten als auch mit den fränkischen Herrschaften des Vorderen Orients — eingehalten worden zu sein. Unter den Chronisten ist es vor allem Ibn al-Qalānisī (465-555 a.h./1073-1160), welcher selber in der Verwaltung der unter den Būrīden bis 1154 selbständigen Herrschaft Damaskus beschäftigt war, der entsprechende Termini benutzt, wenn er über Abkommen mit den Franken berichtet [110].

Mit einiger Vorsicht läßt sich behaupten, daß die Abkommen zwischen Franken und Muslimen im Vorderen Orient, die den Charakter von Friedensverträgen hatten, meistens befristet waren, obwohl die Quellen nicht in jedem Fall davon sprechen und die Geltungsdauer angeben. Nur ein einziger Vertrag wird expressis verbis als zeitlich unbegrenzt bezeichnet: Wilhelm von Tyrus nennt die Allianz König Amalrichs I. mit den Fāṭimiden von 1167 *pacis ... perpetuae foedera* [111]. Auch die „Unterwerfung" (*subjectio*), die dem Königreich drei Jahre früher nach Angaben desselben Autors von dem Wesir Ḍirġām angeboten worden sein soll, wurden vom Chronisten als *subjectio perpetua* verbunden mit einem *foedus perenne* gekennzeichnet [112]. Da sich die Franken 1164 in der eindeutig stärkeren Position befanden, kann es sein, daß sie ihre Konzeption vom unbefristeten Vertrag durchzusetzen vermochten. Andere Quellen bestätigen Wilhelm von Tyrus nicht, widerlegen ihn aber auch nicht ausdrücklich. Aber auch für spätere Perioden, insbesondere aus dem 13. Jahrhundert, sind Handelsprivilegien und Verträge z.B. Ägyptens mit europäischen Vertragspartnern sowie marokkanisch-spanische Allianzen bekannt, deren Texte überliefert sind und die keine zeitliche Begrenzung enthalten [113]. Gleiches gilt auch für den in einer arabischen Fassung erhaltenen Friedensvertrag, der den Kreuzzug Ludwigs des

[109] H. Kruse, Völkerrechtslehre, S. 99. Kruse hat die Aussagen des al-Kāsānī zur *muwāda'a* ausführlich analysiert, so daß die Quelle selbst hier nicht noch einmal herangezogen werden muß.

[110] Z.B. b. al-Qalānisī, S. 174, 202, 304, 336.

[111] Wilhelm v. Tyrus, XIX, XVII, S. 909.

[112] Ebda., VI, S. 892. Vgl. auch oben S. 246-249.

[113] Vgl. den Überblick bei J. Fisch, Krieg, S. 374 und 377.

Heiligen 1270 nach Tunis beendete [114]. Es ist also denkbar, daß auch die Bündnisse oder Eventualallianzen zwischen Jerusalem und Damaskus ab 1140 oder mit Ägypten ab 1163/1164 zeitlich unlimitiert waren. Definitive Aussagen lassen sich auf Grund der Quellenlage darüber nicht machen.

Im islamischen Recht ist die Befristung von Abkommen mit Nichtmuslimen, die sich nicht islamischer Herrschaft unterordnen, bekanntlich grundsätzlich Conditio sine qua non. Im allgemeinen sollen, jedenfalls nach šāfi'ītischer Lehrmeinung, solche Waffenruheabkommen, wenn die Muslime die stärkere Partei sind, nicht vier Monate, wenn sie schwächer sind, nicht zehn Jahre überschreiten; auch al-Qalqašandī beruft sich auf diese Vorschrift [115]. Die jeweilige Geltungsdauer der Verträge, die in den Quellen mitgeteilt wird, hält sich meist einigermaßen in dem vom Recht vorgegebenen Zehnjahreszeitrahmen und unterscheidet sich damit deutlich von den inhaltlich als Handelsverträge zu bezeichnenden Abkommen der muslimischen Herrscher Nordafrikas mit den europäischen Handelsmächten. In ihrem Fall stellen zehn Jahre Frist eher die untere Grenze dar [116]. Von befristeten Verträgen, die länger als zehn Jahre oder — wie in den mamlukisch-fränkischen Verträgen zehn Jahre, zehn Monte, zehn Tage, zehn Stunden — laufen sollten, ist in den Quellen für den Vorderen Orient bis auf einen Fall nicht die Rede: Das Abkommen zwischen Ludwig dem Heiligen und Ägypten gegen Damaskus von 1252 soll einem westlichen Bericht nach auf fünfzehn Jahre abgeschlossen worden sein — arabische Quellen dazu gibt es nicht [117]. Häufig läßt sich feststellen, daß befristete Verträge um Ostern oder im Herbst ausliefen. Begründungen dafür geben die Quellen nicht. Es ist nur zu vermuten, daß diese Termine im Zusammenhang mit den Saisons der Schiffspassagen der europäischen Pilger und Kaufleute nach und von Syrien standen. Vielleicht spielten auch die Ernte- und Saatzeiten bei der Bemessung der Vertragsfristen eine Rolle.

Der Umstand, daß dem islamischen Recht gemäß Friedens- und Waffenruheabkommen mit Nichtmuslimen nur auf Zeit abgeschlossen werden dürfen und zahlreiche fränkisch-muslimische Vereinbarungen dieser Vorschrift folgen, hat dazu geführt, daß die Meinung vertreten wurde,

---

[114] Mit französischer Übersetzung bei S. de Sacy, Mémoire sur le traité, S. 463-471.

[115] M. Khaddūrī, War, S. 219-221; H. Kruse, Völkerrechtslehre, S. 106-107; al-Qalqašandī, Bd. 14, S. 8.

[116] J. Fisch, Krieg, S. 374-376.

[117] Matthaeus Parisiensis, Chronica majora, Bd. 5, S. 307; ebda., Bd. 6, S. 205-207.

Frieden habe es zwischen Franken und Muslimen nicht gegeben, höchstens prekäre Waffenstillstandszustände [118]. Schon aus rechtstheoretischer Sicht ist diese vom Kreuzzugsgedanken und der „Gegenkreuzzugstheorie" geprägte Ansicht jedoch in Frage zu stellen. Auch der befristete Friede ist, wie der lateinische Terminus *pax temporalis/ad certum tempus* es treffend ausdrückt, ein vollgültiger Friede, wenn auch von beschränkter Dauer. Auch die islamische *muwāda'a* konstituiert mehr als einen Waffenstillstand: Sie ist ein Sicherheitsvertrag, eine gegenseitige Sicherheitszusage zwischen Muslimen und Nichtmuslimen. Durch sie „erkennen sich islamischer und ungläubiger Staat wechselseitig als bestehend und selbständig an und regeln für die Zeit der Vertragsdauer ihre Beziehungen auf der Basis friedlichen Nebeneinanderstehens" [119].

Diese Definition macht verständlich, daß Gesten der Anerkennung fränkischer Herrschaft wie die Verleihung von Ehrenkleidern, Gratulations- und Kondolenzschreiben oder die Verwendung von Ehrentiteln für fränkische Herrscher in der Korrespondenz — wie sie durch das ganze 12. und 13. Jahrhundert zu finden sind — auch islamischerseits nicht allein machtpolitisch bedingt waren und sich nicht in einem völlig rechtsfreien Raum abspielten. Daß der befristete Vertrag zum Hauptinstrument für die Regelung friedlicher Beziehungen im Vorderen Orient wurde, bedeutet im übrigen nicht, daß diese Beziehungen deswegen grundsätzlich labiler und unsicherer gewesen seien als diejenigen islamischer oder christlicher Staaten und Herrschaften untereinander. Die Pax islamica, die unter den Muslimen herrschen sollte, war nicht erst im 12. Jahrhundert eine bloße Fiktion der Rechtstheorie. Es ist bezeichnend, daß sich der Kanzleipraktiker al-Qalqašandī in seinem Handbuch sehr ausführlich den Sicherheitszusagen (*amānāt*) von Muslimen an Muslime widmet, die, wie er selber konzediert, theoretisch gar nicht erforderlich seien [120]. Im zweiten Teil seines Vertrags (*hudan*) - Kapitels beschäftigt er sich mit Friedensverträgen zwischen Muslimen, und es ist kein Zufall, daß diese Abkommen z.T. dieselben Bezeichnungen tragen wie die zwischen Muslimen und Nichtmuslimen: *ṣulḥ*, *muwāṣafa* oder *'aqd*. In ihnen fehlt zwar die zeitliche Begrenzung, in praxi waren diese Abkommen aber genauso kurz- oder langlebig wie die zwischen Franken und Muslimen. Existierte ein entsprechendes politisches Interes-

---

118 So bes. J.S.C. Riley-Smith, Peace, S. 87-102.

119 H. Kruse, Völkerrechtslehre, S. 82 nach al-Kāsānī. Vgl. auch ebda., S. 88.

120 al-Qalqašandī, Bd. 13, S. 329-352 (*amānāt li-ahl al-Islām*).

se, so konnten längerfristige Perioden des friedlichen Nebeneinanders durch die Verlängerung auslaufender oder durch den Tod eines Vertragspartners beendeter Verträge (soweit die Abkommen nicht transpersonal abgeschlossen wurden) ebenso gut organisiert werden wie durch unlimitierte Abkommen. Die Phasen fränkisch-islamischer Bündnisse im 12. Jahrhundert oder der „levantinische Friede" in der ersten Hälfte des 13. Jahrhunderts sind dafür der beste Beleg. Abschlüsse über zehn Jahre, die im 13. Jahrhundert die Regel waren, kommen in ihrer faktischen Wirkung unbegrenzten Friedensverträgen schon sehr nahe. Denn angesichts der sich rasch verändernden Kräftekonstellationen und der wechselnden Zusammensetzung der politisch handelnden Eliten in muslimischen und fränkischen Staaten muß eine Dekade bereits als langfristiger, unüberschaubarer Zeitraum betrachtet werden. An dieser Stelle sei lediglich darauf hingewiesen, daß der befristete oder nach dem Tod eines Vertragspartners erneuerungsbedürftige Vertrag im 12. und noch im 13. Jahrhundert auch im europäischen Abendland die Regel war, besonders bei den Abkommen zwischen den Königreichen England und Frankreich [121]. Daß innerhalb der Rechtskreise — Respublica christiana und *dār al-Islām* — der Theorie nach ein Vertragsabschluß der Wiederherstellung des Friedens (*pacem renovare*) diente [122], während er zwischen beiden Sphären (zumindest aus islamischer Sicht) den Krieg nur unterbrach, war für die Praxis ohne Belang.

Aus den erzählenden Quellen läßt sich verhältnismäßig wenig über die Modalitäten fränkisch-muslimischer Vereinbarungen erfahren. Sofern sie überhaupt Näheres über die Art und Weise des Vertragsabschlusses mitteilen, so ist im 12. wie im 13. Jahrhundert durchgängig von der Abfassung schriftlicher Vertragsinstrumente, von Eid und/oder Handschlag sowie gelegentlich von Geiselstellung die Rede.

Sowohl nach westlicher wie nach islamischer Vorstellung war der Eid der Partner und unter Umständen auch der Zeugen konstitutiv für den Vertragsabschluß; die Schriftfassung der Abmachungen hatte eher den Charakter einer Aide-Mémoire, war selber aber ohne Beweiskraft [123].

---

[121] Vgl. z.B. K. Norgate, Richard, S. 323-324; Zahlreiche entsprechende *treuga*-Texte enthält die Sammlung von J. Dumont, Corps, Bd. 1, z.B. Nr. CCCLII, S. 182-183; CCCXV, S. 166-167; CCXVIII, S. 160; CCCLXVIII, S. 197. Die Verträge sind meist auf vier bis fünf Jahre befristet.

[122] J. Fisch, Krieg, S. 289.

[123] F.-L. Ganshof, Histoire des relations internationales, publ. sous la direction de P. Renourin, Le Moyen Age, Paris 1953, S. 130-131; H. Kruse, Völkerrechtslehre, S. 138-141. Der Koran (Sure 2, 282) gebietet die Schriftlichkeit von Verträgen auf Zeit, diese Vor-

Dafür, daß die Vereinbarungen niedergeschrieben wurden, gibt es eine ganze Reihe von Beispielen[124]. Dies gilt nicht nur für bilaterale Verträge, sondern auch für die Zusage freien Geleits (*amān*) bei Auslieferungen von Ortschaften. Saladins Sekretär al-Kātib al-Iṣfahānī berichtet z.B., wie er 1187 gezwungen war, den *amān* für Beirut, obwohl er krank war, persönlich abzufassen, weil die Beiruter abgelehnt hatten, die weniger korrekt und kunstvoll redigierten Entwürfe der anderen Schreiber zu akzeptieren[125]. Nirgends aber erfährt man über Andeutungen hinaus etwas über Sprache, Anzahl der Ausfertigungen oder Vertragsformulare. Al-Qalqašandī (756-821 a.h./1355-1418) schickt dem Abschnitt seines Kanzleihandbuches, das bilateralen Verträgen zwischen Muslimen und Nichtmuslimen gewidmet ist, allerdings einige Bemerkungen voraus, die in dieser Hinsicht sehr hilfreich sind: Zuerst stellt er, obwohl jeder Vertrag andere Dinge regele, Themen zusammen, die typischerweise in solchen Abkommen behandelt werden. Darauf faßt er zusammen, was der Kanzleibeamte an Formalien zu beachten hat. An anderer Stelle entwirft er dann das Musterprotokoll eines entsprechenden Abkommens. Typische Vertragsinhalte sind etwa die

— Vereinbarung von Freundschaft für die Freunde des Vertragspartners, Feindschaft für dessen Feinde;
— keine Abmachungen mit Gegnern des Partners zu treffen,
— Vertragsbrecher zu ergreifen;
— das Gebiet des Partners weder offen noch insgeheim mit Feindseligkeiten zu überziehen;
— Gefangene freizulassen und mit ihrer Habe oder ihrem Gefolge die Rückkehr zu gestatten;
— die Festlegung von Jahrgeldern, Auslieferung von Orten oder Burgen (als Pfand);
— Reisefreiheit und Sicherheit für Händler und Reisende;

---

schrift wurde in der Jurisprudenz aber nicht immer beachtet. Nach al-Kāsānī (Kruse, S. 140) ist das Unterlassen der Schriftform Sünde (*ğunāḥ*).

[124] Für viele Belege: Albert v. Aachen, V, IX, S. 438 (ad 1098); b. al-Qalānisī, S. 336 (ad 1154): *kutibat al-muwāṣafa*; Wilhelm v. Tyrus, XVI, VIII, S. 715 (ad 1147): *pactis redactis*; vgl. auch XV, VIII, S. 669; Ambroise, V. 11793, Sp. 316 (ad 1192): *E ensi fu la triuue escrite*; Oliver Scholasticus, 79, S. 275 (ad 1221): *conditionibus ... compositis confecta sunt ... pactorum instrumenta*. Jean de Joinville, XCIX, S. 280 (ad 1252?): *convenaces en escrit*.

[125] al Kātib al-Iṣfahānī, Fatḥ, S. 40: einer der fränkischen Führer verlangte danach etwas Schriftliches (*miṯāl*). Der *aman* wird hier auch als „Sicherheitsvertrag" (*fi 'aqd al-amn*) charakterisiert. Weitere Beispiele gibt es genug.

— die Verpflichtung zur völligen Einhaltung der Abkommen bis zum Fristende;
— die Pflicht, vor Fristablauf bekanntzugeben, ob der Vertrag verlängert werden soll oder nicht;
— die Zusicherung freien Geleits für Untertanen des Partners, um nach Ablauf des Vertrages sicher in das eigene Gebiet zurückkehren zu können;
— die Festlegung der auszuliefernden Burgen, Orte bzw. der Geldleistungen [126].

Unter den zahlreichen Formalien, die vom Kanzleischreiber zu berücksichtigen sind, ist für unsere Fragestellung besonders die Bestimmung wichtig, daß bei Verträgen mit Nichtmuslimen die Befristung des Abkommens in Sonnenjahren ausgedrückt und erst dann in die Lunarjahre des islamischen Kalenders umgerechnet wird. Tatsächlich enthalten alle entsprechenden Verträge auch eine doppelte Datierung, nach z.B. julianischem und Hiğra-Kalender. Bedeutsam ist weiterhin, daß der Beamte auf korrekten Schrifttypus und Format ebenso zu achten hat wie auf die Nennung der vertragschließenden Herrscher im Eingangsprotokoll. Auch muß in einer Narratio die Vorgeschichte des Abschlusses erwähnt werden. Protokollarische Fragen bezüglich der Titulierung der Herrscher werden besprochen, besonders wichtig aber ist es, darauf zu achten, daß keine aus der Sicht der *šarī'a* ungültigen Vereinbarungen getroffen werden. Es muß erklärt werden, ob der Vertrag zwischen dem Herrscher persönlich oder durch Bevollmächtigte geschlossen wird. Die Korrobationsmittel müssen erwähnt werden. Läßt sich der vertragschliessende Partner vertreten, soll das Credenziale seines Gesandten beschrieben werden (Unterschrift, Besiegelung). Zum Procedere bei Vertretung einer der beiden Seiten durch Gesandte äußert sich al-Qalqašandī insgesamt ausführlicher. So muß beispielsweise erwähnt werden, daß der Repräsentant die getroffenen Abmachungen für sich und seinen Auftraggeber freiwillig als von Nutzen (*maṣlaḥa*) betrachtet und daß ihm die Klauseln nacheinander vorgetragen und — versteht er kein Arabisch — übersetzt worden seien. In einer Corroboratio müssen ferner die Eide angesprochen werden. Persönlich anwesende Könige schwören selber, ist nur einer der Könige selber dabei, so wird sein Eid niedergeschrieben, vermutlich um ihn später dem Partner vorzulegen, wenn dessen Eid von Gesandten „eingeholt“ wird. Unerläßlich ist schließlich, das Datum arabisch und in der Datierungsweise des Vertragspartners wieder-

[126] al-Qalqašandī, Bd. 14, S. 9-11. Seine Zusammenstellung ist recht unsystematisch.

gegeben. Jeder König verpflichtet einige seiner Würdenträger (*ahl ad-daula*) als Eidhelfer und Zeugen [127].

Bevor al-Qalqašandī die Abschriften von vier mamlukisch-fränkischen Abkommen wiedergibt, entwirft er einen „typischen" bilateralen Vertrag mit einer nichtmuslimischen Macht. Dieses Muster ist deswegen besonders interessant, weil es nicht theoretisch entwickelt wurde, sondern dem Vorbild der tatsächlich abgeschlossenen und erhaltenen Verträge folgt. Ein solches Abkommen hat Eingangsprotokoll, Kontext und Eschatokoll zu enthalten. Das Protokoll besteht aus:

— der Basmala („im Namen Gottes, des Barmherzigen und sich Erbarmenden")

— der Eingangsformel: „Dieses ist ein Waffenstillstandsvertrag, der etabliert wird zwischen Sultan NN. und Sultan NN. ...(*hāḏihī hudnatun istaqarrat baina 's-sulṭān fulān wa-'s-sulṭān fulān...*),

— der darauffolgenden Erklärung, daß jeder der Partner sich gegenüber dem anderen zur Erfüllung des Vertrages und der Befristung verpflichtet entsprechend dem, was der beidseitige Nutzen (*maṣlaḥa*) erfordert, daß ehrgeizige Hoffnungen aufgegeben werden etc., daß beiden Seiten betreffs der Vertragserfüllung eine eidliche Verpflichtung Gott gegenüber (*'ahd allāh*) obliegt,

— dann kommt die Geltungsdauer des Abkommens.

Schon zur Dispositio zu rechnen ist die Bestimmung der

— Einstellung aller Kampfhandlungen, und der

— Nutzung der inbegriffenen Territorien beider Parteien zusammen mit einer Sicherheitszusage für alle ihre Einwohner (zu Land und zu See) und die darin befindlichen Liegenschaften.

Danach werden Verpflichtungen des Vertragspartners aufgeführt, etwa

— finanzielle Leistungen,

— Gebietsabtretungen,

— Kriegsdienste oder anderes.

Abgeschlossen wird dieser Teil von einer neuerlichen Verpflichtung beider Partner zur Erfüllung der genannten Klauseln. In einer Kombination von Sanctio und Corroboratio wird Gott zum Zeugen der Verpflichtung angerufen, wobei die Eide gemäß den Auflagen der Religion jeder der beiden Partner zu leisten sind. Es folgt die Nennung der Zeugen, dann eine Aussage über die Einrichtung von Kondominien (*munāṣafāt*). In einem Nachsatz erscheinen weitere substantiell zur Dispositio gehörige Bestimmungen:

---

[127] Ebda., S. 11-15. Die Bestimmungen sind insgesamt umfangreicher als die hier wiedergegebenen Auszüge.

— Jede Seite hat die Pflicht, die ihr benachbarten Gebiete und Untertanen (des Partners) zu schützen.
— Rechtsfragen mit ihnen werden nach Maßgabe der *šarī'a* behandelt,
— Flüchtlinge werden zurückgeführt,
— Diebesgut oder Beute werden restituiert.

Damit endet die schriftliche Ausfertigung. Abschließend muß sie Punkt für Punkt vorgelesen werden [128].

Dieses Formular — obwohl etwas ungeordnet und im arabischen Original durch die Verwendung des stilistischen Elements der Reimprosa (*sağ'*) voller Tautologien — erlaubt es, sich ein Bild vom Aufbau eines fränkisch-muslimischen Vertrages zu machen. Die erhaltenen und von P.M. Holt ausführlich analysierten Verträge [129] aus der frühen Mamlukenzeit (2. Hälfte des 13. Jahrhunderts) sind alle ungefähr nach diesem Muster aufgebaut, wobei die Inhalte des Nachsatzes von al-Qalqašandī in ihnen zur Dispositio im Zentrum des Vertrages gehören. Über das zitierte Vertragsmuster hinaus enthalten die tradierten Vertragsabschriften an abschließender Position oder an erster Stelle noch vor der Basmala die Unterschrift (*ṭuġra*) des Mamlukensultans bzw. dessen Herrschaftszeichen und das Datum [130].

Wieviele Vertragsoriginale verfaßt wurden, ob es neben dem arabischen auch ein lateinisches oder „fränkisches" Original gab oder auch zwischen Mamluken und Franken bilinguale Vertragsinstrumente — interlinear zweisprachig oder auf der einen Pergamentseite in Arabisch, auf der anderen in einer europäischen Sprache — geschrieben wurden, ist nicht bekannt. In der spanischen Vertragspraxis hat es derartiges ebenso wie bei den nordafrikanisch-italienischen „Handelsverträgen" gegeben [131]. Es ist denkbar, daß die Abkommen im Vorderen Orient lediglich in Arabisch niedergeschrieben wurden. Jedenfalls fällt auf, daß in den erzählenden Quellen, wenn überhaupt etwas über die Vertragsver-

---

128 Ebda., S. 29-31.

129 Vgl. bes. P.M. Holt, Treaties, S. 67-76. Vgl. auch Einführung S. III, Anm. 7. Eine detaillierte Untersuchung dieser Abkommen erübrigt sich an dieser Stelle daher.

130 Nach al-Kāsānī (1. Hälfte des 12. Jahrhunderts) ist die Datumsangabe am Ende des Vertrages unerläßlich, vgl. H. Kruse, Völkerrechtslehre, S. 144-145. Die Vertragsformulare, die er (ebda., S. 147 und 149) gibt, entsprechen dem hier zitierten prinzipiell, sind aber weniger ausführlich.

131 Vgl. z. B. R.I. Burns, How to End a Crusade: Techniques for Making Peace in the Thirteenth-Century Kingdom of Valencia, in: ders., Moors and Crusaders in Mediterranean Spain, London 1978, Nr. IV, S. 1-15, hier S. 7-9; M.L. de Mas-Latrie, Traités, Bd. 1, S. 270-282. Dort (S. 275-290) sind auch die Usancen bei der Redation der von Mas-Latrie gesammelten Verträge zusammengefaßt.

handlungen berichtet wird, beinahe stets davon die Rede ist, die fränkischen Gesandten seien arabophon gewesen. Beispiele dafür sind Bernhard Vacher, der 1147 nach Damaskus ging, der Schreiber Georges, der 1147 nach Ägypten geschickt wurde, Māǧid, den Raimund III. von Tripolis 1175 zu Saladin sandte, ebenso wie die Unterhändler von 1191/1192: Humfred IV. von Toron, Rainald von Sidon, Balian von Neapolis oder der Kämmerer (*ḥāǧib*) Yūsuf. Ch. Clermont-Ganneau ist bei seiner Untersuchung der beiden arabisch überlieferten Urkunden, die Julian von Sidon und Humfred von Montfort-Beirut 1255 bzw. 1280 für die Buḥturidenemire des libanesischen Ġarb ausfertigen ließ, zu dem Schluß gekommen, daß es sich bei den beiden von ihm analysierten, literarisch überlieferten Dokumenten vermutlịch um Originale, nicht nur um spätere Übersetzungen fränkischer Urkunden handelt [132]. Die Ämter des *scriba* und des *dragomannus* in den fränkischen Herrschaften wurden in der Regel von orientalischen Christen besetzt; und es ist — wie gezeigt werden konnte — wahrscheinlich, daß wenigstens in Jerusalem in der könglichen Kanzlei eine „arabische Abteilung" existierte [133]. Man kann aus diesem Grund vermuten, daß die Mehrzahl der fränkisch-muslimischen Abkommen in Arabisch abgefaßt wurde.

In diesem Zusammenhang läßt es aufmerken, daß sowohl die überlieferten Verträge als auch die beiden erwähnten Urkunden für die Buḥturiden nach Hiǧra- und seleukidischer Ära datieren. Die julianische Datierung fand in der ägyptischen Staatskanzlei ebenfalls Anwendung, allerdings lediglich bei Verträgen mit europäischen Mächten. Ein Beispiel dafür ist der Vertrag zwischen Sultan Qalāwūn (1280-1290) und Genua, der auch deswegen interessant ist, weil er in einer interlinear arabisch-„fränkischen" Fassung geschrieben wurde und die Eide der Genuesen vor dem koptischen Bischof von Kairo abgelegt wurden — wofür es bei den Verträgen zwischen fränkischen Staaten des Vorderen Orients und den Mamluken kein Exempel gibt. In diesem Vertrag finden sich sowohl die julianische als auch die vom Bischof benutzte byzantinische Ära und schließlich, vor dem Hinweis, daß der Vertrag zuerst in „fränkisch" abgefaßt wurde, die Jahreszahl nach Hiǧra-Zählung [134]. Daß bei den Abkommen zwischen den Muslimen und den in der Folge

---

[132] Ch. Clermont-Ganneau, Deux chartes, S. 14-15. Vielleicht waren die arabischen Urkunden Zweitversionen mit gleicher Rechtskraft wie die etwaigen (nicht erhaltenen) lateinischen oder altfranzösischen Urkunden.

[133] Vgl. oben S. 274 mit Anm. 200. Vgl. Ch.Clermont-Ganneau, ebda., S. 15-16. Zu den Ämtern: J.S.C. Riley-Smith, Lesser Officials, S. 15-26; ders., Feudal Nobility, S. 53-58.

[134] Vgl. S. de Sacy, Pièces, S. 33-52, bes. S. 44-45; b. ʿabd aẓ-Ẓāhir, Tašrīf, S. 166-169, bes. S. 167-168. Vgl. P.M. Holt, Treaty with Genua, S. 107-108. Seleukidische Datie-

des ersten Kreuzzugs gegründeten Staaten statt der in Europa üblichen julianischen Ära nach der christlich-orientalischen seleukidischen datiert wurde, zeigt, welchen Einfluß das christlich-orientalische, arabophone Verwaltungspersonal der Franken auf die Gestaltung der Vertragsmodalitäten hatte. Anscheinend setzte sich deren Datierungs- und Kanzleipraxis durch, auch wenn die Chefunterhändler selber fränkischer Herkunft waren. Al-Qalqašandī berichtet über den Verhandlungsmodus, mit dem die von ihm zitierten Verträge ausgehandelt wurden, man habe sich nacheinander Klausel auf Klausel geeinigt und den entsprechenden Paragraphen denn niedergeschrieben. Die Verträge seien vielleicht deshalb so wenig kunstvoll abgefaßt, weil die Franken ihrer schlechten Arabischkenntnisse wegen nur diesen Kladdentext, nicht aber die später angefertigte kunstvolle Überarbeitung akzeptiert haben mögen [135] .

Arabisch war demnach in der zweiten Hälfte des 13. Jahrhunderts Verhandlungs- und Vertragsprache. Da genaue Angaben aber erst aus der Spätzeit fränkisch-muslimischer Vertragstechnik bekannt sind, muß offen bleiben, welcher Vertragssprache man sich in den früheren Perioden bediente, in denen die Franken die stärkere Partei darstellten, und welche Gestalt die Abkommen damals hatten. Spielte auf dem ersten Kreuzzug das Griechische etwa eine Rolle? Die Mitteilung Wilhelms von Tyrus (um 1130-1186), daß die fränkischen Gesandten dem Fāṭimidenkalifen 1167 den zu leistenden Eid Silbe für Silbe vorgesprochen hätten, läßt darauf schließen, daß der Kalif al-ʿĀḍid damals einen lateinischen oder französischen Eid schwören mußte [136]. Arabisch scheint also nicht zu allen Zeiten die Vertragssprache gewesen zu sein.

Es ist hier nicht der Ort, nochmals über typische Vertragsinhalte zu handeln. P.M. Holt hat bei seiner Analyse der mamlukisch-fränkischen Verträge die Sachfragen genannt, die in der Mehrzahl der Abkommen angesprochen wurden, unter anderem das Vorgehen beim Handel mit sogenannten „verbotenen Waren" (*mamnūʿāt*) — Konterbande wie Waffen, Holz oder auch Pferde also —, Jurisdiktionskompetenz, Wergeldbestimmungen, Bußleistungen bei Diebstahl und Mord, wenn Täter und Raubgut entdeckt wurden oder nicht, Regelungen über die Freizügigkeit für Händler und Reisende, Auslieferung von Flüchtlingen oder Absprachen über das Aufenthaltsrecht der Bauern unter fränkischer oder islamischer Herrschaft [137]. Obwohl jede Übereinkunft naturgemäß ande-

---

rungen scheinen auch die Verträge von 1188 und 1192 (Saladin-Bohemund III. bzw. Saladin-Richard Löwenherz) enthalten zu haben, vgl. b. Wāṣil, Bd. 2, S. 270 und 404.

135 al-Qalqašandī, Bd. 14, S. 70-71.

136 Wilhelm v. Tyrus, XIX, XIX, S. 913.

137 P.M. Holt, Treaties, S. 71-75.

re Probleme zum Inhalt hatte, gibt es doch eine Reihe von Stipulationen, die offenbar fast traditionell zum Kader fränkisch-islamischer Vertragsbestimmungen zu zählen sind. Dazu gehören neben den Regelungen für Kondominien (*munāṣafāt*), die im folgenden Abschnitt noch anzusprechen sein werden, auch die *Suspensionsklausel*, die sich von 1177 bis 1271 immer wieder in den Verträgen findet. Das Abkommen des Sultans Qalāwūn mit dem Königreich Jerusalem (Accon/ʻAkkā) von 1283 enthält eine modifizierte *Suspensionsklausel:* Die Franken müssen den Sultan zwei Monate vor dem Eintreffen eines Kreuzzuges informieren. Nur im Falle fristgerechter Information werden sie bei Ankunft der Kreuzfahrer nicht mehr durch ihren Eid auf den Vertrag gebunden [138]. Ebenfalls häufiger (erstmals 1177) begegnet man dem Verbot der Neuanlage von Bauten und Befestigungen. Bekanntestes Beispiel dafür ist die Diskussion darüber, ob Kaiser Friedrich II. 1229 das Recht eingeräumt wurde, das wiedergewonnene Jerusalem zu befestigen — wie er selber meinte — oder nicht — wie es die islamischen Quellen, der Papst und seine guelfischen Gegner im Orient behaupteten. In einem Brief kommentierte Friedrich die angebliche Erlaubnis, Jerusalem und andere Orte neu befestigen zu dürfen, mit den Worten: *quod nullo unquam treugarum tempore permissum extitit christianis* [139]. Ein Befestigungsverbot scheinen die Friedensverträge also häufig beinhaltet zu haben.

Abschließend ist es nötig, auf die Korrobations- und Ratifikationsmittel zu sprechen zu kommen, die in den fränkisch-muslimischen Verträgen eine Rolle spielten.

Zur Vertragssicherung dienten, nicht anders als in Europa auch, Eid, Handschlag und Geiseln. Kaum etwas hören wir von der Besiegelung oder Paraphierung der Verträge, die aber ähnlich wie in Spanien die Regel gewesen sein dürften [140]. Von Geiselstellung ist in den fränkisch-islamischen Beziehungen seit dem ersten Kreuzzug immer wieder zu hören. Meistens werden Geiseln aber im Zusammenhang mit Geldzahlungen oder Auslieferungen genannt, die noch zu leisten sind. Es scheint, daß

---

138 al-Qalqašandī, Bd. 14, S. 60. Zur Suspensionsklausel vgl. S. 299ff und S. 361, Anm. 535.

139 Historia diplomatica Friderici secundi, ed. Huillard-Bréholles, Bd. 3, S. 97. Zur Diskussion um das Bauverbot oder die Erlaubnis zum Bau, vgl. ebda., nach S. 92 und 137. Den Muslimen sollen, Friedrich zufolge, die Neuanlage von Befestigungen verboten worden sein. Zu 1177: vgl. oben S. 299ff. Zu Neubauverboten in den Verträgen mit den Mamluken vgl. P.M. Holt, Treaties, S. 72, und exemplarisch al-Qalqašandī, Bd. 14, S. 49 (ad 1272).

140 F.-L. Ganshof, Histoire, S. 47. P.S. Wild, Sanctions and Treaty Enforcement, Cambridge, Mass. 1934, S. 83-101, faßt den Kanon der denkbaren Korrobationsmittel zusammen. Zu Besiegelung und Unterschrift in der aragonesischen Kanzleipraxis vgl. Alarcon y Santon, S. 36ff, 149ff, 217ff.

Geiseln nicht bei jedem Vertrag ausgetauscht oder einseitig gestellt wurden, sondern allein als Pfand für vertraglich vereinbarte Leistungen (vor allem finanzieller Art) zu dienen hatten. Üblich war etwa die Stellung von Geiseln bei Freilassung aus der Gefangenschaft, wenn das Lösegeld in Raten gezahlt wurde. Für die Geiselhaft mit dieser Funktion sind die Belege äußerst zahlreich; sie brauchen hier nicht nochmals wiederholt zu werden. In den Quellen ist über die Behandlung islamischer Geiseln ebensowenig zu erfahren wie über die Verwahrung von Vertragsabschriften, so daß es schwierig ist, sich ein Bild vom Rechtsstatus der Geiseln zu machen. Es wurde bereits erwähnt, daß das Jerusalemer Recht das „Einlager" der Königin und der Vasallen bei Gefangennahme des Königs nach dem Vorbild des europäischen Lehnrechts zur Pflicht machte. Darüberhinaus weiß man nur davon, d a ß Geiseln in den fränkisch-muslimischen Rechtsbeziehungen eine Rolle gespielt haben, nicht aber, w i e das Geiselrecht praktiziert wurde. Die von al-Qalqašandī überlieferten Verträge kennen Geiseln als Korrobationsmittel jedenfalls nicht.

Anders verhält es sich mit Handschlag und Eid. An zwei Stellen äussert sich al-Qalqašandī zur Funktion des Eides beim Vertragsabschluß. Danach ratifizierten die Vertragspartner den vereinbarten Text per Eid. Waren beide vertragschließenden Herrscher selber anwesend, so wurden die Eide dem Vertragstext als Annex hinzugefügt. Ließ sich einer der beiden durch einen beglaubigten Gesandten vertreten, so konnte genauso vorgegangen werden; es war aber auch möglich, den Eid niederzuschreiben und dem abwesenden Herrscher zur Unterschrift und Beglaubigung vorzulegen [141]. Tatsächlich ist in den Quellen von Eidesleistung beim Abschluß von Verträgen durchgängig die Rede. Es ist nicht ganz klar, in welchem Verhältnis dazu der Handschlag stand. Anscheinend sind beide Akte nicht immer voneinander zu trennen. Wenn in den lateinischen Quellen der Ausdruck *dext(e)ris datis* erscheint, muß damit im übrigen nicht automatisch gemeint sein, daß ein Abkommen wirklich per Handschlag besiegelt wurde, denn schon seit dem 9. Jahrhundert ist *dext(e)ris datis* terminologisch für „Vertrag schließen" gebraucht worden [142]. Ob hinter dem ebenso geläufigen *propria manu fimare* [143] ein

[141] al-Qalqašandī, Bd. 13, S. 314-315 und Bd. 14, S. 71.

[142] M. Wielers, Beziehungsformen, S. 10. Zu *dext(e)eris datis* in den Quellen zur Geschichte der Franken im Vorderen Orient vgl. z.B. Albert v. Aachen, III, XI, S. 346; V, VII, S. 437; IX, XXVIII, S. 606-607; IX, XXXVI, S. 612; XIII, S. 638; X, XIX, S. 640; XI, XIII, S. 668; Richard v. Devizes, De rebus Gestis Ricardi primi, ed. R. Howlett, S. 448 (Rolls Series, 82, 3).

[143] Z.B. Wilhelm v. Tyrus, XIX, XIX, S. 912 (ad 1167).

Handschlag steht, ein „körperlicher Eid“ oder ob damit immer wie 1221 am Ende des Damiette-Kreuzzugs die Berührung des Vertragsinstruments mit der Hand beim Schwur gemeint ist [144], läßt sich nicht recht entscheiden. Der islamische Eid, insbesondere der Huldigungseid (*bai'a*) gegenüber dem Kalifen, konnte jedenfalls in Form eines Handschlags vollzogen werden [145]. Ist daher zumindest gelegentlich in den Quellen eventuell ein Eid gemeint, wenn vom Handschlag die Rede ist?

Die Quellen berichten durchgängig von Eidesleistungen, wenn sie den Abschluß von Verträgen erwähnen. Der Eid galt als der für den Vertragsabschluß konstitutive Akt. Christen schworen dabei wie im Abendland auch auf die Evangelien oder das Kreuz; von Reliquieneiden hört man im Zusammenhang mit Verträgen mit Muslimen nichts. In einer Vielzahl von lateinischen Berichten wird als ganz selbtsverständlich erwähnt, daß die Muslime nach islamischer Art schworen: Peter der Eremit forderte 1098, Albert von Aachen zufolge, vor Antiochia/Anṭākiya von Kırbōġā einen Eid *tu in Deo Tuo*, während die Franken *in Deo suo* schwören wollten [146]. Rigord spricht ad 1192 von einem *juramentum legis sue* Saladins [147]; das *Itinerarium peregrinorum* charakterisiert einen anderen Eid Saladins mit den Worten: *ritu eorum confirmare securitate...* [148].

Die Beispiele ließen sich vermehren. Der Schwur auf Evangelien oder Evangelien und Kreuz zugleich war für die Christen im Königreich Jerusalem auch bei „internen“ Rechtsgeschäften, bei Treu- und Krönungseiden üblich [149], während Juden auf die Thora, Samariter auf den Pentateuch und Muslime auf den Koran zu schwören hatten [150]. Offensichtlich wurde i m Königreich Jerusalem von den Muslimen ein körperlicher Eid nach westlichem Vorbild verlangt, der statt auf ein Evangeliar auf ein

---

144 Vgl. Oliver Scholasticus, 79, S. 275 (ed. 1221): *Ponens ... manum dextram soldanus super cartam, cui subscripserat, iuravit ...*

145 Dazu besonders J. Pedersen, Der Eid bei den Semiten, in seinem Verhältnis zu verwandten Erscheinungen sowie die Stellung des Eides im Islam, Straßburg 1914 (Studien zur Geschichte und Kultur des islamischen Orients, 3), S. 24, 56-62.

146 Albert v. Aachen, IV, XLV, S. 420.

147 Rigord, S.117.

148 Itinerarium peregrinorum, ed. W.Stubbs, VI, XII, S. 403 (Rolls Series, 38, 1); vgl. auch die Formel des arabischen Eides des Vertrages von 1188 zwischen Genua und Mallorca (S. de Sacy, Pièces, S.16-17): *ṣafqat al-yamīn bi-ašadd mā aḫaḏahū aḥad fī kullī milla wa-dīn ...* .

149 Vgl. Le Livre de Jean d'Ibelin, in: RHC Lois, Bd. 1, VII, S. 30; CXCII, S. 310-312, CXCIV, S. 312; Assises de la Cour des Bourgeois, Formules, in: RHC Lois, Bd. 2, S. 383-389.

150 Assises de la Cour des Bourgeois, in: RHC Lois, Bd. 2, S. 171-172.

Koranexemplar abzulegen war. Die Eidleistung nach islamischem Ritus, obwohl körperliche Eide auch im Islam nicht unüblich waren [151], erforderte nicht unbedingt die Berührung eines Koranexemplars, sondern höchstens die Berufung auf den Inhalt des göttlich offenbarten Wortes.

Wie man sich die Eidesformeln beim Abschluß eines fränkisch-muslimischen Vertrages vorzustellen hat, ist wieder nur aus den Quellen des 13. Jahrhunderts ersichtlich. Das früheste bekannte Formular erwähnt Oliver Scholasticus (ad 1221), der den Eidestext Sultan al-Kāmils anläßlich des den Damiette-Kreuzzug beendenden Friedensvertrages wiedergibt [152]. Olivers Eidformular entspricht den aus späterer Zeit bekannten Eidestexten recht genau. Es ist daher nicht unwahrscheinlich, daß auch 1221, vielleicht schon im 12. Jahrhundert generell der Eid schriftlich niedergelegt (und übersetzt ?) wurde, so wie al-Qalqašandī es für die Mamlukenzeit bezeugt. Anscheinend spielte sich die Eidleistung beim Frieden von 1192 mit Saladin bereits ähnlich ab. Ambroise jedenfalls schreibt dazu: *Quant cele triuue fu juree / de deus parz e assuree / e les covenances retraites / e les chartes en furent faites...* [153] Ebenfalls ausführlicher beschreibt Joinville die Eide, die den Vertrag besiegelten, der 1250 zur Freilassung Ludwigs des Heiligen aus mamlukischer Gefangenschaft führte. Der mamlukische Unterhändler schwor, bei Nichteinhaltung des Vertrages wie jemand zu sein, der eine Bußpilgerfahrt barhäuptig nach Mekka unternehme, wie einer, der seine Frau entlasse und gleich danach wiedernehme (denn nach islamischem Recht muß sie

[151] J. Pedersen, Eid, S. 22-24 et passim. Zum körperlichen Eid in Europa und dem Orient vgl. bes. L. de Rosny, Recherches ethnographiques sur les serments, publ. par. C.-A. Pret, Bd. 1, Paris 1901 (Société d'Ethnographie. Memoires de la 2. sér., t. 2), S. 143-152 (Reliquieneid), S. 221-230 et passim (Eide auf Heilige Schriften); A. Nussbaum, Forms and Observance of Treaties in the Middle Ages and the Early Sixteenth Century, in: Law and Politics in the World Community ..., ed. G.A. Lipsky, Berkley-Los Angeles 1953, S. 191-196.

Der Vertrag zwischen Tunis und Aragon von 1287 z.B. wurde von jedem Partner mit der Hand auf seiner jeweiligen Heiligen Schrift beschworen (Alarcon y Santon, S. 399-400). Ob dies Praxis auch im Orient war, ist fraglich.

[152] Oliver Scholasticus, 79, S. 275: *Ego Kemel, rex Babylonis, de puro corde et bona voluntate et absque interruptione iuro per Dominum, per Dominum, per Dominum et legem meam, me bona fide omnia firmiter observaturum, que subiecta manui mee carta continet scripta; quod si non fecero, sim separatus a iudici futuro ac societate Mahumeth et profitear Patrem et Filium et Spiritum sanctum.*

[153] Ambroise, V. 11830-11831, Sp. 317. Da er bereits vorher von der Niederschrift und Beglaubigung des Vertragstextes berichtete, könnte sich die hier zitierte Passage aus der Niederlegung der Eidformulare beziehen,die die wichtigsten Vertragsklauseln wiederholen.

zuerst ein anderer Mann gehabt haben) und schließlich wie einer, der Schweinefleisch esse. Ludwig habe sich die Eide übersetzen lassen, und der arabophone Templermeister habe ihm versichert, es handele sich dabei um den stärksten denkbaren islamischen Eid. Ludwig sollte im Gegenzug analog dazu bei Eidbruch ehrlos wie der Christ gelten, der Gott (sc. Christus) und seine Mutter verleugnet, und „von der Gemeinschaft der zwölf Jünger und aller Heiligen getrennt sein". Erst eine weitere, letzte Sanktionsformel lehnte Ludwig ab, was zu erheblichen Konflikten führte: Er weigerte sich zu schwören, im Fall des Vertragsbruchs ehrlos wie der Christ zu sein, der Gott und sein Gesetz (*loy*) leugnet, auf das Kreuz spuckt und auf ihm herumtritt. Diese Bestimmung erschien dem König wohl als zu skandalös [154].

Ob Formeln dieser Art bereits im 12. Jahrhundert gebraucht wurden, ist nicht zu klären. Der Eid Ludwigs und des Mamlukenemirs ist jedenfalls den Formeln besonders ähnlich, mit denen sich auch die Sultane Baibars, Qalāwūn und die fränkischen Herrscher und Ritterorden von 1269 bis 1285 verpflichteten. Wie das Beispiel des Eides zeigt, der zu dem Vertrag Qalāwūns mit dem Königreich Jerusalem (Accon/ʿAkkā) von 1283 gehört, bestanden diese Eide — in der islamischen Fassung — aus einer neunfältigen Anrufung Gottes, dann des Korans und des Propheten. Es folgt die Verpflichtung zur Einhaltung des Vertrages. Vertragspartner, inbegriffene Gebiete, Geltungsdauer und Fristbeginn werden danach erwähnt. Der Sultan schwört, das Abkommen zu halten, solange dies auch seine Vertragspartner tun, und es nicht mit Hilfe eines Rechtsgutachtens abrogieren zu lassen. Als Poenformel heißt es: „Sollte ich diesen Eid brechen, so muß ich 30 Mal barfuß und barhäuptig den *ḥaǧǧ* zum Hause Gottes in Mekka vollziehen und die gesamte Zeit fasten, ausser an den Tagen, an denen es verboten ist". Zum Schluß weiterer Bußauflagen kommt die Corroboratio: „Gott ist Zeuge für das, was wir hier sagen". Der fränkische Eid zu diesem Vertrag ist analog aufgebaut, nur ausführlicher. Anstelle der Berufung auf den Koran etc. steht eine sehr umfangreiche Invokation Christi, des Kreuzes, der Trinität, der Evangelien usw.. Statt der Hiǧra-Datierung wird zur Fristangabe die seleukidische Ära benutzt. Die Poenformel entspricht der Ludwigs des Heiligen von 1250 und wendet die des Sultans ins Christliche: Bei Vertragsbruch soll der Schwörende von seiner Religion und seinem Gott los sein; er soll 30 Mal barfuß und barhäuptig nach Jerusalem pilgern, 1000 gefangene Muslime freikaufen und von Christus verstoßen sein. Als Zeuge

[154] Jean de Joinville, LXXI, S. 196 und 198.

werden in der Corroboratio Gott und Christus angerufen; der Eid erfolgt auf das Evangelium [155].

Ein Überblick über die sehr umfangreichen Eid-Kapitel der Kanzleihandbücher der Mamlukenzeit ergibt, daß es sich bei Eidesformeln dieser Art um islamische Instrumente handelt, wie sie ähnlich schon seit Jahrhunderten auch für Treu-, Huldigungs- und Gerichtseide innerhalb der *dār al-Islām* gebraucht wurden. Die Kompendien des Ibn Faḍlallāh al-'Umarī und des al-Qalqašandī enthalten eine Fülle solcher Formeln, die je nach der Religionszugehörigkeit des Schwörenden differenziert sind. Die aus den Verträgen von 1250 und 1283 bekannten Poenformeln erscheinen in ihnen ebenso wie das Verbot, den Eid per Rechtsgutachten (*fatwā*) auflösen zu lassen [156].

Die zitierten Beispiele vermitteln einen Eindruck davon, wie Eide und Verträge zwischen Franken und Muslimen gestaltet gewesen sein können. Die Quellenlage bringt es aber mit sich, daß man über Vertrags- und Eidestechnik im 12. Jahrhundert nur sehr wenig erfährt, zu der Zeit also, da die Franken wenigstens teilweise in der stärkeren Position waren und deshalb die Formalien eventuell eher beeinflussen konnten als zur Mamlukenzeit. Nicht ganz klar ist außerdem, ob über die Herren der vertragschließenden Staaten und Herrschaften oder deren mit einem Credenziale bevollmächtigten Repräsentanten hinaus generell ein grösserer Kreis von Würdenträgern zur Eidleistung herangezogen wurde. Daß ein König den Eid verweigerte wie Richard Löwenherz 1192, weil es nicht Sitte der Könige sei, selber zu schwören, und sich beim Eid durch seine wichtigsten Gefolgsleute vertreten ließ, stellte in der fränkisch-muslimischen Eid-Geschichte im Vorderen Orient einen Sonderfall dar [157]. Richard und Saladin ratifizierten 1192 ihr Abkommen per Handschlag mit dem Bevollmächtigten der Gegenseite. Daß die Eidesleistung durch eine Gruppe von Personen erfolgte, ist auch von anderen Vertragsschlüssen bekannt. Das Abkommen des al-Malik al-'Ādil mit König

---

[155] b. al-Furāt, Bd. 7, ed. Q. Zuraiq, S. 271-273. Nach b. al-Mukarram: al-Qalqašandī, Bd. 13, S. 311-312 (weitere ähnliche Eide ebda. bis S. 319. Übersetzt bei F. Gabrieli, Kreuzzüge, S. 393-395).

[156] b. Faḍlallāh al-'Umarī, Ta'rīf, S. 146 ff, bes. 146-147; al-Qalqašandī, Bd. 13, S. 205 ff, bes. 207, 216-220.

[157] Bahā' ad-Dīn b. Šaddād, S. 234. Hier findet sich auch die Mitteilung, daß die Franken den Eid nur auf nüchternen Magen leisteten. Zur Zurückhaltung europäischer Herrscher bei der Eidleistung vgl. H. Mitteis, Politische Verträge im Mittelalter, in: Die Rechtsidee in der Geschichte. Gesammelte Abhandlungen und Verträge von Heinrich Mitteis, Weimar 1957, S. 567-612, bes. S. 608-609.

Amalrich II. von Jerusalem beschworen z.B. erst die islamischen Emire, dann wurde der Eid der fränkischen Führer eingeholt [158]. Eine Abmachung zur Auslieferung von Damiette/Dumyāṭ 1219 wurde von den Homines religiosi beider Lager beeidet [159].

Über eines lassen die Quellen für den gesamten Untersuchungszeitraum allerdings keinen Zweifel: Franken und Muslime betrachteten sich durch den Eid als gegenüber Gott gebunden. Die etwa in der Kanonistik stark diskutierte Frage, ob ein Vertrag mit Nichtmuslimen überhaupt Rechtskraft habe, stellt sich deswegen nicht [160]. Daß Eidbruch im Islam als außerordentlich schweres Verbrechen galt, zeigen nicht nur die angeführten Poenformeln, sondern dies ist auch der Tenor der gesamten islamischen Rechtsliteratur [161]. Die wichtigsten fränkischen Quellen betonen ihrerseits immer wieder, daß auch ein den „Ungläubigen" gegebenes Wort zu halten sei — Wilhelm von Tyrus allen voran [162]. Gerade Wilhelm vertritt immer wieder nachdrücklich die Meinung, auch die den Ungläubigen gegebene Treue müsse gehalten werden [163]. Die Fälle von Vertragsbruch auf beiden Seiten waren zwar häufig, und in Saladins Umgebung wurden große Zweifel an der generellen Vertragstreue der Franken gehegt [164]; aber daß die Verträge rechtsgültig waren, daran herrschte auf fränkischer Seite kein Zweifel.

Von Fällen der Eidlösung ist daher nur selten zu hören, und dabei wird klar, wie zurückhaltend die Absolution von der Bindewirkung des Schwurs auf fränkischer Seite gehandhabt wurde. Ob König Balduin II. von Jerusalem vom Patriarchen von Antiochia von einem Eid entbunden wurde, als letzterer ihm 1124 nach der Freilassung aus aleppinischer Haft verbot, den beeideten Freilassungsvertrag zu erfüllen, ist nicht bekannt [165]. 1167, so will es jedenfalls Ernoul, soll König Amalrich I. in Ägypten vom Klerus und den Vasallen aufgefordert worden sein, das

[158] Vgl. zuerst bei b. Wāṣil, Bd. 3, S. 78.

[159] Vgl. H. L. Gottschalk, al-Kāmil, S. 86.

[160] Dazu zuletzt R. Ch. Schwinges, Kreuzzugsideologie, S. 245-261.

[161] H. Kruse, Völkerrechtslehre, S. 127; J. Petersen, Eid, S. 211-215.

[162] R. Ch. Schwinges, ebda; Albert v. Aachen, X, XXIII, S. 642: *non christiani moris est violare, sed nostrum est omnio populo fidem et veritatem servare* ... ; vgl. auch XII, III, S. 690.

[163] Wilhelm v. Tyrus, XVIII, XI, S. 837: *etiam infidelibus fidei tenor observandus sit illibatus* (ad 1157); XX, V, S. 949: *Durum ... videbatur ... contra tenorem pactorum et contra juris religionem immeritis et fidem servantibus bellum indicere* (ad 1168); vgl. auch XXII, XIV, S. 1088.

[164] Bahā' ad-Dīn b. Šaddād, S. 173 und bes. S. 203: *ṣiḥḥatuhū* (sc. *aṣ-ṣulḥ*) *ġairu ma'mūnat al-ġā'ila*.

[165] Vgl. oben S. 145.

Bündnis mit den Fāṭimiden zu brechen und Ägypten in Besitz zu nehmen. Amalrich lehnte dieses Ansinnen rundweg ab — aus Eidestreue. Er blieb bei seiner Ablehnung auch noch, als die führenden Kleriker anboten, die Schuld auf sich zu nehmen und sich vom Papst absolvieren zu lassen [166]. Balian von Neapolis, der 1187 von Saladin auf Ehrenwort zeitweise freigelassen worden war, ließ sich dagegen durch den Patriarchen von Jerusalem von seinem Eid lossprechen, um die Verteidigung Jerusalems gegen die Muslime zu leiten [167]. Guido von Lusignan erwirkte sich 1189 (?) ebenfalls die Auflösung des Eides, der ihm verbot, nach seiner Freilassung wieder die Waffen gegen Saladin zu erheben [168]. Anders verhält es sich bei der Eideslösung Ludwigs des Heiligen von 1251: Erst als der König feststellte, daß seine mamlukischen Vertragspartner ihre Vereinbarungen ihm gegenüber nicht einhielten, bat er den päpstlichen Legaten um die Absolution vom Eid gegenüber den Mamluken. Der Legat beriet sich mit dem Klerus und entsprach dann der königlichen Bitte [169].

Diese Fälle zeigen, daß gegenüber einer einseitigen Vertrags- und Eideslösung erhebliche Skrupel bestanden, die sich aus der Intensität der Verpflichtung vor Gott erklären, die der Schwörende bei einem promissorischen Eid auf sich zu nehmen meinte. Lediglich zu besonderen Krisenzeiten oder wenn der bestehende Vertrag bereits gebrochen war, griff man bereitwilliger zum Mittel der Eidesauflösung. Dennoch gab es eine Möglichkeit, beschworene Abkommen auf legale Weise vorzeitig zu beenden: Durch eine förmliche Aufsage unter Beachtung fester Fristen, innerhalb derer noch Frieden zu wahren war. Diese Rechtsfigur fand sowohl im abendländischen als auch im islamischen Rechtskreis Anwendung. Zwischen Franken und Muslimen sind mehrere Fälle von Vertragsaufsage bekannt, etwa 1147 zwischen Jerusalem und Damaskus, 1181 zwischen Saladin und Jerusalem sowie 1263 den Franken und Sultan Baibars [170]. Daß das islamische Recht ein Rücktrittsrecht von Verträgen

---

[166] Ernoul, III, S. 5: *li evesque et li archeveske disent queli en prenderoient le pecié sour aus, et l'en feroient asaurre à l'Apostle.*

[167] Ernoul, XV, S. 175: Patriarch Heraclius an Balian: *je vous assot del pecié et del sairement.* Jerusalem nicht zu verteidigen, wäre eine größere Sünde.

[168] Itinerarium peregrinorum, ed. W. Stubbs, I, XXV, S. 59 (Rolls Series, 38, 1).

[169] Rothelin, LXXIII, S. 627.

[170] Vgl. oben S. 197-199 (ad 1147); Wilhelm v. Tyrus, XX, XIV, S. 1087: *Paci renuntiare* (ad 1181); b. ʿabd aẓ-Ẓāhir, Rauḍ, S. 152-153 (1263). Zur Vertragsaufsage nach islamischem Recht vgl. as-Saraḫsī, Mabsūṭ, Bd. 10, S. 86-87; H. Kruse, Völkerrechtslehre, S. 106. Ein typisches Beispiel für eine Vertragsaufsage im Westen (Richard Löwenherz gegenüber Philipp II. August von Frankreich) enthält K. Norgate, Richard, S. 323-324.

mit Nichtmuslimen vorsieht und alle Abkommen mit jenen nach dem *maṣlaḥa* (Nutzen)-Prinzip nur rebus sic stantibus gelten, war auch den Franken bekannt [171]. Im übrigen war es den Muslimen möglich, mit Hilfe eines Rechtsgutachtens (*fatwā*) die Nichtigkeit eines Vertrages festzustellen — so geschehen 1291 vor der endgültigen Vernichtung der letzten fränkischen Herrschaften auf dem asiatischen Festland —, eine Möglichkeit, der die Franken mit dem in einigen Verträgen aus der Mamlukenzeit enthaltenen Verbot zur Erstellung von entsprechenden Rechtsgutachten entgegenzuwirken suchten. Über die genauen Modalitäten einer Vertragsaufsage ist nichts Konkretes überliefert [172]. Ob und wann ein Vertrag abrogiert wurde, hing offenbar von der jeweiligen politischen Opportunität ab. Ein Verstoß gegen Einzelbestimmungen eines Vertrages hat auch im Vorderen Orient zwischen Franken und Muslimen nicht automatisch zur Annullierung des Abkommens geführt; es sind im vorangegangenen bereits mehrere Beispiele dafür genannt worden, wie der jeweils geschädigte Vertragspartner in einem solchen Fall mittels einer diplomatischen Mission Genugtuung gefordert hat. Eine reguläre Schiedsgerichtsbarkeit, für die wir mit den *jueses* in Spanien zumindest aus dem 15. Jahrhundert ein Beispiel kennen, hat sich allerdings im Vorderen Orient nicht herausgebildet [173]. Streitfälle von geringerer Bedeutung scheinen zumindest in der Mamlukenzeit durch die kompetenten Vertreter beider Seiten jeweils ad hoc gelöst worden zu sein.

* * * * *

Aus diesem Überblick läßt sich die Schlußfolgerung ziehen, daß ungeachtet der grundsätzlichen Abgeschlossenheit der beiden Rechtskreise — Respublica christiana und *dār al-Islām* — im 12. und 13. Jahrhundert im Vorderen Orient ein differenziertes Instrumentarium juristischer Techniken zur Beilegung von Konflikten und zur Regelung friedlichen Miteinanders entwickelt worden ist. Inwieweit Frieden oder Konfrontation die Politik bestimmten, hing nicht von der Gegensätzlichkeit der Rechts-

---

[171] Zur Rechtstheorie vgl. H. Kruse (wie Anm. 170); M. Khadduri, War, S. 221. Zum Kenntnisstand der Franken vgl. Estoire de Eracles, XXIV, XXIV, S. 135: *Ce est la costume des Sarrasinz, quant il voient lor meauz, que il enfraignent volentiers a po d 'achaison la trive.*

[172] Vgl. die allg. Formschreiben zu einem solchen Zweck bei al-Qalqašandī, Bd. 14, S. 108-109.

[173] Vgl. die Einsetzung spezieller Richter (*jueses*) im Vertrag zwischen Juan II. von Kastilien und Abū ʿAbdallāh Muḥammad VIII. von Granada, 1424: Arribas Palau, S. 99-100 und S. 21 (Kommentar).

systeme, sondern allein dem politischen Willen und den Beweggründen der beteiligten Führungsschichten auf beiden Seiten ab. Zentraler Bestandteil des Rechtsinstrumentariums, das zwischen Franken und Muslimen Anwendung fand, war der bilaterale Vertrag, dessen formale und inhaltliche Elemente bis zum Ende des 13. Jahrhunderts weit fortentwickelt wurden. Die Quellenlage macht es nicht möglich zu entscheiden, welchen Anteil der fränkische Einfluß auf diese Entwicklung hatte, da die besten Quellen islamischer Herkunft sind und aus der Spätzeit fränkischer Herrschaft stammen. Es ist aber ein deutliches Zeichen der Integration der Franken in die Welt des Vorderen Orients, daß sie sich auf dem Gebiet des Rechts und der Verwaltung auch islamischer und christlich-orientalischer Formen und Modelle bedienten.

IV.3. Zu Gestaltung und Funktion islamisch-fränkischer Kondominien (*munāṣafāt*) im 12. und 13. Jahrhundert

Unter den Vertragsbestimmungen, die in den sieben im Wortlaut erhaltenen fränkisch-mamlukischen Verträgen geregelt werden, nehmen die die Einrichtung und Verwaltung von Kondominien (*munāṣafāt*) betreffenden Passagen neben anderen typischen Stipulationen wie der *Suspensionsklausel*, dem Neubauverbot oder dem *ius naufragii* einen außerordentlich breiten Raum ein. Es ist im vorangegangenen hinreichend deutlich geworden, daß Gebietsteilungen zwischen fränkischen und muslimischen Staaten und Herrschaften — d.h. Realteilungen, besonders aber Kondominien (*munāṣafāt*) — vom ersten Jahrzehnt des 12. Jahrhunderts an bis zum letzten der überlieferten Abkommen, dem Vertrag zwischen der „Dame" Marguerite von Tyrus und dem Mamlukensultan Qalāwūn von 1285, immer wieder vereinbart wurden. Welche Funktion sie erfüllten, zeigt sich vielleicht am besten an der Rolle, die die verschiedenen Kondominiumsprojekte im Laufe der Verhandlungen zur Beendigung der Kämpfe zwischen dem dritten Kreuzzug und Saladin (1191-1192) hatten: Mit ihrer Hilfe war es möglich, Grenzstreitigkeiten zu entschärfen und jene Gebiete zu beiderseitigem Nutzen zu befrieden, deren Erträge sonst keiner der vertragschließenden Parteien zugekommen wären. Andere denkbare Lösungsmodelle — wie das von Richard Löwenherz gemachte Angebot, Jaffa/Yāfā und Ascalon/ʿAsqalān von Saladin zu Lehen zu nehmen — wurden dagegen (jedenfalls in diesem Fall) von muslimischer Seite nicht akzeptiert [174].

Der modernen Historiographie zur Kreuzzugs- und Kreuzfahrerstaatengeschichte ist das fränkisch-islamische Kondominatswesen dennoch fast völlig unbekannt geblieben; eine monographische Darstellung der Funktion und der Organisation eines Kondominiums ist bislang genauso wenig verfaßt worden wie eine Untersuchung der fränkisch-muslimischen Vertragspolitik im allgemeinen [175]. Dies hat seinen Grund vermutlich vor allem darin, daß man, um Näheres über die Kondominien zu erfahren, in noch stärkerem Maß als bei vertragstechnischen Fragen auf arabische Quellen angewiesen ist. Anders als die Quellen in westlichen Sprachen, die nur in äußerst seltenen Fällen darüber berichten, findet sich in den arabischen Berichten — Welt-, insgesondere aber Lokalchroniken und Biographien — eine Fülle von Belegen für die Existenz von Kondominien. Besondere Bedeutung kommt auch hier wieder den tradierten Vertragsabschriften und den in der staatswissenschaftlichen Kanzleiliteratur dazu gegebenen Kommentaren zu. Die relevanten Angaben fränkischer Quellen lassen sich dagegen an einer Hand abzählen:

— Die *Historia* des Wilhelm von Tyrus (um 1130-1186) ist die erste nichtmuslimische Quelle, die von einem Kondominium Mitteilung macht. Wilhelm sagt anläßlich der Schilderung der aiyūbidischen Angriffe auf das Königreich Jerusalem von 1182, daß man die Amtsgewalt (*potestas*) über die ostjordanische Landschaft Sueth/as-Sawād bereits seit langem zwischen Muslimen und Franken geteilt habe und die Abgaben beiden Seiten zu gleichen Teilen zugekommen seien [176].

— Die Quellen der Ernoul-Gruppe berichten davon, daß Saladin 1192 die Hälfte der Einkünfte von Sidon/Ṣaidā an den ehemaligen Stadtherrn Rainald vergeben habe [177].

— In dem Schiedsspruch des Patriarchen von Antiochia im Streit des Templer- und des Hospitaliterordens vom 18. Juni 1233 ist von einer *terra partitionis*, geteilt zwischen den Hospitalitern und dem

---

174 Vgl. oben S. 351-355.

175 Die ausführlichsten Beiträge zu diesem Thema finden sich bei J. Richard, Partage, passim; P.M. Holt, Treaties, bes. S. 72; M.A. Köhler, Munāṣafāt, bes. S. 158-165.

176 Wilhelm v. Tyrus, XXII, XV, S. 1090: *nostris et illis ex aequo dividebatur potestas, et tributorum et vectigalium par fiebat distributio*; in der Estoire de Eracles übersetzt (ebda.) als: *à partir toz les fruiz des terres par moitié.*

177 Ernoul, XXV, S. 293: *Si dona al signeur de Saiete (la moitié) de rentes de Saiete*; vgl. Estoire de Eracles, XXVI, XVII, S. 198-199 (hier der Ausdruck *partison*), und oben S. 347 mit Anm. 489.

Sultan von Aleppo, zu beiden Ufern des Belne-Flusses bei Gabula/ Ǧabala die Rede [178].

— Jean de Joinville weiß davon, daß die Templer während des Aufenthaltes Ludwigs des Heiligen in Palästina (1250-1254) versucht haben sollen, mit al-Malik an-Nāṣir Yūsuf ein Kondominium zu vereinbaren [179].

Außer in diesen Berichten ist lediglich noch in der altfränzösischen Fassung des Vertrages zwischen dem Herrn von Tyrus und Sultan Qalāwūn von Ägypten von einem Kondominium (*casaus en partison*) die Rede [180].

Die ganz überwiegende Mehrzahl der verfügbaren Berichte über Kondominien stammt allerdings aus arabischen Quellen. Der bei weitem häufigste Terminus zur Beschreibung dieses Rechtsinstitutes ist arabisch *munāṣafa* (etwa: reziproke Halb-Halb-Aufteilung), das zunächst in den Quellen als Adverb oder Prädikatsnomen gebraucht wird: Ein Gebiet ist *munāṣafa* oder wird als *munāṣafa* besessen. Mit der Zeit jedoch wird *munāṣafa* zum Terminus technicus, so daß bereits zur Zeit Saladins der Ausdruck *munāṣafa*-Land (*bilād al-munāṣafa*) erscheint. Offenbar ist damit auch eine ganz bestimmte Region gemeint, die über die Jahrzehnte aller Wechselfälle in den außenpolitischen Konstellationen ungeachtet beständig Kondominium blieb, so möglicherweise der Sueth/as-Sawād [181] östlich des Sees Genezareth. Im Einzelfall ist aus der regestenhaften Angabe einer Chronik schwer zu entnehmen, ob es sich dabei um eine Realteilung, eine Teilung der Einkünfte oder sogar der Herrschafts- und Gerichtsgewalt handelt. Bei zwei der frühesten bekannten Beispiele, 502 a.h./1108 und 503 a.h./1110, spricht die Quelle — Ibn al-Qalānisī (465-555 a.h./1073-1160) — nur von einer Aufteilung der Ernteerträge (*istiġlāl*) bzw. der Angaben (*irtifā'*) [182]. Auf der anderen Seite ver-

---

[178] J.M.A. Delaville-le-Roulx, Cartulaire, Bd. 2, Nr. 2058, S. 456 (RRH Nr. 1043): *salva terra partitionis quam Hospitalarii et sui homines hactenus tenuerunt et tenent, que est trans flumen Belne et citra.*

[179] Jean de Joinville, XCIX, S. 280: *que li soudans vousist que li Temples en eust la moitié et il l 'autre.*

[180] G.L.Fr. Tafel/G.M. Thomas, Urkunden, Bd. 3, S. 398-400.

[181] Vgl. al-Qāḍī al-Fāḍil, in: Ms. Cambridge Qq 232 (8), fol. 23v. So lautet auch die Terminologie der Verträge in der Mamlukenzeit. Teilweise synonym erscheinen die Begriffe *muqāsama* und *mušāṭara*. In den Kartularen der fränkischen Staaten wird des öfteren von dem Besitz der *medietas* eines Gutes gesprochen, davon abgeleitet kennt das Altfranzösische die Termini *tener la moitié* und *estre en partison*.

[182] b. al-Qalānisī, S. 165-174.

deutlicht der Gebrauch des Wortes *potestas* in der Passage bei Wilhelm von Tyrus, daß die Regelungen, die bei der Einrichtung einer *munāṣafa* getroffen wurden, über die Aufteilung der Steuern hinausgingen oder hinausgehen konnten. Genauere Angaben über die Art und Weise, wie ein Kondominium verwaltet wurde, lassen sich aus den erzählenden Quellen nicht erschließen. Glücklicherweise enthalten aber zwei der bei al-Qalqašandī erhaltenen Verträge ausführliche Bestimmungen, die es erlauben, sich ein Bild davon zu machen, wie Kondominien zumindest gegen Ende des 13. Jahrhunderts organisiert waren. Die uns interessierenden Inhalte lassen sich, da beide Verträge substantiell recht ähnlich sind, wie folgt summieren[183]:

— Es findet eine gleiche Teilung aller erdenklichen Einkünfte der Kondominatsgebiete statt: nicht nur der Ernteabgaben, sondern auch der Erträge aus Fischgründen, Salinen, Dreschtennen, Mühlen, Ölpressen und von Schlachttieren. Zölle und Hafenabgaben werden ebenfalls geteilt, und auch die Frondienste der Bauern kommen beiden Seiten gleichmäßig zugute oder sie werden, wie 1267, ganz abgeschafft. Die Abgaben dürfen entweder gar nicht oder nur im Konsens mit der anderen Seite erhöht werden.

— Es gibt Sonderregelungen entsprechend den Bedürfnissen der einzelnen Partner. Beispielsweise wird der islamischen Seite 1267 gegen eine geringe Ablösesumme alles anfallende Stroh zugesprochen, und 1271 darf der persönliche Bedarf der Hospitaliter abgabenfrei importiert werden.

— Ein weiterer Komplex von Klauseln betrifft Maßnahmen zur Landespflege. 1267 verpflichten sich beide Seiten zur optimalen Pflege und Bebauung des Landes und versprechen sich Fairnis bei der Heranziehung einzelner Bauern zu Abgaben oder Fronleistungen. Die Verwaltung von Mühlen und Plantagen wird unter je einem Verwalter beider Seiten geregelt. Es ist verboten, Bauern an der Rückkehr ins Teilungsland zu hindern.

— Es gibt weiter einige pfandrechtliche Regelungen für säumige Zahler sowie die Bürgschaftspflicht der muslimischen Amtmänner für die Sicherheit des Landes, falls sie nomadisierenden Turkmenen, Beduinen oder Kurden die Einreise erlauben.

— Ein in der Regel sehr ausführlicher Komplex ist die Regelung der jurisdiktionellen Gewalt. So wird z.B. bestimmt, daß Gerichtsverfahren und Urteilsvollstreckung gemäß dem konfessionellen Status

[183] al-Qalqašandī, Bd. 14, S. 31-39 und 42-51, zu den *munāṣafāt* bes. S. 32-38 und 43-48.

des Beklagten im Beisein eines Vertreters auch des Kondominatspartners stattfinden. In beiden Verträgen wird ein genaues Verfahren zur juristischen Bearbeitung von Kapitalverbrechen ausgearbeitet, und es werden Kompensations- und Wergeldbestimmungen getroffen. Kurz: Die Rechtspflege wird zwischen beiden Seiten gemeinschaftlich ausgeübt. Bußgelder werden ebenfalls geteilt, und die Polizeigewalt obliegt nicht nur einer Seite allein.

— Reine Verwaltungsbestimmungen finden sich sonst seltener, da auf lokaler Ebene die dörfliche Verwaltung respektiert wird. Im Vertrag von 1271 ist jedoch ausdrücklich festgehalten, daß die Absetzung der Dorfvorsteher (*ru'asā'*) den Konsens beider Seiten erfordert.

Die Klauseln dieser beiden Verträge lassen vermuten, und mehr läßt sich aufgrund der beschränkten Quellenlage nicht tun, wie die Kondominatsregelungen schon 150 Jahre eher, in der Zeit der ersten fränkisch-islamischen Kondominien, ausgesehen haben mögen. Sicher war die *munāṣafa*-Technik anfangs längst noch nicht ausgefeilt; und es ist nicht gesagt, daß die Verwaltungshoheit über ein Kondominium regelmäßig von beiden Seiten beansprucht wurde. In dem Vertrag zwischen Sultan Qalāwūn und Graf Bohemund VII. von Tripolis (1282) wird z.B. bestimmt, daß die Abgaben des Hafens von Laodicaea/al-Lāḏiqīya *munāṣafa* sein sollten und daß die Muslime auf einer Brücke einen Posten einrichten durften, um ihre Rechte zu wahren. Von einer gemeinschaftlichen Verwaltung der Stadt ist aber nicht die Rede [184]. Sidon/Ṣaidā — seit 1192 Kondominium — unterstand anscheinend muslimischer Hoheit, zahlte aber an die Franken Abgaben oder teilte die Steuern mit ihnen [185].

Eines aber wird trotz der unterschiedlichen Möglichkeiten, wie ein Kondominium organisiert werden konnte, dennoch deutlich: Kondominien dienten der Neutralisierung von Grenzgebieten, auf deren Nutzertrag beide Seiten nicht verzichten mochten. In der zweiten Hälfte des 13. Jahrhunderts, einer Phase starken muslimischen Übergewichts, war die Einrichtung von Kondominien regelmäßig die Vorstufe zur völligen Annektierung der betreffenden Gebiete durch die Mamlukensultane [186]. Mit ihrer Hilfe ließ sich ein friedlicher Ausgleich in Grenzzonen zwi-

---

[184] b. ʿabd aẓ-Ẓāhir, Tašrīf, S. 210-211.

[185] Siehe oben S. 355, Anm. 521, bes. Wilbrand v. Oldenburg, I, IV, S. 165: *Paucos ... habet habitatores, quibus nostri ... inimici dominantur, aliquantulos reditus nostris pro pace servanda soluentes ...* .

[186] P.M. Holt, Treaties, S. 72. Ein Beispiel dafür ist die Aufhebung von Kondominien im Vertrag von Lydda/Ludd und Laicas/al-ʿUlaiqa im Vertrag von 1271, vgl. al-Qalqašandī, Bd. 14, S. 43 ff.

schen fränkischen und muslimischen Gebieten rechtlich fassen. Der Kompromiß *munāṣafa* sollte, wie al-Qalqašandī etwas blumig bemerkt, den „Trotz stillen" und „den Blick des Ehrgeizes niederschlagen" [187].

Wenn das die Motive für die Errichtung einer *munāṣafa* waren, wo liegen dann ihre Ursprünge? Das Rechtsinstitut der *munāṣafa* ist der islamischen Jurisprudenz zwar nicht fremd, allerdings nicht im staatsrechtlichen, sondern nur im privatrechtlichen Bereich. So wird der Terminus *munāṣafa* beispielsweise von dem ḥanafitischen Juristen as-Saraḫsī in der zweiten Hälfte des 11. Jahrhunderts im Verlauf seiner Ausführungen zur agrarischen Teilungsform der *muzāra'a* gelegentlich gebraucht, häufiger allerdings spricht er vom Besitz zu zwei Hälften (*niṣfān*) [188]. Und in der Enzyklopädie des an-Nuwairī (677-732 a.h./1279-1332) findet sich das Musterformular eines Vertrages, mit dem etwa zwei Teilhaber den Besitz eines Hauses als *munāṣafa* festlegen konnten [189].

Für den fränkisch-islamischen Kondominien analoge Phänomene, also Gemeinschaftsbesitztitel mit Implikationen für Rechtsprechung und Herrschaftsgewalt, aber finden sich anderswo und vor dem 12. Jahrhundert kaum Beispiele. Man könnte geneigt sein, in den Verträgen über Zypern aus den Jahren 28 a.h./648-649 und 69 a.h./688-689 die Konstituierung eines Kondominats zu sehen. Allerdings fehlt in diesem Fall in den Quellen der Terminus *munāṣafa,* und außerdem scheint es sich hier eher um eine doppelte Tributabhängigkeit Zyperns von Byzanz und dem Kalifen zu handeln [190]. Näheres über die Herrschafts- und Gerichtsorganisation auf Zypern während dieser Periode wissen wir nicht. Aus dem 13. Jahrhundert ist dann ein eventuelles Kondominium über die Insel Pentelleria bekannt, die von Kaiser Friedrich II. und den Ḥafṣiden von Tunis gemeinsam besessen wurde [191], aber dieser Fall kann schon aus

---

187 al-Qalqašandī, Bd. 14, S. 30.

188 as-Saraḫsī, Mabsūṭ, Bd. 23, S. 43, 98, 60-61; vgl. auch S. 21.

189 an-Nuwairī, Nihāyat al-arab, Bd. 9, S. 85-88.

190 Vgl. A.H. de Groot, Ḳubrus, in: EI 2, Bd. 5, Leiden 1980, S. 301-309, hier S. 302. Zur Kondominiumstheorie betreffs Zyperns: R.H.J. Jenkins, Cyprus between Byzantium and Islam, A.D. 688-965, in: Studies presented to D.M. Robinson, St. Louis, Miss., 1953, S. 1006-1014, und J. Gauss, Toleranz und Intoleranz zwischen Christen und Muslimen in der Zeit vor den Kreuzzügen, in: Saeculum 19 (1968), S. 362-389, hier S. 364. Zypern war wohl eher Niemandsland oder Tridominium als Kondominium, jedenfalls sagen die Quellen nichts über eine gemeinsame Verwaltung; vgl. auch M. Canard, Deux épisodes de relations diplomatiques arabo-byzantines au Xe siècle, in: BEO 13 (1949-1951), S. 51-69, hier S. 62-69.

191 M.L. de Mas-Latrie, Traités, Bd. 2, S. 153-154: *detur dimidium tributi insule Cosire...*;

chronologischen Gründen kein Vorbild für die uns aus dem Vorderen Orient bekannten *munāṣafāt* sein — eher ist an den umgekehrten Fall zu denken. Für das eigentliche Spezifikum der *munāṣafāt* im 12. und 13. Jahrhundert, nämlich die Teilung der Amtsgewalt zwischen Franken und Muslimen, gibt es im islamischen Recht kein Vorbild. Wie dies in praxi vor sich ging, illustriert eine Passage aus dem Waffenstillstandsvertrag zwischen Ägypten und dem Hospitaliterorden von 669 a.h./1271:

„Jeder Muslim, von dem eine Schädigung ausgeht, wird gemäß dem gerichtet, was das edle *šarī'a*-Recht zu seiner Bestrafung vorschreibt..." (es folgt eine Aufzählung von Kapitalstrafen), „aber dies wird immmer in Anwesenheit eines Repräsentanten des Hospitaliterhauses praktiziert, der als Augenzeuge anwesend ist, das Verbrechen kennt und es verifiziert hat. Zieht... das Verbrechen eine Kompensations- oder Geldstrafe in Dirham, Gold, Vieh oder entsprechenden anderen Werten nach sich, so bekommt, was gezahlt wird, der ....Dīwān (d.h. die Kasse des Sultans) und das Hospitaliterhaus sowie der Herr von Margat/al-Marqab je zur Hälfte (*yakūnu....munāṣafātan*)...." [192].

Natürlich wäre es denkbar, daß es sich bei den *munāṣafāt* um eine reine autochthone Rechtsentwicklung handelt. Islamische Quellen des 12. Jahrhunderts, währenddessen Franken und Muslime in Syrien etwa gleich stark waren, betrachten Kondominien bemerkenswerterweise oft aber als etwas, was der islamischen Seite von den Franken aufgezwungen wurde [193]. Es ist daher vorstellbar, daß es sich bei der Einrichtung von Kondominien (*munāṣafāt*) im Vorderen Orient um einen der wenigen Fälle von Transferierung eines abendländischen Rechtsinstituts in den Orient handelt, auch wenn dieser Punkt nicht ganz zu klären sein dürfte.

Kondominien waren im germanisch geprägten europäischen Lehnrecht eine häufige Folge des Erbrechts. Sie wurden sowohl für materielle Objekte, wie Herrschaften oder Burgen, als auch für die Gerichtshoheit praktiziert. Aber auch das römische Recht begünstigte sie, wie die Kondominien in der fränzösischen Languedoc beweisen. Gerade in der hier

---

neque habeant Christiani in predicta insula Cosire jurisdictionem super ullum Mahometanum, preter prefectum Mahometanum, missum a predicto rege Sicilie, nomine suo, ad regendos tantummodo populos Unitatis, et sit occupatus in negotiis populi Unitatis, quem Deus honorificet! Der Form nach stellt dieser Vertrag von 1231 eine lateinische Version eines arabischen Textes dar.

192 al-Qalqašandī, Bd.14, S.46.

193 Vgl. z.B. al-Kātib al-Iṣfahānī, Fatḥ, S. 16; b. al-Aṯīr, Bāhir, S. 33 (= Abū Šāma, Rauḍatain, I, Bd. 1, S. 76-77).

behandelten Zeit war die Einrichtung von sogenannten Pariagen und Coseigneurien eine der am häufigsten verwendeten Maßnahmen des Königs von Frankreich zur Erweiterung seines Machtbereichs und zur Neutralisierung strategisch wichtiger Orte und Burgen. Sogar zur Städtegründung im Verein mit der Kirche wurde das Kondominat als rechtlicher Rahmen benutzt. Vor allem die Normannen in Frankreich und Süditalien griffen auf verschiedene Versionen von Mehrherrschaft und Teilungen als besitzrechtliche Organisationsformen bei ihren Landnahmen zurück [194]. Auch in den Urkundenkartularen der fränkischen Herrschaften im Orient, deren Führungsschichten größtenteils fränzösisch-normannischen Ursprungs waren, ist der gemeinsame Besitz einzelner Lehen, Domänen und Bauernhöfe schon ein Jahrzehnt nach der Eroberung Jerusalems 1099 eine ganz geläufige Erscheinung. Kondominien innerhalb der fränkischen Staaten mit Halb- und Drittelanteilen finden sich, solange ein orient-fränkisches Lehnrecht existierte. Dabei erwähnen die Urkunden, wie die Rainalds von Châtillon, des Fürsten von Transjordanien, für die Abtei im Josaphattal, den *munāṣafāt*-Bestimmungen der Verträge von 1267 und 1271 analoge Auflistungen der zu teilenden Abgaben: Die Hälfte oder auch einmal ein Drittel des Zehnten auf Wein, Oliven, Forstprodukte, Hülsenfrüchte etc. wird abgetreten. Geteilt werden können auch ganze Dörfer mitsamt ihrer hörigen Bauernschaft [195]. Ein weiteres Argument, das für fränkischen Einfluß bei Gestaltung der Kondominien spricht, könnte man darin sehen, daß in den *munāṣafāt* offenbar Rechtspflegepraktiken geübt wurden, die aus abendländisch-germanischer Tradition stammen. Der bereits zitierte Vertrag von 1271 bietet dafür ein Beispiel:

> „Wenn jemand getötet oder etwas geraubt wird in den *munāṣafāt*-Gebieten der Herrschaft al-Marqab, so gilt eine zwanzigtägige Offenlegungsfrist. Wird der Täter gefunden, so wird er entsprechend seinem Verbrechen behandelt. Bleibt der Täter nach zwanzig Tagen noch unbekannt, so ergreifen die Vorsteher (*ru'asā'*) des (freiübersetzt:) Tatortes die allernächsten Anwohner des (freiübersetzt:) Tat-

---

[194] Für viele Belege: P. Viollet, Histoire des institutions politiques, Bd. 2, Paris 1898 (ND Aalen 1966), S. 171-174; A. Luchaire, Louis VII. — Phillipe-August — Louis VIII. (1137-1226), in: Histoire de France, ed. E. Lavisse, Bd. 3, Teil 1, Paris 1901, S. 205-206, und R. Koelner, The Settlement and Colonization of Europe, in: The Cambridge Economic History of Europe, ed. M.M. Postan, Bd. 1, 2. Aufl. Cambridge 1966, S. 1-91, bes. S. 72.
Zu den Normannen vgl. insbesondere L. Buisson, Formen, S. 165 et passim.

[195] H.-F. Delaborde, Chartes de Terre Sainte, Nr. 41, S. 88-89.

ortes. Verbirgt sich der Täter und kann er binnen zwanzig Tagen nicht beigebracht werden, so legen die Leute der Repräsentanten beider Seiten den allernächsten Einwohnern tausend syrische Dīnāre auf: Die Hälfte für den Sultansdīwān, die (andere) Hälfte für den Vorsteher des Hospitals. Die Gouverneure werden keine Trägheit bei der Einforderung dessen an den Tag legen; seine Einforderung erfolgt gemeinsam..." [196].

Die hier geschilderte Praxis — von der wir allerdings nicht wissen, ob sie bereits von Anfang des 12. Jahrhunderts an in den Kondominien geübt wurde — erinnert an das aus dem Westen bekannte Prinzip der Dorfhaftung, das eine genossenschaftliche Gesamthaftung der Dorfgemeinschaft bei Raub und Totschlag vorsieht und beispielsweise dem salischen Recht bekannt ist [197]. Ob hier nun ein westlicher Einfluß vorliegt oder nicht — es überrascht immerhin, daß in den Jurisdiktionsbestimmungen der *munāṣafāt*-Verträge zwar häufiger vom islamischen Recht, nie aber von der Rechtskompetenz des Kadis die Rede ist. Es wird lediglich davon gesprochen, daß Vertreter (*nā'ib/nuwwāb*) der jeweiligen Seiten die Untersuchungen zu führen und Recht zu sprechen hätten. Wir haben es also vermutlich mit einer grundherrschaftlichen Rechtskonzeption zu tun, was nicht verwundern kann, da die Kondominien der frühen Mamlukenzeit lediglich in Gebieten errichtet wurden, die vorher völlig unter fränkischer Herrschaft und Rechtsprechung gestanden hatten.

Fränkische Rechtskonzeptionen haben also offensichtlich auf die Gestaltung der Kondominien Einfluß genommen. Wie weit dieser Einfluß reichte, ist allerdings aufgrund der Quellenlage sehr schwer abzuschätzen. Teilungsformen, die denen des abendländischen Rechts nicht ganz unähnlich waren, gab es im 13. Jahrhundert auch auf islamischer Seite. Im Jahre 661 a.h./1262-1263 vergab Sultan Baibars von den Franken eroberte Ländereien z.B. dergestalt an seine Emire, daß ein jeder jeweils die Hälfte oder ein Drittel eines bestimmten Dorfes oder Gutes als Steuerpachtbezirk (*iqṭā'*) erhielt [198]. Agrarische Teilungsformen waren dem Islam in Form von *muzāra'a* und *musāqāh* ohnehin nicht fremd [199].

---

[196] al-Qalqašandī, Bd. 14, S. 47-48.

[197] A. Erler, Das Recht des mittelalterlichen Westens und der Orient, in: Archiv für Rechts- und Sozialphilosophie 42 (1956), S. 41-49, hier S. 42-43.

[198] al-Maqrīzī, Sulūk, I, Bd. 2, S. 489-491. Deutlicher noch ist die große Landvergabe von 663 a.h./1264-1265; vgl. z.B. b. al-Furāt, Ayyubids, Bd.2, S. 79-82/arab. Bd. 1, S. 98-104, und F.M. Abel, La liste des donations de Baibars en Palestine d'après la charte de 663 h. (1265), in: Journal of the Palestine Oriental Society 19 (1939-1940), S. 38-44.

[199] Cl. Cahen, Notes, S. 297-302.

Historischer Prototyp dieser Vertragsformen ist — soweit sie von staatlicher Seite und gegenüber Nichtmuslimen verwendet wurden — die Abmachung des Propheten Muḥammad mit den Juden von Ḫaibar. Ihre charakteristischen Merkmale sind: 1. der zeitlich befristete Charakter, 2. die Geltung des Vertrages nur nach Maßgabe des *maṣlaḥa* (Nutzen)-Prinzips, also des Grundsatzes, daß das Abkommen nur solange gelten darf, wie es dem Interesse der Muslime dient, 3. die Aufteilung der Erträge zu je zwei Hälften zwischen den Vertragspartnern sowie 4. bestimmte gegen die unter Muslimen geltenden Bestimmungen abgegrenzte Sonderregelungen[200].

Sowohl Franken als auch Muslime verfügten in ihrem jeweiligen Rechtssystem und ihrer Verwaltungspraxis also über Elemente, die sich in der Organisation der Kondominien wiederfinden. Es verwundert daher nicht, daß die Errichtung von *munāṣafāt* in den fränkisch-muslimischen Grenzgebieten im Vorderen Orient während des 12. und 13. Jahrhunderts vor allem in Nordsyrien, am Orontes, im Ǧaulān und Ḥaurān sowie im 13. Jahrhundert an praktisch allen fränkisch-muslimischen Grenzen eine wichtige Rolle gespielt hat. Insgesamt sind gut 30 entsprechende Fälle bekannt, wobei es vor allem für die Zeit bis Mitte des 13. Jahrhunderts schwierig ist festzustellen, ob es sich bei den Erwähnungen um Neu-Kondominien oder Altfälle handelt, die bereits seit Jahren und Jahrzehnten bestanden haben.

In anderen fränkisch-muslimischen Grenzgebieten (Spanien, Sizilien) scheint das Kondominatswesen im Vergleich zu dem Umfang und der Ausprägung, die es im Vorderen Orient besaß, kaum eine Rolle gespielt zu haben. Zwar hat es — allerdings erst im 15. Jahrhundert — in Spanien zwischen den Reichen von Kastilien und Granada eine Art Niemandsland gegeben, über das nach dem Friedensvertrag von 1412 eine gemischte Kommission aus je einem Richter als Vertreter der beiden angrenzenden Reiche die Hoheitsgewalt ausübte, allerdings war in diesem Fall nicht die gemeinsame Nutzung des Gebietes, sondern ihre Neutralisierung

---

[200] *muzāra'a*-Abschnitte enthalten wie das Kompendium des as-Saraḫsī fast alle großen islamischen Rechtswerke. Vgl. hier bes. as-Saraḫsī, Mabsūṭ, Bd. 23, S. 7 ff. Zu Ḫaibar: W. Schmucker, Untersuchungen zu einigen wichtigen bodenrechtlichen Konsequenzen der islamischen Eroberungsbewegung, Bonn 1972 (Bonner Oriental. Studien, 24), S. 57-61.
Rein privatrechtliche Teilungsformen wie die muslimische *muzāra'a* waren auch im Okzident gang und gäbe: Vgl. F.-L. Ganshof/A. Verhulst, Medieval Agrarian Society in its Prime. § 1. France ..., in: The Cambridge Economic History of Europe, Bd. 1, ed. M.M. Postan, 2. Aufl. Cambridge 1966, S. 224-226.

und Verödung als Grenzstreifen das Ziel der Vereinbarung zwischen Kastilien und Granada[201]. Hier von einer *munāṣafa* zu sprechen, ginge daher zu weit. Ein möglicher Grund dafür, daß es Kondominien wie im Vorderen Orient anderswo kaum gab, wäre, daß — wie gezeigt wurde — in anderen Gegenden die Konstituierung von Oberherrschaftsverhältnissen (in Spanien sogar die Einbeziehung von Muslimen in den Lehnsnexus) eine wesentlich größere Bedeutung für die Organisation fränkisch-islamischer Rechtsbeziehungen besessen hat als im Vorderen Orient. Genaueres hierzu bliebe einer eingehenden Untersuchung überlassen. Im Orient wurde die Funktion von Lehns- und Vasallitätsbeziehungen zwischen Franken und Muslimen jedenfalls weitgehend durch andere Mittel ersetzt: den Abschluß bilateraler Verträge und, in deren Rahmen, die Errichtung von Kondominien. In den meisten Fällen s c h e i n e n diese Herrschaftsteilungen auf fränkische Initiative hin zustande gekommen zu sein.

---

[201] I.K. Salem, Islam und Völkerrecht. Das Völkerrecht in der islamischen Weltanschauung, Berlin 1984, S. 191-192.

Schlußfolgerungen

Am Ende der vorliegenden Studie der fränkisch-islamischen Allianzen und Verträge im Vorderen Orient während des 12. und bis ins 13. Jahrhundert lassen sich stichwortartig folgende Ergebnisse festhalten:

a. — Die zahlreichen aufgefundenen Kooperationsfälle und -modelle, für die jeweils auch ihre Befürworter und Gegner sowie deren Motive namhaft gemacht werden konnten, stellen keine kasuellen Ereignisse dar, sondern entsprangen großenteils bestimmten, historisch-genetisch verfolgbaren Handlungsdoktrinen (so die „Kein Platz *(lā maqām)*"-Theorie), die im Vorderen Orient seit Ende des 11. Jahrhunderts entwickelt wurden.
Gab es in dem behandelten Zeitraum, was keinesfalls verhohlen werden soll, durchaus Konfrontation zwischen fränkischen Christen und Muslimen, so läßt sich andererseits aber auch von Integration der fränkischen Staatswesen in die politische Landschaft Syriens sprechen, wobei letzteres — die Integration — das eigentlich kennzeichnende Element weiter Teile der Epoche war.

— Dagegen ergibt die Überprüfung der Wirkungsgeschichte konfrontativer Ideologien wie des Kreuzzugs- oder des *ǧihād*-Gedankens, daß deren tatsächlicher Einfluß auf die Ausgestaltung der Beziehungen zwischen den unterschiedlich-religiösen Herrschaften Syriens durchgängig als recht gering (und geringer, als bisher meistens dargestellt) zu bezeichnen ist. So lautstark sie auch propagiert wurde, so eindeutig hat sich diese Propaganda, was die Herrscher auf beiden Seiten und unmittelbare Nachbarstaaten zumal betrifft, in aller Regel als Instrument und Funktion dahinterliegender politischer, sozialer und wirtschaftlicher Interessen gezeigt.

b. — Die Tatsache, daß die den politisch und militärisch Handelnden bekannten Rechtssysteme kaum kompatibel waren, erleichterte es zwar nicht, Allianzen und Verträge rechtlich zu fassen, stellte aber andererseits auch kein unüberwindliches Hindernis für die juristische Organisation gegenseitiger Beziehungen dar. Die aus den westeuropäischen Rechtsordnungen bekannten hierarchischen Elemente bei der Anordnung von Vertrags- oder Bündnisverhältnissen waren schwer auf die Verhältnisse im Orient zu übertragen, und so spielten dabei Modelle wie Land- und Lehnsvergabe — denen auch soziale und politische Gründe entgegenstanden und die aufgrund der entwickelteren Geldwirtschaft gar nicht unabdingbar waren —

kaum eine Rolle. Statt dessen wurden fränkischerseits im Verlauf des 12. und 13. Jahrhunderts zunehmend islamische oder innerhalb der *dār al-Islām* bekannte (wenn auch nicht der *šari'a* originäre) Rechtsinstitute wie die *ḫil'a*-Verleihung der die Übergabe von *iqṭā'āt* akzeptiert.

— Die grundsätzlichen Restriktionen, die sowohl europäische als auch islamische Rechtsordnungen der juristischen Regelung von fränkisch-islamischen Rechtsgeschäften auferlegten — z.B. die prinzipielle zeitliche Limitierung von Verträgen, die grundsätzlich nur Waffenstillstände sein konnten, und die rechtstheoretische Unmöglichkeit dauerhaften Friedens zwischen beiden Seiten — behinderten vertragliche Regelungen in praxi nicht. Tatsächlich konnten die Abkommen, terminologisch meist unscharf gefaßt und nicht unbedingt im Einklang mit der Rechtstheorie, durch Verlängerungen bei entsprechendem politischen Willen quasi unbefristeten Charakter erlangen (wobei anzumerken ist, daß sie sich damit in ihrer praktischen Gültigkeit und Haltbarkeit kaum noch von zwischenstaatlichen Verträgen innerhalb der Respublica christiana unterschieden). Mit der Zeit, und voll entwickelt im 13. Jahrhundert, bildeten sich sogar adaptierte Vertragstechniken, Eidesformeln und Instrumente wie das Kondominium heraus, die durch die Fortentwicklung bereits bekannter und meist islamischer Formen entstanden. Die Rechtsentwicklung folgte somit den politischen Erfordernissen. Beispielhaft dafür ist, daß die Inviolabilität einmal eingegangener Verplichtungen gegenüber andersreligiösen Partnern de facto als hohes Rechtsgut galt — gleich, was die Rechtstheorie zum Thema der Gültigkeit von Verträgen zwischen je einer christlichen bzw. fränkischen und einer muslimischen Seite auszuführen wußte.

* * * * *

Die im vorangegangenen gewonnenen Ergebnisse wurden wesentlich von den gewählten methodologischen Vorgaben determiniert. Dazu gehörten hauptsächlich zwei Herangehensweisen, nämlich:

— die Geschichte fränkisch-islamischer Beziehungen in der gesamten Periode soweit wie möglich im Kontext der Gesamtgeschichte des betroffenen historischen Raumes zu untersuchen und

— eine integrierte Auswertung sowohl westlicher als auch islamischer Quellen vorzunehmen und die Fragestellungen z.T. erst aus dem sich bei der gleichzeitigen Analyse dieser Quellengruppen ergebenden Befund zu gewinnen.

Mit aller Vorsicht läßt sich am Schluß dieser Arbeit die Frage stellen, ob eine Neubewertung fränkisch-islamischer Geschichte — der Ereignis- wie auch der Rechtsgeschichte — im Mittelalter unter Berücksichtigung der oben dargestellten methodologischen Elemente nicht nur möglich wäre, sondern auch ein echtes Desiderat der Forschung werden könnte. Es steht zu erwarten, daß sich im Verlauf des Prozesses des Sammelns und Auswertens einer Vielzahl auf diese Weise neu aufgefundener oder im Licht arabischer Quellen reinterpretierter Fälle ein differenzierteres Bild fränkisch-islamischer Begegnung im Mittelalter ergeben wird. Ein solches Ergebnis, in sich schon interessant genug, wäre vermutlich mehr als Selbstzweck:

Ob man es bedauern will oder nicht, es ist ein Faktum, daß Geschichte auch zu Zwecken der Legitimierung ge- oder mißbraucht wird, daß geschichtliche Ereignisse und Tendenzen zuweilen sogar als unmittelbare Handlungsanweisungen für die Gegenwart verstanden werden. Umso dringlicher ist es angesichts dieser gewollt-ungewollten praktischen Relevanz von Geschichte, das, was wir als Geschichte begreifen, immer wieder neu zu hinterfragen und das historische Material mit veränderten methodologischen Vorgaben zu konfrontieren. Appliziert auf die fränkisch-islamische Begegnung im Vorderen Orient des 12. und 13. Jahrhunderts — *faute de mieux*: die Kreuzzüge —, könnte es so dazu kommen, daß sowohl westliche als auch arabische Gelehrte die Quellen nicht mehr allein „konfrontativ“ lesen, sondern ihrerseits die Fragestellungen (neu) aus den (gerade auch arabischen) Quellen gewinnen.

Wenn damit ein kleiner Schritt in Richtung auf einen Entideologisierung der Debatte um die Begegnung von Europa und islamischer Welt in der Vergangenheit getan werden könnte und der euro-arabische Dialog um ein Quentchen von der historischen Last befreit würde, die auf ihm ruht, so wäre schon viel erreicht.

Anhang

Bemerkungen zur Umschrift und zur Transliteration orientalischer Personen- und Städtenamen

1. Für die Transliteration arabischer Namen und Fachausdrücke wird die Umschrift der Zeitschrift der Deutschen Morgenländischen Gesellschaft verwendet.
2. Die Transliteration türkischer Namen folgt der Umschrift der Reihe Porta Linguarum Orientalium.
3. Türkische Personennamen werden bei ersten Erwähnung in türkischer und in Klammern in arabischer Umschrift wiedergegeben, bei der folgenden Erwähnung nur noch in der türkischen Form, also: Gümüštegīn (Kumuštakīn), danach nur noch Gümüštegīn.
4. Für Städte- und Ortsnamen gilt:
   — noch heute bedeutende Orte werden in deutscher Schreibweise angeführt: Jerusalem, Damaskus, Beirut.
   — Orte, die einmal fränkischer Herrschaft unterstanden, werden mit ihrem fränkischen, nach einem Schrägstrich mit ihrem arabischen Namen genannt. Als fränkische Bezeichnung wird in der Regel die lateinische Namensform gewählt, also: Edessa/ar-Ruhā, Archis/ʿArqa. Die Benennung orientiert sich im allgemeinen an der in den Quellen dominierenden Schreibweise, so daß es gelegentlich zu kleineren orthographischen und phonetischen Unterschieden zur Nomenklatur der gebräuchlichen historischen Landkarten (z.B. des TAVO) kommt.
   — Namen für die Franken wichtiger griechischer Städte (etwa auf Kreuzzugsrouten) werden lateinisch/griechisch bezeichnet, also: Nicaea/Nikaia.
   — Orte, die nie fränkischer Herrschaft unterstanden, werden in Arabisch angeführt, also: Qalʿat Ǧaʿbar, Ḥimṣ, Manbiǧ. Dies gilt auch, wenn für diese Orte lateinische oder altfränzösische Bezeichnungen existieren.
   — Orte und Landschaften, die unter fränkischer Herrschaft standen, deren fränkischer Name aber nicht bekannt ist, werden arabisch benannt, z.B.: ʿAmq, Ġarb.
   — Ist der Ortsname Bestandteil eines Personennamens, so erscheient er nur in fränkischer Fassung, z.B. Balduin von Rames. Bezeichnet der Ortsnahme nicht nur eine Stadt, sondern ein ganzes Staatswesen, so wird nur der fränkische Name angegeben, z.B.: Antiochia/Anṭākiya (als Stadt), Antiochia (als Herrschaft).
5. Eingedeutschte Begriffe wie Wesir, Scheich, Kadi oder ähnlich werden nicht transliteriert, sondern mit der im Duden aufgeführten Schreibweise wiedergegeben.
6. Wichtigster Grundsatz ist es bei der Transliteration sowohl von Personen- als auch Städtenamen, die arabische bzw. türkische Schreibweise erkennbar zu machen und die Identifikation der Orte auf historischen Landkarten zu erleichtern. Die Schreibung topographischer Bezeichnungen kann in den einzelnen Quellen unter Umständen unterschiedlich sein (z.B. Baʿrīn/Ba'rīn, Qaisārīya/Qaiṣarīya). Gleiches gilt für Personennamen besonders türkischen Ursprungs. In solchen Fällen wird der in den meisten bzw. zeitgenössischen Quellen verwendeten Orthographie gefolgt. Innerhalb von übersetzten Zitaten wird die Schreibung des arabischen Urtextes beibehalten.
7. Leider müssen aus drucktechnischen Gründen Apostroph und Hamza mit demselben Zeichen umschrieben werden.

Verzeichnis der wichtigsten verwendeten arabischen Begriffe und Namen von Herrscherfamilien

Aiyūbiden: Von Saladin begründete Dynastie, (1169) 1174-1250 in Ägypten, bis 1260 auch in Syrien.

Būrīden: Von Ṭuġtegīn begründete Dynastie mit Zentrum Damaskus, 1104-1154.

dār al-'ahd/aṣ-ṣulḥ: „Vertragsgebiet"; Gebiet, mit dem die *dār al-Islām* einen befristeten Frieden oder Sicherheitsvertrag abgeschlossen hat.

dār al-ḥarb: „Gebiet des Krieges/der Unordnung" nichtmuslimischen Rechtes, gegen welches sich der *ǧihād* richtet, bis es sich dem islamischen Recht unterordnet.

dār al-Islām: Gebiet, in dem das islamische Recht volle Anwendung findet.

Fāṭimiden: šī'itisch-ismā'īlitische Dynastie ursprünglich aus dem Maghreb, in Ägypten (969) 973-1171.

ġazwa, pl. *ġazawāt* (Razzia): Beutezug; im engeren Sinn Terminus technicus für *ǧihād*-Unternehmungen.

ǧihād: Heiliger Kampf in der islamischen Konzeption, im Unterschied zum christlich-abendländischen Heiligen Krieg die Kriegstätigkeit individueller Muslime gegen Nichtmuslime — quasi privat — aus ausschließlich oder vorwiegend religiösen Gründen.

Der Begriff *ǧihād* (etymologisch: „angestrengte Bemühung um eine Sache") bezeichnet a) die persönliche Anstrengung zur moralischen und religiösen Vervollkommnung (*ǧihād kabīr)* und b) die bewaffnete Aktion zur Ausdehnung oder Verteidigung der *dār al-Islām* (*ǧihād ṣaġīr)* und stellt in letzter Bedeutung die einzig legitime Art von Kriegstätigkeit in der islamischen Theorie dar. Der *ǧihād* (militärisch) geht bereits auf den Propheten Muḥammad zurück und wird im Koran in einer Anzahl von Versen befohlen.

Grundsätzlich ist jeder Muslim zum *ǧihād* verpflichtet, wobei einzelne Juristen und Theologen ihn sogar als sechste Säule des Islams neben dem Bekenntnis zur Einheit Gottes, dem rituellen Gebet fünf Mal täglich, der Abgabe der Almosensteuer, der Pilgerfahrt nach Mekka und dem Ramaḍānfasten ansehen. Allerdings differenziert die Rechtstheorie i.d.R. zwischen der kollektiven Verpflichtung zum *ǧihād (farḍ kifāya)* — wonach bei ausreichender Anzahl von Kämpfern der Rest der Muslime von der Kriegspflicht befreit ist — und der allgemeinen *ǧihād*-Pflicht für jeden verfügbaren und waffenfähigen Muslim (*farḍ al-'ain)*, die etwa den Bewohnern von Nichtmuslimen belagerter Städte oder der Grenzgebiete der *dār al-Islām* (*ṯuġūr/'awāsim)* obliegt. Für muslimische Herrschaftsträger ist der *ǧihād* in jedem Fall Pflicht und gehört zu ihren wichtigsten Amtsobliegenheiten.

Im Unterschied zum Heiligen Krieg christlicher Art ist der *ǧihād* kein organisierter Kriegszug, sondern — auf individueller Ebene — ein Akt der Frömmigkeit eines einzelnen Muslims mit religiösem Verdienstcharakter, sofern er nicht durch die Erwartung von Lohn motiviert ist, und — rechtlich — ein Zustand, der fortdauert, bis der gesamte Orbis zur *dār al-Islām* geworden ist. Verträge mit Nichtmuslimen können der *ǧihād* nur unterbrechen, nicht aber beenden; sie sind deswegen zeitlich limitiert. Erst durch die Zusammenkunft einer Gruppe individueller *ǧihād*-Kämpfer *(muǧāhidūn, ġuzāh, mutaṭawwi'a)* konnte es zu *ǧihād* -Kriegszügen kommen, die einem christlichen Heiligen Krieg ähneln, ohne aber staatlich organisiert zu sein. Auch ein *ǧihād*-Kriegszug hat privaten, religiösen Charakter.

Eine besondere Ausprägung fand der *ǧihād* spätestens seit dem 8./9. Jhrh. im *ribāṭ*-Wesen, dem freiwilligen und oft zeitlich begrenzten (z.B. 40 Tage oder für die Dauer des Ramaḍān) Grenzkämpfertum von *murābiṭūn* genannten Muslimen, nicht selten Asketen, die sich

in Randgebieten des Islams zu Razzien oder zu Verteidigungszwecken versammelten. Wohl abgeleitet davon wurden die häufig befestigten Zentren solcher Kämpfer ebenfalls *ribāṭ* (pl. *rubuṭ)* genannt.
Obwohl dem *ǧihād* vor dem christlichen Heiligen Krieg die zeitliche Priorität zukommt und beide eine Anzahl ähnlicher Strukturelemente aufweisen, lässt sich nicht genau nachweisen, dass die christlichen Theorie der des *ǧihād* nachgebildet worden sei. Einflüsse des *ǧihād* auf die christliche Kriegerethik sind aber wohl nicht ausgeschlossen.
Vgl. E. Tyan, Djihād, in: EI 2 , Bd. 2, S. 551-553;
A. Noth, Heiliger Krieg und Heiliger Kampf in Islam und Christentum. Beiträge zur Vorgeschichte und Geschichte der Kreuzzüge, Bonn 1966 (Bonner Historische Forschungen, 28).

ḥaǧǧ: islamische Pilgerfahrt nach Mekka.
ḫidma: Dienst.
ḫil'a, pl. *ḫila'*: Ehrenkleid
hudna: Waffenstillstand; allgemein: Vertrag.
ḫuṭba: Islamische Freitagspredigt, in der als Unterordnungsbezeugung der Name des Oberherrn (meistens der des Kalifen) genannt wird. Zusammen mit der *sikka*, der Münze, war dies innerhalb der islamischen Ökumene die wichtigste Möglichkeit, Unterordnung auszudrücken.

iqṭā': Steuerpachtbezirk, spätestens im 12. und 13. Jahrhundert islamisches Pendant zum europäischen Lehen. Unter Aiyūbiden und Mamluken dem europäischen Lehen äußerlich sehr ähnlich, ist der *iqṭā'* ursprünglich von diesem aber in grundsätzlichen Aspekten verschieden:

1. Während in Europa Lehen vergeben wurden, um Kämpfer auszustatten und ihnen die Mittel zur Ausrüstung für den Kriegsdienst in die Hand zu geben, war das *iqṭā'* zunächst lediglich ein Steuerpachtbezirk. Er wurde anfangs ausschließlich an nichtmilitärische Würdenträger, Verwaltungsbeamte etc., vergeben.
2. Der *muqṭa'* (Inhaber eines *iqṭā'*) bezog lediglich die Steuergelder (bzw. einen Teil davon) aus dem Steuerpachtbezirk als persönliche Einkünfte. Er hatte ursprünglich keinerlei Verwaltungs- oder Gerichtsbarkeitsaufgaben. *Iqṭā'āt* wurden auf Zeit vergeben, konnten aber auf jeden Fall jederzeit entzogen werden. Erblichkeit setzte sich im Gegensatz zum europäischen Lehen nie völlig durch.
3. Während noch unter den Fāṭimiden ein *iqṭā'* ausschließlich zur Entlohnung von Zivilbeamten und zur Steuererhebung diente, setzte zeitgleich unter den türkischen Seldschuken eine „Militarisierung" des *iqṭā'*-Wesens ein: *iqṭā'āt* wurden an Militärs vergeben, die dafür zur Heerfolge und zur Stellung von (berittenen) Soldaten und Ausrüstung verpflichtet waren. Der Charakter des *iqṭā'* als Steuerpachtbezirk verlor sich damit. Der Unterschied zwischen der Verfügungsgewalt über ein *iqṭā'* und der Provinzverwaltung verschwamm — besonders unter den Aiyūbiden — ebenfalls. Ein „consilium" des *muqṭa'* gab es aber ebensowenig wie eine Kommendation oder eine spezielle Treuebeziehung zwischen *iqṭā'*-Inhaber und Sultan. Die Verleihung eines *iqṭā'* geschah mit der Übergabe eines entsprechenden Urkunde.
4. Unter den Aiyūbiden wurden *iqṭā'āt* als Apanagen für Mitglieder des Herrscherhauses vergeben. Dadurch wurden bestimmte *iqṭā'āt* de facto, nie aber de iure erblich, z.B. Ḥimṣ als Sitz der Abkömmlinge des Saladin-Onkels Šīrkūh.

Um Verwechslungen zwischen dem Lehen europäischer Prägung und dem *iqṭā'* vorzubeugen, wird *iqṭā'* in dieser Arbeit mit „Steuerpachtbezirk" übersetzt, obwohl diese Bedeutung im 12. Jahrhunhdert anachronistisch zu werden begann.

Die Literatur zum *iqṭā'*-Wesen ist äußerst umfangreich. Zum *iqṭā'* mit besonderer Berücksichtigung der Aiyūbidenzeit vgl. zuletzt: F.-J. Dahlmanns, al-Malik al-'Ādil, S. 186-193, der die relevante Literatur zitiert, und R. St. Humphreys, From Saladin, S. 371-375.

lā maqām: arab. für „kein Platz/kein Aufenthaltsort".

Mamluken: v. arab. *mamlūk,* wörtlich „Besitz", „(Militär-) Sklave". In Ägypten wurden die Aiyūbiden 1250, in Syrien 1260 von Sultanen abgelöst, die — meist aus dem Raum nördlich und östlich des Schwarzen Meeres stammend — als ursprüngliche Militärsklaven nach Ägypten verkauft und dort verschiedenen Mamlukenregimentern zugeordnet worden waren (in Ägypten und Syrien als Herrscher bis 1517).

munāṣafa, pl. *munāṣafāt:* „Kondominium".

mutaṭawwi'a: ǧihād -Freiwillige.

muwāda'a: gegenseitige Sicherheitszusage, Sicherheitsvertrag.

šarī'a: Islamisches Recht.

siyar, pl. von *sīra:* wörtlich „Verhaltensweisen", terminologisch für Kriegszüge, insbesondere des Propheten Muḥammad und seiner frühen Gefolgsleute *(ṣaḥāba, tābi'ūn)* gegen Nichtmuslime. In den *siyar*-Abschnitten der Jurisprudenz findet sich das islamische Kriegsrecht beschrieben.

ṣulḥ: (Friedens-) Vertrag.

ṭā'a: wörtl. Gehorsam, Unterordnung.

wālī, pl. *wulāt:* einer der arabischen Ausdrücke für „Gouverneur", „Statthalter".

Zengīden: Von 'Imād ad-Dīn Zengī begründete Dynastie, ab 1128 in Mossul und Aleppo (hier bis 1183), 1154 bis 1174 auch in Damaskus.

Abkürzungs- und Siglenverzeichnis

a.: arabisch für abū/abī (Vater von...)
AASS: Acta Sanctorum (Bollandiana)
AHR: American Historical Review
AOL: Archives de l'Orient latin

b.: arabisch für ibnu/ibni (Sohn des ...)
BEO: Bulletin d'études orientales de l'Institut français de Damas
BFLUS: Bulletin de la Faculté des Lettres de l'Université de Strasbourg
BSOAS: Bulletin of the School of Oriental and African Studies (of the Unversity of London)
BZ: Byzantinische Zeitschrift

CHR: Catholic Historical Review

DA: Deutsches Archiv für Erforschung des Mittelalters
DOP: Dumbarton Oaks Papers

EI 1: Enzyklopädie des Islams
EI 2: The Encyclopaedia of Islam
EHR: English Historical Review

FSI: Fonti per la storia d'Italia
FzDG: Forschungen zur deutschen Geschichte

HZ: Historische Zeitschrift

JA: Journal asiatique
JbbDG: Jahrbücher der deutschen Geschichte
JJS: Journal of Jewish Studies
JMH: Journal for Medieval History

M.: Muḥammad
MG lib de lite: Monumenta Germaniae historica, Libelli de lite
MG SS: Monumenta Germaniae historica. Scriptores
MG SS rer. Germ: Monumenta Germaniae historica. Sciptores rerum Germanicarum in usum scholarum separatim editi
MIÖG: Mitteilungen des österreichischen Instituts für Geschichtsforschung
MPL: Migne, Patrologiae cursus completus. Series Latina
MW: The Muslim World

NA: Neues Archiv der Gesellschaft für ältere deutsche Geschichtskunde

QFIAB: Quellen und Forschungen aus italienischen Archiven und Bibliotheken

RCEA: Répertoire chronologique d'épigraphie arabe
REI: Revue des études islamiques
RH: Revue historique
RHGF: Recueil des Historiens des Gaules et de la France
RHC Lois: Recueil des historiens des croisades. Lois
RHC occ.: Recueil des historiens des croisades. Historiens occidentaux
RHC or.: Recueil des historiens des croisades. Historiens orientaux
RHDFE: Revue historique de droit francais et étranger
RISS: Rerum Italicarum Scriptores (Muratori)
ROL: Revue de l'Orient latin
Rolls Series: Rerum Britannicarum medii aevi Scriptores

RRH: Regesta Regni Hierosolymitani
RSI: Rivista storica italiana
RSO: Revista degli studi orientali

SI: Studia Islamica

TAVO: Tübinger Atlas des Vorderen Orients

WZKM: Wiener Zeitschrift für die Kunde des Morgenlandes

ZDMG: Zeitschrift der Deutschen Morgenländischen Gesellschaft
ZDPV: Zeitschrift des deutschen Palästinavereins

Bibliographie

1. Allgemeine Hilfsmittel

Atiya, A.S., The Crusade, Historiography and Bibliography, Bloomington-London 1962.

The Encyclopaedia of Islam. New Edition, bisher Bd. 1-5, Leiden-London 1960-1985.

Enzyklopaedie des Islām. Geographisches, ethnographisches und biographisches Wörterbuch der muhammedanischen Völker, Bd. 1-4, Leiden-Leipzig 1913-1936.

Mayer, H.E., Bibliographie zur Geschichte der Kreuzzüge, Hannover 1960.

Mayer, H.E., Literaturbericht über die Geschichte der Kreuzzüge. Veröffentlichungen 1958-1967, in: HZ Sonderband 3 (1967), S. 641-736.

Thorau, P. Die Kreuzfahrerstaaten bis zum Ende des 12. Jahrhunderts, Wiesbaden 1985 (Tübinger Atlas des Vorderen Orients B VIII 8): historische Landkarte.

2. Inschriften

Répertoire chronologique d'épigraphie arabe, Bd. 1-15, ed. Et. Combe, J. Sauvaget, G. Wiet, Le Caire 1931-56. Bd. 16 hrsg. v. N. Elisséeff, D.S. Rice, G. Wiet, Le Caire 1964.

Sandoli, S. de, Corpus Inscriptorum Crucesignatorum Terrae Sanctae, 1099-1291, testo, trad. e annot. S. de Sandoli, OFM, Jerusalem 1974 (Pubblicazioni dello Studium Biblicum Franciscanum, 21).

3. Urkunden, Regesten und Verträge

Alarcón y Santón, M.A. und Garcia de Linares, R., Los documentos árabes diplomaticos del Archivo de la Corona de Aragón, Madrid 1940 (Publ. de las Escuelas de Estudios Árabes de Madrid y Granada, Ser. C, Núm. 1).

Amari, M. (ed.), I Diplomi arabi del R. Archivio Fiorentino. Testo originale con la Traduzione letterale e illustrazioni, Firenze 1863.

Arribas Palau, M., Las treugas entre Castilla y Granada firmada por Fernando I de Aragón, Tetuán 1956.

Bertolotto, G., Nuova Serie di Documenti sulle Relazione di Genove coll' Impero Bizantino. Raccolti dal Can. A. Sanguineti e pubbl. ... dal Prof. Gerolamo Bertolotto, in: Atti della Società Ligure di Storia Patria 28, Fasc. 2 (1897).

Delaborde, H.-F., Chartes de Terre Sainte provenant de l'abbaye de Notre-Dame de Josaphat, Paris 1880 (Bibliothèque des Ecoles Françaises d'Athènes et de Rome, 19).

Delaville-le-Roulx, J.M.A., Cartulaire général de l'ordre des Hospitaliers de St. Jean de Jérusalem, Bd. 1-4, Paris 1894-1906.

Dölger, F., Regesten der Kaiserurkunden des Oströmischen Reiches von 565-1453. 2. Teil: Regesten von 1025-1204, München-Berlin 1925 (Corpus der Griechischen Urkunden des Mittelalters und der Neueren Zeit, Reihe A: Regesten, Abt. I).

Dumont, J., Corps universel diplomatique du Droit des Gens ..., Bd. 1, Amsterdam 1726.

Historia diplomatica Friderici secundi...collegit... J.-L.-A. Huillard-Bréholles, Bd. 3, Parisiis 1852 (ND Torino 1963).

Jaffé-Löwenfeld: Jaffé, Ph., Regesta pontificum Romanorum ab conditia ecclesiae ad annum p. Chr. natum 1198. Bearb. von F. Kaltenbrunner, P. Ewald, S. Löwenfeld, Bd. 1-2, 2. Aufl. Leipzig 1885-1888.

Liber iurium reipublicae Genuensis, Bd. 1-2, Augustiae Tavinorum 1854 (Historiae Patriae Monumenta 1 und 9).

Mas-Latrie, M.L. de (Hrsg.), Traités de paix et de commerce et documents divers concernant les relations des chrétiens avec les arabes de l'Afrique Septentrionale au moyen age. Bd. 1.: Introduction historique; Bd. 2.: Documents, Paris 1866, Supplément et tables, Paris 1872.

Müller, G., Documenti sulle Relazione delle Città Toscana coll 'Oriente Cristiano e coi Turchi fino all 'Anno MDXXXI, racolti et annotati da Guiseppe Müller, Edizione anastatica 1966.

Paoli, S., Codice diplomatico del sacro militare Ordine Gerosolimitano oggio di Malta, ed. S. Pauli, 2 Bde. Lucca 1733-1737.

Regesta Regni Hierosolymitani: Röhricht, R., Regesta Regni Hierosolymitani 1097-1291, Innsbruck 1893, Additamentum ebda. 1904.

Rozière, E. de, Cartulaire: Cartulaire de l'église du St.-Sépulcre de Jérusalem, ed. E. de Rozière, Paris 1849 (Collection des documents inédits sur l'histoire de France, sér. I, t.5).

Sacy, S. de, Mémoire sur le traité fait entre le roi de Tunis et Phillipe le Hardi en 1270, in: Histoire et Mémoires de l'Institut Royal de France, Académie des Inscriptions et Belles-Lettres (1831), S. 448-477.

Sacy, S., Pièces diplomatiques tirées des Archives de la République de Gènes, in: Notices et Extraits des Manuscrits de la Bibliothèque du Roi 11, Paris 1827, S. 1-96.

Tabulae ordinis Theutonici, ed. E. Strehlke, Berolini 1869.

Tafel, G.L.F. und Thomas, G.M. (Hrsg.), Urkunden zur älteren Handels- und Staatsgeschichte der Republik Venedig mit besonderer Beziehung auf Byzanz und die Levante, Bd. 1-3, Wien 1856-57.

4. Lateinische Quellen (erzählende Werke, Reiseberichte, Briefe etc.)

Albert v. Aachen: Alberti Aquensis Historia Hierosolymitana, in: RHC occ. Bd. 4, Paris 1879, S. 265-713.

Andrea Dandolo: Andrea Danduli Ducis Venetiarum Chronica per extensum descripta aa. 46-1280 d. Chr., ed. E. Pastorello, Bologna 1938-1958 (RISS nov. ediz. 12,2).

Annales Cameracenses: Annales Cameracenses auctore Lamberto Waterlos, canonico regul. ad S. Autbertum Cam. a. 1099-1170, in: MGSS, Bd. 16, ed. G.H. Pertz, Hannoverae 1859, S. 510-554.

Annales Herbipolenses, in: MGSS, Bd. 16, ed. G.H. Pertz, Hannoverae 1859, S. 1-12.

Annales Januenses: Annali Genovesi di Caffaro e de 'suoi continuatori dal MXCIX al MCCXCIII, ed. L.T. Belgrano, Bd. 1, Roma 1890 (FSI 11,1), S. 1-75.

Annales Pisani: Gli Annales di Bernardo Maragone, a cura di M.L. Gentile, Bologna 1930-1936, (RISS nov. ediz. 6,2), S. 1-74.

Arnold v. Lübeck, Arnoldi abb. Lubecensis chronica Slavorum a. 1172-1209, in: MGSS, Bd. 21, ed. G.H. Pertz, recensuit B. ... Lappenberg, Hannoverae 1896, S. 101-250.

Balderich v. Dol, Historia Ierosolymitana, in: RHC occ., Bd. 4, Paris 1879, S. 1-111.

Bernhard v.Clairvaux: S. Bernardi abb. Clarae-Vallensis opera omnia, Bd. 3, ed. nova ... J. Mabillon, Epistolae, in: MPL Bd. 182, Paris 1862, Sp. 67-715.

Caffaro: De liberatione civitatum orientis, in: RHC occ., Bd. 5, Paris 1895, S. 41-73.

Chronicon de Lanercost, ed. J. Stevenson, Edinburgh 1835 (Maitland Club).

Chronicon Mauriniacense: Ex chronico Mauriniacenci auctoribus Teulfi et aliis ejusdem loci monachis, in: RHGF, ed. Bouquet, nouv. éd. L.Delisle, Bd. 12, Paris 1877, S. 68-88.

Chronicon Turonense: Ex chronico Turonensi auctore Turon. ecclesiae S. Martini canonico, in: RHGF, ed. Bouquet, nouv. éd. L. Delisle, Bd. 12, Paris 1877, S. 461-478.

Comte Riant: siehe: Riant.

Cont. Guil. Tyr.: Die lateinische Fortsetzung von Wilhelm von Tyrus, hrsg, v. M. Salloch, Diss. phil. Berlin 1934.

Ekkehard v. Aura: Ekkehardi Uraugiensis abbatis Hierosolymita. Nach der Weitz'schen Recension, hrsg. und erläutert von H. Hagenmeyer, Tübingen 1877.

Epistolae Regis Ludovici VII variorum ad eum volumen epistolarum D, in: RHGF, Bd. 16, ed. Bouquet, par J.-J. Brial, Paris 1878, S. 1-170.

Epistola ep. Wilhelmi: Epistola episcopi Wilhelmi „De excidio terre Jehrosolimitane", in: R. Röhricht, Beiträge zur Geschichte der Kreuzzüge, Bd. 1, Berlin 1874 (ND Aalen 1967), S. 189-193.

Fulcher Carnot.: Fulcheri Carnotensis Historia Hierosolymitana, hrsg. v.H. Hagenmeyer, Heidelberg 1913.

Galter Canc.: Galterii Cancellarii Bella Antiochena, hrsg. v. H. Hagenmeyer, Innsbruck 1896.

Gerhoh v. Reichersberg: Gerhoh praepositus Reichersbergensis, De investigatione Antichristi liber I, ed. E. Sackur, in: MGH libelli de lite, Bd. 3, Hannoverae 1897 (ND Aalen 1956), S. 304-359.

Gesta Francorum: Anonymi Gesta Francorum et aliorum Hierosolymitanorum, hrgs. v. H. Hagenmeyer, Heidelberg 1890.

Gesta Ludovici VII, in: Historiae Francorum Scriptores, ed. A. Du Chesne, Bd. 1-5, Lutetiae Parisiorum 1636-1649, Bd. 4, S. 390-411.

Gesta Regis Henrici secundi: Gesta Henrici secundi et Ricardi primi, ed. W. Stubbs, in: The Chronicle of the Reigns of Henry II and Richard I, Bd. 1, London 1867 (Rolls Series, 49,1).

Giraldus Cambrensis: Giraldus Cambrensis Opera, De Principis Instructione Liber, Bd. 8, ed. G.F. Warner, London 1891 (Rolls Series 21,8).

Gratian, Concordantia: Corpus iuris civilis, ed. Ae. Friedberg, pars I., Decretum magistri Gratiani, Leipzig 1879 (ND Graz 1959).

Guibert v. Nogent: Guibertus abbas Novigentinus, Histora Hierosolymitana quae dicitur Gesta Dei per Francos, in: RHC occ., Bd. 4, S. 115-263.

H. Hagenmeyer, Epistulae: Epistulae et chartae primi belli sacri spectantes quae supersunt aevo aequales ac genuinae. Die Kreuzzugsbriefe aus den Jahren 1088-1100, hrsg. v. H. Hagenmeyer, Innsbruck 1901.

Hist. bell. sacri: Historia belli sacri (= Tudebodus imitatus et continuatus), in: RHC occ., Bd. 3, Paris 1866, S. 165-229.

Historia compostellana, in: España Sagrada, Bd. 20, ed. H. Florez, De Literis Patriarchae, Madrid 1765, S. 309-312.

Historia peregrinorum: Historia peregrinorum, ed. A. Chroust, Quellen zur Geschichte des Kreuzzuges Kaiser Friedrichs I., Berlin 1928 (ND 1964) (MGSS rer. Germ. SS, nov. ser. 5), S. 116-172.

Isidor v. Sevilla: Isidori Hispalensis Episcopi Etymologiarum sive Originum Libri XX, ed. M.W. Lindsay, Bd. 1-2, Oxford 1911.

Itinerarium Peregrinorum: Itinerarium peregrinorum et gesta regis Ricardi, ed. W. Stubbs, in: Chronicles and Memorials of the Reign of Richard I, Bd. 1, London 1864 (Rolls Series 38,1).

Jakob v. Vitry: Lettres de Jacques de Vitry (1160/1170-1240), évêque de Saint-Jean d'Acre. Edition critique par R.B.C. Huygens, Leiden 1960.

Jakob v. Vitry: Historia orientalis: Iacobi de Vitriaco Acconensis ep. Historia Hierosolymitana, in: Gesta Dei per Francos sive orientalium expeditionum et Francorum Hierosolymitani historia, ed. J. Bongars, Bd. 1, Hanoviae 1611, S. 1047-1172.

John of Salisbury, Historia pontificalis: Joannis Saresbariensis, Historia Pontificalis, trans., intro. and ed. M. Chibnall, London u.a. 1956.

Matthaeus Parisiensis, Chronica majora, ed. H.R. Luard, Bd. 1-6, London 1877 (Rolls Series, 57, 1-6).

Ordericus Vitalis, Historia ecclesiastica. The Ecclesiastical History of Orderic Vitalis, Bd. 5-6, ed. and trans. by M. Chibnall, Oxford 1975-1978.

Odo v. Deuil: Eudes de Deuil, Epistola Odonis ad venerandum Abbatem suum Sugerium (La croisade de Louis VII, roi de France), publiée par H. Waquet, Paris 1949 (Documents relatif à l'histoire des croisades, 3).

Oliver Scholasticus, Historia Damiatina, ed. H. Hoogeweg, Die Schriften des Kölner Domscholasters... Oliverius, Tübingen 1894 (Bibliothek des literarischen Vereins in Stuttgart, 202), S. 159-280.

Otto v. Freising, Chronicon: Ottonis Ep. Frisingensis Chronicon, ed. R. Wilmans, in: MGSS, Bd. 20, ed. G.H. Pertz, Hannoverae 1868, S. 83-301.

Otto v. Freising, Gesta: Otto von Freising (und Rahewin) (Ottonis Ep. Frisingensis et Rahewin), Gesta Frederici seu rectius cronica (Die Taten Friedrichs oder richtiger Cronica), übers. v.A. Schmidt, hrsg. v. F.-J. Schmale, Darmstadt 1965 (Ausgewählte Quellen zur Deutschen Geschichte des Mittelalters. Freiherr vom und zum Stein-Gedächtnisausgabe. Hrsg. v. R. Buchner, 18).

Quantum praedecessores, Text der Kreuzzugsbulle Eugens III. vom 1. März 1146, Trastevere (J. L. 8796), hergestellt v. P. Rassow, in: NA 45 (1924), S. 302-305.

Radulph v. Caen, Gesta Tancredi, in: RHC occ., Bd. 3, Paris 1866, S. 587-716.

Radulph de Diceto, Ymagines: Radulf de Diceto, Ymagines Historiarum, in: Opera historica, ed. W. Stubbs, Bd. 2, London 1876 (Roll Series, 71, 2), S. 3-174.

Raim. Aguil.: Le "Liber" de Raymond d'Aguilers, publ. par J.H. Hill et L.L. Hill, Paris 1969 (Documents relatifs à l'histoire des croisades publ. par l'Académie des Inscriptions et Belles-Lettres, 9).

Regni Iherosolymitani Brevis Historia, in: Annali Genovesi di Caffaro e de' suoi continuatori dal MXCIX al MCCXCIII, ed. L.T. Belgrano, Bd. 1, Roma 1890 (FSI 11,1), S. 125-149.

Comte Riant: Inventaire critique des lettres historiques des croisades, in: AOL la (1881) (ND 1964), S. 1-89 u. 91-224.

Richard de Devizes, Ricardus Devisiensis, De rebus gestis Ricardi primi, ed. R. Howlett, in: Chronicles and Memorials of the Reigns of Stephen, Henry II and Richard I, Bd. 3, London 1886 (Rolles Series, 82,3).

Rigord: Gesta Philippi Augusti, ed. H.F. Delaborde, Oeuvres de Rigord et Guillaume le Breton, Bd. 1, Paris 1882 (Société de l'Histoire de France).

Robert Monach.: Roberti monachi Historia Hierosolymitana ad annum 1099, in: RHC occ., Bd. 3, S. 717-882.

Robert de Torigny: Robert de Torigni, Chronica, ed. R. Howlett, in: Chronicles of the Reigns of Stephen, Henry II and Richard I, Bd. 4, London 1890 (Rolls Series, 82,4).

Roger v. Hoveden: Magistri Rogeri de Hovedene Chronica, ed. W. Stubbs, Bd. 1-4, London 1886-1871 (Rolls Series 51, 1-4).

Saewulf: Relatio de Peregrinatione Saewulfi ad Hierosolymitam et Terram Sanctam, annis Dominicae Incarnationis 1102 et 1103, ed. M. d'Arezac, in: Receuil de voyages et de mémoires, Bd. 4, Paris 1889, S. 833-854.

Scriptum Galeranni episcopi de miraculo Boimundi, in: AASS 6, Nov. III, S. 160-168. Un sermon commémoratif de la prise de Jérusalem par les croisés attribué à Foucher de Chartres, ed. Ch. Kohler, in: ROL 8 (1900-1901) (ND 1964), S. 158-164.

Translatio s. Nicolai: Monachus anonymus Littorensis, Historiae de translatione sanctorum magni Nicolai, terra marique miraculis gloriosi, ejusdem avunculi alterius Nicolai, Theodorique, martyrius pretiosi, de civitate Mirea in monasterium S. Nicolai de Littore Venetiarum, in: RHC occ., Bd. 5, Paris 1895, S. 253-281.

Tudebod: Petrus Tudebodus. Historia de Hierosolymitano itinere, publ. par J.H. et L.L. Hill, introd. et. trad. par Ph. Wolff, Texte et notes par J. Richard, Paris 1977 (Documents relatifs à l'histoire des croisades publ. par l'Académie des Inscriptions et Belles-Lettres, 12).

Wibaldi Epistolae, in: Monumenta Corbeiensia, ed. Ph. Jaffé, Berolini 1864 (Bibliotheca rerum Germanicarum, 1), S. 76-616.

Wilbrand v. Oldenburg: Wilbrandi de Oldenborg Peregrinatio, in: Peregrinatores medii aevi quatuor, ed. J.C.M. Laurent, 2. Aufl. Leipzig 1873, S. 159-190.
Wilhelm v. Tyrus: Historia rerum in partibus transmarinis gestarum edita a venerabili Willermo Tyrensis archiepiscopo, in: RHC occ., Bd. 1, 1-2, Paris 1844.
Neuedition als: Guillaume de Tyr, Chronique, éd. critique par R.B.C. Huygens. Identification des sources historiques et détermination des dates par H.E. Mayer et G. Rösch, Tournhout 1986 (Corpus christianorum, Continuatio medievalis, 63-63A).

5. Altfranzösische Quellen (erzählende und juristische Werke)

Ambroise, L'Estoire de la guerre sainte, ed. G. Paris, Paris 1897.
Assises de la Cour des Bourgeois, in: RHC Lois, Bd. 2, ed. le Comte Beugnot, Paris 1848, S. 1-226, Formules, ebda., S. 383-389.

Le Confesseur de la Reine Marguerite, Vie de Saint Louis, in: RHGF, ed. Bouquet, nouv. éd. L. Delisle, Bd. 20, Paris 1840, S. 58-121.

Ernoul: Chronique d'Ernoul et de Bernard le Trésorier, ed. M.L. de Mas-Latrie, Paris 1871.
Estoire de Eracles: L'Estoire d'Eracles Empereur et la conqueste de la Terre d' Outremer, in: RHC occ. Bd. 2, Paris 1859, S. 1-481.

Jean (Sire) de Joinville, Histoire de Saint Louis. Credo et lettre à Louis X. Texte original, acc. d'une traduction par M. Natalis de Wailly, 2. Aufl. Paris 1874.

Les Lignages d' Outremer, in: RHC Lois, Bd. 2, ed. le Comte Beugnot, Paris 1848, S. 435-474.
Le Livre au Roi, in: RHC Lois, Bd. 1, ed. le Comte Beugnot, Paris 1841, S. 601-644.
Le Livre de Geoffroy le Tort, in: RHC Lois, Bd. 1, ed. le Comte Beugnot, Paris 1841, S. 433-450.
Le Livre de Jean d'Ibelin, in: RHC Lois, Bd. 1, ed. le Comte Beugnot, Paris 1841, S. 1-432.

Rothelin: La continuation de Guillaume de Tyr de 1229 à 1261, dite du manuscript de Rothelin, in: RHC occ., Bd. 1, Paris 1859, S. 483-639.

6. Arabische Quellen (erzählende Werke, historische Geographien, Kanzleiliteratur und Gedichtanthologien)

— a. = abū/abī, siehe unter „a“ —

— b. = ibn, siehe unter „I“ —

Abū Šāma, Rauḍatain I: Abū Šāma, Kitāb ar-rauḍatain fī aḫbār ad-daulatain an-nūrīya wa-'ṣ-ṣalāḥīya, ed. M.H.M. Aḥmad und M.M. Ziyāda, al-Qāhira 1956-1962.

Abū Šāma, Rauḍatain II: Abū Šāma, Kitāb ar-rauḍatain, Bd. 1-2, al-Qāhira 1287-88 a.h. — hier immer Bd. 1 zitiert.

al-'Aẓīmī: La chronique abregée d'al-'Aẓīmī, ed. Cl. Cahen, in: JA 230 (1938), S 353-448.

Bahā' ad-Dīn b. Šaddād, an-Nawādir as-sulṭānīya wa-'l-maḥāsin al-yūsufīya, ed. Ǧamāl ad-Dīn aš-Šaiyāl, al-Qāhira 1964.

al-Bundārī, Sanā 'l-barq aš-šā'mī, ed. F. an-Nabarāwī, al-Qāhira 1979.

Gabrieli, F., Die Kreuzzüge aus arabischer Sicht, aus den arabischen Quellen ausgewählt und übersetzt von Francesco Gabrieli, aus dem Italienischen von Barbara von Kaltenborn-Stachau unter Mitwirkung von Lutz Richter-Bernburg, 2. Aufl. München 1976.

al-Ǧuwainī: Cl. Cahen, Une source pour l'histoire des croisades: Les Mémoires de Sa'd ad-Dīn ibn Ḥamawīya Juwainī, in: BFLUS 28 (1949/1950), S. 320-337.

b. 'abd aẓ-Ẓāhir, Rauḍ: Ibn 'abd aẓ-Ẓāhir, ar-Rauḍ az-zāhir fī sīrat al-Malik aẓ-Ẓāhir, ed. 'A. al-'Azīz al-Ḫuwaiṭir, ar-Riyāḍ 1396 a.h./1976.

b. 'abd aẓ-Ẓāhir, Tašrīf: Tašrīf al-aiyām wa-'l-'uṣūr fī sīrat al-Malik al-Manṣūr, ed. M. Kāmil und M.'A. an-Naǧǧār, al-Qāhira 1961.

b. abī 'd-Dam: Ibn abī 'd-Dam, Kitāb aš-šamārīḫ fī 't-tawārīḫ, Ms. Oxford Bodleian Marsh 60.

b. al-'Adīm, Buġya: b. al-'Adīm, Kamāl ad-Dīn, Buġyāt aṭ-ṭalab fī ta'rīḫ Ḥalab (Selčuklarla İlgili Haltercümeleri) ed. A. Sevim, Ankara 1976 (Türk Tarih Kumuru Yayınları, 19, Dizi-Sa., 5).

b. al-'Adīm: B. Lewis, Three Biographies from Kamāl ad-Dīn, in: Mélanges Fuad Köprülü, Istanbul 1953, S. 325-344.

b. al-'Adīm, Zubda: Ibn al-'Adīm, Zubdat al-ḥalab min ta'rīḫ Ḥalab, ed. Sāmī ad-Dahhān, Bd. 1-3, Dimašq 1951-1968.

b. 'Asākir, Wulāt Dimašq fī 'l- 'ahd al-salǧūqī. Nuṣūṣ mustaḫraǧa min ta'rīḫ Dimašq al-kabīr li-'l-Ḥāfiẓ b. 'Asākir, 3. Aufl. Bairūt 1981.

b. al-Aṯīr, Bāhir: Ibn al-Aṯīr, at-Ta'rīḫ al-bāhir fī' d-daulat al-atābakīya, ed. A.A. Tolaymat, Baġdād 1382 a.h./1963.

b. al-Aṯīr, Kāmil: b. al-Aṯīr, 'Izz ad-Dīn, al-Kāmil fī 't-tawārīḫ, Bd. 10-12, Bairūt (Dār Ṣādir/Dār Bairūt) 1386 a.h./1966.

b. ad-Dawādārī: Ibn ad-Dawādārī, Kanz ad-durar wa-ǧāmi' al-ġurar, Bd. 6, ed. Ṣalāḥ ad-Dīn al-Munaǧǧid, Der Bericht über die Fatimiden, Kairo 1961 (Deutsches Archeologisches Institut Kairo. Quellen zur Geschichte des islamischen Ägyptens, lf.).

b. Duqmāq, Nuzhat al-anām fī ta'rīḫ al-Islām, Ms. Bibl. nat. (Paris) arab. 1597.

b. Faḍlallāh al-'Umarī, Ta'rīf: Ibn Faḍlallāh al-'Umarī, at-Ta'rīf bi-'l-muṣṭalaḥ aš-šarīf Miṣr/al-Qāhira 1312 a.h.?

b. Faḍlallāh al-'Umarī, ed. Amari: Condizione degli Stati cristiani dell' Occidente secondo una relazione di Domenichino Doria da Genova. Testo Arabo con versione italiana..., in: Atti della Reale Accademia dei Lincei anno CCLXXX (1882-1883), ser. terza, Memorie della classe di Scienze morali, storiche e filologiche, vol. XI, Roma 1883, S. 67-103.

b. al-Furāt: Ibn al-Furāt, Ta'rīḫ ad-duwal wa-'l-mulūk,

— Ms. Bibl. Pal. Vindob. Cod. (Wien) A.F. 117-119.

— Bd. 1 (501-522) (25. Aug. 1107 — 31. Mai 1128) ed. und ins Deutsche übertragen v. Ahmed el-Shamy, Masch.schriftl. Diss. phil. Wien 1972.

— Bd. 2 (522-543) (6. Jan. 1128 - 12. April 1149) ed. und ins Deutsche übersetzt v. Abbas H. Aldahir, Masch.schriftl. Diss. phil. Wien 1972.

— Bd. 4, 1-2 (563-588), The History of Ibn al-Furat, ed. Ḥ.M. aš-Šamā', Baṣrā 1386-1389 a.h./1967-1969.

— Bd. 7 (672-682), The History of Ibn al-Furat, ed. Q. Zuraiq (Costi K.Zurayk), Bairūt 1942 (American Unversity of Beirut. Publications of the Faculty of Arts and Sciences, Oriental Series, 17).

b. al-Furāt: U. Lyons and M.C. Lyons, Ayyubids, Mamelukes and Crusaders. Selections from the Tārīkh al-Duwal wa'l-Mulūk of Ibn al-Furāt. Historical Introduction by J.S.C. Riley-Smith, Bd. 1: The Text, Bd. 2: The Translation, Cambridge 1971.

b. al-Ǧauzī: Ibn al-Ǧauzī, Kitāb al-muntaẓam fī ta'rīḫ al-mulūk wa-'l-umam, Bd. 1-10, Ḥaidarābād 1357-1358 a.h..

b. Ǧubair: Ibn Ǧubair, Riḥla. The Travels of Ibn Jubayr, ed. W. Wright, rev. by M.J. de Goeje, Leiden 1907 (Gibb Memorial Series, 5).

b. Ǧubair, Ibn Jobair, Voyages, trad. et annot. par M. Gaudefroy-Denombynes, Paris 1949-65 (Documents relatifs à l'histoire des croisades, 4-7).

b. Ḫaldūn: Ibn Ḫaldūn, al-'Ibar wa-dīwān al-mubtadā' wa-'l-ḫabar fī aiyām al-'arab wa-'l-'aǧam wa-'l-barbar wa-man 'aṣarahum min ḏawī 's-sulṭān, Bd. 1-7, 3. Aufl. Bairūt 1967/68.

b. Ḫallikān: Ibn Ḫallikān, Wafayāt al-a'yān wa-anbā' abnā' az-zamān, Bd. 1-7, ed. M. Muḥyī ad-Dīn 'abd al-Ḥamīd, al-Qāhira 1367 a.h./1948.

b. al-Ma'mūn: Ibn al-Ma'mūn al-Baṭā'iḥī, Passages de la Chronique d'Egypte d'Ibn al-Ma'mūn. Prince Ǧamāl al-Dīn Abū 'Alī Mūsā b. al-Ma'mūn al-Baṭā'iḥī m. 588 h., éd. A.F. Sayyid, Le Caire 1983 (Institut Français d'Archéologie Orientale du Caire. Textes arabes et études islamiques, 21).

b. Muyassar: Ibn Muyassar, al-muntaqā min aḫbār Miṣr, Choix de passages de la chronique d'Egypte d'Ibn Muyassar, éd. A.F. Sayyid, Le Caire 1981 (Institut Français d'Archéologie Orientale du Caire. Textes arabes et études islamiques, 17).

b. Naẓīf: Ibn Naẓīf (=Boulaid Doudou), Der Tārīḫ al-Manṣūrī des Ibn Naẓīf al-Ḥamawī, hrsg. nach dem Leningrader Unicum, übersetzt und mit Anmerkungen versehen, Masch. schriftl. Diss. phil. Wien 1961.

b. al-Qalānisī: Ibn al-Qalānsisī, Ḏail ta'rīḫ Dimašq, ed. H.F. Amedroz, Leiden 1908.

b. aṣ-Ṣairafī: Ibn aṣ-Ṣairafī, al-Išāra ilā man nāla 'l-wizāra, ed. A. Muḫlis, in: Bulletin de l'Institut Français d'Archéologie Orientale 15 (1925), S. 49-111.

b. Šiḥna; Ibn Šiḥna, ad-Durr al-muntaḫab fī ta'rīḫ mamlakat Ḥalab, Bairūt 1909.

b. Taġrībirdī: Ibn Taġribīrdī, an-Nuǧūm az-zāhira fī mulūk Miṣr wa-'l-Qāhira, Bd. 1-12, al-Qāhira o.J.

b. Wāṣil: Ibn Wāṣil, Mufarriǧ al-kurūb fī aḫbār banī Aiyūb, ed. Ǧalāl ad-Dīn aš-Šaiyāl, Bd. 1-3, al-Qāhira 1953-77.

— Bd. 4, ed. Ḥasanain M. Rabī' und Sa'īd 'Abdalfattāḥ 'Āšūr, al-Qāhira 1972.

b. Ẓāfir: Ibn Ẓāfir al-Azdī, Aḫbār ad-duwal al-munqaṭi'a, éd. A Ferré, Le Caire 1972 (Institut Français d'Archéologie Orientale du Caire. Textes arabes et études islamiques, 12).

al-Idrīsī, Nuzhat al-muštāq fī 'ḫtirāq al-āfāq (Opus geographicum sive liber ad eorum dilectionem qui terras peragrare studeant), ed. E. Cerulli, F. Gabrieli u.a., Fasc. 4, Neapoli-Romae 1974.
al-'Ilmāwī, ed. Sauvaire: J. Sauvaire, Description de Damas, Abrégé du Dāris fī tārīḫ al-madāris d'al-Nu'aymī par 'Abd al-Basīṭ al-'Ilmāwī, in: JA (1894), S. 385-501.
'Imād ad-Dīn al-Qāḍī al-Iṣfahānī, al-Bustān al-ǧāmi' li-ǧamī' tawārīḫ az-zamān, ed. Cl. Cahen, Une chronique syrienne du VIe/VIIe siècle: Le „Bustān al-Jāmi'", in: Bulletin d'Etudes Orientales 7/8 (1937/1938), S. 113-158.
'Izz ad Din b. Šaddād, al-A'lāq al-ḫaṭīra fī ḏikr umarā' aš-Ša'm wa-'l-Ǧazīra,
— Aleppo: Bd. I, 1, éd. D. Sourdel, Damas 1953.
— Damaskus: Ta'rīḫ madīnat Dimašq, ed. Sāmī ad-Dahhān, Dimašq 1956.
— Lubnān...: Ta'rīḫ Lubnān wa-'l-Urdunn wa-Filasṭīn, ed. Sāmī ad-Dahhān, Dimašq 1963.

al-Kātib al-Iṣfahānī, Barq: 'Imād ad-Dīn al-Kātib al-Iṣfahānī, al-Barq aš-ša'mī,
— Bd. 3, Ms. Oxford Bodleian Bruce 11,
— Bd. 5, Ms. Oxford Bodleian Marsh 425.
— al-Kātib al-Iṣfahānī, al-Fatḥ al-qussī fī 'l-fatḥ al-qudsī, ed. C. de Landberg, Leyde 1888.
— al-Kātib al-Iṣfahānī, Ḫarīdat al-qaṣr wa-ǧarīdat al-'asr,
— Qism šu'arā' aš-Ša'm, ed. Š. Faiṣāl, Bd. 1-4, Dimašq 1955-68.
— Qism šu'arā' Miṣr, Bd. 1-2, ed. A.A. Ḍaif und Iḥ. 'Abbās, Bd. 1-2, al-Qāhira 1370 a.h./1951-1952.

al-Malik al-Manṣūr, Miḍmār al-ḥaqā'iq wa-sirr al-ḫalā'iq, ed. Ḥ. Ḥabašī, al-Qāhira 1968.
al-Maqrīzī, Ḫiṭaṭ: al-Maqrīzī, Kitāb al-mawā'iẓ wa-'l-i'tibār fī ḏikr al-ḫiṭaṭ wa-'l-āṯār, Bd. 1-2, al-Qāhira 1270 a.h./1853.
al-Maqrīzī, Itti'āẓ: al-Maqrīzī, Itti'āẓ al-ḥunafā' fī aḫbār al-a'imma al-fāṭimīyīn al-ḫulafā', Bd. 1-3, hrsg. v. M.Ḥ.M. Aḥmad, al-Qāhira 1387-1393 a.h./1967-1973.
al-Maqrīzī, Sulūk: al-Maqrīzī, Kitāb as-sulūk li-ma'rifat duwal al-mulūk, I, Bd. 1-3 und II, Bd. 1-3, ed. M.M. Ziyāda, al-Qāhira 1934-1958.
Muslim b. Maḥmūd, aš-Šaizarī: siehe al-Qāḍī al-Fāḍil.
M.b. Ṭūlūn: Muḥammad b. Ṭūlūn, al-Qalā'id al-ǧauharīya fī ta'rīḫ aṣ-Ṣāliḥīya. al-qism al-auwal, ed. M.A. Duhmān, Dimašq 1368 d.h./1949.

an-Nu'aimī, ad-Dāris fī ta'rīḫ al-madāris, ed. Ǧ. al-Ḥasanī, Bd. 1, Dimašq 1367 a.h./1948.
an-Nuwairī, Nihāyat al-arab fī funūn al-adab, Ms. Bibl. nat. (Paris) arab. 1578-1579.
— Bd. 1-18, al-Qāhira 1342-1374 a.h./1923-1955.

al-Qāḍī al-Fāḍil: Ibn 'abd aẓ-Ẓāhir, ad-Durr an-naẓīm min tarassul 'Abdarraḥīm, ed. A.A. Badawī, al-Qāhira 1378 a.h./1959.
al-Qāḍī al-Fāḍil, Mukātabāt, Ms. München (Bayr. Staats.bibl.) 402.
al-Qāḍī al-Fāḍil, Rasā'il, Ms. Bibl. nat. (Paris) arab. 6024.
al-Qāḍī al-Fāḍil, Ms. Berlin Weitzenstein 1264.
al-Qāḍī al-Fāḍil, Ms. Cambridge Qq 232 (8).
al-Qāḍī al-Fāḍil, Ms. Mossul 93,3.
al-Qāḍī al-Fāḍil, Ketab al-Mokhtar, Ms. Brit. Mus. Add. 7307.
al-Qāḍī al-Fāḍil, Morasalat Fadhli, Ms. Brit. Mus. Add. 7465.
al-Qāḍī al-Fāḍil, 'Uyūn ar-rasā'il al-Fāḍilīya, Ms. Brit. Mus. Add. 25756.
al-Qāḍī al-Fāḍil, al-Kadi al-Fadil Epistolae, Ms. Brit. Mus. Add. 25757.
al-Qāḍī al-Fāḍil, als: Muslim b. Maḥmūd aš-Šaizarī, Ǧamharat al-Islām, Ḏāt an-naṯr wa-'n-niẓām, Ms. Leiden or. 287.

al-Qāḍī al-Fāḍil, Dīwān al-Qāḍī al-Fāḍil, 2. Bde. in 1, ed. A.A. Badawī und Ibr. al-Ibyārī, al-Qāhira 1961.
al-Qalqašandī, Ṣubḥ al-a'šā fī ṣinā'at al-inšā', Bd. 1-14, al-Qāhira 1331-37 a.h./1913-19.

Ṣāliḥ b. Yaḥyā, Ta'rīḫ Bairūt. Récit des anciens de la famille de Buḥtur b. 'Alī, Emir du Gharb de Beyrouth, Texte établi par F. Hours et K. Salibi ..., Beyrouth (Dar el-Machreq) 1969.
as-Saraḫsī, Kitāb al-mabsūṭ, Bd. 1-30 in 15 Bänden, Miṣr 1324-1332 a.h./1902-1913.
Sāwīrus b. al-Muqaffa', History of the Patriarchs of the Egyptian Church known as the History of the Holy Church by Sâwîrus ibn al-Muḳaffa', Bishop of Ašmûnîn,
— Bd. 3, 1: 1102-1167, trans and annot. A. Khater u. O.H.E. KHS-Burmester, Le Caire 1968;
— Bd. 3, 2, trans. and annot. A. Khater u. O.H.E. KHS-Burmester, Le Caire 1970 (Publications de la Société d'Archéologie Copte. Textes et Documents, 13).
Sibṭ b. al-Ǧauzī: Sibṭ b. al-Ǧauzī, Mir'āt az-zamān fī ta'rīḫ al-a'yān,
— ed. A. Sevim, Mir'âtü 'z-Zemân fī tarihi 'l-âyan, Ankara 1968 (Ankara Üniversitesi Dil ve Tarih-Coğrafya Fakül. Yay., 178).
— ed. J.R. Jewett (Faksimile), Chicago 1907.
— Bd. VIII, 1-2, Ḥaidarābād 1959.
Sibṭ b. al-Ǧauzī, Muntaḫabāt min kitāb mir'āt az-zamān, in: RHC or., Bd. 3, Paris 1884, S. 511-570.
as-Sulamī, hrsg. u. übers. in: E.Sivan, La génèse de la contre-croisade. Un traité damasquin du début du XIIe siècle, in: JA 254 (1966), S. 197-224.

Ṭalā'i' b. Ruzzīk, Dīwān: Ṭalā'i' b. Ruzzīk al-Malik aṣ-Ṣāliḥ (Abū 'l-Ġārāt), Dīwān, ed. M. Hādī al-Amīnī, an-Naǧaf al-ašraf (al-Maktaba al-ahlīya) 1383 a.h./1964.

'Umāra al-Yamanī, Nukat: 'Umāra al-Yamanī, Kitāb nukat al-'aṣrīya fī aḫbār al-wuzarā' al-miṣrīya, ed. in: H. Derenbourg, 'Oumâra du Yémen. Sa vie et son oeuvre, Bd. 1, Paris 1897 (Publications de l'Ecole des Langues Orientales Vivantes, IV. sér., vol. X, 1e partie), S. 5-154.
'Umāra al-Yamanī, Muḫtār min dīwān 'Umāra, ebda. S. 155-394.
Usāma b. Munqiḏ, I'tibār: Usāma b. Munqiḏ, Kitāb al-I'tibār, ed. H. Derenbourg, als: 'Ousâma ibn Mounḳidh. Un émir syrien au premier siècle des croisades (1095-1188), 2ième partie, Paris 1886 (Publications de l'Ecole des Langues Orientales Vivantes, II. sér., vol. 13, 2ième partie).
Usāma b. Munqiḏ, 'Aṣā: Kitāb al-'aṣā, in: H. Derenbourg, in: ebda., Vie d'Ousâma, 1e partie, Paris 1889 (Publications de l'Ecole des Langues Orientales Vivantes, II. sér., vol. 12, 1e partie), S. 499-542.

Yāqūt ar-Rūmī, Mu'ǧam al-buldān, Bd. 1-5, Bairūt 1374-1376 a.h./1955-1957.

7. Griechische Quellen

Anna Komnena: Anna Comnène, Alexiade, éd. et trad. B. Leib, 3 Bde., Paris 1937-1945 (Collection Byzantine de l'Association Guillaume Budé).

Johannes Kinnamos, Ioannis Cinnami Epitome rerum ab Ioanne et Alexio Comnenis gestarum, ed. A. Meinicke, Bonn 1836 (Corpus Scriptorum Historiae Byzantinae).

Konstantin Manasses: K. Horna, Das Hodoiporikon des Konstantin Manasses, in: BZ 13 (1904) (ND 1964), S. 313-355.

Niketas Choniates: Historia, ed. v. I.A. (J.-L-) van Dieten, Bd. 1-2, Berlin-New York 1975 (Corpus Fontium Historiae Byzantinae, 11,1).

— Teilübersetzung: Fr. Grabler, Die Krone der Komnenen. Die Regierungszeit der Kaiser Ioannes und Manuel Komnenos aus dem Geschichtswerk des Niketas Choniates, Graz-Köln-Wien 1958 (Byzantinische Geschichtsschreiber, 7).

8. Quellen in anderen Sprachen

Barhebraeus: The Chronography of Gregory Abū 'l Faraj... commonly known as Bar Hebraeus, transl. from the Syriac by E.A. Wallis Budge, Bd. 1, London 1932.

Benjamin von Tudela: Die Reisebeschreibungen des R. Benjamin von Tudela..., hrsg. v. L. Grünhut und M.N. Adler, 2 Bde. in 1, Jerusalem 1903 (deutsch) - 1904 (hebräisch).

Chronicon ad A.C. 1234 pertinens: Anonymi auctoris Chronicon ad A.C. 1234 pertinens, Bd. 2, trad. par A. Abouna..., Louvain 1974 (Corpus Scriptorum Christianorum Orientalium, 354 = Scriptores syri, 154).

Gregor der Priester: Chronique de Matthieu d'Edesse 962-1136 avec la continuation de Grégoire le Prêtre jusqu'à 1162, ed. E. Dulaurier, Paris 1858.

Matthäus von Edessa: ebda.

9. Sekundärliteratur

(mit Beschränkung auf die zitierten Werke)

Abel, F.M., La liste des donations de Baibars en Palestine d'après la charte de 663 h. (1265), in: Journal of the Palestine Oriental Society 19 (1939-1940), S. 38-44.

Ahmad, M. Hilmy M., Some Notes on Arabic Historiography during the Zengid and Ayyubid Periods (521/1127-648/1250), in: Historians of the Middle East, ed. B. Lewis and P.M. Holt, London 1962, S. 79-97.

Allmendinger, K.-H., Die Beziehungen zwischen der Kommune Pisa und Ägypten im Hohen Mittelalter. Eine rechts- und wirtschaftshistorische Untersuchung, Wiesbaden 1967 (Vierteljahrschrift für Sozial- und Wirtschaftsgeschichte, Beiheft 54).

Altoma, S.J., The Treatment of the Palestinian Conflict in Modern Arabic Literature, 1917-1970, in: Middle East Forum 48 (1972), S. 7-26.

Andressohn, J.C., The Ancestry and Life of Godfrey of Bouillon, Bloomington 1947 (ND 1972) (Indiana Unversity Publications, Social Science Series, 5).

Ashtor-Strauss, E., L'administration urbaine en Syrie médiévale, in: RSO 31 (1956), S. 73-128.

Atiya, A.S., The Idea of the Counter-Crusade, in: Actes du XXIe Congrès International des Orientalistes. Paris 23-31. juillet 1948, Paris 1949, S. 356-357.

Baldwin, M.W., Raymond III. of Tripolis and the Fall of Jerusalem (1140-1187), Princeton 1936 (ND Amsterdam 1969).

Baldwin, M.W., Some Recent Interpretations of Pope Urban II 's Eastern Policy, in: CHR 25 (1940), S. 459-466.

Beaumont, A.A., Albert of Aachen and the County of Edessa, in: The Crusades and other Historical Essays presented to Dana C. Munro by his former Students, ed. by L.J. Paetow, New York 1928, S. 101-138.

Beck, M., Alexios Komnenos zwischen Normannen und Türken, in: Akten des XI. Internationalen Byzantinistenkongresses München 1958, hrsg. v. F. Dölger und H.-G. Beck, München 1960, S. 43-47.

Ben-Ami, A., Social Change in a Hostile Environment. The Crusaders' Kingdom of Jerusalem, Princeton 1969.

Bernhardi, W., Konrad III., 2. Teil. 1146-1152, Leipzig 1883 (Jahrbücher zur Deutschen Geschichte).

Berry, V.G., The Second Crusade, in: K.M. Setton (Hrsg.), Crusades, Bd. 1, S. 463-512.

Björkmann, W., Beiträge zur Geschichte der Staatskanzlei im islamischen Ägypten, Hamburg 1928 (Abhandlungen aus dem Gebiet der Auslandskunde, 28. Reihe B. Völkerkunde, Kulturgeschichte und Sprachen, 16).

Breysig, K., Gottfried von Bouillon vor dem Kreuzzuge, in: Westdeutsche Zeitschrift für Geschichte und Kunst 17 (1898), S. 169-201.

Brincken, A. D van den, Die „Nationes Christianorum Orientales" im Verständnis der lateinischen Historiographen, Köln-Wien 1973.

Brundage, J.A., An Errant Crusader: Stephen of Blois, in: Traditio 16 (1960), S. 380-394.

Brundage, J.A., Holy War and the Medieval Lawyers, in: The Holy War, ed. Th.P. Murphy, Columbus 1976, S. 99-140.

Brundage, J.A., Marriage Law in the Latin Kingdom of Jerusalem, in: Outremer. Studies in the History of the Crusading Kingdom of Jerusalem, hrsg. v. B.Z. Kedar, H.E. Mayer, R.C. Smail, Jerusalem 1982, S. 258-271.

Buhl, F., Munāfiḳūn, in: Shorter Encyclopaedia of Islam, ed. H.A.R. Gibb und J.H. Kramers, ND Leiden 1974, S. 410-411.

Buisson, L., Erobererrecht, Vasallität und byzantinisches Staatsrecht auf dem ersten Kreuzzug, Hamburg 1985 (Berichte aus den Sitzungen der Joachim-Jungius-Gesellschaft der Wissenschaften e.V. Hamburg; Jg. 2, H. 7), ND in: ders., Mittelalter, S. 381-459.

Buisson, L., Formen normannischer Staatsbildung, in: Studien zum mittelalterlichen Lehenswesen, Sigmaringen 1960 (ND 1972) (Vorträge und Forschungen, 5), S. 95-184, neu in: ders., Mittelalter, S. 291-380.

Buisson, L. Lebendiges Mittelalter. Aufsätze zur Geschichte des Kirchenrechts und der Nomannen, hrsg. v. G. Moltmann u. G. Theuerkauf, Köln-Wien 1988.

Buisson, L. Potestas und Caritas. Die päpstliche Gewalt im Spätmittelalter, 2. Aufl. Köln-Wien 1982 (Forschungen zur kirchlichen Rechtsgeschichte und zum Kirchenrecht, 2).

Bulst-Thiele, M.-L., Zur Geschichte der Ritterorden und des Königreichs Jerusalem im 13. Jahrhundert bis zur Schlacht bei La Forbie am 17. Oktober 1244, in: DA 22 (1966), S. 197-226.

Bulst-Thiele, M.-L., Sacrae Domus Militiae Templi Hierosolymitani Magistri. Untersuchungen zur Geschichte des Templerordens 1118/19-1314, Göttingen 1974 (Abhandlungen der Akademie der Wissenschaften in Göttingen, Phil.-Hist. Klasse, 3. Folge, Nr. 86).

Burns, R.I., How to End a Crusade: Techniques for Making Peace in the Thirteenth-Century Kingdom of Valencia, in: ders., Moors and Crusaders in Mediterranean Spain, London 1978, Nr. IV, S. 1-15.

Burns, R.I., The Muslim in the Christian Feudal Order: The Kingdom of Valencia, 1240-1280, in: ders., Moors and Crusaders in Mediterranean Spain, London 1978, Nr. XI, S. 105-126.

Bussi, E., La Condizione Giuridica dei Musulmani nel Diritto Canonico, in: Rivista di Storia del Diritto Italiano 8 (1935), S. 459-494.

Cahen, Cl., Atābeg, in: EI 2, Bd. 1, S. 731-732.

Cahen, Cl., Atsız b. Uvaq, in: EI 2, Bd. 1, S. 773.

Cahen, Cl., Le Diyār-Bakr au temps des premiers Urtuḳides, in: JA 226 (1935), S. 219-276.

Cahen, Cl., Some New Editions of Oriental Sources for the Crusader Period: A Survey, in: Outremer, ed. B.Z. Kedar, H.E. Mayer, R.C. Smail, Jerusalem 1982, S. 323-331.

Cahen, Cl., G̲h̲uzz, in: EI 2, Bd. 2, S. 1106-1110.

Cahen, Cl., An Introduction to the First Crusade, in: Past and Present 6 (1959), S. 6-29.

Cahen, Cl., Mouvements populaires et autonomisme urbain dans l'Asie musulmane du Moyen Age, in: Arabica 5 (1958), S. 225-250, und 6 (1959), S. 25-56 und 233-265.

Cahen, Cl., Notes sur l'histoire des croisades et de l'orient latin, II.. Le régime rural syrien au temps de la domination franque, in: BFLUS 29 (1951), S. 286-310.

Cahen, Cl., Nūr al-dawla Balak b. Bahrām b. Artuq, in: EI 2, Bd. 1, S. 983.

Cahen, Cl., La première pénétration turque en Asie-Mineure (Seconde moitié du XIe siècle), in: Byzantion 18 (1946-48), S. 5-67.

Cahen, Cl., Pre-Ottoman Turkey, A General Survey of the Material and Spiritual Culture and History, c. 1070-1330, London 1968.

Cahen, Cl., La Syrie du Nord à l'époque des croisades et la principauté franque d'Antioche, Paris 1940 (Institut Français de Damas, Bibliothèque orientale, 1).

Canard, M., La destruction de l'église de la Résurrection par le calife Ḥākim et l'histoire de la descente du feu sacré, in: Byzantion 35 (1965), S. 16-43.

Canard, M., Deux épisodes de relations diplomatiques arabo-byzantines au Xe siècle, in: BEO 13 (1949-1951), S. 51-69.

Canard, M., Fātimides et Būrides a l'époque du calife al-Ḥāfiẓ li-Dīn-illāh, in: REI 35 (1967), S. 103-117.

Canard, M., Les relations politiques et sociales entre Byzance et les arabes, in: DOP 18 (1964), S. 33-56.

Cardini, F. Gli Studi sulle Crociate dal 1945 ad oggi, in: RSI 80 (1968), S. 79-106.

Cartellieri, A., Philipp II. August, König von Frankreich, Bd. 2: Der Kreuzug (1187-1191), Leipzig 1906 (ND Aalen 1969).

Cartellieri, A., Richard Löwenherz im Heiligen Lande, in: HZ 101 (1908), S. 1-27.

Casanova, P., Les derniers Fāṭimides, in: Mémoires publiées par les membres de la Mission Archéologique Française du Caire 6 (1897), S. 415-445.

Chalandon, F., Les Comnène. Etude sur l'empire Byzantin aux XIe et XIIe siècles. Bd. 1: Essai sur le règne d'Alexis Ier Comnène (1081-1118), Paris 1900; Bd. 2: Jean II. Comnène (1118-1143) et Manuel I. Comnène (1143-1180), Paris 1912 (Mémoires et Documents, publ. par la Societe de l'Ecole des Chartes, 4).

Charanis, P., Aims of Medieval Crusaders and how they were viewed by Byzantium, in: Church History 21 (1952), S. 123-131.

Charanis, P., Byzantium, the West and the Origin of the First Crusade, in: Byzantion 19 (1949), S. 17-36.

Charanis, P., A Greek Source on the Origin of the First Crusade, in: Speculum 24 (1949), S. 93-94.

Clermont-Ganneau, Ch., Deux chartes des croisés dans des archives arabes, in: ders., Recueil d'archéologie orientale, Bd. 6, Paris 1903, S. 1-30.

Constable, G., The Second Crusade as seen by Contemporaries, in: Traditio 9 (1953), S. 213-279.

Cram, K.-G., Iudicium Belli. Zum Rechtscharakter des Krieges im Deutschen Mittelalter, Münster/Köln 1955 (Beihefte zum Archiv für Kulturgeschichte, 5).

The Crusades and other Historical Essays presented to Dana C. Munro by his former Students, ed. L.J. Paetow, New York 1928. - zitiert als: The Crusades (Munro).

Cutler, A., The First Crusade and the Idea of Conversion, in: MW 58 (1968), S. 57-71 und 155-176.

Dahlmanns, F.J., al-Malik al-'Ādil, Ägypten und der Vordere Orient in den Jahren 589/1193 bis 615/1218. Ein Beitrag zur aiyūbidischen Geschichte, Gießen 1975.

Dajani-Shakeel, H., al-Qāḍī al-Fāḍil: His Life and Political Career, Masch.schriftl. Ph. D. thesis Unversity of Michigan 1972.

Dajani-Shakeel, H., al-Quds: Jerusalem in the Consciousness of the Counter-Crusader, in: The Meeting of Two Worlds, ed. V.P. Goss, Kalamazoo 1986 (Studies in Medieval Culture, 21), S. 201-221.

Dajani-Shakeel, H., Displacement of the Palestinians during the Crusades, in: MW 68 (1978), S. 157-175.

Dajani-Shakeel, H., Jihād in Twelfth-Century Arabic Poetry: A Moral and Religious Force to counter the Crusades, in: MW 66 (1976), S. 96-113.

Darbishire, R.S., The Christian Idea of Islam in the Middle Ages, according to the "Chanson d'Antioche", in: MW 28 (1938), S. 114-124.

David, C.W., Robert Curthose, Duke of Normandy, Harvard U.P. Cambridge, Mass. 1920 (Harvard Historical Studies, 25).

Davis, R.H., William of Tyre, in: Relations between East and West in the Middle Ages, ed. D. Baker, Edinburgh 1977, S. 64-76.

Derenbourg, H., 'Oumâra du Yémen, Bd. 1, Paris 1897 und Bd. 2, 1-2 (Partie arabe), Paris 1897-1902 (Publ. de l'Ecole des Langues Orientales Vivantes, IV. sér., vol. 11, 1-2e partie).

Derenbourg, H., 'Ousâma ibn Mounkidh. Un émir Syrien au premier siècle des croisades (1095-1188), 1ière partie (Vie d'Ousâma), Paris 1889, 2ième partie (Texte arabe de l'autobiographie d'Ousâma), Paris 1886 (Publ. de l'Ecole des Langues Orientales Vivantes II. sér., vol. 12, 1-2e partie).

Devic, Cl./Vaissete, J., u.a., Histoire générale de Languedoc, Bd. 3, Toulouse 1872 (ND Osnabrück 1973).

Dölger, F., Vom Altertum zum Mittelalter, in: ders., Paraspora, Ettal 1961, S. 54-72.

Dressaire, L., St. Louis en Palestine (1250-1254), II, in: Echos d'Orient 16 (1913), S. 221-231.

Duncalf, F., The Pope's Plan for the First Crusade, in: The Crusades (Munro), S. 44-56.

Duncalf, F., Some Influences of Oriental Environment in the Kingdom of Jerusalem, in: Annual Report of the American Historical Association for the Year 1914, Washington 1916, 1, S. 135-145.

Dussaud, R., Histoire et religion des Noṣairīs, Paris 1900.

Dussaud, R., Topographie historique de la Syrie antique et médiévale, Paris 1927 (Bibliothèque archéologique et historique, 4).

Edbury, P.W./Rowe, J.G., William of Tyre and the Patriarchal Election of 1180, in: EHR 93 (1978), S. 1-25.

Ehrenkreutz, A.S., Saladin, Albany, N.Y. 1972.

Elisséeff, N., Ibn 'Asakir, in: EI 2, Bd. 3, S. 713-715.

Elisséeff, N., La titulature de Nūr ad-Dīn d'après ses inscriptions, in: BEO 14 (1952-54), S. 155-196.

Elisséeff, N., Nūr ad-Dīn. Un grand prince musulman de Syrie au temps des croisades (511-569 H/1118-1174), Bd. 1-3, Damas 1967.

Ende, W., Wer ist ein Glaubensheld, wer ein Ketzer? Konkurrierende Geschichtsbilder in der modernen Literatur islamischer Länder, in: Die Welt des Islams N.S. 23 (1984), S. 70-94.

Erdmann, C., Die Entstehung des Kreuzzugsgedankens, Stuttgart 1935 (Forschungen zur Kirchen- und Geistesgeschichte, 6) (ND Darmstadt 1980).

Erler, A., Das Recht des mittelalterlichen Westens und der Orient, in: Archiv für Rechts- und Sozialphilosophie 42 (1956), S. 41-49.

Favreau-Lilie, M.-L., Landesausbau und Burg während der Kreuzfahrerzeit. Ṣafad in Obergaliläa, in: ZDPV 96 (1980), S. 67-87.

Fazy, R., La chronique de Damas et les sources chrétiennes de la première croisade, in: JA 228 (1936), S. 281-298.

Ferluga, J., La ligesse dans l'empire byzantin, in: Zbornik radova visantolokoj Instituta 7 (1961), S. 97-125.

Fillipani-Ronconi, P., Ismailiti ed „Assassini", Milano 1973.

Fink, H.S., Damascus in the History of the Crusades, in: MW 49 (1959), S. 41-53.

Fink, H.S., Mawdūd I., Precurser of Saladin, in: MW 43 (1853), S. 18-27.

Fisch, J., Krieg und Frieden im Friedensvertrag, Stuttgart 1979.

Fliche, A., Urbain II et la croisade, in: Revue de l'Histoire de l'Eglise de France, 13 (18ième année), 1927 (ND 1970), S. 289-306.

Force, Marquis de la, Les conseilleurs latins du Basileus Alexis Comnène, in: Byzantion 11 (1936), S. 153-165.

Forey, A.J., The Failure of the Siege of Damascus in 1148, in: JMH 10 (1984), S. 13-23.

France, J., The Crisis of the First Crusade: From the Defeat of Kerbogah to the Departure from 'Arqa, in: Byzantion 40 (1970), S. 276-308.

France, J., The Departure of Tatikios from the Crusader Army, in: Bulletin of the Institute of Historical Research 44 (1971), S. 137-147.
France, J., An Unknown Account of the Capture of Jerusalem, in: EHR 87 (1972), S. 771-783.
Frantz-Murphy, G., A New Interpretation of the Economic History of Medieval Egypt. The Role of the Textile Industry 254-567/868-1171, in: Journal of the Economic and Social History of the Orient 24 (1981), S. 274-297.

Gabrieli, F., The Arab Historiography of the Crusades, in: Historians of the Middle East, ed. B. Lewis und P.M. Holt, London 1962, S. 98-107.
Gabrieli, F., Introduction aux historiens arabes des croisades, in: Cahiers de la civilisation médiévale 13 (1970), S. 221-228.
Ganshof, F.L., Histoire des relations internationales, publ. sous la direction de P. Renourin, Le Moyen Age, Paris 1953.
Ganshof, F.L., Recherche sur le lien juridique qui unissait les chefs de la première croisade à l'empéreur byzantin, in: Mélanges offerts à M. P.-E. Martin, Genève 1961, S. 49-63.
Ganshof, F.-L./Verhulst, A., Medieval Agrarian Society in its Prime. § 1. France, The Low Countries, and Western Germany, in: The Cambridge Economic History of Europe, Bd. 1, ed. M.M. Postan, 2. Aufl. Cambridge 1966.
Gauss, J., Toleranz und Intoleranz zwischen Christen und Muslimen in der Zeit vor den Kreuzzügen, in: Saeculum 19 (1968), S. 362-389.
Gibb, H.A.R., The Achievement of Saladin, in: Saladin: Studies in Islamic History, ed. by Y. Ibish, Beirut 1974, S. 158-176.
Gibb, H.A.R., Arab-Byzantine Relations under the Umayyad Caliphate, in: DOP 12 (1958), S. 219-233.
Gibb, H.A.R., The Caliphate and the Arab States, in: Setton, K.M. (Hrsg.), A History of the Crusades..., Bd. 1, Philadelphia 1955, S. 81-95.
Gibb, H.A.R., The Damascus Chronicle of the Crusades, extr. and transl. from the Chronicle of Ibn al-Qalānisī, London 1932.
Gibb, H.A.R., The Life of Saladin from the Works of 'Imād ad-Dīn and Bahā' ad-Dīn, Oxford 1973.
Gibb, H.A.R., Notes on the Arabic Materials for the History of the Early Crusades, in: BSOAS 7 (1933-35), S. 739-754.
Gibb, H.A.R., The Arabic Sources for the Life of Saladin, in: Speculum 25 (1950), S. 58-72.
Gindler, P., Graf Balduin I. von Edessa, Diss. phil. Halle-Wittenberg, Halle 1901.
Glaesener, H., D'Antioche à Tortose (Histoire et légende), in: Revue belge de Philosophie et d'Histoire 22 (1943), S. 35-58.
Goez, W., Wandlungen des Kreuzzugsgedankens im Hoch- und Spätmittelalter, in: Das Heilige Land im Mittelalter. Begegnungsraum zwischen Orient und Okzident, hrsg. v. W. Fischer und J. Schneider, Neustadt a. d. Aisch S. 33-44 (Schriftenreihe des Zentralinstituts für Fränkische Landeskunde und Allgemeine Regionalforschung an der Universität Erlangen-Nürnberg, 22).
Goitain, S.D., Contemporary Letters on the Capture of Jerusalem by the Crusaders, in: JJS 3 (1952), S. 162-177.
Gottschalk, H.L., Al-Malik al-Kāmil von Egypten und seine Zeit. Eine Studie zur Geschichte Vorderasiens und Egyptens in der ersten Hälfte des 7./13. Jahrhunderts, Wiesbaden 1958.
Gottschalk, H.L., Die Friedensangebote al-Kāmils an die Kreuzfahrer, in: WZKM 51 (1948/52), S. 64-82.
Gottschalk, H.L., Der Untergang der Hohenstaufen, in: WZKM 53 (1957), S. 267-282.
Grabois, A., The Crusade of Louis VII: A Reconsideration, in: Crusade and Settlement, ed. P.W. Edbury, Cardiff 1985, S. 94-104.

Grandclaude, M., Liste d'assises remontant au premier royaume de Jérusalem (1099-1187), in: Mélanges P. Fournier, Paris 1929, S. 329-345.
Greilsammer, M., Structure and Aims of the Livre au Roi, in: Outremer, ed. B.Z. Kedar, H.E. Mayer, R.C. Smail, Jerusalem 1982, S. 218-226.
Groh, F., Der Zusammenbruch des Reiches Jerusalem (1187-1189), Diss. phil. Jena 1909.
Groot, A.H. de, Ḳubrus, in: EI 2, Bd. 5, S. 301-309.
Grousset, R., Histoire des croisades et du royaume franc de Jérusalem, Bd. 1-3, Paris 1934-1936.

Haddad, W., The Crusaders through Muslim Eyes, in: MW 73 (1983), S. 234-252.
Hagenmeyer, H., Der Brief der Kreuzfahrer an den Papst im Jahre 1099 nach der Schlacht bei Askalon, in: FzDG (1873), S. 400-412.
Hagenmeyer, H., Chronologie de la première croisade 1094-1100, in: ROL 6-8 (1898-1901), Bd. 6, S. 214-293, 490-549; Bd. 7, S. 275-339, 430-503; Bd. 8, S. 318-382.
Hagenmeyer, H., Das Verhältnis der Gesta Francorum zu dem Hierosolymita Ekkehards von Aura, in: FzDG (1875), S. 19-42.
Hamblin, W.J., The Fāṭimid Army during the Early Crusades, Masch.schriftl. Ph.D. thesis University of Michigan 1985.
Hamdani, A., Byzantine-Fatimid Relations before the Battle of Manzikert, in: Byzantine Studies 1 (1974), S. 169-179.
Hamidullah, M., Muslim Conduct of State, 3. Aufl. Lahore 1953.
Hamilton, B., The Elephant of Christ: Reynald of Châtillon, in: Religious Motivation: Biographical and Sociological Problems for the Church Historian, ed. D. Baker, Oxford 1978, S. 97-108.
Hampel, E., Untersuchungen über das lateinische Patriarchat von Jerusalem von der Eroberung der heiligen Stadt bis zum Tode des Patriarchen Arnulf (1099-1118), Diss. phil. Erlangen 1898, Breslau 1899.
Hansen, J., Das Problem eines Kirchenstaates in Jerusalem, Diss. phil. Freiburg/Schweiz, Luxemburg 1928.
Hartmann, A., Al-Malik al-Manṣūr (gest. 617/1220), ein ayyūbidischer Regent und Geschichtsschreiber, in: ZDMG 136 (1986), S. 570-606.
Hartmann, A., an-Nāṣir li-Dīn Allāh (1180-1225). Politik, Religion, Kultur in der späten 'Abbāsidenzeit, Berlin-New York 1975 (Studien zur Sprache, Geschichte und Kultur des Islamischen Orients. Beihefte zur Zeitschrift „Der Islam", N.F., 8).
Hartmann, J., Die Persönlichkeit des Sultans Saladin im Urteil der abendländischen Quellen, Berlin 1933 (Historische Studien, 239).
Havemann, A., Ri'āsa und qaḍā'. Institutionen als Ausdruck wechselnder Kräfteverhältnisse in syrischen Städten vom 10. bis zum 12. Jahrhundert, Freiburg i.B. 1975 (Islamkundliche Untersuchungen, 34).
Heffening, W., Das islamische Fremdenrecht bis zu den islamisch-fränkischen Staatsverträgen, Hannover 1925 (Beiträge zum Rechts- und Wirtschaftsleben des islamischen Orients, 1).
Hehl, E.-D., Kirche und Krieg im 12. Jahrhundert. Studien zu kanonischem Recht und politischer Wirklichkeit, Stuttgart 1980 (Monographien zur Geschichte des Mittelalters, 19).
Hein, A.-A., Beiträge zur ayyubidischen Diplomatik, Freiburg i. Br. 1971 (Islamkundliche Untersuchungen, 8).
Helbig, A.H., Al-Qāḍī al-Fāḍil. Der Wezīr Saladin's, Diss. phil. Heidelberg, Leipzig 1908.
Herde, H., Christians and Saracens at the Time of the Crusades, in: Studia Gratiana 12 (1967), S. 361-376.
Heyd, W., Histoire de commerce du Levant au Moyen Age, trad. F. Raynaud, Bd. 1-2, Leipzig 1885-1886 (ND Amsterdam 1936).

Heydte, A. Frhr. v.d., Die Geburtsstunde des modernen Staates, Regensburg 1952.
Hiestand, R., „Kaiser" Konrad III., der zweite Kreuzzug und ein verlorenes Diplom für den Berg Thabor, in: DA 35 (1979), S. 82-126.
Hiestand, R., Kreuzzug und Friedensidee, in: Kultur und Erkenntnis. Schriften der Philosophischen Fakultät der Universität Düsseldorf, hrsg. v. R. Hiestand u.a., Bd. 1, Düsseldorf 1986, S. 46-57.
Hiestand, R., Zum Leben und zur Laufbahn Wilhelms von Tyrus, in: DA 34 (1978), S. 345-380.
Hiestand, R., Die päpstlichen Legaten auf den Kreuzzügen und in den Kreuzfahrerstaaten vom Konzil von Clermont (1095) bis zum vierten Kreuzzug, Masch.schriftl. Habil.schrift Kiel 1972.
Hill, J.H. u. L.L., The Conventions of Alexius Comnenus and Raymond of Saint-Gilles, in: AHR 58 (1952/1953), S. 322-327.
Hill, J.H. u. L.L., Raymond IV, Count of Toulouse, Syracuse 1962.
Hill, J.H. u. L.L., Raymond of Saint Gilles in Urban's Plan of Greek and Latin Friendship, in: Speculum 26 (1951), S. 265-276.
Hill, R., The Christian View of the Muslims at the Time of the First Crusade, in: The Eastern Mediterranean Lands in the Period of the Crusades, ed. P.M. Holt, Warminster 1977, S. 1-8.
Histoire générale de Languedoc, - siehe: Devic, Cl.
Hitti, Ph.K., The Origins of the Druze People and Religion, New York 1928 (Columbia Unversity Oriental Studies, 28).
Hodgson, M.G.S., The Order of the Assassins. The Struggle of the Early Nizārī Ismā'īlīs against the Islamic World, s'Gravenhage 1955.
Hoenerbach, W., Islamische Geschichte Spaniens, Zürich 1970.
Holt, P.M., The Age of the Crusades, London-New York 1986.
Holt, P.M., Baybars's Treaty with the Lady of Beirut in 667/1269, in: Crusade and Settlement, ed. P.W. Edbury, Cardiff 1985, S. 242-245.
Holt, P.M., Qalāwūn's Treaty with Acre in 1283, in: EHR 91 (1976), S. 802-812.
Holt, P.M., Qalāwūn's Treaty with Genua in 1290, in: Der Islam 57 (1980), S. 101-108.
Holt, P.M., Saladin and his Admirers: A Biographical Reassessment, in: BSOAS 46 (1983), S. 235-239.
Holt, P.M., The Treaties of the Early Mamluk Sultans with the Frankish States, in: BSOAS 43 (1980), S. 67-76.
Holtzmann, W., Die Unionsverhandlungen zwischen Kaiser Alexios I. und Papst Urban II. im Jahre 1089, in: Byzantinische Zeitschrift 28 (1928), S. 38-67.
Honigmann, E., Ramla, in: EI 1, Bd. 3, S. 1204-1206.
Horna, K., Das Hodoiporikon des Konstantin Manasses, in: BZ 13 (1904), S. 313-355.
Houtsma, M. Th., Tutush, in: EI 1, Bd. 4, S. 1064.
Huberti, L., Studien zur Rechtsgeschichte der Gottesfrieden und Landfrieden, 1. Buch, Friedensordnungen in Frankreich, Ansbach 1892.
Humphreys, R.St., From Saladin to the Mongols. The Ayyūbids of Damascus, 1193-1260, Albany N.Y. 1977.

Jenkins, R.H.J., Cyprus between Byzantium and Islam, A.D. 668-965, in: Studies presented to D.M. Robinson, St. Louis, Miss. 1953, S. 1006-1014.

Kedar, B.Z., The Patriarch Eraclius, in: Outremer, hrsg. v. B.Z. Kedar, H.E. Mayer, R.C. Smail, Jerusalem 1982, S. 177-204.
Khadduri, M., The Islamic Law of Nations. Shaibānī's Siyar, Baltimore 1966.
Khadduri, M., War and Peace in the Law of Islam, Richmond-London 1955.

Khowaiter, A.-A., Baibars the First: His Endeavours and Achievements, London 1978.

Knoch, P., Studien zu Albert von Aachen. Der erste Kreuzzug in der deutschen Chronistik, Stuttgart 1966 (Stuttgarter Beiträge zur Geschichte und Politik, 1).

Köhler, M.A., Al-Afḍal und Jerusalem — was versprach sich Ägypten vom ersten Kreuzzug?, in: Saeculum 37 (1986), S. 228-239.

Köhler, M.A., Munāṣafāt: Gebietsteilungen zwischen Kreuzfahrern und islamischen Herrschern im 12. und 13. Jahrhundert, in: ZDMG Suppl. VI (1985), S. 155-165.

Koelner, R., The Settlement and Colonization of Europe, in: The Cambridge Economic History of Europe, Bd. 1, ed. M.M. Postan, 2. Aufl. Cambridge 1966, S. 1-91.

Konetzke, R., Probleme der Beziehungen zwischen Islam und Christentum im spanischen Mittelalter, in: Antike und Orient im Mittelalter, hrsg. v. P. Wilpert, Berlin 1962 (Miscellanea Medievalia, 1), S. 219-238.

Kraemer, J., Der Sturz des Königreichs Jerusalem (583/1187) in der Darstellung des 'Imād ad-Dīn al-Kātib al-Iṣfahānī, Wiesbaden 1952.

Krey, A.C., A Neglected Passage in the Gesta and its Bearing on the Literature of the First Crusade, in: The Crusades (Munro), S. 57-78.

Kruse, H., Die Begründung der islamischen Völkerrechtslehre, in: Saeculum 5 (1954), S. 221-241.

Kruse, H., Islamische Völkerrechtslehre. Der Staatsvertrag bei den Hanefiten des 5./6. Jahrhunderts d.H./11./12. Jahrhundert n.Chr., Masch.schriftl. Diss. iur. Göttingen 1953.

Kühn, F., Geschichte der ersten lateinischen Patriarchen von Jerusalem, Diss. phil. Leipzig 1886.

Kugler, B., Albert von Aachen, Stuttgart 1885.

Kugler, B., Boemund und Tankred, Fürsten von Antiochia, Tübingen 1862.

Kugler, B., Über den Brief der Kreuzfahrer von 1099, in: FzDG 15 (1875), S. 157-158.

Kugler, B., Komnenen und Kreuzfahrer, in: HZ 14 (1865), S. 295-318.

Kugler, B., Studien zur Geschichte des zweiten Kreuzzuges, Stuttgart 1866.

LaMonte, J.L., To what Extent was the Byzantine Empire the Suzerain of the Latin Crusading States, in: Byzantion 7 (1932), S. 253-264.

LaMonte, J.L., Feudal Monarchy in the Latin Kingdom of Jerusalem. 1100 to 1291, Cambridge, Mass. 1932 (Monographs of the Medieval Academy of America, 4).

Landon, L., The Itinerary of King Richard I. with Studies on certain Matters of Interest connected with his Reign, London 1935 (ND Neudeln/Lichtenstein 1974).

Laurent, J., Des Grecs au croisés, in: Byzantion 1 (1924), S. 367-449.

Leib, B., Rome, Kiev et Byzance à la fin du XIe siècle (1088-99), Paris 1924.

Leiser, G. LaViere, The Crusader Raid in the Red Sea in 578/1182-83, in: Journal of the American Research Center in Egypt (Cairo) 14 (1977), S. 87-100.

LeStrange, G., Palestine under the Moslems. A Description of Syria and the Holy Land from A.D. 650 to 1500, transl. from the Works of the Medieval Arab Geographers, London 1890.

Le Tourneau, R., Damas de 1075 à 1154. Traduction annotée d'un fragment de l'histoire de Damas d'Ibn al-Qalānisī, Damas 1952.

Levi della Vida, G., Khāridjites, in: EI 2, Bd. 4, S. 1074-1077.

Lewis, B., The Assassins. A Radical Sect in Islam, London 1967.

Lewis, B., Kamāl ad-Din's Biography of Rāšid ad-Din Sinān, in: Arabica 13 (1966), S. 225-267.

Lewis, B., Saladin and the Assassins, in: BSOAS 15 (1953), S. 239-245.

Lilie, R.-J., Byzanz und die Kreuzfahrerstaaten. Studien zur Politik des byzantinischen Reiches gegenüber den Staaten der Kreuzfahrer in Syrien und Palästina bis zum vierten Kreuzzug (1096-1204), München 1981 (Poikila Byzantina, 1).

Little, D.P., An Introduction to Mamlūk Historiography. An Analysis of Arabic Annalistic and Biographical Sources for the Reign of al-Malik an-Nāṣir Muḥammad ibn Qalāwūn, Wiesbaden 1970.

Luchaire, A., Louis VII. — Philippe-August— Louis VIII. (1137-1226), in: Histoire de France, ed. E. Lavisse, Bd. 3, Teil 1, Paris 1901.

Lüders, A., Die Kreuzzüge im Urteil syrischer und armenischer Quellen, Berlin 1964 (Berliner Byzantinistische Arbeiten, 29).

Lupprian, K.-E., Die Beziehungen der Päpste zu islamischen und mongolischen Herrschern im 13. Jahrhundert anhand ihres Briefwechsels, Città del Vaticano 1981 (Studi e Testi, 291).

Lyons, M.C./Jackson, D.E.P., Saladin. The Politics of Holy War, Cambridge 1982 (Univ. of Cambridge Oriental Publications, 30).

Māǧid, A., Ẓuhūr ḫilāfat al-fāṭimīyīn wa-suqūṭuhā fī Miṣr, al-Iskandarīya 1968.

Massignon, L., Nuṣairī, in: EI 1, Bd. 3, S. 1041-1045.

Mayer, H.E., Aspekte der Kreuzzugsforschung, in: Geschichte und Gegenwart, Festschrift für K. Dietrich Erdmann, hrsg. v. H. Boockmann, K. Jürgensen, G. Stoltenberg, Neumünster 1980, S. 75-94.

Mayer, H.E., Zur Beurteilung Adhémars von Le Puy in: DA 16 (1960), S. 547-552.

Mayer, H.E., Bistümer, Klöster und Stifte im Königreich Jerusalem, Stuttgart 1977 (Schriften der MGH, 26).

Mayer, H.E., Der Brief Kaiser Friedrichs I. an Saladin vom Jahre 1188, in: DA 14 (1958) S. 488-495.

Mayer, H.E., The Concordat of Nāblus, in: Journal of Ecclesiastical History 33 (1982), S. 531-543.

Mayer, H.E., Ein Deperditium König Balduins III. von Jerusalem als Zeugnis seiner Pläne zur Eroberung Ägyptens, in: DA 36 (1980), S. 549-566.

Mayer, H.E., Geschichte der Kreuzzüge, 4. Aufl. Stuttgart u.a. 1976.

Mayer, H.E., Das Itinerarium peregrinorum. Eine zeitgenössische englische Chronik zum dritten Kreuzzug in ursprünglicher Gestalt, hrsg. und kritisch untersucht von H.E. Mayer, Stuttgart 1962 (Schriften der MGH, 18).

Mayer, H.E., Jérusalem et Antioche au temps de Baudouin II, in: Comptes rendus de l'Académie des Inscriptions et Belles-Lettres (1980), S. 717-733.

Mayer, H.E., Kaiserrecht und Heiliges Land, in: Aus Reichsgeschichte und Nordischer Geschichte, hrsg. v. H. Fuhrmann u.a., Stuttgart 1972 (Kieler Historische Studien, 16), S. 193-208.

Mayer, H.E., Latins, Muslims and Greeks in the Latin Kingdom of Jerusalem, in: History 63 (1978), S. 175-192.

Mayer, H.E., Das Pontifikale von Tyrus und die Krönung der lateinischen Könige von Jerusalem. Zugleich ein Beitrag zur Forschung über die Herrschaftszeichen und Staatssymbolik, in: DOP 21 (1967), S. 141-232.

Mayer, H.E., Le service militaire des vassaux à l'étranger et le financement des campagnes en Syrie du Nord et en Egypte au XIIe siècle, in: ders., Mélanges sur l'histoire du royaume latin de Jérusalem, Paris 1984 (Mémoires de l'Académie des Inscriptions et Belles-lettres, nouv. sér., 5), S. 93-161.

Mayer, H.E., Studies in the History of Queen Melisende of Jerusalem, in: DOP 26 (1972), S. 94-182.

Mayer, H.E./Favreau, M.-L., Das Diplom Balduins I. für Genua und Genuas Goldene Inschrift in der Grabeskirche, in: QFIAB 55/56 (1975/1976), S. 22-95.

Mitteis, H., Politische Verträge im Mittelalter, in: ders., Die Rechtsidee in der Geschichte. Gesammelte Abhandlungen und Vorträge von Heinrich Mitteis, Weimar 1957, S. 567-612.

Möhring, H., Byzanz und die Kreuzfahrerstaaten, in: HZ 234 (1982), S. 601-608.

Möhring, H., Byzanz zwischen Sarazenen und Kreuzfahrern, in: Das Heilige Land im Mittelalter. Begegnungsraum zwischen Orient und Okzident, hrsg. v.W. Fischer und J. Schneider, Neustadt a.d. Aisch 1982, S. 45-75 (Schriftenreihe des Zentralinstituts für Fränkische Landeskunde und Allgemeine Regionalforschung an der Universität Erlangen-Nürnberg, 22)

Möhring, H., Heiliger Krieg und politische Pragmatik: Salahadinus Tyrannus, in: DA 39 (1983), S. 417-466.

Möhring, H., Saladin und der dritte Kreuzzug. Aiyubidische Strategie und Diplomatie im Vergleich vornehmlich der arabischen mit den lateinischen Quellen, Wiesbaden 1980 (Frankfurter Historische Abhandlungen, 21).

Möhring, H., Saladins Politik des Heiligen Krieges, in: Der Islam 61 (1984), S. 322-326.

Morgan, M., The Chronicle of Ernoul and the Continuations of William of Tyre, Oxford 1973.

Morgan, M., The Rothelin Continuation of William of Tyre, in: Outremer, ed. B.Z. Kedar, H.E. Mayer, R.C. Smail, Jerusalem 1982, S. 244-257.

Munro, D.C., Christian and Infidel in the Holy Land, in: International Monthly 4 (1903), S. 690-704 und S. 726-741.

Munro, D.C., The Speech of Pope Urban II. at Clermont, 1095, in: AHR 11 (1906), S. 231-241.

Naumann, H., Der wilde und der edle Heide, in: Vom Werden des deutschen Geistes. Festgabe G. Ehrismann zum 8. Oktober 1925 dargebracht von Freunden und Schülern, hrsg. v. P. Merker u.a., Berlin und Leipzig 1925, S. 80-101.

Nicholson, R.L., Joscelyn I, Prince of Edessa, Urbana 1954 (Illinois Studies in the Social Sciences, XXXIV,4).

Nicholson, R.L., Joscelyn III and the Fall of the Crusader Staates 1134-1199, Leiden 1973.

Nicholson, R.L., Tancred. A Study of his Career and Work in their Relation to the First Crusade and the Establishment of the Latin States in Syria and Palestine, Ph.D. thesis Chicago 1938, Chicago 1940 (ND 1978).

Nickerson, M.E., The Growth of the Latin States, in: K.M. Setton (Hrsg.), History, Bd. 1, S. 410-447.

Nickerson, M.E., The Seigneury of Beirut in the Twelfth Century and the Brisebarre Family of Beirut-Blanchegarde, in: Byzantion 19 (1949), S. 141-185.

Nierman, J.H., Aimery II of Jerusalem and his Relations with his Aiyūbid Neighbors, Ph.D. thesis New York 1971.

Nierman, J.H., Levantine Peace Following the Third Crusade: A New Dimension in Frankish-Muslim Relations, in: MW 65 (1975), S. 107-118.

Norgate, K., Richard the Lion-Heart, London 1924.

Noth, A., I documenti arabi di Ruggero II, in: C. Brühl, Diplomi e cancellaria di Ruggero II, Palermo 1983, S. 189-222.

Noth, A., Heiliger Krieg und Heiliger Kampf in Islam und Christentum. Beiträge zur Vorgeschichte und Geschichte der Kreuzzüge, Bonn 1966 (Bonner Historische Forschungen, 28).
Noth, A., Quellenkritische Studien zu Themen, Formen und Tendenzen frühislamischer Geschichtsüberlieferung. Teil 1, Bonn 1973.
Nussbaum, A., Forms and Observance of Treaties in the Middle Ages and the Early Sixteenth Century, in: Law and Politics in the World Community..., ed. G.A. Lipsky, Berkeley-Los Angeles 1953, S. 191-196.
Nussbaum, A., Geschichte des Völkerrechts, München und Berlin 1960.

Ochsenwald, W.L., The Crusader Kingdom of Jerusalem and Israel: A Historical Comparison, in: Middle East Journal 30 (1976), S. 221-226.
Omran, M.S., King Amalric and the Siege of Alexandria, 1167, in: Crusade and Settlement, ed. P.W. Edbury, Cardiff 1985, S. 191-196.
Ory, S., De quelques personnages portant le nom de Kumuštakīn à l'époque salǧūqide, in: REI 35 (1967), S. 119-134.
Outremer, Studies in the History of the Crusading Kingdom of Jerusalem presented to Joshua Prawer, ed. B.Z. Kedar, H.E. Mayer, R.C. Smail, Jerusalem 1982. — zitiert als: Outremer.

Paradisi, B., Storia del Diritto Internazionale nel Medio Evo. L' Età di Transizione, 2. erw. Aufl. Napoli 1954.
Pedersen, J., Der Eid bei den Semiten, in seinem Verhältnis zu verwandten Erscheinungen sowie die Stellung des Eides im Islam, Straßburg 1914 (Studien zur Geschichte und Kultur des islamischen Orients, 3).
Plocher, M., Studien zum Kreuzzugsgedanken im 12. und 13. Jahrhundert, Masch. schriftl. Diss. phil. Freiburg 1950.
Porges, W., The Clergy, the Poor, and the Non-Combattants on the First Crusade, in: Speculum 21 (1946), S. 1-24.
Prawer, J., Colonization Activities in the Latin Kingdom of Jerusalem, in: Revue belge de Philologie et d'Histoire 29 (1951), S. 1063-1118 (ND in: ders., Crusader Institutions, Oxford 1980, S. 102-104).
Prawer, J., Crusader Institutions, Oxford 1980.
Prawer, J., Etude de quelques problèmes agraires et sociaux d'une seigneurie croisée au XIIIe siècle, in: Byzantion 22 (1953), S. 5-61; 23 (1954), S. 143-170.
Prawer, J., Etude sur le droit des Assises de Jérusalem: Droit de confiscation et droit d'exhérédation, in: RHDFE 4.sér., 39 (1961), S. 520-551, und 40 (1962), S. 29-42.
Prawer, J., Histoire du royaume latin de Jérusalem. Trad. G. Nahon, Bd. 1-2, Paris 1969-70.
Prawer, J., The Latin Kingdom of Jerusalem, London 1972.
Prawer, J., La noblesse et le régime féodal du royaume latin de Jérusalem, in: Le Moyen-Age 65 (1959), S. 41-74.
Prawer, J., Les premiers temps de la féodalité du royaume latin de Jérusalem — une reconsidération — , in: Tijdschrift voor Rechtsgeschiedenis/Revue historique du droit 22 (1954), S. 401-424.
Prawer, J., Serfs, Slaves and Bedouin, in: ders., Crusader Institutions, S. 201-214.
Prawer, J., The Settlement of the Latins in Jerusalem, in: Speculum 27 (1952), S. 490-503.
Prawer, J., Crusader Security and the Red Sea, in: ders., Crusader Institutions, Oxford 1980, S. 471-483.

Ranke, L. von, Über die Epochen der Neueren Geschichte. Vorträge dem Könige Maximilian II. von Bayern gehalten, Darmstadt 1959.

Richard, J., An Account of the Battle of Hattin Referring to the Frankish Mercenaries in the Oriental Moslem States, The Battle of Hattin according to MS REG. LAT. 598, in: Speculum 27 (1952), S. 168-177.

Richard, J., Le comté de Tripoli sous la dynastie toulousaine (1102-1187), Paris 1945 (Bibliothèque archéologique et historique, 39).

Richard, J., La papauté et la direction de la première croisade, in: Journal des Savants (1960), S. 49-59.

Richard, J., Un partage de seigneurie entre Francs et Mamelouks: Les „Casaux de Sur“, in: Syria 30 (1953), S. 71-82.

Richard, J., La politique orientale de saint Louis. La croisade de 1248, in: Septième centenaire de la mort de saint Louis. Actes des colloques de Royaumont et de Paris (21.-27. mai 1970), Paris 1976, S. 197-207.

Richard, J., Quelques textes sur les premiers temps de l'église latine de Jérusalem, in: Recueil des travaux offert à M. Clovis Brunel, Bd. 2, Paris 1955 (Mémoires et documents publ. par la Société de l'Ecole des Chartes, 12), S. 420-430.

Richard, J., Le royaume latin de Jérusalem, Paris 1953.

Richards, D.S., The Early History of Saladin, in: The Islamic Quarterly 17 (1973), S. 140-159.

Riley-Smith, J.S.C., The First Crusade and St. Peter, in: Outremer, ed. B.Z. Kedar, H.E. Mayer, R.C. Smail, Jerusalem 1982, S. 41-63.

Riley-Smith, J.S.C., The Feudal Nobility and the Kingdom of Jerusalem, 1174-1277, London-Barsingstoke 1973.

Riley-Smith, J.S.C., The Knights of St. John in Jerusalem and Cyprus, c. 1050-1310, London 1967 (A History of the Order of the Hospital of St. John of Jerusalem, 1).

Riley-Smith, J.S.C., The Motives of the Earliest Crusaders and the Settlement of Latin Palestine, in: EHR 98 (1983), S. 721-736.

Riley-Smith, J.S.C., Some lesser Officials in Latin Syria, in: EHR 87 (1972), S. 1-26.

Riley-Smith, J.S.C., Peace never Established. The Case of the Kingdom of Jerusalem, in: Transactions of the Royal Historical Society, 5th ser., vol. 28 (1978), S. 87-102.

Riley-Smith, J.S.C., The Survival in Latin Palestine of Muslim Administration, in: The Eastern Mediterranean Lands in the Period of the Crusades, ed. P.M. Holt, Warminster 1977, S. 9-22.

Rittner, V., Kulturkontakte und soziales Lernen im Mittelalter. Kreuzzüge im Licht einer mittelalterlichen Biographie, Diss.phil. Hamburg 1973 (Kollektive Einstellung und sozialer Wandel im Mittelalter, 1).

Röhricht, R., Amalrich I., König von Jerusalem (1162-1174), in: MIÖG 12 (1891), S. 432-493.

Röhricht, R., Beiträge zur Geschichte der Kreuzzüge, Bd. 1-2, Bd.2 als: Deutsche Pilger- und Kreuzfahrten nach dem Heiligen Lande (700-1300), Berlin 1874-1878 (ND Aalen 1967).

Röhricht, R., Etude sur les derniers temps du royaume de Jérusalem, in: AOL 2, 1 (1884), S. 365-405.

Röhricht, R., Geschichte des Königreichs Jerusalem (1100-1291), Innsbruck 1898.

Röhricht, R., Zur Geschichte der Kreuzzüge, in: NA 11 (1886), S. 571-579.

Röhricht, R., Geschichte des ersten Kreuzzuges, Innsbruck 1901.

Röhricht, R., Zur Korrespondenz der Päpste mit den Sultanen und Mongolenchanen im Zeitalter der Kreuzzüge, in: Theologische Studien und Kritiken 64 (1891), S. 359-369.

Röhricht, R., Die Kreuzfahrt des Kaisers Friedrich II. 1228-1229, in: ders., Beiträge zur Geschichte der Kreuzzüge, Bd. 1, S. 1-112, Berlin 1874 (ND Aalen 1967).

Röhricht, R., Sagenhaftes und Mythisches aus der Zeit der Kreuzzüge, in: Zeitschrift für Deutsche Philologie 23 (1891), S. 412-421.

Roscher, H., Papst Innozenz III. und die Kreuzzüge, Göttingen 1969.
Rosenthal, F., A History of Muslim Historiography, 2. Aufl. Leiden 1968.
Rosny, L. de, Recherches ethnographiques sur les serments, publ. par C.-A. Pret, Bd. 1, Paris 1901 (Société d'Ethnographie. Mémoires de la 2. sér., t.2).
Rousset, P., Etienne de Blois, croisé fuyard et martyr, in: Genava, nouv. série 11 (1963), S. 183-195.
Rousset, P., Les origines et les caractères de la première croisade, Neuchâtel 1945.
Runciman, St., The First Crusade: Antioch to Ascalon, in: K.M. Setton (Hrsg.), Crusades, Bd. 1, S. 308-341.
Runciman, St., A History of the Crusades, Bd. 1-3, 1951-1954, Cambridge 1954.
Runciman, St., The Visit of King Amalric I to Constantinople in 1171, in: Outremer, ed. B.Z. Kedar, H.E. Mayer, R.C. Smail, Jerusalem 1982, S. 153-158.
Russell, F.H., The Just War in the Middle Ages, Cambridge u.a. 1975.

Salem, J.K., Islam und Völkerrecht. Das Völkerrecht in der islamischen Weltanschauung, Berlin 1984.
Salibi, K.S., The Buḥturids of the Ġarb. Medieval Lords of Beirut and of Southern Lebanon, in: Arabica 8 (1961), S. 74-97.
Salibi, K.S., The Maronites of Lebanon under Frankish and Mamluk Rule (1099-1516), in: Arabica 4 (1957), S. 288-303.
Salibi, K.S., Syria under Islam. Empire on Trial, 634-1097, Delamare, N.Y. 1977.
Schacht, J., An Introduction to Islamic Law, Oxford 1964 (Paperback 1984)
Schack, D., Die Araber im Reich Rogers II., Diss. phil. FU Berlin 1969.
Schlumberger, G., Campagnes du roi Amaury Ier de Jérusalem en Egypte, au XIIe siècle, Paris 1906.
Schlumberger, G., Deux chefs normands des armées byzantines au XIe siècle, in: RH 16 (1881), S. 289-303.
Schlumberger, G., Renaud de Châtillon, Prince d'Antioche, Seigneur de la terre d'Outre-Jourdain, Paris 1923.
Schmucker, W., Untersuchungen zu einigen wichtigen bodenrechtlichen Konsequenzen der islamischen Eroberungsbewegung, Bonn 1972 (Bonner Oriental. Studien, 24).
Schregle, G., Die Sultanin von Ägypten, Wiesbaden 1961.
Schwartz, R.W., Das Bild von Islam und Muslimen bei den lateinischen Christen in der Zeit der beiden ersten Kreuzzüge, Masch.schriftl. Mag.art.-Arbeit, Bonn 1975.
Schwinges, R.Ch., Kreuzzugsideologie und Tolerenz. Studien zu Wilhelm von Tyrus, Stuttgart 1977 (Monographien zur Geschichte des Mittelalters, 15).
Segal, J.B., Edessa, "The Blessed City", Oxford 1970.
Setton, K.M., (Hrsg.), A History of the Crusades, Bd. 1, The First Hundred Years, hrsg. v. M.W. Baldwin, Philadelphia 1955, Bd. 2, The Later Crusades, hrsg. v. R.L. Wolff und H.W. Hazard, Philadelphia 1962. - zitiert als: K.M. Setton (Hrsg.), Crusades.
Sivan, E., Le caractère sacré de Jérusalem dans l'Islam aux XIIe-XIIIe siècles, in: SI 27 (1967), S. 149-182.
Sivan, E., The Crusades as described by modern Arab Historiography, in: Asian and African Studies 8 (1972), S. 104-149.
Sivan, E., La genèse de la contre-croisade. Un traité damasquin du début du XII siècle, in: JA 254 (1966), S. 197-224.
Sivan, E., L'Islam et la croisade. Idéologie et propagande dans les réactions musulmanes aux croisades, Paris 1968.

Sivan, E., Réfugiés syro-palestiniens au temps des croisades, in: REI 35 (1967), S. 135-147.
Sivan, E., Saladin et le calife al-Nasir, in: Scripta Hierosolymitana 23 (Studies in History) 1972, ed. D. Asheri u. J. Shatzmann, Jerusalem 1972, Bd. 2, S. 126-145.
Smail, R.C., The Predicaments of Guy of Lusignan, 1183-1187, in: Outremer, ed. B.Z. Kedar, H.E. Mayer, R.C. Smail, Jerusalem 1982, S. 159-176.
Smail, R.C., The International Status of the Latin Kingdom of Jerusalem, 1150-1192, in: The Eastern Mediterranean Lands in the Period of the Crusades, ed. P.M. Holt, Warminster 1977, S. 23-43.
Smail, R.C., Latin Syria and the West, 1149-1187, in: Transactions of the Royal Historical Society, 5th ser., vol. 19 (1969), S. 1-20.
Smail, R.C., Crusading Warfare (1097-1193). A Contribution to Medieval Military History, 2. Aufl. Cambridge 1967 (Cambridge Studies in Medieval Life and Thought, N.S. 3).
Stadtmüller, G., Geschichte des Völkerrechts, Teil I, Hannover 1951.
Stevenson, W.B., The Crusaders in the East, Cambridge - New York 1907 (ND Beirut 1968).
Stillmann, N.A., K̲hil'a, in: EI 2, Bd. 5, S. 6-7.
Sybel, H. v., Geschichte des ersten Kreuzzuges, 2. Aufl. Leipzig 1881.

Tabbaa, Y. Monuments with a Message: Propagation of *Jihād* unter Nūr ad-Dīn (1146-1174), in: The Meeting of Two Worlds, ed. V.P. Goss, Kalamazoo 1986 (Studies in Medieval Culture, 21), S. 223-240.
Tellenbach, G., Vom Zusammenleben der abendländischen Völker im Mittelalter, in: Festschrift G. Ritter, hrsg. v. R. Nürnberger, Tübingen 1950, S. 1-60.
Thorau, P., Sultan Baibars I. von Ägypten. Ein Beitrag zur Geschichte des Vorderen Orients im 13. Jahrhundert, Wiesbaden 1987 (Beihefte zum Tübinger Atlas des Vorderen Orients, Reihe B (Geisteswissenschaften), 63).
Torres Fontes, J., La Reconquista de Murcia en 1266 por Jaime I. de Aragon, Murcia 1967.
Tritton, A.S., The Tribes of Syria in the XIVth and XVth Centuries, in: BSOAS 12 (1948), S. 567-573.

Villey, M., La croisade. Essai sur la formation d'une théorie juridique, Paris 1942 (ND 1980).
Viollet, P., Histoire des institutions politiques. Bd. 2, Paris 1898 (ND Aalen 1966).
Vismara, G., Bisanzio e l'Islam per la Storia dei Trattati tra la Christianità orientale e le Potenze Mussulmane, Milano 1950.
Vismara, G., Impium Foedus. Le Origini della „Respublica Christiana", 2. Aufl. Milano 1974.
Vryonis, S., The Decline of Medieval Hellenism in Asia Minor and the Process of Islamization from the Eleventh through the Fifteenth Century, London 1971.

Walker, J., Ṭalā'i' b. Ruzzīk, in: EI 1, Bd. 4, S. 688.
Waltz, J., Historical Perspectives on "Early Missions" to Muslims. A Response to Allan Cutler, in: MW 61 (1971), S. 170-186.
Wansborough, J., A Mamluk Ambassador to Venice in 913/1507, in: BSOAS 26 (1963), S. 503-530.
Wansborough, J., A Maroccan Amīr's Commercial Treaty with Venice of the Year 913/1508, in: BSOAS 25 (1962), S. 449-471.
Wansborough, J., The Safe-Conduct in Muslim Chancery Practise, in: BSOAS 34 (1971), S. 20-35.
Wansborough, J., A Mamluk Commercial Treaty with the Republic of Florence, 894/1489, in: Documents from Islamic Chanceries, ed. S.M. Stern, Oxford 1965 (Oriental Studies, 3), S. 39-79.

Wansborough, J., Venice and Florence in the Mamluk Commercial Privileges, in: BSOAS 28 (1965), S. 483-523.
Werveke, H. van, Filips van de Elzas en Willem van Tyrus. Een Episode uit de Geschiedenis van de Kruistochten, in: Mededeelingen van de Koninkligke Vlaamse Academie voor Wetenschapen, Letteren en Schone Kunsten van Belgie, Klasse de Letteren, 33 (Brüssel 1971), Nr. 2, S. 3-35.
Wielers, M., Zwischenstaatliche Beziehungsformen im frühen Mittelalter (Pax, Foedus, Amicitia, Fraternitas), Diss. phil. Münster 1959.
Wiet, G., L'Egypte arabe de la conquête arabe à la conquête ottomane 642-1517, Paris 1946 (Histoire de la Nation Egyptienne, 4).
Wiet, G., Les inscriptions de Saladin, in: Syria 3 (1922), S. 307-328.
Wild, P.S., Sanctions and Treaty Enforcement, Cambridge, Mass. 1934.
Williams, P.A., The Assassination of Conrad of Montferrat: Another Suspect?, in: Traditio 26 (1970), S. 381-389.
Wirth, G., Der Kreuzzug, Anfänge und Vorformen, in: Das Heilige Land im Mittelalter. Begegnungsraum zwischen Orient und Okzident, hrsg. v. W. Fischer und J. Schneider, Neustadt a.d. Aisch 1982 (Schriften des Zentralinstituts für Fränkische Landeskunde und allgemeine Regionalforschung an der Universität Erlangen-Nürnberg, 22), S. 1-12.
Wüstenfeld, F., Geschichte der Fatimiden-Chalifen, Göttingen 1881.

Yewdale, R.B., Bohemond I, Prince of Antioch, Princeton 1924 (ND Amsterdam 1970).

Zakkar, S., The Emirate of Aleppo. 1004-1094, Beirut 1971.
Zbinden, N., Abendländische Ritter, Griechen und Türken im ersten Kreuzzug. Zur Problematik ihrer Begegnung, Athen 1975 (Texte und Forschungen zur Byzantinisch-Neugriechischen Philologie. Zwanglose Beihefte der „Byzantinisch-Neugriechischen Jahrbücher", 48).
Zeller, H.L., Das Seerecht in den Assisen von Jerusalem (nach der Handschrift Venedig R. Biblioteca Nazionale di S. Marco Cod. franc. App. VI (Katalognummer XXXI)..., Heidelberg 1916 (Sitzungsberichte der Heidelberger Akademie der Wissenschaften, Phil.hist. Kl. 1916, 16).
Zimmermann, M., La crise de l'organisation internationale, in: Recueil des Cours 44 (1933), S. 319-437.
Zitterstéen, K.V., Mazyaditen, in: EI 1, Bd. 3, S. 504-505.
Zitterstéen, K.V., Riḍwān, in: EI 1, Bd. 3, S. 1246-1248.
Zitterstéen, K.V., Ṭug͟htegīn, in: EI 1, Bd. 4, S. 898-899.

Register

(Nicht aufgenommmen: Franken, Muslime und allgemeine geographische Begriffe)

Karten

Der Verfasser dankt dem Dr. Ludwig Reichert-Verlag in Wiesbaden herzlich für die Genehmigung zum ausschnittweisen Abdruck der Karte TAVO B VIII 8 ,,Syrien und Palästina — Die Kreuzfahrerstaaten bis zum Ende des 12. Jahrhunderts'' von Peter Thorau und Horst Pohlmann.

Erklärungen

Siedlungen *Settlements*

Stadt, in der Regel befestigt
town, usually fortified

Stadt, unbefestigt
town, not fortified

unbefestigte Siedlung
settlement, not fortified

große Burg oder Festung
large castle or fortress

Burg oder kleinere befestigte Ortschaft
castle or small fortified site

Höhlenburg
cave castle

Brücke oder Furt, teilweise befestigt
bridge or ford, partly fortified

Lokalisierung und/oder Identifizierung approximativ
lokalisation and/or identification approximate

Schriftaussage *Nomenclature*

Gaza fränkische Namensform
Frankish form of name

Ġazza arabische Namensform
Arabic form of name

Tilsab sonstige Namensform
other form of name

Edessa Territorium
territory

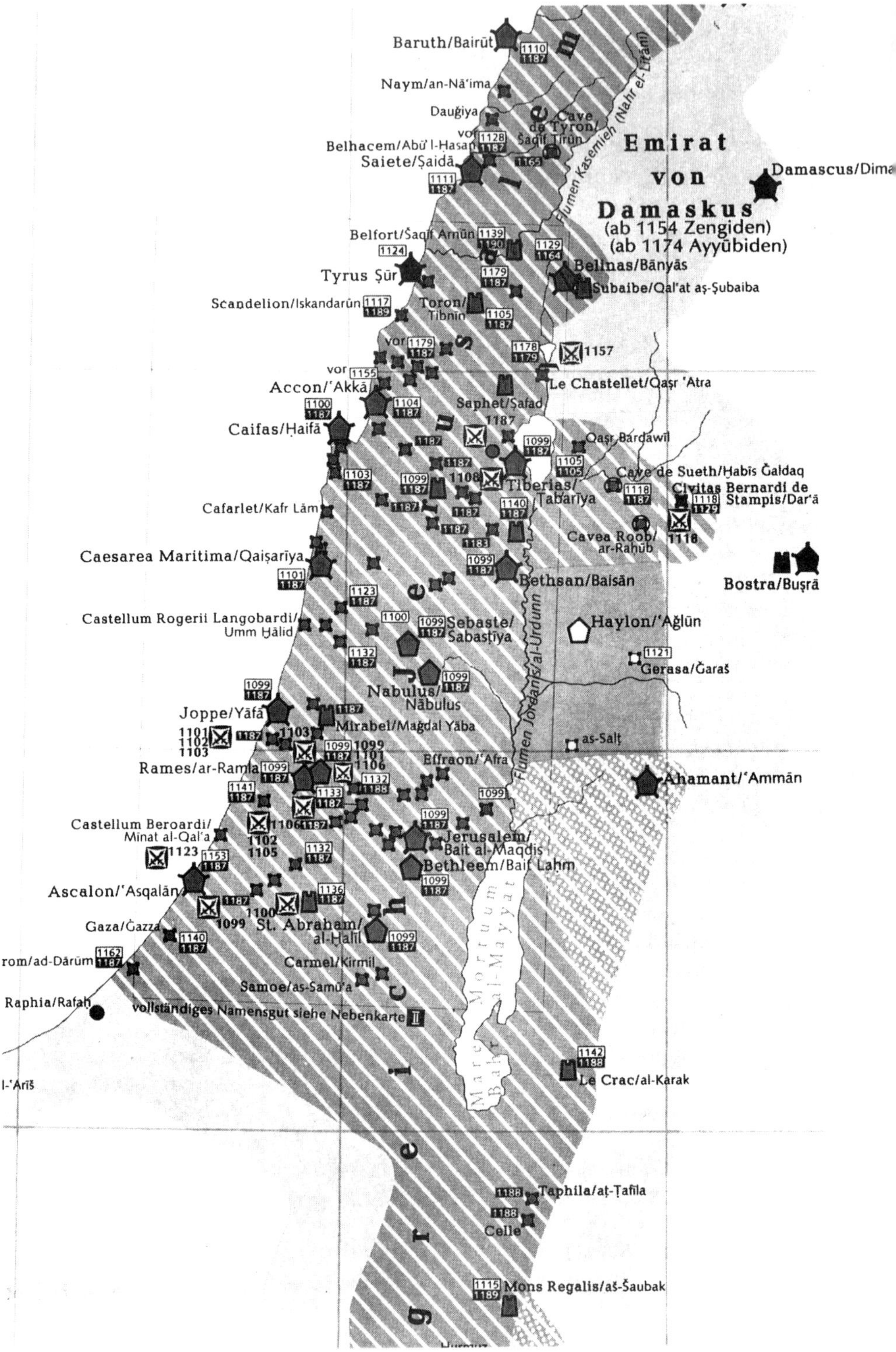

Karte 1: Fränkische und islamische Herrschaften in Palästina und Südsyrien (12.Jh). Maßstab 1 : 2000000)

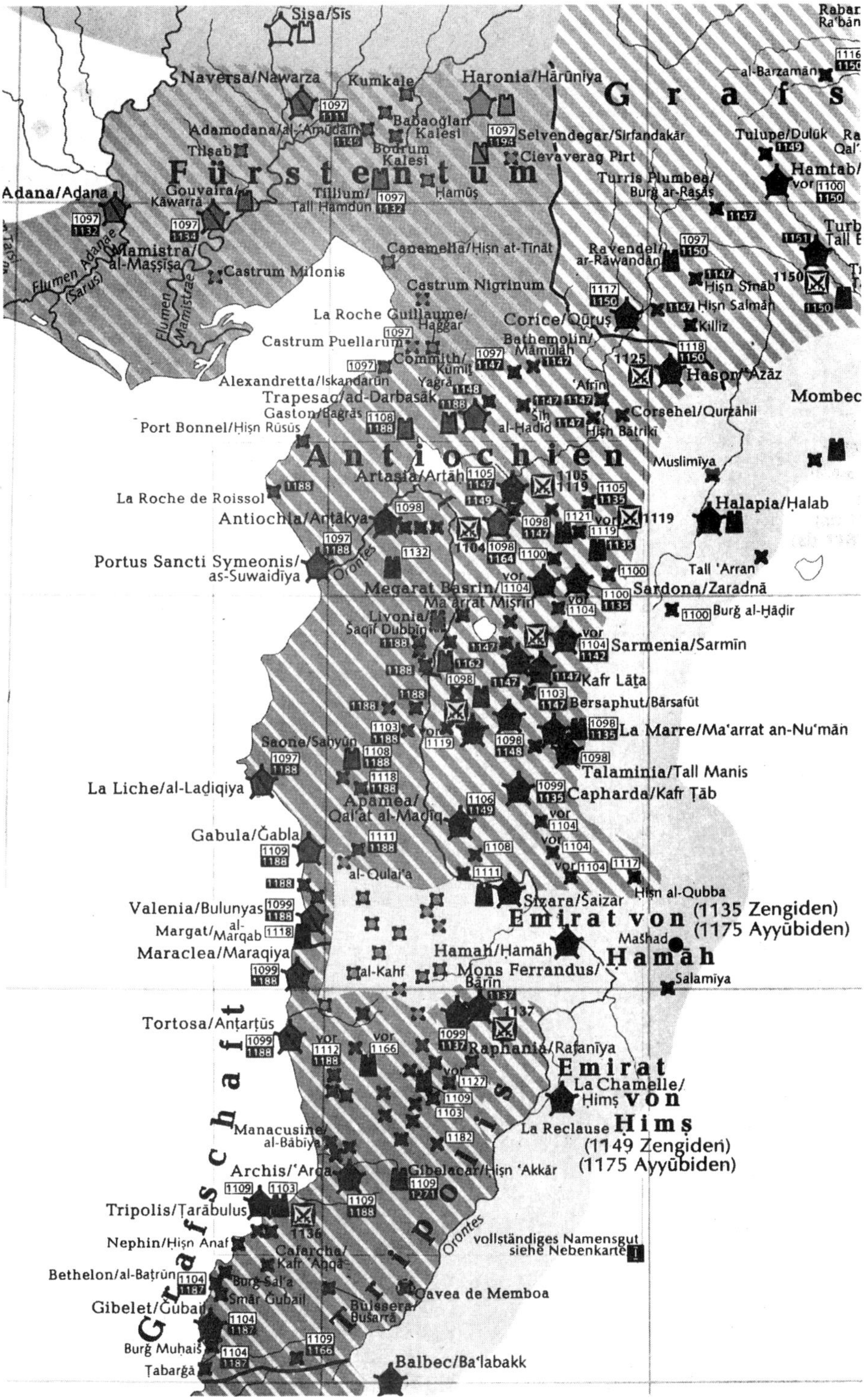

Karte 2: Fränkische und islamische Herrschaften im Libanon, in Nordsyrien und Kilikien (12.Jh.) (Maßstab 1 : 2000000)

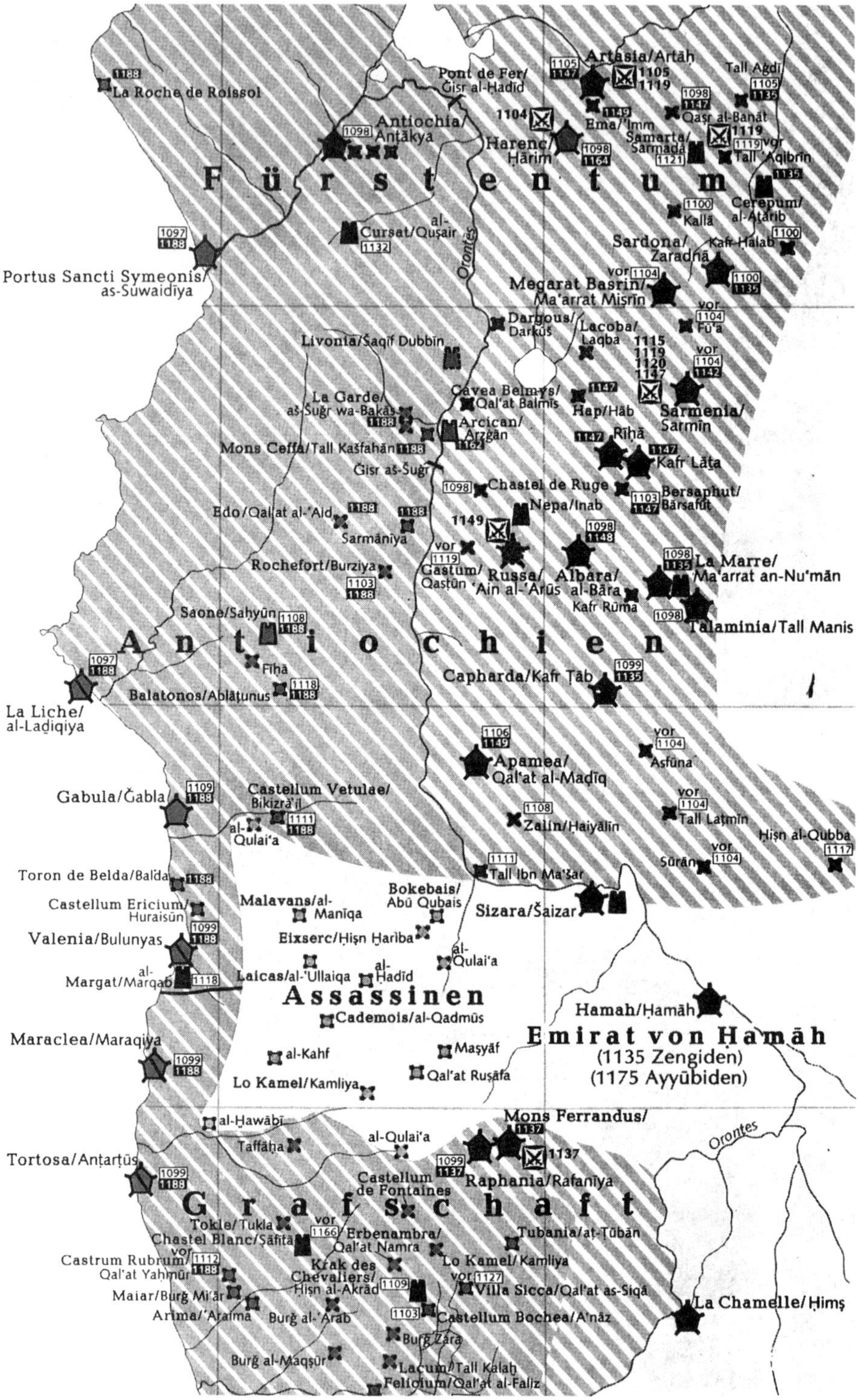

Karte 3: Ausschnitt: Einflußgebiete der Franken und Assassinen in Nordsyrien (12 Jh.)
(Maßstab 1 : 1000000)

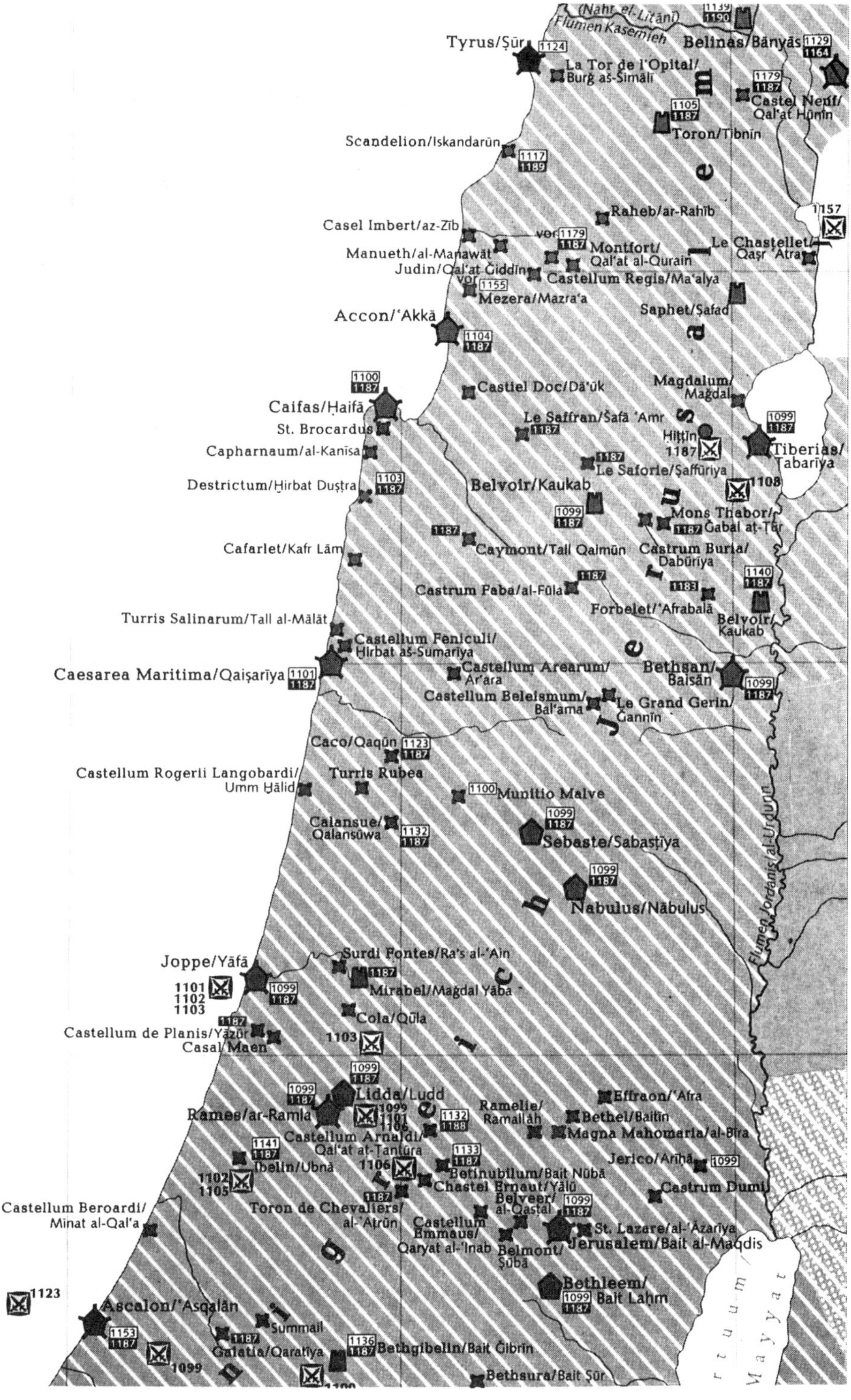

Karte 4: Ausschnitt: Das Kerngebiet des fränkischen Königreichs von Jerusalem (12.Jh.)
(Maßstab 1 : 1 000 000)